INSTITUT FÜR GRENZGEBIETE DER WISSENSCHAFT

IMAGO MUNDI

Schriftenreihe für Ausbau und Vertiefung
des christlichen Welt- und Menschenbildes
herausgegeben von ANDREAS RESCH

Band XV

RESCH VERLAG INNSBRUCK 1997

Andreas Resch

Paranormologie und Religion

Unter Mitarbeit von:

Johannes Mischo
Erlendur Haraldsson
Christian Rätsch
Giorgio Gagliardi
Heinrich Pfeiffer
Marco Margnelli
Fabio Riva
Gabriella Raffaelli
Johannes M. Touw
Heinz Schott
Giuseppe Capra
Peter Dinzelbacher
Paola Giovetti
Raymund Schwager

RESCH VERLAG INNSBRUCK 1997

Die Deutsche Bibliothek – CIP-Einheitsaufnahme

Resch, Andreas:
Paranormologie und Religion / Andreas Resch. Unter Mitarb. von: Johannes Mischo ... – Innsbruck : Resch, 1997
(Imago Mundi ; Bd. 15)
ISBN 3-85382-062-X

Printed in Austria
Gesamtherstellung: Andreas Resch Verlag, Innsbruck 1997
ISBN 3-85382-062-X

Den
Mitgliedern von IMAGO MUNDI
mit dem Präsidenten
Prof. Dr. Erwin Nickel
und dem Vizepräsidenten
Prof. Dipl.-Ing. ETH Alex Schneider

zum
900. Geburtstag der
Hl. HILDEGARD VON BINGEN (1098 – 1179),
Patronin des
Instituts für Grenzgebiete der Wissenschaft
(IGW)

VORWORT

In einer Zeit weltweiter Kommunikation und weltanschaulicher Vielfalt wird der Einzelne zum Allgemeingut, persönliches Empfinden sowie persönliche Lebensgestaltung werden zur Privatsache. Damit ist auch gesagt, daß der Außenraum den Innenraum völlig verdrängt. In dieser äußeren Hektik wird jedoch die Frage nach dem Sinn des Lebens zur existentiellen Grundlage des Überlebens im Jetzt und im Selbst. Bei dieser Suche nach dem Wert und Grund des persönlichen Selbst erweist sich die religiöse Erfahrung als die tiefste Dimension des menschlichen Lebens.

Die vorliegende Arbeit versucht daher durch namhafte Fachleute auf diesem Gebiet einen fundierten Einblick in die vielfältigen Grenzbereiche religiöser Erfahrung und religiöser Erscheinungsformen zu geben. Auswahl, Inhalt, Gediegenheit und Gestaltung der Themen können in diesem Zusammenhang als einmalig bezeichnet werden. Die angeführte Spannbreite religiöser Erfahrung setzt zudem völlig neue Akzente, die hier nur andeutungsweise behandelt werden können. Sie verweisen auf eine Dimension, die weit über jede andere Bewußtseinsform hinausgeht, weil die Erfahrung des Transzendenzbezuges hinzukommt.

Die Beiträge selbst gehen vornehmlich auf die Vorträge des XV. IMAGO MUNDI Kongresses 1995 in Innsbruck zurück, wurden jedoch für diese Veröffentlichung nochmals überarbeitet und aufeinander abgestimmt.

Einleitend gibt Johannes Mischo eine kurze Einführung in die psychologischen Implikationen der Grenzphänomene im religiösen Kontext. Dann berichtet Erlendur Haraldsson über diesbezügliche parapsychologische Forschungen, und Christian Rätsch beschreibt Bewußtseinszustände im Schamanismus als eine Urform religiöser Erfahrung. Giorgio Gagliardi schließlich analysiert die Vielschichtigkeit religiöser Phänomene von Betrug bis zur übernatürlichen Botschaft.

Nach diesem allgemeinen Einblick folgen die Beiträge zu Einzelthemen. Heinrich Pfeiffer weist in den Abhandlungen zum Grabtuch von Turin und zum Schleier von Manoppello auf noch völlig unbekannte Zusammenhänge hin, die für die Echtheit des Grabtuches sprechen.

Das bis heute ebenfalls noch völlig ungeklärte Phänomen der Stigmatisation wird durch einen einschlägigen Beitrag von Marco Margnelli und Mitarbeitern beleuchtet ebenso wie durch die analytische Darlegung von Andreas Resch zum Untersuchungsbericht über Therese von Konnersreuth und die ausführliche Beschreibung der Öl-Materialisationen und Stigmen in Soufanieh durch J. M. Touw. Den Abschluß der Schilderung außergewöhnlicher Phänomene im religiösen Bereich bildet der Beitrag von A. Resch über Heiligsprechungsverfahren und Wunderheilung.

Auf diese Phänomenbeschreibung folgt die Darlegung psychologischer Erlebnisformen, die von A. Resch mit den Ausführungen über Bewußtseinsformen religiöser Erfahrung eingeleitet wird. Marco Margnelli und Giorgio Gagliardi berichten über ihre Untersuchungen zur Ekstase, und Gagliardi beschreibt anschließend diverse Forschungen zur Frage der Besessenheit, während Giuseppe Capra über seine Erfahrungen als Exorzist berichtet.

Der Beitrag von Peter Dinzelbacher über echte und falsche Mystik aus historischer Sicht leitet zu den Schlußbeiträgen über, die sich mit dem religiösen Lebensvollzug und dessen theologischer Begründung befassen. So berichtet Paola Giovetti über Außergewöhnliches im Leben von Mystikern und Heiligen, während sich Raymund Schwager mit dem zentralsten Thema der Theologie und des religiösen Lebens auseinandersetzt, der Auferstehung der Toten.

Die Vielfalt der Beiträge mit den zahlreichen Abbildungen stellt eine Betrachtung des Außergewöhnlichen im religiösen Kontext dar, wie sie wohl noch nie geboten wurde. Dies hängt auch damit zusammen, daß durch den Begriff der Paranormologie als Bezeichnung für die Wissenschaft des Außergewöhnlichen und bislang Ungeklärten ein Rahmen geschaffen wurde, der alle diesbezüglichen Grenzgebiete von Wissenschaft und Lebenserfahrung einzufangen vermag, so daß jeder zuständige Fachbereich die Erforschung des Außergewöhnlichen auf seinem Gebiet einbringen kann, was sich in den verschiedenen Fachrichtungen der Autoren dieses Bandes niederschlägt.

Ich darf daher den einzelnen Autoren meinen besonderen Dank für die Gediegenheit der Beiträge und die angenehme Zusammenarbeit aussprechen. Schließlich hätte der Band ohne die unermüdliche Mitarbeit von Frau Mag. Priska Kapferer bei der Übersetzung der vielen Beiträge aus dem Italienischen und die Gesamtgestaltung niemals diese gediegene Form erreicht.

Ein Dank sei auch allen Mitgliedern von IMAGO MUNDI und Freunden des Instituts für Grenzgebiete der Wissenschaft ausgesprochen, deren Interesse an den Grenzgebieten die Veröffentlichung der Imago Mundi-Bände ermöglichte.

Möge der nunmehr 15. Band der Schriftenreihe das Verständnis für das Außergewöhnliche im religiösen Leben bereichern und weiter vertiefen.

Innsbruck, am 17. September 1997,
dem Fest der hl. Hildegard von Bingen

Andreas Resch

INHALTSVERZEICHNIS

CHRISTIAN RÄTSCH

SCHAMANISCHE BEWUSSTSEINSZUSTÄNDE UND RELIGIÖSE ERFAHRUNG 39

GIORGIO GAGLIARDI

RELIGIÖSE PHÄNOMENE
Zwischen Betrug, Psychopathologie, Dämonismus und Übernatürlichkeit 71

MARCO MARGNELLI / FABIO RIVA / GABRIELLA RAFFAELLI

STIGMATISATION
Eine Falluntersuchung

ANDREAS RESCH

STIGMEN UND NAHRUNGSLOSIGKEIT DER THERESE VON KONNERSREUTH
Ein Kommentar zum Bericht von G. Ewald: Die Stigmatisierte von Konnersreuth (1927) **187**

JOHANNES M. TOUW

ÖL-MATERIALISATIONEN UND STIGMEN IN SOUFANIEH (DAMASKUS)
Paraphänomene mit religiöser Bedeutung **251**

ANDREAS RESCH

HEILIGSPRECHUNGSVERFAHREN UND WUNDERHEILUNG 343

ANDREAS RESCH

BEWUSSTSEINSFORMEN RELIGIÖSER ERFAHRUNG 379

GIUSEPPE CAPRA

ERFAHRUNGEN EINES DIÖZESANEXORZISTEN
Anhören, Werten, Befreiungsgebet, Exorzismus 479

PETER DINZELBACHER

ECHTE UND FALSCHE MYSTIK AUS HISTORISCHER SICHT 503

AUTOREN

P. Giuseppe Capra, Salesianer Don Boscos, geboren am 17. 8. 1933; Priesterweihe am 21. 3. 1964; ab 1986 von Kard. Anastasio Ballestrero zum Exorzisten bestellt und von Kard. Giovanni Saldarini in dieser Funktion bestätigt.

Anschrift: Basilica di Maria Ausiliatrice, n. 32, I-10152 Turin.

Prof. Dr. Peter Dinzelbacher, geb. am 14. Juli 1948 in Linz a. d. Donau; 1966 Abitur mit Auszeichnung, 1966 – 1973 Studium der Geschichte, Klassischen Philologie, Volkskunde, Kunstgeschichte und Philosophie an den Universitäten Graz und Wien, 1973 Promotion zum Dr. phil.; 1973 – 1978 Assistent am Historischen Institut der Universität Stuttgart; 1978 Habilitation für mittelalterliche und für alte Geschichte; Privatdozent an der Universität Stuttgart; 1978 – 1981 Wissenschaftlicher Angestellter an der Universität Stuttgart; 1981 – 1982 Lehrstuhlvertretung an der Universität Augsburg; 1983 – 1986 Forschungsstipendiat der G. Henkel Stiftung; 1985 Apl. Professor an der Universität Stuttgart / Directeur d'études an der école des Hautes études en Sciences Sociales in Paris; ab 1985 Lehrbeauftragter an der Universität Salzburg; 1987 Lehrstuhlvertretung an der Universität Stuttgart; 1987/88 Lehrstuhlvertretung an der Universität Hannover; 1993 Professore a contratto an der Universität Triest; 1995 ff. Gastprofessor an den Universitäten Wien und Salzburg.
Veröffentlichungen: *Vision und Visionsliteratur im Mittelalter* (1981); *Frauenmystik im Mittelalter* (zus. mit D. Bauer, 1985, 2. Aufl. 1990); *Religiöse Frauenbewegung und mystische Frömmigkeit im Mittelalter* (zus. m. D. Bauer, 1988; ital. Übersetzung: Movimento religioso e mistica femminile nel medioevo, 1993); *Mittelalterliche Visionsliteratur* (1989); *Wörterbuch der Mystik* (1989); *Volksreligion im hohen und späten Mittelalter* (zus. m. D. Bauer, 1990); *Heiligenverehrung in Geschichte und Gegenwart* (zus. m. D. Bauer, 1990); *Revelationes* (1991); *Dictionnaire de la mystique* (1993); *Europäische Mentalitätsgeschichte* (1993); *Mittelalterliche Frauenmystik* (1993); *Leben und Offenbarungen der Wiener Begine Agnes Blannbekin* (unter Mitarb. v. R. Vogeler, 1994); *Christliche Mystik im Abendland. Ihre Geschichte von den Anfängen bis zum Ausgang des Mittelalters* (1994); *Heilige oder Hexen? Schicksale auffälliger Frauen in Mittelalter und Frühneuzeit* (1995); *Kulturgeschichte der christlichen Orden* (zus. m. J. Hogg, 1996); *Angst im Mittelalter* (1996).

Anschrift: Prof. Dr. habil. Peter Dinzelbacher, Heuberg 172, A-5023 Salzburg.

Dr. Giorgio Gagliardi, geb. 1934; Doktor der Medizin und Chirurgie sowie Ausbildung in klinischer und experimenteller Hypnose und Hypno-Psychotherapie; Vizedirektor von „Lombardia dell' Esprimersi" (experimenteller Verein zur Selbstmordverhütung); Vizedirektor des „Centro Studi e Ricerche sulla Psicofisiologia degli Stati di Coscienza" (Studien- und Forschungszentrum zur Psychophysiologie der Bewußtseinszustände); Direktor der Abteilung für Psychologie und transkulturelle Verhaltensformen des Centro Ricerche Vallassinesi von Asso/Como; Unterricht an Spezialinstituten für Hypno-Psychotherapie; Forschungstätigkeit im Bereich der veränderten Bewußtseinszustände; Oberarzt des Militärkorps des italienischen Roten Kreuzes.
Autor bzw. Mitautor von insgesamt 98 Publikationen zu Psychophysiologie und Transkulturellem Verhalten.
Veröffentlichte Bücher: *Ricerche Transculturali in Vallassina Como* (1987); *Le Appari-*

zioni della Madonna (1987); *Nuove Grotte della Vallassina* (1990); *Paura di Magia e Magia di Paura* (1993).
Wissenschaftliche Mitarbeit bei: *Triangolo Lariano* (1980); *Dossier scientifico su Medjugorjie* (1987); *Verrà a visitarci dall'alto* (1988); *Puorquoi la Vierge apparait encore* (1989); *La Madonna di Sofferetti* (1990); *La Fenomenologia della Coscienza normale ed alterata* (1993).

Anschrift: Dr. Giorgio Gagliardi, Via Circonvallazione, 7, I-22033 Asso (Como).

Dr. Paola Giovetti, geb. in Florenz, wohnhaft in Modena. Studium der Literatur in Bologna, Doktorarbeit über Franz Kafka; widmet sich bereits seit vielen Jahren den Grenzgebieten, mit speziellem Interesse an spirituellen Themen. Einige Jahre Lehrtätigkeit, jetzt Journalistin und Schriftstellerin, schreibt Artikel für Wochen- und Monatszeitschriften sowie für die einschlägige Presse (z. B. *Luce e Ombra*, die älteste italienische Zeitschrift für psychische Forschung). Verschiedene Forschungsarbeiten wurden publiziert, zwei davon auch in deutscher Sprache.
Das besondere Interesse von Dr. Giovetti gilt Themen wie Nahtoderlebnissen, außerkörperlicher Erfahrung, medialer Kunst, Geschichte der Parapsychologie, alternativen Heilverfahren, transpersonaler Psychologie und Mystik, worüber sie auch Bücher verfaßte, darunter Biographien über die Mystikerinnen Therese Neumann, Anna Maria Taigi, Santa Rita da Cascia, Elisabetta Canori Mora und Clelia Barbieri.

Anschrift: Dr. Paola Giovetti, Via Archirola, 33, I-41100 Modena.

Prof. Dr. Erlendur Haraldsson wurde am 3. Nov. 1931 in Seltjarnames bei Reykjavik in Island geboren. Er studierte Sprachen und Philosophie an den Universitäten von Edinburgh und Freiburg i. Br. Nach mehrjähriger Tätigkeit als Journalist, u. a. in Asien, begann er in Freiburg das Studium der Psychologie, das er 1969 in München mit dem Doktorat abschloß. Von 1969 – 1970 arbeitete Haraldsson am „Institute of Parapsychology" in Durham, North Carolina, USA. Von 1970 – 1971 war er an der Abteilung für Psychiatrie der Medizinischen Fakultät der Universität Virginia im Bereich Klinische Psychologie tätig. Haraldsson promovierte dann bei Prof. Dr. Dr. Hans Bender an der Universität Freiburg i. Br. mit der Arbeit „Vasomotorische Reaktionen als Indikatoren von ASW" im Bereich „Grenzgebiete der Psychologie". Von 1972 – 1974 arbeitete er an einem Forschungsauftrag bei der „American Society for Psychical Research". Seit 1974 ist Haraldsson an der Fakultät für Sozialwissenschaften der Universität von Island in Reykjavik tätig, wo er zunächst als Dozent wirkte und seit 1989 außerordentlicher Professor für Psychologie ist.
Arbeitsschwerpunkte: Parapsychologische Forschung, experimentelle Untersuchungen, Fragen über persönliche Erlebnisse, wie Erscheinungen von Verstorbenen, Visionen am Sterbebett; Feldforschung in Asien.
Haraldsson ist u. a. Mitglied der „American Psychological Association", des „Nordisk Forskerbund", der „Parapsychological Association", der „British Society for Psychical Research" sowie der „Society for Scientific Study of Religion".
Veröffentlichungen: *Land im Aufstand: Kurdistan* (1966); *Erscheinungen von und Berichte über Begegnungen mit Verstorbenen: eine Analyse von 357 aktuellen Berichten.* In: A. Resch: Aspekte der Paranormologie: die Welt des Außergewöhnlichen. – Innsbruck: Resch, 1992, S. 469 – 484; Haraldsson, E.: *Sai Baba: ein modernes Wunder.* – 3. Aufl. – Freiburg: Bauer, 1993; Haraldsson, E. / Houtkooper, J. M.: *Psychic Experiences in the Multi-National Human Value Survey.* In: Journal of the American Society for Psychical Research; *85 (1994) 2, 145 – 165; Haraldsson, E.: Psychodiagnostische Untersuchungen*

an Kindern mit „Rückerinnerungen" und Fallbeispiele aus Sri Lanka. In: Zeitschrift für Parapsychologie und Grenzgebiete der Psychologie; 36 (1994) 1/2, 22 – 38; Haraldsson, E. / Houtkooper, J. M.: *Eine Metaanalyse von Experimenten über Wahrnehmungsabwehr und Außersinnliche Wahrnehmung.* In: Zeitschrift für Parapsychologie und Grenzgebiete der Psychologie; 36 (1994) 3/4, 194 – 210; Osis, Karlis / Haraldsson, E.: *Der Tod: ein neuer Anfang.* – 7. Aufl. – Freiburg i. Br.: Bauer, 1994.

Anschrift: Prof. Dr. Erlendur Haraldsson, Fakultät für Sozialwissenschaften, Universität Island, IS-101 Reykjavik.

Dr. Marco Margnelli, geb. am 4. 4. 1939 in Chiesa / Valmalenco (Sondrio); 1965 Promotion in Medizin und Chirurgie in Mailand; 1972 Spezialisierung in Allgemeiner Chirurgie in Mailand. 1969 Aufnahme als Forscher bei CNR (*Consiglio Nazionale delle Ricerche*), vorerst Mitarbeit im *Laboratorio di Biologia Spaziale* und anschließend im *Istituto di Fisiologia dei Centri Nervosi.*

Forschungen auf dem Gebiet der Neurophysiologie über die retikulare Substanz des Hirnstammes, des Hippocampus und des Thalamus. In bezug auf letzteren untersuchte Margnelli dessen Rolle bei der Entwicklung der elektroencephalographischen Rhythmen, den funktionalen Aufbau der afferenten Propriozeption sowie die Auswirkungen einiger Anästhetika auf deren Funktionalität.

In der Folge interessierte sich Margnelli für die Physiologie der Meditation und der Bewußtseinszustände. Sein besonderes Interesse galt dabei den mystischen Ekstasen, von denen er verschiedene Abschnitte im Experiment untersuchen konnte.

Unterrichtstätigkeit am Institut für Humanphysiologie der Universität Mailand, seit 1978 Abhaltung von jährlichen Kursen über die Neurophysiologie der Akupunktur am italienischen Institut für Akupunktur (Privatinstitut) in Turin und seit 1986 bei AIRAS (Associazione Italiana per la Ricerca e l'Aggiornamento Scientifico = Ital. Gesellschaft für wissenschaftliche Forschung und Fortbildung) in Padua, gibt dort auch alljährlich Kurse über Biofeedback und Verhaltenstherapie; Kurse zur Physiologie der Bewußtseinszustände am Institut Riza Psicosomatica (Privatinstitut) in Mailand; zog sich 1981 aus dem CNR zurück und wirkt seitdem freiberuflich als Verhaltenstherapeut.

Veröffentlichung von 80 wissenschaftlichen Arbeiten, Mitarbeit bei verschiedenen Zeitschriften und Tageszeitungen, darunter *Sapere, Tempo Medico, Scienze Digest, Riza Psicosomatica, Il Corriere della Sera* u. a.

Autor von vier Büchern: *I funghi magici* (1981); *La droga perfetta: neurofisiologia dell' estasi* (1984); *Le apparizioni della Madonna, da Lourdes a Medjugorje* (zus. mit G. Gagliardi, 1987) und *Gente di Dio* (1988).

Anschrift: Dr. Marco Margnelli, Via Villoresi, 5, 1-20143 Mailand.

Prof. Dr. Johannes Mischo ist Leiter der Abteilung für Psychologie und Grenzgebiete der Psychologie am Psychologischen Institut der Universität Freiburg und des von Prof. Dr. Dr. Hans Bender gegründeten Instituts für Grenzgebiete der Psychologie und Psychohygiene e. V.

Nach einem Studium der Philosophie, Geschichte und Theologie absolvierte er das Studium der Psychologie mit Abschluß als Diplompsychologe, promovierte 1965 im Fach Psychologie mit dem Thema „Verlaufsprozesse in Traumserien – Tests und Biographie" und habilitierte sich 1972/73 mit einer Arbeit über „Außersinnliche Wahrnehmung – spontane Erfahrung und quantitativ statistisches Experiment als Gegenstand der Forschung".

Hauptforschungsgebiete sind: die Grenzbereiche zwischen Psychologie, Philosophie und Theologie, Medizin, Volks- und Völkerkunde. Sein Hauptaugenmerk gilt der Parapsychologie als „Wissenschaft von den okkulten Erscheinungen".
Buchveröffentlichungen: *Okkultismus bei Jugendlichen: Ergebnisse einer empirischen Untersuchung* (1991); Beiträge in: H. Bender (Hg.): *Parapsychologie – Entwicklungen, Ergebnisse, Probleme* (1966); E. Bauer (Hg.): Psi und Psyche (1974); Kasper / Lehmann (Hg.): *Teufel, Dämonen, Besessenheit – Zur Wirklichkeit des Bösen* (1978, ital. 1983); G. Condrau: *Psychologie des 20. Jhs.*, Bd. XV (1979); E. Bauer / W. v. Lucadou (Hg.): *Psi – was verbirgt sich dahinter?* (1984); Ernst / Feierreis / Hübner / Reindl (Hg.): *Theologisches Jahrbuch 1987*; außerdem in: Zeitschrift für Parapsychologie und Grenzgebiete der Psychologie (1958 ff.); Neue Wissenschaft (1960 ff.); Saarl. Ärztebl. (1974); Concilium (1976); Materialdienst der EZW (1978); Diakonia (1983); Blattner / Gareis / Plewa (Hg.): Handbuch Psychologie und Seelsorge (2. Aufl. 1993); Mithg.: Zeitschrift für Parapsychologie und Grenzgebiete der Psychologie.

Anschrift: Prof. Dr. Johannes Mischo, Psychologisches Institut der Universität Freiburg, Belfortstr. 16, D-79098 Freiburg i. Br.

Prof. Dr. P. Heinrich Pfeiffer, geb. am 22. 2. 1939 in Tübingen (Württemberg); studierte nach dem Abitur daselbst zuerst an der Heimatuniversität, dann in Berlin und nach dem Eintritt in den Jesuitenorden und der Priesterweihe in Basel Kunstgeschichte, Klassische Archäologie und Romanistik. Dazu kamen Studienaufenthalte in London, Florenz und Spanien. Die Ordensausbildung begann 1963 mit dem Noviziat in Berlin, wurde mit den philosophischen Studien in Pullach bei München fortgesetzt und in Rom 1970 mit dem Lizentiat in Theologie abgeschlossen. Promotion zum Dr. phil. in Basel im Jahre 1974 mit einer Arbeit über Raffaels *Disputa* und die platonische Theologie von Ägidius von Viterbo. Hierauf zum Professor adiunctus an der Pontificia Università Gregoriana für christliche Kunstgeschichte in der Fakultät für Kirchengeschichte ernannt. Seit 1987 Professor ordinarius.
Arbeitsschwerpunkte: Christliche Ikonographie, Renaissancemalerei und Kunsttätigkeit des Jesuitenordens.
Publikationen über das Christusbild und seine theologischen Dimensionen (Wort Gottes im Bild, München, 1986, Übers. in Italienisch und Französisch) und zusammen mit Werner Bulst S. J. über das Grabtuch von Turin (*Das Grabtuch von Turin und das Christusbild*, Bd. 1, v. W. Bulst, Frankfurt a. M., 1987, Bd. II v. H. Pfeiffer, daselbst 1991) sowie zahlreiche Aufsätze über die christliche Ikonographie und die Gemälde im Vatikan.

Anschrift: Prof. Dr. P. Heinrich Pfeiffer S. J., Pontificia Università Gregoriana, Piazza della Pilotta, 4, I-00187 Rom.

Dr. phil. Christian Rätsch, geb. 1957, ist Altamerikanist und Ethnopharmakologe. Er lebte fast drei Jahre mit den Lakandonen-Indianern im mexikanischen Regenwald und erforscht seit zwei Jahrzehnten die Wirkung der Pflanzenwelt auf den Menschen sowie die damit verbundenen schamanischen Techniken.
Rätsch ist ethnologischer Beirat des Europäischen Collegiums für Bewußtseinsstudien (ECBS) und im Vorstand der Arbeitsgemeinschaft für Ethnomedizin (AGEM).
Veröffentlichungen: *Das Erlernen von Zaubersprüchen: ein Beitrag zur Ethnomedizin der Lakandonen von Naha'* (1985); *Bilder aus der unsichtbaren Welt: Zaubersprüche und Naturbeschreibung bei den Maya und Lakandonen* (1985; 1987), *Chactun – Die Götter der Maya: Quellentexte, Darstellung und Wörterbuch* (Hg. 1986, 2. überarb. Aufl. 1994); *Eth-*

nopharmakologie und Parapsychologie (1986); *Kinder des Regenwaldes: über das Leben der Lakandonen-Indianer* (1987; 2. erw. Aufl. 1993); *Indianische Heilkräuter. Tradition und Anwendung* (1987, 2. verb. Aufl. 1991); *Lexikon der Zauberpflanzen aus ethnologischer Sicht* (1988); *Gateway to Inner Space: A Festschrift in Honor of Albert Hofmann* (Hg. 1989); *Die „Orientalischen Fröhlichkeitspillen" und verwandte psychoaktive Aphrodisiaka* (1990); Pflanzen der Liebe (1990, 2. Aufl. 1995); *Von den Wurzeln der Kultur: die Pflanzen der Propheten* (1991); *Das Tor zu Inneren Räumen* (Hg. 1992); *Hanf als Heilmittel: eine ethnomedizinische Bestandsaufnahme* (1992; 4. akt. Aufl. 1994); *The Dictionary of Sacred and Magical Plants* (1992; 1993); *50 Jahre LSD-Erfahrung: eine Jubiläumsschrift* (1993); *Naturverehrung und Heilkunst* (Hg. 1993); *Heilkräuter der Antike in Ägypten, Griechenland und Rom* (1995); *Die Ritualsteine der Schamanen: Kristalle, Fossilien und die Landschaften des Bewußtseins* (1995); zus. m. Ma'ax K'ayum: *Ein Kosmos im Regenwald: Mythen und Visionen der Lakandonen-Indianer* (1984; 2. erw. Aufl. 1994); zus. m. H. J. Probst: *Namaste Yeti: Geschichten vom Wilden Mann* (1985); zus. m. Müller-Ebeling, C.: *Isoldens Liebestrank: Aphrodisiaka in Geschichte und Gegenwart* (1986); *Heilpflanzen der Seychellen: ein Beitrag zur kreolischen Volksheilkunde* (1989); *Le guide mondial des aphrodisiaques* (1993); zus. m. Höhle, S. / Müller-Ebeling, C. / Urchs, O.: *Rausch und Erkenntnis: das Wilde in der Kultur* (1986); zus. mit Guhr, A.: *Lexikon der Zaubersteine aus ethnologischer Sicht* (1989); seit 1992 Hg. des Jahrbuches für Ethnomedizin und Bewußtseinsforschung (zus. mit J. R. Baker).

Anschrift: Dr. Christian Rätsch, Birckholtzweg 17, D-22159 Hamburg.

Dr. Gabriella Raffaelli, geb. 9. 10. 1948 in Mailand; 1972 Doktorat der Wirtschaftswissenschaften an der Universität „La Cattolica" in Mailand. Siebenjähriges Psychosynthese-Training „Assaggioli" bei Prof. Giorgio Fresia in Mailand, Direktor der „University of the Island".
Mitarbeit am Centro Studi e Ricerche sulla Psicofisiologia degli Stati di Coscienza (Studien- und Forschungszentrum zur Psychophysiologie der Bewußtseinszustände), in deren Verlauf Dr. Raffaelli im Winter 1992 / Frühjahr 1993 insgesamt 11 Tagungen über Bewußtseinsveränderungen mitorganisierte.
Mitarbeit bei der Realisierung des Buches „La fenomenologia della coscienza normale e alterata" (Phänomenologie des normalen und veränderten Bewußtseins); im Mai 1993 Tätigkeit im wissenschaftlichen Sekretariat des obengenannten Studien- und Forschungszentrums, Mitarbeit bei der Realisierung des 1. Kongresses über Verändertes Bewußtsein von 27. bis 29. Mai 1993 in Florenz.
Inhaberin einer Verlagsgesellschaft, in diesem Zusammenhang Herausgabe der sogenannten „collane New Age" (New Age-Reihen).
Vizepräsidentin der Gesellschaft „ARNIA" (Amicizia Riflesso Naturale d'Imagini d'Arte), in deren Rahmen sich Dr. Raffaelli auf die methodologische und strategische Organisation von Initiativen zur sozio-kulturellen Bildung der Jugend konzentriert.

Prof. Dr. Dr. P. Andreas Resch, geb. am 29. 10. 1934 in Gummer / Steinegg (Südtirol). 1955 Eintritt in den Redemptoristenorden; 1961 Priesterweihe. 1963 Doktorat der Theologie an der Universität Graz, Studium der Psychologie an den Universitäten Freiburg und Innsbruck, 1967 Doktorat der Philosophie (Psychologie und Volkskunde) an der Universität Innsbruck. Psychoanalytische und verhaltenstherapeutische Ausbildung in Innsbruck, München und London. Psychotherapeutische Praxis bis 1980. Seit 1969 Professor für klinische Psychologie und Paranormologie an der Accademia Alfonsiana, Päpstliche Lateranuniversität Rom. Gastvorlesungen in den USA, Japan und Australien.

Seit 1980 Direktor des von ihm gegründeten Instituts für Grenzgebiete der Wissenschaft (IGW), seit 1966 Initiator und Leiter der IMAGO MUNDI Kongresse.
Herausgeber der Zeitschriften *Grenzgebiete der Wissenschaft* und *ETHICA Wissenschaft und Verantwortung*. Buchreihen: *Imago Mundi; Grenzfragen; Personation and Psychotherapy; Wissenschaft und Verantwortung, Burkhard Heim: Einheitliche Beschreibung der Welt*; Inhaber des Resch Verlages. Zahlreiche Veröffentlichungen in verschiedenen Zeitschriften und Sammelbänden sowie der Bücher: *Der Traum im Heilsplan Gottes; Depression: Ursachen, Formen, Therapie; Gerda Walther: Ihr Leben und Werk*, und des Jahrbuches Impulse aus Wissenschaft und Forschung (von 1986 – 1992). Mitarbeit an Fernseh- und Kinofilmen.

Anschrift: Prof. Dr. Dr. P. Andreas Resch, Maximilianstr. 8, Postfach 8, A-6010 Innsbruck.

Dr. Fabio Riva, geb. am 30. März 1964 in Mailand; 1993 Promotion in Klinischer und Allgemein-Psychologie an der Universität Padua mit einer Arbeit über schamanische Trance.
Beratungstätigkeit in zwei Abteilungen der öffentlichen Fürsorge, beschäftigt sich mit der Rehabilitation von Psychose-Patienten; Durchführung von Gruppentherapien im Auftrag des *Centro Interdisciplinare di Automotivazione* (Interdisziplinäres Zentrum für Automotivation) in Mailand.
1993 Durchführung eines Forschungsexperiments über die Auswirkungen der hypnotischen Trance auf die Phasen der elektrodermalen Aktivität am Studien- und Forschungszentrum zur Psychophysiologie der Bewußtseinszustände.
Bevorzugte Interessensgebiete: Yoga, Meditation und schamanische Bewußtseinszustände.
Veröffentlichungen: *Effects of hypnotic trance on electrodermal phasic activity* (zus. mit N. Poidimani, M. Margnelli, G. Gagliardi und S. Usuelli); *Trance sciamanica* (1994); *Ricerca intervento: Guida alle risorse zona VI, Milano* (1994); *Effetti della trance ipnotica sull'attività elettrodermica fasica* (zus. mit M. Margnelli, G. Gagliardi und S. Usuelli, 1995).

Heinz Gustav Schott, geb. 8. August 1946 in Bergzabern (Rheinpfalz). Er studierte Medizin und Philosophie in Heidelberg, Glasgow (Schottland) und München und erhielt 1975 die Approbation als Arzt. An der Universität Heidelberg promovierte er 1974 zum Dr. med., 1978 zum Dr. phil. Im selben Jahr wurde er wissenschaftlicher Mitarbeiter am Institut für Geschichte der Medizin der Universität Freibur g /Br. (Prof. Dr. E. Seidler), habilitierte sich dort 1982 und wurde 1983 zum Professor ernannt. Seit 1987 hat er den Lehrstuhl für Geschichte der Medizin an der Universität Bonn inne und ist Direktor des dortigen Medizinhistorischen Instituts.
Forschungsschwerpunkte: Geschichte der Psychotherapie und Psychiatrie, Medizin der Goethezeit, Geschichte des Paracelsismus und Mesmerismus, traditionelle westliche Heilkonzepte.
Buchpublikationen: *Traum und Neurose: Erläuterungen zum Freudschen Krankheitsbegriff* (1979); *Bausteine zur Medizingeschichte. Heinrich Schipperges zum 65. Geburtstag* (zus. mit Eduard Seidler, hg. 1984); *Franz Anton Mesmer und die Geschichte des Mesmerismus* (hg. 1985); *Zauberspiegel der Seele: Sigmund Freud und die Geschichte der Selbstanalyse* (1985); *Wissenschaft auf Irrwegen: Biologismus – Rassenhygiene – Eugenik* (zus. *mit Peter Propping, hg. 1992); Die Chronik der Medizin* (1993); *Medizin, Romantik und Naturforschung. Bonn im Spiegel des 19. Jahrhunderts* (hg. 1993); *Genius loci. Beiträge*

des Wissenschaftlichen Symposions am 21. April 1989 in Freiburg im Breisgau anläßlich des 60. Geburtstages von Eduard Seidler (zus. mit Gerhard Fichtner, hg. 1994); *Meilensteine der Medizin* (hg. 1996).

Anschrift: Prof. Dr. Dr. Heinz Schott, Medizinhistorisches Institut der Universität Bonn, Sigmund-Freud-Str. 25, D-53105 Bonn.

Prof. Dr. Raymund Schwager SJ, geb. 1935 in Balterswil (Schweiz), studierte Philosophie in München und Theologie in Lyon und Fribourg.; 1970 – 1977 Mitglied der Redaktion der Zeitschrift „Orientierung“ (Zürich); 1975 Habilitation; seit 1977 o. Professor für dogmatische und ökumenische Theologie an der Universität Innsbruck; seit 1991 Präsident des „Colloquium on Violence & Religion“; seit 1993 Leiter der Arbeitsgemeinschaft katholischer Dogmatiker und Fundamentaltheologen des deutschen Sprachraumes.
Arbeitsgebiete: Erlösungslehre, Ekklesiologie, Geschichtstheologie, Friedens- und Gewaltproblematik, interdisziplinäre Forschung vor allem mittels der mimetischen Theorie von René Girard (im Rahmen des „Colloquium on Violence & Religion“ [USA/Europa], in dem etwa 150 Wissenschaftler zusammenwirken).
Veröffentlichungen: *Das dramatische Kirchenverständnis bei Ignatius von Loyola* (1970); *Jesus-Nachfolge* (1972); *Glaube, der die Welt verwandelt* (1976); *Brauchen wir einen Sündenbock? Gewalt und Erlösung in den biblischen Schriften* (3. Aufl. 1994); *Der wunderbare Tausch. Zur Geschichte und Deutung der Erlösungslehre* (1986); *Für Gerechtigkeit und Frieden* (1986); *Jesus im Heilsdrama. Entwurf einer biblischen Erlösungslehre* (1990); *Dem Netz des Jägers entronnen* (1991; 1994).

Anschrift: Univ.-Prof. Dr. Raymund Schwager S. J., Institut für Dogmatische und Ökumenische Theologie, Universitätsstr. 4, A-6020 Innsbruck.

P. Joannes M. Touw, geboren am 8. Oktober 1952 in Delft, Niederlande. Nach dem Abitur am altsprachlichen Gymnasium studierte er ab 1971 an der Reichsuniversität Leiden. 1973 und 1974 erhielt er drei Lizentiate (Mathematik, Physik, Astronomie). 1976 folgte das „Doctoraal-examen“ für theoretische Physik (Doctoraal-Arbeit: „The quantisation of the gravitational field according to the Vierbein-formalism“) und 1977 für Mathematik. Abbruch der akademischen Karriere und Eintritt bei den Benediktinern in Vaals: 1980 Gelübde, 1983 Mönchsweihe, 1988 Priesterweihe; neben der monastischen Formung Studium der Philosophie und Theologie. Auf Ersuchen des Bischofs Beschäftigung mit Paranormologie, Okkultismus, Spiritismus und Mystik; auf diesen Gebieten pastorale Hilfeleistung, Abhaltung von Vorträgen und Kursen am diözesanen Priesterseminar.
Besondere Interessen: paraphysische und biologische Phänomene der Mystik.
Seit 1991 befaßt sich P. Touw mit den Ereignissen in Soufanieh (Damaskus, Syrien).

Anschrift: Drs. Drs. P. Joannes M. Touw, Abdij St. Benedictusberg, Mamelis 39, NL-6295 NA Lemiers (Vaals).

JOHANNES MISCHO

GRENZPHÄNOMENE IM RELIGIÖSEN KONTEXT UND IHRE PSYCHOLOGISCHEN IMPLIKATIONEN

Der XV. IMAGO-MUNDI-Kongreß über Paranormologie und Religion greift eine Vielzahl von Themen auf, die mit außergewöhnlichen, das Vertraute durchbrechenden Erfahrungen zu tun haben. Erlebnisweisen, Zuständlichkeiten im psychischen Binnenraum oder auch von außen beobachtbar, führen uns an die Grenze, scheinen diese mitunter zu transzendieren. Dieser *„Vielfalt religiöser Erfahrung“* hat der Psychologe William JAMES um die Jahrhundertwende eine vielbeachtete Abhandlung gewidmet, und es ist bezeichnend, daß sie den Untertitel trägt: „Eine Studie über die menschliche Natur“[1].

Von der Vielfalt derartiger außergewöhnlicher Erfahrungen im religiösen Kontext geht seit jeher – und heute vielleicht mehr als vor wenigen Jahrzehnten – eine Faszination aus. Viele Menschen wollen erleben, erfahren, be„greifen“. Begreifen weniger im Sinne einer kognitiven Durchdringung und Assimilation als vielmehr zur Sicherung eines handgreiflichen Beweises für die eigene Orientierung, zur Bewältigung ihrer vorgängigen Annahmen. Und da scheint es mir gut, sich den Ausgangspunkt klar zu verdeutlichen.

I. MENSCHLICHES ERLEBEN, RELIGIÖSE ERFAHRUNG AUCH IN GRENZBEREICHEN, IST „MENSCHLICH“

Unsere erste Basisannahme muß von der Tatsache ausgehen, daß menschliches Erleben, menschliche Erfahrung, nicht losgelöst von der *Leib-Seele-Ganzheit* gesehen werden darf. Und diese existiert in einem historischen, kulturellen, zeitspezifischen Rahmen. Auch religiöse

1 W. JAMES: The Varieties of Religious Experience (1901/1902; 1979).

Erfahrung ist hier eingebunden, oft von vorherrschenden Frömmigkeitsidealen vorgeprägt. Wenn aber religiöse Erfahrung an den Menschen, als Individuum oder als Mitglied einer Gruppe seiner Zeit, gebunden ist, dann können, dann müssen wir auch die historischen und kulturpsychologischen Bedingtheiten berücksichtigen. Im Zusammenhang mit Visionen etwa spricht Karl RAHNER (1958) von einem „Zeitstil“ visionärer Erlebnisse. In seinem kleinen Buch „Visionen und Prophezeiungen“ geht er der Herz-Jesu-Verehrung, angeregt durch Margareta Maria ALACOQUE, nach und sagt:

> „Ein anschauliches Beispiel dafür liefern die Erscheinungen der hl. Margareta Maria Alacoque. Fast alle Elemente, gedankliche wie bildliche ihrer Visionen, finden sich in vorher gedruckten Werken und vor allem in ihrer Ordenstradition. 60 Jahre zuvor hatte Anna Maria Rosset, 50 Jahre davor Anna Margarita Clément und zur selben Zeit wie die Heilige hatte Juana Benigna Gojos Herz-Jesu-Visonen“[2].

Um einem weitverbreiteten Mißverständnis vorzubeugen: Es geht uns bei dem Einbezug psychologischer Überlegungen *nicht* um eine simplifizierte Kausalitätsbestimmung nach dem Motto: „Religiöse Erfahrungen sind nichts als ...“. Erklären können wir Seelisches nur unzureichend, aber der Einbezug historischer und psychologischer Überlegungen kann dazu verhelfen, die Entwicklungsgeschichte und die Ausprägungsform religiöser Erfahrungen zu verstehen, Sinnzusammenhänge in ihrem Verlauf zu erfassen und zu begreifen.

Aber noch in einer anderen Bedeutung ist religiöse Erfahrung „menschlich“, weil sie an die Unvollkommenheit des Menschen gebunden ist. Fremdtäuschungen haben da ihren Platz neben ehrlichen subjektiven Berichten, die aber objektiv falsch sind.

Der spanische Jesuitenpater Carlos Maria STAEHLIN berichtet in seinem Buch „Visionen, Stigmata und Offenbarungen“ (1955):

> „Bei den Wundererscheinungen, die in der letzten Zeit in verschiedenen Gegenden Spaniens vorkamen – Gemälde und Statuen, die sich bewegten –, waren es Kinder, die sie zuerst bemerkten.
> Wir haben verschiedene Male mit einigen dieser kleinen Seher gesprochen. Sie versicherten, daß sie „an keinem anderen Bild etwas Ähnliches sahen“, und dennoch genügte eine kleine Suggestion von unserer

2 K. RAHNER: Visionen und Prophezeiungen (1958), S. 63.

Seite, um das Wunder sich auch bei Andachtsbildchen, die wir ihnen vorhielten, wiederholen zu lassen.
Bei einem dieser Experimente, das wir mit 18 Kindern getrennt machten und ohne daß eines vom anderen wußte, war es uns ein Leichtes dadurch, daß wir das Kind fest auf ein vorgehaltenes farbiges Bild des Herzens Jesu schauen ließen, zu erreichen, daß es dieses Bild sich zuerst in den hl. Josef und danach in die Muttergottes verwandeln sah, ja sogar daß diese Gebilde sich belebten. So sahen zum Beispiel 13 Kinder getrennt (und zwar spontan, ohne daß man es ihnen mit Worten oder Gesten suggerierte), wie Jesus die Arme in Kreuzesform ausspannte und nach der einen und anderen Seite schaute. Ferner daß der hl. Josef seinen Stab von einer Hand in die andere nahm (auf dem Bild des Herzens Jesu gab es gar keinen Stab) und die Tunika raffte; daß die Muttergottes ihre Hände zum Himmel erhob, um sie dann wieder zu senken, als ob sie Gnaden ausstreuen wollte. Die 18 Kinder, mit denen diese Experimente gemacht wurden, waren 13 – 16 Jahre alt und gehörten alle jener Gegend an, in der es einige Jahre später von Kindern gesehene Visionen gab. Ihre Auswahl aus einer größeren Anzahl war dem Zufall überlassen“[3].

Nun könnte man sagen: Kinder können sich irren, die Phantasie geht mit ihnen durch. Nicht aber bei kanonisierten Heiligen, die „echte“ Visionen hatten. Dazu sagt Karl RAHNER:

> „Historisch Falsches, theologisch Irriges und Schiefes, Subjektives (bis zur Geschmacklosigkeit) ist in diesen Beispielen in Fülle enthalten..... Es handelt sich dabei immer um Fälle, wo diese heiligen Menschen davon überzeugt waren, in „echten“ visionären Erlebnissen diese Dinge erfahren zu haben..... Der hl. Norbert von Xanten fühlte sich absolut gewiß (certissime), daß der Antichrist noch in seiner Generation erscheinen werde. Der hl. Vincenz Ferrer erklärte mit Berufung auf Visionen, das Weltenende stehe unmittelbar bevor. Katharina von Siena glaubte, Maria habe ihr geoffenbart, sie sei nicht unbefleckt empfangen. Ähnlich spricht Maria zur seligen Veronica von Binasco. Mechthild von Hackeborn und Gertrud von Helfta lassen sich in Erscheinungen von Jesus unmögliche Etymologien vortragen. Hildegard von Bingen führt alle ihre Kenntnisse, die nun einmal nicht alle richtig sind, auf unmittelbare göttliche Erleuchtung und Diktat zurück. Der hl. Katharina von Ricci erscheint oft Savonarola als Prophet und Martyrer, so daß sie seine Seligsprechung betreibt ..... Der selige Alanus Berupe (1428 – 1475) berichtet die phantastischsten Offenbarun-

3 C. M. STAEHLIN: Visionen, Stigmata und Offenbarungen (1955), S. 64 f.

> gen über die Geschichte seines Ordensstifters und die Entstehung des Rosenkranzes.
> Die selige Margareta Ebner ließ sich vom Jesuskind darüber belehren, wie die heilige Beschneidung vollbracht wurde, und glaubte die Stimme des Herrn zu hören, der ihr befiehlt, das hölzerne Jesuskind, das sie in einer Wiege besaß, an ihrer Brust zu säugen“[4].

Es gibt nicht nur in der Vergangenheit Zeugnisse für Falsches, Irriges, sondern auch in unserem Jahrhundert. Das muß man kritisch sehen, wenn man sich als Psychologe oder Theologe auf Grenzerfahrungen im religiösen Kontext einläßt. Auch heiliggesprochene Männer oder Frauen können sich irren, haben sich geirrt.

II. RELIGIÖSE ERFAHRUNG UNTERLIEGT EINEM DEUTUNGS- UND BEWERTUNGSPROZESS

Als ich das Tagungsprogramm des hier zugrunde liegenden Kongresses in die Hand bekam, die vielen unterschiedlichen Referatsthemen las, war mir klar, daß ein Eröffnungsbeitrag *Koordinaten* zur Orientierung bieten müsse. Denn religiöse Erfahrung, religiöse Phänomene unterliegen einem Deutungs- und Bewertungsprozeß. Dieser nimmt auf unterschiedlichen Achsen Zuordnungen vor, die semantische Räume der Verursachung abgrenzen sollen.

1. Koordinaten der Deutung religiöser Erfahrungen

Man muß sich jedoch darüber im klaren sein, daß es sich dabei um theologische – Karl RAHNER sagt „biblische“ – Dimensionen handelt und nicht um einen profanwissenschaftlichen Klassifikationsversuch. Es sind vorwiegend Zuweisungen aus dem religiösen Verständnis, sinnverleihende Akte, die weder konfessionsgebunden noch an bestimmte Religionen gebunden sind.

4 K. RAHNER: Visionen und Prophezeiungen, S. 66 f.

a) Die erste Koordinate: göttlich – dämonisch

Die wohl wichtigste Dimension läßt sich als Antagonismus von *„göttlich“* oder „himmlisch“ und *„dämonisch“* charakterisieren. Die jeweiligen Endpunkte der Skala möchte ich an Beispielen verdeutlichen.

1) Die Erfahrung des „Göttlichen“

Zu den am meisten beeindruckenden religiösen Erfahrungen muß das „Mémorial“ von Blaise PASCAL gerechnet werden (Abb. 1).[5]

Wenige Tage nach dem Tod von PASCAL merkte ein Diener zufällig, daß im Rockfutter des Toten etwas steckte, das dicker schien als der übrige Rock. Er trennte die Stelle auf, um zu sehen, was es sei, und fand darin ein kleines Pergament, gefaltet und von PASCALs Hand beschrieben, und in diesem Pergament ein von der gleichen Hand beschriebenes Papier. Das eine war das Original, das zweite eine Abschrift davon. Beide Stücke wurden sofort der Schwester PASCALs [Frau Périer] übergeben. Sie ließ einige seiner besonderen Freunde Einsicht nehmen. Alle stimmten darin überein, daß es sich um eine Art Denkschrift handle, die PASCAL sehr sorgfältig bewahrte, weil er sich seit 8 Jahren die Mühe gemacht hatte, es einzunähen und herauszunehmen, so oft er neue Kleider machen ließ.

Der Text beginnt mit einer genauen Datierung: „Das Jahr der Gnade 1654, Montag, 23. November ...... von ungefähr zehneinhalb Uhr am Abend bis ungefähr eine halbe Stunde nach Mitternacht.“ Die erste Zeile ist durch ein einziges Wort charakterisiert, das in der Mitte steht:

„Feu“ (= „Feuer“)

Zwei Zeilen nachher: „Gewißheit. Gewißheit, Empfindung, Freude, Friede.“ Und noch einige Zeilen später: „Freude. Freude. Freude. Tränen der Freude.“ Und dann folgen eine Reihe von hingeschleuderten

5 Vgl. L. BRUNSCHWIEG / P. BOUTROUX / F. GAZIER (Hg.): Oeuvres de Blaise Pascal, publiés suivant l'ordre chronologique – Tomes I - XIV (1914 – 1925); das Mémorial findet sich in Band 4 dieser kritischen Gesamtausgabe, in den Regesten 7ff. Die Niederschrift auf Papier ist erhalten, von der auf Pergament nur eine Nachbildung durch Abbé Périer (S. 23), hier wiedergegeben als Abb. 1. Daneben hat BRUNSCHWIEG eine Taschenbuchausgabe mit dem Titel „Pensées et Opuscules“ 1912 herausgegeben, hier abgekürzt P. O.. Das Mémorial ist im Band IV, S. 142 erschienen, die Auffindungsgeschichte Band IV, P. O., S. 141.

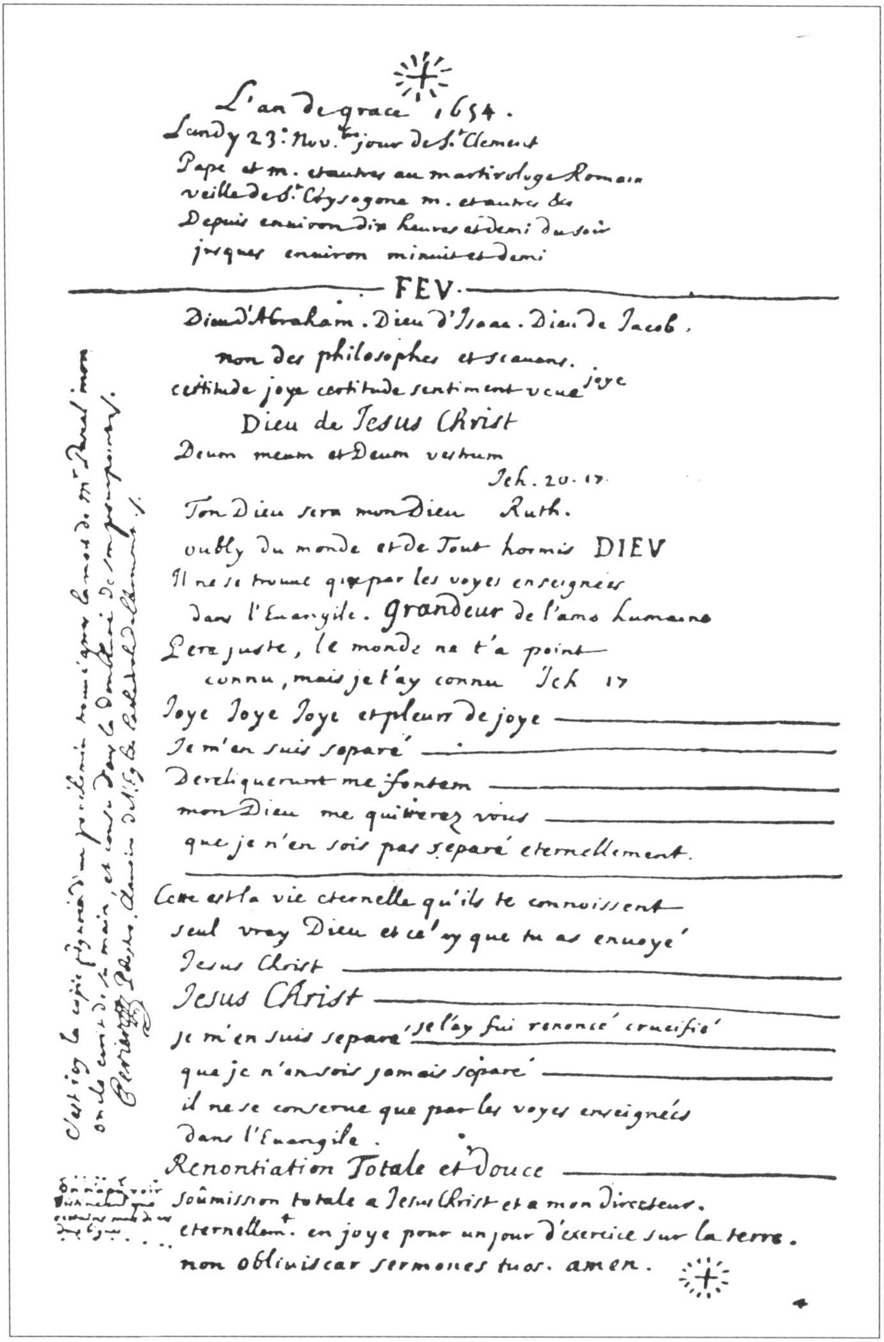

Abb. 1: Pascals „Mémorial"

Worten, kurzen Sätzen, Bruchstücken aus der Hl. Schrift, darunter seltsame Sätze wie: „Gott Abrahams, Gott Isaacs, Gott Jakobs, nicht der Philosophen und Gelehrten ......, Gott Jesu Christi".

Etwas Ungeheures, Unsagbares, scheint hier dem Physiker, Mathematiker, Ingenieur, Psychologen und Philosophen zu widerfahren. Was hat ihn, den Denker, zum Stammeln gebracht? Eine überwältigende Erfahrung. Er hatte mit Begriffen über Gott gedacht, sich angestrengt, aber es war ihm keine Erfahrung zuteil geworden. Nun steht er im Feuer und empfindet Gewißheit, Freude, Friede. Und diese Erfahrung ist ganz anders, es ist nicht der Gott der Philosophen und Gelehrten, es ist auch kein Bild, das er schaut, sondern ein Blitz, der ihn trifft, „Feuer". Und dann heißt es im Text weiter: „Die Welt hat Dich nicht erkannt, aber ich habe dich erkannt, Freude, Freude, Freude, Tränen der Freude".

Diese Erlebnisschilderung, verborgen gehalten und aus erster Hand, weist alle Charakteristika auf, die William JAMES für herausragende mystische Erfahrungen des Göttlichen aufzeigt: die *Unaussprechbarkeit*, der *Zustand von Einsicht in Tiefen der Wahrheit*, die *Flüchtigkeit* (zwischen ein und zwei Stunden, hier exakt angegeben) und das *passive Überraschtwerden*, bei dem der eigene Wille außer Kraft gesetzt wird. Es ist ein Zustand tiefster Ergriffenheit, der die Sprache stammeln macht.

2) Erfahrungen des „Dämonischen"

Der Gegenpol des „Göttlichen", das „Dämonische„, ist bestimmt durch den destruktiven Einfluß auf den Menschen. Karl RAHNER sagt dazu:

> „Physische und psychische, natürlich normale und natürlich außergewöhnliche Vorkommnisse, die mindestens faktisch oder ihrer Natur nach das religiös-sittliche Leben des Menschen hemmen, gefährden oder zerstören können ......, können als ‚teuflisch' qualifiziert werden, auch wenn es in ihnen mit rechten Dingen zugeht"[6].

Am handgreiflichsten wird dies faßbar durch die theologische Kennzeichnung „dämonische Besessenheit". Zur Veranschaulichung greife ich auf einen „klassischen" Fall zurück: die Heilung der *Gottliebin*

6 K. RAHNER: Visionen und Prophezeiungen, S. 43/44.

Dittus (Abb. 2) und ihrer beiden Geschwister durch Pfarrer *Blumhardt*, anhand des Originalberichtes und der Kommentare von G. SULZER (1922).[7]

Es beginnt im Jahre 1840 in Möttlingen bei Pforzheim, als bei der 28jährigen Gottliebin Halluzinationen auftreten, wenig später beginnt ein Klopfspuk, nach dem die junge Frau in heftige Zuckungen verfällt. Nach seinem zweiten Besuch schreibt Pfarrer *Blumhardt* in seinem Bericht:

„Mir war es klargeworden, daß etwas Dämonisches hier im Spiele sei ...... (Es) erfaßte mich eine Art Ingrimm, ich sprang vor, ergriff ihre starren Hände, zog ihre Finger gewaltsam wie zum Beten zusammen, rief in ihrem bewußtlosen Zustand ihren Namen laut ins Ohr und sagte: ‚Lege die Hände zusammen und bete HERR JESUS HILF MIR! WIR HABEN LANGE GENUG GESEHEN, WAS DER TEUFEL TUT, NUN WOLLEN WIR AUCH SEHEN, WAS JESUS VERMAG.‘ Nach wenigen Augenblicken erwachte sie, sprach die betenden Worte nach, und alle Krämpfe hörten auf zum großen Erstaunen der Anwesenden. Dies war der entscheidende Zeitpunkt, der mich mit unwiderstehlicher Gewalt in die Tätigkeit für die Sache hineinwarf“[8].

Ein Einblick in das Tun und Treiben
der
gottfeindlichen Geisterwelt

Bericht des Pfarrers Karl Christof Blumhardt
an den Kirchenrat über die Krankheitsgeschichte
der
Gottliebe Dittus

neu herausgegeben und mit einem Begleitwort versehen
von
Georg Sulzer,
Kassationsgerichtspräsident a. D., Zürich

Leipzig
Verlag von Oswald Mutze
1922

Abb. 2: „Ein Einblick in das Tun und Treiben der gottfeindlichen Geisterwelt“

Einen Tag später stellten sich die Krämpfe wieder ein, es meldete sich eine Stimme, Blumhardt fragte, wer denn da sei, und die Stimme antwortete zögernd, zuletzt rasch herausfahrend: „Der Allerärgste“[9]. Im

7 Vgl. G. SULZER (Hg.): Ein Einblick in das Tun und Treiben der gottfeindlichen Geisterwelt (1922).
8 Ders., ebd., S. 28.
9 Ders., ebd., S. 31.

Zuge des Gebetskampfes mit Dialog meldeten sich zunächst drei, dann sieben Dämonen, und schließlich steigerte sich die Zahl auf vierhundertfünfundzwanzig. Am 25. Juni 1842 kämpft Pfarrer Blumhardt von abends 8 Uhr bis morgens 4 Uhr, dann öffnet die Patientin den Mund und „es war, als spucke sie einen Dämon um den anderen heraus, es ging immer partienweise, je 14 oder 28 oder 12“, und dann herrscht Ruhe, die Patientin kann wieder aufstehen, es sieht so aus, als ob sie befreit wäre.

Doch dann beginnt es wieder von neuem, Gottliebin äußert den Wunsch, ins Pfarrhaus aufgenommen zu werden, und Anfang Februar 1843 erbricht sie Sand, kleine Glasstücke und Eisenstücke.

In der Folgezeit zeigten auch ihre Schwester Katharina und der halbblinde Bruder ähnliche Symptome wie die Gottliebin. Der Höhepunkt der Phänomene zeigte sich zwischen dem 24. und 28. Dezember, wobei die Schwester Katharina „mit einer Stimme, die man kaum bei einer menschlichen Kehle für möglich halten konnte, die Worte herausbrachte: JESUS IST SIEGER; JESUS IST SIEGER“[10]. Pfarrer Blumhardt schreibt von der Gottliebin:

> „Sie betrachtet und fühlt sich von uns an Kindesstatt angenommen, was nun auch mit ihrer Schwester Katharina und dem erwähnten halbblinden Bruder der Fall geworden ist“[11].

Natürlich stellen sich für den Arzt oder Psychologen angesichts einer derartigen Fallbeschreibung eine Reihe von Fragen, wie etwa nach dem kulturhistorischen Hintergrund, der innerpsychischen Wirklichkeit, der Lebensgeschichte der Gottliebin, nach der Übertragung und dem Induktionseffekt durch die Dämonenhypothese des Pfarrers sowie nach dem intrafamiliären Kräftespiel.

Zu einem Vergleich fordern die Selbsterfahrungen des Theologen und Naturwissenschaftlers Ludwig STAUDENMAIER heraus (Abb. 3).[12]

STAUDENMAIER begann mit dem *automatischen Schreiben*; es stellten sich alsbald akustische, optische und olfaktorische Halluzinationen

10 Ders., ebd., S. 84.
11 Ders., ebd., S. 87.
12 Vgl. L. STAUDENMAIER : Die Magie als experimentelle Naturwissenschaft (1912; 1968).

ein. Eine Art Persönlichkeitsspaltung tritt auf; mit der fortschreitenden Aufspaltung der Psyche sieht er wiederholt längere Zeit, mit völliger Klarheit und Schärfe, Teufelsfratzen.

Die Magie als experimentelle Naturwissenschaft

Von

Dr. Ludwig Staudenmaier
o. Hochschulprofessor in Freising bei München

2. vermehrte Auflage

Leipzig
Akademische Verlagsgesellschaft m. b. H.
1922

Abb. 3: „Magie als experimentelle Naturwissenschaft"

„Einmal hatte ich, als ich im Bette lag, ganz deutlich das Gefühl, daß mir jemand eine Kette um den Hals schlinge. Gleich darauf nahm ich einen sehr üblen Schwefelwasserstoffgeruch wahr, und eine unheimliche Stimme sagte zu mir: ‚Jetzt bist Du mein Gefangener. Ich werde Dich nicht mehr loslassen. Ich bin der Teufel'"[13].

STAUDENMAIER kommentiert diese innerpsychische Situation so:

„Es konnte für mich kein Zweifel mehr bestehen, nach naiv mittelalterlichen Begriffen war ich ‚besessen'. Dazu die verzweifelte Alternative, entweder mache ich grundlegende Entdeckungen, die geeignet sind, das Menschenrätsel von ganz neuen Gesichtspunkten aus zu beleuchten, oder ich bin ein Narr, der in unverantwortlicher Halsstarrigkeit Jahre seines Lebens, Gesundheit, vielleicht das Leben selbst opfert"[14].

STAUDENMAIER litt bis an sein Lebensende in Rom unter der Last seiner Halluzination.

b) Die zweite Koordinate: „Spiritistisch"-„Animistisch"

Die *zweite Koordinate* läßt sich mit *„Spiritistisch"-„Animistisch"* umreißen. Spiritistisch meint, daß die menschliche Psyche den persön-

13 Ders., ebd., S. 23.
14 Ders., ebd., S. 27.

lichen Tod überleben und sich in unserem Diesseits manifestieren könne. Dazu dienten sowohl Kontaktaufnahmen mit Hilfe von Medien als auch eine direkte Beeinflussung von „Geistern“ ".

Was die Einwirkung von „Geistern“ auf die Menschen angeht, so können sie sich – entsprechend der spiritistischen Tradition von A. KARDEC bis C. WICKLAND – auf eine zweifache Weise manifestieren: zum einen als *Führungs-* oder *Schutzgeister*, zum anderen als *Quälgeister*, die von Menschen Besitz ergreifen und eine Besessenheit hervorrufen. Das vielgelesene Buch von WICKLAND[15] ist genau dieser Thematik gewidmet.

Es wäre natürlich kurzsichtig, die Geisterhypothese auf das Jahr 1848 mit der Entstehung des Spiritismus zu reduzieren. Sie ist so alt wie die Menschheit, interkulturell verbreitet. Auch dieser Traditionsstrang ist zu berücksichtigen, weil er auf archaischere Formen der Ausprägung hinweist.

Als Gegenpol ist auf dieser Achse der Mensch anzusetzen. Er ist Erlebnisträger, Beobachter und Beurteiler. Inwieweit ist er auch Verursacher – ganz oder teilweise?

Hier setzen die Humanwissenschaften ein: Medizin, Psychologie, Parapsychologie – mitunter auch die Kriminalistik. In dieser interdisziplinären Sicht hat natürlich auch, neben der Theologie, die Tiefenpsychologie ihren Platz.

Dieses zweidimensionale Koordinatensystem wird aber erst anschaulich und konkret, wenn man selbst einmal versucht, die Themen dieses Bandes einzuordnen (Abb. 4).

Wenn man unbefangen herangeht, so lägen im rechten oberen Quadranten Themen wie Visionen und Erscheinungen, aber auch Privatoffenbarungen. Als sinnfällige Zeichen der Identifikation mit dem Leiden Jesu werden etwa Stigmata angesehen. Wunderheilungen hätten hier ebenso ihren Platz wie Heilungswunder bei medizinisch nicht erklärbaren, instantanen Heilungen, die kirchlich nicht anerkannt wurden. Vielerorts würden in diesem Quadranten auch Zeichen religiöser Verehrung eingebracht wie Reliquien und Sakramentalien. Näher der Mitte unserer Koordinaten wären wohl unorthodoxe Hei-

15 C. WICKLAND: 30 Jahre unter den Toten (1957).

lungen und Formen der Geistheilung anzusetzen. Bewegen wir uns auf die linke Seite des Koordinatensystems, so wären aus spiritistischer Sicht „gute“ Geister, die sich als Führungspersönlichkeiten manifestieren, ebenso zu diskutieren wie Quälgeister, die dem Menschen schaden können, sich „dämonisch“ auswirken und eine dämonische Besessenheit durch Geister Verstorbener hervorrufen sollen.

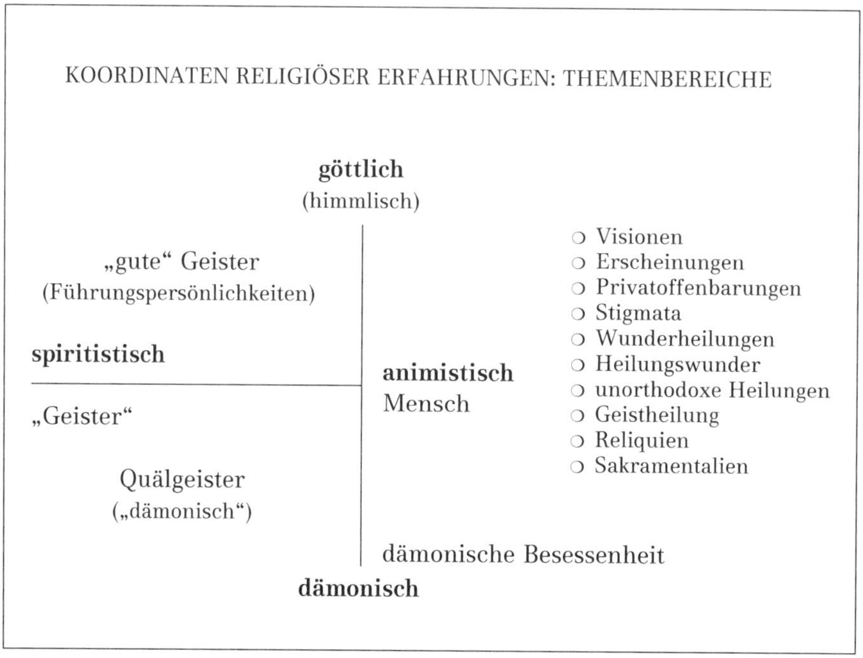

Abb. 4: Koordinaten religiöser Erfahrungen (mit Themenbereichen)

Aber eine solche Form der Zuweisung ist zu hinterfragen. In den zwei Beispielen, die ich im Zusammenhang mit „dämonischer Besessenheit“ ausgewählt habe, zeigten sich „Visionen“ von Menschen und „Teufeln“. Oder was machen wir mit folgendem Fall: Eine Visionärin sieht in ihrem Stüblein arme Seelen, die um ihr Gebet bitten, sie unterhält sich mit ihnen. Wo sollen wir so etwas in unserem schlichten Koordinatensystem einordnen? Wir brauchen also ein Bewertungssystem, das uns hilft die Spreu vom Weizen zu trennen.

2. Koordinaten der Bewertung religiöser Grenzerfahrungen

Wo immer man sich mit Grenzphänomenen – nicht nur im religiösen Bereich – auseinandersetzt, stellt sich als erstes die Frage: *Echt* oder *unecht* ? Handelt es sich um eine Täuschung in Form der Selbst- oder Fremdtäuschung mit oder ohne Absicht, vielleicht sogar um Betrug? Und dann gibt es – nicht nur im religiösen Bereich – die *Pia Fraus*, den frommen Betrug im guten Glauben. Auf der anderen Seite stellt sich die Frage: *Was sind die Kriterien für echt?* Zunächst einmal, daß Betrug ausgeschaltet werden kann. Echt meint aber auch, daß die Ursprungserfahrung unverfälscht – wenn Sie so wollen unredigiert – wiedergegeben wird. Denken Sie an das Beispiel des „Mémorial" von Blaise PASCAL. Hier fand keine Ausschmückung und Weitergabe durch Dritte statt, das Original ist uns überliefert. Noch ein Weiteres läßt sich an diesem Beispiel aufzeigen, was in den Kriterienkatalog von echt aufgenommen werden sollte: Das Erlebnis diente nicht der eigenen Selbsterhöhung, es wurde nicht zu einer Show mißbraucht. Theologen aus dem christlichen Raum werden für die Charakterisierung „echt" wahrscheinlich noch hinzufügen wollen die Übereinstimmung mit der Schrift und / oder der mündlichen Überlieferung, zumindest in grundsätzlichen Leitlinien.

Als zweite Dimension der Bewertung sehe ich die Achse *gesund – krank* an. Obwohl mir die Problematik der Begriffe Krankheit und Gesundheit – in der wissenschaftlichen Diskussion gründlich erörtert – durchaus geläufig ist, wage ich es, von einem vorwissenschaftlichem Verständnis auszugehen. Krank meint in diesem Sinne eine körperliche oder seelische Störung, die direkter Verursacher von Grenzerfahrungen sein kann. Ein psychotischer Schub hat eben jene Merkmale, die in der Psychopathologie beschrieben sind und muß im Kontext gesehen werden. Dieser Verbund unterscheidet ihn von der gesunden Wahrnehmungs- und Verarbeitungsweise. Auch körperliche oder hirnorganische Schädigungen können zu veränderten Bewußtseinszuständen führen und damit zu Wahrnehmumgs- und Erlebnisweisen, die in einem direkten Ursache-Wirkung-Verhältnis zur Grenzerfahrung stehen. Andererseits möchte ich aber zwei möglichen Mißverständnissen ebenso klar begegnen: Nicht alles, was wir an Grenzerfahrungen bei normalgesunden Menschen vorfinden, ist zugleich schon echt und ebensowenig jede Erfahrung, die mit krank in Verbindung gebracht werden kann, unecht. Hier bedarf es einer erhöhten Sensibilität und einer interdisziplinären Zusammenarbeit zwischen Psychopathologie, Psychologie und Theologie für eine differenzierte Bewertung (Abb. 5).

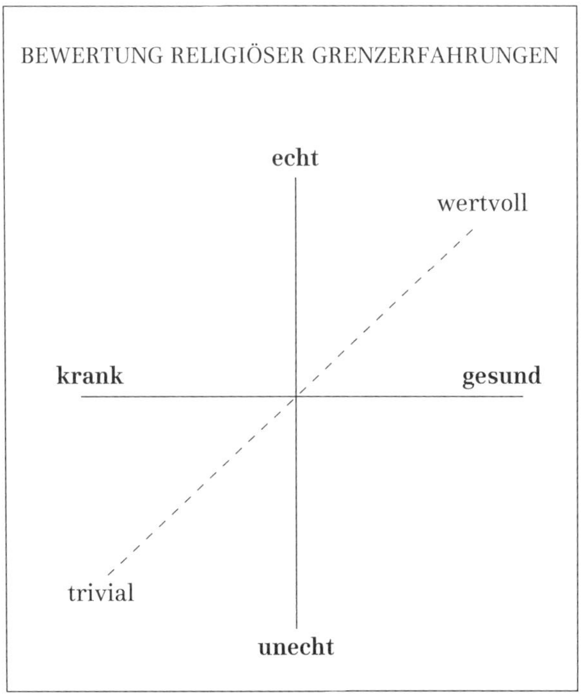

Abb. 5: Koordinaten der Bewertung

Noch eine *dritte* Dimension der Bewertung muß ich einschieben, die einer kurzen Erläuterung bedarf: Die Unterscheidung zwischen *trivial* und *wertvoll*. *Trivial* meint ein Doppeltes: Unbedeutend für den einzelnen und für die Gemeinschaft – in einem größeren Kontext und bei rechtem Licht besehen. Zwar mag der einzelne aus seiner subjektiven Sicht von der Bedeutung der eigenen Erfahrung überzeugt sein, aber sie schwindet, wenn man größere Ganzheiten, den Kontext, ins Auge faßt. Theologen werden mit dem Wort trivial wahrscheinlich noch eine andere Akzentsetzung verbinden: Altbekannt oder unwesentlich für den Glauben insgesamt. Als wertvoll sehe ich eine Erfahrung an, die den einzelnen weiterbringt auf dem Weg zu seiner geistigen und geistlichen Entwicklung. Dazu gehört aber auch ein Nutzen, Anstoß und eine Wirkmöglichkeit für die Gemeinschaft ohne Fixierung auf das eigene Ich.

Die Stichworte zu diesen drei Achsen sind unfertig, können nur unterschiedliche semantische Schwerpunkte abdecken, Hilfe und Denkanstöße liefern, die man bei der Bewertung von Grenzerfahrungen und Grenzphänomenen jeweils beim Einzelfall beachten sollte.

III. PSYCHOLOGISCHE ASPEKTE BEI GRENZERFAHRUNGEN IM RELIGIÖSEN BEREICH

Versucht man, die von der Volksfrömmigkeit oft als „Wunder" oder aber als „teuflisch" angesehenen Erfahrungen im religiösen Bereich zu sichten und zu ordnen, dann drängen sich aus der Sicht der Psychologie drei Themen auf, die für ein nachvollziehendes Verstehen unerläßlich sind (Abb. 6):

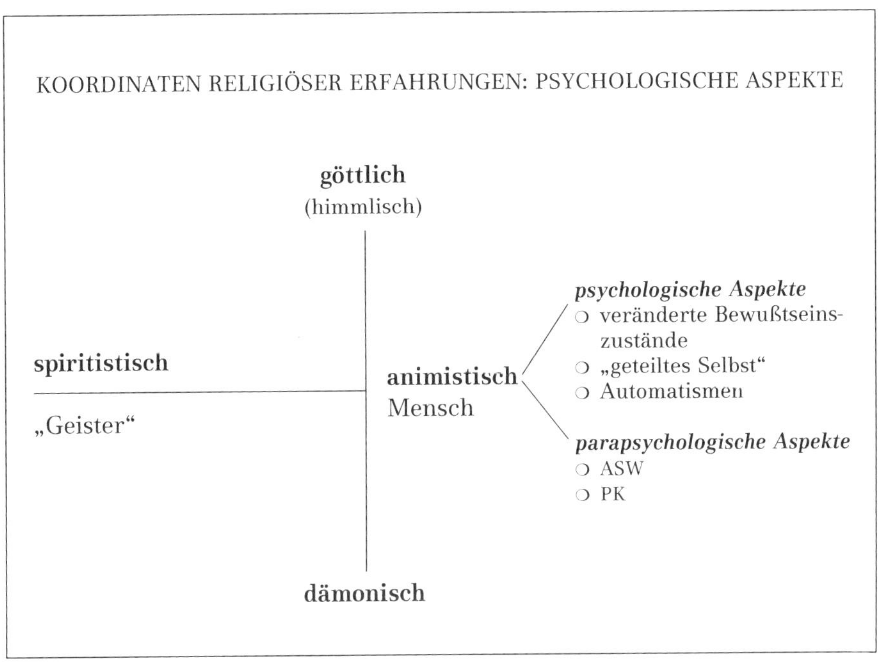

Abb. 6: Koordinaten religiöser Erfahrungen (psychologische Aspekte)

- *Veränderte Bewußtseinszustände*
- das *geteilte Selbst* und
- *psychische Automatismen.*

1. Veränderte Bewußtseinszustände

Die Thematik der *veränderten Bewußtseinszustände* bei religiösen Erfahrungen wird in diesem Band mehrfach angesprochen: aus der Sicht des Schamanismus, in den Ekstasen bei Marienerscheinungen und anderen Formen von Visionen. Ich erspare es mir, an dieser Stelle näher darauf einzugehen.

2. Das „geteilte Selbst"

Von eminenter Bedeutung erscheint mir das *„geteilte Selbst"* aus zwei Gründen. Zum einen hilft es auf den Achsen „himmlisch – dämonisch" sowie „Geister – Mensch" scheinbar außergewöhnliche Erfahrungen psychologisch verstehbar zu machen, zum anderen liegt gerade hier eine Fülle von Erfahrungsmaterial aus der Psychopathologie, der Klinischen und Experimentellen Psychologie sowie der Parapsychologie vor. Daran kann man nicht vorbeigehen.

Was ist mit dem *„geteilten Selbst"* gemeint?

Wir Menschen tun mehr als eine Sache zur gleichen Zeit, und das, was im Bewußtsein enthalten ist, ist niemals vollständig. Unsere Aufmerksamkeit kann sich auf Dinge in der Außenwelt richten, im nächsten Augenblick auf das eigene Körperschema, auf Erfahrungen, an die wir uns erinnern oder Vorstellungen, die uns plötzlich durch den Kopf gehen. Wir wählen nicht einfach aus, worauf wir achten wollen und können gleichzeitig alles andere ausblenden, denn unsere Aufmerksamkeit spaltet sich fortwährend auf. Der amerikanische Psychologe E. R. HILGARD sagt: „Die Einheit des Bewußtseins ist eine Illusion"[16].

16 Vgl. E. R. HILGARD: Divided Consciousness: Multiple Controls in Human Thought and Action (1977; 1986).

Eine klassische Beschreibung dieses geteilten Selbst hat AUGUSTINUS im achten Buch seiner Confessiones gegeben: „So kämpften zwei Willen miteinander, beide die meinigen, der eine alt, der andere neu, vom Fleische der eine, vom Geiste der andere .... Ich sprach in meinem Inneren „ja, gleich soll's geschehen, und beim Reden schritt ich schon zum Entschluß. Hart war ich dran, es auch zu tun – und ich tat es nicht. Und ich ermahnte mich auf's Neue und hatte fast Erfolg, dennoch erreichte ich es nicht[17].

Es wäre zu einfach, hier nur von den bekannten „zwei Seelen" in der Brust zu sprechen, vielmehr sind komplexe psychische Subsysteme zugange, die neben den biologischen und physiologischen Systemen getrennt oder voneinander unabhängig arbeiten. Der französische Psychiater Pierre JANET hat dafür den Begriff *Dissoziation* geprägt.[18] Wir alle kennen diese Vorgänge aus unseren Träumen. Unterschiedliche Antriebe, Bedürfnisse und Strebungen treten jeweils als handelnde Personen auf und stammen dennoch von uns selbst.

Am deutlichsten zeichnet sich diese Dissoziation bei *krankhaften* Störungsbildern, wie etwa der multiplen Persönlichkeitsstörung, ab. Verdeutlichen möchte ich das am Beispiel Ludwig STAUDENMAIERs (Abb. 7).[19]

Nach dem Beginn des automatischen Schreibens stellte sich zunächst ein „inneres Vorherhören" ein, dieses verselbständigte sich. Es traten optische, akustische, olfaktorische und taktile Halluzinationen auf und schließlich unterschiedliche Komplexpersönlichkeiten. „Hoheit" gab sich gravitätisch, „Rundkopf" repräsentierte den infantilen Zug, „das Kind" agierte den Spieltrieb aus. „Der Teufel" repräsentierte in „Bocksfuß" eine sadistische Komponente, wohingegen der „Pferdefuß" am ehesten der traditionellen Teufelsvorstellung entsprach. Einander widersprechende Antriebe können nicht mehr integriert werden, treten einander ablösend als ichfremd erlebte, eigenständige Persönlichkeiten auf.

Fragt man nach der Ätiologie der multiplen Persönlichkeitsstörung, so werden als erstes ein hohes Dissoziationspotential und eine leichte

17 AUGUSTINUS: Confessiones. Buch VIII, Kap. V.10 – XI.26.
18 Vgl. P. JANET: L'Automatisme Psychologique (1919).
19 Vgl. L. STAUDENMAIER: Die Magie als experimentelle Naturwissenschaft.

Hypnotisierbarkeit genannt. Weiter solche Lebenserfahrungen, die auf eine traumatische Weise die Anpassungsmöglichkeiten des kindlichen Ich überwältigen und eine mißlingende Form der Abwehr bestimmen, welche durch wichtige Bezugspersonen noch verstärkt wird.

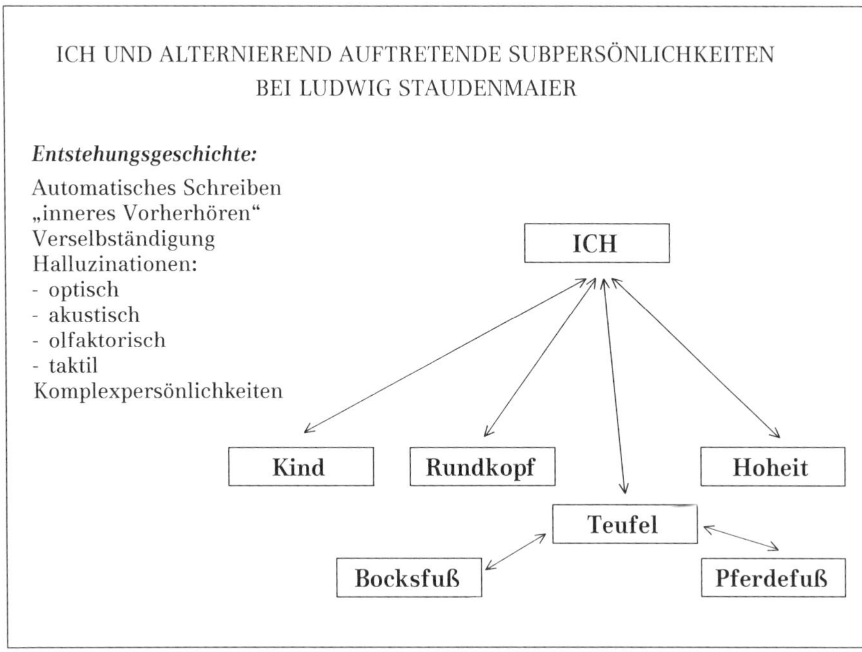

Abb. 7: Persönlichkeitsspaltung Staudenmaier

Wir sehen: Von *gesund* nach *krank* gibt es viele Möglichkeiten der Dissoziation, im Rahmen der normalen Verarbeitung werden diese Subsysteme als *ichzugehörig* empfunden, im Falle der Krankheit als *ichfremd*, autonom, abgespalten und mit einem neuen Ich versehen.

3. Psychische Automatismen

Psychische Automatismen gehören zu den Alltagserfahrungen. Denken Sie nur an längere Telefonate. Während wir aufmerksam zuhören, vollkommen im Gespräch aufgehen, malen wir auf bereitgelegten Notizzetteln Dinge, schreiben Namen, die überhaupt nichts mit dem Telefonat zu tun haben. JANET sagt, wenn man einem Menschen einen Bleistift in die Hand gibt, seine Aufmerksamkeit auf etwas anderes lenkt, kann man beobachten, daß er Dinge niederschreibt, von denen er bewußt nichts weiß; auf diese Weise kann man große Bruchstücke unbewußten Materials hervorlocken.

Die Erscheinungsformen psychischer Automatismen lassen sich unterscheiden in *sensorische* und *motorische*; in unserem Zusammenhang interessieren vor allem die motorischen Automatismen (Abb. 8).

TECHNIKEN SENSORISCHER UND MOTORISCHER AUTOMATISMEN

individuell — *kollektiv*

sensorisch:

Kristallsehen,
Spiegelzauber
Hydromantie
Lithomantie
und andere Divinationspraktiken,
mit Hilfe von Öl auf Wasser,
Seifenblasen, glänzend
gemachten Fingernägeln,
glitzernden Gemmen, Degen etc.

motorisch:

Automatisches Sprechen

Automatisches Schreiben /
Buchstabieren

←— **Pendeln** —→
←— **Glasrücken** —→
Oui-ja-Bord

Pendeln
Rutengehen

Tischrücken

Abb. 8: Techniken sensorischer und motorischer Automatismen

Zwei Dinge möchte ich in diesem Zusammenhang kurz ansprechen: das *automatische Sprechen*, als „göttliche Eingebung“ von den Betreffenden empfunden. Vor allem im Rahmen charismatischer Bewegungen finden sich eine Reihe von Selbstschilderungen wie die des Pastors Paul, eines der Begründer der Pfingstbewegung. Er berichtet:

> „Die Macht des Herrn kam über mich und hielt mit ihrer Arbeit an meinem Leibe den ganzen Tag an. Sie wurde so stark, daß der Unterkiefer, die Zunge und die Lippen sich zum Sprechen bewegten, ohne daß ich dies veranlaßte ... Ich sah auf diese Weise, daß mein Mund stumm in einer fremden Zunge redete ... Da die Mundbewegungen sehr schnell waren, mußte dies recht rasch geschehen. Es war mir, als wirbelten sich die Töne auf diese Weise heraus. So entstand eine wundersame Sprache mit Lauten, wie ich sie nie geredet hatte ... Dann mußte ich in deutscher Sprache in Lob und Anbetung ausbrechen. Bei dem ganzen Vorgang wurde mein Leib von einer großen Kraft geschüttelt“[20].

Aus diesem Bericht ersieht man, daß sein Ich keine Macht mehr über Lippen und Zunge hat, er empfindet die lautlosen Bewegungen der Sprachorgane nicht als seine Sprache, sie werden als fremd empfunden, weil das Unterbewußtsein die Regie übernommen hat. Sein normales Ich ist passiv, *es* spricht aus ihm, nicht *er*.

Aus den anderen motorischen Automatismen möchte ich nur das automatische Schreiben herausgreifen und dabei den Akzent auf die Betrachtung des Verlaufes legen.

Olga Endriss, Schwester der Borromäerinnen mit dem Namen *Stella*, gab an, seit ihrem fünfundzwanzigsten Lebensjahr dann und wann die Stimme des Heilands vernommen zu haben. Sie betonte wiederholt, es sei dies kein Hören mit den äußeren Ohren, sondern ein rein geistiges Hören in der Innerlichkeit. Meist gleichzeitig habe sie den Heiland auch gesehen und zwar als verklärte Gestalt in einem Lichtglanz. Sie führte darüber Tagebuch, und in ihren Aufzeichnungen spricht der Heiland in direkter Rede, weshalb sie nach ihrer Veröffentlichung den Namen „Heilandsbriefe“ erhalten haben. Schwester Stella sagte selbst aus, daß beim Schreiben ihre Hand geführt würde und ihr Bewußtsein ausgeschaltet sei, so daß sie selber gar nicht recht verstehe, was sie niederschreibe.

Schwester Stellas „Heilandsbotschaften“ waren zunächst an alle seine Bräute, also an Klosterfrauen gerichtet, nachher auch an die Ordensbrüder. Die Botschaften handelten stets nur von geistigen, nie-

20 R. HENNING: Das Wesen der Inspiration (1912), S. 154.

mals von materiellen Dingen. Sie wurden teilweise in katholischen Kreisen zu Bestsellern und sind in verschiedene Sprachen übersetzt worden. Allein in den Jahren 1956/57 hat Stella etwa 18.000 Seiten solcher Botschaften geschrieben; sie wurden von ihren geistlichen Vorgesetzten für echt gehalten.

Dann begegnete Schwester Stella den „heiligen Eltern des heiligen Werkes", gegründet von der religiös-fanatischen *Magdalena Kohler* und dem ehemaligen Pater *Josef Stocker*. Und dann veränderten sich die Botschaften, mehrfach wird Magdalena Kohler als „einzigartig Begnadete" gepriesen, deren „Seele von übernatürlicher Schönheit sei" und die der Heiland mit „reinster Liebe an sein heiligstes Herz gefesselt habe".

Dann begann der „rächende Gott" aus Stella automatisch zu schreiben. Die Erde werde für alle Ewigkeit in einen dröhnenden Abgrund gestürzt, Mitteleuropa werde durch Russen und Mongolen besetzt, Wasserfluten überspülten das Land, Leichengestank verpeste die Luft, Totenberge würden entstehen, Kindern würden die Hälse durchgeschnitten, Menschen die Beine abgesägt und die Geschlechtsteile abgebrochen, die Zentrale des Heiligen Werkes hingegen werde sein wie eine Arche Noah. Auf dem Weg über Schwester Stellas automatisches Schreiben äußerte sich der „Heiland" sehr präzise, wieviele und welche Arten von Vorräten angelegt werden müßten, wobei sogar die Sorte der Soßenwürfel (Maggi oder Knorr) diskutiert wurde.

Man sieht aus diesem sehr gerafften Überblick, wie sich im Gefüge der Gruppendynamik dieser religiösen Sekte die „Heilandsbotschaften" immer mehr verändern, degenerieren und zum Kristallisationspunkt für wichtige Weichenstellungen innerhalb einer derartigen religiösen Subkultur werden können.

Anfang 1969 fand vor dem Schwurgericht in Zürich der Prozeß gegen diese Subgruppe statt, sie hatte die siebzehnjährige *Bernadette Hassler*, weil sie sie für besessen hielten, durch Stockschläge zu Tode geprügelt, und Frau Kohler und Pater Stocker wurden zu zehn Jahren Haft mit anschließender Landesverweisung verurteilt. Nach der Haftentlassung zog Magdalena in ihr Haus, die „Arche Noah" nach Singen. Dort wurden von ihnen weiter „Teufelsaustreibungen" an einer sechsundsechzigjährigen Witwe, Frau Anna W., vorgenommen. Anfang 1988 starb die seit Jahren regelrecht gefangengehaltene Anna in einem Zimmer der „Arche Noah". Nach der Beerdigung der Anna wurde eine Exhumierung und Obduktion durchgeführt, die Leiche war mit Blutergüssen und Wunden übersät, entsprechende Tatwerkzeuge wurden gefunden und ein neuer Prozeß eröffnet.[21]

Aus dem genannten Beispiel zum Thema *Privatoffenbarungen* dürfte deutlich geworden sein, wie wichtig der humanwissenschaftliche Beitrag für die Beurteilung derartiger Phänomene ist. Des weiteren: Das sogenannte *innere Wort*, das *automatische Schreiben*, die wiederholt auftretenden *Visionen* stehen in ihrer Plastizität in einem inneren konsistenten Zusammenhang mit der menschlichen Persönlichkeit und ihrem Umfeld. Ohne klinisch-psychologische oder pathologische Kenntnisse sollte man äußerst vorsichtig sein und von vorschnellen Echtheitsäußerungen absehen.

IV. PARAPSYCHOLOGISCHE ASPEKTE RELIGIÖSER ERFAHRUNGEN

Die Parapsychologie untersucht jene Erfahrungen des Menschen, die neben den uns vertrauten aufzutreten scheinen. Sie beschäftigt sich mit zwei großen Fragenkreisen:

- Gibt es eine Wahrnehmung außerhalb der uns bislang bekannten Sinnesorgane, kurz *Außersinnliche Wahrnehmung* – abgekürzt ASW – genannt, und
- gibt es eine direkte Einwirkung der menschlichen Psyche auf materielle Objekte – *Psychokinese* – abgekürzt PK – genannt?

Die parapsychologische Forschung stützt sich auf folgende Informationsquellen:

- Berichte über *spontane Erfahrungen* von ASW oder PK
- *Feldforschung*
- Qualitativ angelegte Experimente mit *Medien*, also besonders begabten Versuchspersonen
- *Laboratoriumsexperimente* mit unausgelesenen Versuchspersonenstichproben unter strenger Kontrolle.

21 Vgl. W. M. DIGGELMANN: Hexenprozeß – die Teufelsaustreiber von Ringwil (1969).

Aus Gründen der Anschaulichkeit und der Vergleichbarkeit ziehe ich mich auf die spontanen Berichte zurück, und da wird als erstes deutlich: *Grenzerfahrungen* im profanen und religiösen Kontext sind *strukturähnlich.*

1. Außersinnliche Wahrnehmung (ASW)

Die Parallelen subjektiver Erfahrung von *außersinnlicher Erfahrung* aus dem profanen und dem religiösen Bereich sind unübersehbar. So deckt sich die Mitteilung von AUGUSTINUS[22] in den Erzählmustern völlig mit dem 1927 von Parapsychologen untersuchten Fall des *Chaffin-Testaments*[23]: Der verstorbene Vater erscheint dem Sohn im Traum, die dort empfangenen Hinweise führen zur Auffindung entscheidender Dokumente für die Klärung eines belastenden Erbschaftsfalles.

Die von J. GRENTE (1914)[24] aus dem Material des Vatikanarchivs überlieferte Vision des *Papstes Pius V.* vom 7. Oktober 1571 bezüglich des Seesieges von Lepanto weist ähnliche Züge auf wie der Bericht I. KANTs (1766)[25] über die unerklärliche Wahrnehmung E. SWEDENBORGs vom Brand Stockholms oder das Erlebnis des Philosophen *Appolonius von Thyana*, der nach einem kurzen Zustand der Geistesabwesenheit seinen Hörern in den Hainen zu Ephesus die gleichzeitige Ermordung des Tyrannen *Domitian* in Rom verkündete.[26]

Gleichartige Strukturmuster finden sich auch im Traum des Bischofs Lanyi über eine Vorwegnahme der Ermordung des österreichischen Thronfolgers[27] wie in Jean DIXONs visionärer Erfahrung über die Erschießung Präsident Kennedys.[28]

22 AUGUSTINUS: De cura pro mortuis gerenda, XI, S. 619 – 660.

23 Vgl. Committee of the Society for Psychical Research: Das Chaffin-Testament (1926/28), 517 – 524.

24 Vgl. G. GRENTE: Saint Pie V. (1914).

25 Vgl. I. KANT: Brief an Charlotte von Knobloch 1763 (1976), S. 102.

26 Vgl. PHILOSTRAT in der Übersetzung von E. BALTZER: Appolonius von Thyana (1883).

27 PUNTIGAM (Hg.): Ein merkwürdiger Traum am 28. Juni 1914 (1918), 23 – 24; Näheres dazu bei J. MISCHO: Die Schüsse von Sarajewo (1962/63), 126 – 134.

28 Vgl. R. MONTGOMERY: A gift of prophecy (1965]

Eine gegenüber dem letztgenannten Beispiel ähnliche Verlaufsgestalt zeigen die in erwartender Beobachtung gesammelten Träume der Schauspielerin Ch. Mylius und die Dokumentation der tatsächlichen Ereignisse.[29]

Derartige subjektive Erfahrungen entsprechen dem Bezugsraster der parapsychologischen Forschung über außersinnliche Wahrnehmung in den Formen der *Telepathie* (Appolonius, Pius V., Swedenborg), des *Hellsehens* (Augustinus, Chaffin-Testament), und der *Präkognition* (Lanyi, Dixon, Mylius).

Die statistische Analyse von ca. 8.000 Berichten zeigt, daß bei mehr als 80% derartige Erfahrungen im Zusammenhang mit existentiellen Krisensituationen stehen (Tod, Unfall, Gefahr, Verletzung, Eifersucht) und sich zu einem gleich hohen Prozentsatz auf gefühlsmäßig nahestehende Menschen beziehen. Außerdem zeigt sich, daß nahezu die Hälfte derartiger Erfahrungen im Traum gemacht wird oder während eines Zustandes herabgesetzter Bewußtseinstätigkeit als Vision oder Halluzination auftrat.

2. Psychokinese (PK)

Die zweite Fragestellung der Parapsychologie: wirkt die menschliche Psyche direkt auf die Welt materieller Objekte ohne Dazwischentreten einer anderen Ursache, kurz *Psychokinese* genannt, zeigt ähnliche Strukturmerkmale im profanen wie im religiösen Bereich.

Da sind zunächst Berichte über kurzphasig auftretende derartige Effekte, die während einer vorübergehenden psychischen Störung aufgetreten sein sollen. M. LUTHERs Erfahrung während seiner Bibelübersetzung als „Junker Jörg" auf der Wartburg, als „Teufelserlebnis" interpretiert, weist affektdynamisch ähnliche Züge auf wie der Bericht C. G. JUNGs über eine derartige eigene Erfahrung, auch wenn JUNG natürlich eine andere Interpretation bevorzugt.

Von derartigen einmaligen, nur über einen kürzeren Zeitraum auftretenden Erfahrungen unterscheiden sich die Erlebnismuster des *per-*

29 Vgl. H. BENDER & J. MISCHO: „Präkognition" in Traumserien (1960/61), 114 – 198, (1961/62), 10 – 47.

songebundenen Spuks in mehrfacher Hinsicht. Nach den Berichten erweist sich dieser als langlebiger, seine Geschehnistypen sind vielgestaltiger, die einzelnen Phänomene sollen phasenhaft auftreten und ihnen dabei eine breite Skala von Ausdrucksmöglichkeiten zur Verfügung stehen. Man sollte jedoch nicht übersehen, daß bei den zum Teil recht komplizierten Wirkungsabfolgen eine verschmitzt-verschlagene infantile Aggression Regie führt. Unter psychohygienischen Aspekten erscheint es in den meisten Fällen dringlicher, die „szenische Darstellung“[30], sei sie nun im Sinne der Parapsychologie „psychokinetisch“ oder „manipuliert“ als Symptom für individuelle Konfliktdispositionen beim Auslöser und/oder gestörte interpersonelle Beziehungen im Familienverbund zu begreifen.

Es wäre eine lohnende Aufgabe, detailliert *parapsychischen Erfahrungen* sowohl in den Lebensgeschichten kanonisierter Heiliger als auch bei Fällen *dämonischer Besessenheit* nachzugehen. Denn in beiden von uns gebrachten Beispielen (Dittus, Staudenmaier) werden derartige Erfahrungen berichtet.

Man sollte diese Phänomene als natürliche Kräfte und Fähigkeiten des Menschen ansehen, die zwar das Vertraute zu durchbrechen scheinen, aber eine vorschnelle theologische Interpretation erscheint unangebracht.

Natürlich werden in breiten Kreisen der Bevölkerung derartige außergewöhnliche Vorkommnisse im positiven wie im negativen Sinne als „Wunder“ interpretiert. Aber AUGUSTINUS sagt:

> „Das Wunder trägt sich also zu im Widerspruch nicht zur Natur, sondern lediglich zu unserer Naturerfahrung“[31].

Literatur

ARGELANDER, H.: Das Erstinterview in der Psychotherapie. -- Darmstadt: Wissenschaftliche Buchgesellschaft, 1992 (Erstauflage 1970).

AUGUSTINUS: Confessiones. Buch VIII, Kap. V. 10 – XI.25.

AUGUSTINUS: De Civitate Dei. 1,21 c. 8,2. Pl 41, 721.

AUGUSTINUS: De cura pro mortuis gerenda, XI. In: Corpus Scriptorum Ecclesiasticorum Latinorum (CSEL). – Prague – Vindobonae – Lipsiae, 1900, Band 41.

30 Vgl. H. ARGELANDER: Das Erstinterview in der Psychotherapie (1970; 1992)
31 AUGUSTINUS: De Civitate Dei. 1,21 c. 8,2. Pl 41, 721

BALTZER, E.: Appolonius von Thyana. Aus dem Griechischen des Philostratus übersetzt und erläutert von Eduard Baltzer. – Rudolstadt i. Th.: Hartung, 1883.

BENDER, H. / MISCHO, J.: „Präkognition" in Traumserien. Dokumentation und Strukturanalyse sinnvoller Koinzidenzen im „Fall Gotenhafen". In: Zeitschrift für Parapsychologie und Grenzgebiete der Psychologie; 4 (1960/61), 114 – 198, 5 (1961/62), 10 – 47).

BRUNSCHWIEG, L. / BOUTROUX, P. / GAZIER, F. (Hg.): Oeuvres de Blaise Pascal, publiés suivant l'ordre chronologique – Tomes I – XIV (1914 – 1925).

Committee of the Society for Psychical Research: Das Chaffin-Testament, Proceedings of the Society for Psychical Research; 36 (1926/1928), 517 – 524.

DIGGELMANN, W. M.: Hexenprozeß – die Teufelsaustreiber von Ringwil. – Bern: Benteli, 1969.

GRENTE, G.: Saint Pie V. – 3. Aufl. – Paris: Lecoffre, 1914.

HENNING, R.: Das Wesen der Inspiration. – Leipzig: Barth, 1912.

HILGARD, E. R.: Divided Consciousness: Multiple Controls in Human Thought and Action. – 2. Aufl. – New York: Wiley, 1986 (Erstauflage 1977).

JAMES, W.: The Varieties of Religious Experience. In: The Gifford Lectures. – Edinburgh, 1901/1902 (deutsch: Die Vielfalt religiöser Erfahrung. – Olten: Walter, 1979).

JANET, P.: L'Automatisme Psychologique. – 8. Aufl. – Paris: Alcan, 1919.

KANT, I.: Brief an Charlotte von Knobloch 1763. In: R. MALTER (Hg.): Träume eines Geistersehers – erläutert an den Träumen der Metaphysik. – Stuttgart, 1976.

MISCHO, J.: Die Schüsse von Sarajewo – Zum Traum des Bischofs Lanyi über die Emordung des Thronfolgerpaares. In: Neue Wissenschaft II, Band 3 (1962/63), 126 – 134.

MONTGOMERY, R.: A gift of prophecy. (Deutsch von Renate Lerbs-Lienau: Ich sehe die Zukunft: die Voraussagen der Jean Dixon. – Hamburg: Mosaik-Verlag, 1965).

PUNTIGAM (Hg.): Ein merkwürdiger Traum am 28. Juni 1914. In: Balkanstimmen; 1 (1918) 1, 23 – 24.

RAHNER, K.: Visionen und Prophezeiungen. – 2. Aufl. – Freiburg: Herder, 1958 (uaestiones disputatae ; 4), S. 63.

STAEHLIN, C. M.: Visionen, Stigmata und Offenbarungen. Kritisches Essay von Carlos Maria Staehlin, S.J. (deutsche unveröffentlichte Übersetzung von Pater Th. Baumann, 1955).

STAUDENMAIER, L.: Die Magie als experimentelle Naturwissenschaft. – Leipzig: Akademische Verlagsgesellschaft, 1912 (Nachdruck: Darmstadt: Wissenschaftliche Buchgesellschaft, 1968).

SULZER, G. (Hg.): Ein Einblick in das Tun und Treiben der gottfeindlichen Geisterwelt. – Leipzig: Oswald Mutze, 1922.

WICKLAND, C.: 30 Jahre unter den Toten. – Remagen: Otto Reichel, 1957.

ERLENDUR HARALDSSON

RELIGION UND EMPIRISCHE PARAPSYCHOLOGIE

Einige Befunde aus meiner parapsychologischen Forschung

Zwischen *Religion* und der Domäne des *Paranormalen* besteht seit Jahrhunderten, wenn nicht seit jeher, ein zwiespältiges Verhältnis. Einerseits werden (echte oder angebliche) paranormale Begabungen und Phänomene zuweilen als göttlicher Eingriff in den Verlauf der Naturgesetze gewertet. Andererseits werden sie verpönt und dunklen Mächten zugeschrieben. In außerchristlichen Religionen, etwa dem Buddhismus oder Hinduismus, werden derartige Begabungen oft gleichzeitig als Hindernis auf dem Weg zur Erleuchtung angesehen, wenngleich sie von Heiligen dieser Religionen häufig zitiert werden und ihnen dadurch ein gewisser Stellenwert zukommt.

Für die Entstehung religiöser Bewegungen sind paranormale Phänomene manchmal von großer, wenn nicht von entscheidender Bedeutung. Die Frage beispielsweise, ob sich das Christentum ohne die im Neuen Testament beschriebenen wunderhaften Ereignisse je zu einer Weltreligion entwickelt hätte, ist berechtigt.

Und wie steht es in heutiger Zeit mit der Beziehung zwischen *Religion* und *empirischer Parapsychologie*? Gibt es hierzu beweisführende Daten aus Experimenten oder Interviewstudien? Diese Frage kann ich aus meiner Sicht nur bejahen. Im Laufe meiner Forschungstätigkeit bin ich mehrmals auf solche Beziehungen gestoßen. Auf einige wichtige Befunde aus diesen Untersuchungen soll im Folgenden näher eingegangen werden:

1. Die größte interkulturelle Umfrage, die je in Europa durchgeführt wurde, ist der *Human Values Survey*, der drei Fragen zu paranormalen Erfahrungen enthielt. Das Ergebnis zeigte, daß religiöse Menschen eher von paranormalen Erfahrungen berichten als weniger religiöse.

2. Als noch interessanter erwies sich eine Reihe von ASW-Experimenten mit 462 Studenten, deren *Religiosität* sich als der beste Garant für

ASW herausstellte. Bei standardisierten Rateversuchen erzielten sehr religiöse Studenten mehr Treffer als weniger religiöse.

3. In subjektiveren Erfahrungsbereichen kam die religiöse Beziehung besonders bei *Visionen auf dem Sterbebett* zum Tragen. Eine großangelegte Untersuchung über Halluzinationen ergab, daß solche Visionen meist als Jenseitskontakte und oft auch als intensive religiöse Erfahrung erlebt wurden.

1. Human Values Survey

Anfang der achtziger Jahre fand in den meisten europäischen Ländern, außer in Österreich und der Schweiz, eine umfangreiche Untersuchung statt (insgesamt 18.607 Befragte).[1, 2] Die Größe der Stichproben in den einzelnen Ländern belief sich auf durchschnittlich 1.307 Personen. Die Umfrage wurde von führenden Meinungsforschungsinstituten durchgeführt, in der Hauptsache von Gallup, in Deutschland vom Institut für Meinungsforschung in Allensbach.[3] Ziel war die Feststellung der Gemeinsamkeiten und Unterschiede bei europäischen Völkern hinsichtlich Themen wie Religion, Freizeitgestaltung, Politik, Familienleben usw. Drei Punkte dieser Umfrage bezogen sich auf paranormale Erlebnisse[4]:

1. *Hatten Sie je das Empfinden, mit jemandem in direktem Kontakt zu stehen, der von Ihnen weit entfernt war?*
2. *Haben Sie Geschehnisse beobachtet, von denen Sie wußten, daß Sie weit weg von Ihnen passierten?*
3. *Hatten Sie jemals das Gefühl, mit jemandem in Verbindung zu sein, der schon tot war?*

Mit diesen Fragen sollten Erlebnisse von *Telepathie, Hellsehen* und *Kontakte mit Verstorbenen* erfaßt werden. Folgende Fragestellungen

1 S. HARDING / D. PHILIPPS / M. FOGARTY: Contrasting values in Western Europe (1986).

2 E. HARALDSSON / J. M. HOUTKOOPER: Psychic experiences in the multinational Human Values Study (1991).

3 E. NOELLE-NEUMANN / R. KÖCHER: Die verletzte Nation (1987).

4 A. M. GREELEY: The Sociology of the Paranormal (1975).

sind hierbei von besonderem Interesse: Gibt es internationale Unterschiede in der Häufigkeit der Bejahung dieser Fragen? Gibt es Unterschiede zwischen Personen, die von solchen Erfahrungen berichten und anderen ohne derlei Erlebnisse?

Man muß sich natürlich darüber im Klaren sein, daß es sich hier lediglich um Antworten auf Fragen handelt; der Versuch einer Verifizierung wurde nicht unternommen. Die Ergebnisse zeigten, daß 34% der Befragten in Europa von telepathischen Erlebnissen berichteten, d. h. daß jeder dritte glaubte, ein solches gehabt zu haben. Allerdings gibt es darüber unterschiedliche Aussagen. So berichten etwa in Italien 41%, in Finnland 40% und in Deutschland 39% über solche Erlebnisse, in Norwegen hingegen 17% und in Dänemark nur 15%. 21% der befragten Europäer äußerten sich über hellseherische Erlebnisse, am meisten davon in Italien (39%) und am wenigsten in den skandinavischen Ländern (Tab. 1).

Land	*Telepathie*	*Hellsehen*	*Kontakt mit Verstorbenen*
Frankreich	34	24	24
Italien	41	39	34
Spanien	21	14	16
Belgien	21	14	18
Großbritannien	36	14	26
BRD	39	17	28
Holland	29	12	12
Irland	19	11	16
Dänemark	15	12	10
Finnland	40	15	14
Island	34	7	41
Norwegen	17	7	9
Schweden	24	7	14
EUROPA	34	21	25
USA	54	25	30
Südkorea	48	25	23

Tab. 1: Prozentsatz von Personen mit Erfahrungsberichten laut Human Values Survey

Bemerkenswert ist, daß jeder vierte Europäer behauptet, zumindest einmal Kontakt mit Verstorbenen gehabt zu haben. Darüber berichteten 41% der Isländer und 34% der Italiener, hingegen nur 9 – 10%

der Skandinavier (vornehmlich Dänen und Norweger). Diese Umfrage wurde auch in den Vereinigten Staaten durchgeführt, wo die Ergebnisse für sämtliche Erfahrungsbereiche höher lagen als in Europa, nämlich 54% für Telepathie, 25% für Hellsehen und 30% für Kontakt mit Verstorbenen. Aufgrund dieser Daten stellt sich die Frage, ob es hinsichtlich paranormaler Erfahrungen nationale Unterschiede gibt, was mit Ja zu beantworten ist. So gaben in Italien mindestens zweimal so viele Personen an, eines oder mehrere solcher Erlebnisse gehabt zu haben als in Dänemark oder Norwegen, wo sich etwa nur jeder vierte in diese Richtung ausspricht (Tab. 2).

Land	*Paranormales Erlebnis*	*Anzahl der Erlebnisse* 0	1	2	3
USA	60	40	28	21	11
Italien	60	40	24	22	14
Island	52	48	27	22	3
BRD	49	51	27	17	5
Frankreich	48	52	25	15	9
Finnland	45	55	28	12	6
Großbritannien	44	56	21	16	8
Holland	34	66	21	11	3
Spanien	32	68	19	9	4
Schweden	31	69	20	9	2
Irland	30	70	18	9	3
Belgien	29	71	16	8	5
Dänemark	25	75	18	6	2
Norwegen	24	76	15	7	2
EUROPA	46	54	23	16	8

Tab. 2: Prozentsatz von Personen mit paranormalen Erfahrungsberichten laut Human Values Survey

Es stellt sich die Frage, ob zwischen echten bzw. vermeintlichen paranormalen Erlebnissen und religiösen Einstellungen eine Beziehung besteht. Hier machte die *Human Values Survey* klar, daß es unter Menschen, die häufig über den *Sinn des Lebens* nachdenken, wesentlich mehr Paragnosten (ASW-begabte Sensitive) gibt als unter jenen, die sich nur selten mit diesem Gedanken befassen. Ebenso finden sich unter denjenigen, die sich Zeit für ein Gebet nehmen, mehr Paragnosten als unter jenen, die nie beten. Mehr Paragnosten gibt es auch unter Menschen, die an die Wiedergeburt glauben, als unter

Land	*Gesamt*	*Glaube an Wiedergeburt*		*Glaube an geistige Macht oder Lebensenergie*		*Gebet*		*Nachdenken über den Sinn des Lebens*			
		Y	*N*	*Y*	*Andere*	*Y*	*N*	*Oft*	*Manchmal*	*Selten*	*Nie*
Frankreich	48	61	45	56	45	57	42	55	48	40	34
Italien	60	68	59	63	56	66	45	73	57	33	51
Spanien	32	39	30	35	31	35	25	45	30	28	25
Belgien	29	50	29	43	25	37	22	41	33	17	19
Großbritannien	44	59	36	52	39	54	35	53	45	32	38
BRD	49	66	43	54	46	59	29	65	46	41	23
Holland	34	50	34	48	29	41	27	53	34	24	22
Irland	30	39	29	38	28	33	17	41	29	21	23
Dänemark	25	48	22	35	22	32	19	39	23	19	9
Finnland*	45	–	–	–	–	–	–	57	44	35	17
Island	52	68	46	57	45	65	42	64	47	43	28
Norwegen	24	30	21	29	21	29	16	32	26	15	7
Schweden	31	57	25	40	25	42	25	47	33	20	20
EUROPA	46	59	42	54	42	54	35	59	45	33	34
USA	60	72	56	66	59	64	42	68	56	47	51

* Fehlende Zahlenangaben aufgrund technischer Schwierigkeiten mit der finnischen Datenbank

Tab. 3: Prozentsatz von Personen mit parnormalen Erfahrungsberichten im Zusammenhang mit signifikanten Variablen

denen, die nicht daran glauben. Und Paragnosten sind auch eher unter jenen anzutreffen, die an eine geistige Macht glauben, als bei denen, die an einen persönlichen Gott oder an keinen Gott glauben (Tab. 3).

2. ASW-Experimente

In der *Human Values Survey* wurde kein Versuch gemacht, die echten von den angeblichen paranormalen Erlebnissen zu trennen. Sie liefert daher keine sichere Antwort auf die Frage, ob zwischen Religiosität und paranormalem Erlebnis tatsächlich eine Verbindung besteht. Diese ist anhand von Experimenten näher zu untersuchen. So fragt es sich, ob religiöse Menschen bei ASW-Versuchen tatsächlich eine höhere Trefferquote erzielen als weniger oder nicht religiöse Personen. Hierzu wurden entsprechende Daten erhoben.[5]

In den letzten 13 Jahren führte ich mit einem in Schweden entwickelten Test, der als Diagnostikum in der schwedischen Luftwaffe eingesetzt wurde, insgesamt 10 ASW-Experimente durch. Dieser *Defense Mechanism Test* (DMT) wurde zur Vorhersage von ASW-Leistungen herangezogen. Es handelte sich dabei um 40 Präkognitions- und 40 Hellseh-Rateversuche, wobei die Wahrscheinlichkeit, einen Treffer zu erzielen, bei jedem Rateversuch 1/4 betrug (theoretischer durchschnittlicher Zufallserfolg: 20 Treffer bei 80 Rateversuchen). Als Versuchspersonen fungierten 462 männliche Studenten verschiedener Fakultäten.

Bei diesen Experimenten zeigte sich im Großen und Ganzen eine zwar niedrige, dennoch aber signifikante Beziehung zwischen Rateversuchserfolg und Wahrnehmungsabwehr ($z = 2.60$, $p < 0.005$, $n = 462$, Effektstärke = 0.12). Versuchspersonen mit geringen Abwehrmechanismen erreichten eine höhere Trefferzahl als jene mit hoher Wahrnehmungsabwehr. Zwischen Religiosität und Trefferleistung bestand allerdings eine etwas stärker ausgeprägte Beziehung ($z = 2.67$, $p < 0.008$, $n = 383$, Effektstärke = 0.14). Eine signifikante Beziehung

5 E. HARALDSSON / J. M. HOUTKOOPER: Eine Metaanalyse von Experimenten über Wahrnehmungsabwehr und Außersinnliche Wahrnehmung (1994).

zeigte sich auch hinsichtlich des Glaubens an ein Fortleben nach dem Tode ($z = 1.93$, $p = 0.05$, $n = 382$, Effektstärke = 0.10).

Religiosität hat subjektive Bedeutung und ist nur begrenzt meßbar. Den Versuchspersonen wurde ein Fragebogen zu ihrer persönlichen Religiosität vorgelegt. Dabei erwiesen sich folgende Fragen im Zusammenhang mit ASW-Leistungen als besonders signifikant:

1. *„Wie religiös betrachten Sie sich?“* (sehr, etwas, wenig, nicht)
2. *„Lesen Sie religiöse Artikel oder Bücher?“* (nie, selten, manchmal, oft)
3. *„Nehmen Sie an religiösen Treffen oder Veranstaltungen teil?“* (nie, selten, manchmal, oft)

Die Untersuchung hat gezeigt, daß religiöse Menschen nicht nur eher von paranormalen Erfahrungen berichten als andere Personen, sondern daß sie bei Experimenten auch die besseren ASW-Leistungen erbringen, was generell bedeutet, daß Religiosität für paranormales Erleben von nicht zu unterschätzender Bedeutung ist.

3. Visionen auf dem Sterbebett

In den siebziger Jahren führte ich mit Dr. Karlis OSIS von der *American Society for Psychical Research*, New York, eine umfangreiche Untersuchung zu *Halluzinationen* bzw. *Visionen* kurz vor Todeseintritt durch[6, 7], die sowohl in den *USA* als auch in *Indien* anhand persönlicher Interviews mit mehreren hundert Ärzten und Krankenschwestern erfolgte, welche regen Kontakt zu Sterbenden hatten. Unser Interesse konzentrierte sich dabei vor allem auf die Inhalte solcher Visionen, den Krankheitszustand der Patienten, die Art der medikamentösen Behandlung und auf andere Faktoren, die Halluzinationen hervorrufen können. Für die Untersuchung waren zwei wirtschaftlich und kulturell völlig unterschiedliche Länder ausgewählt worden, um die sich hinter der kulturellen „Fassade“ verbergenden Grunderlebnis-

6 K. OSIS / E. HARALDSSON: Sterbebettbeobachtungen von Ärzten und Krankenschwestern (1979).

7 K. OSIS / E. HARALDSSON: Der Tod, ein neuer Anfang (1978).

se auszuloten. Im Folgenden ein kurzes Beispiel aus unserer Fallsammlung:

> Ihr Bewußtsein war äußerst klar, keine Beruhigungsmittel, keine halluzinogene Krankengeschichte. Sie war voller Heiterkeit und vertraute darauf, daß sie wieder gesund werden würde ... Plötzlich streckte sie die Arme aus, lächelte und rief nach mir (ihre Krankenschwester): „Können Sie dort nicht auch Charlie (ihren verstorbenen Ehemann) mit offenen Armen sehen?“ ... Was für ein wunderschöner Ort mit all den Blumen und der Musik“ ... Sie sagte, daß er auf sie warten würde.

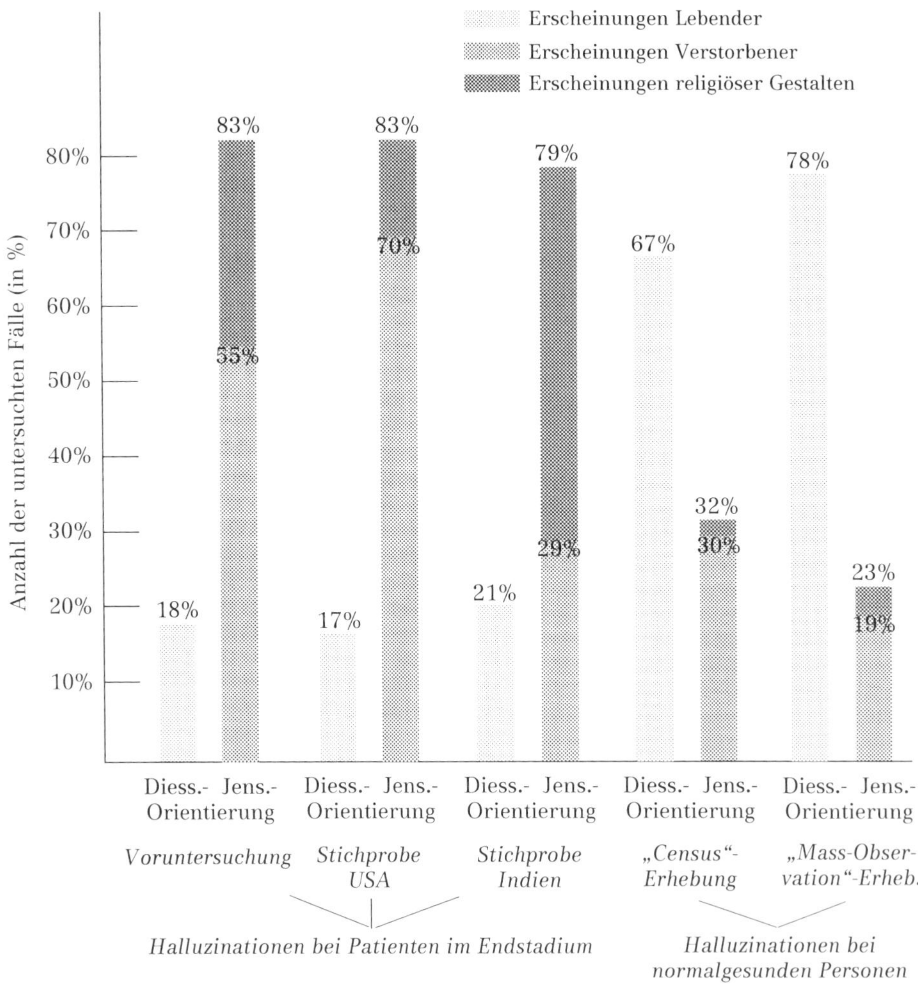

Abb. 1: Prozentsatz von Erscheinungen Lebender, Verstorbener oder religiöser Gestalten in Auswahl von Patienten im Endstadion und von normalgesunden Personen

Als wichtigste Ergebnisse wurden von uns folgende gewertet:

Die Visionen wurden meist als Jenseitskontakte erlebt (Abb. 1). In 70 – 80% der Sterbebettvisionen sowohl in den USA als auch in Indien erschienen den Patienten verstorbene Verwandte oder religiöse Gestalten, die mitteilten, daß sie gekommen waren, um die Sterbenden in eine andere Welt zu holen. OSIS und ich bezeichneten diese Fälle als „take-away cases" (Abb. 2). Bemerkenswert war außerdem, daß die Kranken fast immer zum Mitgehen bereit waren und deren Todesangst geschwunden schien.

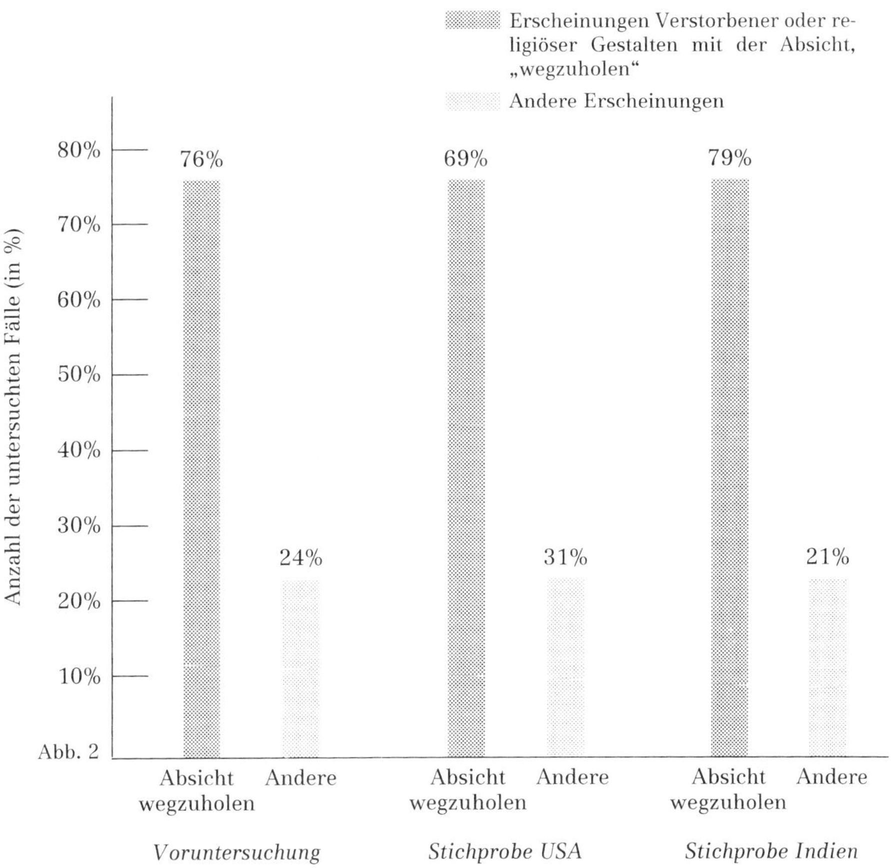

Abb. 2: Prozentsatz halluzinatorischer Gestalten mit der Absicht, „wegzuholen", im Vergleich zu jenen, die für einen Besucher gehalten oder als Bedrohung empfunden wurden

Wir kamen zu dem Schluß, daß Sterbebettvisionen eine Sonderstellung unter den Halluzinationen einnehmen. Etwa 80% dieser Erscheinungen waren „jenseitsorientiert", die verbleibenden 20% „diesseitsorientiert". Bei den „jenseitsorientierten" Visionen erschienen den Patienten nahe Verwandte, die verstorben waren, oder religiöse und „lichtvolle" Gestalten. Ein Beispiel:

> Ein zehn Jahre altes Mädchen lag im Krankenhaus in Pennsylvania, um sich von einer Lungenentzündung zu erholen. Das Fieber war gesunken, und es schien die Krise überwunden zu haben. Im Bericht der Krankenschwester stand: „Die Mutter sah, daß ihr Kind zusehends verfiel und rief uns. Sie sagte, das Mädchen habe ihr gerade erzählt, daß es einen Engel gesehen habe, der es bei der Hand nahm, und tatsächlich starb das Kind im nächsten Augenblick." Wir konnten das einfach nicht begreifen, da es keinerlei Anzeichen eines bevorstehenden Todes gegeben hatte. Das Mädchen war so ruhig und heiter und dem Tod so nahe.

Den Sterbenden vermittelten solche Erscheinungen in den meisten Fällen ein Gefühl des Friedens und der Erleichterung. Manchmal lasen sich die Berichte der Ärzte und Schwestern wie Beschreibungen intensiver religiöser Erfahrungen transzendentaler Art.

Bei 60% der Patienten gab es keinerlei halluzinogene Faktoren. Auffällig war zudem, daß die Kranken oft unmittelbar nach der Vision starben oder in ein Koma fielen, aus dem sie nicht mehr erwachten.

Die Frage der Natur dieser subjektiven Erlebnisse bleibt offen. Die Verstorbenen und die religiösen oder lichtvollen Gestalten lassen sich nicht als objektive Realität verifizieren. Manche Berichte hören sich an, als würden das Religiöse und Paranormale verschmelzen und ein subjektiver Jenseitskontakt zu einer tiefen religiösen Erfahrung werden.

Literatur

GREELEY, A. M.: The Sociology of the Paranormal: a Reconnaissance. - Beverly Hills, CA: Sage Publications, 1975.

HARALDSSON, E. / HOUTKOOPER, J. M.: Psychic experiences in the multinational Human Values Study: Who reports them? In: Journal of the American Society for Psychical Research; 85 (1991), 145 - 165.

HARALDSSON, E. / HOUTKOOPER, J. M.: Eine Metaanalyse von Experimenten über Wahrnehmungsabwehr und Außersinnliche Wahrnehmung: Glaubensüberzeugung, Persönlichkeit, Versuchsleiter- und Absinkungseffekte. In: Zeitschrift für Parapsychologie und Grenzgebiete der Psychologie; 36 (1994) 3/4, 194 - 210.

HARDING, S. / PHILIPPS, D. / FOGARTY, M.: Contrasting values in Western Europe. - London: MacMillan, 1986 (in association with the European Value Systems Study Group).

NOELLE-NEUMANN, E. / KÖCHER, R.: Die verletzte Nation. - Stuttgart: Deutsche Verlags-Anstalt, 1987.

OSIS, K. / HARALDSSON, E.: Der Tod, ein neuer Anfang. - Freiburg i. Br.: Bauer, 1978.

OSIS, K. / HARALDSSON, E.: Sterbebettbeobachtungen von Ärzten und Krankenschwestern: eine kulturelle Umfrage. In: A. RESCH: Fortleben nach dem Tode. - 4. Aufl. - Innsbruck: Resch, 1987 (Imago Mundi; 7), S. 425 - 455.

CHRISTIAN RÄTSCH

SCHAMANISCHE BEWUSSTSEINSZUSTÄNDE UND RELIGIÖSE ERFAHRUNGEN

1. Prolog

„Gott ist das Ich des Universums“[1]

Ich bin ein Kind der Sechziger Jahre. So habe ich auch früh Bekanntschaft mit psychedelischen Drogen, wie LSD und Zauberpilzen, gemacht. Durch meine erste LSD-Erfahrung habe ich nicht nur meinen Lebensweg, sondern auch mein professionelles Forschungsfeld gefunden.

Wir wußten damals noch nichts von psychedelischen Ritualen, dennoch stimmten wir uns mit einer Meditation und Yoga-Übungen ein. Wir waren zu dritt, ein Erfahrener und zwei Novizen. Kaum hatte die Wirkung eingesetzt, veränderte sich die gewohnte Umgebung. Die Farben verschoben sich, Muster tanzten durch den Raum, die Klänge von Geräuschen, Stimmen und Musik nahmen andere Formen an, Lustschauer ließen meinen Körper erbeben. Wenn ich in die Wolken blickte, entfalteten sich prächtige Mandalas, deren Anblick mir ein wohliges Gefühl vermittelte. Zwischendurch explodierte ich in unglaubliche Lachsalven.

Nach den ersten stürmischen Eindrücken zog ich mich in das Musikzimmer zurück und legte eine Schallplatte (Mandalaband, Chrysalis Records, 1975) auf. Ich setze mich im Lotussitz auf den Boden und lauschte der Musik, die wie eine Flutwelle an den Strand meines Bewußtseins brandete.

Zuerst machte ich eine Reise durch meinen eigenen Körper. Ich nahm seine Struktur aus der Perspektive einer Zelle wahr, betrachtete meine inneren Organe, sah mein eigenes Skelett, erkannte, wie alles

1 A. R. ORAGES, zit. in R. METZNER: Hineingehen (1987), S. 137.

zusammenspielt und Leben, mein eigenes Leben, ermöglicht. Ich blikke wieder in den Raum, der mich umgibt. Die Tapeten fließen von den Wänden, der Teppich schlägt Wellen, die Musik sprudelt unaufhaltsam aus den Lautsprechern. Ich betrachte meinen Körper – diesmal von außen. Da zerfällt mein Fleisch, tropft, wie von Säure zerfressen von den Knochen, die als riesige Firstbalken einer anderen Welt wirken. Mir ist ganz klar, der Tod nimmt das Leben von den Balken, breitet sich aus im Raum. Ich bin nur noch ein Skelett, das im Lotussitz verweilt. Ich wundere mich über mich selbst. Weder Panik noch Trauer ergreifen mich über den eigenen Tod. Ich betrachte mein Skelett mit wachsendem Interesse. Ich blicke an den Rippen hinunter und sehe, wie in der Gegend des Bauchnabels ein Flämmchen aufzüngelt. Es wird schnell zu einem Feuerball, dem zuckende Blitze entfahren. Der brodelnde und leuchtende Ball wird zu einem Fluß, einem Strom, komponiert aus allen Ideen, Gedanken, Gefühlen, Bildern und Vorstellungen des Universums. Wie mit einer gewaltigen Flutwelle braust der Fluß durch den Brustkorb und schießt in meinen leeren Schädel. Gewaltige Energien quillen aus meinem Kopf heraus und übergießen mein altes Skelett mit neuem Leben. Ein Lichtglanz umhüllt meinen neuen, vollendeten Körper, dessen goldene Schönheit das leuchtende Universum mit blitzendem Licht durchflutet. Eine riesige Hand – die Hand Buddhas – gebettet in flauschige und bläulichrosa schillernde Wolken, kommt auf mich zu. Plötzlich sitze ich inmitten dieser Hand und werde von ihr in die Höhe getragen. Die Musik tobt, die Hand trägt mich höher und höher. Der grenzenlose Raum leuchtet zunächst bräunlich, dann in sattem Indischgelb. Das Universum lacht, vereinigt sich mit mir. Alles erstrahlt in einem überirdischen Licht, ich erschauere vor höchster Glückseligkeit. Dieser Augenblick von Ekstase und Erleuchtung bleibt als Erinnerung an die Ewigkeit, in die ich spähen durfte, zurück.

Später habe ich gelernt, daß LSD eine Substanz ist, die nach dessen Entdecker Albert HOFMANN, in die Reihe der mexikanischen Sakraldrogen gehört, also nahe mit den „Pflanzen der Götter" verwandt ist.[2] Ich begriff während meines Ethnologiestudiums, daß mein LSD-Trip zum einen eine schamanische Initiation, zum anderen ein mysti-

2 A. HOFMANN: LSD – Mein Sorgenkind (1979).

sches Einheitserlebnis war. Und damit wäre ich beim Thema des vorliegenden Artikels, dem Zusammenhang von schamanischem Bewußtsein und religiösen oder mystischen Erfahrungen.

2. Schamanische Bewußtseinszustände

Mit dem Wort *Schamane*, das aus dem Tungusischen kommt und soviel wie „Wissender" oder „Zauberer"[3] bedeutet, wird heutzutage eine Reihe von traditionellen Heilern benannt, die über eine bestimmte Bewußtseinstechnologie, verbunden mit einer besonderen Begabung, verfügen, durch die sie zielgerichtet in veränderte Bewußtseinszustände eintreten können, um nach Belieben in eine „andere Wirklichkeit" zu reisen. Der Schamane wurde auch „Spezialist für die Geisterwelt" genannt.[4]

Es hat sich in den letzten Jahren eingebürgert, von Schamanismus als „Religion" zu sprechen, als „älteste Religion der Menschheit"[5]. Aber Schamanismus ist keine Religion. Er ist eine Korpus von Techniken zur Bewußtseinsveränderung, eine Bewußtseinstechnologie. Diese Technologien wurden und werden innerhalb verschiedenster Kulturen mit den unterschiedlichsten Glaubensvorstellungen angewandt. Der Schamanismus steht nicht mit der Religion im Widerstreit; er *benutzt* die Religion (Animismus oder Naturreligion, Hinduismus, Buddhismus, Taoismus, Shintoismus usw.) als Maske für den schamanischen Bewußtseinszustand bzw. für die Inszenierung der Erfahrungen im erweiterten Bewußtsein. Allerdings macht die Anwendung dieser Techniken nicht jeden Menschen zum Schamanen. Der Schamane ist immer ein ungewöhnliches Individuum, daß über bestimmte Fähigkeiten und Begabungen sowie über eine spezifische Lebensgeschichte (Berufung, persönliche Krise, Initiationskrankheit, Ausbildung bei einem älteren Schamanen, Transsexualität usw.) verfügt[6]:

3 I. P. COULIANO: Jenseits dieser Welt (1995), S. 63.

4 Ders., ebd., S. 68.

5 Vgl. M. RIPINSKY-NAXON: Shamanism: Religion or Rite? (1992).

6 Ders., ebd.; ders.: Psychoactivity and Shamanic States of Consciousness (1995); A. SCHENK: Schamanen auf dem Dach der Welt (1994); M. J. WINKELMAN: Shamans, Priests, and Witches (1992).

> „Die Schamanen sind Wesen, die sich im Schoß ihrer jeweiligen Gesellschaft durch bestimmte Züge hervortun, welche innerhalb des modernen Europa die Zeichen einer ‚Berufung‘ oder doch einer ‚religiösen Krise‘ sind. Sie sind von der übrigen Gemeinschaft durch die Intensität ihres religiösen Erlebnisses abgesondert. Man würde also mit besserem Grund den Schamanismus unter die Mystiken einreihen als unter das, was man gewöhnlich mit ‚Religion‘ bezeichnet. Wir werden dem Schamanismus innerhalb vieler Religionen begegnen, denn er bleibt immer eine Technik der Ekstase, die einer gewissen Elite zur Verfügung steht und in gewisser Weise die Mystik der betreffenden Religion konstituiert.“[7]

Die Religion der Eiszeit-Jäger war sicherlich eine andere als die der frühen Pflanzer, die wiederum eine völlig andere war als etwa der Hinduismus. Dennoch gab und gibt es Schamanen in all diesen Kulturformen und religiösen Systemen.[8] Alles deutet darauf hin, daß die schamanischen Techniken ihre Wurzeln in der Altsteinzeit haben und in der Zeit der Höhlenmaler ihren ersten Höhepunkt erreichten.[9]

Schamanen sind Spezialisten für Reisen in „andere Welten“, „andere Wirklichkeiten“ oder in den „Landschaften des Bewußtseins“. Sie haben im Laufe der letzten 100.000 Jahre eine Reihe höchst wirkungsvoller Techniken entwickelt, die ihnen den Zugang zu anderen Wirklichkeiten eröffnen können. Durch ihre Technologie erreichen sie den „schamanischen Bewußtseinszustand“. Dieser Begriff wurde von Michael HARNER geprägt:

> „Der Schamane bewegt sich zwischen den beiden Wirklichkeiten aus freien Stücken und mit ernster Absicht hin und her. Ganz gleich, welche die Wirklichkeit ist, der Schamane denkt und handelt auf die entsprechende Art und hat als Ziel die Meisterung sowohl seiner nichtalltäglichen als auch seiner alltäglichen Aktivitäten. Nur wer seinen Einsatz in beiden Gebieten erfolgreich meistert, ist ein Meisterschamane.
> Beide Wirklichkeiten der Person des Schamanen, die nichtalltägliche und die alltägliche, haben ihren dazugehörigen Bewußtseinszustand. Jede Wirklichkeit kann nur erfolgreich erfüllt werden, wenn man auch in dem entsprechenden Bewußtseinszustand ist. [...]

7 M. ELIADE: Schamanismus und archaische Ekstasetechnik (1975), S. 17.

8 Vgl. M. J. WINKELMAN: Shamans, Priests, and Witches; I. P. COULIANO: Jenseits dieser Welt, S. 63.

9 H. BRAEM: Die magische Welt der Schamanen und Höhlenmaler (1994); F. D. GOODMAN: Schamanische Trancestellungen (1989); M. RIPINSKY-NAXON: Hallucinogens, Shamanism, and the Cultural Process (1989).

Im schamanischen Bewußtseinszustand sieht man schamanisch. Das könnte man ‚Visualisierung', ‚Bilderschau' nennen oder – wie von australischen Eingeborenen ausgedrückt - Benutzung ‚des mächtigen Auges'. Obwohl ein solches *Sehen* in einem veränderten Bewußtseinszustand geschieht, wäre es ein nicht-empirisches Vorurteil gegenüber der Bemühung, Verständnis aus erster Hand zu erlangen, wenn man solche Visionen als Halluzinationen abtun würde. [...]
Der schamanische Bewußtseinszustand gewährt normalerweise hinterher volle Erinnerung, sobald der Schamane zum normalen Bewußtseinszustand zurückgekehrt ist..."[10].

Schamanische Bewußtseinszustände werden oft mit psychedelischen Erfahrungen oder Erfahrungen verglichen, die wir im Traum, in der Trance oder Hypnose, in der Meditation und beim Sex erleben. Psychedelische Erfahrungen ähneln auch dem „Erwachen der Kundalini", mystischen Erfahrungen, Sterbeerlebnissen oder Nahtoderfahrungen (NTE oder *Near Death Experiences*, abgekürzt NDE) und außerkörperlichen Erfahrungen (AKE oder *Out-of-Body-Experiences*, Astralreisen). All diese Erfahrungen finden in Zuständen veränderten Bewußtseins (*Altered States of Consciousness*, abgekürzt ASC) oder außergewöhnlichen Bewußtseinszuständen (ABZ) statt.[11] Es hat sich eingebürgert, von veränderten, außergewöhnlichen oder erweiterten Bewußtseinszuständen[12] zu sprechen.[13]

All diese Zustände befinden sich als Programme in unserem Nervensystem.[14] Sie können durch äußere (exogene) oder innere (endogene) Stimuli ausgelöst werden. Diese Stimuli (Katalysatoren, Trigger) sind Botenstoffe oder Neurotransmitter, die durch die schamanische Technologie zum Einsatz kommen. Sie werden entweder im Körper gebildet oder aus der Außenwelt aufgenommen.[15] Sie geben eine Botschaft an die Synapsen der Nervenbahnen. Diese Botschaft wird in unser Bewußtsein eingelesen. Hier wird Materie zu Geist transformiert. Dabei ist es egal, ob unser Bewußtsein vom Nervensystem generiert wird

10 M. HARNER: Der Weg des Schamanen (1994), S. 76 f., 81.
11 H. EVANS: Alternate States of Consciousness (1989).
12 J. VOM SCHEIDT: Der Weg ist das Ziel (1989).
13 Vgl. A. RESCH: Veränderte Bewußtseinszustände (1990).
14 Vgl. J. C. LILLY: Programming and Metaprogramming in the Human Biocomputer (1968).
15 Vgl. J. ZEHENTBAUER: Körpereigene Drogen (1992).

oder ob das Bewußtsein unser Nervensystem benutzt, um sich selbst auszudrücken.[16] Obwohl die inhaltlichen Erfahrungen veränderter Bewußtseinszustände sehr unterschiedlich erscheinen können, liegt ihnen doch eine gemeinsame Struktur zugrunde (siehe weiter unten).

a) Bewußtseinstechnologie

Praktisch alle Völker kennen veränderte Bewußtseinszustände und verfügen über eine Technologie, diese auszulösen, bzw. zu steuern.[17] Obwohl wir bei dem Wort Technologie an etwas Mechanisches oder doch zumindest Materielles denken, läßt es sich als Metapher für die verschiedenen geistigen *und* materiellen Verfahren oder Methoden verwenden. Der Religionshistoriker Mircea ELIADE definiert den Schamanismus „technologisch“:

> „Eine allererste Definition dieses komplexen Phänomens, und vielleicht die wenigst gewagte, wäre: Schamanismus = *Technik der Ekstase.*“[18]

Dabei bedeutet *Technik der Ekstase* eine Technologie bzw. Methoden zur gezielten Herbeiführung eines schamanischen Bewußtseinszustandes (auch eines meditativen).[19] Die fünf bedeutendsten Methoden sind:

1. der Gebrauch von *psychoaktiven Pflanzen* oder Substanzen (Psychedelika, Entheogene)
2. der Einsatz *rhythmischer Stimulation* (Trommeln, Rasseln, Tanzen, Chanten, Mantren)
3. *Kontrolle des Atems* (Hyperventilation, Prana)
4. das *Einnehmen bestimmter Körperhaltungen* (Yoga, Trancepositionen)
5. die *Konzentration* auf besondere Gegenstände (Meditationsbilder, Zaubersteine, Kraftobjekte).

Oft werden alle fünf Methoden in verschiedenen Zusammensetzungen miteinander kombiniert.[20] So zeigt sich bei der Analyse von Ritualen

16 N. DRURY: The Visionary Human (1991), S. 7.

17 E. BOURGUINON (Hg.): Religion, Altered States of Consciousness, and Social Change (1973).

18 M. ELIADE: Schamanismus und archaische Ekstasetechnik, S. 14.

19 D. LANGEN: Archaische Ekstase und asiatische Meditation (1963).

20 Ch. RÄTSCH: Zur Ethnologie veränderter Bewußtseinszustände (1993).

oder Verfahren zur Induktion veränderter Bewußtseinszustände, daß oft multiple Faktoren das Bewußtsein beeinflussen. Es können verschiedene

- psychoaktive Drogen mit anderen psychoaktiven Drogen
- psychoaktive Drogen mit nicht-pharmakologischen Techniken
- nicht-pharmakologische Techniken mit anderen nicht-pharmakologischen Techniken

kombiniert werden, um das Nervensystem auf gewünschte Weise zu „programmieren".

Nach dem heutigen Stand der Schamanismus-Forschung scheint die Einnahme bewußtseinsverändernder Pflanzen und Substanzen die wesentlichste (und auch wirksamste) Methode zur Induktion des schamanischen Bewußtseinszustandes zu sein[21] – selbst wenn Workshop-Anbieter meist das Gegenteil behaupten! Es gibt eine Vielzahl von Pflanzen, deren Substanzen z. T. pharmakologisch völlig andersartig wirken und die von Schamanen zu diesem Zweck eingenommen werden. Das Spektrum reicht von psilocybinhaltigen Zauberpilzen über THC-haltigen Hanf, morphinhaltiges Opium, tropanhaltige Nachtschattengewächse (Engelstrompete, Stechapfel, Bilsenkraut usw.), nikotinhaltigen Tabak und Coca-Blätter bis hin zum hochprozentigen Schnaps. Allerdings sind die bevorzugten Substanzen psychedelische Drogen (die in der Literatur gelegentlich als „Halluzinogene 1.Ordnung" bezeichnet werden[22]: Zauberpilze, Peyote, Ayahausca, DMT-haltige Schnupfpulver, Ololiuqui.

Man hat psychedelische Drogen, die in zunehmendem Maße Entheogene, „Gott enthüllend", genannt werden[23], als „Verlerner" (im Sinne G. I. GURDJIEFFs) bezeichnet.[24] Sie sind Werkzeuge („Pflanzenlehrer"), durch die man die anerzogenen Wahrnehmungsmuster verlernt und dadurch den Blick für höhere Dimensionen oder andere Wirklich-

21 P. T. FURST: Hallucinogens and Culture (1976); M. HARNER (Hg.): Hallucinogens and Shamanism (1973); M. RIPINSKY-NAXON: Psychoactivity and Shamanic States of Consciousness (1995); A. ROSENBOHM: Halluzinogene Drogen im Schamanismus (1991).

22 A. DITTRICH: Ätiologie-unabhängige Strukturen veränderter Wachbewußtseinszustände (1985).

23 Vgl. J. OTT: Ayahuasca Analoge: Pangæische Entheogene (1995).

24 I. P. COULIANO: Jenseits dieser Welt, S. 55.

keiten erst öffnen kann. Schamanen nennen sie die „Pflanzen der Götter“, weil sie ihnen den Zugang zu der anderen Welt, der „wahren Wirklichkeit“ und den Kontakt mit den Göttern ermöglichen.[25] Daß diese Gewächse bei uns als „Teufelsdrogen“ verschrieen sind (und unter das Betäubungsmittelgesetz fallen), offenbart unser Verhältnis zum Schamanismus, zum Jenseits und zur mystischen Erfahrung.

b) Andere Wirklichkeiten

> „Erst ein verändertes Bewußtsein, das die Auflösung der gewohnten Vorstellungen mit sich bringt, läßt die Welt anhalten und öffnet den Weg zu einer anderen Perspektive. [...] Andere Wirklichkeiten lassen sich nur erspüren, wenn man zumindest die Möglichkeit ihrer Existenz, auch wenn sie paradox erscheint, einräumt.“[26]

Es gibt für das Bewußtsein kaum brauchbare Definitionen noch befriedigende Theorien. Für *Bewußtseinsinhalte* und *Bewußtseinszustände* gibt es hingegen sowohl traditionelle als auch moderne Symbole, Metaphern und Beschreibungen.[27] So spricht man vom Bewußtsein und dessen Möglichkeit der Erweiterung metaphorisch als räumliches Gebilde, man spricht vom „metaphysischen Kosmos“, „Weltraum der Seele“, vom „Empfänger“, vom „Innenraum“, von der „inneren terra inkognita“, von der Innenwelt, von einer visionären Welt, von der „Raum-Zeit“, von der „vierten Dimension“ oder vom „Hyperraum“ (*hyperspace*), neuerdings auch vom „Cydelikspace“, von „imaginären Reichen“, von „parallelen Universen“, vom „Universum nebenan“, von „Geisträumen“ (*mindspace*), von einer „unsichtbaren Landschaft“, von einer „Topographie des Unbewußten“, von einer „Kartographie des Bewußtseins“; die Kelten sprechen von der „Anderswelt“, Indianer reden von der „unsichtbaren Welt“ oder der „Wahren Wirklichkeit“; die eingeborenen Australier von der „Traumzeit“. Viele sprechen von jenseitigen Welten oder einfach vom „Jenseits“. Interessant ist das Konzept des „Multiversums“, eines Universums, in dem es gleichzeitig und im selben Raum unendlich viele multiple Universen

25 R. E. SCHULTES / A. HOFMANN: Pflanzen der Götter (1987); Ch. RÄTSCH: Die Pflanzen der blühenden Träume (1994); F. DELTGEN: Gelenkte Ekstase (1993).

26 H. E. ULRICH: Von Meister Eckardt bis Carlos Castaneda (1986), S. 8, 9.

27 R. METZNER: Maps of Consciousness (1971); ders.: Hineingehen.

gibt.[28] In all diese Räume kann man reisen. Diese Art von Reisen können als Bewußtseinsreisen (um sie vom gewöhnlichen Tourismus zu unterscheiden) nennen.

Bewußtseinsreisen werden als *ekstasis*, Seelenflug, Schamanenflug, Hexenflug, Tierverwandlung, Vision, Halluzination[29], Astralreise, Jenseitsreise, außerkörperlicher Zustand, Ekstase, Trip, Phantasie-Reise, Surfen durch neuronale Netzwerke, Projektion von Bewußtseinskonstrukten usw. beschrieben. Bewußtseinsreisen finden im Traum oder in der Trance statt (auch in der Hypnose). In der Trance verschiebt sich die gewöhnliche, kulturell erlernte Wahrnehmung von der Welt; sie richtet sich auf das gewöhnlich Unsichtbare. Der Wahrnehmende betritt eine „andere Welt", eine „andere Wirklichkeit", „Neue Welten"; er reist durch die Landschaft seiner Innenwelt – bevölkert mit „seiner Flora von Symbolen, seinen Stämmen eingeborener Archetypen".[30] Wir haben es hier nicht mit einem kulturellen Sonderfall zu tun: „Jenseitsreisen [...] zählen zu den beständigsten Traditionen der Menschheit"[31] – und diese Tradition wurde durch den paläolithischen Schamanismus geprägt. Die älteste schriftliche Quelle für eine Jenseitsreise ist das sumerische Gilgamesch-Epos, die „älteste Geschichte der Welt".

1) Schamanische Reisen

Die Frage ob es sich bei den *schamanischen Reisen* oder Jenseitsreisen um Erkundungen im Innenraum oder um Erfahrungen einer äußeren Realität handelt, ist nur schwer zu beantworten. Für den westlichen Psychologen ist klar, daß sich diese Erfahrungen im Innenraum ab-

28 J. DeKORNE: Psychedelic Shamanism (1994). – Dieses Konzept liegt übrigens dem Science Fiction-Roman von Robert HEINLEIN: Die Zahl des Tiers (1981) zugrunde. Darin wird ein Konzept entwickelt, daß es so viele mögliche Universen wie Menschen gibt. Man kann durch einen Quantensprung oder mittels einer Raum-Zeitmaschine von einem Universum in das nächste „hüpfen".

29 Das Wort „Halluzination" wird heute meist als psychopathologischer Terminus zur Verunglimpfung ungewöhnlicher („eingebildeter", „irrealer") Bewußtseinserfahrungen benutzt. Es leitet sich allerdings von lateinisch *allucinare*, „im eigenen Geist herumwandern", ab. Zur Erforschung sogenannter Halluzinationen siehe R. K. SIEGEL: Hallucinations (1977) und ders.: Fire in the Brain (1993) sowie R. K. SIEGEL / L. J. WEST (Hg.): Hallucinations (1975).

30 A. HUXLEY: Die Pforten der Wahrnehmung (1970), S. 60.

31 I. P. COULIANO: Jenseits dieser Welt, S. 33.

spielen, für den Schamanen allerdings ist es eine unumstößliche Tatsache, daß es sich um Erfahrungen in einer alternativen Außenwelt handelt (wie könnte er sonst heilen?); auch wenn der Zugang zu den anderen Außenwelten nur durch veränderte Bewußtseinszustände möglich wird. Für den Schamanen findet der Traum ja auch nicht innen, sondern außen, eben in einer anderen Welt statt.

Alle veränderten Bewußtseinszustände, in denen ja die Bewußtseinsreisen stattfinden, haben unabhängig davon, wie sie ausgelöst wurden – nach den Untersuchungen von Adolf DITTRICH[32] einen gemeinsamen Kern bzw. eine gemeinsame Grundstruktur. Diese Grundstruktur liget allen überindividuellen Erfahrungen zugrunde.

Obwohl die Inhalte der Bewußtseinsreisen individuell sehr unterschiedlich und kulturell geprägt sind, gibt es doch eine Matrix, nach der die Erfahrung, besonders der Übergang in die andere Welt, verläuft.[33] Die Wahrnehmungsänderung während des veränderten oder sich verändernden Bewußtseinszustandes beginnt mit dem Verblassen der gewöhnlich sichtbaren Welt. An deren Stelle treten abstrakte, geometrische Formen und leuchtende Farben (sogenannte *entoptische Phänomene*). Oft ordnen sich die geometrischen Elemente zu übergeordneten Strukturen (Mandalas, Kaleidoskopeffekt). Daraus entstehen Tunnel, Gänge, Röhren, durch die man hindurch„fliegt". Geht die Bewußtseinsveränderung sehr tief, erreicht man am Ende des Tunnels eine Welt aus Licht und „übernatürlichen" Erscheinungen. Sie sind, entsprechend den einzelnen Mythologien, in Gestalten gekleidet. Hinter dem Tunnel beginnen die spannendsten Abenteuer; sie reichen von beglückenden, mystischen Erfahrungen bis zu schrecklichen Qualen. Deshalb sprach Aldous HUXLEY von „Himmel und Hölle"[34] als Metaphern für diese beiden extremen, aber essentiellen Erfahrungsmöglichkeiten.[35] Die Bilder in veränderten Bewußtseinszuständen spiegeln sozusagen die Lebenswelt des Bewußtseinsreisenden wider:

32 A. DITTRICH: Ätiologie-unabhängige Strukturen veränderter Wachbewußtseinszustände.

33 J. D. LEWIS-WILLIAMS / T. A. DOWSON: The Signs of All Times (1988).

34 A. HUXLEY: Die Pforten der Wahrnehmung.

35 Ders., ebd. – „Himmel" und „Hölle" werden *nur* durch eine Brille getrennt! - Die Gefahren, die mit der Bewußtseinserweiterung verbunden sind, sind völlig unabhängig vom Stimulus (Katalysator, Trigger). Ob jemand Glückseligkeit oder Horror erlebt, hängt

„Selbst wenn wir unseren Geistraum mit all seinen seltsamen Inhalten als ein vollständiges Universum beschreiben, das parallel zu der Welt existiert, die wir außerhalb von uns selbst wahrnehmen, sind beide noch in unterschiedlichem Maße voneinander abhängig: Die äußere Welt könnte ohne das geistige Universum nicht existieren, das jene wahrnimmt, während diese geistige Welt wiederum ihre Bilder aus Wahrnehmungen entlehnt. Damit hängen zumindest die Bilderwelt und das Szenario des geistigen Universums von aktuellen Wahrnehmungsstrukturen ab.“[36]

2) Bilderwelt

Wie sieht nun die *Bilderwelt* des schamanischen Bewußtseinszustandes aus? Es gibt im Wesentlichen drei Stadien, die nacheinander, seltener gleichzeitig, auftreten, die aber nicht bei jeder Erfahrung automatisch durchgemacht werden (Taf. 1). Die *Yebámasa-Indianer* aus

Taf. 1: 3-Phasen-Modell der Bewußtseinsmatrix „Halluzinatorische Trance“ (basierend auf den Ausführungen von J. D. LEWIS-WILLIAMSON / T. A. DOWSON (1988); ergänzt)

Wahrnehmung (Phase)	*Neurophysiologie*	*Formen*	*Inhalte*
Veränderung	Phosphene *(entoptic images)*	abstrakt	Symbole/Zeichen Fraktale
Tunneleffekt Mandalas	„Psychedelischer Durchbruch“	abstrakt / gegenständlich	Geburtstrauma angstvolle Ich-Auflösung Tod und Wiedergeburt Tierverwandlung
Andere Welt	„inneres Licht“	Transpersonale Ebene Synästhesien	Ozeanische Entgrenzung Kosmisches Bewußtsein Akasha Unio mystica Erleuchtung
Je nach Stärke der psychoaktiven Droge/Technik können die drei Phasen erreicht werden.			

dem nordwestlichen Amazonien unterteilen psychedelische Erfahrungen in drei Phasen:

> „Zuerst erstrahlt alles in helleren Farben als gewöhnlich, bunte Linien flattern durch die Luft; dann erscheinen Dinge, die sonst nicht vorhanden sind, und schließlich treten Götter und Dämonen auf, man reist durchs Universum und ergründet das Geheimnis der Welt.“[37]

Heinrich KLÜVER war der erste, der sich mit den „konstant auftretenden Formen optischer Halluzinationen“ beschäftigt hat. Er entdeckte und beschrieb vier Kategorien von *Formkonstanten*[38]:

- Gitter, Gitterwerk, Filigranarbeit, Waben, Schachbrett
- Spinnenwebmuster
- Tunnel, Trichter, Schächte, Alleen, Kegel
- Spiralen, Strudel.

Später stellte das Forschungsteam um den Elektroniker Max KNOLL fest, daß es optische Erscheinungen, sogenannte *Phosphene*, gibt, die in unserem Nervensystem durch verschiedene Reize ausgelöst werden können.[39] Sie umfassen neben den Klüver'schen Konstanten noch eine Reihe weiterer Muster und abstrakter Formen. Diese *Formkonstanten*, die bei veränderten Bewußtseinszuständen auftreten, werden entsprechend kulturell verarbeitet. Derartige Bilder finden sich vor allem in der schamanischen Kunst. Der inzwischnen leider verstorbene Gerardo REICHEL-DOLMATOFF[40], einer der bedeutendsten Erforscher des schamanischen Bewußtseins, hat festgestellt, daß die Knoll'schen

von tausend Fakten ab. In vielen Kulturen, z. B. in unserer, werden solche Erfahrungen negativ bewertet und unterdrückt. Sie gelten als zu gefährlich (fragt sich nur: gefährlich für wen? Für den Psychonauten oder für den Staat?) oder doch zumindest als psychopathologisch. In anderen Kulturen, meist bei Stammesvölkern, werden die Erfahrungen des erweiterten Bewußtseins als heilig betrachtet oder rituell gefördert. Dabei sind es in erster Linie die schamanischen Kulturen, die in der psychedelischen Erfahrung eine große Bedeutung und Heilkraft erkennen. Sie ist schließlich für den Schamanen das wichtigste Medium, um zu heilen und dem Stamm mit Rat und Tat zu dienen (Ch. RÄTSCH: Zur Ethnologie veränderter Bewußtseinszustände).

36 I. P. COULIANO: Jenseits dieser Welt, S. 24 f.

37 H. E. ULRICH: Von Meister Eckardt bis Carlos Castaneda, S. 70.

38 H. KLÜVER: Mescal Vision and Eidetic Vision (1926); ders.: Mescal and Mechanisms of Hallucinations (1969).

39 M. KNOLL / J. KUGLER / J. EICHMEIER / O. HÖFER: Note on the Spectroscopy of Subjective Light Patterns (1962); G. OSTER: Phosphenes (1970).

40 G. REICHEL-DOLMATOFF: Beyond the Milky Way (1978).

Phosphene mit den abstrakten Zeichen und Symbolen der Tukano-Indianer, die ihren Ursprung in psychedelischen Erfahrungen mit Ayahuasca haben (siehe weiter unten), praktisch identisch sind (Abb. 1).

Manchen dieser optischen oder visuellen Halluzinationen, sofern sie abstrakt sind, liegen mathematische Prinzipien zugrunde[41] (Abb. 2).

Mit der Entdeckung der fraktalen Geometrie sind neue, fraktale Muster verfügbar, die vollkommen „psychedelisch" wirken. Wenn man die computer-generierten Bilder betrachtet, wird man stark an psychedelische Erfahrungen erinnert. Fraktale sind nach algorithmischen Formeln errechnete und per Computer sichtbar gemachte geometrische Formen, die sich nach dem Prinzip der Selbstähnlichkeit strukturieren. Fraktale Welten erzeugen sich aus Klüver'schen Formkonstanten, aus Knoll'schen Phosphenen; sie werden von unserem Gehirn generiert und in außergewöhnlichen Bewußtseinszuständen wahrgenommen.[42]

Von Mario MARKUS und Hans SCHEPERS vom Max-Planck-Institut für molekulare Physiologie wurde das computersimulierte Bild einer „Halluzination" entwickelt, die eine spiralnebelartige Struktur zeigt. Erstaunlich ist die Entstehung dieser biomathematischen Simulation:

> „Durch Benutzung der Beziehung zwischen Geometrie in der Sehrinde und der Geometrie in der Netzhaut, d. h. der retinokortikalen Abbildung, kann man von den berechneten Strukturen herleiten, wie sie vom ‚Sehenden' als Vision interpretiert werden. Ein Vergleich dieser Interpretation mit verbalen und zeichnerischen Berichten zeigt eine verblüffende Konvergenz zwischen visionären Erfahrungen und Computersimulationen."[43]

Die Forscher konnten feststellen, daß unter Drogeneinfluß oder bei Nahtoderfahrungen in der Hirnrinde durch Wechselwirkung von neuronaler Hemmung und Aktivierung labyrinthförmige Strukturen entstehen. Diese chemischen Zustände in der Hirnrinde (auch „Chemische Wellen" genannt) werden im Bewußtsein des „Sehenden" bildlich wahrgenommen. Sie erscheinen als Strudel, Wirbel, Spiralen oder

41 J. D. COWAN / G. B. ERMENTROUT: A Theory of Drug-Induced Visual Hallucination Patterns (1979).

42 Ch. RÄTSCH: Ein Trip in fraktale Welten (1994).

43 M. MARKUS: Halluzinationen (1993), S. 134.

Abb. 1: Ayahuasca-Muster der Tukano und Knoll'sche Phosphene (Nach: G. REICHEL-DOLMATOFF (1978), S. 45)

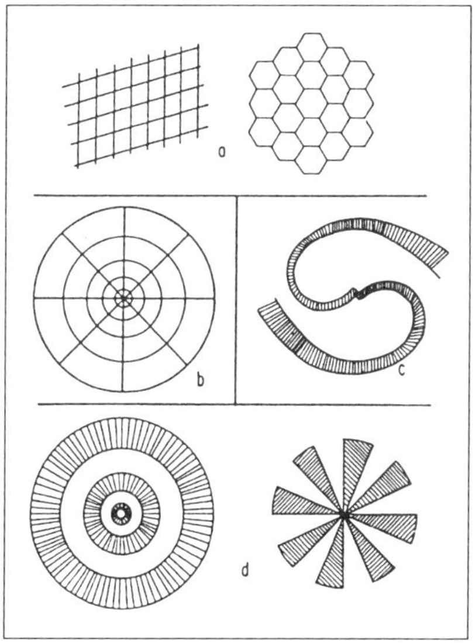

Abb. 2: Die mathematisch berechenbaren Formkonstanten visueller Halluzinationen (Nach: J. D. COWEN/G. B. ERMENTROUT (1979), S. 122)

Mandalas.[44] Daraus erklärt sich, warum heutzutage Fraktale als Symbole des erweiterten Bewußtseins gelten.

Im schamanischen Bewußtseinszustand gesehene Mandalas, Wirbel, Strudel und Spiralen gehen oft in Tunnel über oder nehmen tunnelartige Gestalten an, durch die man hindurchreist. Wenn einem der Durchbruch gelingt, so wartet am Ende des Tunnels die mystische Erfahrung, das Licht der Erleuchtung. Auf dem Weg dorthin kann man viele Verwandlungen (in Tiere, Skelettierungen usw.) durchmachen, begegnet allerlei Wesenheiten und mythologischen Szenen. Schamanen nehmen oft die Gestalt von Wildkatzen oder Vögeln an, kommunizieren mit den Wesenheiten (Herren der Tiere, Pflanzengeister, Gottheiten, Ungeheuer) und leben die mythologischen Szenen aus.

3) Visionen

Visionen und Erfahrungen in anderen, vor allem schamanischen, Bewußtseinszuständen, also Bilder aus anderen Wirklichkeiten, werden seit dem Anfang der Kultur künstlerisch dargestellt.[45] Schon die Höhlenmalereien und Petroglyphen der Frühmenschen tragen visionäre Züge, d. h. es werden Dinge dargestellt, die keine Abbilder der gewöhnlich wahrnehmbaren Welt sind. Kürzlich kam die Theorie auf, daß die Steinzeitkunst durch und durch psychedelisch sei.[46]

44 Ders., ebd.

45 R. LEWIN: Stone Age Psychedelia (1991); P. W. STAHL: Identification of Hallucinatory Themes in the Late Neolithic Art of Hungary (1989).

46 J. D. LEWIS-WILLIAMS / T. A. DOWSON: The Signs of All Times; dies.: On Vision and Power in the Neolithic (1993).

Von vielen traditionellen Stammesvölkern ist bekannt, daß angestrebt wurde oder wird, eine geschaute Vision bildnerisch darzustellen und so mit den Stammesgenossen zu kommunizieren. So haben die Stämme aus den nordamerikanischen Prärien ihre Visionen auf Schilder und Büffelhautumhänge gemalt, damit die Visionen bestehen bleiben und als kulturelle Wirklichkeit weiterstrahlen. Die mexikanischen Huichol-Indianer haben eine besondere Technik entwickelt, um ihre unter Peyote-Einfluß geschauten Visionen darzustellen. Sie nehmen verschieden gefärbte Wollfäden und legen mit ihnen Muster und Motive auf eine glatte, mit Klebe bestrichene Unterlage auf. Dabei entstehen Bilder von starker Ausdruckskraft und fantastischer Farbigkeit. Diese Kunst ist eine Verarbeitung der psychedelischen Erfahrung im wahrsten Sinne des Wortes. Aus der persönlichen Erfahrung entsteht ein kulturelles Produkt.[47]

Anscheinend kann jeder Mensch durch pharmakologische (seltener durch nicht-pharmakologische) Methoden in andere Wirklichkeiten reisen.[48] Was aber unterscheidet den Schamanen vom Bewußtseinsreisenden?

4) Virtuelle Realität

Der Schamane ist der anderen Wirklichkeit nicht hilflos ausgeliefert, er meistert sie. Der „normale" Bewußtseinsreisende ist oft dem Geschehen in der anderen Wirklichkeit ausgeliefert und erlebt häufig eine „angstvolle Ichauflösung", wird von Dämonen oder Ungeheuern bedroht und spricht später von einem „Horrortrip". Der Bewußtseinsreisende erfährt die andere Wirklichkeit wie einen Film, den er sich nur anschauen, aber nicht verändern kann. Der Schamane erfährt die andere Wirklichkeit wie eine *virtuelle Realität* (Cyberspace), die er nach Belieben (interaktiv) verändern kann. Der Bewußtseinsreisende sieht die anderen Welten wie im Traum, der Schamane gestaltet sie wie im Klartraum. Schamanische Bewußtseinszustände und Erfahrungen anderer Wirklichkeiten können anscheinend alle Menschen machen, sie aber zielgerichtet nutzen können nur wenige, nämlich die Schamanen.

47 Vgl. M. RIPINSKY-NAXON: Hallucinogens, Shamanism, and the Cultural Process.

48 Vgl. A. DITTRICH: Ätiologie-unabhängige Strukturen veränderter Wachbewußtseinszustände; S. GROF: Topographie des Unbewußten (1978).

3. Mystische Erfahrungen

> „Mystiker sind die Pioniere der Evolution, die in ihren Visionen die Grenzen von Kultur und Religion überschreiten und dem Rest der Menschheit von dem berichten, was uns allen bevorsteht."[49]

Der indische Mystiker BRAHMANANDA beschreibt den mystischen Zustand bzw. die *mystische Erfahrung* (*samadhi*) – sofern dies überhaupt zu beschreiben ist – folgendermaßen:

> „Schließlich öffnet sich das ‚Auge der Weisheit', und das Unendliche wird unmittelbar wahrgenommen. Die Welt versinkt in Nichts. Der Geist scheint sich aufzulösen und fließt über in Savikalpa-Samadhi. Dann kommt Nirvikalpa, das höchste überbewußte Erlebnis. Die absolute Vereinigung: Nichts ist zu sehen. Nichts ist zu hören. Unendlichkeit! Unendlichkeit allein! Es ist das unmittelbarste Erlebnis. Dieser Bewußtseinszustand ist, jenseits von Dualität und Nicht-Dualität. Wer ihn erreicht, kann nur mit großer Anstrengung in die ihm unwirklich dünkende Welt der Erscheinungen zurückkehren. Im Samadhi verschwindet das Weltall. Fragt ihr einen Seher über seine Erfahrungen, so wird er sagen: Dort ist alles unendliche Seligkeit, dort gibt es kein Ich und kein Du. Es ist das Erlebnis des allerhöchsten Glücksgefühls."[50]

Mystische Erfahrungen werden ganz unterschiedlich bezeichnet: *Unio mystica*, Erleuchtung, Einheitserlebnis, Verschmelzen mit Gott, „kosmisches Bewußtsein" (P. YOGANANDA, P. D. OUSPENSKY), „ozeanische Selbstentgrenzung" (DITTRICH), „Bewußtsein des universalen Geistes" (S. GROF), „Baden in Zeit und Raum" usw. Ziel des Mystikers ist es, das Ich, die Schranke zwischen Gott und dem Selbst, aufzulösen, zu transzendieren oder zu überwinden. Zahlreiche Methoden, diese Schranke einzureißen, sind bekannt: Askese, Isolation (Reizentzug), Meditation, Yoga, Erotik (Tantra), Tanzen, Atmen und – psychoaktive Drogen.

In vielen traditionellen mystischen Schulen, besonders bei den wandernden Derwischen, werden verschiedenartige Drogen, z. B. Wein, Opium oder Haschisch konsumiert, um mystische Erfahrungen zu induzieren.[51] Auch bei Menschen, die keiner mystischen Lehre folgen

49 R. METZNER: Hineingehen, S. 21.
50 Zit. nach H. E. ULRICH: Von Meister Eckardt bis Carlos Castaneda, S. 79.
51 J. FREMBGEN: Derwische (1993).

oder einer mystischen Gemeinschaft angehören, können durch psychedelische Drogen mystische Erfahrungen ausgelöst werden.[52]

Der Psychiater Stanislav GROF hat bei Tausenden von therapeutischen LSD-Sitzungen beobachtet, daß es unter Einwirkung hoher Dosierungen von LSD sehr oft zu mystischen Erfahrungen kommt. Zusammenfassend charakterisiert er diese Erfahrung wie folgt:

> „*Bewußtsein des Universalen Geistes.* Dies ist eine der tiefsten und umfassendsten Erfahrungen, die in LSD-Sitzungen zu beobachten sind. Derjenige, der die Identifikation mit dem Bewußtsein des universalen Geistes erlebt, spürt, daß seine Erfahrung die Gesamtheit des Seins umschließt. Er fühlt, daß er zu der Wirklichkeit vorgedrungen ist, die allen Wirklichkeiten zugrunde liegt, und dem höchsten und letzen Prinzip gegenübersteht, das alles Sein darstellt. Die Illusion von Materie, Raum und Zeit und unendlich viele andere subjektive Realitäten werden vollständig transzendiert und endgültig auf diese eine Bewußtseinsform zurückgeführt, die ihr gemeinsamer Ursprung und Nenner ist. Diese Erfahrung ist grenzenlos, unergründlich und unbeschreiblich; sie ist die Existenz selbst."[53]

Die mystischen Qualitäten des LSD bzw. der LSD-Erfahrung wurden in den Sechziger Jahren sogar experimentell an der Harvard University von dem Theologen Dr. Walter PAHNKE[54] erforscht. Er charakterisiert die mystische Erfahrung wie folgt:

1: *Einheit*: das Gefühl der kosmischen Einheit bedingt durch positive Ich-Transzendenz („Alles ist Eins")
2: *Transzendenz von Raum und Zeit*, das Verschmelzen von Vergangenheit, Gegenwart und Zukunft (*Akasha*)
3: Tiefe *positive Stimmung*: Gefühle von Glückseligkeit, Gnade, Friede und Liebe
4: Das *Gefühl von Heiligkeit*: Vergöttlichung von Ich und Du
5: *höchste Wirklichkeitsqualität*
6: *Paradoxie*: die Auflösung von Gegensätzen
7: *Unaussprechlichkeit*: die linguistische Unausdrücklichkeit

52 M. JOSUTTIS / H. LEUNER (Hg.): Religion und die Droge (1972); W. JAMES: Die Vielfalt religiöser Erfahrung (1979); T. LEARY / R. METZNER / R. ALPERT: The Psychedelic Experience (1964).

53 S. GROF: Topographie des Unbewußten, S. 225 f.

54 W. N. PAHNKE: Drogen und Mystik (1972).

8: *Vergänglichkeit des Gipfelerlebnisses bei einer andauernden Nachwirkung*
9: *Bleibende positive Änderungen* in Anschauungen und Verhalten, sich selbst und anderen gegenüber.

Weiterhin stellt er fest, daß diese Erfahrungen sehr häufig bei LSD-Versuchen auftreten. PAHNKE sieht keinen Unterschied zu sogenannten „echten mystischen Erlebnissen", die „ohne Drogen" auftreten. Allerdings stellen drogeninduzierte mystische Erfahrungen sicherlich eine Herausforderung an die traditionelle Theologie, aber auch an die Suchenden dar:

> „Viele Menschen, die sich mit Religion beschäftigen, sind von der halluzinogenen mystischen Erfahrung beunruhigt, und zwar wegen der offenbaren Leichtigkeit, mit der sie herbeigeführt werden kann. Das sei ‚unverdient'. Möglicherweise ist das puritanische und calvinistische Element unserer westlichen Kultur [...] ein Faktor in diesem Unbehagen."[55]

Was unterscheidet den (echten) Mystiker vom (betrippten) Bewußtseinsreisenden? – Hans-Hinrich TAEGER vergleicht in seiner Untersuchung über den Zusammenhang zwischen Spiritualität und dem Gebrauch von psychedelischen Drogen die Visionen von Mystikern und LSD-Konsumenten:

> „Psychedelisch-visionäres Erleben ist in vielen Fällen vergleichbar mit den religiös-mystischen Offenbarungen bekannter Heiliger, Gurus oder Asketen. Zum ersten ist die Beschaffenheit der Erfahrungsebene weitgehend identisch mit den sogenannten echten mystischen Erlebnissen traditioneller Überlieferung (z. B. Visionen von Mandala-, Gott-Archetypen, Schwerelosigkeit, Lichterscheinungen etc.) – und zum zweiten weiß man, daß mystisches Erleben, das durch die konventionellen Methoden wie Askese, Schlafentzug etc. hervorgerufen werden kann, davon begleitet ist, daß der Körper chemische Stoffe produziert, die den psychedelischen Substanzen wie LSD und Meskalin sehr ähnlich sind. Der Unterschied zwischen Visionen unserer sogenannten Heiligen und den Psychedelikern des 20. Jahrhunderts besteht nicht in der Art des Erlebens, sondern in dessen Vorbereitung und Verarbeitung. In einem großen Teil unserer Protokolle finden sich Erfahrungen widergespiegelt, die denen berühmter Mystiker in nichts nachstehen, jedoch in ihrer Wichtigkeit möglicherweise vom einzelnen Drogenbenutzer nicht

55 Ders., ebd., S. 71.

richtig erkannt und genutzt werden konnten, da die entsprechende Vorbildung fehlte, dem Erlebnis den ihm angemessenen Rang zuzuteilen. Es ist klar, daß die visionären Erlebniszustände von einem Menschen, der sich das ganze Leben durch Philosophie, Meditation, Askese, Glauben, Tugenden und die Lehren der Mystik vorbereitet hat, weitaus kostbarer und ergreifender bewertet werden als von jemandem, der auf spielerische Art und Weise eine Pille einwirft, wobei er quasi aus Versehen in einen verhältnismäßig hohen Zustand gerät, der seinen Bewußtseinsmöglichkeiten nicht entspricht. Dieser Typ von Drogenkonsument (Konsument muß hierbei im wahrsten Sinne des Wortes verstanden werden) spaltet fremdartiges, halluzinogenes Erleben im Sinne einer Depersonalisation ab, d. h. er betrachtet die Halluzination als eine Art Kinovorstellung."[56]

Durch diese LSD-Experimente ist deutlich geworden, daß die Erleuchtung oder *Unio mystica* natürliche, mögliche Erlebnisbereiche eines *jeden* Menschen darstellen. Die Erleuchtung ist eine in jedem Menschen angelegte Funktion des Bewußtseins, die durch einen geeigneten Katalysator (z. B. LSD oder andere, nicht-pharmakologische Stimuli) ausgelöst werden kann. So gesehen gehört die Erleuchtung genauso zum erfüllten Leben wie der Orgasmus. Ohne die einmalige oder häufigere Erfahrung der Erleuchtung gleicht das Leben einer spirituellen Frigidität.

a) Schamane und Mystiker

„In archaischen Kulturen (bei Jägern und Wildbeutern) wird die mystische Erfahrung am authentischsten durch den Schamanen repräsentiert, nur mit dem Unterschied, daß der Mystiker allem voran sein eigenes Heil zu verwirklichen sucht, während der Schamane im Dienste der Gesellschaft, als Mittler zwischen den Menschen und den Mächten, tätig ist."[57]

Während *Mystiker* in erster Linie für sich selbst „arbeiten", steht der *Schamane* immer im Dienst seines Stammes oder seiner Lebensgemeinschaft. Der Mystiker nutzt den veränderten Bewußtseinzustand für seine eigenen religiösen Erfahrungen, der Schamane nutzt ihn, um Kranke zu heilen. Dennoch machen Schamanen oftmals mystische Erfahrungen, an denen auch sie lernen und sich spirituell fortbilden.

56 H.-H. TAEGER: Spiritualität und Drogen (1988), S. 161.
57 L. M. GIANI: In heiliger Leidenschaft (1994), S. 145.

Eine koreanische Schamanin erzählte mir einmal, was sie erlebt, wenn sie psychedelische Pilze (z. B. *Psilocybe cubensis*) ißt. Sie würde sich zunächst in einen Pfeil verwandeln und dergestalt in das Zentrum eines sich entfaltenden Mandalas eindringen, um dann auf der anderen Seite in die Welt des Lichts einzugehen. Sie sagte, diese Erfahrung sei bei ihr stereotyp und würde jedesmal wenn sie die Pilze, ganz gleich in welcher Dosierung, zu sich nehme, wiederkehren. Ein klassischer Fall von katalytischer Wirkung; auch die typische Beschreibung einer mystischen Erfahrung.

In manchen Kulturen sind die Schamanen auch mit der Aufgabe betraut, der Gemeinschaft mystische Erfahrungen zu ermöglichen bzw. die spirituelle Entwicklung des Einzelnen zu fördern. Zu diesem Zweck werden meist Kreisrituale unter der Anleitung des Schamanen veranstaltet, bei denen von allen Teilnehmern eine psychoaktive Substanz gleichzeitig eingenommen wird. Diese Ritualform ist besonders unter mexikanischen und kolumbianischen Indianern verbreitet.[58]

4. Ayahuasca-Rituale

> „Die südamerikanischen Kulturen machen vielleicht mehr als alle anderen Gebiete der Welt religiösen Gebrauch von Pflanzen, die starke Visionen auslösen. Das Wissen um halluzinogene Pflanzen ist für die Begegnung mit Lichtgestalten ausschlaggebend. Die Wirkungen dieser heiligen Pflanzen formen den Geist des Schamanen um und heben ihn auf eine andere Ebene, auf der ein überirdisches Licht herrscht."[59]

Im südlichen *Kolumbien*, im Vaupés-Gebiet, lebt das kleine Volk der *Desana*. Sie sprechen eine Tukanosprache und haben eine für den nördlichen Amazonasraum typische Form der Kultur ausgeprägt. Der kleine Stamm lebt unter einem Dach in Gemeinschaftshäusern. Die Frauen bestellen die Maniokfelder und kochen die Nahrung, die Männer gehen oft auf die Jagd und noch öfter auf „Trip". Die materielle Kultur der Desana wirkt auf den oberflächlichen Betrachter recht armselig. Wer aber die „primitiven" Zeichen, die wie simple Dekorati-

58 Ch. RÄTSCH: Die Pflanzen der blühenden Träume; F. DELTGEN: Gelenkte Ekstase (1993).
59 L. E. SULLIVAN: Kanchu's Drum (1988), S. 425.

on an Häuserwänden und Gebrauchsgegenständen wirken, verstehen, d. h. dekodieren kann, der wird in ein komplexes Universum eines erweiterten Kollektivbewußtseins eintauchen. Der Reichtum der geistigen Welt der Desana übertrifft bei weitem den materiellen Reichtum der geistig so verarmten westlichen Zivilisation.[60]

Die Desana haben keine politische Führung, aber sie kennen eine kulturelle Führung. Die hat der *payé* oder Schamane. Er ist ein Heiler, Prophet, ein Bewußtseinskünstler, ein ausgefuchster Mythologe, ein Botaniker und Pharmakologe. Er kennt die Geschichte seines Volkes wie kein anderer. Er weiß, welche Pflanzen wie wirken und wann man sie sinnvoll einsetzt. Er weiß vor allem, wie man *gahpí* oder Ayahuasca, den „Trank der wahren Wirklichkeit", zubereitet. Dazu werden die verholzten Lianenstrünke oder Wurzelrinde der Ayahuasca-Liane (*Banisteriospis caapi*) zerstoßen und mit einer DMT-haltigen Pflanze (*Virola sp.* oder *Psychotria viridis*) vermischt und solange ausgekocht bis eine dicke, dunkelbraune Flüssigkeit entsteht.

Ayahuasca wird nur für rituelle und medizinische Zwecke gebraut. Wenn die Jäger ausziehen wollen, um Wild zu erbeuten, trinkt der Schamane Ayahuasca. Wenn der Trunk zu wirken beginnt, verfällt der Schamane in konvulsive Zuckungen. Seine Seele strampelt sich frei; sie will den menschlichen Körper verlassen. Sie entschlüpft schließlich durch den „umgestülpten" Magen und nimmt die Gestalt eines mächtigen Jaguars an. Der Jaguar begibt sich nun auf die Reise zur Herrin der Tiere. Sie hält sich in der „Blauen Zone" auf, einem Reich jenseits von Raum und Zeit, einem „Ort jenseits der Milchstraße"[61]. Die Reise führt durch fantastische Farben, tanzende Kreise und wabernde geometrische Muster – ähnlich den Zeichen am Gemeinschaftshaus; das Universum nimmt die Gestalt eines sechseckigen Kristalls an.[62] Die Herrin der Tiere muß umworben werden, günstig gestimmt, mit Katzenkraft bestiegen werden. Der Jaguar-Schamane liebt die Wundersame. Denn nur so gibt sie das Jagdwild frei. Wer nichts gibt, bekommt auch nichts. Zum Dank für kosmische Lust und sexuelle Befriedigung

60 G. REICHEL-DOLMATOFF: Amazonian Cosmos (1971); ders.: Beyond the Milky Way; ders.: Basketry as Metaphor (1985); ders.: Shamanism and Art of the Eastern Tukanoan Indians (1987).

61 G. REICHEL-DOLMATOFF: Amazonian Cosmos.

62 G. REICHEL-DOLMATOFF: Brain and Mind in Desana Shamanism (1981).

verrät sie dem Schamanen, wo er mit seinen Jagdgefährten das gesuchte Wild finden wird. Zum Abschied gemahnt sie ihn nochmals, er und seine Stammesbrüder sollen nur so viele ihrer Kinder erlegen, wie sie wirklich essen können. Übertritt ein Jäger ihr Gebot, wird sie beim nächstenmal nicht mehr so großzügig sein, wird vielleicht mit einer gefräßigen *Vagina dentata*, einer gezahnten Vulva, auf den Jaguar-Schamanen warten. Kehrt die Seele zurück, erwacht der Schamane aus seiner Trance und berichtet von seinen Erlebnissen. Er erzählt von der Herrin der Tiere, die nichts anderes ist als das kosmische weibliche Bewußtsein.

Manchmal benutzt der Schamane Ayahuasca, um zu *sehen*, wie es um einen Kranken bestellt ist. Dann kann er durch die Haut schauen und in die inneren Räume des Kranken blicken. *Sieht* er dort den Giftpfeil eines feindlichen Zauberers, kann er ihn aus dem Körper ziehen. *Sieht* er dort ein kognitives Chaos, eine Verwirrung, eine Depression oder Trauer, so gibt er dem Patienten auch Ayahuasca zu trinken. Der Schamane führt den Patienten durch die Zeit zurück bis an den Anfang der Welt, als noch alles in Ordnung war. Der Patient hat Anteil an der mystischen Vision und wird geheilt wiedergeboren.

Von Zeit zu Zeit gibt es Ayahuasca-Rituale, an denen alle Männer des Stammes teilnehmen. Dazu versammeln sie sich im Kreise und trinken gemeinsam den „Trunk der wahren Wirklichkeit«. Er heißt so, weil er die Illusion des Alltagsbewußtseins zerreißt und den Blick für das Wirkliche, das Wesentliche und Mystische öffnet.[63] Ayahuasca wird aber auch „göttliches Sperma“ genannt. Trinkt man ihn, so löst er eine Ekstase aus, die konsequenterweise „Orgasmus“ heißt. Gemeinsam mit ihrem Schamanen reisen die Teilnehmer des heiligen Rituals an den Anfang der Welt. Dieser war ein ekstatischer Orgasmus, den die Mutter des Universums, die *gahpí mahsó*, die „Ayahuasca-Frau“, erfuhr, als der Sonnenvater in der Gestalt eines Phallus in sie eindrang und befruchtete. Die Reisenden verlassen Zeit und Raum und kehren zurück in den Uterus der Ayahuasca-Mutter, zum Urquell jeglicher Existenz. Sie werden zum Phallus und zur Mutter; sie befruchten sich selbst und erkennen, daß am Anfang die Vision war. Neugeboren, wissend, sozusagen bewußtseinserweitert, kehren sie in

63 F. DELTGEN: Gelenkte Ekstase.

die sichtbare, aber doch nur illusionäre Welt des Waldes zurück. Auch wenn sie in ihrem täglichen Leben mit den täglichen Freuden und Nöten konfrontiert werden, so wissen sie doch um die wahre Wirklichkeit, um den psychedelischen Orgasmus am Anfang der Geschichte.[64] An diesem Beispiel zeigt sich deutlich, wie schamanische Bewußtseinszustände gezielt zur mystischen Erfahrung führen können.

5. Rausch und Ekstase im Dionysos-Kult

> „Der Rausch und die Ekstase haben gemein, daß ihnen die öffentliche Ordnung nichts gilt; jede Hierarchie löst sich auf, jede Angst wird genommen. Daher gilt Dionysos auch als Gott der Zerstörung, als Gott der Orgien und Ausschweifungen."[65]

In traditionellen Kulturen und Geheimgesellschaften gibt es eine Reihe von *Initiationen*. Das sind Einweihungsrituale oder Übergangsriten, sogenannte *rites des passages*. In diesen Initiationen werden die Initianten, Adepten, Mysten oder Einzuweihenden durch Erfahrungen, die mit psychoaktiven Substanzen oder nicht-pharmakologischen Verfahren ausgelöst werden, in die Mysterien oder Geheimnisse des jeweiligen Kultes oder der entsprechenden Gesellschaft eingeweiht. Den Initianten wird in der Regel die Schweigepflicht auferlegt. Diese Erfahrungen gelten als richtungsweisend und verändern sowohl den persönlichen als auch gesellschaftlichen Status. Wer die Initiation passiert hat, der *gehört dazu*, ist kein Außenseiter mehr. Die initiatorische Erfahrung wird somit zum sozialintegrativen Moment. Derartige initiatorische Kulte waren in der Antike, besonders in der Spätantike, in ganz Europa verbreitet und werden meist als „antike Mysterien" zusammengefaßt.[66] Mystik und schamanisches Bewußtsein treffen sich und verschmelzen zu einer unvergleichlichen Einheit in dem antiken Kult um den „trunkenen" Gott Dionysos.

64 G. REICHEL-DOLMATOFF: Amazonian Cosmos.
65 K. PAPAJORGIS: Der Rausch (1993), S. 46.
66 W. BURKERT: Antike Mysterien (1990).

Dionysos, der Gott des Rausches, war der Prototyp des Schamanen in der Antike.[67] In seiner Mythologie geht es um Leben und Tod, Heil, Ekstase[68] und Raserei. Er wurde zwei- oder dreimal geboren und einmal von den Titanen durch Zerstückeln getötet. Da er aber ein Gott und *per definitionem* unsterblich ist, wurde er *wissend* wiedergeboren. Die Erfahrung der Zerstückelung verleiht ihm die Erkenntnis von der Unendlichkeit des Lebens. Der zerstückelte Gott zeigt, daß – ganz gleich, was passiert – eigentlich nichts zu befürchten ist. Am Ende jeden Grauens leuchtet das Heil. Dionysos gebärdet sich auch sonst als Schamane. Er hat Tierhilfsgeister oder Tieridentitäten (Panther, Luchs, Löwe, Tiger, Delphin, Schlange, Stier, Bock), verfügt über ekstatische Musik (Trommeln, Tamburine, Cymbeln, Flöten), die in Verzückung versetzt, kleidet sich oft – wie die sibirischen Schamanen – in Frauenkleider und huldigt transsexuellen Ausschweifungen. Er ist ein Maskenträger, ein Sänger, berühmt ist sein Bocksgesang (*tragödia*),

67 W. EMBODEN: Dionysus as a Shaman and Wine as a Magical Drug (1977); L. M. GIANI: In heiliger Leidenschaft. – In der Antike waren in Griechenland noch schamanische Kulte und Bräuche verbreitet. Noch im 6. Jh. v. Chr, gab es in Griechenland die *aiodos*, wahrsagende und heilkundige Sänger, die durch die Lande zogen und ihre Dienste anboten. Ein derartiger *aiodos* war auch der legendäre *Orpheus*. Er war ein Musiker und Heilkundiger, er bezauberte Menschen gleichermaßen wie wilde Tiere. Er konnte in die Unterwelt hinabsteigen und Seelen geleiten. Er gilt als Stifter der orphischen Mysterien, die in erster Linie dem Dionysos geweiht waren. Sein abgetrennter Kopf wurde aufbewahrt und als Orakel verwendet (M. ELIADE: Von Zalmoxis zu Dschingis-Khan, S. 44). Aber auch andere „Schamanen", z. B. *Zalmoxis* unter den Thrakern oder der Sänger *Musaios*, brachten es zu einem gewissen Ruhm (W. BURKERT: Goês – Zum griechischen ‚Schamanismus'). *Aristeas von Prokonnesos* war berühmt für seine Ekstasen, die von außen betrachtet mit dem Zustand des Todes verwechselt werden konnten. Es hieß, daß er sich an zwei Orten gleichzeitig aufhalten konnte und sich gelegentlich in einen Raben verwandelte (M. ELIADE: Von Zalmoxis zu Dschingis-Khan, S. 46; ders.: Schamanen, Götter und Mysterien (1992)). Hinzu kamen die zu magischen Entrückungszuständen und „Seelenreisen" befähigten *kapnobatai*, die „Wolkengänger" oder „Rauchgänger" (L. M. GIANI: In heiliger Leidenschaft, S. 154). Diese „Wandelnden im Rauch" deutet ELIADE als behanfte skythische Schamanen: „Es ist möglich, daß der Ausdruck ‚im Dunst Wandelnde' sich auf eine durch Hanfrauchen hervorgerufene Ekstase gründet, eine bei Skythen und Thrakern bekannte Methode... In diesem Fall wären die *kapnobatai* mystische und getische Tänzer und Hexer (‚Schamanen'), die Hanfrauchen dazu benutzten, um ekstatische Trancezustände hervorzurufen« (M. ELIADE: Von Zalmoxis zu Dschingis-Khan, S. 51). Nach der Theorie von Carlo GINSBURG haben die Skythen den psychedelischen (Psychedelika benutzenden) Schamanismus im alten Europa verbreitet (C. GINSBURG: Hexensabbat (1990)).

68 „Die dionysische Ekstase bedeutet vor allem die Überschreitung der menschlichen Bedingtheit, die Entdeckung der totalen Befreiung, das Erlangen einer Freiheit und Spontaneität, die dem Menschen sonst unerreichbar sind." (M. ELIADE: Schamanen, Götter und Mysterien (1992), S. 86).

der Stifter des Theaters und Stifter der bacchantischen Mysterien. Zudem ist er ein Kräuterkundiger und Heiler[69]:

„Den Sterblichen zeigtest du
Das leidenbeendende
Heilmittel, die heilige Blume,
Schenkest den Menschen leidlindernde Wonne,
Schöpfer des Tranks im Schmucke des Haares!
Erlösender Gott!
Rasender mit dem Thyrsosstab,
Lärmender, Jubelnder,
Allen gnädig gesinnt,
Der du begehrst,
Lodern zu lassen dein Licht
Menschen und ewigen Göttern:
Nun, so rufe ich dich!
Komm in den Kreis der Geweihten,
Du holder Bringer der Früchte!“

(Orphische Hymne an Dionysos, den Lysios Lenaios)

Dionysos Zagreus war der Sohn eines „himmlischen Drachen“ und der Unterweltsgöttin *Persephone.*[70] Er ist laut EURIPIDES' *Bakchen* (13-22) nach Indien gezogen, hat sich dort in allerlei Geheimkulte einweihen lassen und hat dadurch die verschiedenen Drogenrituale der damaligen Zeit kennengelernt. Dieses Wissen brachte er zurück nach Griechenland.[71] Dionysos war vor allem der Verursacher der *mania*, des „Wahnsinns“ (eigentlich „Rausch“), einer Art „Gott-Trunkenheit“ (auch *enthousiasmos*), die wie eine „Schamanenkrankheit“ erlebt werden konnte:

„Es gibt einen religiösen Wahnsinn, in dem sich die Kranken Wunden beibringen; in ihrem Wahn glauben sie einem Befehl ihrer Götter zu willfahren. Der Wahnsinn zeigt sich nur in dieser einen fixen Idee; in allem andern sind sie vernünftig. Flötenspiel, Freude, Trunkenheit oder Zureden ihrer Umgebung können sie aus ihrer Vorstellung wekken. Das ist göttlicher Wahnsinn. Weicht der Anfall, so sind sie munter, sorglos, im Glauben, nun ihrem Gotte geweiht zu sein. Indessen bleiben sie blaß, mager und lange Zeit infolge der schmerzhaften Wunden geschwächt.“[72]

69 Ch. RÄTSCH: Heilkräuter der Antike in Ägypten, Griechenland und Rom (1995).
70 NONNOS VI 164.
71 M. R. ALDRICH: Wasson's Help to a Student of Drug History (1990).
72 ARETAEUS: De causis et signis morborum chronicorum I, 6.

Die dionysische Kenntnis um Tod und Wiedergeburt erweist sich als „das Ergebnis ekstatischer Erfahrungen der Schamanen“[73]; sie ist auch ein Symbol der Heilung. Der kranke Zustand stirbt, der Mensch wird gesund wiedergeboren. Oft muß der Myste, der Initiant, den Tod erleben, sich durch die grauenhafte Mühle der schamanischen Zerstückelung hindurchquälen, wie dereinst der Gott Dionysos. Wer sich in die Mysterien des Dionysos einweihen ließ, erlebte selbst diesen Wahnsinn:

> „Es war die Zeit, zu der die sithonischen Frauen das alle drei Jahre stattfindende heilige Fest des Bacchus zu feiern pflegen. Die Nacht ist die Mitwisserin der Mysterien. Bei Nacht hallt Rhodope vom Dröhnen der helltönenden Erzbecken wider. Bei Nacht hat die Königin ihren Palast verlassen; sie läßt sich in die Riten des Gottes einweihen und empfängt das Rüstzeug des dionysischen Wahnsinns: Weinlaub bedeckt ihr Haupt, Zur Linken hängt ihr ein Hirschfell herab, auf der Schulter ruht ein leichter Thyrsusstab. Rasend eilt sie durch die Wälder, vom Schwarm ihrer Gefährtinnen begleitet.“[74]

Dem Dionysos waren zahlreiche Pflanzen heilig, die berauschen oder die Rauschmittel liefern. Es ist nur folgerichtig, in Dionysos, dem Gott der Ekstase und des Rausches, den Gott der Rauschmittel zu erkennen.[75] Dionysos war nicht nur der Gott des Weines, sondern er war vermutlich – alle antiken Quellen deuten darauf hin – eine vergöttlichte Personifizierung des heiligen Pilzes (*Psilocybe sp.*), also eines sehr starken Psychedelikums oder Entheogens.[76] Durch solche Entheogene erfährt der Myste die Einweihung in die Wunder des Universums. Diese Seelen- oder Bewußtseinszustände wurden als *Theophanie*, „Gotteserscheinung“, *Enthusiasmus*, „Gott-Trunkenheit“, *Ekstase*, „Außer-sich-sein“, *Inspiration*, „Von-Geist-erfüllt-sein“, *Trance*, „Hinübergewechselt-sein“, *Mania*, „Wahnsinn/Raserei“, *Besessenheit, Verzückung* oder *Rausch* bezeichnet. Da dieser Rausch als göttlich erlebt wurde, war er ein Heiliger Rausch, ein „Rausch der Götter“. Ekstase, Trance, Inspiration, Enthusiasmus, Wahnsinn, kurz: veränderte Bewußtseinszustände sind zwar heute ein vieldiskutiertes Phänomen. Doch schon

73 M. ELIADE: Von Zalmoxis zu Dschingis-Khan, S. 50.
74 OVID: Metamorphosen VI, 588 ff.
75 Vgl. A. DANIELOU: Gods of Love and Ecstasy (1992).
76 Ch. RÄTSCH: Heilkräuter der Antike in Ägypten, Griechenland und Rom, S. 301 – 307.

die Autoren der Antike haben sich in dem Thema ergangen, z. B. VERGIL, PORPHYRIOS, SENECA, LUCAN, PLUTARCH und PLATON. Die Bewußtseinsveränderung wurde als „Beseelung einer Gottheit" umschrieben:

> „Es gibt verschiedene Arten von göttlicher Ekstase, und die göttliche Inspiration kommt auf viele verschiedene Weisen zustande. Denn erstens rufen die verschiedenen Götter, von denen wir eine Inspiration empfangen, verschiedenartige Inspirationen hervor. Zweitens ändert eine bestimmte Art von göttlicher Besessenheit in dem Maß, wie sie sich jeweils selber ändert, auch die Natur der göttlichen Inspiration. Denn entweder ergreift der Gott Besitz von uns oder wir werden ganz ein Teil des Gottes oder wir bringen unser Tun in Einklang mit dem seinen."[77]

Wer also von Dionysos inspiriert war, erlebte einen schamanischen Bewußtseinszustand, durch den er eine mystische Offenbarung, eine Theophanie, erfuhr.

6. Epilog

> „Die Zeit des sokratischen Menschen ist vorüber: kränzt euch mit Efeu, nehmt den Thyrsusstab zur Hand und wundert euch nicht, wenn Tiger und Panther sich schmeichelnd zu euren Knien niederlegen. Jetzt wagt es nur tragische Menschen zu sein: denn ihr sollt erlöst werden. Ihr sollt den dionysischen Festzug von Indien nach Griechenland geleiten! Rüstet euch zu hartem Streite, aber glaubt an die Wunder eures Gottes!"[78]

Auch wenn nicht jeder von uns ein Schamane oder Mystiker ist, so können wir doch alle schamanische und/oder mystische Erfahrungen machen und dadurch unser Weltbild erweitern, unser Leben bereichern und sicherlich toleranter werden:

> „Schamanismus ist eine disziplinierte Methode, Informationen und Beistand zu bekommen; eine Methode, die davon ausgeht, daß wir uns nicht auf eine einzige Realität, eine Dimension beschränken müssen, wenn wir Hilfe brauchen. Es gibt eine andere Wirklichkeit, aus der uns Hilfe zuteil werden kann – eine Wirklichkeit, die von Schönheit

77 IAMBLICHOS: Über die Mysterien Ägyptens 3.
78 F. NIETZSCHE: Die Geburt der Tragödie aus dem Geiste der Musik (1995).

und Harmonie erfüllt ist und uns jene Weisheit schenken kann, von der wir in den Schriften der großen Mystiker und Propheten lesen. Alles, was wir brauchen, ist ein offenes Herz und den Mut, uns auf den Weg des Schamanen zu machen."[79]

Literatur

ALDRICH, Michael R.: Wasson's Help to a Student of Drug History. In: Thomas J. RIEDLINGER (Hg.): The Sacred Mushroom Seeker. – Portland; Oregon: Dioscorides Press, 1990, S. 25 – 29.

BOURGUINON, E. (Hg.): Religion, Altered States of Consciousness, and Social Change. – Columbus/Ohio: Ohio State University Press, 1973.

BRAEM, Harald: Die magische Welt der Schamanen und Höhlenmaler. – Köln: DuMont, 1994.

BURKERT, Walter: „Goês – Zum griechischen ‚Schamanismus'". In: Rheinisches Museum für Philologie; 105 (1962), 36 – 55.

BURKERT, W.: Antike Mysterien. – München: Beck, 1990.

COULIANO, I. P.: Jenseits dieser Welt: Außerweltliche Reisen von Gilgamesch bis Albert Einstein. – München: Diederichs, 1995.

COWAN, J. D. / G. B. ERMENTROUT: A Theory of Drug Induced Visual Hallucination Patterns. In: H. HAKEN (Hg.): Pattern Formations by Dynamic Systems and Pattern Rekognition. – Heidelberg; New York: Springer, S. 122 – 126.

DANIELOU, Alain: Gods of Love and Ecstasy: the Traditions of Shiva and Dionysus. – Rochester; Vermont: Inner Traditions, 1992.

DEKORNE, Jim: Psychedelic Shamanism. – Port Townsend, WA: Loompanics Unlimited, 1994.

DELTGEN, Florian: Gelenkte Ekstase: die halluzinogene Droge Cají der Yebámasa-Indianer. – Stuttgart: Franz Steiner, 1993.

DITTRICH, Adolf: Ätiologie-unabhängige Strukturen veränderter Wachbewußtseinszustände. – Stuttgart: Enke, 1985.

DRURY, Nevill: The Visionary Human. – Shaftesbury/Dorset; Rockport/Mass.: Element, 1991.

ELIADE, Mircea: Schamanismus und archaische Ekstasetechnik. – Frankfurt/M.: Suhrkamp, 1975.

ELIADE, M.: Von Zalmoxis zu Dschingis-Khan. – Köln: Hohenheim, 1982.

ELIADE, M.: Schamanen, Götter und Mysterien: die Welt der alten Griechen. – Freiburg: Herder, 1992.

EMBODEN, William: Dionysus as a Shaman and Wine as a Magical Drug. In: Journal of Psychedelic Drugs; 9 (1977) 3, 187 – 192.

EVANS, Hilary: Alternate States of Consciousness. – Wellingborough, Northamptonshire: The Aquarian Press, 1989.

79 M. HARNER: Was ist ein Schamane? (1989), S. 31.

FREMBGEN, Jürgen: Derwische: gelebter Sufismus. – Köln: DuMont, 1993.

FURST, Peter T.: Hallucinogens and Culture. – Novato, CA: Chandler & Sharp, 1976.

GIANI, Leo Maria: In heiliger Leidenschaft: Mythen, Kulte und Mysterien. – München: Kösel, 1994.

GINZBURG, Carlo: Die Benandanti: Feldkulte und Hexenwesen im 16. und 17. Jahrhundert. – Frankfurt/M.: Syndikat, 1980.

GINZBURG, C.: Hexensabbat. – Berlin: Wagenbach, 1990.

GOODMAN, Felicitas D.: Schamanische Trancestellungen. In: Gary DOORE (Hg.): Opfer und Ekstase. – Freiburg: Bauer, 1989, S. 82 - 94.

GROF, Stanislav: Topographie des Unbewußten: LSD im Dienst der tiefenpsychologischen Forschung. – Stuttgart: Klett-Cotta, 1978.

HARNER, Michael (Hg.): Hallucinogens and Shamanism. – London u. a.: Oxford University Press, 1973.

HARNER, M.: Was ist ein Schamane? In: Gary DOORE (Hg.): Opfer und Ekstase. - Freiburg: Bauer, 1989, S. 20 – 31.

HARNER, M.: Der Weg des Schamanen. – Genf: Ariston, 1994.

HEINLEIN, Robert: Die Zahl des Tiers. – München: Heyne, 1981.

HOFMANN, Albert: LSD – Mein Sorgenkind. – Stuttgart: Klett-Cotta, 1979.

HUXLEY, Aldous: Die Pforten der Wahrnehmung – Himmel und Hölle. – München: Piper, 1970.

JAMES, William: Die Vielfalt religiöser Erfahrung. – Olten: Walter, 1979.

JOSUTTIS, Manfred / LEUNER, Hanscarl (Hg.): Religion und die Droge. – Stuttgart u. a.: Kohlhammer, 1972 (T-Reihe).

KALWEIT, Holger: Traumzeit und innerer Raum: die Welt der Schamanen. – München: Scherz, 1984.

KLÜVER, Heinrich: Mescal Vision and Eidetic Vision. In: American Journal of Psychology 37 (1926), 502 – 515.

KLÜVER, H.: Mescal and Mechanisms of Hallucinations. – Chicago: The University of Chicago Press, 1969.

KNOLL, M. / KUGLER, J. / EICHMEIER, J. / HÖFER, O.: Note on the Spectroscopy of Subjective Light Patterns. In: Journal of Analytical Psychology; (1962) 7, 55 – 69.

LANGEN, Dietrich: Archaische Ekstase und asiatische Meditation. – Stuttgart: Hippokrates, 1963.

LEARY, Timothy / METZNER, Ralph / ALPERT, Richard: The Psychedelic Experience. – New York: University Books, 1964.

LEWIN, Roger: Stone Age Psychedelia. In: New Scientist; (1991) 8, 30 – 34.

LEWIS-WILLIAMS, J. D. / DOWSON, T. A.: The Signs of All Times: Entoptic Phenomena in Upper Palaeolithic Art. In: Current Anthropology; 29 (1988) 2, 201 – 245.

LEWIS-WILLIAMS, J. D. / DOWSON, T. A.: On Vision and Power in the Neolithic: Evidence from the Decorated Monuments. In: Current Anthropology; 34 (1993) 1, 55 – 65.

LILLY, John C.: Programming and Metaprogramming in the Human Biocomputer. – New York: Julian Press, 1968.

MARKUS, Mario: Halluzinationen: ihre Entstehung in der Hirnrinde kann im Computer simuliert werden. In: Adolf DITTRICH / Albert HOFMANN & Hanscarl LEUNER (Hg.): Welten des Bewußtseins. Bd. III. – Berlin: VWB, 1993, S. 133 – 143.

METZNER, Ralph: Maps of Consciousness. – New York: Macmillan, 1971.

METZNER, R.: Hineingehen: Wegmarken für die Transformation. – Freiburg: Bauer, 1987.

OSTER, G.: Phosphenes. In: Scientific American; 222 (1970) 2, 83 – 87.

OTT, Jonathan: Ayahuasca Analoge: Pangæische Entheogene. – Löhrbach: Werner Pieper's MedienXperimente, 1995 (Edition Rauschkunde).

PAHNKE, Walter N.: Drogen und Mystik. In: M. JOSUTTIS & H. LEUNER (Hg.): Religion und die Droge. – Stuttgart u. a.: Kohlhammer, 1972.

PAPAJORGIS, Kostis: Der Rausch: ein philosophischer Aperitif. – Stuttgart: Klett–Cotta, 1993.

RÄTSCH, Christian: Zur Ethnologie veränderter Bewußtseinszustände. In: Adolf DITTRICH / Albert HOFMANN & Hanscarl LEUNER (Hg.): Welten des Bewußtseins. Bd. I. – Berlin: VWB, 1993.

RÄTSCH, Ch.: Die Pflanzen der blühenden Träume: Trancedrogen mexikanischer Schamanen. In: Curare; 17 (1994) 2, 277 – 314.

RÄTSCH, Ch.: Ein Trip in fraktale Welten. In: Jahrbuch für Ethnomedizin und Bewußtseinsforschung; 3 (1994), 11 – 24, Berlin: VWB.

RÄTSCH, Ch.: Heilkräuter der Antike in Ägypten, Griechenland und Rom. – München: Diederichs, 1995.

RÄTSCH, Ch.: Die Ritualsteine der Schamanen: Kristalle, Fossilien und die Landschaften des Bewußtseins. – Hamburg: MS, 1995.

REICHEL-DOLMATOFF, Gerardo: Amazonian Cosmos. – Chicago; London: University of Chicago Press, 1971.

REICHEL-DOLMATOFF, G.: Beyond the Milky Way: Hallucinatory Imagery of the Tukano Indians. – Los Angeles: UCLA Latin American Center Publications, 1978.

REICHEL-DOLMATOFF, G.: Brain and Mind in Desana Shamanism. In: Journal of Latin American Lore; 7 (1981) 1, 73 – 98.

REICHEL-DOLMATOFF, G.: Basketry as Metaphor. – Los Angeles: Museum of Cultural History / University of California, 1985.

REICHEL-DOLMATOFF, G.: Shamanism and Art of the Eastern Tukanoan Indians. – Leiden: Brill, 1987 (Iconography of Religions; IX,1).

RESCH, Andreas (Hg.): Veränderte Bewußtseinszustände: Träume, Trance, Ekstase. – Innsbruck: Resch, 1990.

RIPINSKY-NAXON, Michael: Hallucinogens, Shamanism, and the Cultural Process. In: Anthropos; 84 (1989), 219 – 224.

RIPINSKY-NAXON, M.: Shamanism: Religion or Rite? In: Journal of Prehistoric Religion; 6 (1992), 37 – 44.

RIPINSKY-NAXON, M.: Psychoactivity and Shamanistic States of Consciousness.

In: Jahrbuch für Ethnomedizin und Bewußtseinsforschung; 4 (1995), Seiten von bis, Berlin: VWB.

ROSENBOHM, Alexandra: Halluzinogene Drogen im Schamanismus. – Berlin: Reimer, 1991.

SCHENK, Amelie: Schamanen auf dem Dach der Welt. – Graz: ADEVA, 1994.

SCHULTES, Richard E. / HOFMANN, Albert: Pflanzen der Götter. – Bern: Hallwag, 1987.

SIEGEL, Ronald K.: Hallucinations. In: Scientific American; (1977) 237, 132 – 140.

SIEGEL, R. K.: Fire in the Brain: Clinical Tales of Hallucination. – New York: Plum Book, 1993.

SIEGEL, Ronald K. / WEST, Louis Joylon (Hg.): Hallucinations. – New York u. a.: John Wiley & Co., 1975.

STAHL, Peter W.: Identification of Hallucinatory Themes in the Late Neolithic Art of Hungary. In: Journal of Psychoactive Drugs; 21 (1989) 1, 101 – 112.

SULLIVAN, Lawrence E.: Kanchu's Drum: an Orientation to Menaing in South American Religions. – New York: Macmillan, 1988.

TAEGER, Hans-Hinrich: Spiritualität und Drogen. – Markt Erlbach: Raymon Martin Verlag, 1988.

ULRICH, Hans E.: Von Meister Eckardt bis Carlos Castaneda: Reise durch eine andere Wirklichkeit. – Frankfurt/M.: Fischer, 1986.

VOM SCHEIDT, Jürgen: Der Weg ist das Ziel. 2: Bewußtseinserweiterung. – München: Knaur, 1989.

WINKELMAN, Michael J.: Shamans, Priests, and Witches: a Cross-Cultural Study of Magico-Religious Practitioners. – Tempe: Arizona State University, 1992.

ZEHENTBAUER, Josef: Körpereigene Drogen. – München; Zürich: Artemis & Winkler, 1992.

GIORGIO GAGLIARDI

RELIGIÖSE PHÄNOMENE

Zwischen Betrug, Psychopathologie, Dämonismus und Übernatürlichkeit

I. EINFÜHRUNG

Die Hauptschwierigkeit bei der Bewertung mystischer und mystikartiger Phänomene (bei letzteren handelt es sich um rein emotionale Erscheinungsformen in Nachahmung der eigentlichen katholischen Mystik) ist das *wissenschaftliche Kriterium*, das zur Beurteilung, zur Analyse des Verursacherprinzips, zum Nachweis eines einem Zufallsereignis ähnelnden Geschehens und zur Feststellung all jener Umstände herangezogen werden muß, die das Phänomen begleiten und die Gründe für ihr Vorhandensein *erklären* oder *nicht erklären*.

Die Phänomene, die in nicht-alltäglichen *außergewöhnlichen Erfahrungen* bestehen, entbehren im Normalfall jener Kriterien, die von der offiziellen Wissenschaft in ihrer begrenzten Programmierung und Planung aufgestellt wurden, um nicht mit den eigenen für grundsätzlich gehaltenen Aussagen in permanenten Konflikt zu geraten. Zudem eröffnen solche Erfahrungen eine für die Wissenschaft selbst oft gänzlich fremde Welt, wo sie sich plötzlich ihrer eigenen Begrenztheit bewußt wird und die hausgemachten Klassifizierungsmodelle und liebgewordenen methodologischen Kriterien nicht mehr anzuwenden weiß. Und doch läßt sich bei der Untersuchung mystischer und mystikähnlicher Phänomene von einigen grundsätzlichen Kriterien, wie sie die offizielle Forschung aufzuweisen hat, nicht absehen. Es sind dies:

a) *das wissenschaftliche Kriterium*, d. h. sich auf die aktuellsten wissenschaftlichen Erkenntnisse zu stützen und jedes Geschehen nach den anerkannten Gesetzen von Physik, subatomarer Physik, Chemie, Biochemie, Physiologie, Chronobiologie, Neuro- und Psychophysiologie, Anthropologie und anderen etablierten Wissenschaftsdisziplinen zu beurteilen;

b) *das methodologische Kriterium*, d. h. die Anwendung aller gängigen Wissenschaftsregeln, als gelte es, ein neuartiges Phänomen zu untersuchen, das klassifiziert, beschrieben und analysiert sein will, jedoch stets im Bewußtsein, daß dieses eine Ausnahme von den bisher geltenden Regeln darstellt oder einer anderen Kategorie angehört und nicht von Menschen erstellten Gesetzen folgt bzw. mit den allgemein anerkannten Methoden nicht zur Gänze erklärt werden kann.

Als auf den modernen Wissensstand bezogen umfassendster Zugang zu den genannten Phänomenen erweist sich der *neuropsychologische Ansatz*[1], bei dem alle nur erdenklichen Daten gesammelt werden und man u. U. die Person, in deren Anwesenheit sich das Phänomen ereignet, insofern miteinbezieht, als man sie in der Untersuchung nicht das Objekt, sondern die Person sein läßt, die sich selbst zum Untersuchungsgegenstand hat und daher kein subjektives Kriterium außer acht läßt. Allerdings hat auch der neuropsychologische Ansatz seine Einschränkungen, weil er die spirituelle Welt nicht schon als existent bestätigt, sondern bestenfalls das Phänomen an sich untersucht, ohne anfänglich eine Klassifizierung hinsichtlich Pathologie oder geistiger Störung vorzunehmen, auch wenn die Inhalte außergewöhnlichen Charakter haben und bei mentalen Schädigungen nicht selten anzutreffen sind.

Die zwei beschriebenen Kriterien, also die Programmierung der in der Untersuchung aufeinanderfolgenden Modalitäten und der Einsatz aller für die wissenschaftliche Analyse verfügbaren technischen Mittel, wurden von der Neuropsychologie bereits klar definiert und vom Autor gemeinsam mit seinem Kollegen M. MARGNELLI auch bei entsprechenden Phänomenen erprobt.[2] Sie engen weder den Untersuchungsspielraum ein noch wollen sie Fenster zu hypothetischen und phantastischen Welten öffnen.

Derlei Kriterien nehmen zur Kenntnis, daß der Mensch nicht nur aus Körper und Psyche besteht bzw. ein biologisches System mit Psyche darstellt, d. h. ein Konglomerat aus physischen oder mentalen Phänomenen, die sich mittels Gehirn oder Körper manifestieren, son-

1 G. GAGLIARDI: Stati Modificati di Coscienza (1993), S. 38.
2 M. MARGNELLI / G. GAGLIARDI: Le Apparizioni della Madonna (1987), 39ff.

dern daß er auch eine Seele bzw. eine höhere Ordnung besitzt, die im physischen wie psychischen Bereich ständig präsent ist, wenngleich nicht definierbar, weil sie sich unserer wissenschaftlichen Beobachtung entzieht; ebenso wenig fällt sie in die Kompetenz der Naturwissenschaftler, sondern vielmehr in jene der Theologen, die sich über das Physisch-Psychische hinaus auch mit einer Welt des Spirituellen befassen, die nicht Phantasie oder Wunschtraum des Menschen ist, sondern höhere Wirklichkeit. Ohne Annahme solcher Voraussetzungen wäre es sinnlos fortzufahren, weil die mystischen und mystikähnlichen Phänomene simultane oder sukzessive Auswirkungen auf diese drei Bereiche des Physischen, Psychischen und Spirituellen haben.

Es ist bei der Untersuchung der *Mystik* sehr gewagt und auch schwierig, eine rein naturwissenchaftliche Klassifikation mit physischen, chemischen, biologischen und psychischen Komponenten erstellen zu wollen, ohne eine Welt des Spirituellen anzunehmen, die nicht, wie dies eine gängige Richtung der Psychologie versteht, als das Transpersonale zu sehen ist, d. h. als Einheit mit dem Gesamtkosmos, als eine entweder physische oder psychologische Welt – auch wenn sie oft als „feinstofflich" bezeichnet wird und stets Teil einer wenig bekannten und untersuchten Seite der Natur ist –, sondern als eine Welt, die sich von uns, die wir bloß Geschöpfe und nicht Schöpfer sind, gänzlich unterscheidet.

II. KLASSIFIKATION DER MYSTISCHEN UND MYSTIKÄHNLICHEN PHÄNOMENE

Es wurde viel darüber geschrieben und es gibt auch schon mehrere Klassifikationen außergewöhnlicher Erfahrungen, die bei Personen zutage treten, welche sich mit dem Spirituellen auseinandersetzen wollen – einer Welt, die noch wenig bekannt ist und von der wir nur die beiden unteren Schichten kennen: den Körper und die Psyche. Es ist daher von größter Wichtigkeit, sich mit der Problematik des Spirituellen zu befassen und von möglichen, oft auch unbedachten Attributen, die dem Menschen eigen und nach den Kriterien der Wissenschaft erklärbar sind, zu befreien. Letztere kann bei der Erforschung des Spirituellen insofern von Nutzen sein, als sie bei Personen, die sich nach eigenem Ermessen als Mystiker bezeichnen, Phänomene anerkennt, die sowohl in die Kompetenz des Physischen als auch des Geistigen fallen können, wie z. B. die Emotionen, das Erfolgsstreben, die psychische Kompensation der Machtausübung über andere, der verzweifelte Versuch, nie gekannte Zuneigung zu erlangen, das kindhafte Streben nach dem Haben anstatt dem Sein – all diese Voraussetzungen können mystikähnliche Phänomene provozieren, d. h. solche, die sich rein äußerlich zwar den mystischen Anstrich geben, mit dem Spirituellen im Grunde aber nichts zu tun haben.

Daher muß die Forschung mehr als in jedem anderen Fachbereich die mehr oder weniger willkürlichen und bewußten Versuche des Menschen im Auge behalten, ein Phänomen als außergewöhnlich bzw. spirituell darzustellen, das in Wirklichkeit von mehr oder weniger bewußten und offenkundigen persönlichen Interessen geleitet ist. Eine schematische Gliederung solcher Phänomene wird daher vorerst mit den natürlichen und menschlichen Eventualitäten einer bekannten oder unbekannten physischen Welt beginnen und dann graduell zur Welt des Spirituellen mit all den sie begleitenden Unsicherheiten, Vorbehalten und Vertrautheiten vordringen. Die sogenannten mystischen und mystikähnlichen Phänomene lassen sich unterteilen in:

1) Phänomene, die zwar außergewöhnlich scheinen, ihr *betrügerisches Element* aber aufgrund der Persönlichkeit des Subjekts oder der sich immer stärker abzeichnenden trivialen Absichten nicht verbergen können; zu dieser ersten Kategorie gehören Personen, die sich des Betruges und der Täuschung bewußt sind, ebenso wie jene, die derartige betrügerische Mechanismen aufgrund geistiger Gestörtheit bzw. psychischer Verhaltensstörungen mehr oder weniger bewußt in Gang setzen;

2) anfänglich spontane Phänomene ohne plausible Ursache und vor allem ohne persönliche Absicht, die in *Betrug* und Täuschung gipfeln, weil sie für die betreffende Person zur Fixierung werden, indem diese sie als willkommenes Mittel zum Zweck und als Selbstentschädigung unter dem Mantel der Nächstenliebe sowie als Möglichkeit zur Einflußnahme betrachtet;

3) Phänomene, die physisch, chemisch oder biologisch *erklärbar* sind, wobei dies nicht schon zum Zeitpunkt der Untersuchung der Fall sein

muß, weil die dann zur Verfügung stehenden Methoden vielleicht noch in Entwicklung begriffen sind und erst im weiteren Verlauf verbessert werden;

4) Phänomene, die sich offenkundig durch *„Vermittler"* ereignen, und zwar:

a) *im profanen Bereich*

b) im *religiös-außernatürlichen* oder *dämonischen Bereich*; sie gehören somit zwar einer spirituellen Ebene an, die immerhin über der physisch-psychischen Welt liegt, aber von eher niedrigem Niveau ist;

c) im *religiös-übernatürlichen Bereich* und damit einem Bereich des Spirituellen, der über dem Dämonischen bzw. Außernatürlichen steht.

Wie ersichtlich, ist die gebotene Klassifizierung nicht übermäßig eng gefaßt. Wenn somit ein Ereignis in einem bestimmten Kontext eintritt und die Charakteristika von Ursache, Mitursache oder Beschleunigung aufweist, so ist anzunehmen, daß die Ursache tatsächlich einer ganzen Serie von physischen, psychischen und spirituellen Betrachtungen zugrunde liegt, doch kann uns der wahre Auslöser auch verborgen bleiben, weil er erst im weiteren Verlauf zutage tritt.

5) Phänomene, die sich außerhalb jeder offiziellen wissenschaftlichen oder methodologischen Erklärung ereignen und auf eine Verursachung hinweisen, die weder der physischen oder chemischen noch der biologischen oder psychischen Welt angehört; darüber hinaus gibt es im Rahmen der Erkenntnisse und der durchgeführten Untersuchungen keine (sensitive) Person mit niedriger Emotionsschwelle, die sich in einem modifizierten oder veränderten Bewußtseinszustand befinden würde, weshalb die wahre Ursache des Ereignisses in der Welt des Spirituellen zu suchen ist, d. h.

a) entweder dem *dämonischen* oder außernatürlichen oder
b) dem *übernatürlichen* Bereich zugeordnet werden muß.

Der Autor weiß sich zudem mit jenen Theologen einig (K. RAHNER[3]), die das Wirken des Übernatürlichen mit einer Ausdrucksform belegen, die nicht nur die spirituelle Komponente des Menschen einbe-

3 K. RAHNER: Visioni e Profezie (1962), 72ff.

zieht – wenngleich diese die einzig geeignete ist, um Beeinflussungen durch eine andere Wesenheit zu erkennen –, sondern auch die psychische und physische Welt unserer Sinne, welche letztlich mit der Anima in uns, die in Verstand und Körper zum Ausdruck kommt, vollkommen eins sind. Andernfalls könnte der Mensch nicht fassen, daß sich etwas Spirituelles ereignet, selbst wenn dadurch noch mehr Probleme entstehen und noch mehr Erklärungen notwendig werden – solche, die sich nicht nach einer der Information des Augenblicks folgenden persönlichen Logik entwickeln, sondern nach einer, die – wie K. POPPER und J. C. ECCLES[4] es formulieren – weit gefaßt und offen ist. Sie vertreten im Zusammenhang mit dem Seele-Geist-Gehirn-Problem das Konzept eines „selbstbewußten Geistes“, also einer wissenschaftlich nicht interpretierten Ganzheit, die sich in kein neuronales Muster (Schaltkreismodell, Kortikalsystem, Zerebralnukleus) einfügt, sondern das Gehirn transzendiert (somit in den Bereich der Anima gehört) und in der Lage ist, die hochkomplexen Funktionen des Geistes zu korrelieren und jene Modalitäten zu variieren, mit denen dieser

a) die Welt 1 oder die Welt der Gegenstände bzw. der physikalischen Zustände und
b) die Welt 2 oder die Welt der Bewußtseinszustände

integriert, organisiert und kontrolliert.

Es wird hier Bezug genommen auf die Denkmodelle einiger weniger unter zahlreichen bekannten Autoren (K. PRIBRAM, 1968; W. PENFIELD, 1960; R. MATTUCK, 1982, R. G. JAHN / B. DUNNE, 1968, D. J. BOHM, 1986), welche die Grenzen der offiziellen Wissenschaft als gegeben erkennen und die Kenntnis von der Welt des Spirituellen zu integrieren versuchen. Im wesentlichen sind sie der Auffassung, daß die Materie nicht nur der physische Träger sei, auf den neue Energien und nicht von ihr herleitbare Organisationsformen einwirken, und daß die physische Welt nur einen Teilaspekt der Wirklichkeit darstelle.[5]

ECCLES schrieb also die Funktion von Geist, Willen und Bewußtsein nicht der biochemischen Aktivität des Gehirns zu und verwies darauf,

4 M. MANCIA: Neurofisiologia e vita mentale (1984), S. 166ff.
5 W. GIROLDINI: Mente Corpo Esp e Pk (1989), 24ff.

daß Außersinnliche Wahrnehmung und Psychokinese indikativ und grundlegend sein könnten für die Art und Weise, in der Seele, Bewußtsein, Wille und Geist im Gehirn die für jede Aktion und Reaktion notwendigen biochemischen Veränderungen festlegen; daß diese Phänomene also bereits in uns existent seien und zwischen der Welt des Spirituellen und der Welt des Geistes bzw. Körpers kontinuierlich als normales und nicht als außergewöhnliches Phänomen agieren würden.[6] Mit diesem Hinweis wird die Welt des Spirituellen definitiv rehabilitiert, ohne sie auf das undurchsichtige Labyrinth eines dubiosen Unbewußten, Vorbewußten oder Unterbewußten zu beschränken, weil auch diese Begriffe vom Menschen hypothetisch angenommen sind, um damit „Geist" oder „Psyche" besser erklären zu können.

In den Folgekapiteln werden nun Phänomene beschrieben, die nach dem methodologischen Kriterium des *Centro Ricerche e Studi degli Stati modificati di coscienza* (Zentrum für das Studium modifizierter Bewußtseinszustände) zusammengefaßt wurden.

1. Phänomene mit evidentem Täuschungscharakter

Es wurde bereits angedeutet, daß die erste Stufe der phänomenologischen Untersuchung der Mystik darin besteht, sicherzustellen, daß nicht Ambitionen, persönliche psychologische Motivationen oder mentale Störungen die auslösende Ursache des Phänomens sind. Wenn also, nach den in dieser Hinsicht renommiertesten Autoren, von 1933 bis heute rund 300 Erscheinungen für „falsch" bzw. von der Kirche für nicht echt im übernatürlichen Sinne erklärt wurden, so ist klar, daß ein großer Prozentsatz von ihnen zur angesprochenen Kategorie gehört.

Im Folgenden werden einige Fälle beschrieben, in denen ausnahmslos Betrug und Täuschung vorliegen:

a) Bassan Assaf

1988 berichten alle großen Pariser Tageszeitungen über einen gewis-

6 J. ECCLES: The neurophysiological basis of mind (1951).

sen Bassan *Assaf*[7], Angestellter eines reichen syrisches Waffenhändlers in Paris, wegen angeblicher Marienerscheinungen und Ölabsonderungen seiner Hände. Der griechisch-orthodoxe Patriarch von Damaskus, Ignaz IV., ernennt eine Kommission, die das Phänomen für echt erklärt. Die Exsudationen bleiben aus, wenn Illusionisten und Mediziner anwesend sind, die sich mit der Phänomenologie von Erscheinungen auskennen; zudem verlangt Bassan vorher stets, sich zurückziehen zu dürfen. Einmal schwenkt die Fernsehkamera von TF1 auf eine Ölampulle. 1993 bringt das ungewöhnliche Ölphänomen Bassan 13 Milliarden Lire ein, und die Angelegenheit landet vor einem Pariser Gericht: Dort gibt Bassan zu, das Öl in einem Plastiksäckchen an den Handgelenken getragen und damit in die Haut eingenähte Schwämmchen getränkt zu haben.

b) Weinende Madonnen

1993 wecken die jüngsten Fälle von blutenden und weinenden Marienstatuetten das Interesse des Ingenieurs Giovanni *Panunzio* aus Cagliari. Über einen Illusionisten aus Noro erfährt er von einer Firma, die auf „magische“ Gegenstände spezialisert ist und kleine Madonnenstatuen mit elektrischen Ventilen, Mikromotoren, feinen Kapillaren, winzigen Injektionsnadeln und Antikoagulanzien verkauft, welche die Madonnen „zum Weinen bringen“. Es wird auch eine Fernsteuerung mitgeliefert, mit der man das „Phänomen“ auslösen kann: alles zum Preis von 3,5 Millionen Lire. Im angebotenen Paket ist noch ein wichtiges Geschenk inbegriffen, nämlich eine identische Kopie der „blutenden“ Statue. Wenn sich schließlich die Experten aus Wissenschaft und Kirche einfinden, wird ihnen zur Verschleierung des Betruges nicht die „blutende“ Madonna, sondern deren Kopie ohne entsprechende Vorrichtung ausgehändigt. Das Geschäft floriert.[8]

c) M. Improta

Der folgende Fall wurde vom *Centro Ricerche e Studi* in Mailand un-

7 R. LAURENTIN: Multiplication des apparitions de la Vierge (1991), S. 164, 189.
8 C. D'ANGELO, zit. in: „Io ci credo, però c'è miracolo e miracolo“ (1993).

tersucht und weckte großes Medieninteresse, wurde dann aber von eben jenem Zentrum als Betrug entlarvt.

M. *Improta* ist ein junger Mann aus der Provinz Caserta, der sich für das Ordensleben entschieden hat. Die offiziellen Stellen teilen ihm jedoch mit, daß er nicht dafür geeignet sei. Es kommt daraufhin zu einer Serie ungewöhnlicher Ereignisse, wodurch Kontakte zu Ordensleuten entstehen, die er entweder zu sich bittet oder selbst aufsucht. Durch Vorgaukeln wundersamer Erscheinungen, wie Stigmen und wiederholten Materialisationen geweihter und profaner Gegenstände, erhält er schon mit 16 oder 17 Jahren Zutritt zum geistlichen Leben. Doch schwankt sein Dasein zwischen den realen Gegebenheiten, seinen Fiktionen und jener Welt, um deren Akzeptanz er sich so sehr bemüht. Er läßt sich sogar in eine Ordensgemeinschaft aufnehmen, zunächst als Student, um Priester zu werden, später (1991) als Nonne mit offenkundiger Veränderung seines Äußeren. Das Ordensleben ist der geeignete Nährboden für seine Phänomene, Botschaften, Vorahnungen, Phantastereien und persönlichen Auslegungen des Übernatürlichen. Doch bleibt er nicht unbeobachtet und bald tauchen die ersten Ungereimtheiten auf. So schließt er sich jeweils vor Auftreten der Stigmen lange in das Bad ein, es werden Pflaster mit mehreren Verhärtungen gefunden, auch ist die Rede von selbstinduzierten Stigmen aus Kunststoff und von Wundaufrischungen früherer Narben. Dann und wann spricht M. *Improta* – inzwischen Schwester V. – von blutenden oder weinenden Bildern oder Statuen im früheren Zimmer. Mehrmals kommt eine bemerkenswerte Zahl an Hostien aus seinem Mund, er zeigt ekstatische Zustände ebenso wie solche dämonischer Besessenheit. Man bereist ganz Italien mit ihm, um seine Phänomene vorzuzeigen, unter die sich auch eindrucksvolle „Attacken diabolischer Besessenheit" mischen, deren Beurteilung aussteht. Plötzlich stürzt seine konstruierte Phantasie-Welt zusammen: die unklare „Geschlechtszugehörigkeit", seine theatralische Persönlichkeit, die zuverlässig widerlegten Phantastereien und schließlich die Untersuchung der blutenden Statuen zeigen, daß das an den Devotionalien aufgetretene Blut – laut Gerichtsmedizinischem Institut der Universität von Pavia – von der gleichen Blutgruppe ist wie sein eigenes, nämlich Blutgruppe A. Wenngleich sich der Hauch des Mystischen nun verflüchtigt, bildet sich an seinem Wohnort ein regelrechter Kult um seine Person: immer noch pilgern viele zu ihm wegen seiner angeblichen Visionen und Botschaften. Dann sagt er seinen Tod voraus, er läßt einen gläsernen Sarg fertigen, in dem er nach seinem Ableben ausgestellt werden soll, doch befindet er sich an seinem Todestag woanders, bei einem Onkel, und nährt die Meinung, das Gebet der Menge habe ihn vor dem Tod bewahrt. Und schließlich senkt sich der Mantel des Schweigens über die Angelegenheit.

2. Ursprünglich spontane und später als Täuschung hingestellte Phänomene

In Trenzano, Castrezzato und Cossirano, Provinz Brescia, behauptet 1957 ein Mädchen, daß eine Madonnenstatue in seinem Haus Blut geweint habe. Das Phänomen ereignet sich siebenmal in Anwesenheit von Zeugen aus kirchlichen und wissenschaftlichen Kreisen. Die Analysen sind positiv, laut Laboruntersuchungen handelt es sich tatsächlich um menschliches Blut der Gruppe A; ob das Mädchen oder andere Familienmitglieder ebenfalls Gruppe A haben, ist nicht bekannt. So beginnt denn der marianische Erscheinungszyklus, in dem sich die Madonna als Unbefleckte Empfängnis und Siegeskönigin präsentiert. Bis 1960 – dergleichen geschieht häufig bei mystischen und mystikähnlichen Phänomenen – scharen sich Buben und Mädchen als Seher der zweiten Generation um die Seherin der ersten Stunde und um die Blut- und Tränen-Phänomene. Und gleichzeitig mit den Statuen, von denen am Beginn der Erscheinung die Rede ist, bluten noch weitere 60, die von den Gläubigen mitgebracht wurden (einige diesbezügliche Zeugenaussagen sind durchaus glaubwürdig). In einem Kommuniqué des Bischofs von Brescia aus dem Jahre 1958, als die wundersamen Ereignisse noch im Gang waren und noch keinerlei Untersuchung zur Klärung derselben erfolgt war, heißt es, daß die Blut-Phänomene und die angeblichen Erscheinungen nicht als übernatürlich anzusehen seien; es handle sich zwar nicht um Betrug oder Täuschung, aber es gebe dafür möglicherweise eine bislang unbekannte physikalische, chemische oder biologische Erklärung. Die Worte des Pfarrers von Trenzano, die im gleichen Bulletin veröffentlicht werden, kommentieren sich selbst: "...der Weihbischof hat mich beauftragt, offen mitzuteilen, daß die Madonnenstatue, die Herz Jesu-Statue und die Kruzifixe, deren Antlitz bzw. Corpus angeblich das Blut des Herrn und der Muttergottes abgegeben haben (von dem man weder die Gruppe noch die Untergruppen kennt, Anm. d. Verf.), menschliches Machwerk ist. – Gezeichnet: Don Trancana". – Die Bezeichnung „menschliches Machwerk" wurde nicht näher erläutert.

Die Erscheinungen führten zur Bildung von Gebetskreisen und privaten Kultstätten, die besagten Phänomene dauerten in privatem Rahmen weiter an und schließlich kam es zu einem Schisma: die Personen nämlich, die diese Zusammenkünfte koordinierten, gründeten die sogenannte Magnifikat-Kirche, wo nicht zuletzt Vertreter abgespaltener Kirchen zusammenkamen und eine kirchliche Hierarchie errichteten, in der auch Frauen zu Priesterinnen geweiht wurden. Vor einigen Jahren erklärte dieselbe Diözese Brescia dies als Schisma und warnte die Gläubigen davor, an diesen Abtrünnigen-Kulten teilzunehmen.

Vielleicht hätten eine eingehendere Untersuchung und eine angemessenere Erklärung die später verurteilten separatistischen Auswüchse abwehren können.

3. Spontanphänomene ohne menschliche Mittler und mit physisch-biologischem Hintergrund

a) Flecken-Phänomen

Im Jahre 1819 tauchten in Legnaro (Padua) auf einer Polentamasse eigenartige purpurrote Flecken auf, so daß die Behörden eine Untersuchung des Phänomens anordneten. Der Pharmakologe B. *Bizio* wies nach, daß die rote Pigmentierung schlicht und einfach von einem Bakterium namens *Serratia marcescens* (Stäbchenbakterien der Familie *Enterobacteriaceae*) verursacht wurde, das ein rotes Pigment enthielt, welches zwar nicht in Wasser, wohl aber in Alkohol löslich war. Dieses Bakterium entsteht vor allem auf degenerierenden Kohlehydraten, und wenngleich es nicht als Verursacher von Blutflecken auf Brot oder ähnlichem bekannt war, machte es bereits in der Geschichtsschreibung *Alexanders des Großen* von sich reden, als plötzlich auftauchende Blutspritzer auf Brot die Belagerer von Tyrus in Phönizien in Panik versetzten. Der Priester, der das wundersame Phänomen deutete, gab *Alexander* jedoch zu verstehen, daß die Flecken aus dem Innern des Brotes kamen und nicht an seiner Oberfläche entstanden seien, was heißen sollte, daß Tyrus bluten würde, und so konzentrierte *Alexander* seine Truppen zur Eroberung von Tyrus – eine Handlung also, die zur rechten Zeit aus der emotionalen Konditionierung roter Flecken im Brot geboren wurde.

Aus der Zeit um 1200 aufwärts wird von mehreren Phänomenen dieser Art berichtet, die an pflanzlichen Stoffen ebenso auftraten wie auf geweihten Hostien, wenn diese zu lange und an feuchten Orten aufbewahrt wurden. Die Phänomene wurden als wunderähnlich interpretiert und ebensooft von allzu hitzigen Predigern dahingehend ausgelegt, daß es sich bei diesen mit Blut befleckten Hostien um die von den Hebräern geschändeten und profanierten Hostien handeln würde, welche für diesen Frevel angeklagt und in der Folge hingerichtet wurden.

Ohne in die Diskussion um die Unterscheidung konsekrierter Hosten, die tatsächlich menschliches Blut absonderten (Blutgruppe AB, Bolsena), und solchen, die vom Bakterium *Serratia Marcescens* befallen waren und angebliche oder tatsächliche Hostienschänder das Leben kosteten, einzugreifen[9], können einige von den für außergewöhnlich gehaltenen Phänomenen durchaus von einem etwas rationaleren Standpunkt aus betrachtet werden. Später fand man dafür eine rein biologische Erklärung, die zum Zeitpunkt des Auftretens der Phänomene noch völlig unbekannt war oder nicht hinreichend ausgewertet wurde.

b) Tränen-Phänomen

Shaw *Carlson*, Physiker des Lawrence Berkeley-Instituts in Kalifornien, ließ bei einer Tagung des Komitees für religiöse Forschung in Chicago menschliche Tränen von einer Reproduktion von LEONARDO Da-Vincis *Mona Lisa* fließen, besser gesagt eine Flüssigkeit mit derselben Natriumchlorid-Konzentration. *Carlson* verwendete zur Erzeugung des

9 G. CORBELLINI: Il germe prodigioso che grondava sangue (1992), 16.

Phänomens Natriumchloridkristalle bzw. Kochsalz. Seine ersten Experimente machte der Physiker an einer in der griechisch-orthodoxen Kirche des hl. Nikolaus in Chicago ausgestellten Marienikone, die kontinuierlich Tränen absonderte. Die Verantwortlichen übten, was die Untersuchung der Ikone durch einen Chemiker anbelangte, äußerste Zurückhaltung. Am Ende seiner Experimente gelangte *Carlson* zu dem Schluß, daß er nicht wisse, ob das Phänomen der Madonna von Chicago tatsächlich ein Schwindel sei, wenngleich man sich vorstellen könne, daß ein göttliches Zeichen dieser Art mit menschlichen Mitteln nur sehr schwer nachvollziehbar sei, wie er jedoch zeigen konnte.[10] In einem Interview behauptete er sogar, die Möglichkeit prüfen zu wollen, Puppen auf den Markt zu bringen, die ohne Aufziehmechanismus spontan weinen könnten, dadurch daß ihren Augen-Bestandteilen Kochsalz in einer ihm bekannten Menge beifügt würde.

4. Phänomene in Gegenwart von Personen in modifizierten oder veränderten Bewußtseinszuständen

Häufig wurde beobachtet, daß die Blut- und Tränenphänomene von Statuen und Andachtsbildern in Gegenwart einer Person auftreten, die sich in einem modifizierten Bewußtseinszustand befindet, z. B. in unterschiedlichen Trancezuständen wie der Ekstase, der dämonischen Besessenheit, der hypnotischen oder mediumistischen Trance. In wiederum anderen Fällen war das jeweilige Phänomen von einem biologisch bedingten krankhaften Zustand der Person begleitet, die anfänglich alleiniger Zeuge des Phänomens war oder in mystische bzw. mystikähnliche Manifestationen verwickelt war.

Der Zusammenhang zwischen Personen in außergewöhnlichen Bewußtseinszuständen und außergewöhnlichen Phänomenen ist sehr häufig gegeben und es stellt sich dabei unwillkürlich die Frage, ob diese Beziehung rein zufällig oder nebenursächlich ist bzw. ob die Person in ihrem besonderen Zustand dazu prädestiniert ist, das Phänomen auszulösen, vorzubereiten oder sonst eine Hilfestellung bei seiner

10 V. DOMINICI, zit. in: Evitiamo miracoli da supermercato (1987).

Verursachung und Aufrechterhaltung zu bieten. Denkbar wäre auch, daß das betreffende Phänomen selbst den Bewußtseinszustand der anwesenden Person entsprechend modifiziert und sie damit für sein Eintreten prädestiniert.

Ist der / die Anwesende

– eine Person mit *niedriger emotionaler Schwelle*, d. h. hat sie zu modifizierten Bewußtseinszuständen leichter Zugang bzw. könnte man sie als mehr oder weniger *sensitiv* bezeichnen?

– Oder handelt es sich um eine *unsensible* Person, die für das sich manifestierende Phänomen, mehr oder weniger unbewußt, lediglich ein günstiges Objekt darstellt?

– Und wenn es sich nicht um eine Person mit niedriger emotionaler Schwelle handelt - könnte sie sich dann zumindest in einer besonderen *psychophysiologischen* bzw. vor allem *geistigen Verfassung* befinden, die zur Manifestation des Ereignisses führt, oder hat all das nichts zu sagen?

Wenn solche Phänomene in Gegenwart einer Person zum Zeitpunkt eines niedrigen Schwellenwertes eintreten, so ereignen sie sich häufig in einem religiösen Umfeld und äußern sich durch Zeichen, die (vermeintlich) der Welt des Spirituellen angehören; doch können sie sich auch im privaten Bereich zutragen, wenngleich Blut- oder Tränen-Phänomene stets irgendwelche Devotionalien betreffen.

a) Im weltlichen Bereich

Die Journalistin Clara *Miccinelli* hat sich auf das Studium der Biographie des Prinzen Raimondo *di Sansevero* spezialisiert: 1986 wird sie Zeugin eines bei einem Andachtsgegestand auftretenden Blut-Phänomens im Hause von C. A., einem Palast aus dem 18. Jh. in der Gegend von Neapel (Infrascata). Die alte Dame hat auf ihrem Nachtkästchen im Schlafzimmer eine Büste des hl. *Januarius* stehen, die offensichtlich dann und wann Blut absondert, und zwar nicht das Blut des hl. Januarius, sondern jenes des Prinzen Raimondo... Dieser habe Frau C. A. zu seinem Medium auserkoren, um sich der sichtbaren Welt mitzuteilen. Miccinelli schreibt:

„Frau C. A. lädt uns ein, ihr in das Schlafzimmer zu folgen, wo sich auf dem Nachttischchen eine Büste des hl. Januarius und Briefe befinden, die in ‚automatischer Schrift' geschrieben sind, d. h. dem vermeintlichen, jedoch nicht nachweislichen Diktat des Prinzen von Sansevero entstammen, der über den Geist, das Unbewußte, Unterbewußte oder Vorbewußte bzw. die Hand der alten Dame tätig geworden ist. Unweigerlich fällt der Blick auf die Büste des hl. Januarius, eine transparente Kristallbüste, an deren oberstem Punkt sich eine klebrige rote Flüssigkeit bildet, frischem Blut ähnlich, die langsam über die Büste hinunterrinnt. Dann – innerhalb weniger Minuten – gerinnt das Blut und klebt die Büste am Nachttischchen fest. Frau C. A. sagt, daß sie sich darüber nicht wundere, da dies schon öfters passiert sei und man darin ein Zeichen der momentanen Anwesenheit des Prinzen Raimondo sehen müsse. Etwas an ihrer Stimme klingt jedoch sonderbar, fremdartig, sie spricht langsam und monoton, in einer gänzlich männlichen Stimmlage und mit unverkennbar neapolitanischem Akzent, ihre Ausdrucksform ist von der vorhergehenden völlig verschieden. Der Blick ist starr... die alte Dame befindet sich in einer mediumistischen Trance, in der sie längere Zeit verweilt ...".[11]

Clara *Miccinelli* berichtet, daß die rote Flüssigkeit im Labor von mehreren Personen untersucht wurde, die den verschiedenen Blutphänomenen beiwohnten, und es stellte sich heraus, daß man es hier mit menschlichem, allerdings sehr altem Blut zu tun hatte, dessen Blutplättchen inaktiv waren.

a) Im religiös-außernatürlichen bzw. dämonischen Bereich (niedere spirituelle Ebene)

Es stimmt, daß die Entscheidung, ob ein außergewöhnliches Phänomen, das sich durch Vermittlung oder in Gegenwart eines möglichen menschlichen Mediums in gänzlich verändertem Bewußtseinszustand ereignet, der spirituell unteren Sphäre des Dämonischen oder aber einer höheren Spiritualität zuzuschreiben sei, sehr schwierig und auch anmaßend ist, weil das Risiko einer Fehlentscheidung sehr hoch liegt. Wenn daher ein bestimmtes Phänomen eher der einen als der anderen Ursache zugeschrieben wird, so ist dies vor allem eine temporäre Entscheidung aufgrund der gerade aktuellen Kenntnisse über das Phänomen und nicht aufgrund daraus folgender Entwicklungen. Eine sehr

11 M. STRANIERO: Il sangue di Napoli (1988).

wichtige Grundlage bilden die gelieferte Gesamtdokumentation sowie die Gutachten von Wissenschaftlern, Theologen und Exorzisten. Wenn also ein bereits zugeordnetes und katalogisiertes Phänomen später völlig anders eingeordnet werden muß, so berührt dies in keiner Weise den methodologischen Zugang zur Vielschichtigkeit der Phänomene.

In seinem Buch *Vrais et Faux Possédés* (1956) gesteht der französische Nervenarzt J. LHERMITTE ein, daß es schwierig sei, vom psychopathologischen Standpunkt aus zwischen Pseudobesessenen, unter dämonischen Wahnvorstellungen leidenden und eigentlich besessenen, d. h. vom Teufel bzw. dem Bösen besessenen Personen zu unterscheiden. *Dämonomanie, Dämonopathie, Dämonophobie* und *Dämonolatrie* sind durchweg Syndrome geistiger Gestörtheit.

LHERMITTE erwähnt den berühmten Fall der Marta *Brossier* aus dem Jahre 1599, einen Fall dämonischer Pseudobesessenheit, der in Frankreich aufgrund der Involviertheit sämtlicher Experten der damaligen Zeit zu nationaler Berühmtheit gelangte und worüber der Arzt *Marescot*, der offizielle Sprecher der auf Anregung Heinrichs IV. von Frankreich einberufenen Medizinerkommission, ausführlich berichtet. Trotz der außergewöhnlichen Phänomene ließ das Ärztekollegium durch *Marescot* folgendes knappes Urteil verlauten: „Nichts Dämonisches, viel persönliche Einbildung, kaum etwas, das auf eine Geisteskrankheit hinweisen würde“ – also Vorspiegelung und Simulation einer dämonischen Besessenheit.

LHERMITTE spricht von *Mythomanie, starkem hysterischen Anfall, Mythoplastik* (Verhaltensformen verursachender Mythos). Und er schließt mit den Worten, daß nur allzu deutlich sei, daß im vorliegenden Fall Reales und Magisches, Phantastisches und Romanhaftes der eigenen Vorstellung miteinander verschmelzen. Sollten jedoch die außergewöhnlichen Fakten, von denen das Leben Martas durchwirkt schien, authentisch sein, so würden sie von einer perversen Phantasie und von einem hysterischen, mythomanischen Subjekt erzeugt.

Gibt es nun überhaupt Fälle echter dämonischer Besessenheit? LHERMITTE meint dazu abschließend, daß bei Besessenheitsphänomenen, die rein parasitären Chrakter aufweisen und bis zu den höchsten Stufen des Verstandes und des Herzens vordringen, der damit befaßte Arzt oder Psychiater einen qualifizierten Theologen und einen *Exorzisten* beiziehen sollte.

Der folgende Fall eines außergewöhnlichen Phänomens dämonischer Besessenheit ist bisher unveröffentlicht und wurde vom Verf. untersucht, der seine Echtheit bestätigt und physikalische, chemische, biologische wie mentale Ursachen ausschließt, auch wenn es sich bei der Betroffenen um eine psychisch labile Person handelt.

Der Fall „Maria"

Maria ist Fürsorgerin, 29 Jahre alt und verheiratet. Da sie ihr eheliches Leben wenig befriedigt, initiiert sie die gesetzliche Trennung und lebt fortan mit jemandem zusammen, der sich mit Okkultismus befaßt. Maria wird in magisch-okkulte Praktiken eingeführt. Nach einiger Zeit stellen sich bei ihr gewisse Vorahnungen ein, sie diagnostiziert Krankheiten bei ihr bis dahin unbekannten Personen und sie hört Stimmen, die ihr mitteilen, wen sie demnächst treffen werde und was sie sagen solle. Zudem beginnt Maria sich schlaff zu fühlen, sie verliert jegliche Lust am Arbeiten. Selbstzerstörerische Gedanken drängen sich auf, sie meidet viel frequentierte Orte und hat das beständige Gefühl, verfolgt zu werden. Sie unterzieht sich medizinischen wie psychologischen Behandlungen, doch ohne Erfolg.

Eines Abends materialisiert auf dem Nachtkästchen ein Ring aus Ton mit Runensymbolik, der sich nach ein paar Tagen spontan in Nichts auflöst. Maria läßt die Welt des Magischen erschrocken hinter sich und kehrt in ihr Vaterhaus zurück, doch die außergewöhnlichen Phänomene dauern an. Auf Anraten der Familienangehörigen sucht sie einen Exorzisten auf, um ihren Fall zu schildern, wird aber am Betreten der Kirche gehindert: sie wird von Übelkeit übermannt und verliert das Bewußtsein, dann wiederum stößt sie Schreie aus und auf ihrem Körper zeigt sich eine rötliche Inschrift mit unbestreitbar dämonischem Inhalt. Maria willigt ein, in ein Schwesternheim zu ziehen, wo ein Exorzist mit Befreiungsgebeten beginnt. Eines Abends fängt ein Marienbild zu weinen an. Die anwesenden Nonnen werden Zeugen dieses Vorfalls und sie bestätigen das Anhalten des Tränen-Phänomens. Plötzlich sondert eine Madonnenstatue im Korridor Feuchtigkeit ab und vom Altarkreuz fließen Tränen im Übermaß. All das geschieht in Gegenwart Marias bzw. dann, wenn gerade das Befreiungsgebet über sie gesprochen wird. Die Schwestern richten einen Kontrollturnus ein, um bestimmte Simulations- oder Täuschungsmanöver zu unterbinden. Eine kleine Jesusstatue weint dickflüssige, klebrige rote Tränen: sie wird gereinigt, ohne eine Probe für Analysen zu entnehmen. Es wird ein Exorzismus gesprochen, währenddessen vom Bild der Madonna neuerlich Tränen fließen.

Nach einiger Zeit ist Maria frei, die außergewöhnlichen Phänomene haben aufgehört, sie nimmt keine Heilungen mehr vor, stellt keine Blickdiagnosen mehr und hat keine Vorahnungen mehr. Sie versöhnt sich mit ihrem Mann, und es ereignen sich auch in der Folgezeit weder an ihr noch an irgendwelchen Devotionalien außergewöhnliche Phänomene, auch nicht auf Drängen erwartungsvoller Verwandter. Das Urteil des Arztes zu dem Fall lautete – analog den Vorgaben des Psychiaters LHERMITTE – Geistesgestörtheit der betroffenen Person, die nicht nach den in solchen Fällen üblichen Regeln verlief. Zudem hatte die Unwirksamkeit der medizinischen Therapie die Ärzte veranlaßt, die Hilfe eines qualifizierten Theologen und eines Exorzisten in Anspruch zu nehmen, wenngleich von den eigentlichen Exorzismen nur ein einziger nach dem Ritual durchgeführt wurde.

Derzeit beziehen sehr viele Ärzte einen Exorzisten in ihre Arbeit mit ein. In Turin wandte sich 1988 ein Team von Ärzten und Anästhesisten eines Reanimationszentrums an einen Exorzisten wegen eines Mädchen, das nach Teilnahme an einem Voodoo-Ritual im Sterben lag. Alle möglichen Untersuchungen ergaben keinerlei pathologische Veränderung der biologischen Parameter, und dennoch rang das Mädchen mit dem Tod. Es starb, wenngleich ohne offensichtliche Ursache.

c) Im religiösen Bereich des Übernatürlichen (höhere spirituelle Ebene)

Alle Fälle anzuführen, deren auslösende Ursache dem Wirken einer höheren Spiritualität zuzuschreiben ist, würde den vorgegebenen Rahmen sprengen. Doch sollen drei Fälle beschrieben werden, bei denen sich das außerordentliche Phänomen immer in Gegenwart einer Person im modifizierten oder veränderten Bewußtseinszustand ereignete:

1) Die weinende Madonna von Syrakus

Am 12. Dezember 1953 erklärte der sizilianische Episkopat die Tränen eines Madonnenbildnisses für echt und daher übernatürlichen Ursprungs.

29. August 1953: Die seit kurzem mit Angelo *Iannuso* verheiratete Antonina *Giusto* fristet ein ärmliches Dasein, gleichzeitig erwartet sie ein Kind. Ihr bereits von epilepsieartigen Anfällen und anderen Beschwerden angeschlagenes körperliches Befinden erfährt durch die Schwangerschaft eine weitere Verschlechterung. Seit Tagen leidet sie unter Krämpfen und anderen schweren Beeinträchtigungen des Zentralnervensystems. Die Ärzte haben eine schwere Vergiftungskomplikation (schwangerschaftsspezifische Eklampsie) diagnostiziert. Antonia liegt praktisch ständig darnieder. Am 29. August, 8.00 Uhr, sind die Konvulsionen besonders stark. Sie legt sich auf das Bett, mit dem Kopf am Fußende des Bettes. Plötzlich nimmt sie einen grellen Lichtschein wahr, der von einem Bild der Unbefleckten Empfängnis ausgeht. Sie sieht genauer hin und bemerkt, daß dicke Tränen aus dem Antlitz der Madonna fließen. Sie trocknet die Tränen, doch diese fließen weiter. Sie ruft die Familie, Verwandte und Freunde zusammen, und der Tränenfluß reißt nicht ab. Das Bild wird für einige Tage auf das Fensterbrett gestellt, der Tränenfluß hört für kurze Zeit auf, um dann im selben Rhythmus wieder einzusetzen. Die unverzüglich einberufene Ärztekommission untersucht das Bild und entnimmt einige Proben. Ergebnis: die aufgefangene Flüssigkeit enthält ähnliche Bestandteile wie menschliche Tränen – derselbe Natriumchloridgehalt, Wasser und proteinhaltige Substanzen. Das Tränenphänomen dauert vier Tage. Mons. *Baranzini*, Bischof von Syrakus, läßt das Bildnis der weinenden Madonna aus Sicherheitsgründen und wegen der Menschenansammlungen auf den Euripidesplatz bringen. Es ereignen sich sogar Heilungen, von denen einige von der Ärztekommission als Wunder angesehen werden.[12]

2) Die Madonna von Akita (Japan)

1973: im Konvent der Dienerinnen der Eucharistie von Akita lebt

12 G. TOMMASELLI: Storia della Madonna delle Lacrime (1965).

Schwester Agnes *Katsuko*, 42 Jahre alt. Im Alter von 17 Jahren wurde sie durch Lourdes-Wasser von einer mißglückten Anästhesie geheilt, die eine Lähmung nach sich gezogen hatte. Im März 1973 verliert sie das Gehör (ein Hals-Nasen-Ohrenarzt diagnostiziert eine schwere progressive Erkrankung). Am 12., 13. und 14. Juni nimmt sie ein aus dem Tabernakel kommendes Licht wahr. Daraufhin treten an ihrem Körper Stigmen auf. Als sich an der Handfläche der hölzernen Marienstatue ein kreuzförmiges Stigma bildet, tritt dieses in gleicher Form auch an der rechten Hand von Agnes auf. Am 29. 9. sondert die Holzstatue der Madonna, zu der die Schwester betet, Schweiß ab, sie leuchtet und duftet nach Rosen und Lilien. Am 12. 10. 1973 erlangt Schwester Agnes das Gehör wieder. Sie beginnt Ekstasen zu haben und aus der Holzstatue der Madonna eine weibliche Stimme zu hören. Am 4. 1. 1975 beginnen die Tränenabsonderungen, die bis 1981 andauern, insgesamt 101 an der Zahl, die sowohl öffentlich als auch privat beobachtet werden; zudem kommt es zu Schweißabsonderungen. Die Tränen werden von Experten untersucht, die wesentliche Bestandteile menschlicher Tränenflüssigkeit feststellen. Die damals in drei Sequenzen durchgeführte Untersuchung zeigt folgendes Ergebnis:

a) Schweiß und Tränen mit den Eigenschaften der Blutgruppe AB (1981)
b) Blut der Blutgruppe 0 (1981)
c) Blut der Blutgruppe A (1975).[13]

Diese Ergebnisse sind hochinteressant und geben Anlaß zu den verschiedensten Theorien. Am 22. 4. 1984 wird das Tränenphänomen seitens der Kirche durch Bischof F. *Shojiro* anerkannt. Aus dem Text geht hervor, daß die durchgeführten Erhebungen auf einen übernatürlichen Charakter der mysteriösen Serie von Phänomenen im Zusammenhang mit der Madonnenstatue, die im Dorf Soègawa, nahe der Stadt Akita verehrt wird, schließen lassen. Im Pastoralbrief des Bischofs werden jene drei Botschaften wiedergegeben, die Schwester Agnes von der Jungfrau erhalten haben will. Außerdem ist die Rede von der Voraussage der Heilung von schwerer Taubheit, von der wunderbaren Heilung der Schwester und von ihrem mystischen und spiri-

13 G. GIACOMETTI / P. SESSA: Verrà a visitarci dall'alto (1988), S. 261.

tuellen Leben, weshalb ausgeschlossen wird, daß die genannte Person geistesgestört ist und besagte Botschaften mithin ein Produkt ihrer Vorstellungen oder Halluzinationen seien. Es handelt sich hier also um einen völlig normalen Menschen. Die parapsychologische Argumentation, daß Schwester Agnes Tränen und Schweiß mit Hilfe von Ektoplasma übertrage, hält nicht stand: einmal war die Schwester 400 km von der Statue entfernt, und diese gab unabhängig davon Tränen ab. Nicht zu leugnen ist allerdings, daß die außergewöhnlichen Phänomene bei Schwester Agnes und der Madonnenstatue ihren Ausgang nahmen.[14]

3) Die Madonna von Soufanieh, Damaskus / Syrien

Maria (Mirna) *Kourbet*, geboren 1964, griechisch-katholisch, ist verheiratet mit Nicola *Nazzour*, griechisch-orthodox. Von November 1982 an ist Mirna Mittelpunkt außergewöhnlicher Phänomene (siehe den Beitrag von J. M. Touw in diesem Band):

a) Gesicht, Hals, Brust, Hände und manchmal auch die Füße geben eine olivenöl-ähnliche Substanz, ab. Diese trocknet jeweils gleich und verflüchtigt sich, ohne Flecken zu hinterlassen.

b) Auch eine kleine Ikone der Madonna aus dem Besitz des Paares beginnt eine ölige Substanz abzusondern, die entweder aus den Augen der Madonna tritt, welche das Jesuskind auf dem Arm trägt, oder vom Glas der Ikone fließt. Selbst Fotografien der Ikone sondern in Anwesenheit kirchlicher wie staatlicher Behörden dieselbe ölige Flüssigkeit ab. Am 28. 2. 1984 vergießt ein Bild der Madonna, das Mirna zum griechisch-katholischen Bischof von Khabab-Haran bringt, in Mirnas Gegenwart Tränen. Die in mehreren Labors verschiedener Länder durchgeführten Analysen der Ölproben Mirnas und der Ikone bestätigen, daß

- es sich bei der von Mirna abgesonderten Substanz um Olivenöl mit Spuren von Cholesterol handelt, d. h. mit den physikalischen, chemischen und biologischen Komponenten Mirnas;
- die von der Ikone abgeschiedene Substanz reines Olivenöl ohne Cholesterol darstellt.

14 J. M. JACQ: J'ai vu pleurer ma Mére (1985), S. 41ff.

c) Im Dezember 1982 beginnt bei Mirna ein Erscheinungszyklus der Jungfrau, die sich in arabischer Sprache äußert. Es geht um fünf Erscheinungen an verschiedenen Orten.

d) Im Oktober 1983 hat Mirna das Empfinden von Nägeln an Händen und Füßen. Am 31. 10. verspürt sie Schmerzen am Kopf und an den Handflächen, wo eine Art „Schwiele" auftritt. Am 4. 11. hat sie Schmerzen in der Seite und linkerseits treten blutende Wunden auf. Am 25. 11. stellen sich blutende Wunden an Händen, Füßen und in der Seite ein. Die Untersuchung des Blutes aus den Stigmen ergibt Mirnas Blutgruppe. Die Stigmen brechen in der Folge wiederholt auf.

e) Die ekstatischen Zustände sind in ihrer chronologischen Abfolge verschieden: Bei den ersten fünf liegt Mirna auf dem Bett, die Hände halb geschlossen, der Körper kalt, die Glieder starr und unempfindlich. Bei den Folgeekstasen zeigt der Körper normale Temperatur, die Glieder sind beweglich, die Sensibilität ist oftmals ausgeprägt, der Schmerz ist spontan. Der ekstatische Zustand ist fast immer mit Ölabsonderungen verbunden. Nach einer Ekstase verliert sie das Augenlicht. Drei Tage später erlangt sie ihre Sehkraft wieder.

Es ist dies ein ziemlich komplexes Phänomen, das jedweder Physiologie, wie sie bisher von Menschen bekannt ist, widerspricht.

5. Phänomene ohne wissenschaftliche Erklärung

Diese Phänomene manifestieren sich anscheinend plötzlich und offenkundig ohne die Anwesenheit von Personen in modifizierten oder veränderten Bewußtseinszuständen. Zudem gibt es auch keine auslösenden Ursachen physikalischer, chemischer oder biochemischer Natur, die das Phänomen in irgendeiner Weise begleiten oder aufrechterhalten. Da es sich bei den Blut oder Tränen absondernden Gegenständen um Devotionalien handelt, spielt sich das Geschehen für gewöhnlich in einem religiösen Umfeld ab, doch sind keinerlei Personen anwesend, die eine niedrige Emotionsschwelle aufweisen oder sich in einem modifizierten Bewußtseinszustand mit mystischer bzw. mystikähnlicher Phänomenik befinden. Die Unterscheidung zwischen möglicherweise dämonischen und übernatürlich verursachten Phänomenen ist in der Welt des Spirituellen immer von Bedeutung, selbst wenn dies manchmal zweideutig zum Ausdruck kommt und in wissenschaftlichen Kreisen keine Bestätigung findet, es sei denn als Vermächtnis finsterer, von Aberglauben geprägter und noch nicht durch die Klarheit der Vernunft (oder Unvernunft) aufgeklärter Zeiten.

a) Das Außernatürliche

Dieser Abschnitt befaßt sich mit Phänomenen, wie sie in der Welt des Mystischen und Mystikähnlichen mitunter recht häufig vorkommen. Oft geben Personen, die angeblich übernatürliche Visionen und Erscheinungen haben, an, daß die Art, wie sich diese manifestieren, zuweilen stark variiert; manchmal seien sie ziemlich unangenehm, würden das Empfinden des Unterdrücktseins vermitteln, Angst und Terror verbreiten und erkennen lassen, daß hier das Böse am Werk ist. Nicht selten nehme dieses auch konkrete Gestalt an, oder aus der üblichen, für übernatürlich gehaltenen Vision werde deutlich, daß es sich um eine dämonische Erscheinung gehandelt hat und es dem Leibhaftigen selbst gestattet war, sich in Szene zu setzen.

Die hl. *Bernadette* von Lourdes erlebte dergleichen im Zuge einer Erscheinung und viele andere Heilige und Mystiker berichten vom dämonischen Element einiger außergewöhnlicher Phänomene, die ihnen oder in ihrer Gegenwart zuteil geworden waren. Sehr oft ist in solchen Fällen eine Person anwesend, die sich in einem veränderten Bewußtseinzustand wie etwa der dämonischen Besessenheitstrance befindet, und somit steht man neuerlich vor der Frage nach dem Zusammenhang zwischen außergewöhnlicher Phänomenik und modifizierten bzw. veränderten Bewußtseinszuständen.

Der Fall Teresina Pozzi

Bei Teresina *Pozzi* handelt es sich um eine Stigmatisierte, Angehörige des Ordens der Frommen Schwestern der Heiligen Familie zu Mese (Sondrio), gestorben 1944. Der Autor des Buches über Teresina Pozzi[15] erzählt nicht die übliche Geschichte einer jungen Frau, die von Kindheit an mit merkwürdigen Krankheiten zu kämpfen hat und um

15 G. GIACOMETTI / P. SESSA: Verrà a visitarci dall'alto, S. 264, 354.

die sich außergewöhnliche Phänomene ranken, sondern die Lebensgeschichte einer minder intelligenten und niedrigen, entwürdigenden und undankbaren Arbeiten verpflichteten jungen Frau, die auch als Geisteskranke, als Spaltpersönlichkeit angesehen wird; auf alle Fälle aber leidet sie an einer schweren Tbc. 1938 empfängt sie die Stigmen, 1939 bezeichnet P. Agostino *Gemelli* die außergewöhnliche Phänomenik als „pseudomystische Phänomene bei einer Schwachsinnigen“! Sie selbst sagt für 1942 ihren Tod voraus, was jedoch nicht eintrifft. Schwester Tommasina (so ihr Ordensname) wird vom Dämonischen in äußerlichen Erscheinungsformen verfolgt: plötzlich aufflammendes Feuer; Verrücken von Möbeln, die aus dem Fenster geworfen werden; Metallgegenstände, die sich tief in ihren Körper bohren: ca. 30 Häkelnadeln, Nähnadeln und Scherenstücke – alles Gegenstände, die für die Schwestern stets griffbereit waren oder die Tommasina geschenkt bekam. Sie alle befinden sich an Körperstellen, wo sie Tommasina unmöglich selbst hätte hingeben können und wohin sie auch durch Muskelbewegungen nicht hätten gelangen können. Objektive Röntgenaufnahmen zeigen die topographische Lokalisierung der Gegenstände. Gegen Ende ihrer Krankheit werden ihr große Mengen an Beruhigungsmitteln verabreicht, die verblüffenderweise einen hypothetischen veränderten Bewußtseinzustand wie nach der Gabe von Opiaten hervorrufen! Das Bild der dämonischen Umsessenheit bzw. Pseudobesessenheit wird immer komplexer. Auch ein Gebetbuch zeigt den Abdruck eines eingebrannten Fingers. Aus den Röntgenaufnahmen wird deutlich, daß die Gegenstände innere Organe erreicht haben. Mons. *Libera* schreibt, daß im Leben Teresinas bzw. der Schwester Tommasina Pozzi das Übernatürliche Hand in Hand gehe mit dem Außernatürlichen – eine unbekannte spirituelle Welt also, die Körper und Geist Tommasinas zum Wirkungsbereich hat. Glücklicherweise ist es nicht Sache des Autors, dieses Dilemma zu lösen oder ein entscheidendes Urteil über verschiedene, bereits schriftlich fixierte Beurteilungen abzugeben, auch wenn geistliche Personen im Umfeld der Schwester behaupteten, daß sich Tommasina diese Gegenstände in einem modifizierten Bewußtseinszustand, wie etwa der Trance, selbst in den Körper einführe. Schwester Teresina Pozzi steht, wie übrigens jeder Mensch, auch im Visier des Bösen. Wenn dies in so auffälliger Weise der Fall war, wie es beschrieben wurde, und wenn sie als Gegenstand ebensolcher Aufmerksamkeit auch vom Übernatürlichen mit außergewöhnlichen Phänomenen bedacht wurde oder als eine Art Katalysator fungierte, wie dies bei Sensitiven möglich ist, so ist der Arzt die dafür am wenigsten zuständige Person. Daher wird der Fall unabhängig von der vorherrschenden Meinung mit oder ohne Vorbehalte des Lesers dargelegt.

b) Das Übernatürliche

1987 begannen sich an einer aus Holz gefertigten Herz Jesu-Statue in der Kirche von San Giovanni zu Parma außergewöhnliche Phänomene zu zeigen: Blutungen aus den Wundmalen an den Händen und aus dem Herzen im Hochrelief, Schweißabsonderungen von der Stirn und aus den Händen, Tränenfluß aus den Augen, auch ein unbestimmter Duft wurde wahrgenommen. Die Herz Jesu-Statue befand sich zuerst im rechten Seitenschiff und wurde dann in das linke Seitenschiff verlegt. Am 25. Juni 1987, dem Herz Jesu-Fest, begann sie Tränen abzusondern. Am Freitagmorgen war der Tränen- und Blutfluß besonders stark. Das Blut wurde weggewischt, doch blutete die Statue weiter. Sie wurde durch Glas abgeschirmt. Schließlich wurde sie der Verehrung der Menge entzogen und in einem Zimmer eingesperrt. Der Bischof und die Benediktinermönche beauftragten Prof. *Rizzolo*, einen Hämatologen der Universität Parma, mit der Untersuchung der roten Flüssigkeit. Seine Diagnose lautete: Menschenblut von der Blutgruppe, wie man sie auch auf dem Turiner Grabtuch fand, und mit nur wenigen Blutplättchen. Eine derartige Beschaffenheit des Blutes (so schließt das Gutachten) entstehe durch eine große Streßsituation (u. a. auch bei der disseminierten intravasalen Gerinnung. Zunächst kursierte in offiziellen Kreisen das Gerücht, daß das Blut der menschlichen Blutgruppe A angehöre. Die durchgeführten Tests erbrachten hier widersprüchliche Resultate.[16]

Diese Klassifikation außergewöhnlicher Ereignisse ist zweifellos verblüffend, weil die beiden Untergruppen als spirituelle Kasualität (Dämonismus, Übernatürlichkeit) einander diametral entgegenstehen und für andere Interpretationen der Welt des Spirituellen keinen Raum

16 Dies., ebd., S. 264.

lassen. Die Kasuistik, die hier weiter zu nennen wäre, unter Einbeziehung vor allem jener Fälle, zu denen – mitunter von mehreren Labors – strengste Untersuchungen durchgeführt wurden, ist umfangreich, doch ist sich der Verf. nicht im Klaren, welcher der beiden Untergruppen die einzelnen Fälle zuzuordnen wären, auch wenn die religiösen Komponenten mehr für die eine als für die andere Interpretation sprechen. So sind die im folgenden skizzierten Fälle lediglich eine Bestätigung außergewöhnlicher Phänomene, ohne daß dabei die Anwesenheit einer Person in modifiziertem oder verändertem Bewußtseinszustand obligat wäre:

– *Rocca Corneta* (Bologna), 1957: bei einer Statue einer Rosenkranzmadonna aus Pappmaché tritt bis 1972 mehrmals Tränenfluß auf. Laborbefunde bestätigen die Ähnlichkeit mit menschlichen Tränen.[17]

– *Ravenna*, 1968: prophetische Voraussage von Mamma Rosa aus San Damiano, daß die Madonna in der Kirche San Pier Damiano zu Ravenna „bis 1972 weinen“ werde; 1972 gibt eine in der Kirche ausgestellte Statue der Madonna von Fatima Tränen ab, die denen von Menschen gleichen; dazu liegen mehrere Untersuchungen vor, auch von Universitätslabors.

Im November desselben Jahres sondert das auf dem Kleid besagter Statue dargestellte Herz menschliches Blut ab, wobei es sich – laut Analysen der Universität Padua – weder um die Blutgruppe A noch B handelt. 1976 wiederholt sich der Vorfall. Es ist also wie mit dem Blut beim Wunder von Lanciano und beim Turiner Grabtuch.

❍ Von 1982 bis heute ist das Blutphänomen bei Bildern, Statuen, Fotografien und Andachtspostern im Steigen begriffen.[18] Verschiedene nicht zitierte Fälle wurden einer strengen Untersuchung unterzogen, in manchen Fällen wurden eingehende Analysen durchgeführt, wiederum andere Fälle wurden in der religiösen Euphorie verschiedener Gruppen ohne jegliche Untersuchung akzeptiert. Nicht inbegriffen sind bei letzteren jene Fälle, bei denen möglicherweise eine Person in modifiziertem oder verändertem Bewußtseinzustand das ihre zur Phänomenik beigetragen hat.

17 G. LAMBERTINI: Segno dei tempi (1974).
18 G. GIACOMETTI / P. SESSA: Verrà a visitarci dall’alto.

III. SCHLUSSFOLGERUNGEN

Heutzutage ist es nicht schwer, sich auf dem Supermarkt der Emotionen von einer Woge treiben zu lassen, die im Menschen sozusagen eine Art unmittelbare Religion entfacht[19], deren als tief innerlich und daher als „heilig“ empfundene Erfahrungen ein so befriedigendes Erlebnis vermitteln, daß sich ein neues, vom alltäglichen völlig verschiedenes Bewußtsein festsetzt, welches modifizierter oder veränderter Bewußtseinszustand genannt wird. Die involvierte Person läßt eine Summe neuer potentieller Fähigkeiten an sich erkennen, die häufig eine enge Verwandtschaft mit Halluzinationen aufweisen, Trugbildern der Psyche also, die von äußeren Reizen unabhängig sind, weshalb die Konturen und Grenzen zwischen normaler, geträumter und emotionaler Wirklichkeit verschwimmen. Wenn dieser neue Bewußtseinszustand das Studium des eigenen Vorbewußten, Unterbewußten und Unbewußten auch fördert, wodurch ungelöste Situationen und existentielle Probleme neu kategorisiert werden, so kann es doch andererseits auch zu einer Auflösung der Persönlichkeitsstruktur und zu schwerer Geistesgestörtheit kommen, wovon „die klinische Kasuistik eine Fülle an Beschreibungen von Grenzerfahrungen pseudomystischer oder besser mystikartiger Phänomene bereithält“[20].

Die gegenwärtig als „unmittelbar“ gehandelten Religionen beruhen auf der Verwendung psychedelischer Substanzen und – nach Ansicht des Verf. – auf der Pseudomystik oder mystikähnlichen Formen, bei denen das Realitätsprinzip durch die veränderte Biochemie des Gehirns oder ähnliche emotionale Affekteinbrüche gesprengt wird. Die „psychedelischen“ Religionen – eine Kopie der Bräuche und Einrichtungen von Völkern, die nicht der westlichen Mentalität entspringen – wurden so benannt, weil sie von der westlichen Welt in deren Kontext eingeführt wurden, um damit den Gebrauch von Halluzinogenen zu rechtfertigen, die nicht nur verschüttete Potentiale wecken sollten, sondern deren Verwendung auch als „heilig“ gelten würde – heilig im Sinne von Gotteserfahrung als dem tiefsten Grund des Menschen, ohne die Welt des Spirituellen oder Übernatürlichen auch nur im ent-

19 G. CAMILLA: Per una scienza degli stati di coscienza (1993).
20 Dies., ebd., 15.

ferntesten zu betreten. So würden denn die Sakramente die verschiedenen Übernahme-Riten der genannten Droge symbolisieren und allmählich würde sich die gesamte Welt der Psychedelik mit Andachtsgegenständen aus katholischen Lagern füllen, wodurch eine transpersonale über die eigentlich spirituelle Welt gestülpt würde, d. h. eine Welt nicht-physischer Natur und von einer anderen Realität.

Mit „religiös" ist bei vielen dieser wiederentdeckten und neu belebten psychedelischen Religionen die Wiederentdeckung außergewöhnlicher geistiger Fähigkeiten gemeint, wie Weissagung, Hellsehen, Außerkörperliche Erfahrung oder Bilokation und Nahtoderfahrung. Man befindet sich also noch in einem klar definierten Körper-Geist-System, das keinen unumschränkten Zugang zur Welt des Spirituellen bietet, wo der Schöpfer nicht eigentlich in uns ist und wir nicht seine mehr oder weniger unendlichen Teile sind.

Selbst diese „unmittelbaren" Religionen kennen neben dem Geist des Guten auch einen Geist des Bösen (symbolisiert durch „schlechter Trip", „Höllenfahrt"), und daher wird die Pseudoähnlichkeit mit der katholischen Religion als real vorgegeben. Unlängst wurde eine schamanische Religion untersucht[21], die auf der Verwendung eines Halluzinogens basiert, das aus Tabak (*nu-nu*) und den Sekretionen von Froschhaut (*sapo*) gewonnen wird, die der Person hellseherische Fähigkeiten verleihen und Jagdvisionen hervorbringen sollen – von Beutetieren bzw. den Plätzen, an denen diese erlegt werden. Die *ayuaska* wurde auch schon als *telepatina* bezeichnet, als „Vermittlerin" ungewöhnlicher, außerordentlicher, paranormaler Phänomene. Ist somit vorstellbar, daß mittels eines durch biochemische Veränderungen bestimmter Gehirnzentren und deren Neurotransmitter und Modulationssysteme ausgelösten veränderten Bewußtseinszustandes der Schöpfer in uns Platz greift? Kann dies mystikähnliche Modifikationen hervorrufen, die bestimmten neuroaktiven Komplexen ähneln? Die Antwort lautet ‚Ja', wenngleich der biochemische Verlauf und der zerebrale Aktivierungsprozeß nach wie vor im Dunkeln liegen. Wenn daher Substanzen wie *nu-nu* oder *sapo* ASW-ähnliche Phänomene erzeugen können, dann sind diese Phänomene der physisch-psychischen Welt und nicht der Welt des Spirituellen (des Schöpfers) zuzuordnen,

21 Dies., ebd., 51.

und die Visionen, Erscheinungen und Identifikationsfolgen, die sich auf dramatische Weise psychosomatisch niederschlagen (in Stigmen, Blutungen, dem Phänomen der Passion Christi), bleiben im Geist-Körper-System verankert, auch wenn sie an die Welt des Spirituellen gemahnen, die in uns als *quid* oder *anima* Platz genommen hat.

Man kann sich fragen, ob eine sensitive Veranlagung, paranormale Begabungen, ungewöhnliche Erfahrungen, modifizierte oder veränderte Bewußseinszustände usw. zerebrale Schaltkreise und Gehirnzentren bedingen, die gleich oder ähnlich aktiviert werden wie bei der Einnahme von Halluzinogenen, welche irrigerweise als „Sakramentalien" bezeichnet werden. Die Antwort darauf steht jedem frei. Andererseits ist es aber ebenso logisch anzunehmen, daß es zerebrale biochemische Veränderungen gibt und daß diese von den biochemischen Veränderungen, die man sonst bei normalen Bewußtseinszuständen beobachten kann, merklich abweichen.

Die hier geführte Diskussion verfolgt den Zweck, Mystikähnliches bzw. Mystizistisches eindeutig von echter Mystik unterscheiden zu lernen, die mit ersteren zwar ein paar Verhaltensweisen und auch einige biologische bzw. psychische Veränderungen gemeinsam hat, sich dann aber bei der Annäherung an den Bereich des Spirituellen spürbar gegen die emotionalen, manchmal fast schon geistesgestörten Sphären abhebt. Anhand der untersuchten Kasuistik wurde auf viele, wenn auch nicht auf alle Möglichkeiten verwiesen, nämlich:

- daß das *Spirituelle* sich dem Menschen über den Geist-Seele-Körper-Komplex offenbaren kann,
- daß seine Strukturierung es erlaubt, sich verschieden zu manifestieren und
- daß es eine Produktion der Körper-Geist-Komponente des Menschen sein kann.

Die wichtigste Frage in diesem Zusammenhang ist, ob eine Manifestation des Spirituellen immer voraussetzt, daß sich die Person in einem modifizierten Bewußtseinszustand befindet bzw. ob ein solcher Zustand für eine Wahrnehmung des Spirituellen der geeignetste ist. Die Antwort hierauf wird nicht vorgegeben, sondern anhand der bereits dargelegten außerordentlichen Phänomenik dahingehend formuliert, daß sich einige Phänomene in Gegenwart von Personen in modifiziertem Bewußtseinszustand ereignen, andere hingegen die Anwesenheit solcher Personen nicht zwingend vorschreiben. Man erinnere sich an das Blut- und Tränenphänomen bei der Madonna von Akita, wo die wissenschaftlichen Resultate zumindest beeindrucken, weisen die aufeinanderfolgenden Erscheinungen doch immerhin drei der vier menschlichen Blutgruppen auf: Gruppe 0 (a, b), Gruppe AB (A, B) sowie Gruppe A (A, b). Es fehlt lediglich die Gruppe B (B, a).

1. Der Fall Teresa Musco[22]

Als sicherlich nicht ganz eindeutiges Beispiel läßt sich hier der Fall der Teresa *Musco* anführen, die unabhängig von ihr auftretende außergewöhnliche Phänomenik und die Imitationssyndrome bei anderen Personen, die daraus einen Mythos kreierten, in dem das Außergewöhnliche als emotionale, paranormale, spirituelle Erinnerung zur Sprache kommt.

Teresa *Musco*, geboren 1943, sehr bewegtes gesellschaftliches und familiäres Leben, von Kindheit an außerordentliche Phänomene wie Visionen und Materialisationen, desgleichen schwere organische Krankheiten. Sie wird insgesamt 111 chirurgischen Eingriffen, zumeist Inzisionen von Phlegmonen, unterzogen und stirbt schließlich 1976 an Nierenversagen.

Im Jahre 1971 lernt sie P. Franco *Amico* kennen, ihren Biographen, Freund, spirituellen Führer und Zeugen der außergewöhnlichen Phänomene. Sie kennt viele Ordensleute – darunter auch P. Adalberto *Cerusico*, von dem noch die Rede sein wird. 1964 empfängt sie die unsichtbaren und 1969 die Perforationsstigmen. Von 1971 bis August 1976 kommt es bei 24 Bildern oder Statuen von Jesus und Maria zu Tränenfluß mit oder ohne anschließendem Blutfluß und vice versa sowie zu übermäßiger Schweißabsonderung. Jedes Ereignis verläuft anders: entweder es tropft stundenlang von den Blumen oder das Glas, hinter dem sich die Bilder befinden, sondert eine klare, salzige, tränenähnliche Flüssigkeit bzw. Blut ab. Bei jedem Bild / jeder Statue gibt es eine Anfangsphase, einen Kulminationspunkt und eine Rückgangs-

22 G. GAGLIARDI: Stigmatizzazione ed altre fenomenologie paranormali (1994), 86ff.

phase bis zum Nullpunkt, die anders ablaufen als in den übrigen Fällen mit derselben Phänomenik. Auch insgesamt verzeichnet das Phänomen einen langsamen Beginn (1971: 1 Ereignis), einen fulminanten Anstieg (1975: 502) und einen raschen Abfall (1976: 253).

Praktisch alle Phänomene ereignen sich in Gegenwart Teresas oder zumindest an einem Ort, an dem sie sich befindet. Anfangszeit und Dauer der einzelnen Phänomene sowie die Anwesenheit von Zeugen wird von P. *Amico* minutiös und stichhaltig in einem Tagebuch festgehalten und zudem ausführlichst beschrieben. Die Rolle Teresas bei der Auslösung des Phänomens stellt sich etwa so dar:

- Teresa hörte ihren Namen rufen und sie fragte P. Franco, was er denn wolle und ob er sie gerufen habe.
- Jedesmal, wenn das geschah, nahm das außergewöhnliche Phänomen seinen Anfang. Dies merkte auch Teresa und sie *weinte*.

Und P. *Amico* fährt fort:

- Dann und wann war Teresa *geistig abwesend und man mußte sie erst rütteln, um sie in die Realität zurückzurufen.*[23]
- Mit anderen Worten: *Teresa befand sich bereits in einem modifizierten Bewußtseinszustand,* sie war losgelöst von der Wirklichkeit des Alltäglichen.

Zusätzlich gelingt es P. *Amico* mit Hilfe eines Logotherapeuten jene Worte zu entschlüsseln, die Teresa unmittelbar vor Auftreten des außergewöhnlichen Phänomens von sich gibt: *„Mein Jesus, ich liebe Dich, ...“* und eine nicht-verbale Äußerung (Röte im Gesicht) verrät die emotionale Auslösung bzw. Entladung, wenn sie von der normalen Realität abzuheben beginnt und sich - als Beteiligte oder Verursacherin - der außergewöhnlichen Phänomenik zuwendet.

Das besagte Phänomen ereignet sich also durchweg in Anwesenheit einer Person in modifiziertem Bewußtseinszustand, der sich vom Normalzustand unterscheidet, wenngleich er vom Biographen nur lückenhaft beschrieben wird. Teresas Bewußtsein ist zum Zeitpunkt des Phänomens geweitet, der Zugang zum Spirituellen erfolgt bei ihr über die Komponente Seele-Geist bzw. Psyche-Seele, denn nur so bleibt der Körper am Phänomen unbeteiligt (was nicht immer der Fall ist), und

23 F. AMICO: La voce del sangue grida (1981), S. 25ff.

tatsächlich: die Laboruntersuchung des von einer Statue des Jesuskindes am 19. Oktober 1975 abgesonderten Blutes ergibt, daß es a) nicht von der Blutgruppe Teresas ist und auch nicht von der Blutgruppe P. *Amicos*, der gleichfalls untersucht wurde, weil er bei allen Phänomenen anwesend war. Das Blut von der Statue des Jesuskindes und vom Kruzifix hat die Blutgruppe 0 rh positiv (a, b) wie das Blut vom Unbefleckten Herzen Mariae in San Lorenzo und des kleinen Bildes vom Hl. Antlitz. Die Flüssigkeiten wurden jeweils untersucht, für menschliches Blut erklärt und entsprechend kategorisiert. Die Blutgruppe Teresas hingegen ist A rh positiv (A, b).

Betrug, Täuschung und auch Phänomene, wie sie in der Parapsychologie häufig angesprochen werden – etwa Entmaterialisierung (vom Körper einer Person) Rematerialisation (auf einen Gegenstand wie einer Statue, einem Bild, einem Andachtsbildchen, einer Blume) sind somit ausgeschlossen. Was ist dann der Zusammenhang zwischen der außergewöhnlichen Erscheinung und Teresa *Musco*? Der Schreiber ist hier überfragt, schließt aber eine naturwissenschaftliche Erklärung aus. Vielmehr weiß er sich in Einklang mit dem Brief, der Kardinal Ursi, Bischof von Neapel, übersandt wird, und in dem anklingt, daß die Erklärung außerhalb der Normalität zu suchen sei und weder von der Wissenschaft des Galilei noch von der Parapsychologie beigebracht werden könne, die oft und gerne nur die Namen der Phänomene wechsle, ohne darüber hinauszugehen".

Caserta, am 20. 7. 1982, unterfertigt von den Experten Dr. Guarino, De Pascale und F. Franceso.

Soweit die Phänomenik zu Teresa *Musco*, die – wie jede außergewöhnliche Phänomenik – Imitationssyndrome auslöst bzw. verstärkt, die der schon mehrmals erwähnte LHERMITTE mit Recht als einer ansteckenden Krankheit ähnlich bezeichnet.

2. P. Cerusico

Im folgenden sei ein dem Autor bekannter Ausschnitt zitiert, der nur zum Teil und verkürzt wiedergegeben wird:

P. Adalberto *Cerusico*, Mitglied der Passionisten, besucht das Haus von Teresa Musco, das gegenseitige Kennenlernen erfolgt in signifikanter Weise, der Pater war zudem ein Freund des mittlerweile seliggesprochenen Don Calabria, dem er das Todesdatum vorausgesagt hatte, welches präzise eintrat. Um P. Cerusco ranken sich ungewöhnliche Phänomene und Personen mit ebensolchen Phänomenen kommen zu ihm, Menschen aus allen bisher angeführten Kategorien:

- Fälle wie der junge Improta, die unter Geistesgestörtheit oder Persönlichkeitsstörung einzureihen sind, mit überwiegend betrügerischer Komponente, in Nachahmung von Teresa Musco;
- Personen mit außergewöhnlichen Erfahrungen, die die Welt des Paranormalen bevölkern, weil sie sich als Heiler oder Pranotherapeuten sehen;
- Fälle, deren Phänomenik – wie bei Maria beschrieben – außernatürliche oder dämonische Züge trägt; – Fälle wie jener des Seligen Don Calabria, die die katholische Kirche als von übernatürlicher Hand bewirkt anerkennt;
- Fälle, die noch nicht hinreichend untersucht sind und lediglich von glaubwürdigen Zeugen berichtet werden, welche zu Beginn, während und am Ende der außergewöhnlichen Phänomik (plötzliche Blutabsonderungen von Statuetten oder Andachtsbildchen) anwesend waren, werden nur andiskutiert und weder der einen noch der anderen Matrix zugeordnet;
- Fälle noch lebender Personen mit außergewöhnlichen Phänomenen (jahrzehntelanges Fasten, Stigmatisationen, Visionen, Glossolalie, Blut- und Tränenabsonderungen von Andachtsgegenständen), die von den kirchlichen Behörden in Zusammenarbeit mit Forschern und Experten unter strengsten Auflagen geprüft werden.

Und welche Rolle spielt dabei P. *Cerusico*? Ist er passiv, aktiv, rein zufällig, kausal oder sekundär an den Phänomenen beteiligt? Die Antwort verbirgt sich zweifellos hinter diesen Zeilen, die – laut Verf. – jede mögliche Erklärung in Betracht ziehen; doch welche Zeile es gerade ist, ist derzeit noch nicht klar und wenn, dann gibt es vielleicht noch eine andere Erklärung, die hier nicht berücksichtigt ist!?

Literatur

AMICO, F.: La voce del sangue grida (vox sanguinis clamat). – Caserta: Ediz. Comitato pro Teresa Musco, 1981.

CAMILLA, G.: Per una scienza degli stati di coscienza. – Torino: Ediz. Nautilus, 1993.

D'ANGELO, C.: Io ci credo, però c'è miracolo e miracolo. In: Gente (giugno 1993), S. 36.

CORBELLINI, G.: Il germe prodigioso che grondava sangue. In: Tempo medico; (22/04/1992), S. 16.

DOMINICI, V.: Evitiamo miracoli da supermercato. In: Il Giorno (20/10/1987), S. 24.

ECCLES, J.: The neurophysiological basis of mind. – Oxford: Oxford University Press, 1951.

GAGLIARDI, G.: Stati Modificati di Coscienza: basi neurofisiologiche della possessione diabolica. In: Rivista Italiana Ipnosi Clinica e Sperimentale; (maggio 1993) 2, S. 6.

GAGLIARDI, G.: Stigmatizzazione ed altre fenomenologie paranormali. – Aisp, 1994.

GIACOMETTI, G. / SESSA, P.: Verrà a visitarci dall'alto. – Milano: Selbstverlag, 1988.

GIROLDINI, W.: Mente Corpo Esp e Pk. In: Metapsichica; (1989), S. 15.

JACQ, J. M.: J'ai vu pleurer ma Mére. – Marquain Belgique: Jovine, 1985.

LAMBERTINI, G.: Segno dei tempi. – Brescia: Ediz. Magalini, 1974.

LAURENTIN, R.: Multiplication des apparitions de la Vierge. – Paris: Fayard, 1991.

MANCIA, M.: Neurofisiologia e vita mentale. – Bologna: Ediz. Zanichelli, 1984.

MARGNELLI, M. / GAGLIARDI, G.: Le Apparizioni della Madonna. In: Riza Scienze; (1987) 16, 1 – 95.

RAHNER, K.: Visioni e Profezie, Vita e Pensiero. – Milano: Ediz. Vita e pensiero, 1962.

STRANIERO, M.: Il sangue di Napoli. In: Essere secondo natura (1988), S. 75.

TOMMASELLI, G.: Storia della Madonna delle Lacrime. – Palermo: scuo. grafic. sal., 1965.

HEINRICH PFEIFFER

DAS GRABTUCH VON TURIN UND DIE WISSENSCHAFT

In der an den Dom von Turin angebauten barocken Kapelle von Guarino GUARINI mit ihrer bizarren Kuppel wurde bis zum Brand von 1997 die wohl kostbarste Reliquie der Christenheit aufbewahrt.[1] Seit der Reformator J. CALVIN an ihrer Echtheit zweifelte, gehört sie zu den zunächst zwischen den Konfessionen und heute quer durch alle konfessionellen und weltanschaulichen Fronten am meisten umkämpften Gegenständen; seit 1898 der Advokat Secondo PIA (Abb. 1) die erste fotografische Aufnahme von diesem Tuch mit seinem geheimnisvollen Bild eines nackten, männlichen Körpers gemacht hat, ist es bis hin zu unseren Tagen zum wissenschaftlich meisterforschten Objekt überhaupt geworden. Eine Tatsache blieb seit der Fotografie von Secondo PIA bis heute geheimnisvoll: fotografiert man das Grabtuch, erhält man auf dem Negativ bereits ein Positiv. Nun kann man seine Kamera auf jedes beliebige Objekt der Welt richten, bisher jedenfalls hat sich dieser Tatbestand nicht wiederholt. Wer immer zum Grabtuch etwas Negatives oder Positives beitragen möchte, d. h. wer seine Echtheit anzweifeln oder bestätigen möchte, muß von dieser unumstößlichen Tatsache ausgehen (Abb. 2). Gleichwohl ist die Liste aller beteiligten Forscher der verschiedensten Fachsparten recht lang, die meinten und immer noch meinen, daß besagter Umstand außer Acht gelassen werden könne.

An diesem Punkt scheiden sich recht eigentlich die Geister: wer das Grabtuch als echte Reliquie von vornherein ablehnt, hielt sich dazu berechtigt und wird sich wohl noch immer für berechtigt halten, den Positivcharakter des fotografischen Negativs bzw. den Negativcharak-

1 Siehe W. BULST / H. PFEIFFER: Das Turiner Grabtuch und das Christusbild. Bd. I (1987); Bd. II: Das echte Christusbild (1991); D. RAFFARD DE BRIENNE: Le secret du Saint Suaire (1993), und zuletzt K. DIETZ: Das Turiner Grabtuch (1995); Nouveaux regards sur le Linceul de Turin. Carte d'identité du Christ (Réunion scientifique du 4 janvier 1995), Paris 1995.

ter des Tuchbildes selbst für die eigene Argumentation als unerheblich zu erachten. Solange dieser Negativcharakter des Tuchbildes im Widerspruch steht zu den von einem Forscher auf welche Art auch immer erarbeiteten Daten, hat dieser sein Objekt, d. h. das Grabtuch von Turin, noch gar nicht im Blick gehabt und spricht im Grunde von einem ganz anderen, hypothetischen Gegenstand, der mit dem Grabtuch von Turin gar nichts zu tun hat. Diesen Vorwurf kann man weder Historikern wie Ulysse CHEVALIER, H. THURSTON und zuletzt noch Msgr. SAXER noch Naturwissenschaftlern wie zuletzt McCRONE und überhaupt allen am C14-Test Beteiligten, darüber hinaus vor allem Kunsthistorikern und Theologen, die alle in dem Tuchbild ein Gemälde oder sonstiges menschliches Artefakt sehen, nicht ersparen.[2]

Solange kein zweiter Fall eines Negativbildes auch nur ähnlichen Charakters beigebracht werden kann, gibt es überhaupt keine Möglichkeit, etwas wissenschaftlich Endgültiges über das Bild auf dem Grabtuch und seine Entstehungsursache auszusagen. Bisher gelang es weder etwas halbwegs Ähnliches wie das Grabtuch mit seinem Bild herzustellen noch wurde ein zweites Objekt gefunden, das sich, wenn man einmal von weiteren Passionsreliquien absieht, im strengen Sinne als mit der Turiner Reliquie vergleichbar erwiesen hat.

1. Naturwissenschaftliche Untersuchungen

Gleichwohl kann man wie mit keinem anderen Gegenstand mit dem Grabtuch von Turin Forschungen anstellen, bei denen so ziemlich alle Zweige der Wissenschaft gefragt sind und ihren Beitrag erbracht haben. Eine Hauptrolle kommt dabei naturgemäß den Medizinern und insbesondere den Gerichtsmedizinern zu. Es waren vor allem der Anatom P. BARBET sowie die Gerichtsmediziner Judica CORDIGLIA und Baima BOLLONE[3], denen wir die Erforschung der Leidensmerkmale

2 Zur Kontroverse um die Echtheit des Grabtuches s. den jüngst erschienenen Artikel von L. FOSSATI: La polemica sulla autenticità (1995). Zur Bibliographie der Gegner der Echtheit s. W. BULST / H. PFEIFFER: Das Turiner Grabtuch und das Christusbild, S. 170 f., 173, und dies.: Das echte Christusbild, S. 157 f.

3 Sein Buch *Sindone o no* (1990) stellt eines der ausgeglichensten Werke zu diesem Gegenstand dar.

und die möglichst genaue Rekonstruktion der Passion des im Grabtuch Abgebildeten auf Grund der genauen Analyse der Bildspuren verdanken. Ihre Forschungen haben eindeutig erwiesen, daß es sich bei dem Menschen, der auf dem Grabtuch die Gestalt seines zu Tode gemarterten, aus vielen Wunden blutenden Körpers und Reste seines Blutes hinterlassen hat, um einen Gekreuzigten handelt, dessen Leidensspuren auf dem Tuch in allen Details mit der in den Evangelien geschilderten Passion übereinstimmen.[4] Nachgewiesen wurde auf dem Grabtuch *menschliches Blut* der Gruppe AB positiv.

a) Blütenstaub

Weitere wichtige Informationen über das Grabtuch haben vor allem die Forschungen von Max FREI sowie von J. P. JACKSON und E. J. JUMPER ergeben. Der erstere, Kriminologe und Palinologe, konnte über die Analyse des Blütenstaubs auf dem Grabtuch seinen Herkunftsort Palästina bestimmen. JACKSON und JUMPER haben mit einem Scanner die Dichte der verschiedenen Bildspuren gemessen, in den Computer eingegeben und so eine perfekte Umsetzung des Bildes, und zwar nur der Vorderseite des dargestellten Körpers, in die dritte Dimension erreicht. Wieder hat sich dabei das Grabtuch als ein Unikum erwiesen, denn eine solche Umsetzung gelang bisher mit keinem anderen Bild in so perfekter Weise. Die Bildflecken nehmen proportional zur Entfernung von dem hypothetisch unter dem Tuch angenommenen Körper ab[5], so daß das auf dem Tuch zustandegekommene Bild nicht mehr als bloßer Abdruck eines toten Körpers auf das Tuch, sondern als Übertragung über einen Leerraum hinweg mittels irgendeiner Energie erklärt werden muß.[6]

4 Zu dieser Frage hat auch der Kardinalerzbischof von Turin und Kustos des Grabtuches, Giovanni *Saldarini*, in der Erklärung vom September 1995, in der er die zweimalige Ausstellung des Grabtuches, nämlich in den Jahren 1998 und 2000, sowie den dritten internationalen Grabtuchkongreß in Turin für das Jahr 1998 ankündigt, Stellung genommen. Das Bild eines Gekreuzigten auf dem Grabtuch, so der Kardinal, entspreche den biblischen Berichten, und niemand habe bisher die Bildentstehung zufriedenstellend erklärt. S. dazu Shroud News. Special Edition 90 (August 1995), 3.

5 S. dazu zuletzt K. Dietz: Das Turiner Grabtuch, S. 75f.

6 S. dazu W. BULST / H. PFEIFFER: Das echte Christusbild, S. 84 f. Es soll nicht verschwiegen werden, daß der Mitautor BULST sich nach der Veröffentlichung von den dort in approbierender Weise referierten Forschungsergebnissen von J. P. JACKSON distan-

Bei der Umsetzung des Bildes in die dritte Dimension ergaben sich über den Augen merkwürdige, auswuchsartige Erhöhungen, die sich zunächst nicht erklären ließen. Der Jesuit Francis L. FILAS unterzog dann das Negativ von dem Foto des Grabtuchantlitzes, das der Turiner Fotograf Giuseppe ENRIE 1931 angefertigt hatte (Abb. 3 – 4), einer genauen Untersuchung und fand auf der linken Augenpartie ein Zeichen sowie einige griechische Buchstaben, die sich bei näherem Hinsehen als einer Münze aus der Zeit von Kaiser *Tiberius* zugehörig erwiesen, die Pilatus in den Jahren 29 – 31 in Palästina hatte prägen lassen (Abb. 5). Wenn man die genannte Augenpartie vergrößert und in die dritte Dimension umsetzt, treten ganz deutlich ein Lituus und einige Schriftzeichen hervor.

b) Carbontest

Sämtliche hier erwähnte Forschungsergebnisse waren bekannt und noch viele mehr, als man in den Jahren 1987/88 daran ging, mit einigen wenige cm großen, aus dem Grabtuchstoff geschnittenen Stücken die C14-Methode zu dessen Datierung anzuwenden.[7] Alle an diesem Datierungsversuch Beteiligten wußten und wissen herzlich wenig über das Grabtuch und die bereits wissenschaftlich gesicherten Forschungsergebnisse, die ich hier kurz angeführt habe. Wie wohl bekannt, ergab der Datierungsversuch als Entstehungszeit für das Grabtuch von Turin die Zeit zwischen 1290 und 1360. Obwohl sich kein Archäologe in Datierungsfragen nur auf eine einzige Methode stützt und obwohl die C14-Methode nicht selten zu völlig falschen Datie-

ziert hat. Daß so das Grabtuch auch zu einem Dokument der leiblichen Auferstehung Jesu Christi werden könnte, bereitet ganz besonders auch christlichen Theologen Schwierigkeiten. Auch wenn viele Forscher eine solche Hypothese, genauer: wissenschaftliche Theorie, nicht annehmen wollen, wird nur sie allen bisher wissenschaftlich mit dem Grabtuch erarbeiteten Daten gerecht. S. dazu zuletzt den bisher nicht veröffentlichten Beitrag von Giuseppe CASELLI, der schon während des ersten internationalen Grabtuchkongresses in Rom (1. – 4. Mai) und Turin (5. – 6. Mai) im Jahre 1950 präsentiert wurde (die Akten dieses Kongresses harren immer noch der Veröffentlichung), in *Collegamento pro Sindone* (März/April 1995), 41 f. : „La meravigliosa figura del Sacro Volto, che ha più impressione di vita che sembianza di morte, può darci conferma dell'eccezionale istante in cui avveniva il passaggio dalla morte alla vita dell'Uomo-Dio ... non è tuttora da escludere che la Santa Sindone di Torino possa essere il documento materiale che ci dia la conferma del miracolo base della nostra Santa Religione, della Ressurezione di Cristo."

7 Zu der angestrebten Datierung des Grabtuches ins Mittelalter s. W. BULST: Betrug am Turiner Grabtuch (1990).

rungsergebnissen geführt hat, wurde in fast allen Zeitungen der Welt und im Fernsehen dieses Ergebnis als wissenschaftlich gesicherte, absolut gewisse Entstehungszeit für das Grabtuch angegeben; ein Umstand, der ein bezeichnendes Licht auf das Berufsethos der für die Massenmedien Verantwortlichen in aller Welt wirft. Leider hat sich auch der damalige Kustos der Reliquie, Kardinal *Ballestrero*, von den an dem Datierungsversuch beteiligten Wissenschaftlern so beeindrukken lassen, daß er bei einer Pressekonferenz am 13. Oktober 1988 als erster mit diesem noch keineswegs gesicherten und rein vorläufigen Datierungsergebnis an die Öffentlichkeit trat.

Nun lassen sich nicht nur am Ergebnis der in drei Laboratorien vorgenommenen Radiokarbontests berechtigte Zweifel anbringen, sondern bedauerlicherweise auch an der Korrektheit der Vorgehensweise der an diesen Tests und ihrer Vorbereitung beteiligten Wissenschaftler. Leider verstarb der zunächst vorgesehene Leiter des Unternehmens, Max FREI, zu früh, um die Datierungsversuche noch überwachen zu können. Unverständlich ist, daß kein genaues Versuchsprogramm erstellt wurde, an das sich alle Beteiligten zu halten gehabt hätten. Nicht zu verstehen ist auch, daß die Echtheit der an die Laboratorien abgegebenen Proben nicht vorher von einem Notar bestätigt wurde, um sicherzugehen, daß diese tatsächlich vom Turiner Grabtuch stammten und nicht von einem anderen Stoff.[8] Ebensowenig zu erklären ist, warum die drei Laboratorien die Radiokarbonproben nacheinander und in gegenseitigem Kontakt vornahmen und nicht unabhängig voneinander. Was aber am schwersten wiegt, ist die Tatsache, daß die eigentliche wissenschaftliche und nachprüfbare Veröffentlichung der Testergebnisse in einer diesbezüglich einschlägigen Fachzeitschrift nach wie vor aussteht. Die sogenannte Veröffentlichung der drei Tests durch den wissenschaftlichen Leiter des Unternehmens, Dr. *Tite*, der damals noch zur wissenschaftlichen Abteilung des British Museum gehörte, in der populärwissenschaftlichen Zeitschrift „Nature“ liefert den für Datierungen mit der C14-Methode er-

8 Inzwischen hat der Kardinalerzbischof von Turin im September 1995 erklärt, daß keinerlei Versuche, die mit damals abgeschnittenen Stoffstücken gemacht werden, autorisiert werden und daß alle eventuell noch im Umlauf befindlichen Stücke baldigst dem rechtmäßigen Besitzer, dem Heiligen Stuhl wieder zurückgereicht werden müssen. S. dazu *Shroud News*. Special Edition 90 (August 1995), 3, 6.

fahrenen Experten keinerlei befriedigendes Ergebnis. Ob man von einem regelrechten wissenschaftlichen Betrug sprechen kann, sei zwar dahingestellt, doch ging es dabei sicherlich nicht ganz mit rechten Dingen zu. Eine unwissenschaftliche Vorentscheidung ging dem Ganzen voraus: man wollte die Unechtheit der Reliquie nachweisen. Die richtige Einstellung wäre wohl gewesen, die C14-Methode mit Hilfe eines so schwierigen Objektes, wie es das Grabtuch darstellte, selbst mit neuen Erfahrungen anzureichern, die zu ihrer Vervollkommnung führen hätten können. Diesen Weg ging in den letzten Jahren der Russe Dmitri A. KOUZNETSOV.

Der Gelehrte machte sich u. a. die geschichtlichen Kenntnisse über das Grabtuch zunutze, insbesondere das, was wir über den Brand der Schloßkapelle von Chambéry im Jahre 1532 wissen. Er besorgte sich einen Stoff aus der Zeit Jesu aus Israel, datierte diesen mit der C14-Methode und erhielt dabei als Ergebnis das 2. Jahrhundert v. Chr. als frühestmögliche Entstehungszeit. Dann setzte er den antiken Stoff ähnlichen Bedingungen aus, wie sie für das Grabtuch beim Brand vom Jahre 1532 gegeben waren. Schließlich datierte er den so bearbeiteten Stoff ein weiteres Mal mittels C14-Methode und gelangte zum Ergebnis, daß dieser nach der zweiten Datierung um mehr als 700 Jahre jünger geworden war.[9] Die vorherigen Datierungen mit Hilfe der C14-Methode erwiesen sich somit als vorläufig und nicht zutreffend.

c) Identität

Ist so die Datierung mit der C14-Methode unter besseren Bedingungen zu wiederholen, stellt sich für die Wissenschaft erneut die Frage nach der *Identität* des Mannes, der in dem Grabtuch die Spuren seines Körpers und seine Gesichtszüge hinterlassen hat. Schon im Jahre 1902 formulierte der Agnostiker Yves DELAGE vor der Académie des Sciences in Paris:

> „C'est le Christ qui s'est imprimé lui-même sur le Suaire. Et si ce n'est le Christ, qui serait-ce? Un condamné de droit commun martyrisé com-

9 Andrey A. IVANOV / Dmitri A. KOUZNETSOV: Biophysical correction to the old textile radiocarbon dating results (1995), S. 229 – 235.

me le Christ? Mais alors comment expliquer l'expression de noblesse qui se lit sur cette figure?"[10]

Derselbe Yves DELAGE zeigte dann mit Hilfe der Wahrscheinlichkeitsrechnung – wobei er nur fünf auf dem Grabtuch erkennbare eindeutige Details jeweils mit 1:100 veranschlagte –, daß die Wahrscheinlichkeit, daß eine andere Person als Jesus Christus für das Grabtuch in Frage kommt, das abnorme Verhältnis von 1:1 000 000 000 000 ergibt.[11]

2. Geschichtswissenschaftliche Untersuchungen

Das Turiner Grabtuch ist seit seinem Auftauchen um 1350 in Lirey im nordöstlichen Frankreich lückenlos dokumentiert. Von diesem Zeitpunkt bis zurück zum Begräbnis Jesu um 30 n. Chr. klafft eine große Dokumentationslücke. Um sie auszufüllen, müssen Orte ermittelt werden können, an denen sich das Grabtuch mit größter Wahrscheinlichkeit befunden hat, und Objekte, die mit ihm schon in der Zeit vor Lirey in Verbindung gebracht, wenn nicht gar mit ihm identifiziert werden können.[12] In diesem Zusammenhang fällt die Hauptrolle der Erforschung der *Christusbild-Ikonographie* zu. Diesen Weg ging zum ersten Mal bereits Paul VIGNON, der überhaupt die allermeisten Pisten der Grabtuchforschung eröffnet hat. Der wichtigste Gegenstand auf dem ikonographischen Sektor der Grabtuchforschung ist das *Mandylion von Edessa* (Abb. 6).

a) Mandylion von Edessa

Es war der englische Historiker und Journalist Jan WILSON, der als erster von der Identität zwischen dem Mandylion von Edessa und dem Grabtuch von Turin sprach und diese Hypothese mit guten Argumenten stützte.[13] Inzwischen entdeckte der römische Grabtuchforscher

10 Siehe L. Fossati: La polemica sulla autenticità della Sacra Sindone I, 10.

11 Ebd.

12 S. dazu W. BULST / H. PFEIFFER: Das Turiner Grabtuch und das Christusbild, S. 87 – 143; dies.: Das echte Christusbild, S. 131.

13 S. The Turin Shroud (1978), S. 99. Vgl. auch W. BULST / H. PFEIFFER: Das Turiner

Gino ZANINOTTO zwei Handschriften mit Texten, die schon vor dem Ende des 10. Jahrhunderts das von Edessa nach Konstantinopel übertragene Mandylion in einer Weise beschreiben, die kaum Zweifel daran läßt, daß der Schreiber dieser Texte keinen anderen Gegenstand vor Augen hatte als das seit dem Jahre 1578 in Turin aufbewahrte Grabtuch.[14]

Zwei besondere Bereiche der Grabtuchforschung können hier nur kurz erwähnt werden: nämlich die Vergleiche mit anderen Passionsreliquien, insbesondere mit dem *Tuch von Oviedo* und dem *Schleier von Manoppello*, sowie der Einfluß, den das Grabtuch bzw. das Mandylion auf die Ikonographie der Passion und des Antlitzes Christi hatte. Auf den *Schleier von Manoppello* werde ich im folgenden Beitrag dieses Buches noch näher eingehen.

b) Theologische Aspekte

Bezüglich des *theologischen Aspektes* der Erforschung des Grabtuches und ähnlicher Reliquien ist auch noch über das Verhältnis des Grabtuches zur Glaubenstatsache der leiblichen Auferstehung Christi ein Wort zu sagen. In der Ostkirche werden die Grabtücher zusammen mit den Frauen, die am Grabe waren, zu den Zeugen der Auferstehung Christi gerechnet. Alles, was auf dem Grabtuch von Turin zu erkennen ist und was durch wissenschaftliche Erforschung zum gesicherten Wissensstand zu rechnen ist, konvergiert mit einer Arbeitshypothese, die ihrerseits nur so formuliert werden kann, daß sie den 4 Evangelienberichten über die Erscheinungen Jesu nach seiner Auferstehung und den in ihnen enthaltenen Hinweisen auf seinen verklärten Leib entspricht. Daß damit noch kein Beweis der leiblichen Auferstehung Christi mittels des Grabtuches gegeben ist, erhellt aus dem Charakter einer immer vorläufigen, wissenschaftlichen Arbeitshypothese.

Auch hier scheiden sich die Wissenschaftler, selbst die christlichen und gläubigen Wissenschaftler, noch einmal in zwei Gruppen. Beson-

Grabtuch und das Christusbild, S. 124; dies.: Das echte Christusbild, S. 32 nebst Anm. 43.

14 Siehe G. ZANINOTTO, in W. BULST / H. PFEIFFER: Das echte Christusbild, S. 127 - 152.

Abb. 1: Advokat Secondo Pia mit der Fotokamera, mit der er das Grabtuch 1898 fotografierte.

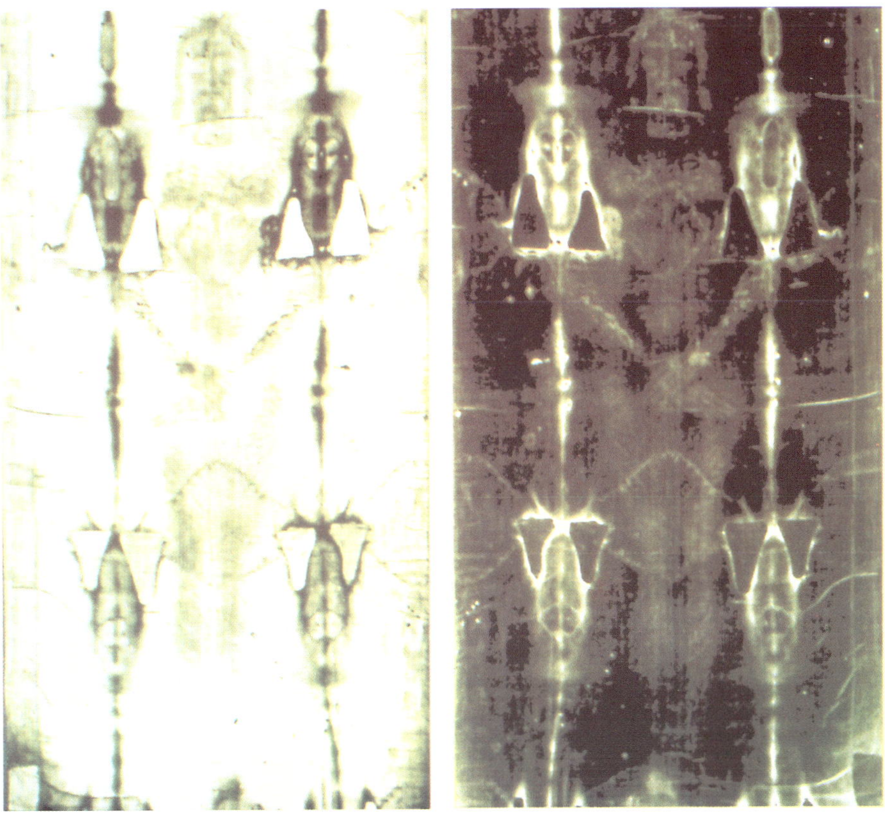

Abb. 2: Grabtuch von Turin, Ansicht der Vorderseite des Körperbildes im Positiv und im Negativ (Foto Enrie)

Abb. 3: Grabtuch von Turin, Antlitz im Positiv (Foto Enrie), wie es auf dem Tuch selbst zu sehen ist.

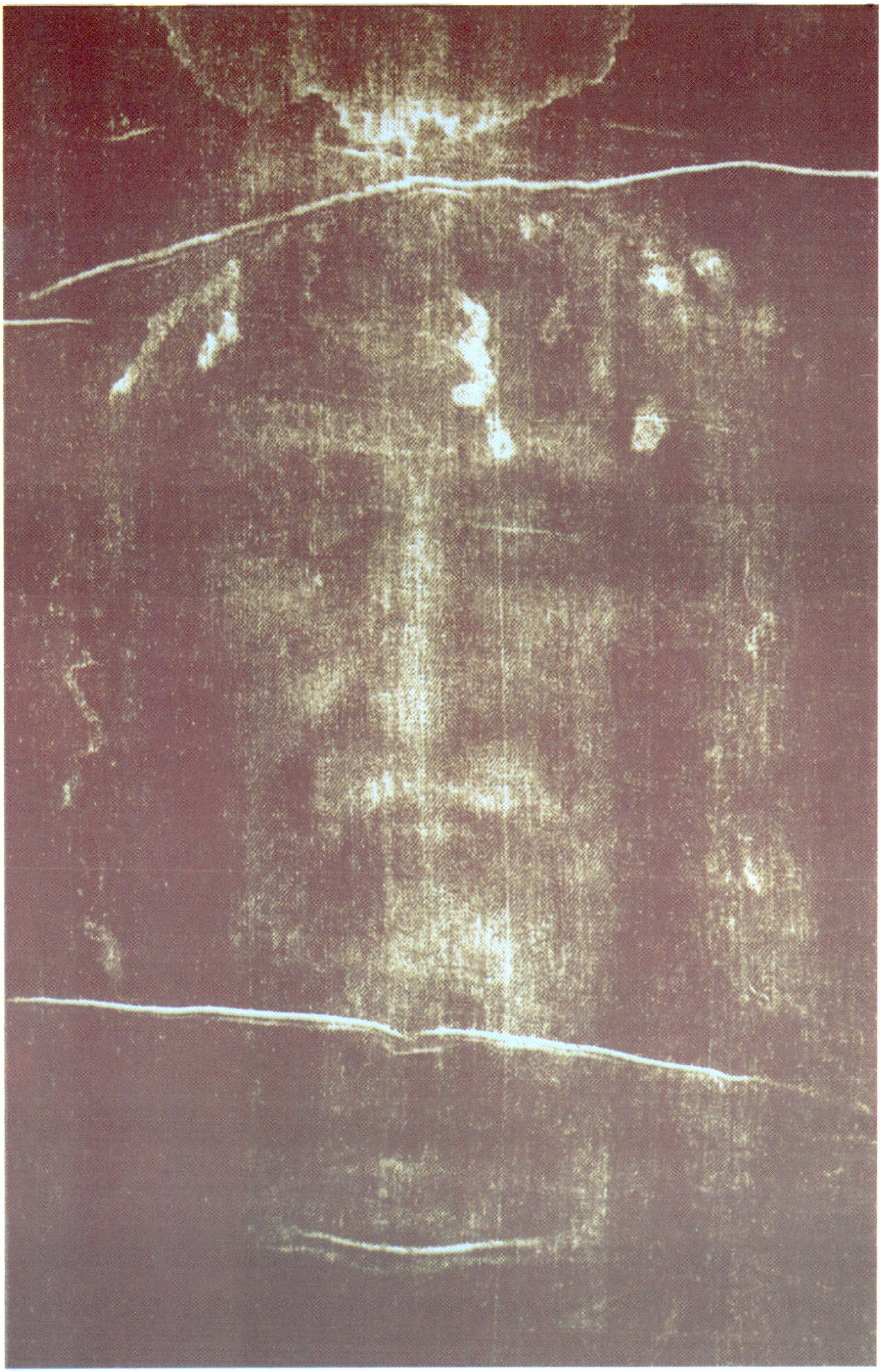

Abb. 4: Grabtuch von Turin, Antlitz im Fotonegativ (Foto Enrie)

Abb. 5: Grabtuch und Münze. Eingekreist die im Maßstab der Münze vergrößerte Augenpartie (Fotomontage von Francis L. Filas)

Abb. 6: Sießen, Kloster der Franziskanerinnen, Ikone, Detail. Linkes Medaillon: der Apostel Judas Taddaeus und König Abgar mit dem Mandylion. Rechtes Medaillon: das Mandylion als Schutzwehr am Stadttor von Edessa (Foto Autor)

ders die Theologen haben Scheu, die wissenschaftlich mit dem Grabtuch erarbeiteten Daten mit der Tatsache der leiblichen Auferstehung Jesu in Verbindung zu bringen. Wenn Wissenschaftler, wie der überaus verdienstvolle Grabtuchforscher Werner BULST, die von der Echtheit des Tuches als Christusreliquie überzeugt sind, sich mit dem Turiner Linnen beschäftigen, dann bleiben sie ehrfurchtsvoll bei dem Augenblick stehen, in dem der Leichnam Christi ins Grab gelegt worden ist. Wenn irgend möglich suchen sie nach den sogenannten rein natürlichen Ursachen der Bildentstehung, als ob ein glücklicher Zufall von mehreren beim Begräbnis Jesu zusammengetroffenen Faktoren uns dieses eindrucksvolle authentische Christusbild beschert hätte. Was die Wissenschaft an Einzelergebnissen über die Bildentstehung erbracht hat, wird dann ignoriert, wenn es über die natürlich nachprüfbaren Ursachen hinausführt. Eine solche Haltung entspricht wohl nicht mehr dem heutigen Stand der Naturwissenschaften. So sind es gerade Naturwissenschaftler, die die Bildentstehung auf dem Grabtuch viel leichter im Zusammenhang mit der leiblichen Auferstehung Jesu sehen können als die Theologen.

c) Standpunkte

Die Beschäftigung mit dem Grabtuch von Turin scheidet die Menschen in viele Gruppen. Weitaus die meisten wollen sich an dieses Objekt überhaupt nicht heranwagen und halten jede Beschäftigung mit ihm für einen gänzlich unproduktiven Zeitvertreib. Viele, und das ist die zweite Gruppe, sind von der Tatsache beeindruckt, daß das immer wieder als Fälschung deklarierte und somit totgesagte Objekt die Wissenschaftler doch nicht losläßt und sie zu immer neuen Forschungen herausfordert, enthalten sich aber jeder sonstigen Stellungnahme. Diejenigen, die sich wissenschaftlich mit dem Grabtuch befassen, zerfallen erst recht in verschiedene Gruppierungen.

So ergibt sich zunächst eine dritte Gruppe, bestehend aus solchen Wissenschaftlern, die allen sonstigen wissenschaftlichen Voraussetzungen zum Trotz, welche ja vom Wissenschaftler immer absolute Neutralität verlangen, alles daransetzen, die vorgebliche Unechtheit der Reliquie nachweisen zu können. Sie sind als Vertreter einer einzigen Disziplin stets daran nicht interessiert, was andere Disziplinen am selben Objekt erarbeitet haben. Beispielhaft sei hier kurz McCRONE erwähnt, der Eisenoxyd auf den Gewebeproben minimalsten Umfangs unter dem Mikroskop feststellte und aufgrund dieser Beobachtung davon überzeugt ist, daß das Grabtuch ein Gemälde ist, weil Eisenoxyd schon als Farbstoff benutzt wurde.[15] All diesen Wissenschaftlern muß man eine einseitige Ausrichtung und eine ihr eigenes Fach absolut setzende Befangenheit bescheinigen.

Die vierte Gruppe besteht aus Gelehrten, die dem Geheimnis dieses Tuches näher kommen wollen, ja hoffen, das Geheimnis lüften zu können. Unter ihnen siedelt sich eine fünfte Sondergruppe an, die jüngst viel von sich reden machte und gegen alle Ergebnisse der gerichtsmedizinischen Untersuchungen des Grabtuches, die eindeutig den Tod des in diesem Tuch einmal eingehüllt Gewesenen festgestellt haben, behauptet, das Grabtuch von Turin beweise, daß Christus seine Kreuzigung überlebt habe und deshalb nicht leiblich auferstanden sei.[16] Zu diesen eher Kompilatoren zu nennenden pseudowissenschaftlichen Autoren gehören die Gelehrten der vierten Gruppe nicht. Zu ihr – das ist ein bemerkenswertes Phänomen – sind Agnostiker, religiöse Menschen aller Religionen und Christen, die von der leiblichen Auferstehung überzeugt sind, zu zählen. Ihnen sind die vielen Fortschritte, welche die Grabtuchwissenschaft gemacht hat, zu verdanken, so daß dieser Wissenszweig mit den Termini „Sindonologo", „Sindonologia" sogar Eingang in das offizielle italienische Wörterbuch gefunden hat.

Unter letzteren Forschern läßt sich noch eine fünfte Gruppe herausheben, deren Mitglieder im Umgang mit diesem Objekt nicht so sehr ein Geheimnis lüften, sondern vielmehr das Wissen um Phänomene in der Welt überhaupt erweitern wollen, und unter ihnen sind auch noch solche anzutreffen, die über diese Reliquie mehr Nähe zur Person Jesu Christi suchen. Nicht selten hat das Grabtuch eine katechetische Wirkung gezeigt und zur Umkehr der Forscher zur christlichen Religion geführt.

Die Reliquie von Turin ist eine Herausforderung für die Menschen jeglicher Kultur. Zunächst ist sie noch heiß umstritten, doch in aller Stille hat sich ein weiteres Phänomen ereignet: Gelehrte verschieden-

15 Siehe McCRONE: Shroud Image is the work of an artist (1982), 35 f.

16 S. zuletzt H. KERSTEN / E. R. GRUBER: Das Jesus-Komplott (1992).

ster Disziplinen kommen immer mehr über ihre Fachgrenzen hinaus im Umgang mit dem Grabtuch untereinander ins Gespräch. So wirkt dieses Linnen der zunehmenden Aufsplitterung der einzelnen Fächer entgegen und erweist sich als eine die Menschen verbindende Kraft wie kaum je ein anderes einzelnes materielles Objekt auf dieser Erde.

Literatur

BULST, Werner: Betrug am Turiner Grabtuch. Der manipulierte Carbontest. – Frankfurt a. M.: Josef Knecht, 1990.

BULST, Werner / PFEIFFER, Heinrich: Das Turiner Grabtuch und das Christusbild. Bd. I: Das Grabtuch. Forschungsberichte und Untersuchungen (Text von W. Bulst). – Frankfurt a. M.: J. Knecht, 1987.

BULST, W. / PFEIFFER, H.: Das Turiner Grabtuch und das Christusbild. Bd. II: Das echte Christusbild. Das Grabtuch, der Schleier von Manoppello und ihre Wirkungsgeschichte in der Kunst mit einem Anhang von Gino Zaninotto. – Frankfurt a. M.: J. Knecht, 1991.

DIETZ, Karlheinz: Das Turiner Grabtuch. Zum Bilderstreit in unserer Zeit. In: Mut; (April 1995) 332, 72 – 87.

FOSSATI, Luigi: La polemica sulla autenticità della Sacra Sindone. In: Collegamento pro Sindone 1995 (Suppl. Coll. pro Fidelitate Nr. 2, März / April), 3 – 13, und (Nr. 4, Mai/Juni), 17 – 30.

IVANOV, Andrey A. / KOUZNETSOV, Dmitri: Biophysical correction to the old textile radiocarbon dating results. In: L'identification scientifique de l'homme du linceul Jésus de Nazareth (Actes du Symposium scientifique internationale, Rome, 1993). – Paris, 1995. S. 229 – 235.

KERSTEN, Holger / GRUBER, Elmar R.: Das Jesus-Komplott. Die Wahrheit über das „Turiner Grabtuch“. – München: Langen Müller, 1992.

McCRONE: Shroud Image is the work of an artist. The shroud of Turin: a critical appraisal. In: The Skeptical Inquirer; (1982), 35 – 36.

RAFFARD DE BRIENNE, Daniel: Le secret du Saint Suaire. – Chiré en Montreuil, 1993.

The Turin Shroud. – Harmondsworth; New York, 1978.

ZANINOTTO, Gino: Anhang, in: W. BULST / H. PFEIFFER: Das Turiner Grabtuch und das Christusbild. Bd. II. – Frankfurt a. M.: J. Knecht, 1991.

HEINRICH PFEIFFER

DER SCHLEIER VON MANOPPELLO UND DIE IKONOGRAPHIE DES CHRISTUSANTLITZES

Bei einem kleinen Ort in den Abruzzen mit Namen *Manoppello*, nicht weit von Chieti in der Provinz Pescara, wird ein noch weithin unbekannter, kostbarer Schatz aufbewahrt: ein *hauchfeiner Schleier mit einem Christusantlitz*, dessen Entstehungszeit und Herstellungstechnik sich auf den ersten Blick nicht bestimmen lassen, weil er solch merkwürdige Eigenschaften aufweist, die in der gesamten Kunst der Welt einmalig sind.[1] Das Bild ist durchsichtig wie ein Dia, doch hebt man das Reliquiar, in das der Schleier zwischen zwei Glasscheiben eingefaßt ist, gegen den Himmel, so sieht man fast nichts mehr von dem Bild, sondern im Wesentlichen nur noch das weiße Schleiertuch. Es ist von ganz einfacher Webart. Die Kettfäden liegen waagrecht, die Schußfäden sind senkrecht eingefügt. In seinem Holzrahmen mißt das Schleiertuch 17 x 24 cm. Das kostbare Stück wird von den Gläubigen im *Santuario del Volto Santo*, einem Wallfahrtsheiligtum, das zu einem kleinen Kapuzinerkloster gehört, verehrt (Abb. 1, 2).

1. Der „historische Bericht“

Nach einem „historischen Bericht“, den der Kapuziner Donato *da Bomba* im Jahre 1645 verfaßte[2], kam der Schleier damals durch Schenkung in den Besitz des Kapuzinerklosters von Manoppello. Der

1 S. Werner BULST / Heinrich PFEIFFER: Das Turiner Grabtuch und das Christusbild. Bd. II (1991), S. 65 – 72, Abb. 25 – 32.

2 Die „Vera et breue relatione historica d'una miracolosa figura, 'over‘ Imagine del uolto di Christo Signor nostro passionato, et tormentato; qual' al presente si ritroua nel Convento dei Padri Cappuccini di Manoppello, Terra in Abbruzzo citra Provincia del Regno di Napoli. Per il Padre N. da N. da N. Predicatore Cappuccino della medesma Provincia d'Abbruzzo. 1645.“ wird in Form eines handgeschriebenen Büchleins im Provinzialarchiv der Kapuziner in S.ta Chiara in L'Aquila aufbewahrt.

Stifter, Dottor Donato Antonio *de Fabritiis*, hatte ihn im Jahre 1618 von einer Soldatenfrau namens Martia *Leonelli* für die Summe von vier Scudi erworben, die sie zum Freikauf ihres Mannes aus dem Gefängnis von Chieti benötigte.[3] Nach den mündlichen Erkundigungen, die dem „historischen Bericht" zugrunde liegen, stand der Schleier besagter Soldatenfrau bei ihrer Heirat als Mitgift aus dem Familienbesitz zu. Er sei aber von ihrem Bruder, einem gewissen Pancratio Leonelli zurückgehalten und deshalb von ihrem Mann aus dessen Haus mit Gewalt entführt worden. Dies habe sich im Jahre 1608 zugetragen.[4] Der Schleier mit seinem Bild sei ca. im Jahre 1506 von einem Unbekannten nach Manoppello gebracht und einem Urahn der besagten Soldatenfrau, dem Dottor Giacomo Antonio Leonelli übergeben worden.[5]

Zwischen den Jahren 1506 und 1608 werden in dem „historischen Bericht", dessen Original, ein in Pergament gebundenes Büchlein mit den Maßen von 21 x 15,5 cm, heute im Provinzarchiv der Kapuziner im Convento di Santa Chiara in L'Aquila verwahrt wird, keine weiteren Daten mehr genannt. Woher die Soldatenfrau das genaue Jahr der Übergabe des Schleiers an ihren Urahn hat wissen können, wird nicht gesagt. Auch der Verfasser Donato *da Bomba* bleibt in dem Bericht, der im Jahre 1645 abgefaßt und ursprünglich an den Generalminister des Ordens, P. Innocentio *da Caltagirone* gerichtet war, anonym und unterzeichnet sich mit „Padre N. da N".

Noch merkwürdiger ist der Umstand, daß die bekannteste Reliquie von der Art des Schleiers von Manoppello, nämlich die römische „Veronika", in diesem Büchlein, das 54 paginierte Seiten und 7 nicht paginierte Blätter sowie einen Vorspann von 2 Blättern enthält, auch nicht vergleichsweise erwähnt wird. Nun liegt das Jahr 1506 unmittelbar vor dem des Abbruches des ersten Teils der Peterskirche in Rom, und das Jahr 1608 bezeichnet genau das Jahr des Abrisses des zweiten

3 S. die „relatione historica" p. 20: „...Andò dunque la buona, et semplice donna al Dottor Donato Antonio de Fabritiis della medsma Terra di Manoppello ... et portandogli la santissima Imagine, lo pregò da parte di suo marito, che se la comprasse ò se la pigliasse in pegno, sin che suo marito rinornaua ... diede alla donna quattro scudi correndo gli anni del Signore 1618 ... "

4 S. die „relatione historica", p. 17.

5 S. die „relatione historica", p. 11 – 13. Vgl. W. BULST / H. PFEIFFER: Das Turiner Grabtuch und das Christusbild. Bd. II, S. 65. Die dort genannte Jahreszahl „1507" ist mit „circa 1506" zu berichtigen.

Teils dieser Basilika, bei dem auch die Kapelle demoliert wurde, in der sich zuvor der Schleier der Veronika, oder besser die „Veronika", d. h. das wahre Abbild Christi auf dem Schleier, befunden hatte. Sollten die nach Manoppello gekommenen Kapuziner gar nichts über diese beiden Daten und den stufenweisen Abriß der alten Peterskirche in Rom gewußt haben und gar nichts über die kostbarste Reliquie der Ewigen Stadt? Das ist doch mehr als unwahrscheinlich. Wir werden wohl kaum fehlgehen, wenn wir in dem Schleier von Manoppello nicht nur die verloren geglaubte römische „Veronika" vermuten, sondern wenn wir schlechtweg behaupten, daß wir diese kostbare römische Bildreliquie wiedergefunden haben. Der Mann der Soldatenfrau wird den Schleier im Jahre 1608 nicht aus dem Hause des Bruders, sondern aus der Veronikakapelle anläßlich ihres Abrisses entwendet haben. Für eine Bestätigung dieses Sachverhaltes und der Identität des Schleiers von Manoppello mit der römischen „Veronika" müssen wir uns nun grundsätzlich der Geschichte der als echt verehrten Christusbilder und deren Einfluß auf die Christusbilder der Kunst zuwenden.

2. Christusbilder

Es gibt legendenartige Überlieferungen und Bilder, um die sich diese Überlieferungen ranken, welche sich entweder auf nicht von Menschenhand gemachte Bildobjekte, die das Christusantlitz darstellen, beziehen, oder auf auf wunderbare Weise entstandene Bilder von Maria und den Heiligen, oder gar auf den Evangelisten Lukas, der solche Bilder, vor allem von Maria, hergestellt haben soll.[6] Für manche Christusbilder ist auch direkt der Anspruch erhoben worden, nicht von Menschenhand gemacht zu sein. Letzterer Begriff stammt aus dem neuen Testament (s. Mk 14,58) und ist dem alttestamentlichen Begriff der von Menschenhand gemachten Götzenbilder entgegengestellt. Als

6 Zu den Bildlegenden ist nach wie vor grundlegend Ernst v. DOBSCHÜTZ: Christusbilder (1899), der aber mancher Korrektur bedarf, da er z. B. von dem entscheidenden Text GREGORS DES REFERENDARS im Vat. gr. 511, 143-150v zwar Kenntnis hatte, diesen aber der Auswertung offenkundig nicht für würdig befand. Zu den Lukasbildern s. a. W. BULST / H. PFEIFFER: Das Turiner Grabtuch und das Christusbild. Bd. II, S. 46f.

Beispiel mag die Stelle aus dem Propheten Daniel 14,4 dienen: „...ich verehre keine von Menschenhand gemachten Götzenbilder, sondern den lebendigen Gott, der den Himmel und die Erde geschaffen hat.“ Nicht von Menschenhand gemachte Bilder erheben für sich den Anspruch, göttlichen Ursprungs zu sein.

Das erste Bildobjekt, das so benannt wurde, nämlich mit dem griechischen Begriff *„acheiropoietos“*, ist ein Schleier mit einem Christusporträt, das der geschichtlichen Überlieferung nach im Jahre 574 unter Kaiser Justin II. von *Kamulia* oder *Kamuliana* in Kappadozien nach Konstantinopel übertragen wurde.[7] Dieses Christusbild auf einem Schleierstoff wurde in der Folgezeit in den Kriegen der byzantinischen Kaiser als Reichspalladion, d. h. als Schutzbild, den Truppen vorangetragen. In der Zeit zwischen der ersten und zweiten Regierungszeit des Kaisers *Justinian II.*, gegen das Jahr 705, verschwand dieses nach seinem Herkunftsort genannte Kamulianabildnis aus der Reichshauptstadt. Es soll späteren Überlieferungen zufolge auf wunderbare Weise den Weg nach Rom gefunden haben.

Es gibt zwei legendenartige Berichte über die Entstehung des Bildes, in denen beide Male das wunderbar aufgefundene Christusbild als Antwort auf die Sehnsucht einer Frau erscheint, die die wahren Züge des Antlitzes Christi hat kennenlernen wollen. Unmittelbar nach seiner Auffindung vermehrt sich das Tuchbild auf wunderbare Weise durch direkten Kontakt mit einem darübergelegten Stoff. Wie das Christusbild des Kamulianaschleiers ausgesehen hat, können wir noch ungefähr anhand der Christusbilder aus der Zeit Justins II. erschließen. Besonders geeignet dazu ist das Weihekreuz mit den Porträtmedaillons des Kaisers und seiner Gemahlin, das auch zwei Christusmedaillons zeigt.[8] Das Kreuz übersandte der Kaiser genau in der Zeit der Übertragung des Kamulianabildnisses dem Papst nach Rom. Es ist dort noch heute im Schatz von St. Peter aufbewahrt.

Die weitaus wichtigste östliche Legende von einem wunderbar entstandenen Christusbild ist die von König *Abgar* von Edessa.[9] Er habe

7 S. W. BULST / H. PFEIFFER: Das Turiner Grabtuch und das Christusbild. Bd. II, S. 21. Zum Begriff „acheiropoietos“ s. daselbst S. 14f.

8 S. W. BULST / H. PFEIFFER: Das Turiner Grabtuch und das Christusbild. Bd. I (1987), Abb. 94; Bd. II, S. 37f.

9 S. dies., Bd. I, S. 115 – 118; Bd. II, S. 32 – 45.

Abb. 1: Manoppello, Santuario del Volto Santo, Reliquiar mit dem Schleier (Foto Autor)

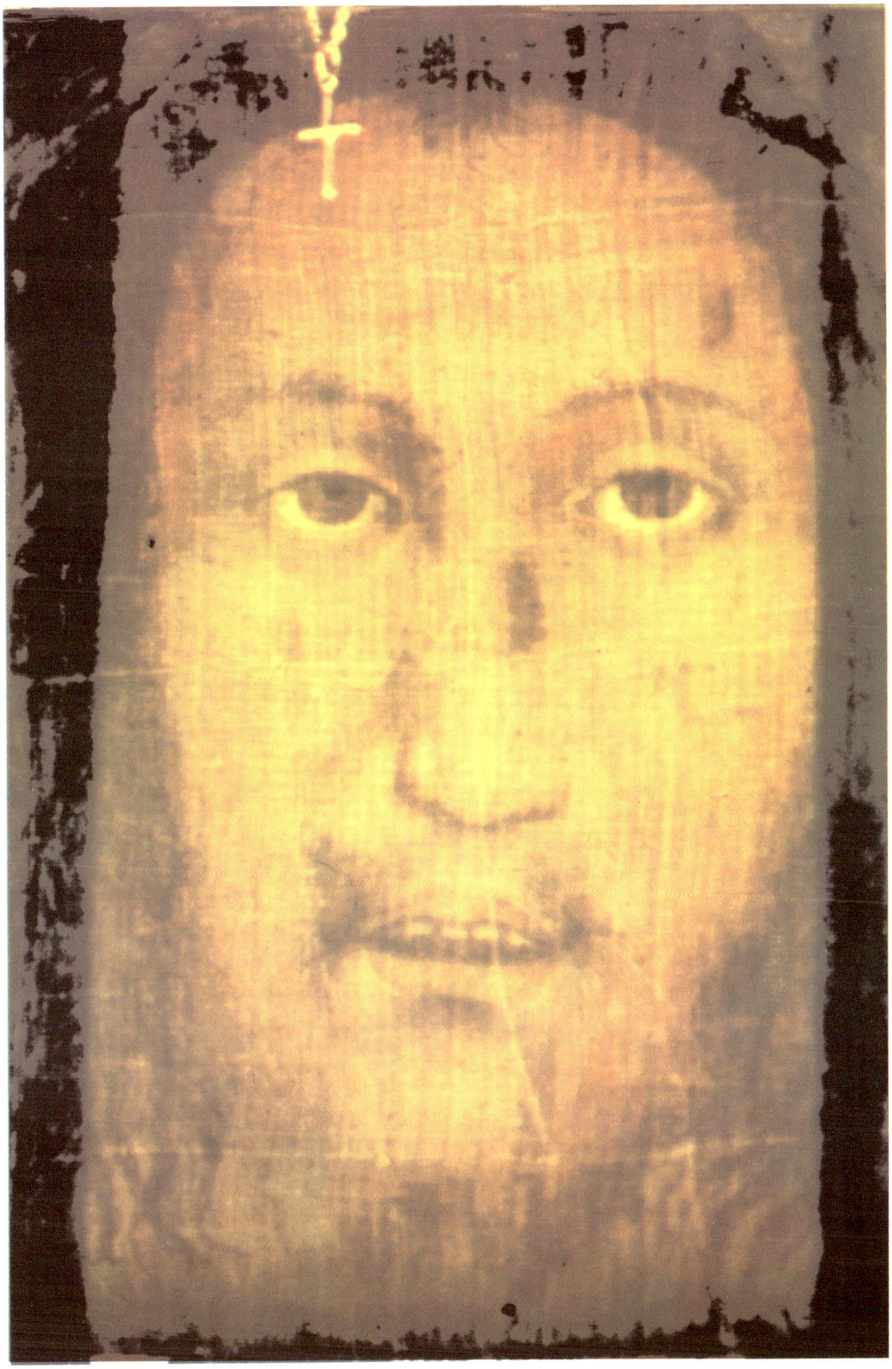

Abb. 2: Manoppello, Santuario del Volto Santo, Hl. Antlitz (Foto Autor)

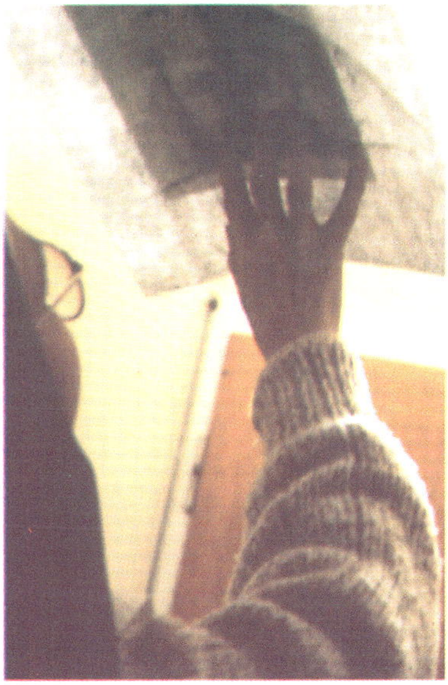

Abb. 4: Sr. Blandina Paschalis Schlömer OCSO beim Auflegen einer Fotofolie des Antlitzes des Schleiers von Manoppello auf das Negativ des Antlitzes des Grabtuches von Turin (Foto Autor)

Abb. 3: Frankfurt am Main, Städelsches Institut, Meister von Flémalle, hl. Veronika, um 1425 (Foto Autor)

Abb. 5: Negativ des Grabtuchantlitzes zu 2/3 mit dem des Schleiers von Manoppello überdeckt (Foto Autor)

Abb. 6: Recklinghausen, Ikonenmuseum, Sammelikone von Festtagen und Heiligen, Detail: Die Myrrhenträgerinnen am Grabe Jesu, russisch, 16. Jahrhundert (Foto Aurel Bongers Nr. 87)

zur Zeit Jesu gelebt, sei krank geworden und habe sich über einen Boten an Christus gewandt und um Heilung gebeten. Der Bote habe versucht, so die Legende, Christus zu malen – ohne Erfolg, und Christus habe daraufhin sein Gesicht gewaschen und in ein Handtuch abgedruckt, in dem dann seine Gesichtszüge erhalten geblieben seien.

3. Das Mandylion von Edessa

Dieses Handtuch, *Mandylion* genannt, wurde in Edessa während der Belagerung durch die Perser um 450 aufgefunden und habe wesentlich zum Sieg über die Belagerer beigetragen. So sagt eine der historischen Quellen, das Geschichtswerk des EVAGRIOS, das um 544 verfaßt wurde.[10]

Wir haben schon gesehen, daß im Jahre 574 nicht dieses wunderbare Bild, sondern der Kamulianaschleier nach Konstantinopel übertragen wurde. Erst als sich dieser Schleier nicht mehr in der Reichshauptstadt befand und Edessa längst von den muslimischen Arabern erobert worden war, führten die Byzantiner zum Zeitpunkt des hundertjährigen Jubiläums des Sieges der Bilderfreunde einen Krieg, der sie siegreich bis vor die Mauern von Edessa brachte, der aber sofort beendet wurde, als die Muslime ihnen das Mandylion aushändigten. Im Jahre 943/44 wurde nun so wie zum Ersatz für das verlorene Kamuliabild dieses weit wichtigere Tuch, das nicht nur ein Christusantlitz zeigte, sondern den ganzen Körper Jesu, nach Konstantinopel gebracht. Erst seit kurzem kennen wir dank der Bemühungen des römischen Grabtuchforschers Gino ZANINOTTO den Wortlaut der Rede, die GREGOR DER REFERENDAR anläßlich der Ankunft und Ausstellung des Mandylions in der Hagia Sofia gehalten hat.[11] Er spricht davon, daß es nicht mit Farben hergestellt sei, sondern mit Schweiß und Blut, wobei letzteres von Christus in Gethsemane ausgeschwitzt und noch dazu reichlich aus der Seitenwunde geflossen sei.[12] Als ein zu dieser Beschreibung passendes Objekt kennen wir nur ein einziges, nämlich das *Grabtuch von Turin*.

10 S. dies., Bd. I, S. 116.

11 Vatikan, Biblioteca Apostolica, Vat. gr. 511, fol. 143-150v. S. Gino ZANINOTTO in W. BULST / H. PFEIFFER: Das Turiner Grabtuch und das Christusbild. Bd. II, S. 127 – 144.

4. Die „Veronika"

Gehen wir nun vom Orient nach dem Westen, hören wir in Rom von einer *„Acheropsita"*, die zur Zeit der Langobardengefahr – in der Mitte des 8. Jahrhunderts – vom Papst in Bittprozessionen herumgetragen wurde, um eben diese Gefahr abzuwenden.[13] Die Ikone, deren Gesicht aus einem bemalten Schleier besteht, der auf sie aufgelegt ist, wurde vor kurzem in den vatikanischen Werkstätten restauriert und wieder an ihren Aufstellungsort hinter dem Altar der Sancta-Sanctorum-Kapelle des päpstlichen Lateranpalastes zurückgebracht.

Später taucht in der Peterskirche jener Schleier mit dem authentischen Christusbild auf, der in Rom immer die *„Veronika"* genannt wurde, und welcher Name nichts anderes als eine verballhornte Zusammensetzung des griechischen Wortes „Eikon" mit dem lateinischen Adjektiv „vera" darstellt.[14] Die „Veronika" wurde in der von dem griechischen Papst Johannes VII. um 705 gebauten Kapelle verwahrt.

Die Legende von der hl. Veronika (Abb. 3) ist in ihrer historischen Entwicklung ein kompliziertes Gebilde. In letzter Zeit ist die Veronikastation aus dem päpstlichen Kreuzweg des Karfreitags am Kolloseum in Rom eliminiert worden. Erst im 15. Jahrhundert, als man in Jerusalem auf dem Kreuzweg nach Golgotha das Haus der hl. Veronika zu zeigen begann, ist diese Legende mit einer Station der Kreuzwegandacht verbunden worden. Noch in der berühmten *Legenda aurea* des JACOBUS VON VORAGINE vom Ende des 13. Jh. wird sie ganz anders erzählt.[15] Diese ursprüngliche Version erinnert sehr an die des Königs *Abgar*. Die Rolle des Abgar nimmt dabei der Kaiser *Tiberius* ein. Auch

12 „Die Malkunst schafft die vollkommene Schönheit mittels verschiedener glänzender Farben ... Der Glanz dagegen – und jeder lasse sich von dieser Erzählung inspirieren – ist nur von den Schweißtropfen der Todesangst eingeprägt worden, die heruntergeflossen sind, wie vom Finger Gottes geführt. Das sind wirklich die Schönheiten, die die Färbung des Prägebildes Christi hervorgebracht haben, das noch weiter verschönert worden ist von den Blutstropfen, die sogar seiner Seite entquollen sind." (Vat. gr. 511, fol. 149; W. BULST / H. PFEIFFER: Das Turiner Grabtuch und das Christusbild. Bd. II, S. 142f.).

13 S. W. BULST / H. PFEIFFER: Das Turiner Grabtuch und das Christusbild. Bd. II, S. 46f., Abb. 10. Hans BELTING: Bild und Kult (1990), S. 78f., Abb. 18f., datiert die Ikone um 600 und sagt, daß Papst *Johannes X.* (914 – 928) den Kopf neu malen ließ.

14 S. W. BULST / H. PFEIFFER: Das Turiner Grabtuch und das Christusbild. Bd. II, S. 48 – 56, 61 – 64.

15 S. dies:, ebd., S. 48f., 155f.

er wird krank, sendet einen Boten zu dem Wunderheiler *Jesus*, von dem er gehört hat. Der Bote kommt aber erst nach der Kreuzigung in Jerusalem an, nimmt den Landpfleger *Pilatus* gefangen, und bevor er ihn nach Rom abführt, hört er noch von einer Frau namens *Veronika*, die ein authentisches Bild von diesem Jesus besitze. An dieser Stelle wird die Geschichte von der wunderbaren Entstehung des Bildes eingeführt, die die gleichen Elemente aufweist wie die vom Mandylion des Königs Abgar. Nur will Veronika ihr Bild nicht hergeben. Sie reist zusammen mit dem Abgesandten zum Kaiser und heilt ihn mit Hilfe des wunderbaren Bildes auf dem Tuch, das in der Zeit, als Jesus noch unter seinen Jüngern weilte, also noch während seiner Lehr- und Wundertätigkeit, entstanden war. Dem Kaiser muß Veronika dann das Bild aushändigen, der es in einem kostbaren Rahmen fassen läßt und in seinem Schatz verwahrt.

Zwei hermeneutische Schlüssel scheinen mir den eigentlichen Wahrheitsgehalt solcher Legenden, in denen von Bildreliquien Christi die Rede ist, zu öffnen: die Deutung eines Gegenstandes, dessen Entstehung auf herkömmliche und natürliche Weise nicht möglich ist, und der Rechtstitel auf den Gegenstand, der mit solch einer Legende geschaffen wird. Es wird also gesagt, daß das Bild auf unerklärliche und wunderbare Weise von Christus selbst hergestellt und schon von den Zeiten der frühesten Kirche an in Rom verwahrt worden sei; mit anderen Worten: niemand sonst, vor allem nicht der byzantinische Kaiser, darf einen Rechtsanspruch auf dieses erheben. Die „Veronika", das Wunderbild, ist aus Rom verschwunden. Was heute im Reliquiar in St. Peter unter diesem Namen gezeigt wird, ist ein gewöhnliches weißes Tuch mit einigen rostbraunen Flecken. Wie die „Veronika" ausgesehen hat, kann aus den alten Kopien, die man von ihr anfertigte, erschlossen werden.[16] Zu Beginn sagte ich schon, daß sie noch erhalten und mit keinem anderen Objekt zu identifizieren ist, als mit dem *Schleier von Manoppello*. Dieser Sachverhalt erhellt vor allem aus dem Vergleich mit den Bildern der hl. Veronika, die diesen Schleier in Händen hält, besonders denen der altniederländischen Malerei des 15. Jahrhunderts, und aus dem Vergleich mit den Darstellungen, die vor-

16 S. dies., ebd., Abb. 18 – 22.

geben, das wahre Bildnis Christi wiederzugeben, z. B. die spätmittelalterlichen Schlußsteine der süddeutschen Chorgewölbe, die das Antlitz Christi darstellen.[17]

Aber ist die „Veronika“ erst im späten 12. oder im 13. Jh. entstanden, in der Zeit, in der sie in St. Peter aufgetaucht ist? Das kann doch wohl nicht sein. Wo war sie dann vorher? Könnte sie nicht ursprünglich die Stelle des gemalten Schleiertuches über der Lateranikone, der „Acheropsita“, eingenommen haben? Das wäre ein ideales Versteck gewesen. Am Schleier von Manoppello finden sich an den beiden oberen Ecken noch Hinweise dafür, daß er einmal auf einen anderen Träger aufgeklebt war und daß er nicht ganz ohne Gewaltanwendung von diesem wieder gelöst wurde. Es zeigen sich dort dreieckige ausgefranste, wie ausgerissen erscheinende und wie mit gelblichem Klebstoff verdeckte Stellen. An diesen könnte das hauchzarte Tuch einmal auf der Lateranikone befestigt gewesen sein. Von dieser Beobachtung ausgehend können wir hypothetisch die Identität zwischen der „Veronika“ von St. Peter und der „Acheropsita“ der Sancta-Sanctorum-Kapelle des Lateran annehmen, und wiederum wäre die „Acheropsita“-„Veronika“ nichts anderes als das noch glücklicherweise bis in unsere Tage erhaltene Manoppellobild.

Können wir noch weiter zurückgehen als bis zur „Acheropsita“ des Lateran? Der Name ist verräterisch. Vor dem 8. Jahrhundert existierte nur eine einzige Acheiropoietosikone, nämlich der *Schleier von Kamulia* oder *Kamuliana* in Konstantinopel. Selbst das *Mandylion von Edessa* wurde erst nach dem Verschwinden der Kamuliana aus der byzantinischen Hauptstadt mit diesem Ehrennamen bedacht. Auch paßt die Beschreibung der Kamuliana in einem Preisgedicht nach der Schlacht am Fluß Arzamon, bei der nach Meinung des Dichters der Sieg durch das Wunderbild errungen wurde, ganz genau auf den Schleier von Manoppello, wie er sich nach einer eingehenden Prüfung zu erkennen gibt: „weder gemalt noch gewoben“[18]. Das hierauf folgende „sondern durch göttliche Kunst gemacht“, wie wir weiter in demselben Gedicht lesen, werden wir Heutigen nicht so leicht mitvollziehen können. Ei-

17 S. dies., ebd.,, Abb. 23.
18 S. dies., ebd., S. 22.

ner solchen religiösen Deutung versagt sich die Wissenschaft, sowohl die Kunstgeschichte als auch die Theologie.

5. Theologischer Aspekt

Und doch hat die Theologie auch mit dem *Schleier von Manoppello* zu tun, denn das Antlitz auf dem Schleier des Abruzzenstädtchens läßt sich mit dem auf dem *Grabtuch* erkennbaren so zur Deckung bringen, daß die beiden Gesichter, im Maßstab 1:1 zusammengebracht, zu einem einzigen verschmelzen.[19] Erst im Jahr der letzten Grabtuchausstellung wurde der Schleier über den eng gezogenen Kreis seiner gläubigen lokalen Verehrer hinaus durch eine in Pescara organisierte Fotoausstellung bekannt, und es war eine Trappistin, Sr. Blandina Paschalis *Schlömer*, die P. BULST und mich mit dem Schleier in Manoppello vertraut machte. Sie unternahm von Anfang an alle möglichen experimentierenden Schritte, um die Kongruenz zwischen den beiden Antlitzen auf den beiden Tuchreliquien nachzuweisen (Abb. 4). Die Ergebnisse sind so erstaunlich, daß ich meine, daß wir sie trotz des energischen Einspruches seitens meines Mitbruders und bedeutendsten deutschen Grabtuchforschers, P. BULST, nicht anders deuten können, als daß beide Bilder im selben Zusammenhang, also im selben Grab entstanden sein müssen (Abb. 5).

An dieser Stelle muß die gängige Exegese des Auffindungsberichtes der Grabtücher, der sich im 20. Kapitel des Johannesevangeliums findet, einer eingehenden Prüfung unterzogen werden. Dabei können auch Werke der Kunst, welche die Grabtücher im Grabe Jesu darstellen, den Blick leiten, näherhin eine russische *Ikone* im Ikonenmuseum in *Recklinghausen* (Abb. 6) und ein Detail aus den Miniaturen des *Utrechter Psalters* (Abb. 7). Beide zeigen die Grabtücher in einer von den gewöhnlichen Darstellungen abweichenden Form. Die Miniatur des Utrechter Psalters, der um 830 in Reims oder im benachbarten Haut-

19 S. dies., ebd., S. 83; ein Beitrag von Sr. Blandina Paschalis *Schlömer* OCSO und von mir wurde beim Internationalen 11. Symposium der C.I.E.L.T. (*Centro international d'études sur le Linceul de Turin*) 1993 in Rom vorgetragen; s. dazu: L'identification scientifique de l'homme du linceul Jésus de Nazareth (1995), S. 73 – 79.

villers entstanden ist, scheint den Leichnam Christi durch eine Öffnung des Grabbaues hindurch zu zeigen, als ob er noch dort im Grabe wäre, obwohl der Engel den Frauen schon die Auferstehung des Herrn verkündet.[20] Es handelt sich dabei um eine Darstellung des Psalms 16, 9-11:

„Darum freut sich mein Herz und frohlockt meine Seele;
auch mein Leib wird wohnen in Sicherheit.
Denn du gibst mich nicht der Unterwelt preis;
du läßt deinen Frommen das Grab nicht schauen.
Du zeigst mir den Pfad zum Leben.
Vor deinem Angesicht herrscht Freude in Fülle,
zu deiner Rechten Wonne für alle Zeit."

Abb. 7: Utrecht, Universitätsbibliothek, Psalter, Detail: Die Frauen am Grabe Jesu, um 830 (Foto nach G. SCHILLER, Ikonographie der christlichen Kunst, Bd. III, Abb. 16)

So sind auch auf der rechten Seite Tote auf ihren Liegen dargestellt, die aufgrund der Auferstehung Christi auf ihre eigene Auferstehung hoffen.

Ein Ausschnitt aus einer russischen Sammelikone von Festtagen und Heiligen aus dem 16. Jahrhundert zeigt die Frauen beim Grabe mit dem Engel. Das Grab hat die Form eines Sarkophages, in dem die

20 Gertrud SCHILLER: Ikonographie der christlichen Kunst. Bd. III (1971), S. 22, meint daher, daß tatsächlich der Leichnam Jesu dargestellt sei, „obwohl der Engel den Frauen schon die Auferstehung verkündet."

Grabtücher und das Schweißtuch zu sehen sind. Zwar ist das Schweißtuch, das über dem Kopf lag, ein wenig getrennt vom Rest der Tücher gegeben, aber sie sind doch noch in einer Linie wie mit dem den Kopf angebenden Schweißtuch verbunden (Abb. 6). Auf den abendländischen Miniaturen des 11. – 13. Jahrhunderts wird das Schweißtuch immer an einer besonderen Stelle und nie im Verband mit den Grabtüchern dargestellt. Das Schweißtuch liegt dann zusammengewickelt auf dem Boden der Grabhöhle. In den Wiedergaben des Utrechter Psalters spiegelt sich noch eine spätantike Tradition. Das Ikonendetail stellt die ostkirchliche Überlieferung dar. Was ihre literarische Quelle angeht, so geben diese Darstellungen allesamt den im Johannesevangelium enthaltenen Bericht von der Auffindung des leeren Grabes mit seinen Tüchern durch Petrus und Johannes wieder.

Diesen Auffindungsbericht kann man durchaus ganz anders übersetzen, als es gewöhnlich der Fall ist.[21] Man kann übersetzen, daß Petrus die Tücher daliegen sah. Von Binden kann m. E. keine Rede sein. Man kann aber auch übersetzen, daß Petrus die daliegenden Tücher wahrnahm, also das Phänomen, daß sie lagen. Erst dann hat man den richtigen Ausgangspunkt für die korrekte Übersetzung dessen, was der Evangelist über das Schweißtuch sagt, das über dem Kopf war, nämlich daß es im Gegensatz zu den übrigen Tüchern nicht ein daliegendes war, sondern eines, das noch einhüllend geblieben war, obgleich weder der Körper der Leiche, d. h. Rumpf und Beine, in den daliegenden Tüchern, noch der Kopf unter dem noch einhüllenden Schweißtuch vorzufinden waren, auch wenn das Tuch an dieser Stelle so aussah, als sei der Kopf allein noch von ihm umhüllt. Erst dann wird verständlich, warum der Lieblingsjünger aufgrund des im Grab vorgefundenen Sachverhaltes persönlich deutend sagen konnte: „er sah und glaubte, denn sie hatten noch nicht verstanden, daß er von den Toten auferstehen müsse."

21 S. W. BULST / H. PFEIFFER: Das Turiner Grabtuch und das Christusbild. Bd. II, S. 75 – 80.

Literatur

BELTING, Hans: Bild und Kult. Eine Geschichte des Bildes vor dem Zeitalter der Kunst. – München: Beck, 1990.

BULST, Werner / PFEIFFER, Heinrich: Das Turiner Grabtuch und das Christusbild. Bd. I: Das Grabtuch. Forschungsberichte und Untersuchungen (Text von W. Bulst). – Frankfurt a. M.: J. Knecht, 1987.

BULST, Werner / PFEIFFER, Heinrich: Das Turiner Grabtuch und das Christusbild. Bd. II: Das echte Christusbild. Das Grabtuch, der Schleier von Manoppello und ihre Wirkungsgeschichte in der Kunst mit einem Anhang von Gino Zaninotto. – Frankfurt a. M.: J. Knecht, 1991.

DOBSCHÜTZ, Ernst von: Christusbilder. – Leipzig, 1899 (Texte und Untersuchungen Neue Folge; 3).

L'identification scientifique de l'homme du linceul Jésus de Nazareth (Actes du Symposium scientifique internationale, Rome, 1993). – Paris, 1995, S. 73 – 79.

SCHILLER, Gertrud: Ikonographie der christlichen Kunst. Bd. III. – Gütersloh: G. Mohn, 1971.

ZANINOTTO, Gino, in: W. BULST / H. PFEIFFER: Das Turiner Grabtuch und das Christusbild. Bd. II. – Frankfurt a. M.: J. Knecht, 1991.

MARCO MARGNELLI – FABIO RIVA – GABRIELLA RAFFAELLI

STIGMATISATION

Eine Falluntersuchung

Die *Stigmatisation* ist ein typisches Phänomen der katholischen Mystik, das am Körper der Stigmatisierten in Form von Wunden auftritt, die Jesus während der Passion an seinem Leib erfahren hat.

In den meisten Fällen bestehen diese Stigmen in den Zeichen der Nägel, mit denen Jesus (an Händen und Füßen) gekreuzigt wurde, und des Lanzenstiches, mit dem der Zenturio Cassius Longinus das Herz durchbohrte. Zu diesen gesellen sich die selteneren Zeichen der Geißelung, der durch das Gewicht des Kreuzes auf den Schultern verursachten Wunden und der Hautabschürfungen, die von den Stürzen auf dem Weg zum Kalvarienberg herrührten.

I. EINFÜHRUNG

Das Phänomen der *Stigmatisation* tritt eher selten auf: Nach dem hl. *Franz von Assisi* im 13 Jh. (Abb. 1) wurden im Schnitt 30 Stigmatisationsfälle pro Jahrhundert gezählt. Eine Ausnahme bildeten das 16. und 17. Jahrhundert, wo jeweils 80 bzw. 114 Fälle registriert wurden. In unserem Jahrhundert hat man bereits über 80 Fälle gezählt, wobei diese Zahl aller Wahrscheinlichkeit nach im Steigen begriffen ist.[1]

Über Jahrhunderte hinweg wurden die *Stigmen* als Wunder betrachtet. Sie bilden sich im allgemeinen spontan während einer Ekstase und weisen biologische Merkmale auf, die von jedweder Form herkömmlicher Wunden abweichen.

Im Hinblick auf ihren möglichen Ursprung unterscheiden Theologen drei verschiedene Formen: „menschliche“, „göttliche“ und „dämoni-

1 M. MARGNELLI: Isterismo e stimmate (1987); ders.: Gente di Dio (1988).

sche" oder „natürliche" „übernatürliche" bzw. „außernatürliche" Stigmen. Darüber hinaus seien die „echten Stigmen" aufgrund folgender Eigenschaften zu erkennen:

1) Spontanes Auftreten;
2) signifikante Gewebsveränderung;
3) Beständigkeit und Unveränderlichkeit trotz aller Therapien;
4) Blutungen;
5) Fehlen von Infektionen und/oder Eiterungen;
6) Plötzliches Verschwinden ohne Hinterlassen von Spuren.[2]

Allein die Annahme einer potentiellen Existenz „natürlicher" Stigmen zeigt, daß die Kirche die Stigmatisation nicht immer als ein wunderhaftes (d. h. allein durch die Einwirkung Gottes mögliches) Phänomen ansah; doch stellten Wissenschaftler die Wunderhypothese vor allem seit dem letzten Jahrhundert mit besonderem Nachdruck in Frage und ließen auch bei den Theologen starke Zweifel aufkommen.[3]

Zunächst gab es viele, die zu beweisen versuchten, daß die Wundmale Ausdruck bekannter Krankheiten seien, wie Malaria, Pemphigus, Herpes simplex oder Hämophilie. Da es jedoch unvorstellbar ist, daß diese Krankheiten nur bei Katholiken weißer Rasse derart ungewöhnliche Zeichen setzen, wurde der Gedanke ab dem 13. Jahrhundert wieder verworfen.[4]

Man ging nunmehr davon aus, daß die Stigmen der physische Ausdruck eines psychischen Ungleichgewichtes und speziell schwerer hysterischer Störungen seien. Aber auch diese Hypothese hält einer genauen Untersuchung der Persönlichkeit und des Verhaltens vieler Stigmatisierter nicht stand. In der Vergangenheit war es nicht möglich, die Träger von Stigmen angemessenen psychodiagnostischen und psychometrischen Untersuchungen zu unterziehen. Da sich die psychologische Diagnostik mittlerweile aber entsprechend entwickelt hat, steht einer Überprüfung der Hysterie-Hypothese nichts im Wege. In mindestens zwei neueren Fällen erbrachte die psychiatrische Auswertung grundsätzlich sowohl das Fehlen hysterischer Persönlichkeitszü-

2 Vgl. Johannes M. HÖCHT: Größe und Erhabenheit der Stigmatisation (1938), S. 70 – 72.
3 A. GEMELLI: Le stimmate di S. Francesco nel giudizio della scienza (1924).
4 P. M. MARIANESCHI: Stimmate e medicina (1987).

ge als auch von Störungen der Sinnesfunktionen und der Motorik, die noch immer als ein Zeichen von Hysterie[5] gewertet werden.

Abb. 1: Albrecht Dürer: Stigmatisation des heiligen Franz

5 R. H. MEJIA / S. M. RODRIGUEZ-AMENABAR: Investigacion diagnostica sobre la salud psiquica de una visionaria (1986).

Im übrigen wurde der Begriff der *Hysterie* erheblich eingeschränkt, und in vielen Handbüchern der Psychiatrie werden die ehemals unter diesem Namen gefaßten Störungen den Verhaltensneurosen zugeschrieben. Heute nimmt man an, daß emotionaler Streß und psychisches Unbehagen die Voraussetzungen für eine große Zahl von Beschwerden schaffen können, die als psychosomatisch bezeichnet werden. Daß diese Faktoren allerdings die Grundlage der Stigmatisation sein sollen, bleibt vorerst dahingestellt.

Auf alle Fälle hat die Medizin keine Mühen gescheut, Stigmatisierte als Kranke erscheinen zu lassen. Theologen hingegen suchten – im Bewußtsein, daß Stigmatiserte, auch bei noch so ausgeprägter Persönlichkeit, in psychologischer, sozialer und religiöser Hinsicht oft äußerst positive und konstruktive Menschen sind – die natürliche Ursache der Stigmen in der sogenannten „ideoplastischen Kraft"[6] oder in einer außergewöhnlichen Fähigkeit von Autosuggestion, die den betreffenden Personen die buchstäbliche Verwirklichung der Nachahmung Christi und der Teilhabe am Opfer der Erlösung ermöglichte. Mit anderen Worten: sie betrachten die Stigmen als ein physiologisches (wenngleich einzigartiges) Phänomen im Kontext eines psychologischen Systems (dem mystischen Leben), das sich aufgrund besonderer, nicht-alltäglicher Umstände (Gebet, Meditation, Ekstase) ereignet.[7]

Tatsächlich können die Stigmen nicht unabhängig von jenem Gesamtkontext eines Lebens betrachtet werden, das sich in den meisten Fällen auch noch durch andere mystische Charismen auszeichnet, wie Nahrungslosigkeit, Ekstasen, Visionen oder die Gabe der Prophetie.

II. ZWEI EXEMPLARISCHE FÄLLE

Das Echo all dieser Polemiken findet sich in den Biographien der beiden bedeutendsten Stigmatisierten dieses Jahrhunderts: *Therese Neumann* von Konnersreuth und *Pater Pio* von Pietrelcina.

6 J. J. GÖRRES: Die christliche Mystik. Zweiter Band (1836), S. 410 – 556; G. WUNDERLE: Essai sur la psychologie de la stigmatisation (1936).

7 G. WUNDERLE: Douleur et Stigmatisation.

1. Therese Neumann

Therese Neumann wurde am 9. 4. 1898 in Konnersreuth, Deutschland, geboren. Der Vater war Schneider und die Eltern arbeiteten auch in der Landwirtschaft. Als der Vater während des ersten Weltkrieges einrücken mußte, trat Therese bei einem Konnersreuther Land- und Gastwirt in den Dienst. Am 10. Mai 1918 brach im Wirtschaftsgebäude ein Brand aus, wo sie sich beim Löschen eine Rückenverletzung zuzog. Dieser Unfall führte zu Gehunsicherheit, verbunden mit mehreren Stürzen, fortschreitender Lähmung und anderen Gebrechen (Ausbleiben der Menstruation, Erbrechen, Apathie), die als in keinem Verhältnis zur erlittenen Verletzung stehend beurteilt (es gab keine Wirbelbrüche) und daher als „hysterisch" bezeichnet wurden. Der Zustand verschlechterte sich, und ab Kirchweih 1918 mußte Therese für gut fünf Jahre das Bett hüten. Nebenbei erblindete sie, hatte Lähmungen und war in periodischem Wechsel taub. Am 29. April 1923, dem Tag der Seligsprechung der von ihr verehrten *Theresia von Lisieux*, wurde sie plötzlich geheilt.

Die starken Schmerzen während der Jahre ihrer Krankheit hatten in Therese den Vorsatz geweckt, die physischen und psychischen Leiden zur Ehre Gottes zu ertragen und ihr Leben hinzugeben für den Nächsten. Es ist sicherlich diese grundlegende Entscheidung, die bei ihr zu jenen tiefgreifenden psychisch-geistigen Veränderungen führte, aus denen schließlich die körperlichen und psychischen Phänomene der Mystik hervorgingen, welche, wie erwähnt, nicht selten das Leben Stigmatisierter begleiten. Berühmt war beispielsweise ihre völlige Nahrungslosigkeit (bezogen auf feste und flüssige Speisen), die sich angeblich 35 Jahre hinzog.

Aufgrund der starken Resonanz, die diese Behauptung in wissenschaftlichen und religiösen Kreisen hervorrief, wurde Therese 1927 einer rigorosen zweiwöchigen Kontrolle unterzogen, bei der man feststellte, daß die Stigmatisierte nicht nur nichts gegessen hatte, sondern auch keinen Gewichtsverlust aufwies und 500 ccm Urin sowie einige ccm Stuhl abgesondert hatte.[8]

8 E. EWALD: Die Stigmatisierte von Konnersreuth (1927).

Die Kontrollen erfolgten in Thereses Haus im Juli 1927. Vier Schwestern waren unter Eid verpflichtet worden, Tag und Nacht an ihrer Seite zu wachen und am Ende jeder Schicht alles zu notieren, was Therese gesagt und getan hatte. Die Schwestern hatten auch noch andere spezielle Aufgaben:

1) Therese durfte während der Beobachtungszeit keine Toilette benutzen. Alle Abgänge mußten in Gegenwart der Schwestern in eine Leibschüssel entleert werden.

2) Die Schwestern hatten sich um Thereses Hygiene zu kümmern. Zum Waschen durfte kein Schwamm, sondern lediglich ein mäßig feuchter Lappen benutzt werden.

3) Die von Therese verwendete Zahnpaste mußte von den Schwestern mengenmäßig genau gemessen werden, ebenso war das benutzte Mundwasser in eine Schale zu entleeren und nachzumessen.

4) Die zum Hinunterschlucken der Hostie benutzte Wassermenge war im Voraus zu messen.

5) Alle Ausscheidungen – Urin, Erbrochenes, Stuhl – mußten gesammelt, gewogen und für entsprechende Analysen sofort an den Arzt weitergeleitet werden.

6) Gewicht, Körpertemperatur und Puls Thereses mußten täglich gemessen werden.

7) Von dem jeweils am Freitag während der Ekstasen ausgetretenen Blut waren Abstriche zu machen. Ebensolche Blutabstriche mußten zur Bestimmung des Hämoglobins durch einen Einstich in das Ohrläppchen vorgenommen werden.

8) Über den Beginn und den Verlauf der Blutungen während der Ekstase waren genaue Aufzeichnungen zu machen.

9) Die freitags während der Ekstasen verwendeten Kopftücher und zur Reinigung der Seitenwunde gebrauchten Mullbinden waren aufzubewahren.

10) Von den Stigmen waren, soweit möglich, während jeder Ekstase fotografische Aufnahmen zu machen. Dabei sollten diese nach Möglichkeit jeweils separat aufgenommen werden.

11) Die Beobachtungen der Schwestern hatten sich auch auf das religiöse und spirituelle Leben der Therese und auf ihr Verhalten gegenüber Verwandten, Freunden und Bekannten zu beziehen.

12) Im Falle von Zweifeln oder Widerständen mußten sich die Schwestern unverzüglich entweder mündlich oder schriftlich an den offiziell beauftragten Kontrollarzt (Dr. Otto *Seidl*) wenden.

Mag der Umstand, daß kein Gewichtsverlust gegeben war, auch nicht unbedingt verwunderlich sein, so ist die Anurie bei fehlender Flüssigkeitsaufnahme sicherlich nicht zu erklären. Eine dreitägige Blockierung der Nieren kann bereits ein toxisches Koma hervorrufen und fünf bis sieben Tage ohne Harnausscheidung führen unweigerlich zum Tod. Daher wird die angeblich durch Hysterie bedingte Entstehung der Stigmen bei einem Fall, bei dem noch viel unerwartetere Phänomene auftauchen sollten, zu einem bedeutungslosen Fragment.

So hatte Therese z. B. während der beiden Beobachtungswochen zwei Ekstasen, darunter eine „der Passion“, in deren Verlauf sie bekanntlich eine beachtliche Menge Blut verlor. Die erste Ekstase verursachte einen Gewichtsverlust von 4 kg, die zweite von 3 kg. Dennoch machte sie diesen, ohne Essen und Trinken, innerhalb weniger Tage wett, so daß sie am Ende der Beobachtung wieder bei ihrem ursprünglichen Gewicht angelangt war. Drei Blutuntersuchungen zeigten, daß trotz Nahrungslosigkeit und Stigmenblutungen keine Blutarmut bestand.

Was die Stigmen betrifft, so konnten die während der Ekstasen anwesenden Ärzte beobachten, daß das Blut ohne sichtbare Verletzungen aus der Binde- und Stirnhaut austrat. Mit einem Vergrößerungsglas konnte man sogar sehen, daß es im Bindehautsack kleine Bläschen bildete, so als träte es unter Druck aus. Wie bei der Anurie ist dieses Detail wissenschaftlich weit beeindruckender als andere Charakteristika, und sei es auch nur deshalb, weil es keine Krankheiten gibt, in deren Verlauf es unter Bläschenbildung zu Blutungen aus gesunden Integumenten kommt (Abb. 2, 3).

Die Stigmen an Händen und Füßen waren nach und nach aufgetreten. Zunächst hatte Therese über starke Schmerzen an den Handflächen und Fußsohlen geklagt, wo es dann zu den Wunden kam, doch konnte man nichts Ungewöhnliches feststellen, weder Rötungen noch Kreislaufstörungen oder Hautverletzungen. Nach einiger Zeit öffneten sich dann aber an besagten Stellen echte Wunden, die das ganze Leben über sichtbar blieben. Am Handrücken hatten sie einen Durchmesser von ca. 2 cm und wenn sie nicht bluteten, waren sie mit einer abstehenden Kruste bedeckt. Auf einigen Fotografien haben sie die Form eines Quadrates, wie das Profil der groben handgemachten Nägel, die man damals beim Hausbau auf dem Land verwendete (Abb. 4, 5).[9]

Nach der „wunderähnlichen“ Heilung im Jahre 1925 verbrachte Therese den Rest ihres Lebens mit einer Art „pastoraler“ Tätigkeit. Sie empfing Hunderte von Personen, denen sie Rat, Trost und spirituelle Hilfe bot.

Die Ekstasen und Visionen dauerten das ganze Leben hindurch an und es soll vorgekommen sein, daß Therese dabei manchmal in mehreren ihr unbekannten Sprachen redete, darunter in Altaramäisch, Latein, Französisch und einem Dialekt aus den Pyrenäen.

Sie starb am 18. September 1962.

2. Pater Pio von Pietrelcina

Der andere große Stigmatisierte, *Pater Pio* (Francesco Forgione), wurde am 25. Mai 1887 in Pietrelcina, Italien, geboren. Im Alter von 15 Jahren trat er in den Kapuzinerorden ein und wurde 23jährig zum Priester geweiht.

Mit 20 Jahren, als er noch im Studium stand, begannen sich ebenso massive wie mysteriöse körperliche Beschwerden einzustellen. Er hatte sehr hohes Fieber, Schmerzen in der Brust, Husten, Erbrechen, Ohnmachstanfälle und kalte Schweißausbrüche. Man vermutete eine Lungentuberkulose, die jedoch nie mit Sicherheit bewiesen wurde. Auf jeden Fall verschwanden die Störungen ganz plötzlich und vollständig, wenn der junge Frater den Konvent verließ, um sein Elternhaus zu besuchen. Und sie stellten sich ebenso rasch wieder ein, sobald er in die Gemeinschaft zurückkehrte. Dieser Zustand dauerte 7 Jahre und wenngleich von einer „geheimnisvollen“ Krankheit die Rede war, so sind doch auch heute noch viele der Ansicht, daß es sich um die Symptome einer schweren „Hysterie“ handelte.

9 Ders., ebd.

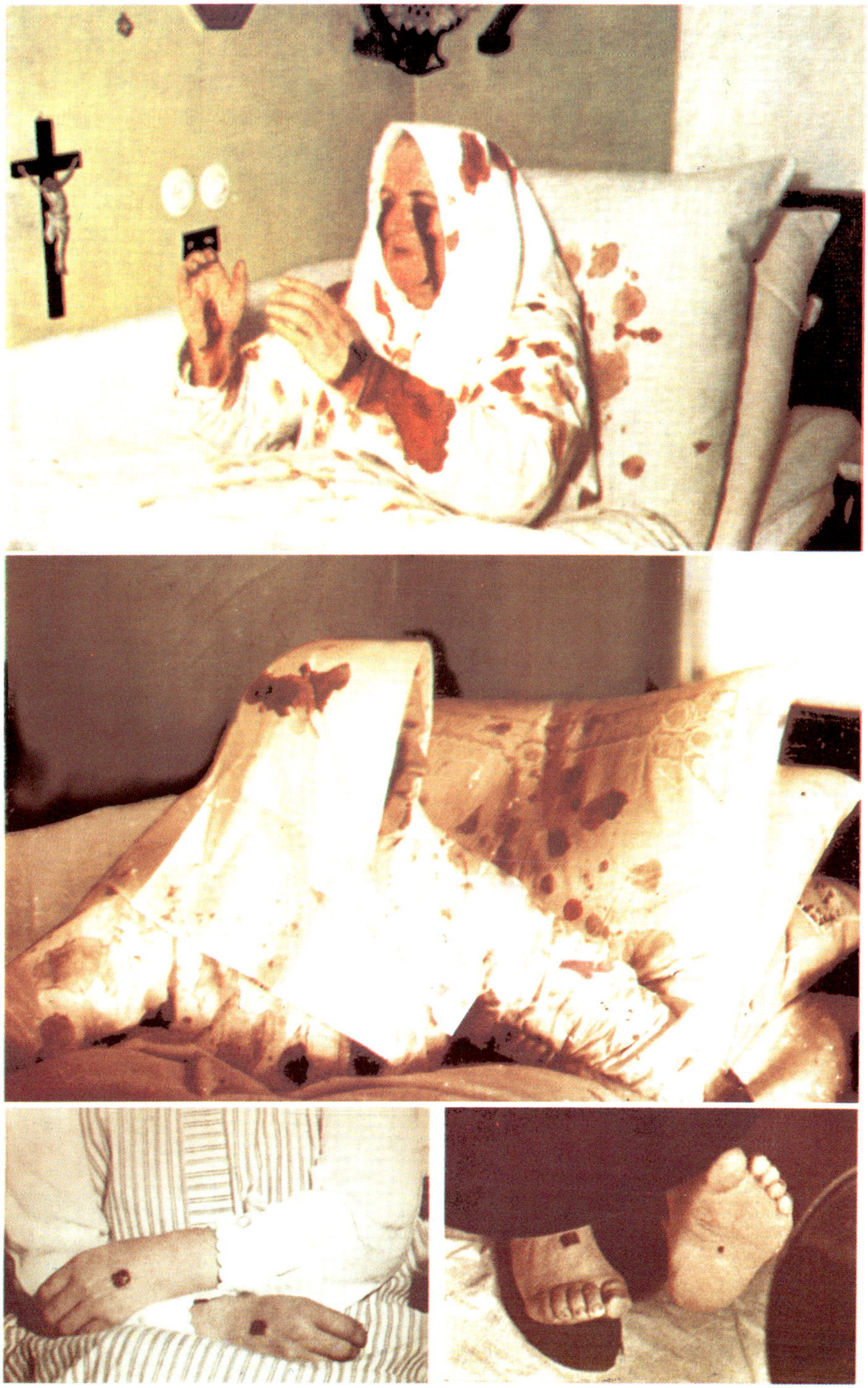

Abb. 2 – 5: Passionsvisionen und Form der Stigmen an Händen und Füßen

a) Stigmatisation

Die *Stigmatisation* von P. Pio hatte einen progressiven Verlauf. Von 1910 bis 1918 tauchten die Passionszeichen mit Unterbrechungen auf und wenn sie auch nicht unmittelbar sichtbar waren, so war doch immer der Schmerz vorhanden, der sich besonders dienstags und von Donnertag abend bis Samstag bemerkbar machte.

Zwischen 1918 und 1968, also 50 Jahre lang, waren die Stigmen permanent vorhanden und ständig zu sehen (Abb. 6).

Definitiv traten sie am Morgen des 20. September 1918 auf, und zwar durch das Einwirken einer „mysteriösen Persönlichkeit", die P. Pio in Ekstase erschien.

Die Wunden an Handrücken (Abb. 7) und Handflächen (Abb. 8) waren von rundlicher Form und hatten einen Durchmesser von ca. 2 cm. Sie waren von einer durchscheinenden dunkelroten Membran bedeckt, die in der Mitte gewölbt war und ein winziges Knöpfchen bildete, von dem aus viele schmale, noch dünklere Streifen in Richtung Zentrum liefen.[10] Die Stigmen an den Füßen sahen mehr oder weniger gleich aus. P. Pio hatte auch eine Wunde an der linken Brustseite, etwa in der Form eines horizontal liegenden Kreuzes, deren Ausmaße, Gestalt und Lokalisierung sich im Laufe der Jahre änderten.[11]

Die Stigmen an Händen und Füßen wurden von verschiedenen Ärzten des öfteren konstatiert und beschrieben, doch „untersucht" im eigentlichen Sinne wurden sie nie.

Die zuverlässigsten Zeugenaussagen stammen von den Ärzten Prof. Giorgio *Festa*, Prof. Amico *Bignami* und Prof. Luigi *Romanelli*.

Bignami verwies 1919 auf einen mit Jodtinktur pigmentierten Hof um die Stigmen an den Füßen und weckte den Verdacht, daß sich P. Pio diese mittels chemischer Behandlung selbst beibrachte. Tatsächlich kann eine immer an der gleichen Stelle angewandte Jodtinktur Verletzungen der Haut hervorrufen, doch ist die Hypothese, daß sich P. Pio fünfzig Jahre hindurch auf diese Weise selbst Schaden zufügte, nicht haltbar. Im übrigen verursachen chemische Läsionen, vor allem wenn sie über längere Zeit wiederholt erfolgen, unkontrollierbare und dauerhafte Schäden.

10 G. DI FLUMERI: Profilo delle stigmate di Padre Pio (1985).
11 Ders., ebd.

Dr. Festa führte zur Klärung der Polemik Versuche an Ratten durch, in denen er nachwies, daß sich Verletzungen durch Jodtinktur vom anatomisch-pathologischen Gesichtspunkt aus von echten Stigmen eindeutig unterscheiden.[12] Nachdem die Stigmen von P. Pio 50 Jahre lang sichtbar gewesen waren, begannen sie sich am Ende seines Lebens zu schließen. Als erste verschwanden – vermutlich zwei Jahre vor seinem Tod – jene an den Füßen und an der Seite. Im Sommer 1968 sah man auch auf den Handrücken keine mehr und im September 1968 war nur mehr das Stigma an der linken Handfläche sichtbar. Doch verschwand auch dieses innerhalb von 24 Stunden und die „letzte Kruste fiel im Augenblick des Todes ab".[13]

Die Untersuchung der betreffenden Stellen kaum 20 Stunden nach seinem Tod zeigte eine völlig intakte und gesunde Haut (Abb. 9, 10), die der umgebenden Haut entsprach und keinerlei Narben oder ähnliche Zeichen aufwies.[14] Dieser Umstand schließt die Vermutung einer chemischen Autoläsion nicht nur endgültig aus, sondern ist aus sich selbst nicht erklärbar, weil eine Wunde, die 50 Jahre bestanden hat, nicht völlig abheilen kann und das Gewebe dabei vollkommen wiederhergestellt wird.[15] Dies ist um so außergewöhnlicher, wenn man bedenkt, daß die Stigmen des P. Pio zu einem bestimmten Zeitpunkt durchgängig waren.[16]

b) Charismen

Zwischen 1918 und 1935 war P. Pio von seinen priesterlichen Aufgaben größtenteils suspendiert. Es war dies eine sehr harte vom Vatikan gewollte „Disziplinarmaßnahme", um jeden Kontakt des Stigmatisierten zum Volk, vor allem zu den Frauen, zu unterbinden. Es ist nicht klar, ob die Gründe dafür der Verdacht auf „Hysterie", die Stigmen oder der barsche und rebellische Charakter des Kapuziners waren. Auf alle Fälle zeigt sich hier mit voller Deutlichkeit das Mißtrauen der damaligen kirchlichen Obrigkeiten dem Phänomen der Stigmatisation

12 G. FESTA: Misteri di scienza e luci di fede (1949).

13 G. SALA, in: Padre Pio da Pietrelcina (1972), S. 127 - 128; ders.: Le stigmate di Padre Pio da Pietrelcina (1985).

14 Ders., ebd.

15 P. M. MARIANESCHI: Stimmate e medicina.

16 A. CARDONE, in: Le stigmate di Padre Pio da Pietrelcina (1985).

gegenüber. In diesem Zusammenhang fielen vor allem die negative Haltung des Bischofs und des berühmten P. *Gemelli* ins Gewicht, die das Ganze als hysterische Reaktion in Reinkultur hinstellten. Die diesbezüglichen Veröffentlichungen P. Gemellis, der die Wundmale selbst nie zu Gesicht bekam, werden heute noch gegen P. Pio ins Spiel gebracht.

Was die außergewöhnlichen Phänomene betrifft, die – wie erwähnt – häufig als Begleiterscheinung von Stigmatisationen auftreten, so werden P. Pio Duftbildung, Herzensschau, Bilokation, Ekstasen, Visionen und das Empfinden, vom Dämon verfolgt zu sein, nachgesagt. Von den Stigmen strömte ein starker Duft aus, der von hunderten Personen bezeugt wurde. Prof. Festa erzählt, daß die mit dem Blut der Stigmen getränkten Binden, die von ihm selbst zwecks Untersuchung entfernt worden waren, noch nach Monaten in seinem Labor in Rom einen Duft verströmten.[17]

Ebenso ist von Bilokation die Rede, während die „Herzensschau“ in der Kenntnis der Sünden der Reumütigen bestand, die den Stigmatisierten vor Beichtbeginn die Fakten und Lebensumstände aufzählen hörten, unter denen sie gesündigt hatten.

P. Pio starb am 23. September 1968.

III. EIGENE UNTERSUCHUNGEN

Die *Stigmatisation* kann somit weder als körperliche noch als psychische Erkrankung bezeichnet werden. Sie verkörpert in Wirklichkeit ein äußerst komplexes und unerklärliches Geschehen, für das man bis heute noch keine „natürliche Ursache“ finden konnte. Im Folgenden soll anhand eines konkreten Falles ein methodisches Beispiel einer wissenschaftlichen Untersuchung der Stigmatisation angeführt werden, wobei nicht schon von „Stigmatisation“, sondern lediglich von „Stigmenzeichen“ gesprochen wird.

17 G. FESTA: Misteri di scienza e luci di fede.

1. Methode

Da sich die Erkenntnisse der Wissenschaft weiterentwickeln, ist es notwendig, auch an die Untersuchung der Stigmen mit immer ausgeklügelteren Methoden heranzugehen, die von der wissenschaftlichen Forschung bereitgehalten werden. Doch sollte inzwischen zumindest ein Punkt völlig klar geworden sein: daß es sich nämlich bei den *Stigmen* um ein physiologisches Phänomen handelt, das zweifellos außergewöhnlich ist, aber in Einklang steht zu dem, was man als „Physiologie der Mystik" bezeichnen könnte.

Auch hat der kurze Bericht zur Stigmatisation von *Therese Neumann* und *P. Pio* gezeigt, daß die Stigmen zusammen mit Begleitphänomenen auftreten, die häufig noch merkwürdiger und unerklärlicher sind als die Stigmen selbst. Dies zeigt, daß jeder Fall von Stigmatisation so untersucht werden müßte, daß die verschiedenen Hypothesen bezüglich ihrer Genese „verifiziert" werden können. So ist beispielsweise die Hypothese einer organisch bedingten Erkrankung, so unhaltbar diese auch immer sein mag, auf alle Fälle erst zu widerlegen und könnte dann, perspektivisch gesehen, – nachdem dies bei einer genügenden Anzahl von Fällen geschehen ist – gänzlich verworfen werden. Heutzutage ist ein Großteil der Krankheiten, die als mögliche Ursache für Stigmen angeführt werden, durch entsprechende Laboruntersuchungen überprüfbar.

Andere Hypothesen, wie etwa jene „einer psychisch-funktionellen Erkrankung" (z. B. Hysterie, Streß oder eine Angstneurose), können kontrolliert werden, indem man die psychophysiologischen Korrelate solcher Umstände anhand der Schweißabsonderung oder der vaskulären und neurovegetativen Reaktivität der Hände untersucht.

Schließlich kann das Vorhandensein schwerer psychischer Störungen durch entsprechende psychodiagnostische Untersuchungen überprüft werden.

Allen genannten Kriterien versuchten wir bei der Untersuchung des vorliegenden Falles Rechnung zu tragen.

2. Der Fall Anna Maria T.

1995 hatten wir in Mailand vier Monate hindurch die Möglichkeit, einen Fall von Stigmatisation zu untersuchen, bei dem wir eine Reihe von Tests und Prüfungen vornehmen konnten, die bisher noch nie gemacht wurden und worüber hier berichtet werden soll.

Das Phänomen trat bei *Anna Maria T.*, einer Frau von 70 Jahren auf. Sie wurde am 1. Oktober 1925 als erste von 6 Geschwistern in Mailand geboren. Wegen der Armut ihrer Familie blieb ihr der Schulbesuch versagt. Mit 20 Jahren heiratete sie und hatte drei Söhne. Ihr ganzes Leben arbeitete sie mit ihrem Mann in einer Gemischtwarenhandlung. Seit 1987 ist sie Witwe. Nach dem Tod ihres Mannes führte sie das Geschäft allein weiter. Von den drei Söhnen ist einer gestorben, einer ist verheiratet und der dritte wohnt zur Zeit bei ihr.

a) Familienanamnese

Anna Maria war immer bei bester Gesundheit. Insbesondere litt sie nie an Blut- oder Hautkrankheiten. Ein einziges Mal, 1994, befand sie sich im Spital, wo sie aufgrund von Gallensteinen einer Gallenblasenexstirpation unterzogen wurde. Jedes Jahr muß sie sich laut Gesetz den gesundheitlichen Kontrollen stellen, die für die Arbeiter der Lebensmittelindustrie verpflichtend sind und die sie immer gut überstand. Ihr Blutdruck ist normal (150/90). Sie nimmt keinerlei Medikamente, weder Sedativa noch Tranquilizer.

b) Entstehung der Stigmen

Am ersten Freitag im Mai 1990 saß Anna Maria gegen 23.00 Uhr im Bett und verrichtete das Abendgebet. Sie war traurig und voller Sorge und weinte über ihren Kummer. Während sie so versunken war, begann sie an der Stirn starke Schmerzen zu spüren, also ob sich Dornen in ihre Haut bohrten. Als sie so von diesem Schmerz aus der Konzentration gerissen wurde, sah sie sich um und erblickte in einer Ecke des Zimmers Jesus: sie erkannte ihn, weil er den Darstellungen ähnelte, die sie immer gesehen hatte, doch schien sein Gesicht alt, zerfurcht und voller Gram und seine Haare waren sehr lang. Innerhalb weniger Augenblicke verdunkelte sich die Vision, als würde sie von einer schwarzen Wolke eingeschlossen; dann aber trat Jesus wieder hervor: diesmal schien er jung, so wie er in der Ikonographie für gewöhnlich dargestellt wird, und er trug die Dornenkrone auf dem Haupt. Kaum hatte Anna Maria dieses Detail bemerkt, verschwanden ihre Schmerzen an der Stirn, als hätte sie Jesus von einem Leiden befreit. Dann trat die Vision näher und forderte sie auf, ihr die Hände zu reichen: Anna Maria folgte der Aufforderung und Jesus lächelte sie an. Sie fühlte seine Hände ganz genau, so wie man eben normal warme Hände wahrnimmt. Auch die Stimme der Erscheinung schien ihr völlig normal. Sie war keineswegs erschrocken und schlief gleich darauf ein.

Am nächsten Morgen zeigten sich an den Handflächen rote rundliche Male, die sehr schmerzhaft waren. Da sie nicht wußte, worum es sich handelte (Jesus hatte ihr keinerlei Hinweis gegeben), suchte sie ein paar Tage später einen Arzt auf, der eine Röntgenaufnahme der Hände veranlaßte und ihr eine Salbe verschrieb. Die Male verschwanden und Anna Maria glaubte, daß dies wohl auf die Salbe zurückzuführen sei; doch in der Nacht vom Donnerstag zum ersten Freitag des folgenden Monats tauchten die Zeichen erneut auf. Wie beim erstenmal blieben sie zwei, drei Tage sichtbar und schmerzten, um dann wieder zu verschwinden, wobei die Haut an den Handflächen völlig intakt blieb.

Seither traten die Zeichen regelmäßig an jedem ersten Freitag im Monat auf. Da sich Anna Maria dies nicht erklären konnte, wandte sie sich schließlich an einen Priester, der zu ihr sagte: „Du hast so viel gelitten in Deinem Leben, daß dir Jesus nunmehr die Gabe geschenkt hat, anderen zu helfen".

c) Seelisch-geistige Bildung

Wenngleich sie dann und wann die Messe besuchte und die Sakramente empfing, war Anna Maria in ihrem Leben nicht besonders religiös. Sie heiratete kirchlich und ließ die Kinder taufen, tat aber sonst nichts, was eine besondere Frömmigkeit und Hingabe hätte vermuten lassen. Nach dem Tod ihres Mannes betete sie zwar etwas mehr als gewohnt und suchte dann und wann einen Priester auf, ohne jedoch öfter als einmal pro Woche zur Messe zu gehen und einmal im Monat die Beichte abzulegen. Ihr Mann war noch weniger religiös als sie.

Dem Heiligsten Herz Jesu und der Madonna hatte Anna Maria immer schon besondere Verehrung entgegengebracht. Bevor sich die Stigmen einstellten, hatte sie eine Vorliebe für den hl. Franziskus, weil er mit den Tieren redete. Und sie kannte und verehrte P. Pio von Pietrelcina, aber nicht wegen der Stigmen, sondern weil er den Menschen viel Gutes tat.

Anna Maria hatte nie den Wunsch, Stigmen zu haben. Jetzt, wo sie diese hat, fühlt sie sich zum Dienst am Nächsten verpflichtet und glaubt, daß ihr die Zeichen die Kraft geben, den Menschen sowohl physisch als auch psychisch und geistig zu helfen. Um diesen Aufgaben besser nachkommen zu können, trat sie vor ca. vier Jahren den Tertiarinnen der Allerheiligsten Dreifaltigkeit bei.

Es sind die Menschen des Viertels, in dem sie wohnt (ein sehr bekanntes Viertel an der Peripherie von Mailand), die sich an sie um Hilfe und Rat wenden. Ihre Tätigkeit übt sie in der Frühstückspause und abends nach dem Essen aus.

Anna Maria hat keine Ekstasen und behauptet, die Visionen würden bei ihr im normalen Bewußtseinszustand auftreten. Sie beharrt auf ihrer Aussage, daß sie, als ihr Jesus das erstemal erschien, bei normalem Bewußtsein gewesen sei und daß sie damals überhaupt zum erstenmal in ihrem Leben eine „Erscheinung" gehabt habe. Gegenwärtig sieht sie dann und wann Jesus oder die Madonna, vor allem wenn sie die Stigmenzeichen hat. Verhältnismäßig häufig erscheinen ihr hingegen, vor allem abends beim Verrichten der Gebete, drei nicht identifizierte Personen – zwei Männer und eine Frau, die sie, seit sie die Stigmen hat, wie alte Freunde besuchen, ihr zulächeln und sie liebevoll berühren, ohne jedoch je ein Wort zu sprechen. Erst nachdem wir sie ersucht hatten, ihnen Fragen zu stellen, weiß sie, daß ihre Namen Anna, Francesco und Carlo sind. Die beiden Männer tragen eine Kutte wie die Fratres und ihr Haupt ist von einem goldig schimmernden Licht umgeben. Die Frau ist blond, weiß gekleidet und hat auf der Stirn ein kleines rotes Kreuz eingeprägt, das nicht blutet.

Seit Anna Maria die Stigmenzeichen hat, ist sie froh und glücklich.

d) Eigenheiten und Verhalten der Stigmenzeichen

Die *Stigmenzeichen* finden sich nur an den Handflächen. Vom Monat Mai 1990 an traten sie an jedem ersten Freitag des Monats auf.

Ihre Form ändert sich von einem Monat zum andern. Manchmal bestehen sie nur aus zwei dynamischen rundlichen roten Flecken mit einem Durchmesser von ca. 15 x 15 mm, und zuweilen bildet sich (aber nur an der rechten Hand) ein ovales Bläschen mit flüssigem Blutserum, das dann aufbricht, austrocknet und eine gewöhnliche Kruste hinterläßt. Es kam nie Blut aus den Stigmenzeichen. Sie sind sehr schmerzhaft, aber nicht so, daß sie die Arbeit behindern würden. Manchmal erscheinen sie auch auf dem Handrücken, sie bestehen jedoch immer nur in einer schmerzhaften Rötung und nicht mehr. An der rechten Hand sind die Phänomene auffälliger und besser sichtbar als an der linken. Das komme daher, so Anna Maria, weil die rechte Hand jene ist, mit der Jesus segnet und daher „heilt"; die linke ist jene des Herzens, die zum „Trösten" verwendet wird.

An den Füßen tauchten nie irgendwelche Zeichen auf, während Anna Maria an der linken Brustseite gelegentlich einen stechenden Schmerz verspürte.

Die Zeichen blieben nie mehr als drei Tage sichtbar. In der Fastenzeit hingegen kann man sie 40 Tage hintereinander beobachten.

3. Untersuchungen und Beobachtungen

Von Mai bis Juni 1995 besuchten wir Anna Maria insgesamt siebenmal: an jedem ersten Freitag des Monats (3. März, 7. April, 5. Mai und 2. Juni), am Karfreitag (14. April) und zweimal dazwischen, als die Stigmenzeichen nicht sichtbar waren (am 27. Mai und am 16. Juni). Dabei wurde jeweils folgendes gemacht:

1) Farbfotografien der Stigmenzeichen in geringer und starker Vergrößerung;
2) Infrarotfotografien der Handflächen und Handrücken;
3) Ninhydrintest an den Fingerabdrücken beider Hände;
4) Untersuchung der elektrodermalen Aktivität der Finger beider Hände;

Abb. 6: P. Pio von Pietrelcina (1887 – 1968)

Abb. 7: P. Pio mit Stigma am Handrücken

Abb. 8: P. Pio mit Stigma an der Handinnenfläche

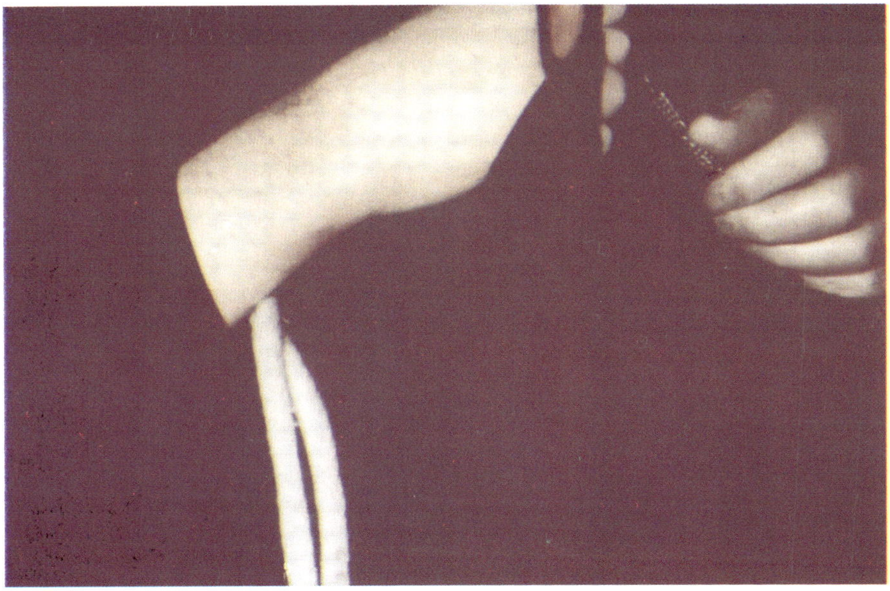

Abb. 9: Handrücken von P. Pio nach dem Tod

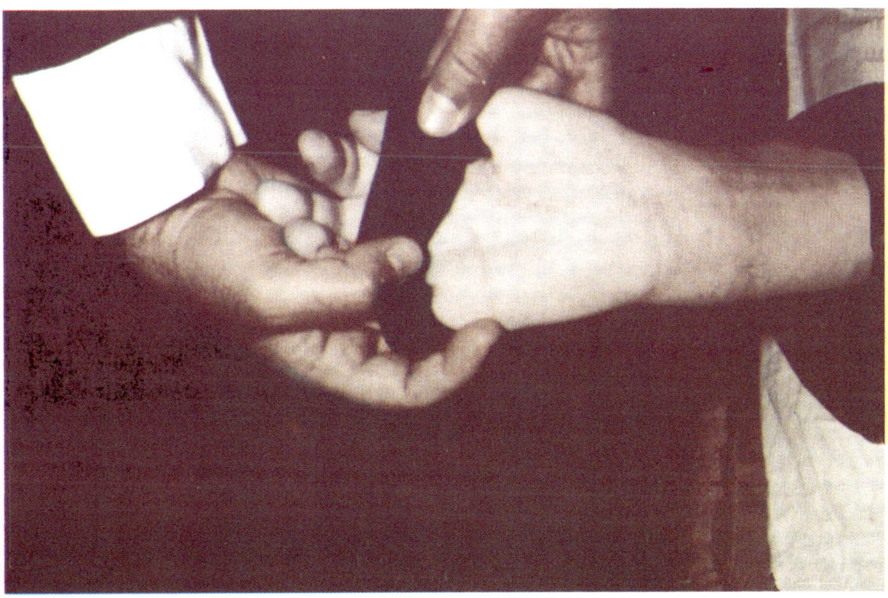

Abb. 10: Handinnenfläche von P. Pio nach dem Tod

5) Untersuchung des Plethysmogramms der Finger beider Hände.

Außerdem unterzogen wir Anna Maria einer psycho-spirituellen Befragung sowie dem Rorschach- und MMPI Test (Multiphasic Personality Inventory Test).

Alle Besuche wurden auf Video festgehalten.

a) Morphologie der Stigmenzeichen

Wie Anna Maria gesagt hatte, waren Form, Ausmaße, Farbe und Eigenart der Stigmenzeichen von einem Monat zum andern verschieden.

Am 3. März erschien das Zeichen an der rechten Hand als roter Fleck (von sehr kräftiger Farbe), mit verschwommenen und unregelmäßigen Konturen, rundlich, ca. 15 x 10 mm groß und genau in der Mitte der Handfläche lokalisiert. Im Innern dieser hyperämischen Formation sah man eine kleine Fläche blasser Haut in Form einer Mandel, die im Verhältnis zur umgebenden Haut nicht überstand, von weißer bis transparenter Tönung war und ein Ausmaß von ca. 3 x 7 mm hatte. Das Zeichen an der linken Hand bestand hingegen aus einem rötlichen Fleck von derselben Farbe wie an der rechten, rundlich, ca. 12 x 15 mm groß, sonst aber ohne jede Besonderheit.

Am 7. April war der allgemeine Eindruck der Zeichen derselbe, doch war das Zeichen an der rechten Hand ausgeprägter (und von ziegelroter Farbe), während jenes an der linken Hand größer erschien. Auch die kleine Fläche blasser und transparenter Haut im Innern des hyperämischen Bereiches der rechten Hand war eindeutig besser zu erkennen und klarer in der Form als am 3. März.

Am 14. April, Karfreitag, zeigte sich an der rechten Hand eine kleine Kruste (4 x 2 mm) bräunlicher Färbung, die wie der verdorrte Rest eines Bläschens aussah, das aufgebrochen und dann ausgetrocknet war. Die umliegende Haut war nicht gerötet und nur bei genauem Hinsehen ließ sich ein leicht verfärbter Hof ausmachen, im gleichen Ausmaß wie das früher beobachtete rote Zeichen. An der linken Hand war nichts zu sehen.

Am 5. Mai war der Rötungsbereich der rechten Hand umfangmäßig sehr reduziert und farblich weniger intensiv als am 3. März und am 4. April festgestellt worden war, während die kleine Formation der blassen, transparenten Haut, die sich normalerweise im Innern der hyperämischen Zone bildete, sehr ausgeprägt war. In bezug auf die umgebende Haut schien sie sogar leicht erhöht, so als würde sie sich in ein Bläschen verwandeln. An der linken Hand hingegen war die normalerweise rote Fläche zwar ganz gut ausgebildet, wenn auch nicht so umfangreich und von weniger lebhafter Färbung als sonst, aber im Gegensatz zu früheren Beobachtungen wies sie im Innern eine Sprenkelung weißlich-transparenter Flecken auf, so ähnlich wie dies für gewöhnlich an der rechten Hand der Fall war.

Am 2. Juni war die rundliche rote Zone der rechten Hand gut sichtbar, sie hatte ein Ausmaß von 10 x 15 mm, verschwommene Konturen und zeigte in ihrer Mitte, auffällig und überstehend, jene kleine weißlich-transparente „Mandel", aus der sich, wie bereits bemerkt, ein Bläschen zu entwickeln schien. An der linken Hand bestand das Stigmenzeichen einzig in einem roten Fleck, der – wie schon erwähnt – das konstanteste aller Zeichen darstellt, die wir bei Anna Maria beobachten konnten. Bei dieser Gelegenheit wurden auf der Speichenseite des Unterarms, in Handgelenksnähe, zwei kleine blutunterlaufene Stellen entdeckt, die sich laut Aussage Anna Marias dort spontan gebildet hatten; jedenfalls konnte sie sich an keinerlei Traumen oder Quetschungen erinnern. Diese kleinen Läsionen hatten eine gänzlich andere Färbung als die Stigmenzeichen und verursachten keine Schmerzen.

Die Haut an den Stellen, wo sich sonst die Stigmenzeichen befanden, erwies sich in der übrigen Zeit (27. Mai und 16. Juni) als völlig normal, vor allem an der rechten Hand. Erst bei eingehender Beobachtung und bei besonders günstigem Lichteinfall schienen besagte Stellen im Verhältnis zur umgebenden Haut wie leicht verfärbte Halos in der Tönung eines Milchkaffees.

Insgesamt führte die Reihenuntersuchung der Zeichen, die an jedem ersten Freitag der Monate März, April, Mai und Juni 1995 an den Handflächen von Anna Maria auftraten, zu folgendem Schluß:

1) Trotz der Tatsache, daß sich allgemeines Aussehen, Intensität, Ausdehnung, Umfang und Färbung der Zeichen vom einen zum andern Monat nachhaltig änderten, zeichneten sich drei absolut konstante Elemente ab:

- Die Phänomene waren stets an der rechten Hand lebhafter und auffälliger als an der linken;
- die kleine weißlich-transparente „Mandel“ an der rechten Hand, die sich durchweg an derselben Stelle der Handfläche, am Zusammentreffen zweier Hautfurchen, zeigte, war immer vorhanden;
- auf den stark vergrößerten Fotografien erschienen die Hautvertiefungen stets völlig intakt.

2) Jene Hautverletzung, die der an den Handflächen Anna Marias am meisten ähnelt, ist die Verbrennung. An der rechten Hand kam es bis zum zweiten Grad (Bläschenbildung), an der linken blieb es beim ersten Grad (hyperämische Reaktion). Dennoch erschienen die Bläschenwände häufiger als dies bei Verbrennungen der Fall ist und, wie erwähnt, konnte man bei strahlendem Licht die völlige Intaktheit der Hautvertiefungen erkennen, während diese bei Brandblasen oft verschwinden.

Künstlich könnten Zeichen dieser Art entweder durch Heranführen eines glühenden Gegenstandes bis in Hautnähe oder durch chemische Mittel erzeugt werden. Die eine wie die andere Methode erfordert beachtliche Übung beim Dosieren der Verletzungsaktion, beim Erzeugen konstanter Elemente und in der Vermeidung von Schäden an den besonders empfindlichen Teilen der Epidermis. Gegen die Hypothese betrügerischer Manipulationen sprechen auch das rasche Verschwinden der Verletzungen und das Fehlen von Narben bzw. dauerhaften Folgeschäden an den Geweben, die im vorliegenden Fall nur schwer vermeidbar gewesen wären.

3) Hyperämie und Bläschenläsionen können ein Anfangs- oder Zwischenstadium verschiedener Hautkrankheiten darstellen, doch ist es in diesem Fall schwierig, eine Krankheitsform auszumachen, die sich zyklisch alle 30 Tage in einem präzise umschriebenen und absolut konstanten Bereich wiederholt und innerhalb von drei Tagen verschwindet.

b) Infrarotfotografien

Beobachtungen anhand von Infrarotaufnahmen haben gezeigt, daß die Stigmenbereiche eine höhere Temperatur hatten als die umgebende

Haut und daß daher gerade dort der Sitz der Hyperämie/Dilatation der lokalen Kapillaren lag.

Die hyperämischen/hyperthermischen Bereiche waren in Form und Aussehen genau gleich der mit bloßem Auge sichtbaren Rötung der Hautoberfläche. Der Übergang zwischen hyperämischem/hyperthermischen Bereich und normaler Haut war klar abgegrenzt.

Die kleine weißliche „Mandel“, die man an der rechten Handfläche konstant beobachten konnte, war „kälter“ als das hyperämische Bett, auf dem sie lag.

In den stigmenlosen Zeiträumen war die Hyperämie/Hyperthermie nicht vorhanden.

Diese Daten könnten darauf verweisen, daß die Regulationsmechanismen der Mikrozirkulation bei der Entstehung der Zeichen bei Anna Maria eine wichtige Rolle spielen. Von ihnen hängt die topographische Präzision ab, mit der die hyperämischen Bereiche vom Rest der Haut radikal getrennt werden, und wahrscheinlich auch die besondere topographische Lokalisierung der gefäßerweiternden Befehle an den Handflächen.

c) Ninhydrintest

Ninhydrin ist eine in Azeton lösliche Substanz, die sich bei der Legierung mit Aminosäure violett färbt. Aufgrund dieser Eigenschaften wird sie in der Neurologie und Neurochirurgie zur Untersuchung der Schweißabsonderung der Hände verwendet und somit in der Praxis zum Aufzeigen eventueller Anomalien ihrer vegetativen Innervation. Der Test wird so durchgeführt, daß man auf einem Streifen Löschpapier die Fingerabdrücke aufbringt und diesen dann in eine Lösung aus 50ml Azeton, 0,5 g Ninhydrin und ein paar Tropfen Essigsäure legt.

Diese Untersuchungen wurden an Anna Marias Fingerabdrücken sechsmal durchgeführt (viermal bei vorhandenen Stigmenzeichen und zweimal in der stigmenfreien Zeit). Auf jeden dieser Tests folgte unmittelbar eine Kontrolluntersuchung der Fingerabdrücke eines der Experimentatoren.

Sämtliche Tests zeigten, daß sowohl an der rechten als auch an der linken Hand Anna Marias die Schweißabsonderung an den Fingerbeeren nahezu vollständig fehlte, dies sowohl bei vorhandenen Stigmenzeichen als auch in der stigmenfreien Zeit.

Eine leichte Schweißabsonderung wurde am 14. April (Karfreitag) und am 5. April am 4. Finger der rechten Hand und am 2. Juni am zweiten Finger der linken Hand festgestellt.

Diese Ergebnisse lassen folgenden Schluß zu:

1) Die sympatische Innervation beider Hände Anna Marias ist normal verteilt, insofern als man keine funktionelle Asymmetrien feststellte.

2) An den Tagen, an denen die Stigmenzeichen sichtbar waren, kam es im Vergleich zu den stigmenfreien Perioden zu keinem Anstieg des sympatischen Tonus.

3) Die Nervenbahnen und die vegetativen Nervenzentren, von denen die Schweißabsonderung der Hände abhängt, waren intakt und standen in harmonischer Funktion zueinander, weil es keine schweißmotorischen Asymmetrien gab.

d) Elektrodermale Aktivität

Es ist bekannt, daß die Haut Sitz einer sehr lebhaften elektrischen Aktivität ist, die hinsichtlich Änderungen der Potentiale, des Widerstandes oder der Leitfähigkeit gemessen werden kann. Diese Aktivität hängt mit dem Feuchtigkeitszustand der Haut zusammen und ist daher in der Praxis proportional zur Schweißabsonderung. Da es sich beim Schweiß um eine stromleitende Salzlösung handelt, ist der Widerstand, auf den der Strom beim Übergang von einem Hautpunkt zum andern trifft, um so geringer, je stärker die Ausscheidung ist. Um eine entsprechende Änderung der elektrischen Hautparameter hervorzurufen, bedarf es keiner großer Schweißmengen, sondern es genügen kleinste Mengen (die sogenannte „Perspiratio insensibilis"), so daß sich die elektrische Aktivität der Haut im allgemeinen von selbst als sehr dynamisch erweist. Da die Schweißabsonderung stark mit psychologischen und sensorischen Ereignissen korreliert, kann sie zudem durch die verschiedensten Reize hervorgerufen werden. Wenngleich starke Emotionen eine übermäßige und direkt sichtbare Schweißabsonderung induzieren können, so aktivieren doch auch selbst einfache Reize unmerklich eine gewisse Schweißabsonderung und führen zu raschen und deutlich erkennbaren Veränderungen der elektrodermalen Aktivität. Aus diesen Gründen wollten wir die beim Ninhydrintest gemachten Beobachtungen durch die Untersuchung der elektrodermalen Reaktionen der einzelnen Finger auf Schmerzreize vervollständigen. Der Ninhydrintest kann nämlich außer etwaigen Mängeln in der Leitung der Nervenbahnen eine übermäßige Schweißabsonderung (d. h. einen cholinergischen Hypertonus) anzeigen, auf jeden Fall aber nur die jeweils zum Zeitpunkt der Durchführung des Tests anfallende Menge. Die motorischen Schweißreaktionen auf bekannte Reize verweisen hingegen auf die Erregbarkeit des ganzen Systems (Schweißdrüsen, Nervenbahnen, neuraxiale neurovegetative Zentren). In der gegenwärtigen Praxis wird die elektrodermale Aktivität im Zusammenhang mit der Leitfähigkeit untersucht. Im Fall Anna Marias wurden die Veränderungen dieses Parameters mit einem Lafayette Ambassador-Modul aufgezeichnet und die Reaktionen der Schweißmotorik durch Nadelstiche in jenen Unterarm induziert, von dessen Hand man die Messung der elektrodermalen Aktivität abnahm, während Anna Maria die Augen geschlossen hielt. An beiden Händen wurden jeweils die Reaktionen des ersten Fingers, der an den zweiten gebunden war, untersucht, des zweiten, der an den dritten gebunden war, usw. Die Aufzeichungen jener Tage, an denen die Stigmenzeichen vorhanden waren, wurden mit denen der stigmenfreien Perioden verglichen.

Auf diese Weise konnte bewiesen werden:

1) daß an den Tagen, an denen die Stigmenzeichen sichtbar waren, die elektrodermalen Reaktionen viel stärker ausfielen als in der stigmenfreien Zeit. Das könnte auf eine höhere Erregbarkeit von Anna Marias Nervensystem zu diesem Zeitpunkt hinweisen;

2) daß die Reaktionen der verschiedenen Fingerkombinationen in Umfang und Latenz gleich waren, was andeutete, daß zwischen den verschiedenen Nervenbahnen, auf denen die schweißmotorischen Impulse zu den einzelnen Fingern der Hände geleitet wurden, keine Funktionsasymmetrien bestanden;

3) im Besonderen konnte bei den Tests am 14. April, als der Ninhydrintest eine leichte Schweißabsonderung am vierten Finger der rechten Hand gezeigt hatte, keine Asymmetrie der Reaktionen des dritten Fingers, der an den vierten gebunden war, und des vierten Fingers,

der an den fünften gebunden war, festgestellt werden. Das gleiche Ergebnis erbrachten die Tests vom 5. Mai zwischen dem ersten und zweiten und dem zweiten und dritten Finger der linken Hand, als man am zweiten Finger eine leichte Schweißabsonderung feststellte. Das könnte bedeuten, daß die Schweißdrüsen weder zur Entstehung noch zur genauen Lokalisation der Stigmenzeichen bei Anna Maria beitragen.

e) Plethysmographie

Der Kapillarpuls in den Fingerkuppen Anna Marias wurde anhand eines Plethysmographen mit Infrarotstrahlung gemessen, der schon beim Polygraphen des Lafayette Ambassador-Moduls verwendet worden war, mit dem man auch die elektrodermale Aktivität untersuchte. Diese Untersuchungen wurden zweimal durchgeführt: am 5. Mai (Stigmenzeichen) und am 27. Mai (stigmenfreie Periode). In beiden Fällen beobachtete man bei einer ersten Aufzeichnung das Plethysmogramm eines jeden Fingers beider Hände drei Minuten lang, während sich Anna Maria, in sitzender Position, entspannte. Dann wurden die Reaktionen der Arterienkapillaren auf *psychologische Reize* (Rückwärtszählen, lautes Sprechen des eigenen Vor- und Nachnamens) bzw. *sensorische Reize* (schmerzhafte Stiche in den Unterarm) registriert.

Die Untersuchungen zeigten, daß die Reaktionen der Arterienkapillaren im Vergleich zum 27. Mai auf die Reize am 5. Mai lebhafter waren (markante Verringerung des Ausschlags der dikrotischen Wellen sowie längere Dauer der Arteriolen-Kontraktion. In den Reaktionen der einzelnen Finger war keinerlei Asymmetrie feststellbar, wenngleich man insofern eine gewisse Anpassung beobachten konnte, als die Gefäßkontraktionen in den letzten Fingern weniger ausgeprägt waren. Eine quantitative Auswertung der Ergebnisse wurde nicht vorgenommen, weil die gesammelten Daten für eine statistische Auswertung nicht ausreichten.

Von allen Tests, denen Anna Maria unterzogen wurde, ist dies der wichtigste, und er wird sicher so wiederholt werden, daß die Resultate quantifiziert werden können.

f) Psychologische Tests

Wie vorauszusehen, ergab die Auswertung des MMPI bei Anna Maria einen hohen Wert auf der Skala 8 Sc (Schizoidie-Skala), die in der klinischen Praxis schizophrene Störungen anzeigt. Die folgenden Antworten auf die entsprechenden Fragen, wie:

Frage 33: *„Ich habe sehr seltsame und fremdartige Erlebnisse gehabt"*,
Frage 50: *„Meine Seele verläßt manchmal meinen Körper"*,
Frage 66: *„Ich sehe um mich herum Dinge, Tiere oder Menschen, die andere nicht sehen"*,
Frage 184: *„Ich höre häufig Stimmen, ohne zu wissen, woher sie kommen"*,
Frage 350: *„Ich höre seltsame Dinge, wenn ich allein bin"*[18],

führten zu einer Zunahme jener Werte auf der Skala, die auf problematische Wesenszüge hindeuten.

Dennoch scheint der Fall zu den Ausnahmen des Diagnostischen und Statistischen Manuals Psychischer Störungen der Vereinigung Amerikanischer Psychiater (DSM IV) zu gehören, das „Erscheinungen" oder religiöse und mystische „Visionen" nicht unter die Symptome für Geistesgestörtheit einstuft.

Im übrigen hat Anna Maria drei Kinder großgezogen, lebte mehr als 40 Jahre in einer stabilen und glücklichen Ehe und stand bei ihrer Arbeit ein Leben lang im täglichen Kontakt mit der Öffentlichkeit, ohne daß sich bei ihr ein gestörtes Denken, eine gestörte Emotionalität oder Störungen im Gesellschaftsbezug gezeigt hätten.

Wenn ihre Manifestationen Symptome einer Geisteskrankheit wären, so müßte diese nach dem Tod ihres Mannes (1987) ausgebrochen sein, weil sich „die Zeichen" 1990 zum erstenmal zeigten. In diesen neun Jahren führte Anna Maria das Geschäft weiter und pflegte auch ihre Kontakte mit den Menschen.

Unter den Ergebnissen des MMPI Tests fallen die niedrigen Werte der Skalen HY (Hysterie) und HD (Hypochondrie) auf, die im Bereich des Normalen lagen.

Der Rorschachtest erbrachte keine psychopathologischen Symptome.

18 MMPI Saarbrücken. Testheft (1962).

IV. SCHLUSSBEMERKUNGEN

Die an Anna Maria durchgeführten Untersuchungen betreffen: 1) ihren *geistigen Gesundheitszustand*; 2) die *Umstände*, unter denen die Stigmenzeichen bei ihr auftraten und immer wiederkehren; 3) die *morphologischen Charakteristika*, den anatomisch-pathologischen Aspekt und das Verhalten der Läsionen; 4) die möglichen *Produktionsmechanismen*.

Wenn man von „den mystischen Visionen" absieht, die allerdings ein recht isoliertes Symptom im Bereich der Normalität darstellen, so erfreut sich Anna Maria einer guten geistigen Gesundheit. Im Einzelnen erbrachte der MMPI Test keinerlei hysterische Persönlichkeitszüge, die, wie gezeigt, in der Vergangenheit mit dem Phänomen der Stigmatisation in enge Verbindung gebracht wurden. Außerdem fehlt in der Vorstellungswelt Anna Marias der Wunsch, an der Passion Jesu teilzuhaben oder durch Leiden das Erlösungsopfer Christi zu sühnen – zwei religiös-psychologische Verhaltensformen die als „Grundmotivation" der „unbewußten" Stigmatisation oder eines „Kreuzigungskomplexes" bezeichnet wurden, wie H. THURSTON[19] schreibt.

Die Umstände, unter denen die Zeichen an den Handflächen Anna Marias entstanden und immer wieder neu entstehen, gleichen jenen, die in vielen autobiographischen Berichten Stigmatisierter beschrieben werden: die Zeichen scheinen „durch das Einwirken" von Jesus begonnen zu haben, auch wenn in diesem Fall die plötzliche Wundentstehung nicht in Ekstase erfolgte, was sonst im allgemeinen ein obligater Zusatz einer direkten göttlichen Einwirkung ist.

Das Auftreten der Stigmenzeichen bei Anna Maria könnte man wie bei *Therese Neumann* und zum Teil bei *P. Pio* als „in Etappen" erfolgend bezeichnen, mit der Ausnahme, daß sich diese Etappen bei Anna Maria in sehr kurzen Zeitabständen einstellten.

Es ist nicht auszuschließen, daß das was wir beobachten konnten, erst die „Initialperiode" einer Stigmatisation darstellt, die sich möglicherweise noch viel ausgeprägter entwickelt. Größere und blutende Wunden wären für Anna Marias Arbeit aber sehr hinderlich, wo doch ihre Hände immer sichtbar sind, wenn sie in ihrem Geschäft die Kun-

19 H. THURSTON: Die körperlichen Begleiterscheinungen der Mystik (1956), S. 156.

den bedient: das könnte der Grund sein, weshalb die Wunden sozusagen rein „symbolisch“ sind.

Die Zeichen Anna Marias kehren in rhythmischer Weise jeden Monat wieder, nicht nur zur Unterstreichung der die Stigmen begleitenden gewohnten Symbolik, sondern vor allem als Hinweis dafür, daß „die Ursachen“ des Phänomens nunmehr schon seit 7 Jahren aktiv sind. Sollte das Phänomen übernatürlichen Ursprungs sein, so hätte es in der Tat den Anschein, daß Anna Maria jeden Monat einen Appell oder eine Stärkung erhalten muß, um jene psychisch-geistige Verfassung aufrechterhalten zu können, die durch das Auftreten der Zeichen in ihr wachgerufen wurde. Wenn die „Ursachen“ menschlicher Natur sind, so würde die monatliche Wiederkehr darauf verweisen, daß der psychisch-emotionale Druck, der das erstmalige Erscheinen der Zeichen bestimmte, sich noch nicht erschöpft hat.

Wie schon angedeutet, stellt die Verbrennung die einzige Hautverletzung dar, die mit den Zeichen bei Anna Maria verglichen werden kann. In der Geschichte der Stigmatisation wurde eine Läsion, die an eine Hitzeeinwirkung denken läßt, von Dr. *Reverdit* im Falle der *Theresa Giuseppina Cartier*, besser bekannt als *Madame Miollis* (Marseille, 1806 – 1877), beschrieben, die im Bereich des Herzens ein „pemphigusartiges Bläschen von der Form einer Glocke aufwies, das wie durch Verbrennung hervorgerufen schien“[20]. Reverdit schloß immerhin aus, daß diese Art von Verletzung durch blasenziehende Mittel oder rötende Substanzen hätte künstlich hervorgerufen werden können, denn wie bei Anna Maria heilte die Blase in viel kürzerer Zeit, als dies bei ähnlichen Wunden der Fall ist; außerdem kam es nie zu einer Narbenbildung, obwohl sie über Jahre periodisch wiederkehrten.

Was die analoge Hypothese, die im Fall des *P. Pio* erstellt wurde, betrifft, so konnte man sehen, daß das künstliche Erzeugen chemischer Verletzungen bei Ratten sehr lebhafte plastische Phänomene hervorrief, die erst zu Nekrosen und dann zu ausgeprägten Narben führten, welche über die Anwendungsbereiche der schädigenden Substanzen hinausgingen.[21]

20 A. IMBERT-GOUTBEYRE: La Stigmatisation (1894/95).
21 G. FESTA: Misteri di scienza e luci di fede.

Im Falle Anna Marias sind solche Betrachtungen im Augenblick noch hypothetisch, weil wir die Entwicklung der Läsionen noch nicht eingehend untersucht haben, die von bescheidenem Ausmaß sind und daher für eine „Heilung" nicht die langsamen plastischen Prozesse erfordern, die notwendig sind, um einen größeren Gewebeverlust auszugleichen.

Die Zeichen bei Anna Maria haben auch Ähnlichkeit mit den Stigmen der *Teresa Putigny*, besser bekannt als Schwester *Maria Catherina von Metz* (1803 – 1885), die über viele Jahre „an den Handflächen und Fußsohlen sehr schmerzhafte rötliche Schwellungen aufwies, die jedoch nie geblutet haben"[22].

Wenn man also die Zeichen Anna Marias auf der Grundlage jener Kriterien beurteilt, die für die Erkennung echter Stigmen angeführt wurden, so muß man sagen, daß einige Eigenschaften fehlen (Spontaneität des Auftretens, Blutungen usw.) und andere unklar sind (erstaunliche Gewebsveränderungen, plötzliches Verschwinden usw.)

Was die möglichen Produktionsmechanismen anbelangt, so hat man, wie dies in solchen Fällen üblich ist, versucht, Kriterien zu sammeln, die Betrug ebenso ausschließen wie Krankheit, sowie mögliche Hinweise auf eine psychosomatische Natur der Zeichen. Wie gesagt, scheint es aufgrund der vorläufigen Daten eher unwahrscheinlich, daß Anna Maria sich die Wunden selbst beibringt, auch wenn es noch weiterer Absicherungen bedarf.

Die nach gegenwärtigen Hypothesen zum Übertragungsmechanismus psychisch-geistiger Inhalte auf den Körper untersuchte psychosomatische Entwicklung hat gezeigt, daß man Anzeichen für eine neurovegetative Hyperaktivität an Anna Marias Händen nur im engen Umfeld der geröteten Bereiche ausmachen konnte, während die sympathischen Funktionen der übrigen Teile (Schweißabsonderung, Symmetrie der psychogalvanischen Reflexe, vasokonstriktive Reflexe, Gleichgewicht zwischen den verschiedenen neuro-dermatomen Bereichen usw.) immer in der Norm zu liegen schienen (5 Beobachtungen jeweils am ersten Freitag des Monats und 2 in den stigmenfreien Abschnitten). Die morphologische Konstanz, die sich jeden Monat wiederholte,

22 A. IMBERT-GOUTBEYRE: La Stigmatisation.

und die unverwechselbare topographische Präzision (z. B. des kleinen „mandelförmigen" Bläschens) weisen auf eine zentralnervöse Steuerung hin, welche sich von jener psychosomatischer Krankheiten unterscheidet, die – würden sich diese, auch periodisch, immer wieder an derselben Stelle herausbilden – zu Verletzungen führen, deren Morphologie, Umfang, Schwere und Entwicklungsformen sich vom einen zum andern Mal ändern würden.

Zur Vervollständigung der Beobachtungen müßte die Aktivität der Mikrozirkulation in der jeweiligen Nacht von Donnerstag auf den ersten Freitag des Monats Stunde um Stunde kontrolliert werden.

Was die *Wunderhypothese* betrifft, so halten wir uns hier in keiner Weise für zuständig.

Literatur

DI FLUMERI, G.: Profilo delle stigmate di Padre Pio. In: Le stigmate di Padre Pio da Pietrelcina: Testimonianze e Relazioni. – San Giovanni Rotondo: Edizioni P. Pio, 1985.

EWALD, E.: Die Stigmatisierte von Konnersreuth. – München: Lehmans, 1927.

EWALD, E.: Die Stigmatisierte von Konnersreuth. Beilage zu: Münchner Medizinische Wochenschrift; 74 (1927) 46, II. Hälfte (Juli – Dezember).

FESTA, G.: Misteri di scienza e luci di fede. Le stigmate del Padre Pio da Pietrelcina . – Roma: Edizioni Ferrari, 1949.

GEMELLI, A.: Le stimmate di S. Francesco nel giudizio della scienza. – In: Vita e Pensiero, Okt. 1924.

GÖRRES, J. J.: Die christliche Mystik. Zweiter Band. – Regensburg, 1836.

HÖCHT, Johannes M.: Größe und Erhabenheit der Stigmatisation. Eine Einführung in die Geschichte der Stigmatisation. – Waldsassen: Angerer, 1938.

IMBERT-GOURBEYRE, A.: La stigmatisation. L'exstase divine et les miracles de Lourdes. Réponse aux libres-penseurs. 2 vol. – Clermont: L. Bellet, 1894/95.

MARGNELLI, M.: Isterismo e stimmate: Atti del Convegno di Studio sulle Stimmate del Servo di Dio Padre Pio da Pietrelcina. – S. Giovanni Rotondo, 1987.

MARGNELLI, M.: Gente di Dio. – Sugarco, 1988.

MARIANESCHI, P. M.: Stimmate e medicina. – Thyrus, 1987.

MEJIA, R. H./RODRIGUEZ-AMENABAR, S. M.: Investigacion diagnostica sobre la salud psiquica de una visionaria. – Vortrag auf dem X. Kongreß der Internationalen Gesellschaft für Medizinisch-Psychologische und Religiöse Studien (AIEMPR), Barcelona, 1986.

MMPI Saarbrücken. Testheft. Bearbeitet von Otfried Spreen und Norman D. Sundberg. – 3. unveränd. Aufl. – Bern; Stuttgart; Wien: Hans Huber, 1969.

Padre Pio da Pietrelcina. Atti del 1° Convegno di Studio sulla Spiritualità di Padre Pio. – San Giovanni Rotondo, 1.– 6. Mai 1972, (Collana „Spiritualità"; 1).

THURSTON, H.: Die körperlichen Begleiterscheinungen der Mystik. Hg. von J. H. Crehan S. J. Mit einem Vorwort von Gebhard Frei (Grenzfragen der Psychologie; 2). – Luzern: Räber, 1956.

WUNDERLE, G.: Essai sur la psychologie de la stigmatisation. In: Doleur et Stigmatisation, Etudes Carmelitaines. – Paris: Desclèe de Brouwer et Cie, 1936.

ANDREAS RESCH

STIGMEN UND NAHRUNGSLOSIGKEIT DER THERESE VON KONNERSREUTH

Ein Kommentar zum Bericht von G. Ewald: Die Stigmatisierte von Konnersreuth (1927)

Es gibt keinen Fall von *Stigmatisation* und *Nahrungslosigkeit*, der so leidenschaftlich verteidigt, so vehement angegriffen und so eingehend untersucht wurde, wie jener der *Therese Neumann* von Konnersreuth (1909 – 1962). Die Für- und Wider-Stimmen haben bis heute ihren Nachhall, wobei der von Prof. Gottfried EWALD 1927 als Beilage zu „Münchner Medizinische Wochenschrift" Nr. 46 veröffentlichte Untersuchungsbericht die bisher fundierteste Grundlage bildet. Allerdings ist dieser Bericht in der damals praktizierten Gepflogenheit verfaßt, alle Erscheinungsformen des Menschen, die nicht bindend erklärt werden können, als *Hysterie* abzutun. Dies führte im gegebenen Bericht, wie zu zeigen sein wird, letztlich zum allgemeinen Urteil einer hysterischen Verursachung, was wiederum mit bewußtem bzw. unbewußtem Schwindel gleichgesetzt wurde und wird. Die Wirkung dieses Urteils erfuhr insofern noch eine Verstärkung, als die Wissenschaft damals eine Art Pseudoreligion darstellte.

So bietet ein *Kommentar* des genannten Berichtes, der hier in vollem Wortlaut wiedergeben wird, die besondere Möglichkeit, anhand eines konkreten Beispiels auf eine methodisch sachgerechte Vorgangsweise bei Untersuchungen außergewöhnlicher Erscheinungen im religiösen Kontext zu verweisen.

I. UNTERSUCHUNGEN PARANORMALER PHÄNOMENE IM RELIGIÖSEN KONTEXT

Der Ausgangspunkt jedweder Untersuchung paranormaler Phänomene im religiösen Kontext muß, wie bei jeder anderen Untersuchung auch, die Sicherstellung der *Echtheit* des Phänomens sein. Diese Sicherstellung der Echtheit ist bei den meist spontan erfolgenden paranormalen Phänomenen als Dauerkontrolle einzusetzen, so daß sie auch bei den Untersuchungen von Einzelheiten des Phänomens wirksam bleibt.

Die Untersuchung hat sich ferner zunächst nur auf die Sicherstellung der Phänomenik und deren Verlauf zu beschränken. Die Interpretation ist erst anhand der erzielten Ergebnisse anzusetzen. Dabei sind Erklärungsmodelle als solche zu bezeichnen, um nicht das Modell anstelle der Daten zum Beweis zu erheben.

Die Frage *Natur – Übernatur* stellt sich auch bei empirischen Untersuchungen von Phänomenen im religiösen Kontext nicht, denn alle wahrnehmbaren und meßbaren Phänomene sind natürlich. Die Frage der Übernatur ist eine theologische Frage und soll nur in Ermangelung immanenter Erklärungen im Sinne der Möglichkeit einer transzendenten, d. h. empirisch nicht wahrnehmbaren und nicht meßbaren Erstursache gestellt werden. Hier kann es sich dann nur mehr um einen Indizienbeweis, nicht aber um einen empirisch meßbaren Erfahrungsbeweis handeln, weil die Kontrolle der Einwirkung der Transzendenz von der Immanenz aus nicht möglich ist.

1. Hysterie nach ICD-10

Wo immer die Eigenart des Phänomens die gegebenen Verursachungsnachweise übersteigt, soll dies zur Kenntnis gebracht und nicht durch Überziehen von in sich nicht erwiesenen Deutungsmodellen erklärt werden, wie dies im vorliegenden Bericht durch den Begriff der Hysterie geschieht, der nach der *Internationalen Klassifikation psychischer Störungen (ICD-10)* als überholt gilt. So hat die diesbezügliche Beschreibung der sogenannten *dissoziativen Störungen* unter F44 folgenden Wortlaut:

„Das allgemeine Kennzeichen der dissoziativen oder Konversionsstörungen ist der teilweise oder völlige Verlust der normalen Integration von Erinnerungen an die Vergangenheit, des Identitätsbewußtseins, der unmittelbaren Empfindungen, sowie der Kontrolle von Körperbewegungen. Normalerweise besteht ein hoher Grad bewußter Kontrolle darüber, welche Erinnerungen und Empfindungen für die unmittelbare Aufmerksamkeit selektiert, und welche Bewegungen ausgeführt werden. Von den dissoziativen Störungen wird angenommen, daß die Fähigkeit zu bewußter und selektiver Kontrolle in einem Ausmaß gestört ist, das von Tag zu Tag oder sogar von Stunde zu Stunde wechselt. Es läßt sich nur sehr schwer feststellen, ob und in welchem Umfang dieser Funktionsverlust willkürlich kontrolliert werden kann.

Diese Störungen wurden früher als verschiedene Formen der Konversionsneurose oder Hysterie klassifiziert. Heute jedoch erscheint es günstiger, den Terminus Hysterie wegen seiner vielen unterschiedlichen Bedeutungen so weit wie möglich zu vermeiden. Die hier beschriebenen dissoziativen Störungen werden als psychogen angesehen. Das heißt, es besteht eine nahe zeitliche Verbindung zu traumatisierenden Ereignissen, unlösbaren oder unerträglichen Konflikten oder gestörten Beziehungen. Es können Interpretationen oder Mutmaßungen über die Bedeutung von Bewältigungsstrategien der Patienten gegenüber unerträglichen Belastungen angestellt werden, theoretische Konzepte wie „unbewußte Motivation“ oder „sekundärer Krankheitsgewinn“ sind jedoch nicht in die Leitlinien oder diagnostischen Kriterien eingegangen.

Der Begriff Konversion wird für einige dieser Störungen in einer weiter gefaßten Bedeutung verwendet und bedeutet, daß sich der durch die unlösbaren Schwierigkeiten und Konflikte hervorgerufene unangenehme Affekt in irgendeiner Weise in Symptome umsetzt.

Es wird meist von einem plötzlichen Beginn und Ende der dissoziativen Zustandsbilder berichtet. Sie sind aber selten zu beobachten, abgesehen von geplanten Interaktionen und Verfahren wie Hypnose und Abreagieren; Veränderung oder Abklingen eines dissoziativen Zustandes kann sich auf die Dauer solcher Verfahren beschränken. Alle dissoziativen Zustände tendieren dazu, nach einigen Wochen oder Monaten zu remittieren, besonders wenn der Beginn mit einem traumatisierenden Lebensereignis verbunden war. Eher chronische Zustände, besonders Lähmungen und Gefühlsstörungen, entwickeln sich manchmal recht langsam, vor allem wenn sie mit unlösbaren Problemen oder interpersonellen Schwierigkeiten verbunden sind. Dissoziative Zustände, die bereits länger als 1 bis 2 Jahre bestehen, bevor sie in psychiatrische Behandlung gelangen, sind häufig therapieresistent.

Patienten mit dissoziativen Störungen verleugnen oft auffallend ihre für andere ganz offensichtlichen Probleme und Schwierigkeiten. Alle Probleme, die sie selbst erkennen, werden von ihnen auf die dissoziativen Symptome zurückgeführt.

Depersonalisation und Derealisation sind hier nicht mit eingeschlossen, da in der Regel nur Teilbereiche der persönlichen Identität betroffen sind und diese Störungen nicht mit Leistungseinbußen in den Bereichen Wahrnehmung, Gedächtnis oder Bewegung einhergehen.

Diagnostische Leitlinien:

1. Klinische Charakteristika, wie sie für die einzelnen Störungen in F44 ausgeführt sind;
2. keine körperliche Erkrankung, welche die Symptome erklären könnte,
3. Beleg für eine psychische Verursachung, das heißt zeitlicher Zusammenhang mit Belastungen, Problemen oder gestörten Beziehungen (auch, wenn diese vom Patienten geleugnet werden).

Ein überzeugender Beleg für eine psychische Verursachung kann, auch wenn vieles dafür spricht, schwierig zu erbringen sein. Bei Vorliegen bekannter Störungen des zentralen oder peripheren Nervensystems sollte die Diagnose einer dissoziativen Störung nur mit großer Vorsicht gestellt werden. Fehlt der Nachweis für eine psychische Verursachung, so muß die Diagnose vorläufig bleiben, und die Suche nach körperlichen und seelischen Aspekten fortgesetzt werden.“[1]

Wenn wir diese Ausführungen auf das Verhalten der Therese umlegen, dann werden grundsätzliche Unterschiede sichtbar.

Die Verbindung mit einem traumatischen Ereignis (Rückenverletzung) kann zwar hergestellt werden, doch nicht im Sinne innerer Konflikte, zumal Therese persönlich ein zufriedener Mensch war. Daher hätte das Vorliegen von Störungen des zentralen und peripheren Nervensystems nach dem „Unfall“ eingehender untersucht werden müssen. Freilich können die diesbezüglichen Untersuchungsmöglichkeiten

1 H. DILLING / W. MONBOUR / M. H. SCHMIDT (Hg.): Internationale Klassifikation psychischer Störungen (1993), S. 173 – 175.

von damals mit den heutigen nicht verglichen werden. Man hat daher, wohl auch bewußt, die psychogene Version im psychoanalytischen Sinne „von unbewußter Motivation" und „sekundärem Krankheitsgewinn" zur Grundlage der Betrachtung gemacht, wie noch zu zeigen sein wird.

2. Hysterie nach DSM-IV

Das *Diagnostische und Statistische Manual Psychischer Störungen DSM-IV* der Amerikanischen Psychiatrischen Gesellschaft faßt die Beschreibung der histrionischen oder *hysterischen Persönlichkeit* hingegen wie folgt zusammen:

„Ein tiefgreifendes Muster übermäßiger Emotionalität oder Strebens nach Aufmerksamkeit. Der Beginn liegt im frühen Erwachsenenalter und die Störung zeigt sich in verschiedenen Situationen. Mindestens 5 der folgenden Kriterien müssen erfüllt sein:

(1) fühlt sich unwohl in Situationen, in denen er/sie nicht im Mittelpunkt der Aufmerksamkeit steht,
(2) die Interaktion mit anderen ist oft durch ein unangemessen sexuell verführerisches oder provokantes Verhalten charakterisiert,
(3) zeigt rasch wechselnden und oberflächlichen Gefühlsausdruck,
(4) setzt durchweg seine körperliche Erscheinung ein, um die Aufmerksamkeit auf sich zu lenken,
(5) hat einen übertrieben impressionistischen, wenig detaillierten Sprachstil,
(6) zeigt Selbstdramatisierung, Theatralik und übertriebenen Gefühlsausdruck,
(7) ist suggestibel, d. h. leicht beeinflußbar durch andere Personen oder Umstände,
(8) faßt Beziehungen enger auf, als sie tatsächlich sind."[2]

2 Diagnostisches und Statistisches Manual Psychischer Störungen DSM (1996), S. 743.

II. GOTTFRIED EWALD: DIE STIGMATISIERTE VON KONNERSREUTH

Wie steht es nun – nach dem Bericht von Prof. Gottfried *Ewald* (1927), dessen Wortlaut im Folgenden aus der Beilage Nr. 46 zu „Münchner Medizinische Wochenschrift“, 74. Jg. (1927), S. 1981 – 1992, mit Seiten- und Spaltenangabe jeweils zwischen \\ wiedergegeben wird – mit all den Störungen bei Therese von Konnersreuth und wie fundiert sind die beigebrachten Argumente?

Der angeführte *Kommentar* wird jeweils an den Fuß des betreffenden Originaltextes gesetzt, wobei die kommentierte Stelle des Berichtes durch Zahlen in Fettdruck und Klammern ausgewiesen wird. Etwaige Fehler im Original wurden aus dokumentarischen Gründen nicht eliminiert.

„Die Stigmatisierte von Konnersreuth.

Untersuchungsbericht und gutachtliche Stellungnahme*).

Von Dr. G. Ewald, a.o. Professor für Psychiatrie, Erlangen.

Die Stigmatisierte Therese Neumann von Konnersreuth wurde von mir am 28. und 29. VII. 1927 untersucht. Die Untersuchung geschah auf Wunsch des behandelnden Arztes Dr. Seidl- Waldsassen, der vom Ordinariat Regensburg beauftragt war, die Kranke gelegentlich der vom Bischof angeordneten 14tägigen Beobachtung der N. durch 4 katholische vereidigte Schwestern zu untersuchen und die Schwesternbeobachtung zu leiten und zu überwachen, um sodann einen Bericht an das Ordinariat zu erstatten. Eine Ueberführung der N. zum Zwecke dieser Beobachtung in ein Krankenhaus oder eine Klinik, wie es vom Ordinariat nach Mitteilung von Kollegen Seidl ursprünglich gedacht war, war an dem Widerstand der Eltern gescheitert. Da Kollege Seidl sich neurologisch-psychiatrisch nicht für kompetent hielt, so erbat er vom bischöflichen Ordinariat die Erlaubnis, einen Erlanger Facharzt zuziehen zu dürfen. Auf diese Weise wurde mir die interessante, allerdings auch sehr zweischneidige Aufgabe, die Kranke in Konnersreuth zu untersuchen. Ich habe mich zu dieser Untersuchung gewiß nicht gedrängt, hielt es aber für meine Pflicht, mich der Aufgabe der Mituntersuchung nicht zu entziehen, nachdem man an unsere Klinik mit dem Ersuchen um Unterstützung herangetreten war, selbst auf die Gefahr hin, daß man mir von mancher Seite meine Mithilfe unfreundlich auslegen würde. **(1)**

Es obliegt mir nun in erster Linie, über das Untersuchungsergebnis zu berichten, die gutachtliche Stellungnahme kommt in zweiter Linie. Dabei wird sich von selbst die Gelegenheit geben, allgemeinere Fragen zu streifen. Eine Erörterung historischer Fragen ist nicht meine Aufgabe. Jakobi hat hier in seiner Studie „Die Stigmatisierten, Beiträge zur Psychologie der Mystik", Bergmann, München 1923, bereits vorgearbeitet und aus der gewandten Feder von J. H. Schultz- Berlin er-

(1) Ewald denkt an die Kritik aus den eigenen Reihen, vor allem seiner damaligen Vorgesetzten, für die bereits eine persönliche Beobachtung der Ereignisse in Konnersreuth als berufsschädigend galt. Hier hat sich Ewald mutig exponiert. Anders sieht es mit der Abfassung seines Berichtes aus, obwohl er von den Ereignissen in Konnersreuth zunächst tief beeindruckt war und daher, wie er selbst sagt, auf eine Veröffentlichung verzichten wollte. Eine Bejahung der Ereignisse hätte seine Karriere unweigerlich belastet, war er doch noch nicht ordentlicher Professor. Der Druck war aber so groß, daß er sich äußern mußte. Den Ausweg fand er dabei, sicher nicht ohne den Beistand seiner Vorgesetzten, in der Gestaltung eines Urteils, das in der Bezeichnung „Hysterie" gipfelte, womit man eine Unbekannte durch eine andere ersetzte. Der Einfluß seitens der Kollegenschaft darf hier nicht unerwähnt bleiben, wie mir Prof. Dr. Hubert URBAN, einer der wenigen noch lebenden Fachkollegen der damaligen Zeit, der die Ereignisse um Therese von Konnersreuth persönlich beobachten konnte, in einem diesbezüglichen Gespräch vom Mai 1997 mitteilte. Die Verwendung des Ausdrucks „Hysterie" hatte zudem noch den Vorteil, daß diese stets mit einem Werturteil verbunden wird, das besonders in Laienkreisen dem des Schwindels und der Verachtung gleichkommt. Das nahm man in Kauf, um nur ja die Erhabenheit der Wissenschaft zu dokumentieren, ganz nach dem Motto: „Übergieße den Feind mit Jauche, dann sagen alle, daß er stinkt." In diese Kerbe schlug später vor allem der Arzt Josef DEUTSCH: *Konnersreuth in ärztlicher Beleuchtung* (1932); *Um Konnersreuth* (1932); *Ärztliche Kritik an Konnersreuth* (1938). In den letzten Jahrzehnten wurde diese Beurteilung dann besonders durch Josef HANAUER fortgeführt: *Gottes-Werk oder Menschen-Machwerk* (1967); *Konnersreuth als Testfall* (1972); *Der Schwindel von Konnersreuth* (1989); *Lug und Trug mit kirchlichem Segen* (1994).

schien unter Bezugnahme auf unseren Fall in der D.m.W. im September 1927 ein allgemein orientierender Aufsatz. Auf beide Arbeiten sei ausdrücklich hingewiesen. **(2)**

Bei der Untersuchung mußte selbstverständlich äußerst behutsam vorgegangen werden, einmal um das große Miß- \ *S. 1981, Fortsetzung 2. Spalte*\

*) Meine ursprüngliche Absicht, mich zu dem Konnersreuther Fall überhaupt nicht zu äußern, mußte ich angesichts der gewaltigen Unruhe, die sich eines großen Teiles der Bevölkerung bemächtigt hat, aufgeben. Dagegen halte ich es nach wie vor für meine Pflicht, nicht durch sensationelle Aufmachung in der Presse mich an dem fruchtlosen Streit über Glaubensartikel zu beteiligen. Den ärztlichen Wissenschaftler interessiert die medizinisch-wissenschaftliche Seite des Problems, nicht aber die Glaubensfragen. Es sei hier ausdrücklich noch einmal festgestellt, daß ich entgegen allen möglichen unsinnigen Pressenachrichten, abgesehen von meinem Dementi in der München-Augsburger Abendztg. vom 20. VIII., mich in der Presse nicht geäußert habe. Ich habe alle diesbezüglichen Ansinnen zurückgewiesen, habe Zeitungsreporter abgewiesen, habe auch wissenschaftlich bisher noch nirgends Stellung genommen, schon deshalb nicht, weil ich mich für verpflichtet hielt, über mein Untersuchungsergebnis zu schweigen, bis das Ordinariat Regensburg den Bericht von Dr. Seidl in Händen haben würde. In diesen Bericht sind meine Ergebnisse von Dr. Seidl hineingearbeitet, ich habe kein Gutachten für das Ordinariat erstattet. Soweit der Bericht des Koll. Seidl eine gutachtliche Stellungnahme überhaupt enthält - auch er war nur zu einem Bericht aufgefordert -, ist das seine persönliche gutachtliche Stellungnahme. Ich möchte weiter auch hier noch einmal die Pressenachricht dementieren, daß eine Erlanger Kommission von Mitgliedern der medizinischen oder der medizinischen und theologischen Fakultät in Konnersreuth gewesen sei. Ebenso unwahr ist natürlich die Behauptung, daß in irgendeiner Weise von mir mit der Kranken „experimentiert" worden sei, endlich muß noch darauf hingewiesen werden, daß Herr Prof. Pabstmann, der verschiedentlich von der Presse in einem Atem mit der fiktiven Professorenkommission genannt worden ist, nicht Mitglied der Erlanger Universität ist, sondern in Bamberg lebt und lehrt.

\ *Beginn 2. Spalte*\ trauen und die Abneigung der Angehörigen gegenüber der ärztlichen Untersuchung zu überwinden und damit überhaupt erst Boden für eine gründliche Untersuchung zu gewinnen - Therese selbst machte übrigens keine Schwierigkeiten, die Untersuchung war selbstverständlich auch in gar keiner Weise schmerzhaft, wie die Presse behauptete - und weiter um jede Verletzung in Glaubensfragen - was mir natürlich auch völlig fernlag - bei der Kranken und ihrer sehr empfindlichen Umgebung zu vermeiden. Offenbar war man nicht immer taktvoll in dieser Beziehung vorgegangen. Die Untersuchung fand gemeinsam mit Kollegen Seidl in Gegenwart der Krankenschwestern, bald auch der Mutter oder des Vaters, statt. Andere Personen gingen ab und zu. Nach Abschluß der Untersuchung am 28. VII. mußte ich auch mancherlei Fragen von interessierten Kreisen, auch der anwesenden Geistlichkeit, hinnehmen, denen ich vorsichtig abgewogene, wenig besagende Antworten zu geben mich gezwungen sah, wenn ich mir nicht die Beobachtungsmöglichkeit des folgenden Ekstasefreitags unterbinden wollte. Diese ganz allgemein gehaltenen, wenig besagenden und abschiebenden Antworten mögen die Veranlassung gewesen sein, daß dann die Presse allerhand „Urteile", die ich abgegeben haben

(2) Vgl. den Beitrag von Marco MARGNELLI / Fabio RIVA / Gabriella RAFFAELLI: *Stigmatisation* in diesem Band.

sollte und die natürlich nichts anderes als solche ausweichende Einzeläußerungen waren, mißverstanden und entstellt an die Oeffentlichkeit brachte.

Mein Bericht stützt sich auf meine eigenen Beobachtungen und auf Mitteilungen, die ich Kollegen Seidl verdanke, der mir mit Aufschlüssen besonders über die Vorgeschichte in seiner kritisch abwägenden Art an die Hand ging. Da die Therese seit Jahr und Tag unter dem Einfluß der mannigfachsten Persönlichkeiten steht und jeden Tag von neuem ausgefragt wird, so wird man sich nicht wundern dürfen, wenn sie mit der Zeit, und wohl auch in zunehmendem Maße, suggestiven Einflüssen unterlegen ist, daß mancherlei in sie hineingefragt und ihr umgedeutet worden ist. Es wird sich daher nicht umgehen lassen, auch einige Personen ihrer Umgebung kurz in den Kreis der Betrachtung einzubeziehen, um ein einigermaßen hinreichendes Bild auch von der Atmosphäre zu gewinnen, in der sich der Zustand der Therese entwickelt hat und abspielt. **(3)**

Bericht: Therese Neumann, aus dem kleinen oberpfälzischen Dorf Konnersreuth bei Waldsassen, ist jetzt 29 Jahre alt. Sie ist das älteste von 10 Kindern des Schneidermeisters Neumann. Ueber eine erbliche Belastung war nichts zu erfahren. Doch kann ich nicht verschweigen, daß uns brieflich von einer die Familie Neumann angeblich gut kennenden Seite mitgeteilt wurde, daß mancherlei psychopathische Abwegigkeiten in der weiteren und näheren Verwandtschaft vorgekommen seien. **(4)** Ich kann mich hierfür aber nicht verbürgen. Der Vater machte den Eindruck eines strengen, hartköpfigen Mannes, mit dem sich nicht gut reden läßt, von fast verbohrtem bäuerlichem Selbstbewußtsein. Er scheint auch zu Hause ein strenger Herr gewesen zu sein; „das hat's bei uns nicht gegeben“, oder „wenn ich mal was gesagt habe, dann ist Schluß“, war sein drittes Wort. So bestand er auch darauf, daß dieses die erste und die letzte ärztliche Untersuchung sein solle. **(5)** Die Mutter erschien als eine zugänglichere pyknisch-hypomanische Natur, entbehrt

(3) Diese Umsicht war in jeder Hinsicht geboten, da bei derartigen Ereignissen alle möglichen Einflußfaktoren zwecks Dauerkontrolle zu berücksichtigen sind.

(4) Eine derartige Bemerkung belastet die Familie, ist wissenschaftlich in keinster Weise belegt und daher in jeder Hinsicht untragbar.

(5) Solch verallgemeinernde negative Feststellungen einem Stand gegenüber haben den Charakter primitiver Verunglimpfung und gehören nicht in einen Untersuchungsbericht. Welcher aufgeschlossene Mediziner würde wohl seine eigene Tochter als freies Untersuchungsobjekt wissenschaftlicher Anonymität und Animosität preisgeben, vor allem wenn man keinerlei Kontrollmöglichkeit hat, wie dies für den Vater der Fall gewesen wäre.

aber auch nicht einer gewissen, leicht mißtrauisch zurückhaltenden Bauernschlauheit. **(6)** Sie scheint um ihr Kind ehrlich besorgt und ist dauernd um sie. Die Aufnahme, die ich fand, war zunächst eine ausgesprochen mißtrauisch zurückhaltende; doch gab sich das während der zwei Tage meiner Anwesenheit, man wurde zusehends freundlicher, so daß ich am Ekstasetag sogar einige Male wenige Minuten mit Therese allein war. Der große \ *Fortsetzung S. 1982*\ Zustrom der Besucher wird keineswegs nur als angenehm empfunden, der Vater wollte sogar vorübergehend während der Ekstase niemand heraufiassen, ließ sich aber von dem Geistlichen leicht in seiner plötzlich aufwallenden Erregung dämpfen. Ob die Familie Neumann aus der Krankheit ihrer Tochter wirtschaftlichen Nutzen zieht, weiß ich nicht; eine größere Summe, die aus Amerika kam, sollen sie zurückgeschickt haben. Sie bauen zur Zeit an, sollen hierzu, jedoch Geld aufgenommen haben.**(7)**

Trotz gelegentlicher unmutiger Einzeläußerungen haben Neumanns selbstverständlich zum Klerus großes Vertrauen. Nicht ganz umgehen läßt es sich, die Persönlichkeit des Ortsgeistlichen zu streifen. Er macht einen ruhigen, biederen, freundlichen Eindruck, schien mir ein Mann von einigen 50 zu sein. Er ist wohl ehrlich von der übernatürlichen Einwirkung, die bei Therese im Spiel sein soll, überzeugt, und hat auch entsprechende Aeußerungen schon getan. Im übrigen macht er nicht den Eindruck eines Eiferers. Daß er sich gelegentlich speziell ärztlichen Besuchern gegenüber ablehnend verhält, erscheint uns nicht wunderbar; auch ihm gegenüber sind die Frager und Besucher sicher oft nicht taktvoll oder objektiv geblieben. Bei allem Verständnis, das man seiner Einstellung der Therese gegenüber, die er von Jugend auf kennt und geleitet hat, und die auch ihrerseits offenbar sehr an ihm hängt, haben mag, wird man doch sagen müssen, daß, von der wissenschaftlichen Seite genommen, sein Einfluß auf Therese gerade kein günstiger sein kann. Daß das ständige Ausfragen über Erlebnisse, auch während der Ekstase, zwar keine Quälerei ist, wie des öfteren behauptet wurde - wir Psychiater quälen unsere umdämmerten Kranken auch nicht, wenn wir sie durch Fragen ihrer Entrückung ge-

(6) Auch hier bedient man sich akademischer Gemeinplätze, die leicht verletzen.

(7) Die Frage nach der persönlichen Bereicherung ist in diesem Zusammenhang mehr als berechtigt, weil gerade in solchen Fällen die Wahrscheinlichkeit der Simulation sehr groß ist. Man müßte sogar das Zurücksenden des Geldes als mögliche Taktik betrachten, um den Eindruck der Unbestechlichkeit zu erwecken. In diesem Punkt ist nämlich äußerste Vorsicht geboten. Nähere Untersuchungen standen Ewald nicht zur Verfügung. Er selbst konnte dieser Frage auch nicht weiter nachgehen. Wäre diesbezüglich jedoch etwas zu beanstanden gewesen, hätte die Umgebung empfindlich reagiert.

legentlich zu entreißen suchen -, daß es aber nur zu oft in das Vorlegen von Suggestivfragen und in ein Hineinfragen ausartet, „war das nicht so, oder so, oder so“, bis eine Zustimmung erfolgt, das weiß jeder, der sich überhaupt einmal in verständiger Weise mit der Exploration eines Menschen befaßt hat.

Wesentlich ungünstiger, von der Seite des Wissenschaftlers gesehen, scheint mir in dieser Beziehung noch der Einfluß eines anderen Geistlichen, dem ich die gute Absicht deshalb keineswegs absprechen will, der sehr häufig zu Besuch kommt und in seiner temperamentvollen Art ganz zweifellos ungemein viel in die Kranke hineinkatechisiert hat. So und nur so ist es zu erklären, daß Therese nun mit einem Male angefangen hat, aramäisch zu halluzinieren, während früher des Heilands Worte auf gut oberpfälzisch von ihr vernommen wurden. Dieses Aramäisch sollte auch mir vorgeführt werden - eigentlich ein etwas naives Unterfangen -, man fragte während einer Ekstasepause, was der Heiland gesagt habe, sie antwortete etwas von „Jeruschalēm“ und fügte dann noch etwas Unverständliches hinzu. Das war wohl nichts recht Positives, denn der betreffende Herr sagte nur lächelnd: „Eine tolle Aussprache“ und gab weitere Versuche auf. Ebenso wurde berichtet, daß man gelegentlich aramäische Worte aus ihr herausfragen wollte, indem man ihr anbot, „hat es nicht so geheißen?“, und nun einige aramäische Worte sagte, und als Therese verneinte, ihr von neuem andere aramäische Worte anbot. Es kann nicht wundernehmen, daß das Mädchen bei ihrem guten Gedächtnis auf diese Weise nun einige aramäische Worte gelernt hat, die sie gelegentlich dann zum Staunen der Umwelt wiedergeben mag. Im allgemeinen bleibt es aber beim Halluzinieren in oberpfälzischer Mundart.

In der gleichen Weise ist natürlich, vielleicht gemeinsam mit einer Jugenderinnerung an einen Plan von Jerusalem, die Kenntnis der Straßen und der Lage gewisser Plätze zueinander entstanden, von der so viel Aufhebens gemacht wurde und auf die Therese jetzt unverkennbar stolz ist: „Ich kenne mich in Jerusalem so genau aus, wie in Konnersreuth.“ Man muß schon mit den Anfangsgründen der Psychologie der Aussage nicht vertraut sein, um solche Alltäglichkeiten als etwas Besonderes zu nehmen.**(8)** Hätte man von Anfang an Therese ihre Erlebnisse ohne Zwi-

(8) Diese Etikettierung des Einflusses der genannten Geistlichen als suggestiv ist zwar zu allgemein und keineswegs untermauert, doch sind Beobachtungen von Vertrauenspersonen, vor allem wenn es sich um religiöse Obrigkeiten handelt, ohne Zweifel von besonderer Wichtigkeit. Bei derartig veränderten Bewußtseinszuständen ist nämlich die betroffene Person häufig nicht mehr in der Lage, sich zu orientieren und die nötige Realitätskontrolle durchzuführen. Hier kann das Vertrauenswort oft eine entscheidende Wirkung haben. Zudem kann bei solchen leitenden Personen ein Geltungsdrang Platz greifen. Die Frage

schenfragen erzählen oder niederschreiben lassen, so würden diese Dinge ganz anders aussehen. Aber für derartige experimentell-psychologische Untersuchungen ist es jetzt natürlich viel zu spät. Fest steht mir auf jeden Fall, daß der Einfluß solcher Elemente auf Therese ein durchaus ungünstiger ist. Auch über andere häufige Gäste, deren Einfluß sicher kein \S. 1982, Fortsetzung 2. Spalte\ besserer ist, wurde mir berichtet; doch sah ich sie nicht persönlich und will sie daher übergehen. **(9)**

Von Interesse dürfte endlich noch sein, daß von gewisser Seite sogar der Beobachtung durch die kathol. Schwestern Schwierigkeiten bereitet wurden, und daß sich Therese hierbei sogar gegen die bischöflich angeordnete Beobachtung einstellte. Es ist das bezeichnend dafür, wie sehr sie an ihrer engsten geistlichen Umgebung hängt. Es hatte einen kleinen Auftritt gegeben zwischen den amtseifrigen Schwestern und den störenden oder doch mit der Beobachtung unzufriedenen Elementen. Am Abend dieses Tages, eines Ekstasefreitags, an dem Therese noch im Halbdämmerzustand lag und die vier Schwestern im Zimmer leise miteinander über diese unerfreulichen Vorgänge sprachen, fing Therese plötzlich zu jammern an und klagte über Schmerzen in allen Gliedern, über den Kopf und die Zunge. Kein Zuspruch wollte helfen, die Beschwerden nahmen an Intensität immer mehr zu. Plötzlich horchte Therese nach der Seite und erklärte, sie habe eine Stimme vernommen, die gesagt habe, sie müsse für vier Schwestern leiden, die sich der großen Aufgabe, die ihnen zuteil geworden sei, nicht würdig zeigten. Sie urteilten über den Herrn Pfarrer und über sie in liebloser Weise. Sie müsse auch noch für einen Mann leiden, der mitten in der Sache drin stehe und auf den viel ankomme. Derselbe sei nicht gläubig und fürchte sich vor den Menschen. Sie solle auf jeden Fall dem Herrn Pfarrer folgen, auch wenn man ihn verkenne. Als die Schwestern ihr zuredeten, sie

des Sprechens in anderen Sprachen und der Ortskundigkeit kann jedoch nicht so einfach abgetan werden, hier wären eingehendere Untersuchungen notwendig gewesen.

(9) Ob die Dinge ganz anders ausgesehen hätten, kann von vornherein nicht gesagt werden. Die ausgesprochene Dokumentationsforderung ist jedoch mehr als berechtigt, dann hätte man nämlich das subjektiv erlebte Material vorliegen. Leider werden derartige Dokumentationen kaum durchgeführt, weil man zunächst die Eigenart des Ganzen nicht versteht. Dann sind meist Neugierde und Geltungsdrang der Umstehenden nicht mehr zu bremsen. Allerdings kam es bei Therese durch innere Motivation zu derartig ausgeprägten Bewußtseinszuständen, daß Fremdsuggestion kaum noch ins Gewicht fiel, weshalb die Frage offen bleiben muß, inwieweit das Umfeld den Innenraum der Therese bei ihren Schauungen bestimmte.

hätten den Heiland nicht beleidigen wollen, und wenn sie Unrechtes getan hätten, so würden sie um Vergebung bitten, da wurde Therese ruhiger, beugte sich nochmals horchend zur Seite und erklärte, der Heiland habe den Schwestern jetzt verziehen und schlief bald darauf ein. Daß dies ein ganz hysterisch-zweckhaftes, wenn auch nicht notwendig bewußtes, Verhalten war, daran wird kein Facharzt zweifeln. **(10)**

Noch einige Worte über die Mallersdorfer Schwestern selbst. Sie machten einen außerordentlich guten Eindruck und waren geschickt ausgewählt, medizinisch geschult, so daß sie durch die Erscheinungen nicht leicht düpiert werden konnten, eine frühere Operationsschwester, eine Röntgenschwester, eine Zahnarztschwester und eine stenographiegewandte Schwester. Sie ließen sich auch durch den Anblick der Ekstasen nicht verblüffen, waren beim Heraustreten des ersten Blutstropfens aus den Augen sofort mit dem Objektträger bei der Hand, haben alle Anordnungen des Kollegen Seidl aufs Pünktlichste befolgt, arbeiteten stets zu zweit und ließen Therese während der 14 Tage keine Sekunde aus dem Auge, überwachten die Ausscheidungen, machten das Bett, wogen, maßen das Mundspülwasser ab, kontrollierten Puls und Temperatur und führten genauestens Protokoll. Soweit ich über das Protokoll etwas erfuhr, war es sachlich, widerspruchslos und zeugte von gesunder Kritik. Sie haben sich nach Beendigung ihrer Tätigkeit umgehend entfernt, waren froh, ihrer Pflicht ledig zu sein. Keine äußerte den Wunsch, die Kranke noch einmal in der am nächsten Tage zu erwartenden Ekstase zu sehen. Den Versuch einer Einmischung in die Beobachtung von dritter Seite wiesen sie mehrfach entschieden zurück. Sie waren vor Beginn der Beobachtung vereidigt und wurden es nach dieser noch einmal.**(11)** Bedenkt man, was ein Eid für Ordenschwestern bedeutet, so

(10) Therese befand sich wohl im Zustand des Protobewußtseins oder der Trance mit partieller Vigilanz, zumal sie dann einschlief. In diesem Zustand der inneren Harmonisierung und der Fühligkeit nach außen spürte sie die Unstimmigkeit durch Somatisierung am eigenen Körper, sofern sie dies nicht als akzeptablen Ausdruck ihres Unmuts über das Gegebene, das sie wohl durchschaut hat, kundtat. Mit der Etikettierung „hysterisch“ setzt Ewald lediglich eine negative Wertung ohne sachliche Analyse. Ist eine hohe Sensibilität, wie immer diese auch geartet sein mag, an sich schon etwas Negatives? Wir kennen das Phänomen, daß jemand die Unstimmigkeit einer anderen Person oder anderer Personen unter sich empfindungsmäßig verspürt. Dies kann ich aus persönlicher Erfahrung bestätigen.

(11) Die angeführte, sehr positive Beurteilung der unter Eid arbeitenden Schwestern wird mit dem Satz angereichert, daß keine den

kann man wohl überzeugt sein, daß sie ihres Amtes gewissenhaft walteten. Vorweggenommen sei noch, daß von ihnen während der 14tägigen Beobachtungsdauer nicht bemerkt wurde, daß Therese irgendetwas anderes zu sich genommen hätte, als täglich 1/8 Hostie mit 3 ccm Wasser, daß der spärliche Urin (meist an Ekstasetagen) quantitativ aufgefangen wurde, daß Kotausscheidung in der ganzen Zeit nicht erfolgte. Ueber Einzelheiten wird später zu berichten sein.

Dieses das Milieu und die seelische Gesamteinstellung, in der ich Therese Neumann am 28. VII. 1927 vorfand.

Therese ist zirka 160-165 cm groß und wiegt 110 Pfund. Ihre Gesichtsfarbe ist etwas blaß, das Gesicht ziemlich voll, der Körper etwas dürftig. Sie war außer Bett, bringt den Tag überhaupt meist außer Bett zu, geht zur Kirche, liest, schreibt Briefe, empfängt Besuche. Sie trägt ein schwarzes Kleid, über dem Kopf ein weißes Tuch, an den Händen fingerfreie, gestrickte, schwarze Handschuhe, die die Male bedekken. Als ich ihr die Hand gab, zuckte sie leicht zusammen, da die Wundmale dabei angeblich schmerzten. Sie \Fortsetzung S. 198\ empfing mich freundlich, im Gegensatz zu den Eltern, war heiter, lud mich zum Sitzen ein, betrachtete mich forschend - vielleicht hatte sie zunächst innerlich doch ein wenig Angst. Doch verlor sich das bald. Sie erklärte später, sie hätte mich gleich durchschaut gehabt, schneller als ich sie. In ihrer freundlich derben oberpfälzischen Mundart erkundigte sie sich nach einem Kollegen aus unserer Gegend, der früher einmal als Privatperson dagewesen war, freute sich, daß ich ihn kenne, der sei so arg nett gewesen; sie wurde schnell zutraulich, plauderte fröhlich, „fragens nur, was Sie wollen", lachte, ging auf Scherze ein, zeigte nichts besonders Uebertriebenes, nur eine auffallende Gewandtheit und Schlagfertigkeit in der Konversation, was angesichts des Besuchstrainings seit Jahr und Tag nicht weiter wundernehmen kann.

Weder sie selbst noch ihre Angehörigen wußten über die Kindheit etwas Besonderes zu sagen, sie hat sich normal entwickelt, war eigentlich nie krank. In der

Wunsch hatte, Therese auch noch in der folgenden Ekstase zu erleben. Damit wird indirekt zum Ausdruck gebracht, daß die Schwestern der Dinge satt waren. Das mag zwar stimmen, doch könnte es auch sein, daß sie diesbezüglich von ihrem Auftrag her keine Wünsche zu äußern und ins Kloster zurückzukehren hatten. Schließlich war dieser 14tägige Zwangsdienst weder für die Schwestern noch für Therese ein Leckerbissen und dürfte die physischen wie psychischen Grenzen aller Beteiligten überschritten haben.

In diesen Aussagen bleibt Ewald völlig sachlich, vielleicht auch, um sich dem Auftraggeber gegenüber als objektiv zu erweisen. Schließlich hätte wohl auch die Schwesterngemeinschaft keine unkorrekte Anschuldigung geduldet.

Schule hat sie gut gelernt. Zum Spielen ist sie nicht viel gekommen, sie mußte als Aelteste von klein auf viel die Geschwister beaufsichtigen und überall mit angreifen. Darauf führt sie es auch zurück, daß sie von besonderen Freundinnen oder Freunden nichts zu berichten weiß, sie hat die Nachbarskinder und Schulkameraden wohl gut gekannt, hatte aber höchstens eine Freundin, die im Alter von 15 Jahren starb. Ein besonders empfindliches Kind will sie nicht gewesen sein, nicht empfindsam oder leicht zum Weinen geneigt - nur als der Vater zum Kriege einrückte, habe sie arg geweint, aber das sei doch natürlich -, nicht besonders zartfühlend, eher etwas robust, nur mitleidig sei sie wohl immer gewesen, auch habe sie viel Freude an der Natur gehabt. Von Furchtsamkeit oder Schreckhaftigkeit war keine Rede, sie neigte nicht zum Erröten, konnte auch einen derben Spaß vertragen, konnte Blut sehen, neigte nie zu Ohnmachten, hatte keine Gewitterfurcht, nie Nesselsucht, keine Neigung zum Absterben der Finger in der Kälte. Vielleicht war sie leicht etwas schwindelig, stieg infolgegedessen nie auf einen Baum - nur einmal kann sie sich daran erinnern -, obwohl sie sich sonst vor nichts fürchtete. Ueber Uebelkeit beim Schaukeln oder Karusselfahren kann sie nichts aussagen, sie kam nie auf einen Jahrmarkt, ist auch nie mit der Eisenbahn gefahren, hat nie getanzt. Letzteres führt sie zum guten Teil darauf zurück, daß in jener Zeit infolge des Krieges überhaupt kaum getanzt worden sei, - sie war bei Kriegsausbruch 16 Jahre alt -, zur Zeit des Kriegsendes brach ihre Krankheit aus. Sie hat niemals einen Schatz gehabt, die jungen Leute seien ja auch alle im Felde gewesen. Dafür hat sie während des Krieges einen Knecht voll und ganz ersetzt, so faßte sie bei der Arbeit zu. Jedermann habe sie gern gehabt und noch heute soll ihr niemand etwas Schlechtes nachsagen, obwohl zum mindesten zu politischer Feindschaft im Dorfe Gelegenheit genug wäre. Nie war sie launisch oder sprunghaft, trug auch nichts nach, kam über alles leicht hinweg. Daß sie jetzt die Fürsorge für sie als etwas Selbstverständliches nimmt und sogar gewisse Ansprüche hat, das darf man ihr angesichts des Aufhebens, das um sie gemacht wird, wohl nicht allzuhoch anrechnen. Auch daß sie jetzt etwas die Aufgabe in sich fühlt, die Menschen zu bekehren und zum Glauben zurückzuführen, die Frauen zu sittsamer Kleidung anzuhalten usw., darf man ihr aus dem gleichen Grund nicht übelnehmen. Wenn es sich um etwas Wichtiges oder Prinzipielles handelte, dann konnte sie auch sehr hartnäckig sein, zuweilen konnte sie aufbrausen, sei etwas „jach“ gewesen, habe auch mit ihren Geschwistern ehrlich gestritten, so wie sich das gehört, war keine Leisetreterin, nicht schüchtern, nicht besonders bescheiden, nicht besonders nachgiebig oder gutmütig, wußte sich vielmehr durchzusetzen. Phantastisch war sie angeblich nicht. Sie schlief ruhig und fest, sprach und schrieb nicht im Schlaf, stand noch weniger im Schlaf auf. Märchen mochte sie nicht, das seien alles verlogene Geschichten gewesen. Da hielt sie sich lieber an die Heiligengeschichten; die mochte sie leiden. Doch war sie durchaus keine Betschwester, hatte nichts Bigottes, betätigte ihre religiösen Bedürfnisse durchaus nur in der ortsüblichen, wohl etwas reichlichen Weise, las Sonntag nachmittags ihre Traktätchen, Heiligengeschichten und im Gebetbuch. Die Geschichte der „kleinen Therese vom Kind Jesu“ habe sie bald sehr lieb gewonnen, angeblich wegen des einfach kindlichen, bescheidenen und frommen Wesens, das der kleinen Therese eignete und das ihr immer \S. 1983, Fortsetzung 2. Spalte\ als Ideal vorschwebte. Der gleichlautende Name mag unseres Erachtens diese Vorliebe begünstigt haben, vielleicht trug die Tatsache, daß die kleine Therese erst am Ende des vorigen Jahrhunderts es bis zur Heiligsprechung brachte, auch dazu bei, daß sich in Therese Neumann unbewußt der Gedanke festigen konnte, daß man es also auch heute noch zur Heiligen bringen könne, zumal wenn man Therese heißt. Doch lasse ich das offen. **(12)**

Wir halten einen Augenblick inne. Die Vorgeschichte der Therese bietet in der Tat nicht besonders viel Bemerkenswertes. Was man über ihre Jugend berichtet, weicht nicht von den Schilderungen der Lebensläufe und Charakterzüge gesunder Persönlichkeiten ab. Nun weiß natürlich jeder erfahrene Arzt, daß man bei der Beurteilung der Vorgeschichte niemals vorsichtig genug sein kann. Man erhält die Angaben stets von Laien, die vielfach nicht scharf beobachten, und in dem vorliegenden Fall kann die Kranke wie ihre Angehörigen nur ein (unbewußtes) Interesse daran haben, eine möglichst normale Vorgeschichte zu geben. An die oben gestreiften, gewissen, wenn auch fraglichen Unstimmigkeiten über die Familienanamnese sei erinnert. Allein gröbere Abweichungen von der Norm scheinen tatsächlich gefehlt zu haben, auf die leichte Neigung zum Schwindeligwerden kann nicht allzuviel Gewicht gelegt werden. Es weiß auch jeder erfahrene Arzt, daß sich bei zahllosen später psychogen oder neurotisch erkrankten Individuen an der Vorgeschichte nicht die geringsten Besonderheiten aufzeigen lassen, so daß dieses fast negative Ergebnis der frühen Vorgeschichte gar nichts gegen die späteren Krankheitszustände besagen kann. **(13)**

Im März 1918 brannte es beim Nachbarn des Dienstherrn, bei dem Therese in Stellung war. Sie erschrak sehr heftig, war im ersten Moment fast kopflos, zitterte am ganzen Körper, fühlte sich wie gelähmt, griff aber dann schnell beim Löschen zu. Dann fiel ihr ein, daß ja auch die Scheune ihres Dienstherrn gefährdet sein könnte, sie lief dorthin und wurde auch gleich vom Dienstherrn hart angelassen:

(12) Diese überaus konzentrierte und sachliche Personenbeschreibung hebt sich von den oben angeführten Merkmalen einer dissoziativen oder hysterischen Persönlichkeit vollkommen ab. Es zeugt auch von Sachlichkeit, daß Ewald die aufgeworfene Frage nach dem Wunsch der Heiligkeit im Sinne einer Selbstheiligmacherei offen läßt, weil die diesbezüglichen Informationen fehlen (Abb. 1, 2).

(13) Hierzu muß allerdings bemerkt werden, daß Neurosen und Psychosen, auch wenn sie erst später ausbrechen, meist eine latente Vorgeschichte haben bzw. nur selten aus heiterem Himmel kommen.

„Was laufst denn herum, faß mit an“. Sie reichte dann dem Dienstherrn, der auf einer Leiter stehend seine gefährdete Scheune schützte, Eimer hinauf, bis sie mit einem Male einen „Knicks“ im Rücken verspürte. Sie konnte von da ab keinen Eimer mehr heben, hatte beim Bücken und Heben Beschwerden. Offenbar handelte es sich um eine schmerzhafte Zerrung. Sie fühlte sich in der Folgezeit leistungsunfähig, war matt, appetitlos, schlaflos, hatschte umher, konnte nicht recht anfassen. Vom 23. IV. bis 10. VI. 1918 lag sie im Waldsassener Krankenhause, hatte hysterische Zustände, erbrach auch des öfteren Blut. Die Diagnose lautete nach dem Unfallakt „Hysterie nach Schock“. **(14)** Die Periode setzte nach dem Brand ein volles Jahr aus, kehrte dann noch einige Male in unregelmäßigen Abständen und wechselndem Ausmaß wieder; seit 1920 hat sie überhaupt aufgehört. Anlaß zu der nun bald immer schwerer werdenden und sich immer mehr fixierenden hysterischen Störung war anscheinend nur die während des aufregenden Brandes erlittene schmerzhafte Zerrung, die der bis dahin so gesunden Person, die Schmerzen nicht kannte, die Ueberzeugung beibrachte, daß sie schwer leidend sei. **(15)** Gerade bei der Bauernbevölkerung sieht man ja erfahrungsgemäß ein solch übertriebenes Reagieren auf Schmerzen nicht selten. **(16)** Eine andere Ursache konnten wir nicht aufdecken, es kam bei dem Brand niemand ums Leben oder zu Schaden, die Betroffenen waren versichert. Niemand stand der Therese besonders nahe. Der Dienstherr, bei dem Therese mit zwei ihrer Schwestern in Stellung war, war zwar Junggeselle, aber 25 Jahre älter als Therese, eine sexuelle Bindung an ihn kann wohl sicher abgelehnt werden; außerdem kam er nicht zu Schaden. Daß durch das Brandunglück der Therese irgendeine Lebenshoffnung zerstört worden wäre, kann mit größter Wahrscheinlichkeit verneint werden.

Nach ihrer Entlassung aus dem Waldsassener Krankenhaus faßte sie bald da bald dort etwas an, ohne sich je recht leistungsfähig zu fühlen. Im Sommer 1918 bekam

(14) Die Diagnose „Hysterie nach Schock“ müßte sachgerecht „nicht lokaliserbare und erklärbare Störungen nach einer mutmaßlichen Rückenverletzung“ lauten.

(15) Man ist gut beraten, wenn man bei Ereignisreaktionen mit somatischen Beschwerden vor jedweder psychogenen Deutung eine eingehende Körperdiagnose vornimmt, um z. B. nicht psychotherapeutisch zu behandeln, wo ein Kopftumor die Ursache der Beschwerden ist. Hier trat jener methodische Fehler ein (wohl bewußt, in Ermangelung an Erklärungsmöglichkeiten), vor dem einleitend gewarnt wurde: das Erklärungsmodell „Hysterie“ wurde zum Beweis erhoben.

(16) Dies riecht nach akademischer Überheblichkeit. Selbst Akademiker können auf Schmerzen übertrieben reagieren. Bei Therese scheint dies übrigens nicht der Fall gewesen zu sein.

sie angeblich „Flimmern“ vor den Augen, die Sehkraft nahm ab. Im Oktober 1918 verhob sie sich beim Aufheben eines schweren Gegenstandes von neuem, und seitdem war es mit dem Gehen ganz aus. Sie lag darauf so schwer darnieder, daß man den Geistlichen rief in der Meinung, es gehe zu Ende. Offenbar handelte es \ *Fortsetzung S. 1984*\ sich auch hier wieder um eine echt übertrieben hysterische Reaktion; denn an einem einfachen Verheben ist noch niemand gestorben. Wohl aber weiß jeder erfahrene Arzt, daß die hysterische Hingabe an ein Leiden beim Laien oft die größte Sorge erweckt, der „in Schönheit sterbend“ Hingestreckte möchte wirklich seinem Ende entgegengehen, was jedoch nie der Fall ist. Und so war es auch hier, Therese starb nicht. Sie gab an, daß sie damals schon so schlecht gesehen habe, daß sie nur noch die Größe der Gestalt des Pfarrers habe erkennen können, Einzelheiten seiner Figur aber nicht mehr. Gesichtsfeldeinschränkungen und Gesichtsfelddefekte lehnt sie, soweit man ihr dieses Symptom heute noch deutlich machen kann, ab; doch werden diese Dinge ja meist auch subjektiv nicht wahrgenommen. Eine Augenspiegeluntersuchung war nicht möglich, da Therese bei jedem derartigen Versuch in solche hysterische Krämpfe geriet, daß jedes Spiegeln zur Unmöglichkeit wurde, wie sie auch sonst massenhafte hysterische Anfälle hatte. Ihr Zustand war in der Tat, wie das bei den ganz schweren Hysterien ja auch nichts Ungewöhnliches ist, ein bejammernswerter. Man mochte ihr in dem Trubel der Nachkriegs- und Revolutionszeit einen Transport in eine Klinik nach München oder Erlangen nicht zumuten; sonst wäre sie vielleicht damals schon geheilt worden. **(17)**

In der Zwischenzeit von März bis Oktober 1918 konsultierte Therese auch einen alten Arzt in Hohenberg a. d. Eger, der jetzt verstorben ist. Derselbe hat wohl nach der (natürlich durchaus berechtigten) Art des Landarztes die Kranke beruhigen wollen, indem er ihr sagte, es hätten sich damals bei dem Brande gewiß einige Wirbel etwas verschoben. Das mag der Anlaß gewesen sein zu der Legendenbildung, daß sich Therese eine Wirbelverrenkung oder Rückenmarksverletzung zugezogen habe. Jeder der nur über einige anatomische Kenntnisse verfügt, wird einsehen, daß eine Wirbelverrenkung oder Rückenmarksverletzung durch ein Verheben zum mindesten eine allergrößte Seltenheit ist. Dazu kommt, daß Therese nach diesem Verheben noch monatelang gegangen ist, was wiederum mit einer der erwähnten schweren Verletzungen nahezu unvereinbar wäre. Ferner saß die „Verrenkung“ an der üblichen Zerrungsstelle in der Höhe des 3.-4. Lendenwirbels, wo bekanntlich das Rückenmark sich bereits aufgesplittert hat; es hätte also auch nach dem Sitz der Verletzung niemals zu schweren organischen Beinlähmungen kommen können; dagegen wären allenfalls Blasen- und Mastdarmstörungen zu erwarten gewesen, die

(17) Auch diese Aussagen erheben das Erklärungsmodell zum Beweis ohne auch nur die Frage einer somatischen Implikation zu stellen und entsprechende Untersuchungen anzusetzen.

Abb. 1: Therese Neumann von Konnersreuth in visionärem Zustand

Abb. 2: Therese beim Empfang der hl. Kommunion, gereicht von Pfarrer Joseph Naber

bei Therese nie vorhanden waren. Auch die Möglichkeit einer Blutung ins Rückenmark (Hämatomyelie) erscheint aus den gleichen Gründen denkbar unwahrscheinlich. Man kann also die vielbesprochene fehlende Röntgenaufnahme durchaus entbehren und kann trotzdem mit fast absoluter Bestimmtheit sagen, daß eine Rückenmarksverletzung mit organischer Beinlähmung nicht vorgelegen habe.**(18)** Therese und ihre Angehörigen legen aber heute noch großen Wert darauf, daß damals 2 „Knöpperle" (Dornfortsätze) nicht so deutlich herausgetreten seien, wie die anderen und etwas zur Seite nach rechts verschoben gewesen seien (zwangshafte Schmerzhaltung?). Jetzt ist die Wirbelsäule und der organische Nervenbefund, wie später zu lesen, völlig intakt.

Hinsichtlich des Brandunfalles besteht insofern eine kleine Unstimmigkeit, als in dem Unfallsakt kein Wort von dem „Knicks" steht (protokollarische Angaben des Vaters), sondern nur von der allgemeinen Leistungsunfähigkeit der Therese die Rede ist. Das kann aber an der Aufnahme der Akten liegen, ich messe dem keine große Bedeutung bei, eine Zerrung mag sehr wohl bestanden haben.

Um die Jahreswende 1918/19 wurde zunächst ein Invaliditätsverfahren eingeleitet, die Angelegenheit dann aber als Brandunfallsfolge der Berufsgenossenschaft übergeben. Therese bezieht seitdem eine 100proz. Unfallsrente wegen schwerster Hysterie[1]). Kollege Seidl verlor sie nun lange *S. 1984, Fortsetzung 2. Spalte*\

[1]) Das Gutachten für die landwirtschaftliche Berufsgenossenschaft vom 27. II. 1920 trägt die Diagnose: Schwerste Hysterie mit Blindheit und teilweiser Lähmung. Die Lähmungen der Glieder waren anfangs wechselnd, betrafen bald mehr die oberen, bald mehr die unteren Gliedmaßen. Die Sehnenreflexe sind in den verschiedenen Gutachten bald als vermehrt, bald als vermindert vermerkt, bald auf beiden Seiten verschieden ausgeprägt, das Empfindungsvermögen der Haut war bald gesteigert, bald herabgesetzt, bald da, bald dort wurde Druckschmerz angegeben, ein krauses Bild, wie es eigentlich nur zur Diagnose Hysterie passen konnte.

Beginn 2. Spalte\ Zeit aus den Augen, man zog ihn nicht mehr zu. Therese wurde von ihren Eltern gepflegt und man muß sich nun wieder ganz auf die Angaben der Angehörigen stützen. Sie war in jener Zeit gänzlich (hysterisch) gelähmt, lag meist auf der linken Seite, das linke Knie stark angezogen, aber nicht, woran zu denken gewesen wäre, nach Art einer Wurzelläsion, sondern der linke Fuß unter das rechte Gesäß geschlagen. So muß sie meist gelegen haben, denn es soll zu einem Druckgeschwür am linken Fußrand und an der Stelle, an der sich beide Knie kreuzten, gekommen sein; auch am Rücken soll sie sich etwas aufgelegen haben. Allzu schlimm kann es nicht gewesen sein; denn heute sind Narben nicht mehr zu erkennen. Dazu kam die nunmehr völlige (hysterische) Blindheit und tagweise Taubheit; bald hörte sie 2-8 Tage nichts, dann hörte sie wieder schlecht oder auch gut, wohl auch ein psychogener Zustand. Sie hatte wieder Magenblutungen, erbrach oft, blutete auch aus dem Ohr, soll an

(18) Solche diagnostische Aussagen ohne eingehende Untersuchungen wirken tendenziös, sind aber nicht sachbezogen.

Furunkulose gelitten haben[2]).**(19)** Aerztlichen Rat begehrte man nicht mehr, dagegen besuchte sie häufig der Pfarrer. Er mag sie auf das Leiden Christi hingewiesen haben und auf das Leiden so vieler Heiliger, um ihr Trost in ihrer Krankheit zu spenden. So mag sich ihr Seelenleben immer mehr mit jenen köstlichen Leiden erfüllt haben, und auch mit der kleinen Therese kam sie in innigeren Konnex. Sie war von ihrem eigenen Leiden wohl schwer mitgenommen, nahm es aber hin als von Gott geschickt und ertrug es in Geduld.

Hier bleiben wir wieder einen Augenblick stehen. Das Bild, das sich bisher bei Therese Neumann entwickelt hat, ist das Bild einer ausgesprochenen, ungewöhnlich schweren Unfallshysterie. **(20)** Daß die Lähmung der Therese eine ausgesprochen hysterische war, geht aus der Art der Entstehung, dem Sitz und

(19) Hier wird das Hysteriemodell so stark strapaziert, daß Ewald selbst in Anm. 2 die Möglichkeit einer Nervenentzündung nicht mehr ausschließt, wenngleich er sie als unwahrscheinlich hinstellt.

(20) An diesem Punkt zeigt sich mit aller Deutlichkeit, wie sehr eine vorgefaßte Meinung die objektive Untersuchung eines Sachverhaltes verhindert und man sich dabei in Wahrung der strengen Wissenschaftlichkeit, ohne es zu merken, dahin versteigt, der Hysterie Allmächtigkeit zuzuschreiben, um nicht zu transzendenten Einflüssen Zuflucht nehmen zu müssen. Davon kann auf der phänomenalen Untersuchungsebene, wie einleitend erwähnt, keine Rede sein. Es geht vielmehr nur um die Frage: Lassen sich die Erscheinungsformen nach den gegebenen empirischen Kenntnissen erklären oder bleiben Fragen offen? Mit dem Hysteriebegriff wird nichts erklärt, sondern das Ganze nur in eine negative Ecke gedrängt und die leidende Person als bewußte oder unbewußte Simulantin hingestellt, die im religiösen Trost des Pfarrers das nötige Opium für ihr Überleben findet. Die weiteren Deutungen folgen demselben Muster, so daß man grundsätzlich nur sagen kann, daß Ewald und seine Vorgesetzten ihrem so ängstlich gehüteten wissenschaftlichen Ruf einen echten Dienst erwiesen hätten, wenn sie sich im Untersuchungsbericht auf die Darlegung der gewonnenen Daten beschränkt hätten. Freilich gibt es zu allen Zeiten Erklärungsmodelle für das wissenschaftlich noch nicht so Greifbare, wie Zufall, Suggestion, Placebo, Evolution oder, gegenwärtig, die Macht von Chaos und Ordnung, um nicht gleich schon die Extraterrestrischen oder die kosmische Strahlung zu beschwören. Damals stopfte

der Ausbreitung der Störung ganz unzweifelhaft hervor. Was weiter auffällt, ist das Aufhören der Monatsblutungen und eine gleichzeitig in den Magenblutungen sich manifestierende Neigung zu Blutungen aus anderen Körperstellen, die man in dem vorliegenden Fall vielleicht mit Recht als sogenannte vikariierende, die Menstruationsblutung ersetzende Blutausscheidung ansehen kann. Vikariierende Magenblutungen sind etwas sehr häufiges. Was es mit der Neigung zum Bluten aus dem Ohr für eine Bewandtnis hat, lassen wir offen; es kann sich um eine Polyposis oder eine andere Ohrenerkrankung gehandelt haben - an einer Aktstelle wird auch von Ohreiterungen gesprochen, die nicht festgestellt wurden, - vielleicht aber manifestiert sich hier auch die Neigung zu Blutungen aus allen möglichen Organen überhaupt. Es wird auch über vikariierende Monatsblutungen aus dem Ohr in der Literatur berichtet. Ob der später zweifellos hysterischen Blindheit vielleicht Netzhautblutungen oder Glaskörperblutungen als Ausdruck der allgemeinen Blutungsneigung ursprünglich eine positive Unterlage gaben, die zu hysterischer Fixierung führte, vermögen wir nicht mehr zu entscheiden. Für eine ungewöhnliche Empfindlichkeit der Haut spricht, daß die hysterische Lähmung zu Druckgeschwüren führen konnte, eine im allgemeinen seltene Erscheinung bei psychogenen Lähmungen. Diese schon lange vor jeder Stigmatisation deutliche Neigung zu Blutungen und Hautläsionen erscheint uns von der gleichen Bedeutung, wie das Sistieren der Menstruation[3][4]). Die Neigung zu Geschwürs- *Fortsetzung S. 1985*\

2) Eine andere, wenn auch unwahrscheinlichere, Möglichkeit der Entstehung der Lähmungen bei Therese sei noch erwähnt. Es wäre nicht ausgeschlossen, daß die Durchnässung und Erkältung des Mädchens bei den Löscharbeiten zu einer schleichenden Polyneuritis (allgemeinen Nervenentzündung) geführt hätte, die sich im Laufe des Sommers 1918 dann in zunehmendem Maße entwikkelte. Auch die Sehstörung ließe sich allenfalls damit in Zusammenhang bringen, und die Neigung zur Bildung von Druckgeschwüren fände als trophoneurotische Störung eine leidliche Erklärung. Da sich die Polyneuritis aber nach Jahr und Tag spätestens zurückzubilden pflegt, so müßte man annehmen, daß sich die Lähmung bei Therese, wie das ja nicht selten vorkommt, während der organischen Wiederherstellung hysterisch fixierte und schließlich als rein hysterische Lähmung noch mehrere Jahre bis zum Tage der angeblichen „Wunderheilung" fortbestand.

3) Vielleicht wird sich mancher wundern, daß ich die an sich näherliegende Möglichkeit künstlicher Nachhilfe bei den Ohrblutungen und den Dekubitalgeschwüren nicht erörtere. Die nachfolgende Stigmatisation ist aber mit so großer Wahrscheinlichkeit

\ *Beginn S. 1985*\ bildungen und Blutungen darf sicher auch in Zusammenhang gebracht werden mit der überaus geringen Nahrungsaufnahme der Therese - diese einmal als Tatsache angenommen, unsere Bedenken werden wir später äußern -, da es bekannt

man alles in den Begriff der Hysterie, vor allem wenn es sich um Erscheinungen im Grenzbereich des Religiösen handelte. Den Mut, einfach zu sagen, daß ein Phänomen Verlaufsstrukturen aufweist, deren Erklärung noch aussteht, darf sich selbst heute noch kein karrieregebundener Wissenschaftler leisten.

ist, daß im Hungerzustand (Avitaminosen) häufig eine Neigung zu Gefäßwandschädigungen mit nachfolgenden Hautblutungen (Purpura) und Hautzerstörungen (Nekrosen und Gangrän) besteht (vgl. „Avitaminosen und verwandte Krankheitszustände". Herausgegeben von Stepp und György aus Enzyklopädie f. klin. Mediz. Berlin. Springer 1927).

Wir halten fest, daß vom Jahr 1920-1925 Therese Neumann sich ohne ärztliche Beratung, rein unter Pflege der Eltern und geistlichem Beistand befand. Daß der geistliche Herr sie in ihrem Elend immer wieder an Gott verwies, der durch seine Gnade die schwersten Kranken gesund machen könne, daß die Heillgen auch so viel zu Gottes Ehre gelitten und alles in Geduld getragen hätten, daß er ihr von Wunderheilungen aller Art mit und ohne Heiligenvermittlung erzählt haben mag, das war wohl nicht nur sein Recht, sondern auch seine seelsorgerische Pflicht. Es kann nicht bezweifelt werden, daß Therese in diesen Jahren, mit solchen Tröstungen reichlich gespeist, in fromm beschaulichem Dasein sich ganz auf derartige Gedanken einstellte, sich in der Rolle der Dulderin fühlte, die mit freudigem Herzen alles auf sich nahm. Das führte zunächst dazu, daß sie auch die Leiden anderer auf sich lud. Auf etwas mehr oder weniger kam es ja schließlich bei ihrem Zustand nicht mehr an. Im Jahre 1921/22 litt ihr Vater, der Ernährer der Familie, an schwerem Rheumatismus. Da fragte Therese den Pfarrer, ob es wohl Unrecht sei, wenn sie die kleine Therese, die ihre Lieblingsheilige geworden war, bitten würde, daß sie das Leiden ihres Vaters auch noch auf sich nehmen dürfe (vielleicht fragte sie auch die kleine Therese auf eigene Faust, das kann ich nicht mehr verbürgen.) Und siehe da, vom nächsten Tag ab zog es ihr die linke Hand und den linken Arm so stark nach der linken Brust herauf, und die Hand blieb 1/4 Jahr dermaßen gegen die linke Brustseite gepreßt, daß allmählich auch hier wieder ein Druckgeschwür entstand, das übrigens der Lage nach ziemlich genau der jetzigen Herzwunde entsprechen muß, ohne daß ich einen Zusammenhang beider Erscheinungen behaupten könnte. Der Vater aber war nach wenigen Tagen gesund. Kein Arzt wird zweifeln, daß es sich auch hier um eine hysterische Lähmung bzw. Krampfstellung gehandelt hat, die ja auch von selbst wieder ging, wie sie über Nacht gekommen war. Das Druckgeschwür aber kennzeichnet von neuem die Lädierbarkeit von Thereses Haut. Daß der Vater genaß, mag an der Art seines Leidens gelegen haben, das bekanntermaßen ungemein stark psychogen beeinflußbar ist, und es beweist gleichzeitig, mit welcher Verehrung damals schon die Eltern an der Tochter hingen, und wie sie den suggestiven Einflüssen der oft so verblüffenden und für sie so ganz undurchschaubaren hysterischen Erscheinungen unterlagen.

Im nächsten Jahre 1922/23 ereignete sich Aehnliches. \ *S. 1985, Fortsetzung 2. Spalte* \

\ *S. 1985* \ eine echte, daß ich es für tunlicher halte, auch frühere auffallende Erscheinungen lieber als Besonderheiten in Rechnung zu stellen, da sie dann eher klärend wirken können als verschleiernd.

[4]) Ueber vikariierende Blutungen s. Novak in Halban-Seitz, Handbuch der Biologie und Pathologie des Weibes, Bd. 5, Abt. 3, 1927. Dort ausführlicher Literaturbericht. - Kuttner, Ueber Magenblutungen u. bes. über deren Beziehung zur Menstruation. B.kl.W. 1895 Nr. 7. - Seeligmann, Vikariierende Menstruation. Zbl. f. Gyn. 1893 S. 642. - Fischel, Kastration wegen abundanter vikariierender Magenblutungen. Prag. med. Wschr. 1894 Nr. 12. Vikariierende Ohrblutun-

gen: Ergebnisse d. allg. Path. von Lubarsch u. Ostertag 1896, 3, 2. Hälfte, S. 282. - Ferreri, Zur Aetiologie der Blutungen aus dem Ohr mit Zugrundelegung eines Falles von hysterischer Otorrhagie. Ref. Arch. f. Ohrenhlk. 1883, 19. - Steinhäuser, Beitrag zur Kasuistik der vikariierenden Ohrblutungen. Inaug.-Diss. München 1893. - Daß die Haut bei Amenorrhoe häufig zur Zeit der Menstruationstermine zu Dermatosen, besonders auch zu solchen hämorrhagischer Art neigt, ist eine bekannte Tatsache. Ausführl. Literaturberichte bei Novak l. c. S. 584 ff. Auch Entzündungen und Hautnekrosen an symmetrischen Stellen kommen vor, vgl. Matzenauer und Polland Arch. f. Derm. 1912, Bd. 111, S. 385. Ueber Ausscheidung blutigen Schweißes (Novak, l. c.) wird öfter berichtet. - Blutungen aus den Augen werden besonders in der älteren Literatur öfter erwähnt, heute allerdings meist für Artefakte gehalten (Novak); doch wurde mir von zuverlässigster fachärztlicher Seite das Vorkommen solcher Blutungen bestätigt.

Beginn 2. Spalte Ein junger Student der katholischen Theologie, den Therese recht gern hatte, bekam ein Halsleiden und sollte deswegen sein Theologiestudium aufgeben. Wiederum bat sie die kleine Therese, daß sie das Leiden auf sich nehmen dürfe, und vom nächsten Tage an konnte sie nicht mehr recht schlucken; der junge Theologe aber steht jetzt vor seinem Amtsantritt. Seit jener Zeit konnte Therese nichts rechtes mehr „vertragen", konnte nicht mehr viel essen, und nährte sich seitdem angeblich im wesentlichen von Flüssigkeiten, Himbeersaft, Tee und Milch.

Nun aber war auch der Boden geebnet für ihre eigene Heilung. Konnten die Heiligen bewirken, daß sie, die Therese Neumann, die Leiden anderer auf sich lud und jene genaßen, so konnte sie selbst auch Heilung finden. Nirgends aber kann der Glaube an die Möglichkeit einer Genesung so wirksam in Erscheinung treten, wie bei psychogenen oder hysterischen Symptomen.

Am 29. IV. 1923, am Tage der Seligsprechung der kleinen Therese, wurde Therese Neumann plötzlich von ihrer hysterischen Blindheit geheilt. Ueber die näheren Umstände dieser Heilung hat sie sich mir gegenüber nicht ausgesprochen. Aus zuverlässiger Kollegenquelle aber hörte ich, daß sie ihrem kleinen Bruder etwas Unrechtes verwiesen habe; der habe erstaunt gesagt: „Aber du kannst das doch gar nicht sehen." Da habe sie mit einem Male bemerkt, daß sie wieder sehen könne und sei sehend geblieben. Vor dem plötzlichen Schwinden ihrer Lähmungserscheinungen aber, am 17. V. 1925, dem Tage der Heiligsprechung der kleinen Therese, hatte sie bereits eine echte psychogen-hysterische Vision, in der die kleine Therese ihr die Möglichkeit, ja die Tatsache ihrer Genesung kundtat. Sie lag plötzlich wie entrückt mit einem glücklichen Gesicht und sah einen hellen Lichtschein. Man rief sofort nach dem Pfarrer und als dieser kam, richtete sie sich auf und sagte, sie könne gehen, sie habe mit der kleinen Therese gesprochen, erhob sich und führte den Anwesenden sofort ihr Können vor.

Wir wissen sehr wohl, daß wir uns hier die Zusammenhänge selbst haben zurecht legen müssen, wir haben es aber nicht willkürlich getan, sondern nach durchaus vernünftigen psychologischen Mechanismen und Gesetzen. Daß Therese selbst diese Mechanismen durchschaut, kann niemand verlangen, sie kann also selbst darüber auch nicht Aufschluß geben. Der Psychiater aber muß die Zusammenhänge durchschauen; das ist das Wesen jeder Psychoanalyse und jedes „übergreifenden Verstehens". Für sie war es natürlich die kleine Therese, die sie gesund gemacht, wie sie ihr auch die Leiden ihrer Angehörigen und Freunde früher aufbürdete. Für den Arzt und Psychologen aber war es der in ihr erstarkte Gedanke, daß sie gesunden könne und wolle, der Glaube an ihr eigenes Vermögen, das tatsächlich immer vorhanden, aber in echt hysterischer Weise verdrängt und ihrem Willen entzogen war, der sie das erleben ließ, was sie erlebte und sie zur Heilung führte. Wie andere im Glauben an den Arzt durch seine Fremdsuggestion von ihrem hysterischen Leiden befreit werden, so befreite sich Therese durch die Selbstsuggestion ihres Glaubens an die kleine Therese von ihrem hysterischen Leiden.

In ihren eigenen Augen aber und in den Augen ihrer Umgebung war sie nun ein unter besonderer göttlicher Gnade stehendes Mädchen. So mußte sie und ihre Umgebung auch der überraschend plötzlichen Heilung von einem Anfall von Blinddarmentzündung eine besondere Gnadendeutung geben. Sie erkrankte im November 1925 an heftigen Beschwerden in der rechten Unterleibsseite. Kollege S e i d l wurde gerufen - hier setzt endlich wieder der nüchterne Arztbericht ein - und stellte eine Blinddarmentzündung fest mit allen Symptomen. Er sicherte die Diagnose auch noch durch Palpation vom Darm aus. Es wurde bereits alles zur Operation gerichtet, als Therese plötzlich gesundete. Der Eiter war, wie Therese ungefragt ihrem Arzt erzählte, spontan durch den Darm abgegangen. Wenn es sich also wirklich nicht um eine rein hysterische Erkrankung gehandelt hat, was mir nach den Versicherungen des Kollegen S e i d l nicht wahrscheinlich ist, so war es der Durchbruch eines Abszesses („Douglasabszesses“) in den Mastdarm. Diese Art von Selbstheilung war bis zu der Zeit, in der die Frühoperation des erkrankten Wurmfortsatzes aufkam, ein ziemlich häufiges Ereignis, kommt aber auch heute noch bei verschleppten Fällen nicht ganz selten vor. Mit der Entleerung *Fortsetzung S. 1986*\ des Eiters pflegen alle Beschwerden (wenigstens zunächst) verschwunden zu sein. Es ist also auch nichts besonders Auffallendes, daß Therese unmittelbar nach der Eiterentleerung einen Gang über den Kirchplatz in die Kirche anschloß, um der kleinen Therese für ihre Errettung zu danken. Man kann aber auch in diesem Gang einen Beweis für die Stärke ihres Glaubens sehen, dessen Affektwert es ihr ermöglichte, Schmerzen und Schwäche zu überwinden. Kennt doch auch hier der Nervenarzt zahllose Parallelen aus der Alltagsmedizin, wo ein starkes Gefühl, auch wo ein Geltungsdrang die Negierung und Ueberwindung scheinbar unübersteiglicher Hindernisse, Schmerzen usw. möglich macht. Etwas Wunderbares liegt hier ebenso wenig vor, wie bei den Heilungen der Lähmung und der Blindheit. **(21)**

(21) Es ist nicht Aufgabe des Arztes, nach dem Wunderbaren zu fragen oder dasselbe unter Beweis zu stellen. Er soll vielmehr abklären, was und wie etwas geheilt wurde, wobei sowohl der zeitliche Faktor und die angewandten Therapeutika als auch die Rückstände und Folgeerscheinungen sowie die somatischen und psychischen Implikationen hervorzuheben sind, um schließlich vielleicht sagen zu können, *so* ist alles verlaufen; *warum* es aber so verlaufen ist, muß offen bleiben.

Ueber der ersten Entstehung der Stigmata liegt einiges Dunkel. Die Stigmata seien „mit einem Male" dagewesen. Kollege Seidl sah Therese auch erst wieder, als sie die Stigmata an den Streckseiten der Hände bereits hatte[5]). Davon, daß sie vorher Schmerzen an jenen Stellen hatte, will sie wohl wissen; gesehen habe man vorher aber nichts. Sie lehnt es auch ab, allerdings nicht gerade mit Nachdruck, daß sie sich in der Zeit vorher ungewöhnlich viel mit dem Gedanken an das Leiden Christi beschäftigt habe. Von anderen Stigmatisierten, wie Katharina Emmerich und Luise Lateau, will sie vorher nichts gewußt haben. Immerhin war es die Leidenszeit Christi 1926, und die seelische Gesamteinstellung war, wie wir oben zeigten, zweifellos günstig, als Therese des öfteren in Zustände der Ekstase und der Entrückung, der Umdämmerung verfiel und in diesen Zuständen traten dann als erstes besonderes Zeichen blutig gefärbte Tränen aus den Augen. Näher sprach sie sich über ihr Erleben nicht aus, lehnte mein eingehendes Fragen bald ab, meinte sie sei auch etwas müde - es war am Schluß der Untersuchung. So hielt ich es für geraten, nicht weiter in sie zu dringen. Nach den blutigen Tränen trat bald auch die Herzwunde auf, später die Stigmen an den Hand- und Fußrücken. Am Herz-Jesus-Freitag 1926 (6. XI.) begann während der Ekstase der Kopf an 3 Stellen der behaarten Kopfhaut Blut auszuscheiden, jetzt sind es 8 Stellen, doch bleibt die Stirne frei. Seit Karsamstag 1927 bestehen kleinere Stigmata auch an den Innenflächen der Hände und an den Sohlen. Anfangs soll das Blut aus den Stigmen ständig langsam abgesickert sein, später traten Blutungen nur noch an den Freitagen während der Ekstase auf. In der Passionszeit 1927 bluteten sämtliche Stigmen, während jetzt nur noch blutige Tränen fließen und Kopf und Herzwunde bluten, Hände und Füße dagegen nicht mehr. Die Schorfe über den Stigmen an Händen und Füßen heilen aber nicht ab. Näheres im Anschluß an den körperlichen Befund. **(22)**

Sollte Hysterie in der hier bestehenden Form Krankheit wie Gesundheit in einem nicht abzugrenzenden Ausmaß verursachen können, wäre sie ja geradezu als medizinischer Zauberstab zur Heilung aller genannten Beschwerden heranzuziehen. Man bräuchte lediglich eine „Schockhysterie" hervorzurufen, mit der bei Therese, wie oben erwähnt, angeblich alles seinen Ausgang genommen hat.

(22) Es scheint so zu sein, daß die Stellen der Wundmale dem Vorstellungsbild der stigmatisierten Person entsprechen, zumal bei der Kreuzigung die Nägel an den Handwurzeln eingeschlagen wurden, wie dies auch am Turiner Grabtuch zu sehen ist. Die Stigmatisierten aber tragen die Wundmale vornehmlich an den Handflächen, so auch Therese. Ob dies auch anatomisch-funktionelle Gründe hat, muß dahingestellt bleiben. Auf alle Fälle werden auch die Wundmale von bestimmten Körperfunktionen getragen, deren Steuerung aufgrund der

Körperlicher Befund :

Therese ist mittelgroß, von durchschnittlich kräftigem Körperbau, im Gesicht ziemlich dick, am Körper in leicht reduziertem Ernährungszustand. Sie hat eine blasse Gesichtsfarbe, sieht fast etwas pastös aus. Die Augen sind haloniert, die Lippen feucht, ganz leicht livide verfärbt. Die Augäpfel treten nicht hervor, die Lidspalten sind mittelweit, gleich. Die Pupillen sind mittelweit, gleich, rund und reagieren prompt auf Lichteinfall und Nahsehen[6]). Die Augenbewegungen sind frei, kein Nystagmus. Die Hornhaut- und Bindehautreflexe sind erhalten, das Empfindungsvermögen im Gesicht ist intakt. Druckpunkte im Gesicht finden sich nicht. Auch motorisch wird das Gesicht gleichmäßig innerviert. Chvosteksches Symptom besteht nicht. Hören und Sehen ist jetzt gut. Die Zähne sind defekt. Mäßiger Hungergeruch aus dem Mund. Der Rachenreflex fehlt. Das Zäpfchen wird gleichmäßig gehoben. Für die angebliche Schluckstörung ist eine organisch-neurologische Grundlage nicht aufzufinden. Die Sprache ist klar. Die Zunge wird gerade vorgestreckt, ist feucht und zittert nicht. Der Herzschlag ist voll, kräftig, regelmäßig, gleichmäßig, zur Zeit 66. Die Atmung ist ohne \S. 1986, Fortsetzung 2. Spalte\

[5]) Diese zunächst etwas peinlich, zum mindesten überraschend herrührende Angabe der plötzlichen Entstehung erscheint in etwas anderem Licht, wenn jetzt Schindler berichtet, daß er in der Hypnose vor Augenzeugen rein durch Suggestion unter seinen Augen das Aufschießen von Blutblasen innerhalb von 5 Minuten beobachten konnte. **(23)** - Auf der anderen Seite hilft jedoch auch dies nicht darüber hinweg, daß eben doch in unserem Fall an einem wesentlichen Punkt eine Lücke

Komplexität des Zusammenwirkens somatischer, psychischer und geistiger Faktoren noch völlig unklar bleibt. Dabei möchte ich eine transzendente Initialsteuerung, wie eingangs erwähnt, nicht grundsätzlich ausschließen. Das Phänomen selbst ist jedoch als natürliches Phänomen zu betrachten und entsprechend zu untersuchen. Wo Erklärungen noch ausstehen, soll man dies mit der Feststellung vermerken, daß nach dem heutigen Wissensstand dieser oder jener Aspekt noch nicht erklärt werden kann. Der Zauberstab „Hysterie“ hilft hier nicht weiter, gehört er doch in der hier verwendeten Form in den Bereich der Magie.

(23) Die bei Hypnoseversuchen erzielten diesbezüglichen somatischen Wirkungen kamen über ein Erröten der Haut oder eine leichte Bläschenbildung nicht hinaus und fallen daher hier nicht ins Gewicht. Dabei gilt es allerdings zu bedenken, daß jede Hypnose letztlich eine Selbsthypnose ist und somit bei der stigmatisierten Person als möglicher Wirkfaktor in Erwägung gezogen werden muß. Freilich bleiben die Stigmen auch nach den Blutungen, während der Ekstase oder zu besonderen Zeiten weiter bestehen. Dies ließe sich als eine Art

klafft und die Auffassung, daß wenigstens anfangs bei der Stigmatisation eine künstliche Nachhilfe mit im Spiele war, schlechthin unwiderlegbar bleibt.

[6]) Eine Augenspiegeluntersuchung habe ich unterlassen, weil ich mich nicht kompetent fühlte.

Beginn 2. Spalte\ Besonderheit. Eine Schilddrüsenvergrößerung besteht nicht. Die oberen Gliedmaßen sind leicht hypotonisch, die Sehnenreflexe normal. Auffallend spitz verlaufende zarte, schlanke Finger, die an leichte trophische Störungen denken lassen. Das Empfindungsvermögen ist intakt. Keine Unsicherheit bei Zielbewegungen, auch kein Ruhezittern der Finger. Haut der Hände mittelfeucht, eher etwas trocken. Die Wirbelsäule zeigt sich im ganzen Verlauf völlig normal, nirgends druckschmerzhaft. Empfindungsvermögen auch am Rumpf intakt, Bauchdeckenreflexe regelrecht. Die Schambehaarung bekam ich bei einer Bewegung kurz zu Gesicht, sie war normal; die Brüste sah ich nicht, nur die Herzwunde. Der Leib ist leicht gespannt, ganz eingefallen. Bei tiefem Palpieren (etwas medial und abwärts vom M a c B u r n e y schen Punkt besteht eine geringe Druckempfindlichkeit. Die unteren Extremitäten sind etwas kräftiger entwickelt als die oberen, die Muskelspannung ist normal. Kniescheiben- und Achillesreflexe regelrecht, abnorme Reflexe der Babinskigruppe fehlen. Das Empfindungsvermögen ist auch an den unteren Gliedmaßen, einschließlich Lagegefühl, intakt. Therese geht nur auf den Fersen, da die Stigmen beim Auftreten schmerzen würden, tut dies aber außerordentlich gewandt und unauffällig, nicht demonstrativ. Beim Bestreichen der Haut kein besonderes Nachröten. **(24)** Große Neigung zum Frieren[7]).

Der Schlaf soll im allgemeinen ruhig sein, doch nicht mehr so ruhig wie früher. Therese schläft überhaupt wenig[8]). Sie liegt nach Angabe der Schwestern dann ganz ruhig, liest in einem Andachtbuch oder betet still, oder halblaut, denkt über ihre Schauungen in den ekstatischen Zuständen nach oder spricht mit dem Heiland. Sie soll während der Beobachtungszeit nur in 3 Nächten 1½ Stunden, in 3 Nächten et-

posthypnotische Wirkung deuten. Offen bleibt dabei jedoch die Frage, *wie* eine derartige Wirkung erzielt werden kann. Zudem ist der betroffenen Person selbst das ganze Ausmaß des Phänomens in keiner Weise bekannt. Es ereignet sich einfach und die Person ist den Ereignissen vollkommen ausgeliefert. Hier unbewußte Heils- und Geltungswünsche ins Spiel zu bringen, ist angesichts des Ausmaßes der Phänomenik schlichtweg als bösartig oder einfältig zu werten. Man soll die Phänomene eingehend untersuchen und entsprechend beschreiben, wie dies im folgenden Bericht über den körperlichen Befund auch geschieht.

(24) Wäre Therese wirklich so „hysterisch“, d. h. konversionsneigend gewesen, wie Ewald sie beschreibt, dann hätte sie zumindest beim Bestreichen der Haut somatisierend reagiert.

was über 1 Stunde und in 2 Nächten 1 Stunde geschlafen, sonst immer wach gelegen haben. Tagsüber ruht sie öfters in einem Liegestuhl oder auf dem Sofa, schlafe aber nicht.

Zu ihren Visionen gibt sie noch an, daß dieselben ausgesprochenen Leibhaftigkeitscharakter tragen, nicht bildhaft seien, sie seien auch farbig und nicht einfach schwarz weiß.**(25)** Sie stelle sich alles so lebhaft vor, daß sie gleichsam mit dem Heiland durch die Straßen gehe, kenne sich in Jerusalem jetzt auch schon ganz gut aus, und ein geistlicher Herr, der dort alles kenne, habe auch gesagt, daß alles genau stimmt. Sie berichtet davon mit einer unverhohlenen Freude, nicht ohne einen Zug von Selbstgefälligkeit.

Die Stigmata.

Nun zur Beschreibung der Stigmata: Auf den Hand- und Fußrücken finden sich ungefähr in der Mitte ca. 10 Pfennigstück große, leicht erhabene, schorfähnliche, leicht höckerige Gebilde. Sie zeigten, obwohl seit drei Monaten nicht mehr blutend, am Tage der Untersuchung - es war ein Tag vor der Ekstase - ein ziemlich frisches, dunkelrotes, glänzendes Aussehen, sind aber nicht feucht. Die gleiche relative Frische des Schorfes fiel auch unserem Erlanger Kollegen der gerichtlichen Medizin, Molitoris, auf, der einige Monate früher als Privatperson Therese besucht hatte. Die Schorfe fallen niemals ab. Sie sollen bei leisester Berührung überaus empfindlich sein. Das erschien mir nicht glaubhaft. Ich konnte auch ganz kräftig darüberstreichen, indem ich suggestiv sagte: „Wenn ich so leicht darüber streiche, dann tut es doch nicht weh; weh tut es doch erst bei Druck." Das gab Therese ohne weiteres zu. Ich glaube aber auch nicht, daß bei mäßigem Druck eine nennenswerte Schmerzempfindlichkeit besteht. Entzündliche Erscheinungen fehlen vollständig, keine Spur von Eiterneigung. An der Peripherie findet sich ein ganz schmaler, kaum 1 mm breiter Vernarbungshof von dünner, strahliger Haut. Einmal schlug Therese versehentlich mit der Hand gegen das Nachtkästchen; dadurch entstand in dem Schorf ein kleiner Sprung. Kollege Seidl konnte mit der Lupe einwandfrei feststellen, daß sich unter dem Schorf ein ganz feines Epithelhäutchen befand. Die Stigmata gehen also sicher nicht in die Tiefe, und die Angabe der Therese, daß sie das Gefühl habe, daß eine Verbindung zwischen den Stigmen der Beuge- und Streckseite bestünde, die medi- \Fortsetzung S. 1987\

[7]) Daß mit all diesen Feststellungen eine erschöpfende körperliche Untersuchung der Kranken noch lange nicht gegeben ist, daß unser gesamtes klinisch-experimentelles diagnostisches Rüstzeug

(25) Dieser Leiblichkeitscharakter besagt, daß sich in ihren Visionen alles in dreidimensionaler Lebendigkeit abspielte und nicht in der symbolhaften Form zweidimensionaler Darstellungen. Im übrigen sei hier auf meinen Beitrag „Bewußtseinszustände religiöser Erfahrung" in diesem Band verwiesen.

unter den Konnersreuther Verhältnissen nicht zur Anwendung kommen konnte, daß endokrinologische Untersuchungen u. a. mit ausfallen mußten, bleibt eine für die wissenschaftliche Beurteilung nachteilige Tatsache.

[8]) Geringes Schlafbedürfnis wird ja von vielen Stigmatisierten berichtet, was im Hinblick auf die modernen Anschauungen über den Schlaf und das Schlafzentrum von Interesse sein dürfte.

\Beginn S. 1987 zinisch von Anfang an unhaltbar erschien, ist natürlich nur eine subjektive Vorstellung und von dieser Vorstellung aus entstandene Empfindung und ist durch diese Feststellung widerlegt. Deshalb kann man auch gern auf die Anfertigung eines Röntgenbildes verzichten, die von vielen Seiten gewünscht wurde, nicht beweisend gewesen wäre und von den Eltern der Therese hartnäckig verweigert wird. **(26)** Die Stigmata zeigen übrigens das frische Schorfaussehen nur am Tage vor der Ekstase bis kurz nach der Ekstase. An den übrigen Tagen erscheinen die Schorfe flächenhafter und dunkler, wie durch Kollegen Seidl einwandfrei festgestellt wurde. Das gibt vielleicht einen Hinweis auf das Zustandekommen der Eigenart der Gebilde; man kann sich vorstellen, daß in der Zeit des frischen Aussehens um die Ekstasezeit herum ein leicht blutig-seröses Sekret durch das darunterliegende feine Epithelhäutchen von unten immer nachdrängt, und daß dadurch das frische, gequollene Aussehen bedingt ist und das Abfallen des Schorfes verhindert wird: Darin bestärkt mich noch die Beobachtung des Blutungsbeginns aus der Herzwunde, den Kollege Seidl beobachtete und auf den ich gleich zu sprechen kommen werde.

Die Stigmen an den Innenflächen der Hände und an den Fußsohlen sind kleiner, halb linsengroße, dreieckige Gebilde, im übrigen von der gleichen Beschaffenheit

(26) Derartige Äußerungen stellen Therese als primitive Simulantin hin. Wie stark war der Druck und was hat Therese wirklich gespürt? Sie scheint ansonsten nicht wehleidig zu sein. Die Hände hätte man leicht röntgen können, um die Tiefe der Wunden abzuschätzen; schließlich zeigten sich diese auch an den Handflächen. Daß sich die Eltern hier dagegen aussprachen, verwundert nicht, war doch die Schädlichkeit der Röntgenstrahlung schon damals nicht unbekannt und die Schutzmaßnahmen ließen zu wünschen übrig. Wie oft hätte man nicht bei Freigabe Therese röntgenisiert! Man muß hier auch die Sorge der Eltern verstehen, für die die ganze Sache nur eine Kuriosität der Wissenschaftler darstellte, von denen weiters keine Hilfe zu erwarten war. Eine Verbindung zwischen den Stigmen der Beuge- und Streckseite wird zwar in Abrede gestellt, doch fehlen eingehende Untersuchungen. Dafür die Konnersreuther Verhältnisse verantwortlich zu machen, reicht nicht aus, handelt es sich bei den einzelnen Gegebenheiten doch nur um sehr einfache Untersuchungsformen.

wie die Stigmen der Streckseite, nur daß eine Vernarbungszone nicht zu sehen ist. Die Entstehung dieser Stigmen auf der Beugeseite wurde von Kollegen Seidl beobachtet. Schon längere Zeit vor ihrem Auftreten gab Therese Druckschmerzhaftigkeit an den entsprechenden Stellen der Handflächen und Fußsolen an;**(27)** eine Blutleere oder Rötung konnte jedoch an den Stellen nicht bemerkt werden. Eines Tages begannen diese Stellen bei einer Ekstase zu bluten und bestehen seither in der beschriebenen Weise als Stigmen fort. Es wurde einmal versucht, durch einen therapeutischen Verband die Abheilung der Stigmen zu erzielen. Therese gab aber kurz darauf an, so ungeheure Schmerzen zu bekommen, daß der Verband wieder entfernt und von weiteren Versuchen wieder Abstand genommen wurde. Das war nun freilich nach meiner besten Überzeugung ein rein hysterisches Gebaren; es ist ganz ausgeschlossen, daß ein indifferenter Heilverband derartig heftige Schmerzen machen kann, jeder kennt ja die lindernde Wirkung solcher Verbände. Ich will damit nicht behaupten, daß die Abheilung der Wunden leicht gelungen wäre; denn es ist eine bekannte Tatsache, daß Wunden, bei denen trophoneurotische Einflüsse mit im Spiele sind, eine geringe Heilungstendenz haben.**(28)**

Die Herzwunde liegt über dem 4. Rippenknorpel dicht neben dem Brustbein. Als ich dieses vermerkte, protestierte Therese, sie läge schon zwischen zwei Rippen. Dem ist aber nicht so. Sie ist etwas schräg gestellt, der Schorf nicht ganz so erhaben wie an den Händen, von dunkelbrauner, echter alter Schorffarbe. Sie schien we-

(27) Auch andere Stigmatisierte, wie z. B. P. Pio, verspürten bereits vor dem Entstehen der Wundmale Schmerzen an den betreffenden Stellen.

(28) Den Schmerz empfindet sicher immer nur die leidende Person. Bedeutet „hysterisch" hier, daß sich Therese den Schmerz nur eingebildet hat oder daß sie bloß simulierte? Bevor man eine solche Aussage tätigt, ist eine differenziertere Untersuchung angesagt. Es ist schade, daß Ewald neben der sonst sachlichen, anschaulichen und sogar eingehenden Beschreibung der körperlichen Befunde bei den Deutungsansätzen in abwertende bis verletzende Plattitüden verfällt, da er nicht den Mut aufbringt, die Erklärung offen zu lassen bzw. die Aussage weiteren Untersuchungen anheimzustellen. Dies gilt auch für die Bezeichnung trophoneurotische Einflüsse, ist doch Trophoneurose ein unpräziser Sammelbegriff für Erkrankungen, bei denen organische oder funktionelle Störungen des zentralen und/oder peripheren Nervensystems ursächliche Bedeutung haben und die mit trophischen Störungen einhergehen. Zudem bleibt noch die Frage, ob man Therese wirklich als Neurotikerin bezeichnen kann.

niger blutungsbereit als die Handstigmen, obwohl sie am nächsten Tage blutete, während die Hände und Füße ja seit 3 Monaten an den Ekstaseblutungen nicht mehr teilnehmen. Der Schorf war auch an einer kleinen Stelle abgesplittert, so daß er in eine größere und eine kleinere Hälfte sich geteilt hatte. Zwischen beiden sah man wieder ein ganz reines, dünnes Epithelhäutchen, genau wie es Kollege Seidl mit der Lupe an der einen Hand festgestellt hatte. An der Herzwunde wurde der Beginn der Blutung von Kollegen Seidl einmal genau beobachtet: Etwa fingerbreit vom linken Brustrand entfernt, in ungefährer Höhe der 4. Rippe, sah man einen ca. 3 cm langen, nicht ganz fingerbreiten, von rechts oben nach links unten gehenden, wie ödematös durchtränkten Streifen, der die Ebene der übrigen Haut etwas überragt; er erschien wie von der obersten Eipidermisschicht entblößt. Mit dem Vergrößerungsglas sah man, wie schweißtröpfchenähnlich eine wäßrige Flüssigkeit sich entleerte, die sich beim Abfließen blutig färbte. Von dem aus der Herzwunde sich entleerenden Sekret wurde sofort ein Ausstrich gemacht; er erwies sich als echt bluthaltig. Diese Beobachtung gibt meiner obigen Anschauung von dem Farbe- und Konsistenzwechsel der Handstigmen um die Ekstasezeit eine gute Grundlage.

An der Kopfhaut konnte weder Kollege Seidl, noch ich die geringste Veränderung an den Stellen entdecken, deren Bluten anderen Tages zu erwarten war und auch eintrat. Therese tastete selbst den Kopf ab und \S. *1987, Beginn 2. Spalte*\ verwies auf einige Stellen, an denen mäßiger Druck ihr etwas Schmerz bereite. Zu sehen und zu fühlen war nichts. Ferner berichteten die Schwestern, daß am Tage nach der Ekstase an jenen Stellen sich einzelne punktförmige Blutungen, wie große Nadelstiche, finden würden. Ich bitte, das keinesfalls so zu verstehen, als ob mir damit das Vorliegen eines Artefaktes bewiesen wäre. Wie soll ein Laie kleinste Wundschorfe oder punktförmige Hautblutungen anders bezeichnen denn als nadelstichähnliche Gebilde. Der Biograph der Juliane Weißkirchner schildert bei dieser ganz ähnlich die blutenden Stirnstellen als „gerötete Stirnporen“, „Flohstiche, denen der Entzündungshof fehlte“[9]).

Und endlich noch das Blutweinen. Kollege Seidl und ich haben die Bindehäute der oberen und unteren Augenlider am Tage vor der Ekstase aufs genaueste inspiziert. Sie unterschieden sich in nichts von normalen Bindehäuten, zeigten keine Kratzeffekte, keine Narben, nicht das geringste, was auf eine willkürliche Verletzung hätte hinweisen können. Das erste Auftreten der blutigen Tränen bei Ekstasebeginn wurde von Kollegen Seidl und - an einem anderen Ekstasefreitag - von unserem gerichtlichen Mediziner, Kollegen Molitoris, einwandfrei beobachtet. Es begannen sich die Tränen mit einem Male etwas blutig zu färben und flossen dann blutig weiter. Beide Male wurde sofort ein Ausstrich gemacht und mikroskopisch untersucht. Der Blutgehalt der Tränen wurde beide Male ganz einwandfrei festgestellt. Wer das Ausmaß der Blutungen gesehen hat - die Veroffentlichung der überzeugenden Photographien wurde mir leider nicht genehmigt -, der wird zugestehen müssen, daß eine solche (einwandfrei als solche festgestellte) Blutfülle niemals durch Artefakt hervorgerufenwerden kann, ohne daß an den Bindehäuten deutliche

Narben hinterblieben. Es kann also unseres Erachtens nicht daran gezweifelt werden, daß wahrscheinlich durch Diapedese **(29)** Blut aus den Gefäßen der Konjuktiven austritt und sich in den Tränen beimischt, oder daß eine blutige Sekretion der Tränen- oder anderer Bindehautdrüsen besteht. Auch der Blutdurchtritt an den Haarfollikeln der Wimpern mag im Anschluß an den H u ß schen Fall offen bleiben. Jede künstliche Verletzung würde sich auch viel schneller wieder schließen, als bis eine solche Blutmenge aus ihr ausgetreten wäre, es sei denn, es handle sich um sehr ausgiebige und grobe Verletzungen, die aber niemals verborgen bleiben könnten. Das gleiche gilt von der aus der Herzwunde und aus dem Kopf austretenden Blutmenge; auch hier würde es einer erheblichen, nie verborgenen bleibenden Verletzung bedürfen, um Blutungen zu erzeugen, die wie bei der Herzwunde, 10-20 Mull-Lagen durchdringt, und auch am Kopf viel zu ausgiebig ist, um durch einzelne Nadelstiche erzeugt werden zu können. Endlich sei bemerkt, daß es sich bei dem Blut aus der Herzwunde und vielleicht auch aus der Kopfhaut n i c h t um reines Blut handelt, sondern um eine serös-blutige Flüssigkeit, wie die relativ gelblichrote Farbe der frischen feuchten Stellen beweist, die auch niemals durch eine künstliche Verletzung hervorgerufen werden könnte. *\Fortsetzung S. 1988*

[9] Von Interesse dürfte hier eine Beobachtung von Magnus H u ß aus dem Jahre 1857 sein (zit. nach S c h i n d l e r, Nervensystem und spontane Blutungen. Berlin, Karger, 1927), bei der ein junges Mädchen im Anschluß an einen (vielleicht nicht einmal wirklichen) Schlag auf den Kopf auf Jahre hinaus an Blutungen aus der Kopfhaut erkrankte, die in Intervallen von 8-14 Tagen aufzutreten pflegten, vielfach in Zusammenhang mit seelischen Erregungen. Das Bluten wurde ärztlich beobachtet: „Das Blut filtriert um die Haarwurzeln herum hervor, bildet um jedes Haar zunächst einen roten Fleck, dann einen Tropfen. ... Diese Filtration des Blutes geht sehr rasch, so daß, wenn man die blutende Oberfläche abwischt, sie nach einigen Augenblicken wieder von Blut bedeckt ist. ... Wenn man die blutende Stelle mit der Lupe betrachtet, sieht man keinerlei Exkoriation der Haut, sondern man sieht ganz positiv das Blut um das Haar durchfiltrieren. ... Während der Blutung ist die Haut nicht merklich geschwollen, weder an der Stelle, die blutet, noch in der Umgebung, sie ist nur etwas druckempfindlich und ihre Wärme ist etwas gesteigert. ... Bisweilen auch Blutung aus anderen Stellen: Aus den Follikeln der Augenwimpern so reichlich, daß das ganze Auge von geronnenem Blut bedeckt ist. Stets bluten obere und untere Wimpern gleichzeitig. Niemals haben die Augenbrauen geblutet. Bisweilen Blutung um die Haare der Achsel, der linken Brust, um die Schamhaare. Nur 3 mal Blutung aus dem linken Gehörgang. Außerdem Anfälle mit Blutspeien, die stets durch heftige Gemütsbewegungen hervorgerufen werden.“ Dieser ganz außerhalb der religiösen Sphäre liegende, ärztlich beobachtete Fall bietet zu der vorstehenden Untersuchung zum mindesten starke Parallelen.

\Beginn S. 1988

Die Ekstasen.

Ich gebe den Bericht der von mir beobachteten Ekstase vom Tage nach Abschluß der Schwesternbeobachtung wieder. Die Ekstasen setzen jeden Donnerstag zwischen 11 und 12 Uhr nachts ein und dauern bis Freitag Mittag gegen 1 Uhr. Den Beginn der ersten Ekstasen habe ich selbst nicht beobachtet, ich kann mich hierbei

(29) *Diapedese:* Austritt zellulärer Blutbestandteile durch die intakte Wand der Blutkapillaren als physiologischer Vorgang.

jedoch auf die Mitteilungen von Kollegen Seidl und die mündlichen Ausführungen von Kollegen Molitoris (wie oben schon erwähnt) beziehen.

Aus scheinbarem Schlummer **(30)** fährt Therese plötzlich auf. Sie sieht totenbleich aus, die Lider sind halb geschlossen. Sie richtet sich halb im Bette auf und bleibt mit vorgestreckten Händen einige Minuten reglos sitzen. Aus den Augen treten leicht blutig gefärbte Tränen, rinnen die Wangen herab, einzelne bis über den Unterkiefer auf den Anfang des Halses, trocknen und gerinnen. Diese Ekstasen wiederholen sich nun in Abständen von 10-15 Minuten die ganzen 12-13 Stunden, dauern meist 5-10 Minuten, nur die letzte große Ekstase dauert 1 Stunde. Allmählich bildet sich über beiden Wangen, von den unteren Augenlidern beginnend, eine zweifingerbreite Bahn festgeklebten, verkrusteten Blutes, die das Leidensschauspiel ungemein wirkungsvoll gestaltet. Ich lasse den Bericht folgen:

29. VII. 1927. Um 10 Uhr vormittags fand ich Therese in einer Ekstase vor. Ich durfte die folgenden drei Stunden dicht an ihrem Bette bleiben. Eine eigentliche Untersuchung war nicht gestattet. Nach dem Zurücksinken in die Kissen zeigte sich der Puls kräftig, regelmäßig, normal frequent. Die Atmung war leise und regelmäßig, der Geruch nach Hunger, wie gestern. Sie liegt mit geschlossenen Augen, wie in tiefer Erschöpfung. Beim Herunterziehen des Unterlides zeigt sich der ganze Konjunktivalsack mit schlickerigen Blutmassen angefüllt. Ein wenig Feuchtigkeit rinnt noch aus den Augen auf die schon ganz verkrusteten Bahnen auf den Wangen, ob noch von frischem Blut gerötet oder nur ein wenig gelöste Kruste enthaltend, war nicht mehr festzustellen. Die Kompresse über dem Herzen, etwa 20 Mull-La-

(30) Bei diesem Schlummer handelt es sich um einen Zustand des Protobewußtseins mit folgendem Übergang von der Kontemplation zur Ekstase. Natürlich gibt es auch die Möglichkeit eines Überganges vom Schlaf zur Ekstase. Dieser würde dann über den Traum erfolgen. Die Ekstasen wechseln mit Ruhepausen bzw. einer Rückkehr ins Protobewußtsein ab, weil eine Dauerekstase bei der gegebenen Intensität physisch nicht mehrere Stunden durchgehalten werden könnte. In diesem Entspannungszustand ist Therese auch bedingt ansprechbar. Das Ausstrecken der Hände (Abb. 3) deutet darauf hin, daß sie mitten im Geschehen steht, und zwar, wie schon bemerkt, in dreidimensionaler Abfolge. Nach der Schlußekstase von einer Stunde sackt Therese völlig erschöpft zusammen (Abb. 4), wobei sie sich nicht zum Protobewußtsein hin, sondern in Richtung Schlaf bewegt. Im übrigen sei hier auf die diesbezüglichen Ausführungen in meinem Beitrag „Bewußtseinsformen religiöser Erfahrung“ im vorliegenden Band verwiesen.

gen, ist frisch durchblutet, feucht, doch nicht von dick-rotem Blut, sondern von gelblich-rötlicher, serös-blutiger Flüssigkeit durchtränkt. Ebenso zeigt das Kopftuch kranzförmig nach hinten verlaufend eine Serie gut talergroßer, frischer Flekken solch serös-blutiger, etwas dunkler-rötlicher Feuchtigkeit. Die Stigmen an den Händen bluten nicht, sehen ganz aus wie am Vortag; die Stigmen der Füße bluten auch nicht; ich sah sie heute nicht.

Von Zeit zu Zeit wimmert Th. leise vor sich hin, wirft wie ein zu Tode Ermatteter einen Arm oder eine Hand zur Seite, zuweilen sinkt der Kopf matt zur Seite, sie zieht hin und wieder das eine oder andere Bein kurz hoch, um es dann schlaff wieder sich strecken zu lassen. Auf Frage wimmert sie leise etwas von dem, was sie gesehen; vom Heiland, der unter dem Kreuz zusammengebrochen, sagt in etwas puerilistischer, lallender Weise: „Jetzt haben sie das Holz weggenommen, dem Heiland, ja, ja, jetzt wird er bald heimgehen dürfen, die brauchen das Holz zu was anderem, jetzt wird er bald heimgehen dürfen.“ Sie deutet damit an, daß sie noch nicht weiß, daß es auf die Kreuzigung zugehen wird. Offenbar wiederholen sich solche Aeußerungen an den Freitagen in ganz der gleichen Weise; denn sowohl die Mutter, als der eine Geistliche glaubten mich in dem oben angegebenen Sinne aufklären zu müssen; ihnen schien das schon ganz geläufig zu sein. Zuweilen klagt Th. über Schmerzen im Leib, wie mir schien besonders in der l. unteren Bauchgegend; ich dachte vorübergehend, ob sie Stuhl zurückhalten wolle, doch ist das wohl eine irrige Annahme. Die Mutter gibt ihr dann meist das Steckbecken, Th. versuchte (diesmal von ca. 3 ccm Urin abgesehen) vergeblich zu urinieren. Dabei müssen alle das Zimmer verlassen; Therese bleibt einige Minuten (2-3) allein. Das war mir nicht ganz recht. Während der Beobachtung haben aber die Schwestern das Steckbecken bedient und haben Therese versorgt, auch darauf geachtet, daß kein Urin ins Bett abging.

Plötzlich fährt Th. schnell aus den Kissen wieder in die Höhe, mit einem Ruck, die blutigen Augen wieder halb geöffnet; mit weiten Pupillen weit in die Ferne blickend, verharrt sie wieder in der halb sitzenden Stellung mit vor- *S. 1988, Fortsetzung 2. Spalte*\ wärts erhobenen Händen. Das Mienenspiel wechselt, meist ist das Gesicht voll tiefster Schmerzen verzogen, zuweilen ganz starr, dann wieder plötzlich in jäher Angst sich verzerrend. Dabei richtet sie sich ein wenig mehr auf, es ist, als ob sie Hilfe reichend die Arme weiter und weiter strecken möchte, der Mund ist meist halb geöffnet, die Nasenflügel beben. Dann sinkt sie wieder ein wenig mehr zurück, um dann nochmals bebend nach vorn zu streben, endlich fällt sie wieder schlaff zurück. Schweiß sondert sie nicht ab. In den Zwischenpausen ist das Verhalten ganz wie oben, der Puls war immer auffallend ruhig. Sie beantwortet auch mir einige Fragen in der oben angegebenen Weise. Auf andere Dinge läßt sie sich nicht ein. Ich fragte, ob sie mich noch kenne. Ein geistlicher Herr trat herzu und meinte, ich solle mir keine Mühe geben, sie kenne niemand und gehe nicht darauf ein. Sie kannte mich aber doch und den geistlichen Herrn auch, war ganz im Bilde; denn nun fragte sie den Geistlichen: „Ist das ein guter Mensch an meinem Bett?“ Und

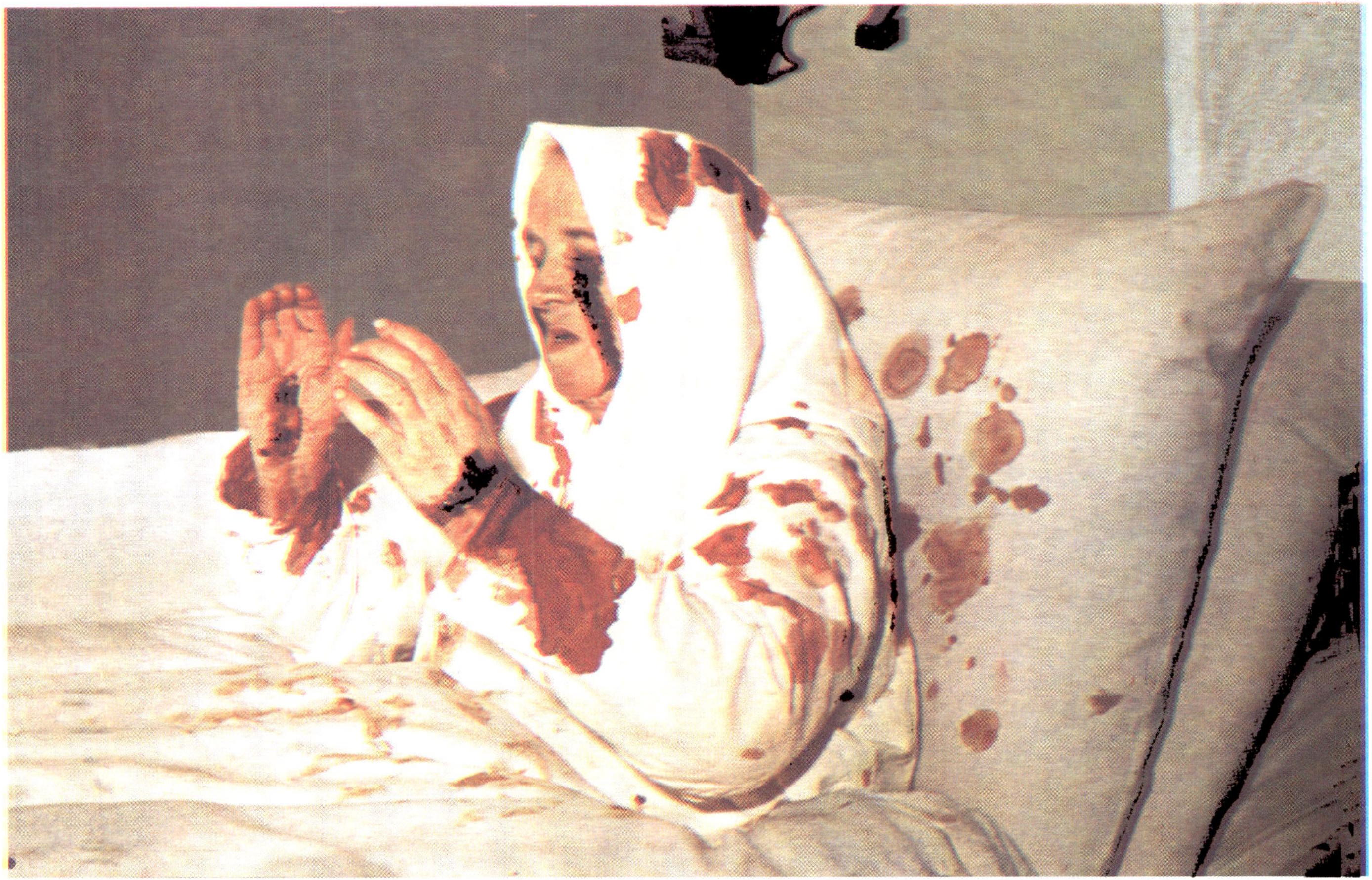

Abb. 3: Passionsvision

Abb. 4: Erschöpfungszustand nach der Vision

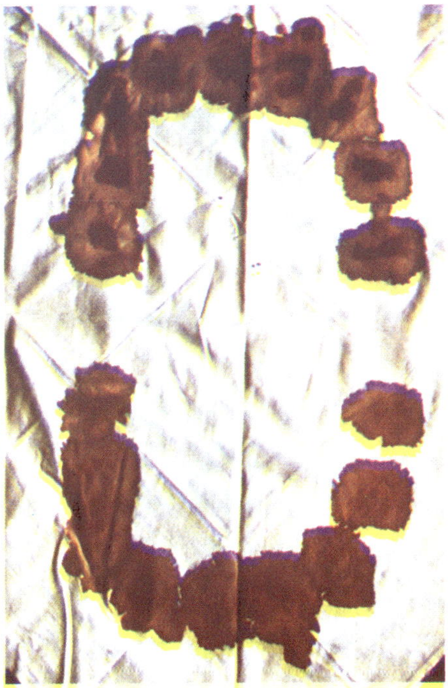

Abb. 5 (links): Mullkompresse, die während einer Passionsvision auf das Herzstigma gelegt war; Abb. 6: Kopftuch, das Therese während einer Passionsvision trug. Das Tuch war in der Mitte gefaltet; die oben dargestellte Hälfte lag auf dem Kopf auf, die untere war nach außen gekehrt.

Abb. 7: Therese mit Kontrollschwester und Pfarrer Naber; Überraschungsaufnahme während der Überwachung der Nahrungslosigkeit durch Prof. Ewald und Dr. Seidl sowie die vier Schwestern im Juli 1927.

nach der Bejahung: „Hat er den Heiland lieb?“ Und als auch dies bejaht war, legte sie den Kopf, wie mir schien, mit einer gewissen ostentativen Erleichterung, zur Seite. So geht es im Wechsel zwischen Ekstase und Ruhe bis 12 Uhr mittags.

Dann setzt die letzte große Ekstase ein, das Erlebnis der Kreuzigung, die eine volle Stunde währt, „die große Passion“. Th. sitzt die ganze Stunde in halb aufgerichteter Stellung mit vorgestreckten Armen und glatt ausgestreckten - allerdings vom Deckbett beschwerten - Beinen. Die Finger zucken leicht, teils anscheinend unwillkürlich, teils auch wohl halb willkürlich, als ob sich des Heilands angenagelte Finger am Kreuze krümmten. Ganz selten nimmt sie die Arme eine halbe Sekunde nach unten, ringt die Hände, reckt sie zum Himmel, um dann wieder in der Ausgangsstellung mit vorgestreckten Armen zu verharren. Die Augen scheinen wieder etwas mehr zu sezernieren, ich sah eine frische, lange, feuchte Bahn die Wange hinunter, ob frisch blutig, war nicht zu unterscheiden. Das Gesicht wechselt sehr im Ausdruck, angstvollster Leidensausdruck überwiegt weitaus. Zwischendurch scheint sie unangenehme Geruchswahrnehmungen zu haben, verzieht Nase und Mund entsprechend, dann horcht sie mit etwas seitwärts geneigtem Kopf. Einmal verklärt sich ihr Gesicht ganz plötzlich, um sich dann doppelt schmerzhaft wieder zu verzerren. Gegen das Ende der Passion wird alles um eine Nuance lebhafter, gesteigerter, sie ringt die Hände etwas öfter, greift angstvoll weiter nach vorn, wie wenn sie etwas fassen wollte, dann kommt anscheinend die Durstszene, sie beleckt die Lippen, öffnet den Mund wie um zu trinken, dann plötzlich noch einmal ein angstvolles Vorwärtsdrängen, ein kurzes Stöhnen, sie wirft den Kopf zur Seite und fällt schlaff zurück in die Kissen.

Sie lag dann fast wie eine Tote, leichenblaß, mit blutüberströmten Wangen, der Atem ging leise aber regelmäßig, der Puls war ruhig, mittelkräftig, 72 Schläge. Am Nachmittag erfolgte der übliche Sehweißausbruch. Sie pflegt dann meist den übrigen Tag im Halbschlaf hinzudämmern. Am nächsten Morgen ist sie wieder frisch und zum Kirchgang bereit. Alles in allem ist die Ekstase schon ein ergreifendes Schauspiel, und man kann es nur zu gut verstehen, wenn der gläubige Laie in tiefer Erschütterung das Haus verläßt. Auch der kritisch urteilende Arzt wird dem armen Geschöpf ein tiefes Mitleid nicht versagen können; scheint sie doch mindestens während der letzten großen Ekstase in ihren Visionen schwer zu leiden, ihr Ich scheint wirklich völlig dem Willen entglitten. An dem Tage, an dem ich der Ekstase beiwohnte, konnte man nicht einmal von einer übertriebenen Theatralik sprechen. Dadurch wurde das Bild nur wirkungsvoller. Andere Male soll sie sich allerdings sehr die Zügel schießen lassen, wodurch der Laie wohl getäuscht werden mag, während der Arzt eher daran Anstoß nehmen wird, da dieses dann allzusehr die Uebertriebenheiten extremer hysterischer Mechanismen in den Vordergrund schiebt.**(31)** Wenig angenehm berührt natürlich, daß die Umgebung Wert darauf legt, daß die

(31) Auch Ewald war tief bewegt, er kann dies hier nur indirekt zum

Blutspuren nicht immer alsbald nach Beendigung der Ekstase beseitigt werden - wer würde einen blutüberströmten Kranken nicht waschen wollen, sobald es möglich ist -, dadurch wird in peinlicher Weise der Eindruck gewollter und bewußter Zurschaustellung erweckt. **(32)**

Einige sichere Zahlen über die Besucherfrequenz mögen *\Fortsetzung S. 1989* von psychologischem Interesse sein. Während der Beobachtungszeit sollten Besuche nicht stattfinden; trotzdem waren am ersten Beobachtungsfreitag 756, am zweiten Beobachtungsfreitag 790 Besucher in Konnersreuth, danach stieg die Zahl wieder bedeutend an. Am 5. VIII. sollen über 2500, am 12. VIII. über 4000 Fremde nach Schätzung der Gendarmerie anwesend gewesen sein. **(33)**

Beurteilung der Stigmatisation.

Schon aus dem Vorhergehenden wird erkennbar geworden sein, daß die Stigmatisationen der Therese Neumann mir mit größter Wahrscheinlichkeit als echt erscheinen, soweit eine Stellungnahme außerhalb des Rahmens einer klinischen Be-

Ausdruck bringen, indem er von Verständnis spricht. Es ist Ewald hoch anzurechnen, daß er in der Beschreibung der Beobachtungen so sachlich bleibt, doch muß er auch hier von extremen hysterischen Mechanismen sprechen, um auf der Linie zu bleiben. Diese beziehen sich allerdings nicht auf die eigenen Beobachtungen, denn da habe sich Therese anscheinend im Zaum gehalten.

(32) Ein sofortiges Waschen würde die Regenerationsphase wohl belasten und sollte daher unterlassen werden (Abb. 5, 6), wenn dies aus hygienischen Gründen nicht notwendig ist. Ob man diese Berücksichtigung als Zurschaustellung bezeichnen kann, hängt von der Einstellung der Umgebung ab.

(33) Man muß sich hierbei auch die enorme Belastung Thereses und ihrer Familie vor Augen führen. Die Besucher kommen oft von weit her. Alle wollen Therese sehen, am liebsten völlig blutüberströmt. Neugierde und Erlebnisdrang kennen hier wie auch in anderen Extrembereichen des Lebens oft keine Grenzen. Die betroffene Person ist in diesem religiösen Kontext noch zur Vornehmheit verpflichtet. Den Anverwandten kann die Galle hochkommen, weshalb die harte Vorgangsweise des Vaters nur allzu verständlich ist. Hier darf freilich auch die Frage gestellt werden, ob Therese wirklich so anerkennungsbedürftig war, daß sie eine derartige Szenerie nur anbot, um im Zu-

obachtung überhaupt möglich ist. Daß es solche echte Stigmatisationen tatsächlich geben dürfte, darauf ist schon in vielen wissenschaftlichen Abhandlungen - ich nenne noch einmal Jakobi und J. H. Schultz, ferner die neue Monographie von R. Schindler, Nervensystem und spontane Blutungen, Beihefte zur Monatsschrift f. Psych. und Neurologie. Nr. 42. Karger, Berlin 1927 -, noch öfter in der Presse hingewiesen worden. Daß es sich um ein relativ sehr seltenes Krankheitsbild handelt, wird niemand bestreiten wollen. Die katholische Kirche kennt zirka 300 Stigmatisierte, hat aber nur in ungefähr 60 Fällen einen Anlaß zur Heiligsprechung gesehen; **(34)** für sie ist also keineswegs jede Stigmatisation ein Beweis für eine besondere Gnadenwirkung Gottes, und noch lange kein Anlaß zur Heiligsprechung. Bei der Prüfung einer Stigmatisierten muß natürlich in erster Linie immer aufs Genaueste untersucht werden, ob es sich nicht um eine Vortäuschung handelt; denn daß eine solche vorkommt, hat die Geschichte oft genug gelehrt[10]). Ich will daher noch einmal kurz zusammenfassen, was mich veranlaßt, einen Betrug bei der Stigmatisation des vorliegenden Falles für ausgeschlossen zu halten:

1. Wurde, durch mikroskopische Untersuchung festgestellt, daß es sich bei Therese Neumann tatsächlich um das Ausfließen von Blut handelt; 2. wurde der spontane Beginn der Blutung von mehreren Aerzten einwandfrei, zum Teil mit der Lupe, beobachtet; 3. ist das Ausmaß der Blutung ein solches, daß es durch einen künstlichen Eingriff nicht gut herbeigeführt worden sein könnte, ohne daß bei der so häufigen Wiederholung der Blutungen erkennbare Narben zurückgeblieben wären (z. B. an den Bindehäuten der Augen); 4. handelt es sich (an der Herzwunde) nicht um die Ausscheidung reinen Blutes, sondern um eine blutig-seröse Flüssigkeit, wie sie durch künstliche Verletzung schwerlich dürfte erzeugt werden können; 5. fehlt jede Neigung zu Eiterung, wie sie bei oft wiederholter künstlicher Herbeiführung der Blutung sicher nicht zu vermeiden gewesen wäre; 6. spricht die Veränderung der Handstigmen um den Ekstasetermin herum für eine spontane somatische Zustandsänderung an diesen Stellen; auch würden sich die Hand- und Fußstigmen besonders zur künstlichen Nachhilfe eignen; 7. und das darf man wohl auch anführen, ist die Ueberwachung der Kranken durch 14 Tage eine so gründliche gewesen, daß es denkbar unwahrscheinlich erscheint, daß es zu willkürlich erzeugten, von der Umgebung nicht bemerkten Verletzungen gekommen wäre; 8. bestanden schon vor der Stigmatisation Anzeichen (Versiegen der Monatsblutungen, Nekroseneigung der Haut), die das Auftreten von Blutungen aus anderen Körperstellen und das Auftreten von Hauterscheinungen zu begünstigen pflegen[11]). Auch dürfte in der

stand völliger Abwesenheit, wie bei der Ekstase, ein Höchstmaß an Bewunderung entgegenzunehmen.

(34) Die Zahl der Stigmatisationen seit Franz von Assisi wird heute auf über 400 Fälle geschätzt. Eine genaue Statistik steht noch aus, weil die Frage der Echtheit nicht immer geklärt wurde.

zum mindesten wohl äußerst beschränkten Nahrungsaufnahme ein stark zu Blutungen und Nekrosebildungen disponierender Faktor zu erblicken sein (Hungerzustand und hämorrhagische Diathese). **(35)** \ *S. 1989, Fortsetzung 2. Spalte*\

[10]) Ich halte es aber nicht für gut, wenn Aerzte, ja selbst anerkannte Fachautoritäten, von vorneherein die künstliche Herbeiführung einer Stigmatisation behaupten oder durch Parallelsetzung des neuen Falles mit irgendeiner nachweislichen Betrügerei aus älterer Zeit eine bewußte Irreführung nahelegen, ohne irgendwie selbst geprüft zu haben, wie es in dem vorliegenden Falle leider geschehen ist. Es wird damit dem Namen der Wissenschaft schwerlich gedient.

[11]) Um unverständigen Einwendungen vorzubeugen, sei noch besonders darauf hingewiesen, daß ich das Schwinden der Monatsblutungen nur als einen begünstigenden Faktor und die Blutungen der Therese nicht einfach als vikariierende Blutungen ansehe, welch letztere natürlich nur alle 4 Wochen zu erwarten sein würden. **(36)**

\ *Beginn 2. Spalte*\ Die Entstehung der Stigmatisation kann unseres Erachtens nur als eine ausgesprochen psychogene, d. h. durch Erlebnisse bedingte verstanden werden. Der ungeheure Einfluß seelischer Erlebnisse auf die mannigfachsten Zustände der Körperlichkeit ist ja gerade in den letzten Jahren intensiv studiert worden und hat oft zu überraschenden Ergebnissen geführt. Blutungen der verschiedensten Art, auch Nekrosen der Haut, konnten auf suggestivem und hypnotischem Wege erzeugt werden[12]). Voraussetzung ist dabei natürlich immer eine besondere vegetativ-nervöse empfindliche Konstitution, die sich in der frühen Vorgeschichte keineswegs immer zu dokumentieren braucht, aber zumeist schon in mehr oder weniger starker Neigung zu hysterischen oder anderen psychogenen Mechanismen einige Zeit vorher ihren Ausdruck gefunden haben dürfte, wie es auch bei Therese Neumann der Fall ist. **(37)**

(35) Bei der *hämorrhagischen Diathese* handelt es sich um eine erbliche oder erworbene (toxisch infektiöse, allergische, immunreaktive) Blutungsneigung im Sinne einer Minuskoagolopathie. Ob hier wirklich die Nahrungslosigkeit eine solche Blutungsneigung bedingte, bleibt offen.

(36) Dies ist für Ewald eine sehr mutige Aussage, die zum einen notwendig ist, um seine Untersuchungen zu rechtfertigen, und zum andern davon spricht, daß die Begebenheiten solcherart waren, daß man sie einfach nicht verneinen konnte. Auch die Relativierung der vikariierenden Deutung der Blutungen ist von der Sache her geboten.

(37) Sicherlich muß die ganze Phänomenik der Stigmatisation, wie schon erwähnt, von einem Vorstellungsmuster getragen werden, wobei hypnotische und suggestive Faktoren mitwirken können. Doch sind derartige Erscheinungsformen mit den bekannten psychogenen Faktoren und Somatisierungsformen nicht zu erklären. Hier hilft auch der

Wenn auf experimentell-psychologischem-suggestivem Wege das Ausmaß der Erscheinungen niemals die Intensität echter Stigmatisation erreicht hat, so besagt das nichts; weder durch Hypnose, noch durch Suggestion dürfte es z. B. auch gelingen, ein derartig schweres Herzklopfen zu erzeugen wie es fast jeden Menschen bei heftiger Angst befallen kann. Das von fremder Seite suggerierte Erlebnis im Experiment bleibt eben an Intensität und Wirkungswert stets gegenüber dem wirklichen Erlebnis zurück. Nur Autosuggestion vermag das Erhebliche zu erreichen, und Fremdsuggestion erstrebt ja auch die Erzwingung subjektiver, autosuggestiv entstandener Ueberzeugung beim Kranken zur Erzielung des gewünschten Heilerfolges.

Die eigenartige Lokalisation der Stigmen aber ist bedingt durch die Eigenart des Erlebnisses. Auch diese Lokalisationsfrage hat ihre einwandfreie Parallele auf einem von der Religion ganz abliegenden Gebiet, in der eingebildeten Schwangerschaft: Wunsch oder Furcht, geschwängert zu sein, kann bei disponierten Individuen dazu führen, daß die Monatsblutungen schwinden, die Brüste schwellen und Vormilch auszuscheiden beginnen, daß der Leib anschwillt, daß Hautveränderungen der Schwangerschaft (Chloasmen) auftreten, daß die Körperhaltung eine andere wird, der Gesichtsausdruck sich typisch verändert, und daß es schließlich zu fruchtlosen Geburtswehen kommt (vgl. die neue Monographie von Hofstätter, Urban & Schwarzenberg 1924 und H. Dörfler, I.-Diss. Erlangen 1922. An beiden Stellen eine reiche Literatur). Hier bewirkt der Wunsch nach dem Kind, dort das Miterleben des Leidens Christi die Eigenart und die Lokalisation der körperlichen Veränderungen.

Ob man nun zur Bezeichnung des Zustandes das Wort „hysterisch“ oder den weiteren Begriff des Psychogenen wählen will, mag jeder bei sich entscheiden. Psychogen besagt weiter nichts, als „durch Erlebnis hervorgerufen“; „hysterisch“ aber schließt in sich, daß auch das liebe menschliche Ich ein Wörtchen bei der Entstehung der Symptome mitspricht; nicht notwendig im Sinne einer willkürlichen Verstärkung gewisser somatisch-reflektorischer Erscheinungen, sondern hier mehr in dem Sinne, daß auch für die eigene Persönlichkeit bei der ganzen Geschichte etwas herausspringt, ohne daß dieser Wunsch dem Träger der Erscheinungen zum Bewußtsein zu kommen braucht.

stets mitgeführte Zauberstab der „Hysterie“ nicht weiter. Man muß sachbezogen einfach feststellen, daß es sich bei der Stigmatisation Thereses um ein außergewöhnliches Phänomen handelte, dessen Erklärung noch weithin offen bleibt. Der folgende Hinweis auf die eingebildete „Schwangerschaft“ trifft nur bedingt zu, denn vom bloßen Wunsch allein wird eine Person nicht schwanger! Zudem kann es bei Hirntumor, Chorionepitheliom usw. zu einer ähnlichen Symptomatik kommen.

Für mich spielen bei Therese Neumann diese Ich-Faktoren (in Form einer gewissen Selbstbespiegelung und Selbstgefälligkeit, in einer Freude am Erlesensein, auch wohl in einer gewissen Geltungssucht und in Sensationsfreudigkeit) sicher mit herein, wenn auch nicht in aufgetragenem Maße, und deshalb stehe ich nicht an, die Stigmatisation der Therese auch als hysterisch zu bezeichnen. Hat sie doch auch früher schon ausgeprägte hysterische Symptome geboten und wird als so veranlagte Persönlichkeit innerhalb der ekstatischen Zustände von ihren Ich-Wünschen nicht gut mit einem Male abstrahieren können; sie bietet ja auch außerhalb der Stigmatisation heute noch deutliche hysterische Zweckreaktionen (z. B. das hysterische Gebaren anläßlich der Differenz zwischen den Schwestern und der Geist-*\Fortsetzung S. 1990*

[12]) Nur wer das Auftreten von Hauterscheinungen und Blutaustritten durch die Haut auf psychogenem Wege überhaupt für unmöglich und alle dahingehenden Beobachtungen für Selbsttäuschungen hält, dürfte dieser Deutung ein „unmöglich" entgegenhalten.

\Beginn S. 1990 lichkeit während der Beobachtung[13])]. **(38)** Man würde es auch als eine hysterische Reaktion bezeichnen müssen, wenn man die Stigmatisation und die Ekstase auffassen wollte als eine bis zu völliger Selbstaufgabe gesteigerte Hingabe an „ein Anderes" mit dem Endzweck masochistischer Lustgewinnung in dieser Bindung, eine psychoanalytische Deutung, die ich mir im vorliegenden Falle mangels des Nachweises eines tatsächlichen positiven Lustgewinns in diesen Zuständen nicht zu eigen machen möchte. **(39)**

(38) Diese Fixierung auf den Hysteriebegriff, der andererseits von Ewald selbst relativiert wird, trägt hier zur Klärung wenig bei. Daß es bei der Anwesenheit von vier Schwestern (Abb. 7) mit Therese, Mutter und Geistlichkeit zu Eifersuchtsszenen kommen konnte, ist normal.

(39) Diese psychoanalytische Deutung, auf der im Grunde Ewalds Hysterieverständis beruht, wurde in der Fernsehdokumentation „37 Grad: Die Leidensbraut: Wunder und Wunden in Konnersreuth", die vom ZDF am 9. April 1996 ausgestrahlt wurde, bis zum Exzeß getrieben, wobei sich der Autor der Dokumentation noch beim Imago Mundi Kongreß 1995, auf dem dieser Band seinen Ausgang nahm, die Hinweise für das Grundmaterial holte. Nachdem ich selbst die volle psychoanalytische Ausbildung gemacht habe, weiß ich derartige Deutungen als reine, in diesem Fall auch noch bösartige, Konstrukte einzuordnen. Selbst Ewald geht hier auf Distanz.

Die Stoffwechselfrage.

Wir wären am Ende der Besprechung der Stigmatisation der Therese Neumann, wenn nicht noch die heikle Frage zur Erörterung stünde, wie man sich zu dem angeblichen Hungern und Dürsten der Kranken stellen soll. Ich kann mich hier nur auf die Mitteilungen des Kollegen Seidl beziehen und auf einige wenige Untersuchungen von Ausscheidungen, die mir durch Kollegen Seidl vermittelt wurden.

Die genauen Angaben der Therese N. über ihre Nahrungsaufnahmen sind die folgenden: Seit dem 25. XII. 1922 kann sie nichts Festes mehr schlucken und lebte seit dieser Zeit zunächst nur noch von Flüssigkeiten, Kaffee, Milch und etwas Fruchtsaft. Seit dem 28. XII. 1926, - also zur Zeit der Beobachtung seit 7 Monaten - nimmt sie auch keine Flüssigkeit mehr zu sich, außer dem Schlucke Wasser, der ihr gereicht wurde, um bei der täglichen Kommunion ein Partikelchen der Hostie - es beträgt jetzt nunmehr $^1/_8$ Hostie -, schlucken zu können. Sie will sich immer gesättigt fühlen und weder nach Speise, noch nach Trank Verlangen haben. Solange sie noch Kaffee und Fruchtsaft zu sich nahm, habe sie täglich oder alle paar Tage Urin und alle 8 oder 14 Tage Stuhl entleert. Seit Weihnachten 1926 entleere sie höchstens alle 8 Tage einmal Urin und alle 3 bis 4 Wochen etwas Stuhl. Die Stuhlmenge sei sehr gering, vielleicht ein Löffel voll, und sehe schleimig aus.

Hauptsächlich wegen dieser unglaublich klingenden Verhältnisse soll vom bischöflichen Ordinariat Regensburg eine Isolierung der Therese N. im Waldsassener Krankenhaus angestrebt worden sein, was jedoch am Widerstand der Familie gescheitert ist. **(40)** Daraufhin wurde die bekannte 14tägige Beobachtung durch vier Mallersdorfer Schwestern angeordnet, die dem Kollegen Seidl unterstellt wurden. Die Schwestern waren während der ganzen Dauer ihrer Tätigkeit beständig in schriftlicher, mündlicher und fernmündlicher Verbindung mit dem Arzt, der selbst 9mal Konnersreuth aufsuchte und ihre Tätigkeit kontrollierte. In den Donnerstag-Freitag-Nächten war der Arzt zur Beobachtung des Ekstasebeginnes anwesend. Urin, Erbrochenes, Blut wurden teilweise nach München, teilweise nach Erlangen

(40) So wünschenswert eine solche Internierung vom wissenschaftlichen Standpunkt aus auch sein mag, so haben die Bedenken der Eltern, wie schon erwähnt, doch auch ihre Berechtigung. Dabei muß man die damalige wissenschaftliche Einstellung Therese gegenüber beachten, weshalb selbst Ewald sich kaum zu äußern wagt. Wer kontrolliert zudem die Handlungen des Klinikpersonals und wer garantiert die Objektivität der Messungen und Aussagen? Hier erweist sich die 14tägige Beobachtung in Konnersreuth als abgewogene Alternative, denn dort gab es neben dem Untersuchungsteam auch die Kontrolle durch die Eltern, so daß Therese trotz der hohen Belastungen durch das Untersuchungsprogramm nicht völlig ausgeliefert war.

zur Untersuchung eingeschickt. Die Überwachungsinstruktionen waren im einzelnen folgende:

I.

1. Die vier Schwestern sollen in zwei Wachgruppen sich teilen. Jede Gruppe bekommt ein Gruppenheft ausgehändigt, in das über jede Wache Eintragungen gemacht werden müssen.

2. Die Th. N. darf keinen Augenblick allein gelassen werden, weder bei Tag, noch bei Nacht, weder im Hause noch in der Kirche, noch im Freien[14]). Der Abort darf während der Beobachtungszeit nicht benützt werden, sondern alle Abgänge sollen in eine Leibschüssel entleert werden.

3. Die Schwestern haben die Th. N. zu waschen. Dabei darf kein Schwamm, sondern nur ein ausgedrückter, feuchter Waschlappen zur Benutzung kommen.

4. Das von den Schwestern zu reichende Mundwasser muß vorgemessen, das benutzte Wasser in eine Schale entleert und nachgemessen werden.

5. Auch das zum Herunterschlucken der hl. Hostie be- \S. *1990, Fortsetzung 2. Spalte*\

[13]) Man darf freilich nicht nur das Bild schwerster degenerativer Hysterie zum Vergleich heranziehen, wie es zuweilen vom Journalisten in der Presse mit dicken Farben hingemalt worden ist. Das wirkt irreführend und erschwert die allgemeine Verständigung in Fällen, wie dem der Th. N. sehr. Hysteriefähig ist ein außerordentlich großer Teil aller erlebnisstarken Menschen, es kommt nur auf die Intensität des Erlebnisses und auf die äußere Situation an. Viele wertvolle Menschen haben gelegentlich schon hysterische Symptomkomplexe gezeigt.

[14])Während der Beobachtungsdauer unterblieb die Ohrenbeichte.

Beginn 2. Spalte\ nützte Wasser muß von den Schwestern vorgemessen werden.

6. Alle Ausscheidungen: Urin, Gebrochenes, Stuhl, müssen aufgefangen, gemessen oder gewogen und zur Untersuchung dem Arzt sofort geschickt werden.

7. Es müssen fortlaufend Körperwägungen, Temperaturmessungen und Pulsbeobachtungen gemacht werden.

8. Von dem an den Freitagen austretenden Blute müssen auf gut gereinigten Objektträgern Blutausstriche gemacht werden. Ebenso müssen an irgendeinem anderen Wochentage Blutausstriche mit dem durch Einstich in das Ohrläppchen gewonnenen Blute gemacht und zu gleicher Zeit der Hämoglobingehalt dieses Blutes bestimmt werden.

9. Es müssen über den Beginn der Blutungen und den Verlauf der ekstatischen Zustände an den Freitagen genaueste Beobachtungen und Aufzeichnungen gemacht werden.

10. Es müssen die an den Beobachtungsfreitagen über die Herzwunde gelegten Kompressen sowie die an diesen Tagen benutzten Kopftücher abverlangt und aufgehoben werden.

11. Es müssen photographische Aufnahmen von den Stigmen und soweit dagegen sich keine Schwierigkeiten erheben, von einzelnen Ekstasen gemacht werden. Wenn es einigermaßen möglich ist, soll auch ein oder das andere Stigma während der Freitagsekstase photographisch festgehalten werden.

12. Es soll die Beobachtung der Schwestern auch auf das religiöse Leben sowie

Abb. 8: Elternhaus der Therese in Konnersreuth; + Thereses Wohn- und Schlafzimmer

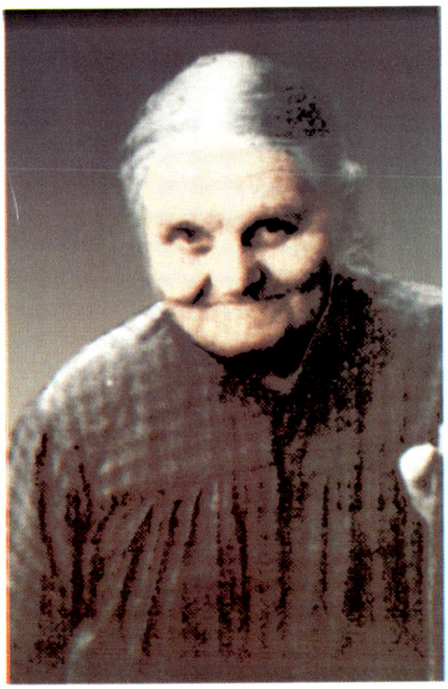

Abb. 9 und 10: Thereses Eltern: Anna (1874 – 1949), Ferdinand (1873 – 1959)

Abb. 11: Therese auf dem Totenbett (18. – 22. 9. 1962) mit den Stigmenzeichen an den Händen

das Verhalten gegenüber Angehörigen, gegenüber Personen aus dem nächsten und nahen Bekanntenkreise sowie fremden Besuchern sich ausdehnen.

13. Bei allen Zweifeln oder sich geltend machenden Widerständen sollen sich die Schwestern sofort schriftlich, mündlich oder fernmündlich an den Arzt wenden.

II.

Die Protokolle der Schwestern zeigten, mit welcher Gewissenhaftigkeit und Genauigkeit, mit welcher Unvoreingenommenheit und mit welch nüchternem Urteile die Schwestern ihre Aufgabe erfüllten. Die Temperatur war dauernd normal, meist wenige Zehntel überr 36°, erreichte nur 2mal abends 36,9°. Auch der Puls bot wenig Besonderheiten; während der ersten Ekstase wurden 60-80 Schläge gezählt, während der 2. Ekstase sogar nur 58-62 Schläge. Am Sonntag, den 17. VII., nachts 1 Uhr hatte Therese einmal einen „nervösen Anfall" mit Pulsanstieg bis 104. Sie soll dabei halb bewußtlos gewesen sein, um sich geschlagen und gerufen haben, es steche ihr durch das Herz. Der Anfall dauerte ca. 12 Minuten. Also für den Facharzt unverkennbar ein vielleicht durch gewisse körperliche Empfindungen ausgelöster hysterischer Anfall. **(41)** Nach dem Anfalle sei sie ruhig 35 Minuten lang im Bett gelegen und habe gelächelt, als wenn sie etwas sehen würde. Der Puls war wieder ruhig geworden, 76. Bei gelegentlich vorkommenden Schwächezuständen war der Puls vorübergehend schwach, einmal sogar nicht fühlbar. Die Blutausstrichpräparate ergaben normale Verhältnisse. Das Hämoglobin betrug 70, das Blutbild bot keine Besonderheiten. Das Erbrochene enthielt reichlich Blut, das großenteils Umwandlung in Hämatin zeigte. Es ist daher anzunehmen, daß es aus dem Magen stammte. Freie Salzsäure konnte nicht nachgewiesen werden. Mikroskopisch fanden sich keine Speisereste. Dieses letztere Ergebnis kann nur beim Uneingeweihten Verwunderung erregen; der Arzt weiß, wie schnell der Magensaft bei nur kurzem Hungern tabula rasa macht. Dagegen sind folgende Einzelheiten nun von Interesse:

1. Die Nahrungsaufnahme.

Der Nahrungsaufnahme wurde während der ganzen Beobachtungsdauer die größte und angespannteste Aufmerksamkeit zugewendet. Die darauf gerichteten Punkte der Instruktion, die auf das Waschen, auf die Darreichung des Mundwassers etc. sich bezogen, wurden auf das strikteste eingehalten. Trotz der angestrengtesten Beobachtung konnte n i c h t e i n Mal beobachtet werden, daß die Th. N., die keine Sekunde allein war, etwas zu sich nahm, oder irgendwie versuchte, etwas zu sich zu nehmen. Das Bett der Beobachteten wurde nicht nur beim Beginn der Beobachtung einer strengen Untersuchung unterzogen, sondern es wurde auch jeden Tag *Fortsetzung S. 1991* nicht etwa durch die Angehörigen, sondern durch die Schwestern ge-

(41) Was heißt hier hysterischer Anfall? Was ist das auslösende Erlebnis? War es ein Traum, eine Vision?

macht. Weder der Arzt noch die Schwestern meinten annehmen zu können, daß in Bezug auf Nahrungsaufnahme ein Beobachtungsfehler unterlaufen konnte.

Was überhaupt während der Beobachtungszeit in den Körper hineinkam, war folgendes:

a) Bei der täglichen Kommunion wurde ein kleines Partikelchen, ungefähr der achte Teil der hl. Hostie gereicht. **(42)** Selbst wenn man annimmt, daß in der Zeit vom 14. VII. bis 28. VII. zirka 3 Hostien genossen worden wären, so beträgt das Gesamtgewicht derselben nur 0,39 g.

b) Um das Partikelchen der Hostie schlucken zu können, wurde ihr Wasser in der ungefähren Menge von je 3 ccm gereicht, die Gesamtmenge des gereichten Wassers in der Zeit vom 14. VII. früh bis 28. VII. früh betrug also ca. 15mal 3 ccm = 45 ccm, das entspricht ungefähr der Menge von 3 Eßlöffeln Wasser.

c) Wie in der Instruktion vorgesehen war, wurde, so oft die Th. N. den Mund spülen wollte, von den Schwestern das vorgemessene Mundwasser gereicht, das benutzte Wasser in eine Schale entleert und nachgemessen. Dabei differierte das Wasser vor und nach dem Gebrauche nur zweimal: Am 16. VII. ergab sich ein Defizit von 5 ccm. Die Schwester bemerkt dabei, daß beim Ausspucken, „etwas daneben auf den Boden gekommen sei". Am 17. VII. nachts ergab sich ein weiteres Defizit von 5 ccm. Nach den übrigen Mundspülungen konnte ein meßbares Defizit nicht festgestellt werden.

2. Ausscheidungen.

a) Kot wurde während der Beobachtungszeit überhaupt nicht entleert. Nach der Beobachtungszeit, am 30. VII., entleerte sie etwas Stuhl, nach ihren Angaben etwa einen Löffel voll, der ein schleimiges Aussehen gehabt habe. Sie habe sonst im Laufe des Monats Juli überhaupt noch keinen Stuhl gehabt. Leider wurde der Stuhl dem Arzt nicht zugeschickt, so daß auch die Untersuchung in einem klinischen Laboratorium nicht veranlaßt werden konnte.

b) Urinentleerungen erfolgten während der Beobachtungszeit nur am Freitag, den 15. VII. in einer Gesamtmenge von nur 345 ccm und in der Zeit vom Donnerstag nachts, den 21. VII. bis Samstag, den 23. VII. in der Gesamtmenge von nur 180 ccm. An den übrigen Tagen erfolgte keine Urinentleerung. Gewöhnlich stellt sich mit den ekstatischen Zuständen sehr häufiger, außerordentlich schmerzhafter, oft erfolgloser Urindrang ein.

c) Erbrochenes wurde entleert am Freitag, den 15. VII. früh 8.48 Uhr. Dabei soll es sich, wie man vermutete, nur um Blut, das von den Augen in den Mund floß, gehandelt haben[15]). Auch am Freitag den 22. VII. wurde eine ganz geringe Menge Schleim und Blut erbrochen.

(42) Als man Therese fragte, wovon sie eigentlich lebe, sagte sie „vom Heiland", d. h. von der täglichen hl. Kommunion.

d) Die abgegebene Schweiß- und Blutmenge läßt sich natürlich gewichtmäßig nicht feststellen. Die an den beiden Beobachtungsfreitagen getragenen Kopftücher, sowie die über die Herzwunde gelegten Kompressen wurden gesammelt und dem Bericht an das Ordinariat beigelegt.

e) Beim Beginn der Blutungen in der Donnerstag-Freitagnacht vom 14. auf 15. VII. wurden sowohl von dem aus den Augen wie dem aus der Herzwunde austretenden Blute Blutausstriche auf Objektträger gemacht. Ebenso wurde am 18. VII. (Montag) aus dem Ohrläppchen Blut entnommen, um ein Blutausstrichpräparat und die Hämoglobinbestimmung machen zu können.

3. Urinuntersuchungen.

a) Das Ergebnis der Untersuchung des am Freitag, den 15. VII. entleerten Urins, ausgeführt in einem klinischen Laboratorium in München[16]) war folgendes:

Die Sendung kam in gutem Zustande an. Die Gesamtmenge des Urins betrug 345 ccm, das spezifische Gewicht 1025. Reaktion sauer, Eiweiß und Zucker enthielt er nicht,\S. 1991, Fortsetzung 2. Spalte\

[15]) Mir persönlich ist es wahrscheinlicher, daß es sich um gleichzeitige Blutausscheidung aus der Magenschleimhaut gehandelt hat, da nach Lage der Blutungsstreifen an den Wangen das Hineingelangen und Verschlucktwerden größerer Blutmengen sehr unwahrscheinlich erscheint.

[16]) Für die gütige Ueberlassung der Ergebnisse spreche ich dem Laboratorium meinen Dank aus.

\Beginn 2. Spalte\ Indikan in geringer (normaler) Menge, Kreatinin 0,15 Proz., Kreatin vorhanden. Wesentlich ist, daß er sehr sehr starke Azetonreaktion (+++) und Reaktion auf Azetessigsäure gab. Die Azetessigsäure entsprach 1,7 Prom. Daraus ist zu schließen, daß ein Hungerzustand, wenigstens Abstinenz von Kohlehydraten vorliegt. Sonst wurde noch quantitativ bestimmt:

Kochsalz	0,657 Proz.
Stickstoff	1,28 Proz.
Kreatinin	0,152 Proz.

b) Untersuchungsergebnisse des in der Zeit vom 21. bis 22. entleerten Urins, ausgeführt von dem gleichen Münchener Laboratorium:

Gesamtmenge 180 ccm.	Azeton ++.	
Spezif. Gewicht 1024.	Azetessigsäure Spur.	
Reaktion sauer.	Indikan Spur.	
Eiweiß und Zucker negativ.	Gesamtstickstoff	2,24 Proz.
Kreatinin 0,24 Proz.	Kochsalz	0,84 Proz.
Kreatin vorhanden, wenig.		

c) Das Untersuchungsergebnis des am 29. und 30. VII. (also zwei Tage [Freitag und Samstag] nach der Beobachtungszeit) entleerten Urins, ausgeführt in einem klinischen Laboratorium in Erlangen, war folgendes:

Menge 45 ccm (wohl kaum Gesamtmenge). Reaktion sauer. Spezifisches Gewicht 1033. Farbe dunkel strohgelb. Eiweiß und Zucker negativ. Kreatinin positiv. Azeton und Azetessigsäure Spuren.

Kochsalz	1,08 Proz.
Stickstoff	1,193 Proz.

d) Die Untersuchung des am 5. VIII. entleerten Urins, ausgeführt in einem klinischen Laboratorium in Erlangen ergab folgendes Ergebnis: Farbe blaß strohgelb, trüb (im wesentlichen Phosphate). Reaktion amphoter. Menge 75 ccm (ob Gesamtmenge, war wiederum nicht festzustellen). Spezifisches Gewicht 1014. Eiweiß negativ, Zucker negativ, Kreatinin höchstens Spuren. Azeton und Azetessigsäure völlig negativ.

Kochsalzgehalt	1,02 g pro 100 ccm.
Gesamtstickstoff	0,482 g pro 100 ccm.

4. Gewichtsverhältnisse.

Das Gewicht der Th. N. wurde, um Fehlerquellen auszuschalten, ohne Schuhe und immer in der gleichen Bekleidung festgestellt. Am Mittwoch, den 13. VII. zeigte sie ein Gewicht von 55 kg, am Samstag, den 16. VII. war das Gewicht zurückgegangen auf 51 kg. Die Wägung ergab also einen Gewichtsverlust von 4 kg. Die am Mittwoch, den 20. VII. vorgenommene Wägung ergab ein Gewicht von 54 kg, also eine Gewichtszunahme seit der letzten Wägung von 3 kg. Die am Samstag, den 23. VII. vorgenommene Wägung ergab ein Gewicht von 52,5 kg, also eine Gewichtsabnahme von 1,5 kg. Die am Donnerstag, den 28. VII. vorgenommene Wägung ergab ein Gewicht von 55 kg, also eine Gewichtszunahme seit der letzten Wägung von 2,5 kg, das heißt, das am ersten Tage festgestellte Gewicht war wieder erreicht.

Was nun zunächst die Angabe der Therese N. anlangt, daß sie seit Weihnachten 1926 nichts mehr zu sich nimmt, so erscheint ein derartiges Verhalten schlechterdings unbegreiflich. Ein einfacher Ueberschlag über den Wasserstoffwechsel zeigt dies am besten; wir ziehen zunächst nur einmal die Wasserausscheidung durch die Ausatmungsluft in Betracht. Nach Volkmann (zit. nach Vierordts Tabellen) beträgt der Wassergehalt eines erwachsenen Mannes von 61 kg etwa 40 Liter. Nach weiteren Tabellen werden mit der Ausatmungsluft in 1 Tag ca. 400 g Wasser ausgeschieden, in 200 Tagen, der ungefähren Abstinenzzeit der Therese, demnach 80 Liter = 80 kg; Therese wiegt aber nur 55 kg. Es ist dabei ganz besonders zu berücksichtigen, daß die Sättigung der (relativ trockenen) Einatmungsluft mit Wasserdampf in den Lungen ein rein physikalischer, von der Konstitution des Individuums nahezu völlig unabhängiger Prozeß ist. Dazu kommt die Wasserausscheidung durch das Bluten, die Schweißausbrüche und die (angeblich) spärlichen Urinmengen, denen gegenüber die wenigen Kubikzentimeter Wasser, die Therese bei Einnahme der *S. 1992*\ Hostie, sich einverleibt, überhaupt nicht ins Gewicht fallen. Therese müßte also theoretisch längst zur Mumie vertrocknet sein. Dabei ist sie frisch und lebendig, hat Speichel, feuchte Schleimhäute usw. Könnte man dem entgegenhalten, daß (zit. nach Hammarsten) Hungernde oft nichts trinken, da der

Abbau des Körpereiweißes, das zu 4/5 aus Wasser, zu 1/5 aus fester Substanz besteht, zur Deckung des Wasserbedürfnisses ausreiche, so muß darauf hingewiesen werden, daß, abgesehen von der unmöglich erscheinenden und ohne Parallele in der Wissenschaft stehenden langen Dauer des nahrungs- und getränkelosen Zustandes, Therese Neumann gewaltig an Gewicht verlieren müßte. Das ist aber nach den Wägungen wiederum nicht der Fall. Ja mehr, Therese verlor während der Beobachtung 2mal, und zwar nach den Ekstasetagen, beträchtlich an Gewicht. (8 und 3 Pfund in wenigen Tagen ist schon eine sehr ordentliche Einbuße), sie holt aber in ebenso kurzer Zeit ohne Zufuhr von Nahrung und Wasser diesen Gewichtsverlust 2mal wieder auf - das eine Mal 6 Pfund, das andere Mal 5 Pfund -, so daß sie am Ende der Beobachtung ihr altes Gewicht wieder hat. Man mag sich die abenteuerlichsten Vorstellungen von winterschlafähnlicher Verlangsamung des Stoffwechsels und Fakirismus machen - obwohl Therese nicht im Winterschlaf liegt, sondern sich lebhaft bewegt, spricht, liest, Briefe schreibt usw. - diese pfundweise Gewichtszunahme aus Nichts läßt sich einfach nicht erklären; denn aus Nichts wird nichts und bei den großen Gewichtsunterschieden fällt es auch schwer, an Wägefehler zu glauben. Endlich kommt noch eines hinzu: Es kann überraschen, daß der erste Urin der Therese (vom 15. VII.), der zur Untersuchung kam, sich durch seinen Azeton- und Azetessigssäuregehalt als wahrscheinlich echter Hungerurin erwies; wir machen jedoch darauf aufmerksam, daß Therese in dieser Zeit vom 13. bis 16. VII. auch tatsächlich 8 Pfund an Gewicht verlor, so daß hier sehr wohl die Bedingung für das Auftreten eines Hungerurins vorgelegen haben kann, das Ergebnis der zweiten Urinuntersuchung zeigt abermals das Vorhandensein von Azeton und Azetessigsäure, doch schon in geringerer Menge; wieder verlor sie aber um diese Zeit, wenn auch weniger, an Gewicht. Der dritte, relativ hellfarbige Urin, den wir untersuchten, enthielt Azeton und Azetessigsäure nur in ganz geringen Spuren - es war der erste Urin 1 und 2 Tage nach Abschluß der Schwesternbeobachtung, der nach Abschluß der Ekstase vom 29. VII. gelassen war -, und der vierte Urin (vom 5. VIII.), der eine sehr helle Farbe hatte, enthielt diese Stoffe überhaupt nicht mehr. Rechnet man endlich die gefundenen Stickstoff- und Kochsalzmengen der Urine auf die Tagesportion eines normal viel trinkenden Individuums (1,5 bis 2 Liter) aus, so kommt man ziemlich genau auf die Normalzahlen; mit anderen Worten, zum mindesten die letzten Urine sehen einfachen Teilportionen eines Normalurines recht ähnlich! Rechnet man aber die gefundenen Werte auf die vorgeblich geringen Urinmengen der Therese um, so erhält man so geringe Zahlen, daß sie auch bei Einrechnung der Stickstoffausscheidung im Schweiß kaum als Werte einer 24stündigen Urinmenge, geschweige denn einer 8tägigen Urinmenge gelten könnten, auch nicht bei völligem Hungern, nach allem, was über Hungerstoffwechsel bekannt *S. 1992, Fortsetzung 2. Spalte*\ ist; dabei setzte ich in meiner Berechnung die Gesamturinmenge entsprechend dem spezifischen Gewicht beim dritten Urin auf 345 ccm an (die gesicherte Gesamtmenge des ersten Urins), beim vierten Urin auf 500 ccm wegen des erheblich geringeren spezifischen Gewichtes.

Angesichts dieser Tatsachen kann ich trotz aller Anerkennung der offenbar ehrlichen Bemühungen exaktester Beobachtung von allen Seiten nicht über den Eindruck hinweg, daß hier irgend etwas nicht stimmt. Ich selbst habe bei Annahme, daß die Beobachtung wirklich streng durchgeführt wurde, ein Loch in der Beobachtungsanordnung zwar nicht entdecken können; aber es muß ein solches noch vorhanden sein, es kann den Schwestern innerhalb des Konnersreuther Milieus so gut entgangen sein, wie mir. **(43)** Ich muß daher meine von Anfang an erhobene Forderung - ich verweise auf meine Erklärung in der München-Augsburger-Abendzeitung vom 20. VIII. 1927 - erneut wiederholen, daß eine Überwachung der Therese Neumann in einer neutralen Klinik oder einem neutralen Krankenhaus unbedingt erforderlich ist, wenn sich die Wissenschaft überhaupt weiter für diesen Teil der Stigmatisation der Therese Neumann interessieren soll[17]).

Mir ist wohl bekannt, daß auch von anderen Stigmatisierten ähnliche Wunderdinge hinsichtlich Nahrungs- und Flüssigkeitsaufnahme berichtet wurden. Einige, die überwacht wurden, wurden entlarvt. Andere sind überhaupt nicht überwacht worden. Bestätigen sich in der Klinik die unerhörten Angaben der Therese, was vorerst unglaublich erscheint, so würde sich die Wissenschaft vor ganz neuen Fragestellungen finden. Bis dahin lehne ich - und mit mir jedenfalls jeder andere Naturwissenschaftler auch - die Anerkennung der vorgeblichen Stoffwechselverhältnisse als nicht auf wissenschaftlich einwandfreier Basis gewonnen[18]) und nicht hinreichend geklärt, ab. **(44)** Dem Arzt aber muß es hohe Zeit erscheinen, daß der Kult, der mit Therese Neumann getrieben wird, und der eine Gesundung der Kranken verhindert, endlich einmal ein Ende findet. **(45)**

(43) Sicherlich ist die Frage nach einer eventuellen Beobachtungslükke zu stellen, doch kann es solche Lücken auch in einem Krankenhaus geben, vielleicht noch eher als bei der gewissenhaften Kontrolle der Schwestern. Daß ihnen Urin entgangen ist, kann mit dem Hinweis auf das Konnersreuther Milieu nicht begründet werden. Ein so grober Kontrollfehler paßt in keiner Weise zur Gewissenhaftigkeit der Schwestern.

(44) Diese Zurückhaltung ist verständlich und auch geboten. Es wäre jedoch sachbezogener zu sagen, daß die Frage angesichts der gewonnen Daten aus einer völlig geschlossenen Kontrolle offen bleiben muß, da es keine Erklärung gibt, auch nicht durch den sonst so strapazierten Begriff der Hysterie.

(45) Wo selbst derartige Kontrollen die Vorfälle von Konnersreuth nicht lüften konnten, bleibt der Appell zur Einstellung des „Kultes“

[17]) Die Erklärung des Bischöfl. Ordinariats Regensburg vom 4. X. 27 konnte ihrer Abfassung nach den Anschein erwecken, als ob ich mich jemals in anderer Weise geäußert hätte. Das ist nicht der Fall. Der in den Bericht an das Ordinariat von Kollegen Seidl hineingearbeitete Passus aus meiner Hand enthält kein einziges Wort, was dahin ausgelegt werden könnte, daß sich eine Beobachtung in einer neutralen Klinik erübrige. Es wäre vielmehr mein Wunsch gewesen, daß meine Ansicht von der unbedingten Notwendigkeit einer solchen Beobachtung zur Ausschaltung einer pia fraus auch in dem Bericht an den Bischof unter Bezugnahme auf meinen Namen zum Ausdruck gebracht worden wäre. Das ist anscheinend nicht geschehen; ich war auch nicht um meine Meinung gefragt. Auf meine Bitte hin hat jedoch das Ordinariat in einer Bekanntmachung vom 21. X. 27 im Oberhirtlichen Verordnungsblatt diese Unklarheit nachträglich richtiggestellt.

[18]) Daß auch für die Klärung der Entstehung der Stigmatisation eine naturwissenschaftlich einwandfreie Basis mit der Beobachtung und Untersuchung der Kranken an Ort und Stelle noch nicht gegeben ist, und meine Beweisführung der Echtheit der Stigmatisation im wesentlichen ein auf logischem Wege gewonnener Indizienbeweis bleibt, dessen bin ich mir bewußt."

Literatur

Diagnostisches und Statistisches Manual Psychischer Störungen DSM-IV. Dt. Bearb. und Einf. von H. Saß, H.-U. Wittchen u. M. Zaudig. – Göttingen u. a.: Hogrefe, 1996.

DILLING, H. / MONBOUR, W. / SCHMIDT, M. H. (Hg.): Internationale Klassifikation psychischer Störungen. ICD-10 Kapitel V (F) Klinisch-diagnostische Leitlinien. – 2., korr. Aufl. – Bern u. a.: Huber, 1993.

ein frommer Wunsch. In der Tat änderten die Untersuchungen nichts am weiteren Lebensweg der Therese in ihrem Elternhaus (Abb. 8 – 10) bis zu ihrem Tod am 18. September 1962. Die Stigmenzeichen blieben auch nach dem Tod bestehen (Abb. 11).

JOHANNES M. TOUW

ÖL-MATERIALISATIONEN UND STIGMEN IN SOUFANIEH (DAMASKUS)

Paraphänomene mit religiöser Bedeutung

I. EINLEITUNG

Zentral im mittleren Osten liegt die arabische Republik *Syrien* mit der Hauptstadt Damaskus. Durch die günstige Lage an den alten Karawanenstraßen und die konstante Wasserversorgung aus dem Antilibanon-Gebirge gilt Damaskus als die älteste immerfort bewohnte Stadt der Welt. An ihrem nördlichen Rand verläuft der Fluß Barada, der sich nach Osten aufteilt. So entstand nahe außerhalb der alten Stadt ein wasserreiches Gelände, ein idealer Ort zum Beten für die *Sufis* – Anhänger einer asketisch-mystischen Strömung des Islam - die dort vor Jahrhunderten zusammenkamen. Vermutlich leitet sich davon der Name ‚Soufanieh' ab, der einen dort gelegenen Stadtteil bezeichnet.

Auch heute ist *Soufanieh* wiederum zu einem Platz des Gebets geworden. Im Haus der Familie *Nazzour*, versammeln sich Menschen aus ganz Syrien und dem Libanon, aus Frankreich, Belgien und den Niederlanden, aus Kanada, den Vereinigten Staaten und Australien immer wieder zum gemeinsamen Gebet. Man findet unter ihnen Christen diverser Kirchen und Riten ebenso wie Muslime. Sie alle scharen sich um eine kleine Ikone unserer *Lieben Frau*. Diese hat zwischen 1982 und 1990 *Öl* abgesondert. Und seit 1982 erscheint 100% reines Olivenöl auch regelmäßig an den Händen und manchmal im Gesicht von *Mirna Nazzour*, der Frau des Hauses. Man weiß auch von anderen außergewöhnlichen Geschehnissen zu berichten wie Stigmen, Marienerscheinungen, Ekstasen und Botschaften.

Öl-Phänomen und *Stigmen* eignen sich besonders gut für eine nähere Untersuchung, weil diese die (para-)physische und (para-)biologische Ebene betreffen. Nach einem einleitenden Abschnitt über religiöse Paraphänomene im allgemeinen (II) folgt eine Übersicht der Geschehnisse in ihrem religiösen Zusammenhang (III). Es wurde dabei bewußt versucht, sich nicht allein auf die wissenschaftlichen Aspekte zu beschränken, sondern das Phänomen in seiner Gesamtheit aufzuzeigen. Im Hauptteil (IV, V) erfolgt die Beschreibung des Öl-Phänomens und der Stigmen von der naturwissenschaftlichen Seite und zuletzt (VI) werden Sinngebung und Deutung näher beleuchtet.

II. RELIGIÖSE PARAPHÄNOMENE

1. Paraphänomene sind mehr als ihre Erscheinungsform

Mit unseren Sinnen können wir die Welt um uns wahrnehmen. Diese Wahrnehmungen lassen sich mit Hilfe technischer Instrumente noch verbessern. Die Naturwissenschaften beschränken ihre Untersuchungen ganz auf diese Welt der Phänomene, d. h. die wahrnehmbare und meßbare Welt der Erscheinungen. Doch verbirgt sich hinter den wahrgenommenen Phänomenen eine Wirklichkeit, die über das Meßbare hinausgeht.

In der Welt der Erscheinungen gibt es eine Anzahl Phänomene, die wir wissenschaftlich (noch) nicht erklären können, weil sie nicht in unsere heutigen Theorien und Denkmuster passen. Solche Phänomene, die sich *neben* (*para*) gewöhnlichen Erscheinungen zeigen, werden als *paranormal* (oder außergewöhnlich) bezeichnet, kurz als *Paraphänomene*. Mehr noch als gewöhnliche Erscheinungen sprechen sie uns auf einem tiefergehenden Niveau an, welches das Wahrnehmbare übersteigt oder transzendiert und den Naturwissenschaften nicht zugänglich ist.

2. Methodischer Unterschied von drei Wirklichkeitsniveaus

Gerade weil *Paraphänomene* mehr sind als ihre äußere Erscheinungsform, ist es wichtig, die verschiedenen Wirklichkeitsniveaus deutlich und methodisch zu unterscheiden. Nur so ist zu verhindern, daß religiöse und andere Vorurteile die naturwissenschaftliche Erklärung und selbst die Wahrnehmung beeinflussen.

Methodisch müssen somit im Hinblick auf die Wirklichkeit *drei menschliche Aktivitäten* auseinandergehalten werden, nämlich *Wahrnehmung, Erklärung* und *Sinngebung.*[1]

a) Wahrnehmung

Der erste Schritt sind *Wahrnehmung* und *Beschreibung*, die häufig durcheinander geraten. Außer Acht gelassen werden soll dabei, daß beispielsweise ‚sehen' unbewußt viel Interpretation beinhaltet. So werden die Schwingungen des Lichts als Farbe ‚gesehen' und Farbunterschiede als Gegenstände mit Tiefe und räumlicher Form interpretiert. Gleichzeitig ist die Möglichkeit einer optischen Täuschung zu berücksichtigen.

Doch werden auch auf bewußter Ebene Wahrnehmung und Interpretation im allgemeinen zu wenig unterschieden. Dazu einige Beispiele:

Die Behauptung, der Pulsschlag sei während der Ekstase normal gewesen, bezeichnet keine Wahrnehmung. Der Arzt zählte 70 Schläge und schloß daraus, daß dies normal sei, was aber vielleicht gerade bei dieser Person nicht zutraf.

Die Aussage, daß auf einem Video Stigmen zu sehen waren, heißt lediglich, daß *Wunden* mit Eigenschaften wahrgenommen wurden, die Stigmen zukommen.

Oder: 1995 war die ‚blutende Madonna' von Civitavecchia sehr aktuell. Es gibt Zeugen, die beschwören, daß die Statue blutete. Gesehen wurde jedoch lediglich eine rote Flüssigkeit, die in Augennähe zum Vorschein kam und nach unten lief.

Die Interpretation beeinflußt also die Wahrnehmung, doch tun dies auch Motivation, Sinngebung und Emotion. Die *Sozialpsychologie* spricht in diesem Zusammenhang von ‚sozialer Wahrnehmung'. Wir wählen das aus, was in unser Konzept und unsere Auffassung paßt, nehmen oft das Gegenteil überhaupt nicht wahr, organisieren und for-

1 Vgl. F. ZAHLNER: Paraphänomene und christlicher Glaube (1988), S. 13. Er unterscheidet zwischen Tatsachen, Interpretation und Wertung oder zwischen Faktizität, Interpretation und Qualifikation.

men im Wahrnehmungsprozeß die Dinge nach entweder bleibenden Schablonen oder momentan stark auftretenden Bedürfnissen um. Echtes Wahrnehmen, was wirklich geschieht, ist auch nicht ganz einfach. Während des Wahrnehmens der Geschehnisse müssen wir auch uns selbst wahrnehmen. So gibt es viele Zeugnisse über ‚weinende Bilder', bei denen nach späterer Untersuchung Betrug oder Täuschung im Spiel zu sein schien. Häufig wird auch mit einer falschen Gegenüberstellung gearbeitet: Betrug oder Wunder. ‚Betrug' ist jedoch ein Begriff, der entweder auf dem Niveau der Wahrnehmung oder der Erklärung liegt, während der Begriff ‚Wunder' auf die Sinngebung verweist.

Heutzutage spielen bei der Wahrnehmung Film- und Videoaufnahmen eine bedeutende Rolle. So machte der Regisseur Rolf OLSEN viele Aufnahmen von sogenannten Logurgen, jenen philippinischen oder brasilianischen Geist-Chirurgen, die mit bloßen Händen operieren, wobei der Patient bei Bewußtsein ist. Während der Operation fließt viel Blut und nachher ist keine Spur einer Wunde zu sehen. R. OLSEN schreibt über seine diesbezüglichen Wahrnehmungen:

> „Jedenfalls mußten wir nach wiederholten, oftmaligen und gründlichen Prüfungen unserer eigenen Filmaufnahmen von derlei Verrichtungen, die bei angesehenen und prominenten Geist-Operateuren stattgefunden haben, erkennen, sehr geschickten Täuschungen fingerfertiger Manipulatoren aufgesessen zu sein. Ich möchte gern betonen, daß man zu solchen Einsichten erst kommt, wenn man dank vieler ständiger Beobachtungen dieser Riten schon so abgebrüht ist, daß man von dem blutigen Spektakel nicht mehr sonderlich beeindruckt werden kann und man sein Augenmerk nicht mehr emotionell der eigenen Kontrolle entgleiten läßt."[2]

Als allgemeine Regel gilt: Je außergewöhnlicher ein Ereignis ist, desto höher müssen die Anforderungen sein, die wir an die Wahrnehmung und deren Beschreibung zu stellen haben.

Dennoch behält jede Wahrnehmung einen nur vorläufigen Charakter. So reagierten Ende des vorigen Jahrhunderts im Hinblick auf Paraphänomene nicht wenige Wissenschaftler mit den Worten: „Entweder ist es Betrug oder ein Wunder! Wunder gibt es nicht, also ist es

2 R. OLSEN: Echte Täuschung – Falsche Wunder (1977).

Betrug!" Noch in diesem Jahrhundert wurde ein so integerer Wissenschaftler wie Alexis CARELL ein Opfer dieser Überzeugung, als er bei einer außergewöhnlichen Heilung in Lourdes anwesend war und dies bekannt machte. Er selbst war ein Ungläubiger, der nur beschrieb, was er gesehen hatte.

b) Erklärung und Interpretation

Beim Wahrnehmen und genauen Beschreiben ist es unerläßlich zu untersuchen, was wirklich gegeben, was Täuschung und Verfälschung ist und was einer Prüfung standhält. Die Naturwissenschaften versuchen von hieraus die Ereignisse mit ähnlichen Phänomenen zu vergleichen und durch das Aufstellen von Hypothesen und Theorien zu erklären. Dennoch verbleiben auch für sie unerklärliche Fakten.

Im August 1987 kam ein belgischer Psychoanalytiker syrischer Herkunft, Prof. André PATSALYDES, nach Soufanieh. Er hatte verschiedene Videos gesehen und ärztliche Dokumente gelesen und wollte nun, nach eigenen Worten, all seine intellektuellen und wissenschaftlichen Fähigkeiten einsetzen, um dieses erstaunliche Phänomen zu ‚klären'. Bei einer Befragung Mirnas fragte er sie auch, was sie denn fühle, wenn das Öl erscheint. Sie gab zur Antwort, daß sie nicht wisse, wie sie das beschreiben solle und unterstrich dies mit einer Gebärde. Justament in dem Augenblick erschien Öl an ihren Händen. A. PATSALYDES geriet außer sich. Er brach in Tränen aus. All seine Bemühungen, das Phänomen zu ‚klären' waren mit einem Schlag vom Tisch. Durch eine Wahrnehmung brachen seine sämtlichen psychoanalytischen Gebäude zusammen.[3]

Nebenbei bemerkt: Es ist bekannt, daß je rationaler der Untersuchende eingestellt ist, er bei Auftreten eines unerwarteten oder unerklärbar scheinenden Phänomens um so leichter aus der Fassung geraten kann. Der englische Gaukler J. N. MASKELYNE sagte im vorigen Jahrhundert, daß niemand durch einfache Taschenspielertricks leichter zu täuschen sei als Gelehrte.[4] Das Projekt „Alpha" des Gauklers James RANDY, bei dem zwei von ihm angelernte Gaukler zu Star-Test-

3 Zeugen-Berichte und E. ZAHLAOUI: Soufanieh (1991), S. 258 – 259; 264 – 265.
4 Spiegel der Parapsychologie; 29 (1990), 203.

personen eines Parapsychologen wurden, zeigt, daß auch letztere einer Täuschung unterliegen können.[5]

Zudem kommt es nicht selten zu vorschnellen Erklärungen, die den Fakten nur unzureichend Rechnung tragen. So vertritt der Chemiker Luigi GARLASCHELLI die Auffassung, daß sämtliche Phänomene von weinenden und blutenden Bildern und Statuetten natürlich zu erklären seien. Vor einigen Jahren lockte er die Weltpresse mit der Behauptung, daß er eine Erklärung für das berühmte *Januarius-Blutwunder* habe. Mehrmals pro Jahr verflüssigt sich das in einer abgeschlossenen Ampulle aufbewahrte Blut des Märtyrers *Januarius.* GARLASCHELLI hatte einen chemischen Stoff entwickelt, der im Normalzustand fest war und durch Schütteln flüssig wurde.[6] Als Wissenschaftler verschwieg er jedoch die festgestellte Zu- und Abnahme von Gewicht und Volumen.[7] Im Juli 1995 informierte er neuerlich die Presse mit der Behauptung, daß jeder eine weinende Madonna herstellen könne und beschrieb den Vorgang in der Zeitschrift *Chemistry*: Zuerst fülle man das Innere mit Blut an, das dann durch die poröse Keramik aufgesogen werde. Man brauche in der Folge lediglich mit einem scharfen Nagel einen Kratzer in die Glasur zu machen, und schon beginne die Statue zu „weinen".[8]

c) Sinngebung und Transzendenz

Echten Paraphänomenen begegnet man im Experimentierraum des Labors nur selten. Bei diesen spielt der historische, kulturelle, soziale und vorwiegend religiöse Zusammenhang oft eine wesentliche Rolle. Das Phänomen selbst ist meist auf Aspekte gerichtet, die naturwissenschaftlich nur sekundär sind. Es verweist auf eine Transzendenz, eine Sinngebung, auf die der Wissenschaftler als Mensch reagiert. Daher ist neben der Beobachtung des Phänomens auch die Beobachtung des

5 James RANDY enthüllte selbst seine Absicht: The project Alpha experiment. In: Skeptical Inquirer; 7 (1983) 4, 24 – 33; 8 (1983) 1, 36 – 45.

6 Fernsehaufnahmen von G. JAUCH: Weinende Madonnas, SternTV, 16. August 1995, 22.10 – 23.15 Uhr.

7 Vgl. H. BENDER: Das Blutwunder des hl. Januarius (1965); H. LARCHER: Contribution à l'étude des prodiges sanguins après la mort I (1953), 13 – 19.

8 Vgl. A. HEERLING: Maria huilt weer. In: Skepter; 8 (1995) 2, 35; J. M. TOUW: Wenende madonna's (1995), S. 28, 38 – 39.

untersuchenden Wissenschaftlers von nicht zu unterschätzender Bedeutung. *Religiöse Paraphänomene* wecken zudem Gefühle von Sympathie oder Antipathie, von Glauben oder Irritation.

Paraphänomene werden gar als „gefährlich" erachtet, weil sie mehr sind als nur eine äußerlich meßbare und naturwissenschaftlich zu untersuchende Erscheinungsform. Der heilige BONAVENTURA unterscheidet zwischen einem Wissen, das sich auf den Verstand beschränkt, und einem solchen, das sich im Handeln auswirkt.[9] In diesem Zusammenhang wäre auch der berühmte Ausspruch von B. PASCAL zu nennen: „Das Herz hat ‚Rationes', wovon die Ratio nichts weiß."

Die Naturwissenschaften beschränken sich auf die Welt der wahrnehmbaren, meßbaren Phänomenik, nicht jedoch auf die hinter diesen liegende Wirklichkeit, welche die ‚immanente' Erscheinungsform transzendent macht. Mit weltimmanenten Untersuchungen lassen sie keine transzendenten Inhalte nachweisen oder ausschließen. Beide Bereiche, der weltimmanente und der transzendente, werden methodisch sauber voneinander getrennt.[10]

III. ÜBERSICHT DER EREIGNISSE VON SOUFANIEH

Bis heute ist im Westen wenig über die Geschehnisse in *Soufanieh* bekannt. Neben einigen Veröffentlichungen mit persönlichen Zeugnissen[11] gibt es zwei Bücher mit einer Übersicht der Ereignisse[12] sowie

9 „Auf diese Weise unterscheiden sich der Musikwissenschaftler und der gute Zitherspieler. Was für den ersteren reine Theorie ist, ergreift bei letzterem den ganzen Spieler und seine Zuhörer." Vgl. BONAVENTURA, IV Sent. d.18.p2 dub 3., und M. SCHNEIDER: Der Wegnahme folgt die Liebe (1994), S. 14 – 15.

10 Vgl. F. ZAHLNER: Paraphänomene und christlicher Glaube, S. 35; H.-J. RUPPERT: Der christliche Glaube und das Paranormale (1992), S. 599; G. SCHALLENBERG: Visionen und Auditionen (1990), S. 347 – 349, 383; ders.: Visionäre Erlebnisse (1990), S. 21 – 24.

11 Am wichtigsten ist die Chronik von Pater E. ZAHLAOUI, der von Anfang an bei den Geschehnissen zugegen war. S. dazu E. ZAHLAOUI: Soufanieh (1991); vgl. auch A. Th. KHOURY: Zeichen vom Himmel in Damaskus (1991); Cl. und A. MANSOUR: Our Lady of Soufanieh (1991); E. ZAHLAOUI: Souvenez-vous de Dieu (1991). – Soufanieh wird auch erwähnt in R. LAURENTIN: Multiplications des apparitions de la Vierge aujourd'hui (1988), S. 72 – 80, und A. M. TURI: Pourquoi la Vierge apparait aujourd'hui (1988), S. 293 – 301. Beide sind leider ungenau.

eine wissenschaftliche Studie[13]. Das hat mit der Geschlossenheit der arabischen Welt zu tun, die dadurch für uns nur schwer zugänglich ist.

In Soufanieh hat man stets dafür gesorgt, daß möglichst Sachverständige, Ärzte und Wissenschaftler bei den Ereignissen anwesend waren; in der Nähe von Mirnas Haus wohnte zudem ein Kameramann. So gibt es seit 1982 bis heute eine Reihe von wissenschaftlichen Dokumenten und diverse Videofilme. Im Laufe von vier Reisen nach Syrien habe ich an die 300 (teils wissenschaftliche) Dokumente und Zeugnisse sowie etwa 50 Stunden an Videofilmen gesammelt, wobei noch eigene Videoaufnahmen und ca. 60 Stunden Interviews hinzukamen. Die untenstehende Übersicht wurde aus all diesen Zeugnissen und Dokumenten zusammengestellt. In den Interviews und Gesprächen ist die Richtigkeit aller Dokumente kontrolliert worden. Da der größte Teil der Dokumente nicht veröffentlicht wurde, ist in den Fußnoten nur auf den Ursprung verwiesen, soweit dies für Hauptstück IV und V wichtig ist.

Der Zeugnischarakter wurde in diesem Abschnitt bewußt ausgelassen, um so das Gesamtphänomen in seinem religiösen Zusammenhang beschreiben zu können. In den Abschnitten IV und V können dann die naturwissenschaftlichen Aspekte des Ölphänomens und der Stigmata näher beleuchtet und untersucht werden.

1. Beginn der Ereignisse

Es begann alles am 22. November 1982. Die achtzehnjährige *Mirna Nazzour* (Abb. 1) hatte sich zum Gebet bei ihrer Schwägerin Leila eingefunden. Während des Gebets erschien an ihren Händen eine glitzernde Flüssigkeit, die sich später als Olivenöl herausstellte. Sie rieb damit die schmerzhaften Stellen an Leilas Körper ein, und diese war von jenem Augenblick an gesund. Man behielt das Geheimnis zunächst für sich.

12 C. RAVAZ: Soufanieh (1988); R. SALBATO: The Miracle of Damascus (1990).
13 Ph. LORON: Constat médical et analyses scientifiques des événements de Soufanieh (1992).

Abb. 1: Mirna Nazzour bei der Ikone (1983)

Abb. 2: Mirna mit ihrem Mann Nicola und den beiden Kindern Mirjam und John Emmanuel bei der Ikone (November 1988)

Am 27. November wurde Soufanieh in der Öffentlichkeit bekannt. Eine kleine Ikone begann, große Mengen an Öl abzusondern. Während *Nicola*, Mirnas Mann (Abb. 2), seine Familie herbeiholte (Abb. 2), hörte Mirna eine Frauenstimme sagen: „Hab' keine Angst, ich bin mit dir. Öffne die Türen und hindere niemanden, mich zu sehen." Und die Menschen kamen zu Tausenden.

In den ersten Wochen war das Haus Tag und Nacht mit Besuchern gefüllt, so daß schließlich jemand zu Mirnas Mann sagte, er müsse die Tür wieder zumachen. Dieser meinte daraufhin: „Derjenige, der die Tür aufgemacht hat, soll sie auch wieder schließen."

Bereits am ersten Tag hatte man die kirchlichen Autoritäten über die Geschehnisse unterrichtet. Es kamen einige Priester und ein orthodoxer Bischof, der alles untersuchte und sehr beeindruckt wegging. Am folgenden Tag tauchten vier Agenten des syrischen Geheimdienstes mit einem Arzt auf. Da in Syrien alle religiösen Aktivitäten der strenger Kontrolle des Staates unterliegen, ist jedes religiöse Phänomen von vornherein verdächtig. Einer der Agenten nahm die Ikone aus der Kunststoffleiste und beschädigte dabei die rechte obere Ecke, was heute noch als Beweis für die Echtheit des Phänomens gilt. Der Arzt trug Mirna auf, sich die Hände mit Seife zu waschen. Als sie sich dann dem Gebet zuwandte, erschien neuerlich Öl an ihren Händen, was den Arzt zum Ausspruch veranlaßte: „Gott ist groß." Danach verließ er zusammen mit den Agenten das Haus und Soufanieh bekam seither nie wieder Schwierigkeiten mit staatlichen Behörden. Sie kamen wohl noch in Mirnas Haus, um zu beten, hielten sich aber sonst – wenngleich mit wachem Auge – stets im Hintergrund.

Es folgten noch zahlreiche Untersuchungen in Soufanieh. Das Öl von Mirnas Händen und der Ikone wurde mehreren Untersuchungen unterzogen. Das Ergebnis lautete durchweg: 100% reines Olivenöl.[14] Nach derzeitigen wissenschaftlichen Erkenntnissen ist es unmöglich, daß ein Stück Papier oder der menschliche Körper pflanzliches Öl produziert oder absondert.

Anscheinend gab es auch Reproduktionen der Ikone, die Öl absonderten. Im November 1983 waren hunderte solcher Bilder im Umlauf

14 Das Öl wurde in Labors in Moers (Deutschland), Damaskus, Rom und Paris (zweimal) untersucht. Vgl. Ph. LORON: Constat médical et analyses scientifiques, S. 40 – 45.

– dies an verschiedenen Orten, vor allem aber in Soufanieh selbst.[15] Man legte Bilder mit seinem Namen in Mirnas Schlafzimmer und bekam diese zürück, wenn sie Öl abgegeben hatten. Eine Salbung mit dem Öl führte zur Heilung physischer und psychischer Beschwerden.[16]

2. Marienerscheinungen

Am Abend des 15. Dezember 1982 fühlte sich Mirna gedrängt, auf die Terrasse zu gehen. Dort sah sie eine in Licht gehüllte Frau auf sich zukommen, von der sie wußte, daß es *Maria* war. Erschrocken flüchtete sie. Pater *Elias Zahlaoui*, ein gerade anwesender griechisch-katholischer Priester, beruhigte sie mit den Worten: „Ein Kind braucht doch keine Angst vor seiner Mutter zu haben. Sie ist unsere Mutter."

Drei Tage später, um halb zwölf Uhr abends, verspürte Mirna neuerlich den Drang, sich auf die Terrasse zu begeben. Einige Familienmitglieder folgten ihr. Auf der Terrasse nahm sie im Eukalyptusbaum auf der anderen Seite des Weges einen sich vergrößernden Lichtball wahr, in dem sich die Gestalt einer weiß gekleideten Frau, umgürtet mit einer blauen Schnur, abzeichnete. Doch war diese nur für Mirna sichtbar, die in ihr Maria erkannte, deren Worte sie laut wiederholte. Und so vernahmen die Umstehenden die erste Botschaft von Soufanieh: „Gedenkt Gottes, denn Gott ist mit uns. [...] Ich habe euch Öl gegeben, mehr als um was ihr gebetet habt und ich werde euch etwas geben, das stärker ist als Öl. [...] Ich bitte nicht darum, daß ihr mir eine Kirche baut, sondern einen Platz des Gebetes."

Eine weitere Botschaft Marias war: „Ich werde vor allem die Häuser besuchen, denn diejenigen, die zur Kirche gehen, gehen nicht immer hin, um zu beten." Dies sollte offensichtlich zum Ausdruck bringen, daß die Ikone von Soufanieh und die Reproduktionen überall auf der

15 Pater J. MALOULI erstellte dazu eine Liste. In der Zeit vom 20. Oktober bis einschließlich 25. November wurden insgesamt 873 Bilder gezählt, die Öl abgaben.

16 Im Archiv von Soufanieh findet sich ein Dutzend Arztzeugnisse von unerklärlichen Heilungen. Sie warten auf die systematische Untersuchung durch einen medizinisch geschulten Wissenschaftler.

Welt ihr Öl vorwiegend in den Häusern von Familien absondern und nicht in den Kirchen.

Ende Dezember 1982 wurde angeordnet, die Ikone in die Kirche zu überführen. Während Mirna griechisch-katholisch ist, gehört ihr Mann der griechisch-orthodoxen Glaubensgemeinschaft an, weshalb auch die Familie unter der Führung der griechisch-orthodoxen Kirche steht. Ihr Oberhaupt, der griechisch-orthodoxe Patriarch *Ignatius Hazim*, veröffentlichte am 31. Dezember eine Erklärung, worin der wunderhafte Charakter der Ikone anerkannt und ihre Überbringung in die nahegelegene Kirche angekündigt wird. Mirna und ihr Mann waren hierüber nicht glücklich. In der Nacht vor der Überbringung wurde Mirna neuerlich die Erscheinung Marias zuteil; diese weinte, sagte aber auch: „Es macht nichts, es wird schon gut."

Am Sonntag, den 9. Januar, wurde die Ikone schließlich in einer feierlichen Prozession, der 70.000 Menschen beiwohnten, der Kirche überbracht. Von jenem Moment an gab sie keinen Tropfen Öl mehr ab – ein deutliches Zeichen dafür, daß sie nicht in die Kirche gehörte und daß das Öl nicht allein für die Orthodoxen bestimmt sei, sondern ebenso für die Katholiken. In der Kirche fand dann bei der Ikone eine außergewöhnliche Heilung statt.

Vierzig Tage später, am 21. Februar, brachten zwei Priester die Ikone, in einer einfachen Plastiktüte verpackt, wieder in Mirnas Haus zurück. Hierüber kam es zum Streit mit der Familie. Nach dem Weggang der Priester fühlte sich Mirna erneut von der Terrasse angezogen, und die übrige Familie folgte ihr. Maria erschien Mirna nunmehr ein viertes Mal, diesmal mit den Worten: „Ich bin wieder zurückgekommen." Im Hinblick auf den Streit sagte sie: „Beschimpfe die Hochmütigen nicht. Verzeihung ist das Beste. Ertragt und verzeiht. Ertragt es: es ist weniger als das, was der Vater ertragen hat."

Am Abend des 24. März fand die fünfte und letzte Erscheinung statt. Von der Terrasse aus sah Mirna wiederum jenen Lichtball, aus dem heraus Maria auf sie zukam. Aus der Gebärde, die sie mit dem Rosenkranz machte, schloß Mirna, daß Maria ihr diesen überreichen wolle, und streckte die Hände danach aus. Als das Kreuz des Rosenkranzes Mirnas Hände berührte, strömte Öl aus ihnen. Die Umstehenden wurden Zeugen dieses Ereignisses. Ein Mann wusch sich das Gesicht damit. Das Öl floß auf den Boden, an jene Stelle, wo heute das Marienbild steht.

Nach dem Öl-Fluß gab Maria eine Botschaft, betreffend die Kirche, ab: „Meine Söhne und Töchter, meine Sendung ist vollbracht. (...) Die Kirche, die Christus angenommen hat, ist eine Kirche, weil Jesus eins ist. Die Kirche ist das Himmelreich auf Erden. Wer sie gespalten hat, hat gesündigt. Und wer sich gefreut hat über ihre Spaltung, hat gesündigt. Jesus hat sie gebaut; sie war sehr klein; und als sie groß wurde, ist sie gespalten worden. Wer sie spaltet, trägt keine Liebe in sich. Ich sage euch: Betet, betet, betet. Wie schön sind meine Kinder auf den Knien, bittend. Habt keine Angst, ich bin mit euch. Werdet nicht untereinander uneinig, so wie die Großen sich trennen. Ihr sollt die Menschen das Wort der Einheit und der Liebe und des Glaubens lehren."

Die eigentliche Botschaft lautete also *Gebet* und *Einheit der Kirche*. Marias Aussage „Meine Sendung ist vollbracht" deutete darauf hin, daß es sich um die letzte Erscheinung in Soufanieh handelte – wenngleich weiterhin Öl von der Ikone und den Händen der betenden Mirna fließt und man sich in Soufanieh noch immer zum Gebet versammelt.

3. Ekstasen und Stigmen

Ein Jahr nach den ersten Geschehnissen begann eine neue Phase. Die Ikone und viele Reproduktionen sonderten reichlich Öl ab, und am 24. Oktober 1983 fiel Mirna zweimal in eine kurze *Ekstase*. Ein paar Tage später verspürte sie Schmerzen an ihren Handflächen und an den Füßen. Am Abend des 28. Oktober folgte eine Ekstase, während der sie Maria wahrnahm und sagen hörte: „Hab' keine Angst. Dies alles geschieht zur Verherrlichung des Namens Gottes." Da die Schmerzen immer wiederkehrten, war man um Mirna besorgt. Als sie am 4. November zum viertenmal in eine Ekstase fiel, sagte Maria zu ihr: „Geh' hinunter, um zu sagen, daß du eher meine Tochter als ihre Tochter bist" – Worte, die eindeutig Mirnas überbesorgter Mutter galten. Am selben Tag tauchten an Mirnas Handflächen und Füßen rote Flecken auf, und an ihrer linken Seite erschien ebenfalls ein anderthalb cm langer roter Fleck. Mirnas Spiritual, Pater *Malouli*, beruhigte sie und verwies darauf, daß möglicherweise Blut aus den Stellen austreten werde, was am Freitag, den 25. November, auch geschah (Abb. 3 – 5). Gegen 16.30 Uhr öffneten sich die Wunden, und um 22.30 Uhr sah man nicht einmal mehr den geringsten Kratzer. Mirna hatte so zum erstenmal die *Stigmen* empfangen.[17]

Am selben Tag fiel sie auch zum fünftenmal in Ekstase, bei der ihr Maria erschien mit den Worten:. „Ich bringe keine Trennung. Dein Eheleben soll bleiben, wie es ist." Dies schien die Antwort auf ein mittlerweile entstandenes Problem zu sein. Nicola hatte nämlich begonnen, seine Frau als Heilige zu sehen, mit der er kein Eheleben nach normalem Verständnis führen dürfe. So war aus Marias Botschaft offenbar ein neues Thema erwachsen: die *Einheit der Familie*, die als Basis für die Einheit der Kirche gelten soll.

In der Karwoche 1984 bekam Mirna zum zweitenmal die Stigmen.[18] Am Gründonnerstag, den 19. April, um 15.30 Uhr erschienen an Händen, Füßen und in der Seite wiederum blutende Wunden (Abb. 6 – 8). Aufgrund des Ausmaßes der Seitenwunde (10 cm) legte einer der anwesenden Ärzte Nicola nahe, die Wunde nähen zu lassen, worauf dieser erwiderte: „Derjenige, der diese Wunden gemacht hat, soll sie auch wieder heilen." Gegen zehn Uhr abends waren sämtliche Wunden verschwunden, lediglich ein paar kleine Flecken waren noch sichtbar. Auch diese waren tags darauf verschwunden, ohne Narben zu hinterlassen.[19]

4. Eine besondere Ekstase

Es gab insgesamt 33 *Ekstasen*, deren Länge zwischen 8 Minuten und anderthalb Stunden variierte. Am Beginn fühlt Mirna jeweils das

17 Die Wunden wurden von folgenden Ärzten untersucht: E. Barsa, E. Farah, J. Margi, Y. Massamiri, G. Mounayer, J. Siage und N. Zehlaoui. Margi verfaßte einen schriftlichen Bericht darüber, Massamiri und Mounayer gaben ein Fernseh-Interview und Margi sowie Siage befragte ich auch persönlich.

18 Dazu gibt es Zeugenaussagen der Ärzte J. Margi und Y. Massamiri. Letzterer untersuchte das Blut aus den Wunden. Es stimmte mit der Blutgruppe Mirnas überein: A-Positiv.

19 Dr. Youseph Massamiri bezeugte, daß bei der Kontrolle 23 Stunden später sämtliche Wunden vollständig verschwunden waren, auch die 10 cm lange Seitenwunde.

Nachlassen ihrer körperlichen Kräfte, was meist mit Ölabsonderungen an Gesicht und Händen verbunden ist. Sie fällt in eine körperliche Ohnmacht, bleibt aber bei Bewußtsein. Während der Ekstase nimmt sie ihre Umgebung nicht mehr wahr. Sie ist völlig regungslos, selbst automatische Reflexe wie Schlucken oder Augenzwinkern sind ausgeschaltet. Sie fühlt absolut nichts. Als ihr einmal jemand mit einem Messer unter den Nagel des rechten Zeigefingers stach, erfolgte keinerlei Reaktion. Erst als Mirna aus der Ekstase austrat, wurde ihr der Schmerz bewußt. Und als sie einmal stark erkältet war und immerzu husten mußte, war dieser Husten während der Ekstase wie weggeblasen, stellte sich aber gegen Ende derselben neuerlich ein. Außerdem scheint während der Ekstase eine Art Trennung von Körper und Seele stattzufinden. So konnte Mirna offensichtlich mehrmals von oben herab die um ihren Körper versammelte Menge betrachten, was einer *Außerkörperlichen Erfahrung* gleichkommt.[20]

Mirna gibt an, in der Ekstase 12mal Maria und 19mal Christus begegnet zu sein. Während sie die Gottesmutter hell und deutlich wahrnahm, erschien ihr Christus in so gleißendem Licht, daß sie sein Angesicht nicht schauen konnte. In solchen Fällen nahm auch die Rückkehr von der Ekstase zum Normalzustand länger in Anspruch. Weiters gibt sie an, während der Ekstasen meist eine Botschaft empfangen zu haben.

Im Verlauf der Ekstasen wurde Mirna von Ärzten auf vielfältige Weise untersucht (Abb. 9).[21] Die Pupillen schienen sehr klein, als ob sie in ein großes Licht schaute.[22] Auf das Licht in der Umgebung reagierten ihre Augen hingegen nicht. Auch zeigte sie keine Reflexe an Armen und Beinen. Während des Geschehens erfährt sie tiefe Ruhe und Frieden.

Am 26. November 1984 dauerte die Ekstase 30 Minuten. Einen halben Monat vorher hatte sie einmal während des Gebets die Worte „Ich werde deine Augen nehmen" gehört. Es schien, als ob Mirna blind sei.

20 Vgl. H. LARCHER: Veränderte Bewußtseinszustände (1986), S. 477.

21 Vor allem J. Margi und G. Mesmar untersuchten Mirna mehrmals während ihrer Ekstasen.

22 Vgl. z. B. das Zeugnis von Dr. A. MANSOUR in: C. und A. MANSOUR: Our Lady of Soufanieh (1991), S. 63.

Übersicht über die Ekstasen

Nr.	Tag	Zeit	Dauer	M/C	B	Ort
1	Montag, 24. 10. 1983	Rund 14.00 Uhr		-	-	Soufanieh
2	Montag, 24. 10. 1983	Rund 19.00 Uhr		-	-	Soufanieh
3	Freitag, 28. 10. 1983	18.20 – 18.50 Uhr	30	M	B	Soufanieh
4	Freitag, 4. 11. 1983	18.15 – 19.06 Uhr	45	M	B	Soufanieh
5	Freitag, 25. 11. 1983	20.00 – 20.20 Uhr	20	M	B	Soufanieh
6	Karfreitag, 20. 4. 1984	15.30 – 16.45 Uhr	75	C	-	Soufanieh
7	Donnerstag, 31. 5. 1984	15.18 – 15.38 Uhr	20	C	-	Soufanieh
		15.48 – 15.58 Uhr	10	C	B	Soufanieh
8	Freitag, 7. 9. 1984	19.47 – 20.20 Uhr	33	M	B	Soufanieh
9	Montag, 26. 11. 1984	22.50 – 23.40 Uhr?	30?	C	-	Soufanieh
10	Sonntag, 3. 3. 1985	14.04 – 14.12 Uhr	8	M	-	Khabab (Syrien)
11	Mittwoch, 1. 5. 1985	19.42 – 19.57 Uhr	15	M	B	Soufanieh
12	Sonntag, 4. 8. 1985		40	M	B	Hassaké (Syrien)
13	Mittwoch, 14. 8. 1985	19.12 – 19.30 Uhr	25	M	B	Soufanieh
14	Samstag, 7. 9. 1985	19.25 – 19.33 Uhr	8	C	B	Soufanieh
15	Dienstag, 26. 11. 1985	Am Abend	90*	C	B	Soufanieh
16	Mittwoch, 26. 11. 1986	19.00 – 19.26 Uhr	26	C	B	Soufanieh
17	Donnerstag, 16. 4. 1987	16.51 – 17.20 Uhr	30	C	-	Soufanieh
18	Karsamstag, 18. 4. 1987	21.16 – 21.30 Uhr	15	C	B	Soufanieh
19	Donnerstag, 29. 5. 1987	00.44 – 00.58 Uhr	14	C	B	Soufanieh
20	Mittwoch, 22. 7. 1987	Am Abend		C	B	Ma'ad (Libanon)
21	Dienstag, 28. 7. 1987	Am Tage		C	-	Ma'ad (Libanon)
22	Freitag, 14. 8. 1987	18.17 – 18.28 Uhr	11	C	B	Soufanieh
23	Montag, 7. 9. 1987	18.32 – 18.46 Uhr	14	C	B	Soufanieh
24	Donnerstag, 26. 11. 1987	16.37 – 17.09 Uhr	32	C	B	Soufanieh
25	Sonntag, 14. 8. 1988	Rund 21.15		C	B	Los Angeles (USA)
26	Mittwoch, 7. 9. 1988	Am Abend		C	B	Soufanieh
27	Montag, 10. 10. 1988			C	B	Ma'ad (Libanon)
28	Samstag, 26. 11. 1988	Nach 18.00 Uhr		C	B	Soufanieh
29	Freitag, 18. 8. 1989			M	B	Los Angeles (USA)
30	Sonntag, 26. 11. 1989	Rund 18.30 Uhr		M	B	Soufanieh
31	Samstag, 14. 4. 1990	Rund 15.30 Uhr	15	C	B	Soufanieh
32	Mittwoch, 15. 8. 1990	Am Abend		M	B	Brasschaat (Belgien)
33	Montag, 26. 11. 1990	Am Abend		M	B	Soufanieh

Tab. 1: Dauer = min; M = Marienerscheinung; C = Erscheinung Christi; B = Botschaft

Man untersuchte ihre Augen, konnte aber nichts finden (Abb. 10).[23] Auch das bei Hysterikern bekannte Konversionssyndrom war eher unwahrscheinlich, weil Mirna keinerlei Anzeichen einer psychischen Abnormität aufweist und nach eigenen Angaben von Kreuzbildern, Heiligenbildern und Ikonen Licht ausströmen sah, normale Gegenstände aber nicht wahrnahm. All das läßt an den heiligen *Paulus* denken, der nach seinen Christus-Visionen drei Tage mit Blindheit geschlagen war.

Genau wie Paulus sollte auch Mirna 72 Stunden lang durch das innere Licht blind bleiben. In dieser Zeit nahm sie weder Speisen noch Getränke zu sich. Für jeden wurden es Tage inständigen Gebetes. Im Laufe des dritten Tages mußte sich Mirna übergeben, wobei viermal wohlriechendes Olivenöl austrat. Danach öffnete sie die Augen und konnte wieder normal sehen.

Jeder Ekstase ging eine Ölabsonderung an Gesicht und Händen voraus. Wenn Mirna Christus sah, floß das Öl reichlicher. Es trat dann auch aus ihren Augen, was sehr schmerzhaft war. (Tab. 1)

5. Bedeutung der Stigmen

Mirna empfing die Stigmen insgesamt viermal: am 25. November 1983, in der Karwoche des Jahres 1984, 1987 und 1990. Während sich diese die ersten beiden Male an Händen, Füßen und in der Seite zeigten, kam beim drittenmal, am 16. April 1987, auch eine Kopfwunde hinzu (Abb. 11 – 12). Als sich diese öffnete, waren P. *Zahlaoui* und P. *Malouli* anwesend. Letzterer sagte: „Die Stigmata öffneten sich in Anwesenheit von zwei Zeugen: Pater Zahlaoui und mir. Ich habe den ersten Blutstropfen gesehen, der so aus der Stirn schoß und nicht normal nach unten gelaufen ist. Nein, nicht nur nach unten strömend, sondern nach vorne spritzend.“[24] Die untersuchenden Ärzte stellten dort einen Schnitt von anderthalb Zentimetern Länge und drei Millimetern Tiefe fest. Die Seitenwunde war zwischen 10 und 12 cm lang (Abb. 13), die Wunden an den Händen betrugen zwei Zentimeter und

23 Untersuchung durch Dr. J. Margi und den Augenarzt E. Farah.

24 Interview, 18. April 1993; s. a. E. ZAHLAOUI: Soufanieh, S. 215 – 216. Alle Ereignisse sind auf die Minute genau notiert.

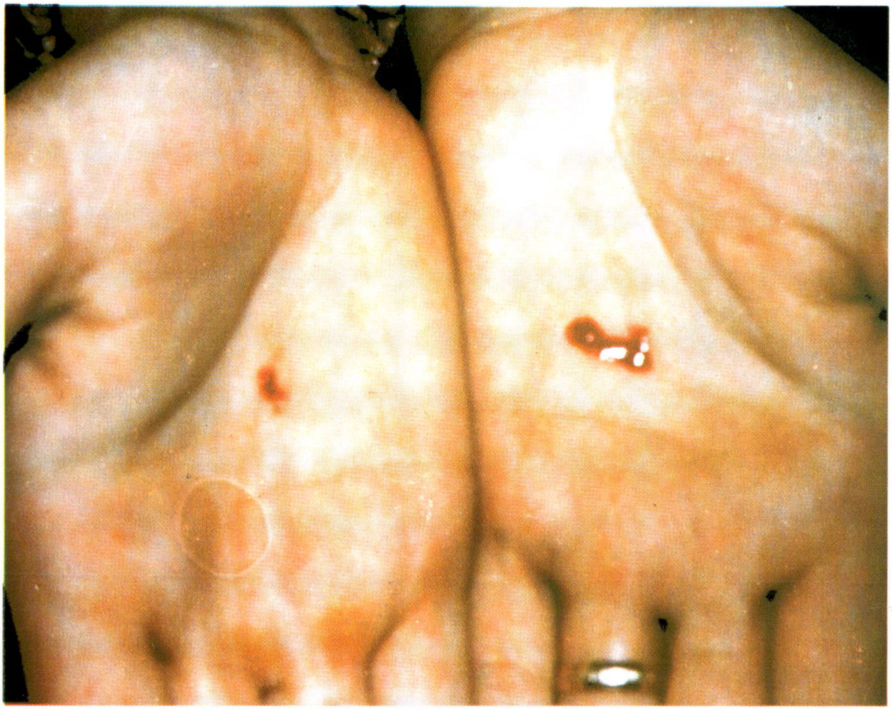

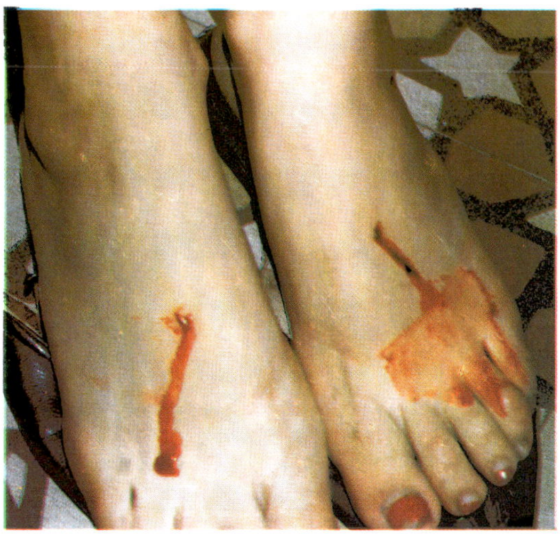

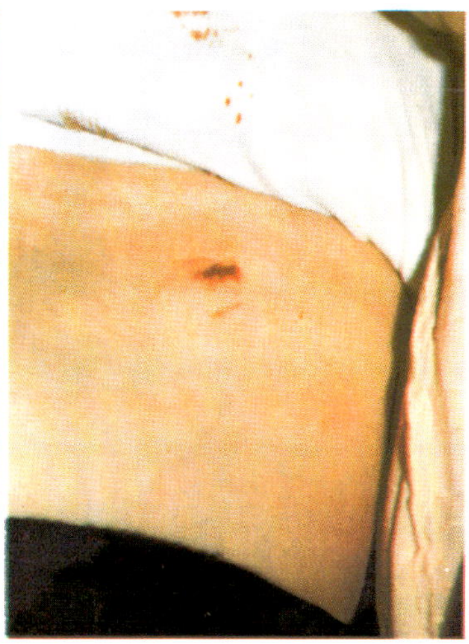

Abb. 3 – 5: Am Freitag, den 25. November 1983, öffneten sich gegen 16.30 Uhr die Wunden. Um 22.30 waren sie wieder verschwunden.

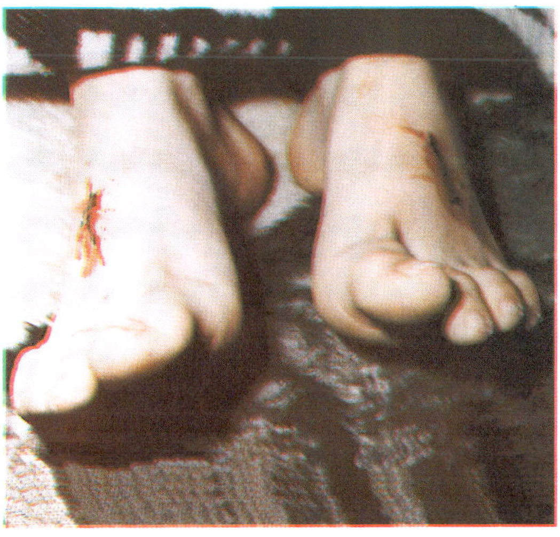

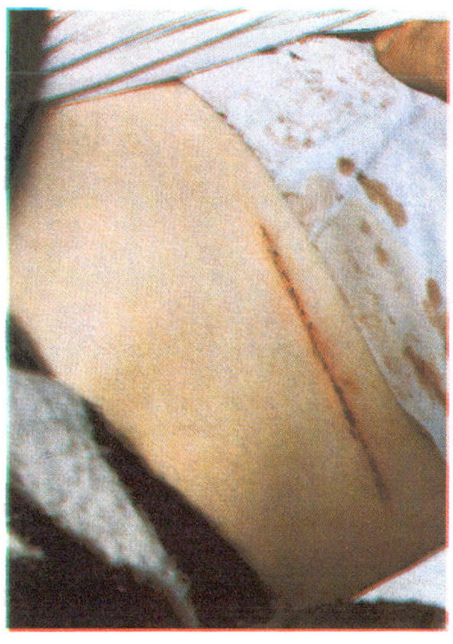

Abb. 6 – 8: Zweite Stigmatisation am Gründonnerstag, den 19. April 1984, um 15.30 Uhr: Hände, Füße, Seite. Die Seitenwunde war 10 cm lang.

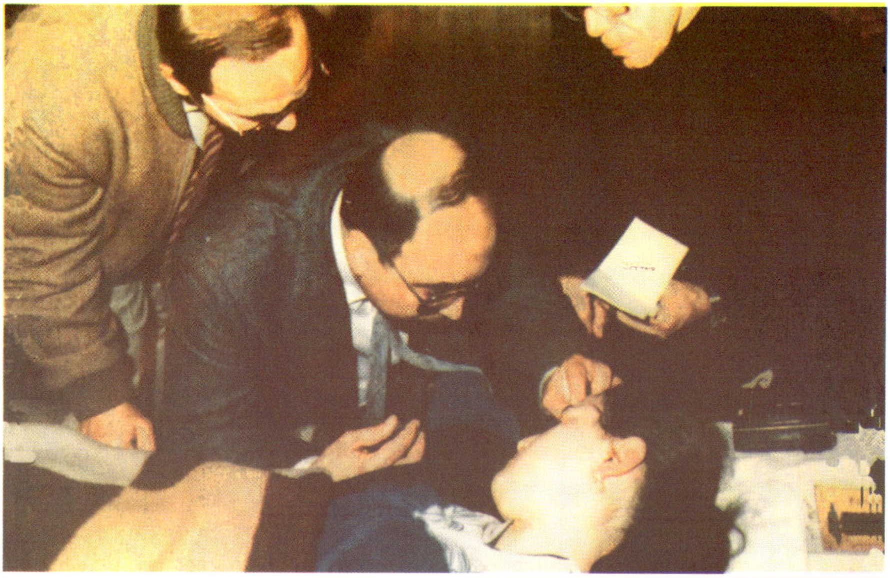

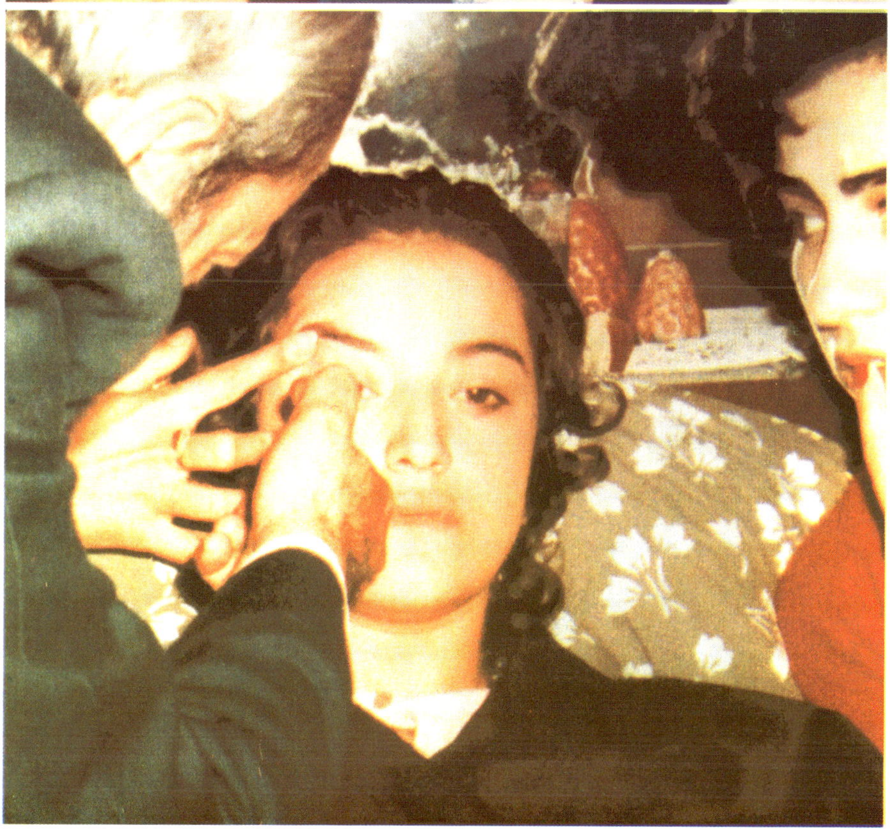

Abb. 9 (oben): Untersuchung durch Ärzte; Abb. 10: Augenuntersuchung im November 1984

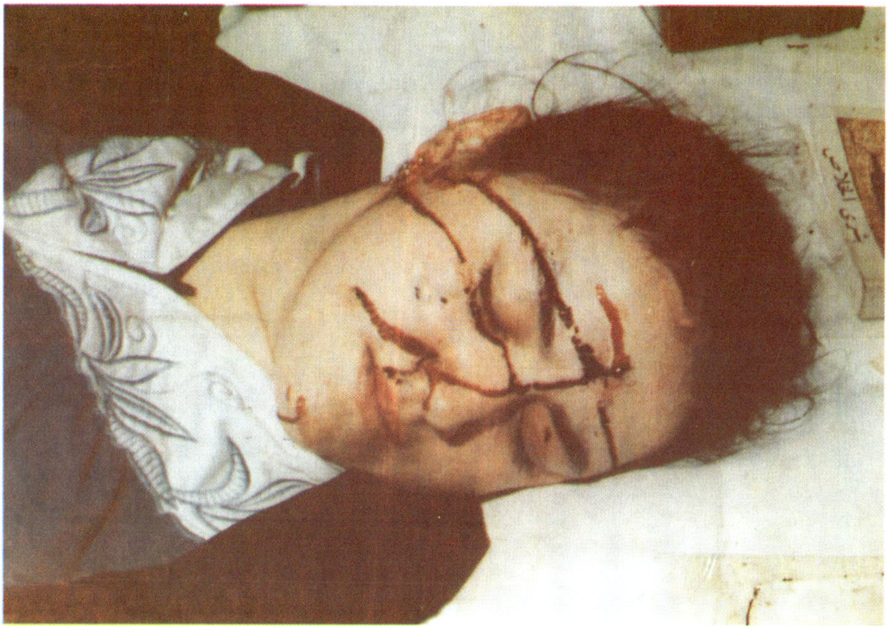

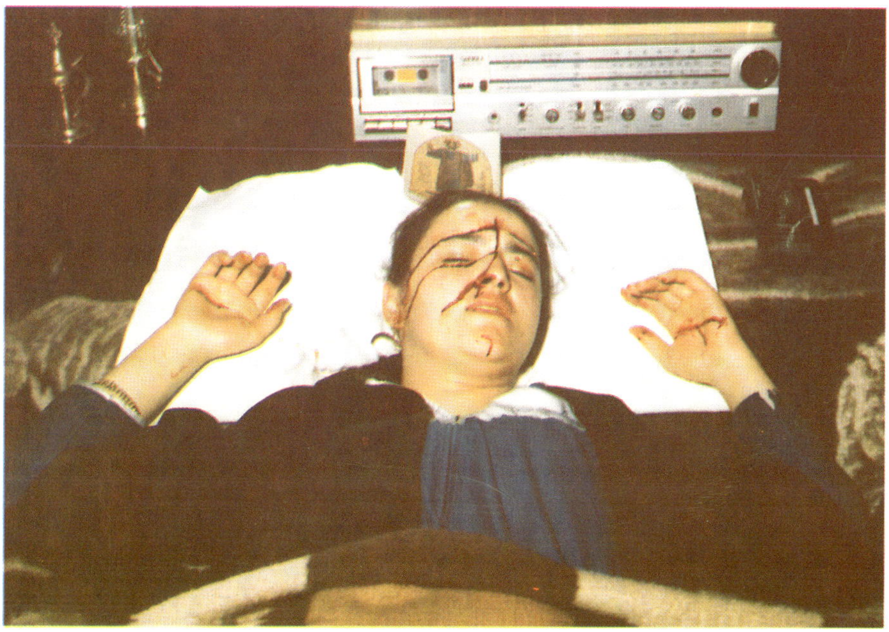

Abb. 11 – 12: Bei der dritten Stigmatisation am 16. April 1987 kam noch eine Kopfwunde hinzu.

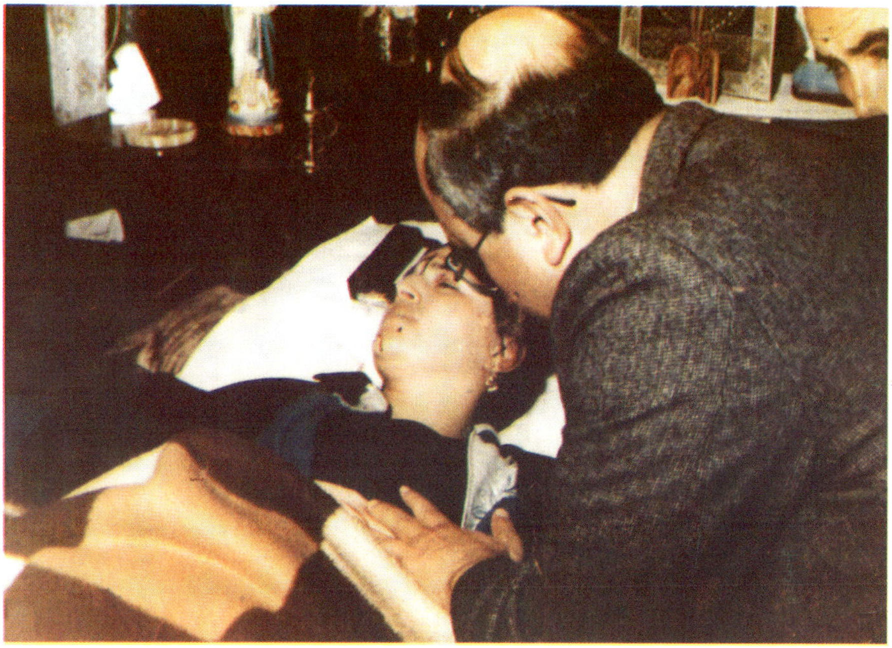

Abb. 13: Dr. Mesmar untersucht die Seitenwunde.

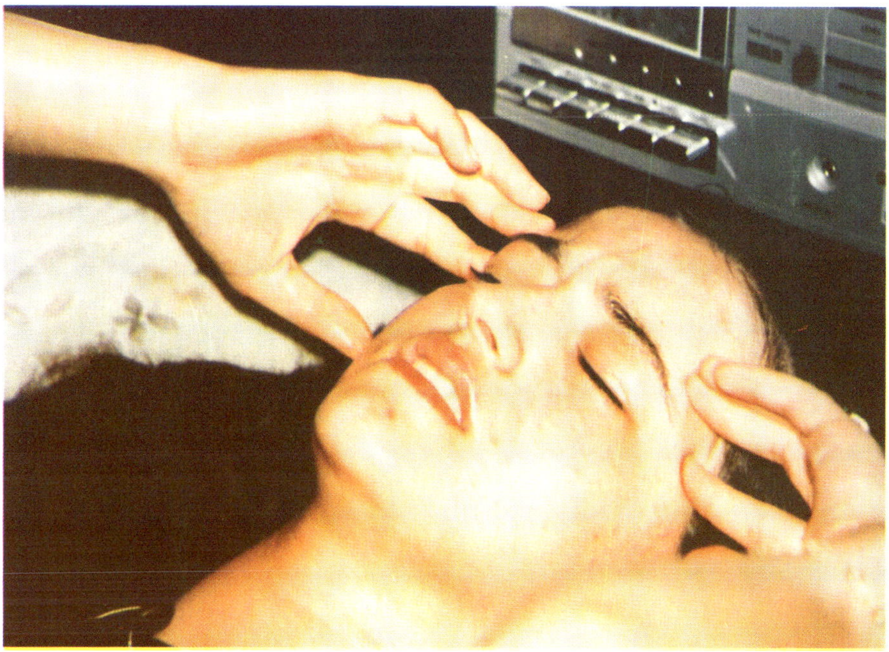

Abb. 14: Bei der 18. Ekstase am 18. April 1987 erschien das Öl im Gesicht und an den Händen.

jene an den Füßen waren ein Zentimeter lang und zwei bis drei Millimeter tief. Das aus den Wunden tretende Blut stammte aus tiefer gelegenen Schlagadern. Da sich die Untersuchung für Mirna sehr schmerzhaft gestaltete, wurde damit erst fortgefahren, nachdem sie sich wieder in Ekstase befand.[25]

Wichtiger als die medizinischen Gegebenheiten ist die Frage, was die Stigmen zu bedeuten haben. In der Botschaft vom 26. November 1985 gibt Jesus die Antwort. „Meine Tochter", fragte Jesus, „willst du gekreuzigt werden oder verherrlicht?" Mirna antwortete: „Verherrlicht!" Jesus lächelte und fragte: „Willst du lieber verherrlicht werden durch die Geschöpfe oder durch den Schöpfer?" „Durch den Schöpfer!" – „Dies kann nur durch die Kreuzigung geschehen. Ich wurde gekreuzigt aus Liebe zu euch. Und ich will, daß ihr euer Kreuz tragt und ertragt um meinetwillen, in Gehorsam, mit Liebe und Geduld und daß ihr meine Wiederkunft erwartet. Wer mit mir am Leiden teilnimmt, den lasse ich an der Herrlichkeit teilnehmen; es gibt keine Erlösung für die Seele außer durch das Kreuz. Fürchte dich nicht, meine Tochter; Ich werde dir von meinen Wunden geben, um so die Schuld der Sünder gutzumachen. Das ist die Quelle, woraus jede Seele ihren Durst löscht."

Die Wunden sind keine historische Nachahmung oder Wiederholung des Leidens Jesu. Daher auch die großen Unterschiede bei den einzelnen Stigmatisierten. In Soufanieh erhält das Ganze noch einen anderen Akzent. Dreimal empfing Mirna die Stigmen während der Karwoche jener Jahre, in denen das Osterfest von Orthodoxen und Katholiken zusammenfiel: 1984, 1987 und 1990. Nach heutigen Kalendern wird dies wiederum im Jahr 2001 der Fall sein. Die letzten Botschaften von 1990 kommen hierauf zurück. (Tab. 2)

6. „Derjenige, der das Öl sendet"

Zwei Tage nach der dritten Stigmatisation, am 18. April 1987, dem Tag vor Ostern, begann wieder reichlich Öl von der Ikone zu fließen[26],

25 Dr. J. MARGI, Temoignage et rapport medical; G. MESMAR, Rapport medical; C. und J. C. ANTAKLI, Zeugnis; Dr. L. KAWA / G. MESMAR, a legal medical report (unveröffentlichte Dokumente).

Tab. 2

Übersicht zu den Stigmatisationen

Erste Stigmatisation 1983

Freitag, 28. Oktober: Gefühl von Nägeln in den Händen.

Montag, 31. Oktober: Um 14.45 Uhr Ausschwitzen von Öl sowie Schmerzen im Kopf und an den Händen. Entstehung einer Art Schwiele in den Handflächen. Schmerzen an den Füßen. Um 19.04 Uhr erneut Abscheidung von Öl und neuerliche Schmerzen, während Mirna ein Gefühl von Nägeln in Händen und Füßen hat.

Freitag, 4. November: Ekstase von 18.15 Uhr bis 19.06 Uhr. Blutende Wunde in der linken Seite. Schmerzen in den Handflächen und an den Füßen.

Samstag, 5. November: Schmerzen in der linken Seite. Untersuchung durch Dr. Jamil Margi.

Montag, 7. November: Schmerzen an den Handflächen.

Dienstag, 8. November: Zweimal Schmerzen in der linken Seite.

Freitag, 25. November: Um 16.15 Uhr blutet die Seitenwunde (Hemd voller Blut). Um ca. 17.00 Uhr strömt Blut aus Händen und Füßen.

Zweite Stigmatisation 1984

Montag, 16. April: Mirna fühlt Schmerzen in ihrer linken Seite, an zwei Stellen mit einem Abstand von 10 cm.

Dienstag, 17. April: Schmerzen in der linken Seite.

Mittwoch, 18. April: Schmerzen in der linken Seite.

Gründonnerstag, 19. April: Ungefähr um 15.45 Uhr erscheinen die Wunden. Die Seitenwunde ist 10 cm lang, während die Wunde vom 25. November 1983 nur 2 bis 3 cm lang war. Die Wunden öffnen sich von innen nach außen. Die Wunden schließen sich um 22.00 Uhr von selbst und verheilen sehr schnell. Die Schmerzen dauern noch einige Tage an.

2. Dezember 1985: Abends fühlt Mirna Schmerzen am Kopf, als ob Nadeln hineingestochen würden. Sie betastet mehrmals ihre Handflächen und legt ihre Hand in die Seite.

5. Dezember: Um ca. 17.30 Uhr hat Mirna Kopfschmerzen: heftige Stiche, als ob mit einem Messer und mit Nadeln gestochen würde; sie nehmen im Verlauf etwas an Schmerzhaftigkeit ab. Auch verliert Mirna kurz ihr Gesichtsvermögen. Die Schmerzen dauern die nächsten Tage an, bis zum 11. Dezember.

14. Dezember: Die Stiche im Kopf tauchen wieder auf.

17. Dezember: Mirna fühlt dreimalige Stiche an der Stelle der Seitenwunde.

Dritte Stigmatisation 1987

Gründonnerstag, 16. April: Um 14.46 Uhr spritzt Blut aus der Kopfwunde. Gleichzeitig öffnen sich auch die Wunden an Händen und Füßen und eine Seitenwunde von 12 cm.

Karfreitag, 17. April: Die 12 cm lange Seitenwunde ist völlig verheilt. Am Kopf sowie an Händen und Füßen sind noch rote Streifen von den Wunden zu sehen.

Vierte Stigmatisation 1990

Montag, 9. April: Kleine rote Flecken erscheinen an Mirnas Füßen.

Gründonnerstag, 12. April: Um 11.14 Uhr öffnen sich fünf vertikale Wunden am Kopf. Um 11.29 Uhr fühlt Mirna Schmerzen an ihren Schultern und im Rücken. Um 12.07 Uhr bluten die Kopfwunden erneut. Um 12.11 Uhr treten Schmerzen an Schulter und Rücken auf. Um 12.40 Uhr neuerliches Bluten der Kopfwunde. Um 13.26 Uhr öffnen sich die Wunden an Händen und Füßen und um 13.31 die Seitenwunde.

und Mirna bekam ihre 18. Ekstase (Abb. 14), bei der Christus zu ihr sagte: „Ich habe euch ein Zeichen zur Verherrlichung gegeben." Während der Ekstase hielt Mirna nach Art der östlichen Priester und nach den Abbildungen Christi auf den Ikonen ihre rechte Hand in einer segnenden Haltung. Kurz bevor sie aus der Ekstase austrat, erteilte sie so den Segen.

Es ist bezeichnend, daß Mirna bei all ihren Ekstasen, ohne es zu wissen, eine besondere Haltung einnahm. Dies ist eines von vielen Zeichen, die in Soufanieh gegeben wurden und die nur insofern wichtig sind, als sie auf das Transzendente verweisen und damit Christus näherbringen. So ist auch beispielsweise nicht das Öl der eigentliche Bedeutungsträger, sondern die *Heilige Kommunion*, wie aus der Erklärung Nicolas, Mirnas Mann, hervorgeht:

> „Das Öl kommt meistens bei ihren Reisen nach der Kommunion. Nicht bei jeder heiligen Messe. Aber sie verbirgt das Öl, bis die Messe vorüber ist. Ich erinnere mich, daß einmal im Libanon während einer heiligen Messe sehr viele Menschen für die Einheit zusammengekommen waren. Das Öl kam nach der Kommunion. Das Fernsehen merkte dies, zoomte Mirna heran und zeigte auf einem Monitor das Öl.
> Es entstand viel Lärm in der Kirche. Jeder wollte zu Mirna anstatt zur Kommunion. Mirna ärgerte sich lautstark, nahm ein Mikrofon, wischte das Öl von ihren Händen und sagte: ‚Wenn in der Kirche eine Messe ist und die heilige Magd ruft mich, gehe ich nicht zu ihr. Dann gehe ich zuerst zur Kommunion und danach zu ihr.' Es wurde still in der Kirche. Und Mirna sagte: ‚Warum folgt ihr dem Öl und vergeßt denjenigen, der das Öl sendet? Da: die Kommunion. Er sendet das Öl.'"[27]

7. Die Botschaft von Soufanieh

Die Botschaften, die Mirna während der Erscheinungen und Ekstasen empfangen hat, kommentieren praktisch die Ereignisse. Neben dem

26 Aus den Notizen von Pater J. MALOULI: „le samedi saint, 18 avril 1987, vers 21h30: 221 grammes d'huile [...] – le jeudi de l'Ascension, 28 mai 1987 136 grs – le dimanche de la Pentecôte, 7 juin 1987 86 grs – La nuit du 15 – 16 juillet 1987 (Baptème de Myriam) 125 grs. – Nuit du 5 – 6 août 1987 92 grs – Nuit du 14 – 15 août 173 grs – 8 septembre 1987 50 grs – 12 septembre 97 grs – Le 20 novembre 1987 70 grs – Le vendredi 27 novembre 170 grs (5e anniversaire) – Noel 1987 128 grs".

27 Interview vom 19. April 1993.

physischen Phänomen des Ölflusses, der biologischen Erscheinung der Stigmen und den Marienerscheinungen und Ekstasen auf psychischer Ebene bilden die Botschaften die Vollendung aller Zeichen auf geistiger Ebene.

Die Botschaft von Soufanieh wurde u. a. auch bei einem *Theologenkongress in Münster* untersucht[28] mit der Schlußfolgerung, sie verkörpere das Evangelium mit den Worten des 20. Jahrhunderts. Der dominierende Begriff ist *„Einheit"*, vor allem die *Einheit der Kirche.* Hierbei bietet Soufanieh mit seiner Uneinigkeit zwischen Orthodoxen und Katholiken ein lebendiges Beispiel, und so wurde dort auch um einen ersten Schritt zur Einheit hin gebetet, nämlich einer Regelung des Datums für das Osterfest. Die diesbezüglichen Botschaften, die zu Soufanieh gegeben wurden, sind:

„Die Kirche ist eins, weil Jesus eins ist." (24. 3. 1983)
Dreimal: „Die Kirche ist das Reich des Himmels auf Erden. Wer sie gespalten hat, hat gesündigt." (Das Arabische klingt hier milder: „..., hat Fehler gemacht.") „Und wer sich über ihre Spaltung gefreut hat, hat gesündigt." (24. 3. 1983; 4. 8. 1985; 14. 8. 1988)
„Gehe und verkündige in der ganzen Welt und sage ihr ohne Furcht, daß man für die Einheit arbeiten muß." (26. 11. 1987)
„Sag meinen Söhnen und Töchtern, daß ich von ihnen die Einheit möchte. Und ich möchte sie nicht von den Schauspielern, die so tun als ob sie an der Einheit arbeiteten." (7. 9. 1988)
„Das einzige, was ich will, ist, daß ihr euch alle in mir versammelt, so wie ich in jedem von euch bin." (26. 11. 1988)
„Wer trennt, trägt keine Liebe in sich." (24. 3. 1983)
„Muß mein Herz geteilt sein, weil ihr geteilt seid?" (1. 5. 1985)

Den zweiten Teil der Botschaft von Soufanieh bildet die Erkenntnis, daß die große Einheit im Kleinen beginnt bzw. daß die Einheit der Kirche auf der *Einheit der Familie* gründet. Darauf beziehen sich die folgenden Botschaften:

„Ich bringe keine Trennung. Dein Eheleben soll bleiben, wie es ist." (25. 11. 1983, Maria)

28 Von 12. bis 14. September 1991, organisiert vom Dekan der Katholisch-Theologischen Fakultät der Universität Münster, Prof. Dr. A. Th. Khoury. Anwesend war u. a. Prof. Vorgrimler.

„Lebe dein Leben. Das Leben hindert dich nicht, mit dem Beten fortzufahren." (7. 9. 1984, Maria)
„Fahr fort in deinem Leben als Gattin, Mutter und Schwester." (26. 11. 1987, Christus)

Eine Gnade für Soufanieh ist, daß Mirna trotz allem ein normaler Mensch geblieben ist, bescheiden und natürlich. Im ersten Jahr der Ereignisse hatte ein Familienmitglied Schwierigkeiten damit, daß Mirna weiter wie gewöhnlich ihre häuslichen Pflichten erfüllte. So sah sie jemand eines Tages mit ihren Händen im Abwaschwasser und rief: „Das geht doch nicht mit diesen Händen!" Nüchtern antwortete Mirna: „Niemals glaube ich, daß Maria in Nazareth eine Dienstmagd hatte."

Mirna hatte sich Kinder gewünscht. Und Maria versprach: „Ich werde dir ein Geschenk machen für deine Mühe" (1. 5. 1985). So wurde Mirna nach vier Jahren Ehe zum erstenmal schwanger (Mirjam). 1988 folgte ein zweites Kind (John Emmanuel).

8. Die Haltung der Kirche

Die Kirche hat sich zu den Geschehnissen in Soufanieh noch nicht definitiv geäußert. Dies hängt auch damit zusammen, daß Mirna griechisch-katholisch und ihr Mann griechisch-orthodox ist, weshalb offiziell der griechisch-orthodoxen Kirche das Urteil zukommt. Deren Oberhaupt erkannte anfangs den übernatürlichen Charakter des Ereignisses an, hüllte sich dann, nachdem die Ikone in die Kirche überführt worden war und kein Öl mehr abgesondert hatte, jedoch in Schweigen.

Die griechisch-orthodoxe Kirche ist mit *Konstantinopel* verbunden. In Syrien besteht auch die *syrisch-orthodoxe Kirche*, die sich im 5. Jahrhundert von der Mutterkirche abspaltete und deren Patriarch *Ignatius Zakka I. Iwas* den Ereignissen von Soufanieh sehr positiv gegenübersteht, wie er in vielen Audienzen betont hat.

Die Haltung der *Katholischen Kirche* ist als vorsichtig zu bezeichnen. Syrien beherbergt Katholiken verschiedener Richtungen, wobei die meisten Mitglieder der griechisch-katholischen Kirche angehören.

Sie folgen dem byzantinischen Ritus, sind aber mit Rom verbunden. Offiziell schweigt die griechisch-katholische Kirche zu Soufanieh, um das Verhältnis zu den Orthodoxen nicht weiter zu belasten. Es gibt jedoch auch Bischöfe, die sich positiv über die Ereignisse äußern, sich zum Gebet um die Ikone versammeln und an den jährlich am 27. November stattfindenden Gedächtnisgottesdiensten teilnehmen.

Die drei aufeinanderfolgenden lokalen apostolischen Nuntien stehen persönlich Soufanieh sehr positiv gegenüber und halten den Vatikan über die Entwicklung auf dem Laufenden. Ein offizielles Urteil von katholischer Seite ist vorerst nicht zu erwarten, weil dies nur zusammen mit der griechisch-orthodoxen Kirche möglich ist.

9. „Bis das Osterfest zusammen gefeiert wird“

In der Karwoche des Jahres 1990 empfing Mirna zum viertenmal die Stigmen (Abb. 15 – 16).[29] Hiernach hörte sie in Ekstase (Abb. 17 – 18) Christus sagen: „Meine Tochter, du wirst meine Stimme nicht mehr hören, bis das Osterfest zusammen gefeiert wird“ (14. 4. 1990). Und zu Ostern 1990 floß ein letztes Mal Öl von der Ikone. Bei der letzten Ekstase am 26. November 1990 sagte Maria: „Sei nicht besorgt, meine Tochter, wenn ich dir sage, daß du mich zum letzten Male siehst, bis das Osterfest zusammen gefeiert wird.“ Und: „Was das Öl betrifft, dieses soll weiter an deinen Händen erscheinen, zur Verherrlichung meines Sohnes, wann immer er es wünscht.“

Es gibt immer noch Zeichen in Soufanieh. Aus verschiedenen Ikonen in aller Welt strömt weiterhin Öl; dieses erscheint auch an Mirnas Händen und manchmal in ihrem Antlitz.

So erwarten wir das Jahr 2001, wenn Katholiken und Orthodoxe nach heutigen Kalendern zum selben Datum Ostern feiern.

29 Auch hiervon hat Pater J. Malouli alles auf die Minute genau notiert. Anwesende Ärzte: Prof. A. Mansour, Dr. Ph. Loron, Nawaf Nseir, Najat Zehlaoui-Barsa; J.-Cl. Antakly (Biologe); B. de la Roque und B. Sauvegrain (Psychologen). Vgl. Ph. LORON: Constat médical et analyses scientifiques, S. 65 – 79.

IV. ÖL-PHÄNOMENE

In bezug auf Soufanieh sind *fünf verschiedene Phänomene* zu unterscheiden:

- das *Öl*, das von Ikonen fließt und in Mirnas Gesicht, an ihren Händen und einmal an den Füßen erscheint;
- fünf *Marienerscheinungen*, die wissenschaftlich nicht näher untersucht werden können, weil nur Mirna sie gesehen hat (wenngleich auch ihr Schwager Awad den der Erscheinung vorausgehenden Lichtball wahrnahm; außerdem wurden während der fünften Erscheinung alle Anwesenden Zeugen eines übermäßigen Ölflusses);
- die im Folgenden näher behandelten *Stigmen*;
- die *Ekstasen*;
- ca. *30 Botschaften*.

1. Betrug oder Täuschung?

Zeugenaussagen und Videoaufnahmen sind kein absoluter Beweis für die Echtheit des *Öl-Phänomens*. Diese könnten auch inszeniert sein. Bei meinen Besuchen in Syrien haben mir allerdings viele Menschen die Authentizität der Ereignisse bestätigt. Selbst die Kritiker von Soufanieh verkennen nicht deren außergewöhnlichen Charakter.[30]

Obwohl Betrug in solchen Fällen nie völlig ausgeschlossen werden kann, gibt es eine Reihe von Wahrnehmungen, die dagegen sprechen:

a) Öl an Ikonen

1. Das *Öl* an der Ikone und an Mirnas Körper ist einfach wahrzunehmen. Es gehen keine komplizierten bzw. geheimnisvollen Rituale voraus, und es wird auch niemand auf Distanz gehalten. Während des Ölflusses war die Ikone von allen Seiten gut sichtbar. Nur in der ersten Zeit wurde sie in einem kleinen Kästchen mit Watte aufbewahrt.

30 Während meiner zweiten Reise besuchte ich sämtliche Kritiker der Ereignisse von Soufanieh. Man berief sich allerdings niemals auf Betrug, sondern erzählte höchstens allerlei Gerüchte über das Verhalten Mirnas, die bei näherer Untersuchung nicht standhielten.

2. Die *Ikone* befindet sich stets an einem versperrten Ort: erst in einem Kästchen, dann in einem kleinen Schrein und zuletzt in einer gläsernen Kugel. Einen Schlüssel besaß einzig und allein P. *Malouli*, der in ganz Damaskus für seine Ehrlichkeit und Strenge bekannt ist. Vor Soufanieh hatte er dort drei sogenannte Wunder aufgedeckt und angefochten. Die Ereignisse in Soufanieh verfolgte er die ersten drei Monate, ohne sich einzumischen. Erst bei der vierten Erscheinung war er mit einbezogen. Er nahm alles selbst auf und sorgte für die Anwesenheit von Wissenschaftlern. Ihm sind auch die Bilder von den Stigmen zu verdanken, denn Mirna selbst wollte damit nicht an die Öffentlichkeit treten.

3. Die regelmäßigen Besuche von *Ärzten* und anderen Wissenschaftlern erbrachten keine negativen Ergebnisse. Auch die akribischen Untersuchungen des syrischen Geheimdienstes (in diesem nicht-christlichen Land die strengste Kontrolle) führten zu keinerlei Entdeckung, die an Betrug grenzen würde.

4. Auch die in aller Welt verstreuten Reproduktionen der Ikone geben Öl ab, an deren Untersuchungen sogar Taschenspieler-Profis beteiligt wurden.[31]

5. Das Öl wurde bei verschiedenen Gelegenheiten von verschiedenen Labors in Deutschland, Damaskus, Rom und Paris untersucht.[32] Es handelt sich dabei um 100% reines Olivenöl, das rasch verfließt und keine Flecken hinterläßt. Kurz, wir haben es mit einem Produkt zu tun, das in einem solchen Reinheitsgrad und mit diesen Eigenschaften in der Natur nicht vorkommt.

b) Öl an Mirnas Händen

1. Das Öl an Mirnas Händen erschien in den unterschiedlichsten Situationen. Meist war sie umringt von stets anderen Menschen. Niemand hat je eine Spur von Betrug gemeldet. Ich selbst war ungefähr achtmal dabei. Wenngleich auch ich nichts Verdächtiges bemerken konnte, muß ich zugeben, daß das, was ich gesehen habe, außer den

31 Zum Beispiel: Farid Anderson bei der Familie Mansour am 14. August 1988 in Beverly Hills (USA).

32 Vgl. Ph. LORON: Constat médical et analyses scientifiques, S. 40 – 46.

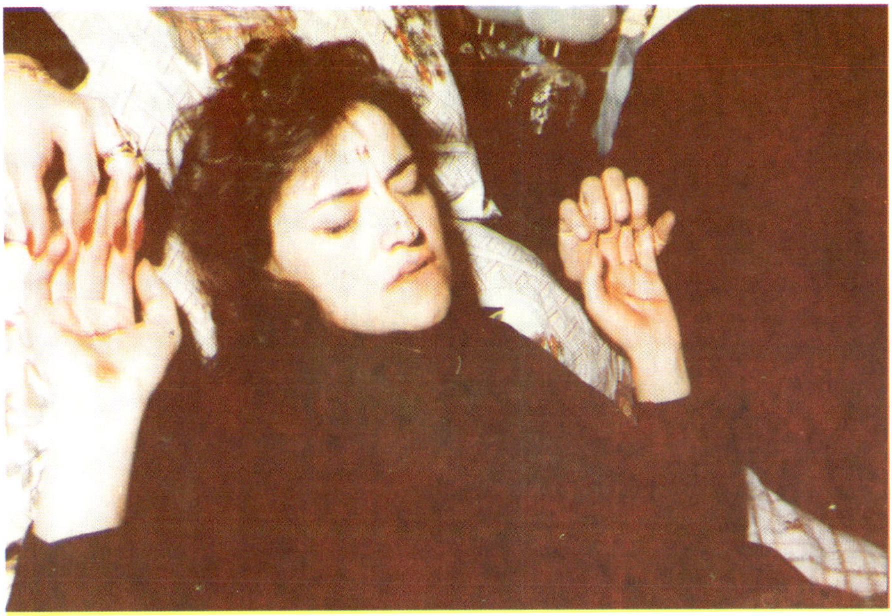

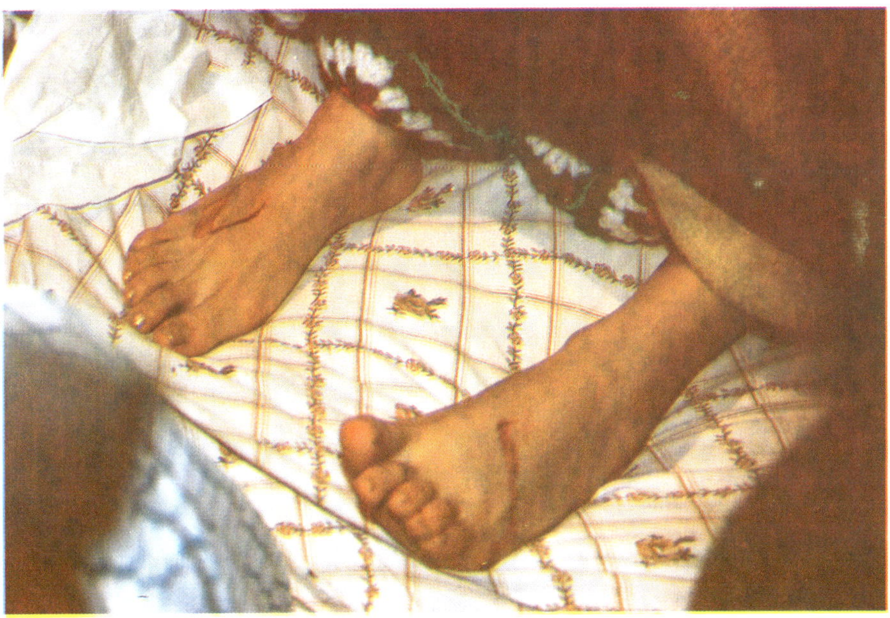

Abb. 15 – 16: Vierte Stigmatisation am Gründonnerstag, den 12. April 1990. Die Kopfwunden öffneten sich um 11.14 Uhr; um 13.26 Uhr folgten Hände und Füße und um 13.31 Uhr eine Seitenwunde von 12 cm.

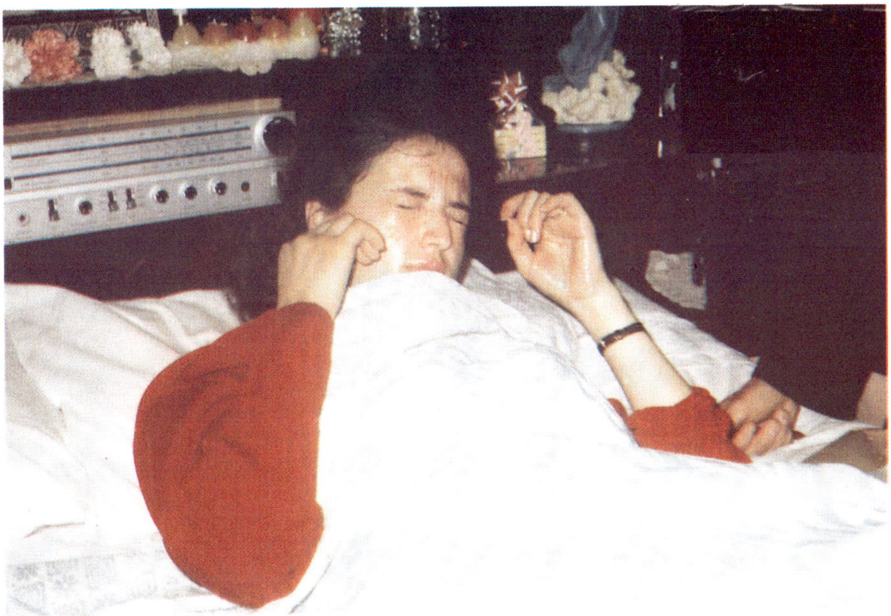

Abb. 17: Vor der Ekstase am Ostersamstag, den 14. April 1990, strömte reichlich Öl von Mirnas Gesicht.

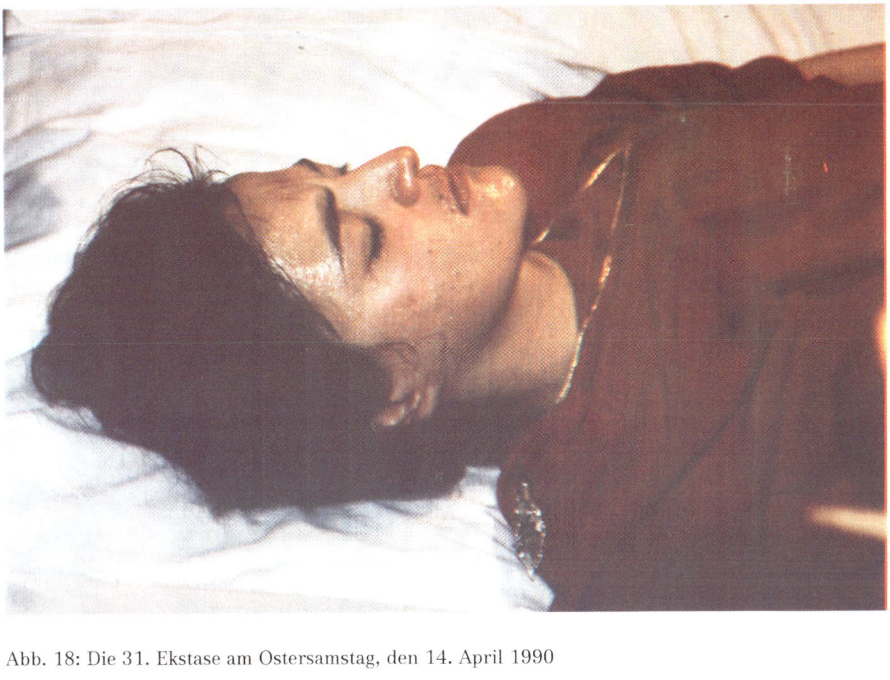

Abb. 18: Die 31. Ekstase am Ostersamstag, den 14. April 1990

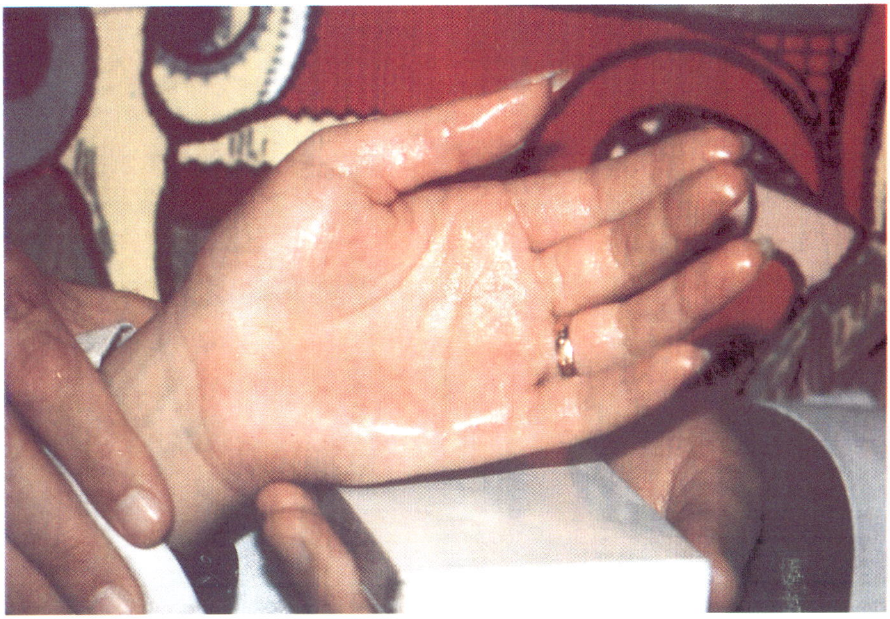

Abb. 19: Maastricht am 26. September 1991, Öl an Mirnas Hand

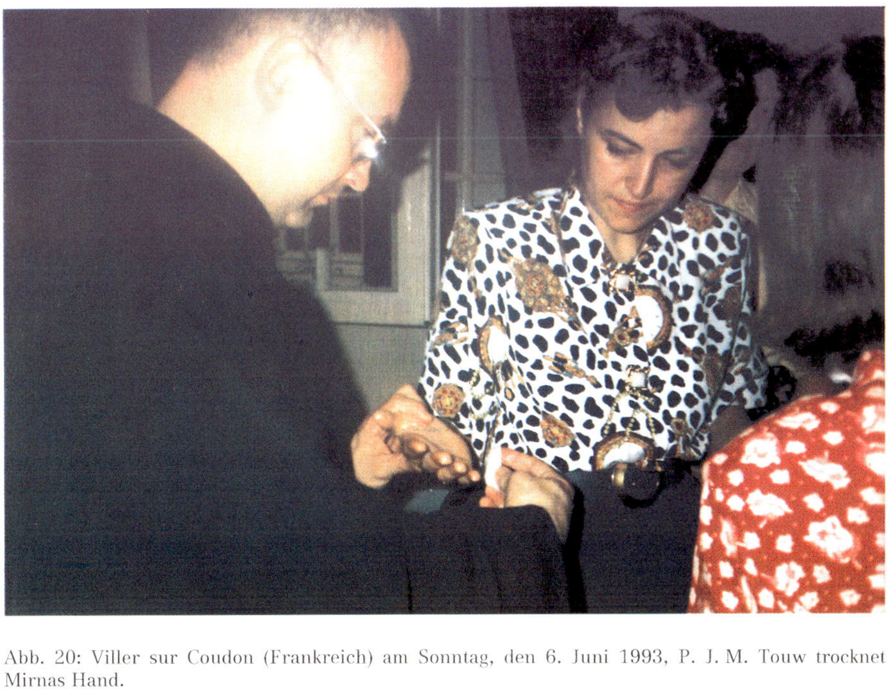

Abb. 20: Viller sur Coudon (Frankreich) am Sonntag, den 6. Juni 1993, P. J. M. Touw trocknet Mirnas Hand.

unter Punkt 4 geschilderten Wahrnehmungen auch von einem guten Taschenspieler ausgeführt werden könnte.

Die vielen Videoaufnahmen konnten hier ebensowenig zu einer Klärung beitragen.

Am 18. April 1993, Weißer Sonntag für die Katholiken und Ostertag für die Orthodoxen, feierte ich die heilige Messe in Soufanieh. Vorher bat ich Mirna, immer an ihrem Platz zu bleiben, da ich eine Videokamera auf sie gerichtet hatte, um einen etwaigen Ölfluß während der Messe festzuhalten. Beim Schlußlied bemerkten die Umstehenden plötzlich Öl an Mirnas Händen, die diese während der Messe meist verborgen hält, um den Gottesdienst nicht zu stören. Doch konnten auch diese Aufnahmen einen Betrug nicht hundertprozentig ausschließen. Schließlich hatte ich es verabsäumt, Mirnas Hände und Arme vor und nach dem Erscheinen des Öls zu untersuchen.

2. Beeindruckender für mich ist das Erscheinen von Öl in Mirnas Gesicht. Und wie ist das Öl an den Füßen zu erklären, während sie selbst sich in Ekstase befindet?

3. Mit dem Öl an ihren Händen macht Mirna den Menschen ein Kreuzzeichen auf die Stirn. Wenn sie damit aufhört, hat auch der Ölfluß ein Ende. In Maastricht, im Jahre 1991, war dies bei etwa 200 Personen der Fall (Abb. 19). Während Mirnas Kanadareise im Juni 1993 waren es manchmal ein- bis zweitausend Menschen.

4. 1991 in Maastricht – wie auch später in Viller sur Coudon, Frankreich (Abb. 20) – trocknete ich mehrmals Mirnas rechte Hand, und immer wieder kam eine fettige, gelbliche Flüssigkeit zum Vorschein, die sich deutlich von Schweiß unterschied. Ich fragte mich allerdings, ob es sich nicht um Öl handeln könnte, das in die Haut gedrungen war und nach dem Abtrocknen wieder austrat. Am 25. November 1995 erschien nach dem Pontifikalamt neuerlich Öl an Mirnas Händen. Während sie die Menschen mit dem rechten Daumen bekreuzigte, trocknete ich ihre linke Handfläche, die auch trocken blieb. Als ich schließlich auch die rechte Handfläche trocknete, erschien dort wiederum Öl. Am 26. November, einem Sonntagabend, um 19.47 Uhr, erschien Öl in Mirnas Gesicht und an den Händen. Da ihr das Öl in die Augen lief, brachte ich ein paar Minuten damitzu, ihr dieses aus

den Augen zu wischen. Auf den Lidern zeigten sich aber immer wieder kleine glitzernde Punkte, die über die Haut verteilt waren. Nach dem Trocknen ihrer linken Wange erschien innerhalb einer Minute neues Öl.

5. Es gab Situationen, in denen Mirna inbrünstig wünschte, daß Öl hervorkommen möge, was aber nicht geschah. Daran ist erkennbar, daß sie das Phänomen nicht bewußt selbst heraufbeschwören kann.

6. Manchmal erschien auch Öl an den Händen anderer Personen.[33] So 1988, als Mirna ein Kloster in den USA besuchte und der Archimandrit *Boniface* sie bat, seine Mönche mit dem Öl zu segnen. Mirna lehnte dies demütig ab und da erschien das Öl an den Händen des Archimandriten.

2. Ein unerklärliches Phänomen

Inwieweit ist durch all diese Wahrnehmungen bewiesen, daß es sich hier um ein unerklärliches Phänomen handelt? Natürlich würden wir das Phänomen gern unter vollständig kontrollierbaren Bedingungen untersuchen. Doch ist dies nicht möglich. Es ist immer ein spontanes Phänomen, das nicht erzwungen werden kann. Gerade die Tatsache, daß eine Manipulation auch durch Mirna ausgeschlossen werden kann, spricht für die Echtheit. Ich bin daher der Meinung, daß die wissenschaftliche Unerklärbarkeit des Auftretens von Öl ausreichend bewiesen ist: nicht so sehr aufgrund meiner eigenen Wahrnehmungen als vielmehr aufgrund der vielen Zeugenaussagen und Videoaufnahmen, die mir zur Verfügung stehen. Es scheint mir wissenschaftlich verantwortbar zu sagen, daß es sich hier um ein außergewöhnliches und für uns (noch?) nicht erklärbares Phänomen handelt. Es liegt daher nun an jenen, welche für eine natürliche Erklärung eintreten, die dafür erforderlichen Beweise zu liefern.

Gibt es denn nun wirklich keine natürliche Erklärung für das Auftreten von Öl? Bei der Ikone ist dies auszuschließen, da ein Stück Pa-

33 Pater J. Malouli berichtet von folgenden Personen in Soufanieh: Pater Mitri Hagi Athanassiou; Michel Farah; Mtanios Maroun de Daher al Safra; Claire Habis; Majdoline Dababne; Lodi Klam Mass'oud und Samir Hanna.

pier kein Öl produzieren kann. Der menschliche Körper kann dies in besonderen Situationen schon, doch handelt es sich dann stets um animalisches Öl und nicht um pflanzliches Olivenöl.

3. Ähnliche Phänomene

a) Ikonen

Nachdem wir die Echtheit des Phänomens festgestellt haben, stellt sich nunmehr die Frage nach ähnlichen Phänomenen. Neben der Ikone von Soufanieh mit einer großen Zahl von Reproduktionen gibt es einen anderen Typ von Ikone, die zusammen mit einigen Reproduktionen Öl abgegeben hat. Die Ikone von Soufanieh ist vom Typ ‚Kazanskaia' (Unsere Liebe Frau von Kazan). Es gibt auch einen Typ ‚Portaitissa' oder ‚Porta caeli' (Maria, Tor zum Himmel). Eine solche Ikone begann 1981 in Montreal, Kanada, Öl abzusondern.[34] Ab 1985 taten dies auch einige Reproduktionen dieser Art. Die bekannteste unter ihnen ist die Ikone von Toulouse, die seit 1990 wohlriechendes Öl absondert und ausführlich untersucht wurde.[35]

b) Schwindel

Auch zu Mirna selbst gibt es Parallelen, doch wurden diese mittlerweile als Schwindel entlarvt. So wurde 1992 von der 16jährigen Samira Hannouch aus Schweden, einer gebürtigen Syrierin, behauptet, aus ihren Händen laufe Öl, das für jeden, der genug Glauben besaß, sichtbar gewesen sein soll.[36] Täglich segnete sie damit mehrere tausend Menschen. Nach drei Wochen ließ sie allerdings verlautbaren, daß ihr der libanesische Mönch *Mar Charbel Makhlouf* erschienen sei und verboten habe, noch mehr „Wunder zu wirken". Mittlerweile hatte sie bereits an die 420.000 DM kassiert. Der Verdacht liegt nahe, daß alles Schwindel war.

34 Ph. MADRE: De icoon van Maria poort van de hemel (1991).
35 P. GARDEY DE SOOS: L'icône de Toulouse „Marie, Porte du Ciel" (1995).
36 Meines Wissens ist hierüber noch niemals etwas veröffentlicht worden. Ich verfüge nur über ein paar Zeitungsartikel.

Ähnlich verhielt es sich mit dem Syrer Bassam Assaf in Paris, an dessen Händen sich während des Gebets 1988 Öl gezeigt haben soll. Einige Zeit später wurde er wegen Geldbetrügereien verhaftet.[37]

In diesem Zusammenhang ist zu erwähnen, daß die Familie Nazzour aus den Ereignissen keinerlei Profit schlägt. Es wird nichts angenommen. Auch fehlt es an anderen Motivationen, um Vorteile daraus zu ziehen. Bei Beginn der Phänomene war Mirna 18 Jahre alt und seit sechs Monaten verheiratet. Ihre religiöse Erziehung war äußerst dürftig, so daß sie nur einige Gebete kannte. Ihr Mann bekannte später, daß er sie niemals geheiratet hätte, wenn er gewußt hätte, daß sie ihren Glauben praktiziert. Finanziell war es um beide nicht schlecht bestellt, da Nicola in Deutschland genug Geld verdient hatte, um davon mit seiner Familie gut leben zu können.

c) Myroblyten

Wissenschaftlich mehr Sicherheit bieten die sogenannten *Myroblyten*, deren Leichname eine ölige Flüssigkeit absondern oder duftenden Balsam ausströmen.[38] Alle Myroblyten sind auch „Unverwesliche", Menschen also, deren tote Körper völlig unversehrt bleiben. Dieses Phänomen der *Myroblytion* kennt man bei etwa 50 Heiligen. Die Feuchtigkeit, die Jahre nach dem Tod aus dem Körper des libanesischen Mönches *Charbel Makhlouf* austrat, war wäßrig wie Schweiß und blutig.[39]

d) Profane Analogie?

Nach Hans BENDER kann „die Parapsychologie zu den von der Kirche anerkannten Wundern, mit Ausnahme der leiblichen Auferstehung, eine profane Analogie zeigen, die gar nichts mit Religiösem zu tun hat"[40]. Als Parallelen zur *weinenden Madonna von Syrakus* nennt er *Spukfälle* und die sogenannten *Geistmaterialisationen*, bei denen es

37 D. ROUCH: Dieu seul le sais (1990), S. 85 – 98; R. LAURENTIN, Préface. In: Ph. LORON: Constat médical et analyses scientifiques des événements de Soufanieh, S. 7 – 9; J. BOUFLET: Encyclopédie des phénomènes extraordinaires dans la vie mystique I (1991), S. 215 – 216; einige nicht veröffentlichte Dokumente.

38 Vgl. J. C. CRUZ: The incorruptibles (1977), S. 36 – 37.

39 H. LARCHER: Le sang peut-il vaincre la mort? (1957), S. 132 – 156.

40 O. SCHATZ (Hg.): Parapsychologie (1976), S. 365.

sich um schleierartige, amorphe Gebilde, einzelne Glieder oder ganze Gestalten handeln kann. Wenngleich allein schon der Unterschied zwischen „profan“ und „religiös“ problematisch ist[41], scheint es mir auch einen großen qualitativen Unterschied zu geben. So sind Spukfälle sehr willkürlich und chaotisch und Geistmaterialisationen gelten als umstritten.[42]

e) Weinende und blutende Bilder

Die einzig wirklichen Parallel-Erscheinungen finden sich in den sogenannten weinenden und blutenden Bildern. Nach Syrakus sind seit 1953 bis 1990 etwa 100 Fälle bekannt geworden, die Anspruch auf Echtheit erheben.[43] Darüber hinaus gibt es tausende Falschmeldungen. Fachliche Beschreibungen des Hervortretens von Tränen, Blut oder Öl sind hingegen selten. Ich kenne das persönliche Zeugnis eines Technikers, der mit der Untersuchung eines solchen Bildes befaßt war. Er sah, wie sich in Augennähe, losgelöst vom Bild, ein kleiner Tropfen formierte, der an Volumen zunahm, das Bild berührte und dann nach unten floß. Dies spricht dafür, daß die Flüssigkeit nicht aus dem Bild selbst kam, sondern an der Oberfläche entstand, was auch in Syrakus (1953) der Fall war. Die Tränen konnten da nicht aus dem Bild kommen, weil sie sonst die Farbstoffe im Bild mit sich geführt hätten. So auch bei den Ikonen. Wenn das Öl aus der Ikone käme, wäre das Papier schon lange beschädigt und die Farben hätten sich gelöst.

Demgegenüber scheint Mirna das Öl auszuschwitzen. Es erscheint an jenen Stellen, wo der Mensch am meisten Schweiß absondert: Handflächen, Gesicht, Hals und Füße.

41 Vgl. A. RESCH, in: O. SCHATZ: Parapsychologie, S. 368, und H.-J. RUPPERT: Der christliche Glaube und das Paranormale (1992), S. 598.

42 Vgl. O. PROKOP / W. WINNER: Der moderne Okkultismus (1976), S. 148 – 156.

43 J. BOUFLET: Encyclopédie des phénomènes extraordinaires dans la vie mystique I, S. 291 – 310.

4. Paranormologische Erklärungen

Die Ansicht, daß parapsychologische Phänomene durch innerpsychische Kräfte, sogenannte *PSI-Kräfte*, verursacht werden, hat viel Gewicht erlangt. Das Wort „PSI“ wird in breiten Kreisen zur Bezeichnung eines unbekannten psychischen Faktors bei Paraphänomenen verwendet.[44] So gesehen müßte Mirna derlei Fähigkeiten besitzen, doch zeigt sie außerhalb der berichteten Ereignisse keinerlei paranormale „Begabung“. Dies war auch in ihrer Jugend nicht der Fall. Daher halte ich es nicht für richtig, das Erscheinen verborgener Kräfte Mirna selbst zuzuschreiben. Man müßte sonst enorme psychische Kräfte bei ihr vermuten, die selbst auf großen Abstand zu Ölabsonderungen bei Ikonen führen könnten.

Geht es hier um eine echte Materialisation oder möglicherweise nur um einen „paranormalen Ortswechsel“, einen sogenannten *Apport*?[45] Beim Öl-Phänomen von Soufanieh ist ein solcher Beweis schwierig zu erbringen und auch eher unwahrscheinlich. Schließlich handelt es sich, wie erwähnt, um 100% reines Olivenöl, das so weder in der Natur vorkommt noch künstlich produziert wird.

Vom Apport zu unterscheiden ist die *Projektion von Materie*, auch *ektoplastische Projektion* genannt. Dabei wird nicht ein Gegenstand außerhalb der Person, sondern eine Substanz (Blut oder Ektoplasma) aus dem eigenen Körper „projiziert“. Wir kennen Fälle aus der Geschichte, für die dies eine mögliche Erklärung sein könnte, so z. B. bei dem pseudo-mystischen Mädchen Rosette *Tamisier* (ca. 1850; blutende Malerei in einer Kirche)[46] und Abbé *Vachère* (1906 – 1916; blutende Kruzifixe, Bilder und Hostien)[47]. Hier gibt es eine gewisse Ähnlichkeit mit Poltergeist- und Spuk-Erscheinungen, wobei die betroffene Hauptperson als *Agens* fungiert.

Der Begriff *Materialisation* besagt den Übergang von Nicht-Bestehendem oder Nicht-materiell-Bestehendem zu materieller Existenz,

44 H. L. EDGE u. a.: Foundations of Parapsychology (1986), S. 7.

45 Bei einem Apport verschwindet ein Gegenstand, um an einem anderen Ort zu erscheinen.

46 Vgl. J. BOUFLET: Encyclopédie des phénomènes extraordinaires dans la vie mystique I, S. 251 – 254.

47 Vgl. J. BOUFLET: Encyclopédie des phénomènes extraordinaires dans la vie mystique I, S. 256 – 261; D. Scott ROGO: Miracles (1982), S. 164 – 169.

womit sich die Physik verständlicherweise schwer tut. Nach unseren Kenntnissen der Naturgesetze ist es möglich, Energie in Materie umzuwandeln. Das Phänomen müßte dann allerdings mit einer Senkung der Umgebungstemperatur einhergehen, was bei Mirna und der Ikone nicht der Fall ist. Mit der Möglichkeit des echten Entstehens neuer Materie oder Energie operierte nur die sogenannte *steady-state-Theorie*, die jedoch nicht mehr viele Anhänger hat. Diese kosmologische Theorie versucht, die Ausdehnung des Weltalls durch die Annahme zu erklären, daß per Raum- und Zeiteinheit eine bestimmte Menge an Energie oder Materie aus dem Nichts entstehe.

V. STIGMEN

1. Definition der Stigmen

Als *Stigmen* bezeichnete man ursprünglich jene Erkennungsmarken, die Verbrechern und Sklaven in der Antike mit heißen Eisen eingebrannt wurden. Heute impliziert der Begriff verschiedene medizinische und biologische Konnotationen. In unserem Fall sind mit Stigmen Wunden gemeint, die durch ihre Form und die Lokalisation ihres Auftretens auf die Kreuzeswunden Christi verweisen. Der Begriff kann als solcher irreführend sein, weil er dadurch einen übernatürlichen Charakter suggeriert. Eine exakte Definition hängt daher oft von den Vorurteilen oder der religiösen Haltung des Untersuchenden ab. Folgende Fragen stellen sich: Ist der Zeichenwert am wichtigsten? Ist es eine mystische Erscheinung, eine Form der Selbstverwundung oder ein psychogenes Ereignis? Eine Unterscheidung zwischen hypnotischen und mystischen Stigmatisationen ist unrichtig, weil so den bewußt hervorgerufenen hypnotischen Wunden die spontanen Wunden gegenübergestellt werden.

Um Vorurteilen zu begegnen, ist methodisch festzuhalten: Was sichtbar ist, sind keine Stigmen, sondern lediglich *Wunden* -- an Händen, Füßen, in der Seite. Daher sind Stigmen als ein *Phänomen* zu definieren, d. h. als eine Anzahl von Kennzeichen einer bestimmten Erscheinungsform. Die sogenannten *innerlichen* oder *unsichtbaren Stigmen* seien vorerst ausgenommen. Auch ist deren Vorhandensein im allgemeinen sehr schwierig festzustellen. Damit kommen wir einer Diskussion über bewußte Simulation oder Topoalgie (lokaler Schmerz ohne organische Ursache) zuvor. Ebenso sind durch die Haut nach außen dringende *Blutungen* von eigentlichen Stigmen zu unterscheiden, selbst wenn diese manchmal als Vorreiter ‚echter' Stigmen auftreten können. Solche Blutungen müssen kein außergewöhnliches Ereignis darstellen. Sie können durch Hypnose hervorgerufen werden und scheinen innerhalb der psychogenen Möglichkeiten des Menschen zu liegen.[48]

Die Kennzeichen, die *Stigmen* von gewöhnlichen Wunden unterscheiden, sind folgende:

a) Lokalisation

Die Wunden treten an bestimmten *Stellen* auf, die mehr oder weniger mit den Wunden des Gekreuzigten übereinstimmen: Handflächen und/oder Handrücken, Fußrücken und/oder Fußsohlen. Von einem Drittel der uns bekannten ca. 400 Stigmatisierten ist auch eine Seitenwunde bekannt. Manchmal zeigen sich auch noch Spuren der Dornenkrone, der Geißelung oder der Schulterwunde. Die Stigmen stehen zu den Wunden Christi in symbolischer Beziehung, die nicht morphologisch, sondern durch Lokalisation bestimmt ist. Morphologisch gibt es viele Variationen und auch die *Lokalisation* ist nicht exakt: die Wunden der Hände müßten an den Handgelenken auftreten; die Seitenwunde liegt meist rechts, zu 20% aber auch links.

b) Entstehung

Die *Entstehung* der Stigmen als Wunden wird *nicht künstlich* provoziert, sondern erfolgt spontan. Häufig erscheint zuerst ein roter Fleck, der sich dann von selbst öffnet und zu bluten beginnt, und zwar immer zu bestimmten Zeiten. Die Wunde entwickelt sich von innen nach außen, während eine künstlich beigebrachte Wunde stets von außen nach innen entsteht.

48 Vgl. L. F. EARLY / J. E. LIFSCHUTZ: A Case of Stigmata (1974), S. 199 – 200.

Meist ist das spontane Sich-Öffnen der Wunden schwer wahrzunehmen. Während es in der Geschichte diesbezüglich genug Fälle von Betrug gibt, bei denen sich die betreffenden Personen ihre Wunden selbst zufügten, ist dies bei Mirna ausgeschlossen. Als sich bei ihr 1987 die Kopfwunde öffnete, spritzten die ersten Blutstropfen nach außen. Das Blut aus tiefer gelegenen Schlagadern bahnte sich seinen Weg, wodurch die Wunde auf fast gewalttätige Weise zustande kam. Dies mag eine Erklärung für die sehr regelmäßige Form sein, von der die Ärzte sagen, daß sie auch hätte mit einem Skalpell ausgeführt werden können. Unter den Augen der vielen Beobachter in Soufanieh gab es hierfür keine Gelegenheit.[49] Die anderen Wunden Mirnas begannen weniger spektakulär zu bluten.

c) Körperreaktion

Normalerweise *reagiert der Körper* auf Wunden insofern als er versucht, einen Heilungsprozeß in Gang zu setzen. Nicht so bei Stigmen, bei denen keinerlei lokale Entzündungsanzeichen (Rubor, Calor) zu sehen sind. Auch bildet das Blut aus den Wunden keine zusätzlichen Blutkörperchen zum Verschluß derselben. Zu Eiterungen oder Infektionen kommt es nicht. Es tritt demzufolge verhältnismäßig mehr Blut aus der Wunde aus als man angesichts ihrer Größe erwarten könnte. Die charakteristische Hautreaktion auf eine Verwundung (Schmerz, Empfindlichkeit, Entzündung) ist nicht nur Folge der direkten Auswirkung der Hautverletzung, sondern wird auch durch ein Feedback-System verursacht, welches dafür sorgt, daß die Entzündung während der Dauer der aktuellen Wunde bestehen bleibt.[50] Dieses Feedback-System kann verschiedene Hautveränderungen (Purpura usw.) erklären, kommt aber gerade bei Stigmen nicht zum Tragen.

d) Heilungsvorgang

Die Wunden können sehr schnell heilen oder aber bleiben jahrelang ohne Heilung. Während die vollständige *Heilung* einer normalen

49 Das vierte Mal (1990) fand unter den Augen dreier Ärzte, verschiedener Fotografen und bei vier laufenden Videokameras statt.

50 Vgl. G. L. ENGEL: A Reconsideration of the Role of Conversion in Somatic Disease (1968), S. 322.

Wunde u. U. mehrere Wochen in Anspruch nimmt, kann ein Stigma bereits innerhalb weniger Stunden zur Gänze verschwinden, höchstens ein kleines Zeichen hinterlassend. Es kommt dabei nicht zur Bildung von Narbengeweben wie bei herkömmlichen Wunden. Einige Wunden heilten aber bei Mirna langsamer, weil sie von den Ärzten eingehend untersucht und dabei vermutlich in Mitleidenschaft gezogen wurden.[51]

Zu nennen wäre vielleicht auch noch die Tatsache, daß Wunden dieser Art weit schmerzhafter sind als von ihrer Größe her gesehen zu erwarten wäre. Die Menge des austretenden Blutes und die verursachten starken Schmerzen stehen zu ihnen in einem überproportionalen Verhältnis.

Das spontane Sich-Öffnen der Wunden, das Nichtvorhandensein von Heilungsprozessen und die insgesamt sehr rasche Heilung wurden bei Mirna während der letzten drei Stigmatisationen von verschiedenen Ärzten festgestellt und gaben den Ausschlag dafür, daß die Ereignisse für außergewöhnlich bzw. paranormal befunden wurden.

2. Unterschiedliche Theorien

Bei der Betrachtung der Literatur zum Thema Stigmen fällt die große Zahl unterschiedlicher Erklärungen und Theorien auf, wobei nicht wenige Autoren das jeweilige Ereignis als hinreichend erklärt ansehen. Dennoch kommen derlei Erklärungen über einen hypothetischen Charakter häufig nicht hinaus, weil es an einer sauberen methodischen Untersuchung mangelt. Ein Gemisch von Mystik und Pathologie, von unzureichender Wahrnehmung und von Vorurteilen, von religiöser Haltung und selektiver Beschreibung ist insbesondere beim komplexen Phänomen der Stigmen zu vermeiden. Hinreichende Beachtung verdienen dabei die folgenden Aspekte:

- Die Sicherheit, mit der etwas behauptet wird, ist oft umgekehrt proportional zur Kraft der Argumente.[52]

51 Bei der dritten Stigmatisation 1987 war die Seitenwunde 12 cm lang, bei der Kontrolle tags darauf verschwunden. Die übrigen Wunden, die ausführlich untersucht wurden (auf Video aufgenommen), benötigten zur Heilung mehrere Tage. Vgl. den Bericht von G. Antakli.

• Von fehlenden Argumenten kann mitunter durch den Gebrauch von Fachausdrücken, die für sich allein lediglich beschreibende Funktion haben, abgelenkt werden.
• Klassifikationen dürfen nicht den Eindruck einer Erklärung hervorrufen, so z. B. der Ausdruck *auto-erythrocyte sensitization* (Überempfindlichkeit für eigene rote Blutkörperchen), eine spontane und schmerzhafte Form der Ecchymosis (flächenhafter Bluterguß), eventuell mit Blutung durch die Haut. Der Name wurde aus der Überzeugung heraus gewählt, daß das Syndrom durch eine Injektion von Eigenblut hervorgerufen werden könne. Doch stellte sich dies nach Untersuchungen als falsch heraus und damit ist auch die Bezeichnung falsch, die aber weiterhin verwendet wird. Ähnliche Verwirrung besteht beim Begriff *Hysterie*.[53]

Eine Übersicht über sämtliche Theorien zu geben, würde den vorgegebenen Rahmen sprengen. Es sollen daher lediglich ein paar große Richtungen hervorgehoben und mit dem konkreten Fall von Soufanieh verglichen werden. Der Einfachheit halber wird dabei zwischen natürlichen und paranormalen Erklärungen unterschieden, um im Anschluß daran die mystische Seite des Falles zu betonen.

3. Natürliche Erklärungen

Ausgehend von verschiedenen Bezugsrahmen – Simulation, dermatologische Analogien, psychosomatische Erscheinungen – versuchen *Medizin* und *Psychiatrie* zu einer natürlichen Erklärung zu gelangen.

a) Simulation und Suggestion

Unter *Simulation* und *Suggestion* fallen Formen von *Automutilation* (Selbstverstümmelung), *Autosuggestion* und *Hysterie*, eventuell auch die chronisch halluzinatorische *Psychose*. Nicht zu vergessen die Pa-

52 Vgl. D. H. RAWCLIFFE: Illusions and Delusions of the supernatural and the occult (1959) – ein Buch, das nur so strotzt vor Ausdrücken wie „certainly", „there is no doubt that" usw. Zum Beispiel: „Hysterical self-mutilation is certainly the explanation of the most recorded cases of stigmatisation." (S. 47) „The self-imposed suffering of many mystics and religious ascetics had undoubtedly a sexual aetiology." (S. 248)

53 Vgl. W. C. LEWIS / M. BERMAN: Studies of conversion hysteria (1965), S. 275.

thomimen, die nicht davor zurückschrecken, sich zu verwunden, um so die geduldige Aufmerksamkeit ihrer Umgebung auf sich zu lenken.

Die einfachste Erklärung dafür ist, daß sich Menschen nach tiefer Konzentration auf die Kreuzigung, möglicherweise verbunden mit andauernder Askese, die Wunden während eines hysterischen Anfalles, gefolgt von Amnesie, selbst zufügen. Diese Theorie ist jeweils mit den Fakten zu vergleichen. So wird denn behauptet, das Bestehen einer hysterischen Persönlichkeit sei nur ein Vorstadium für die Stigmatisation. Die funktionelle Determinante sei eine extreme religiöse Suggestibilität. Psychoanalytisch gesehen sind Stigmen dann eine Art Selbstbestrafung, eine masochistische Befriedigung, hervorgerufen durch die Verhinderung libidinöser Bedürfnisse und Bestrebungen, sich zu verwirklichen.

Demzufolge sind Stigmen das Ergebnis eines *Traumas*, verursacht durch einen tiefen Konflikt zwischen der körperlichen Schwäche und den Idealen eines religiösen Lebens. Es wird auch auf einen *autosuggestiven Effekt* durch den andauernden Gedanken der Kreuzigung verwiesen. Häufig würden Stigmen bei sehr religiösen Menschen auftreten, die ihr Leben der Meditation und religiösen Askese geweiht haben. Sie leiden, laut H. THURSTON, an einem „Kreuzigungskomplex“.[54] Durch ihr eigenes Verlangen zu leiden, in der Hoffnung auf geistiges Wachstum, identifizieren sie sich ganz mit dem gekreuzigten Christus. Eine Bestätigung dieser Meinung findet man in der Tatsache, daß Stigmatisierte allein innerhalb der (westlichen) römisch-katholischen Kirche vorkommen.[55]

All diese Erklärungsversuche treffen auf Mirna nicht zu. Was sie betrifft, so gibt es keine Traumen und Konflikte, die zur Selbstbestrafung führten, kein Unterdrücken von Bedürfnissen. Auch war sie nicht auf das Leiden und das Kreuz gerichtet, sondern auf das Leben und seine Annehmlichkeiten. Außerdem wurde sie innerhalb der östlichen Spiritualität erzogen. Und schließlich bleibt die Frage offen, ob Suggestion

54 H. THURSTON: The Physical Phenomena of Mysticism (1952), S. 122 – 123 (Stigmata: S. 32 – 129).

55 Vgl. J. CORAZZE: De l'hystérie aux pathomimies (1976), S. 239; M. LOT-BORODINE: Warum kennt das christliche Altertum die mystischen Wundmale nicht (1939), 23 – 32. Dem muß widersprochen werden, denn nicht FRANZ VON ASSISI ist der älteste bekannte Stigmatisierte, sonder EPIMEDES von Athene. Vgl. A. MICHEL: Métanoia (1973), 139 – 140.

und Einbildung so weit gehen können, daß sie offene Wunden verursachen.

b) Dermatologische Analogien

Eine zweite Gruppe von Wissenschaftlern versucht, die Stigmen ausgehend von *dermatologischen Erscheinungen* (Dermatosen, Ecchymosen, Wunden, Blutungen) zu verstehen. In den letzten Jahren wurde vor allem nach einem Zusammenhang zwischen Blutungen *in* der Haut (Ecchymosen, Purpura) und solchen *durch* die Haut gesucht. Dabei spielte das sogenannte „autoerythrocyte sensitization-Syndrom" eine bedeutende Rolle.[56] Die Aussagen bezüglich des Ergebnisses all dieser Untersuchungen sind insofern als ehrlich zu bezeichnen als sie zum Ausdruck bringen, daß man jetzt zwar mehr über Blutungen wisse, sich aber die Frage stellen müsse, was dies alles mit Stigmen zu tun habe.[57]

c) Psychosomatisch oder psychogen bedingt?

Als dritte Möglichkeit wird untersucht, ob Stigmen als eine physische Begleiterscheinung der *Psyche* aufzufassen seien.[58] Da für die Wunden keinerlei organische bzw. körperliche Ursache zu finden ist, wird ein psychosomatischer Prozeß dafür verantwortlich gemacht. Die Theorie, daß Stigmen zumindest teilweise psychogen seien, versuchte man experimentell zu beweisen, indem man sie durch *Hypnose* hervorrief. Dabei kann es durch suggestive Beeinflussung zu dermatologischen Erscheinungen kommen, die entfernt an Stigmen erinnern.[59]

56 Vgl. D. P. AGLE / O. D. RATNOFF / M. WASMAN: Studies in autoerythrocyte sensitization (1967); F. H. GARDNER / L. K. DIAMOND: Autoerythrocyte sensitization (1955); G. S. GROCH / S. C. FINCH / W. ROGOWAY / D. S. FISCHER: Studies in the pathogenesis of autoerythrocyte sensitization syndrome (1966); F. C. McDUFFIE / F. L. McGUIRE: Clinical and Psychological Patterns in auto-erythrocyte sensitivity (1965); O. D. RATNOFF / D. P. AGLE: Autoerythrocyte sensitization (1961); D. S. WALDORF / G. LIPKIN: Sensitization to erythrocytes (1968).

57 O. D. RATNOFF: Stigmata (1969), S. 162 – 163: „Even more important is the question of whether autoerythrocyte sensitization is a lay equivalent of the stigmata. To ask this question is to delve into matters beyond our knowledge. [...] Where mind and body meet, we all must recognize our ignorance."

58 J. E. LIFSCHUTZ: Hysterical stigmatization (1957), 527 – 531.

59 Vgl. A. LECHLER: Das Rätsel von Konnersreuth im Lichte eines neuen Falles von Stigmatisation (1933).

Deren wesentliche Kennzeichen sind jedoch nicht gegeben. Auch handelt es sich hier nicht um offene Wunden, sondern lediglich um rote Flecken, aus denen Blut durch die Haut nach außen dringt.

In diesem Zusammenhang sind auch die sogenannten *Konversionserscheinungen* zu nennen.[60] Darunter versteht man den symbolischen Ausdruck eines psychischen Konflikts in körperlicher Erscheinungsform.

Es wurde auch an eine Kombination der drei verschiedenen Erklärungen gedacht.[61] Was jedoch Mirna anbelangt, so zeigt sie keinerlei Anzeichen für große Hypersensibilität oder einen ichbezogenen Charakter, wie dies für diverse Hysterieformen bezeichnend ist. Auch widmete sie sich vor Beginn der Stigmatisation keiner intensiven Kreuz-Kontemplation.

In diesem Zusammenhang ist Gebhard FREIs Aussage interessant, daß :

> „nur ein Zehntel aller Stigmatisierten Männer sind, während umgekehrt neunmal mehr Männer als Frauen ekstatische Zustände haben. Das bestätigt in auffallender Weise gewisse Grundunterschiede in der menschlichen Eigenart von Mann und Frau, daß die Geistseele der Frau gleichsam ‚leibnäher', die des Mannes ‚leibferner' ist. Das erklärt, warum der Mann so viel häufiger in ekstatischer Weise aus der Leibverbundenheit herausgerissen wird, während umgekehrt die größere ‚Leib-Nähe' der fraulichen Psyche die häufigere stigmatisierende Einwirkung auf den Körper erklärt."[62]

4. Paranormologische Erklärung

Eine Blutung, bei der das Blut durch die Haut dringt, ist an sich nichts Außergewöhnliches, sondern gehört zu den normalen psychischen Möglichkeiten des Menschen. Doch reichen psychogene Aspekte nicht aus, um Stigmen zu erklären. Könnte es also sein, daß Stigmatisierte

60 P. CHODOFF: A re-examination of some aspects of conversion hysteria (1954). Vgl. auch J. E. LIFSCHUTZ: Hysterical stigmatization (1957), J. BARCHILON / G. L. ENGEL: Dermatitis (1952), W. C. LEWIS / M. BERMAN: Studies of conversion hysteria (1965), G. L. ENGEL: A reconsideration of the role of conversion in somatic disease (1968), und L. RANGELL: The nature of conversion (1959).

61 Vgl. J. V. KLAUDER: Psychogenic aspects of skin diseases (1938), S. 658 – 659.

62 G. FREI: Probleme der Parapsychologie, S. 193.

ihre parapsychischen Kräfte gebrauchen, um den im Wesen psychogenen Prozeß der Purpura usw. zu intensivieren? Die Stigmen wären somit eine intrasomatische, ideoplastische Erscheinung eines psychogen begonnenen Prozesses, der sich infolge von Psi-Kräften durchsetzt.[63] W. H. C. TENHAEFF sah Stigmen als *ideosensorische Erscheinung* bei sogenannten ‚Compatientes' an, Menschen, die intensiv mit anderen mitleiden können.[64] Die Stigmen selbst sind dann eine *ideoplastische Erscheinung*, wobei unter Einfluß von Vorstellungen Veränderungen in der körperlichen Form auftreten. Vor allem hysterische Menschen seien durch ihre erhöhte Psychogenität dafür prädestiniert.

5. Stigmen als mystische Erscheinung

Einer überholten Sichtweise zufolge gelten Stigmen als *mystische Erscheinung*. Dabei wird einer bestimmten Anschauung von Wundern gehuldigt. Wenn Stigmen tatsächlich ein direkt von Gott gewirktes Wunder darstellen, könnte man erwarten, daß die Stellen der Wunden exakt mit den Wundstellen Christi übereinstimmen, was jedoch nicht der Fall ist. Wir haben es hier mit einer supranaturalistischen Definition zu tun, wonach ein Wunder völlig außerhalb der Natur liegt. Ein Wunder ist jedoch nicht gegen die Natur und das Phänomen als solches ist immer natürlich. Mit Ausnahme des auferstandenen und verherrlichten Leibes Christi sind alle Erscheinungen als natürlich zu werten. So sind die Stigmen höchstens eine Begleiterscheinung der Mystik.

6. Religiöse Beurteilung der Stigmen

Da Stigmen immer in religiösem Kontext vorkommen, sind auch die *spirituellen Aspekte* zu untersuchen. Für eine Beurteilung sind folgende Fragen von Belang: Welchen Platz nimmt Christus im Leben des Betroffenen ein? Hat der Betroffene die Stigmen selbst gewollt oder

63 T. RIVAS: Intrasomatische parergie (1990), S. 14 – 19.

64 „Het intrasomatisch ideoplastisch verschijnsel der psychogene stigmatisatie", in: W. H. C. TENHAEFF: Inleiding tot de parapsychologie (1974), S. 122 – 125.

gesucht, geht er ostentativ oder diskret damit um? Entwickelt der Stigmatisierte eine zunehmende Ichbezogenheit oder ist er offen für die Nächstenliebe?

Stigmen gehen meist mit anderen Erscheinungen einher. A. IMBERT-GOUBEYE[65] nennt diesbezüglich in seiner Studie über nahezu 320 Stigmatisierte vor allem außergewöhnliche Krankheiten und wundersame Heilungen, symbolische Visionen, himmlische Erscheinungen, Offenbarungen, Ekstasen, Anfälle von Besessenheit und die „mystische Hochzeit".

Stigmen allein gelten nicht als Beweis für *Heiligkeit*. Mit der Beziehung zwischen Stigmen und Heiligkeit hängt auch die Frage zusammen, ob Stigmen „übernatürlich" bzw. übernatürlich verursacht sind oder sein können. Im strengeren Sinne kann eine Erscheinung niemals übernatürlich sein, weil sie als Erscheinung *per definitionem* natürlich ist. Wie schon erwähnt, kommen Stigmatisierte nur innerhalb der katholischen Kirche vor. Meldungen in Veröffentlichungen über Stigmen bei *Moslems* (jene Wunden, die der Prophet *Mohammed* nach der Überlieferung im Streit um den Glauben bekommen hat) beruhen auf einem Irrtum, weil die Moslems hier selbst von Automutilation oder Selbstverwundung sprechen. Das ausschließliche Vorkommen der Stigmen in der katholischen Kirche entbehrt aber jedweder apologetischen oder kulturellen Interpretationsmöglichkeit, weil Mirna in der östlichen Kirche beheimatet ist.

VI. TRANSZENDENZ

In unserem Kulturkreis rufen außergewöhnliche und unerklärliche Erscheinungen neben Verwunderung auch Bewunderung hervor. Der Grund liegt darin, daß sich das jeweilige Phänomen als ein bedeutungsvolles Zeichen werten läßt, welches die immanente Welt übersteigt bzw. transzendiert. Oft spricht man dann von einem *Wunder*, wenngleich nicht jede außergewöhnliche Erscheinung ein Wunder ist.

65 A. IMBERT-GOURBEYRE: La stigmatisation II (1895), S. 1 – 203; vgl. ders.: Les stigmatisées I (1973): S. 263 – 315; ders.: La stigmatisation I (1894), S. xxi – xli.

1. Immanenz und Transzendenz

Die Frage, ob die Phänomene mehr sind als ihre Erscheinungsform, ist eine rein philosophische Frage, die weitreichende existentielle Folgen hat. Es geht hier für die Gesamtheit der Welt um die Frage, ob Evolution reiner Zufall oder zielgerichtet ist, was wiederum Konsequenzen für das Ziel und den Sinn des täglichen Lebens hat, in dem wir die Wahl haben zwischen einem Leben voller Skepsis und Zweifeln und der inneren Gewißheit, daß das irdische Leben über den Tod hinaus einen letzten Sinn und Wert besitzt. *Transzendenz*, Zielgerichtetheit und Sinn hängen eng zusammen. In der Sinngebung und Zielgerichtetheit bricht die Transzendenz durch und wir kommen einem Sinngeber auf die Spur, den wir *Gott* nennen.

2. Wunder

Wunder sind außergewöhnliche Erscheinungen, in denen der gläubige Mensch die Anwesenheit Gottes erfährt. Diese religiöse Sinngebung ist dabei wesentlicher als der außergewöhnliche (paranormale) bzw. nicht oder noch nicht erklärbare Charakter.

a) Glaube oder Geisteskrankheit?

Da die Menschheit ihrer Fähigkeit, die immanente Welt als Verweis auf die Transzendenz zu erleben, verlustig gegangen ist, müssen wir neu lernen, die Zeichen, in denen der transzendente Gott in die immanente Welt durchbricht, zu erkennen. Den Schlüssel dazu liefert uns der *Glaube*. Doch sucht auch der Psychotiker hinter allem einen symbolischen Wert. Es stellt sich mithin die Frage, wo denn die Grenze zwischen Glauben und *Geisteskrankheit* liegt.

Das deutlichste Kriterium, um ein gläubiges und mystisches Erleben vom Zustand eines Geisteskranken zu unterscheiden, ist in den Folgen dieses Erlebens für die Persönlichkeit zu finden.[66] Bei krankhaften Zuständen kommt es zu einem geistigen, moralischen und physischen

66 Vgl. G. FREI: Probleme der Parapsychologie, S. 197, und F. RUPPERT / A. GRÜN: Bete und Arbeite (1982), S. 18 – 19.

Verfall der Persönlichkeit, wobei auch Intoleranz, Aggressivität usw. solche Zerfallserscheinungen sein können. Die Erfahrungen eines Mystikers und eines Schizophrenen haben große Ähnlichkeit, doch besteht ein wesentlicher Unterschied. Während der Schizophrene sich in seine Innenwelt zurückzieht und dem Alltagsleben vollkommen unangepaßt bleibt, bringt der Mystiker seine inneren Erfahrungen mit dem Alltag in Einklang. Allgemein: Wo der kranke Mensch durch die Krankheit unter seiner Natur bleibt, wird der mystische Mensch durch die Gnade über die verstörte Natur hinausgehoben in seine ursprüngliche menschliche Gesamtheit.

b) Das Wunder als Zeichen

Die Gegenwart Gottes wird sichtbar im *Wunder*, auf eine sichtbare und verhüllte Weise zugleich. Die Wahrheit des Wunders als Zeichen ist allein dem Glaubenden zugänglich und nicht Gegenstand der wissenschaftlichen Forschung. Mit Ferdinand ZAHLNER ist festzuhalten an einer sauberen methodologischen Trennung.[67] Auf eine systemimmanente Deutung seitens der Paranormologie oder der Naturwissenschaft kann keine Wunderkonstatierung erfolgen, denn eine naturwissenschaftliche Betrachtungsweise schließt eine religiös-transzendente Deutung des Phänomens als „Zeichen Gottes“ methodisch aus.

Das Wunder ist als (Para-)Phänomen *natürlich* (zur Natur gehörend) und kann bzw. muß daher in seinem außergewöhnlichen Charakter, nicht in seinem Zeichenwert, wissenschaftlich untersucht werden. Letzteren zu prüfen liegt in der Kompetenz der Kirche.

c) Das Wunder und die Naturgesetze

Sind Wunder gegen die *Natur*? Ist es gegen die Naturgesetze, wenn ein amputiertes Bein wieder anwächst, wie es 1640 innerhalb einer Stunde bei Miguel Juan PELLICER[68] der Fall war? Wenn ja, warum, wo doch jeder es natürlich findet, daß aus einer befruchteten Eizelle ein ganzer Mensch entsteht? Der heilige AUGUSTINUS schreibt:

67 Vgl. F. ZAHLNER: Paraphänomene und christlicher Glaube, S. 35; H.-J. RUPPERT: Der christliche Glaube und das Paranormale, S. 599; G. SCHALLENBERG: Visionen und Auditionen, S. 347 – 349, 383; ders.: Visionäre Erlebnisse, S. 21 – 24.

68 Vgl. G. SIEGMUND: Wunder (1981), S. 35 – 37.

> „Ein Wunder passiert nicht gegen die Natur, sondern gegen unser Wissen von der Natur.“[69]

Wenngleich sich die mystischen Paraphänomene in erster Linie gegen die Naturgesetze zu richten scheinen, zeigt sich bei genauerer Untersuchung, daß sie die uns bekannten Naturgesetze vielmehr bestätigen. Wohl scheint es aber, als würden diese Gesetze auf eine uns noch unbekannte Weise angewendet.[70] Obgleich nicht zu beweisen, hat es doch den Anschein, als ob hier ein Agent im Spiel sei, der die uns bekannten Gesetze auf eine uns noch unbekannte Weise nutzt. Mystische Phänomene sind niemals chaotische Auswüchse der Natur, sie sind vielmehr zielgerichtet und sinnbezogen.

d) Unerklärbarkeit und Übernatürlichkeit

Die definitive Feststellung, ein Vorgang sei naturwissenschaftlich nicht erklärbar, ist im Bereich der Naturwissenschaft nicht möglich. Allerdings sind manche Vorgänge, die den Gläubigen als Wunder gelten, mit den heute bekannten Gesetzen des Naturablaufes (noch) nicht zu erklären.

Prospero LAMBERTINI huldigte der Meinung, daß

> „was immer mit natürlichen Kräften erreicht werden kann, darf nicht als Wunder angesehen werden“[71].

Im Großen und Ganzen wurde auf diese Weise eine saubere Trennung zwischen „natürlich“ und „übernatürlich“ sowie zwischen „pathologisch“ und „normal“ vorgenommen. Doch sind diese Unterscheidungen so nicht zu handhaben. Schließlich ist auch die Unterscheidung zwischen „krank“ und „gesund“ problematisch geworden, weil die Grenzen zwischen beiden fließend sind. Und dürfen wir Gott zu einem Lückenfüller machen? Er wäre dann der große Unbekannte, mit dem wir das Unerklärliche zu erklären suchen, ein Faktor, der mit fortschreitender Wissenschaft immer mehr an Boden verlieren würde.

Gott bedient sich natürlicher Prozesse, um etwas Übernatürliches auszudrücken. Es kann also in einer (natürlichen) Erscheinung eine

69 AUGUSTINUS: Contra Faustum 26, 3 (Pl 42, 480); De civitate Dei 21, 8 (CChr. 48, 771).
70 Vgl. A. MICHEL: Métanoia (1986), S. 233 – 239.
71 Vgl. F. ZAHLNER: Kirche und Parapsychologie (1985), S. 464.

transzendente Ursache liegen, um einen natürlichen Prozeß auf außergewöhnliche, aber nicht unnatürliche Weise verlaufen zu lassen und so ein Ergebnis zu erzielen, das bei normalem Ablauf des Prozesses unmöglich wäre. H. BENDER schreibt in diesem Zusammenhang:

> „Gott bedient sich, um ein Zeichen zu geben, der geheimeren Möglichkeiten seiner Schöpfung, die nicht allgemein vertraut sind."[72]

Die Präsenz Gottes wird im Wunder transparent. Nicht ein Kausalschluß von der Unerklärlichkeit des Phänomens auf die göttliche Ursache, sondern das theophane Moment läßt den Menschen die göttliche Präsenz im Wunder erfahren. Wenn Gott in einem Ereignis selbst gegenwärtig werden will, dann muß er auch direkter Ursprung dieses Ereignisses sein.[73]

e) Religiöse Sinngebung und kirchliche Autorität

Wichtig ist die Feststellung, daß außergewöhnliche Phänomene für sich allein keinen Beweis für einen eventuellen übernatürlichen Charakter darstellen. So wurden von den 400 Stigmatisierten ungefähr 70 heilig- bzw. seliggesprochen.[74] Bei der Heiligsprechung Gemma GALAGANIs beispielsweise erklärte die Kirche ausdrücklich, daß damit keinerlei Urteil über den außernatürlichen Charakter der außergewöhnlichen Phänomene in ihrem Leben, d. h. über ihre Stigmen und Visionen abgegeben sei.

Es geht bei einem Paraphänomen in erster Linie nicht um dessen außergewöhnlichen Charakter, sondern vorrangig um die religiöse Sinngebung. Die Beurteilung, ob diese bei einem Phänomen positiv, negativ oder neutral ist, hängt vom Glauben der damit befaßten Personen ab. So orientierten sich Katholiken an Christus und seiner Kirche. Den kirchlichen Autoritäten, insbesondere den Bischöfen, kommt hierin eine entscheidende Einflußnahme zu. Maßstab dabei ist nicht

72 O. SCHATZ: Parapsychologie, S. 366.

73 Vgl. B. WENISCH: Geschichten oder Geschichte (1981), S. 216.

74 R. LAURENTIN / P. MAHÉO: Les stigmates d'Yvonne-Aimée de Malestroit dans le sillage de François d'Assise (1988), S. 19 - 20, zählt 25 Heilige, 40 Selige und 9 Ehrwürdige. Diese Anzahl ist inzwischen etwas höher. – J. BOUFLET: Les stigmatisées (1996), S. 55 – 56, zählt 11 Heilige, 7 Selige, 6 Kultus bestätigt, 18 Ehrwürdige und 59 Diener Gottes.

deren persönliches Empfinden, sondern die durch Christus geoffenbarte Wahrheit, an der alles gemessen werden muß. Daher wird die Kirche diesbezüglich immer eine vorsichtige Haltung einnehmen, während sich die direkte Umgebung oft ganz derlei Erscheinungen hingibt, vor allem wenn sie mit Privatoffenbarungen einhergehen. Von daher ist auch zu verstehen, daß Paraphänomene als gefährlich für den Glauben eingestuft werden – nicht weil das Phänomen als solches gefährlich ist, sondern weil die religiöse Sinngebung die Gläubigen auf eine falsche Spur bringen kann. Die Aussage der Kirche beschränkt sich daher auf das Gebiet des Zeichenwertes und der Sinngebung, während sie die Beurteilung der Echtheit des Phänomens der Naturwissenschaft überläßt.

f) Die Notwendigkeit der wissenschaftlichen Untersuchung

Im Gegensatz zu vielen anderen Religionen legt die katholische Kirche viel Wert auf die *wissenschaftliche Untersuchung* der Erscheinungen selbst. Mag sein, daß ein unechtes Phänomen eine gute Wirkung im Religiösen zeitigt, doch besteht der erste Schritt hin zu einer solchen Beurteilung immer darin, die *Echtheit* des Phänomens festzustellen.

3. Transzendenz in Soufanieh

Ein definitives Urteil darüber, ob die Geschehnisse in *Soufanieh* übernatürlicher Art sind, steht allein der Kirche zu. Ohne vorzugreifen, möchte ich einige positive Aspekte aufzeigen, die für eine solche Beurteilung notwendig sind.

a) Die Persönlichkeit von Mirna Nazzour

Zwischen 13. April und 5. Mai 1993 verbrachte ich nahezu jeden Tag viele Stunden im Haus der Familie Nazzour in Soufanieh. Daneben sprach ich mit mehreren Zeugen: Familienmitgliedern, Freunden, Nachbarn und begleitenden Priestern. Das Resultat erstreckte sich auf mehr als 60 Stunden Interviews und stundenlange Videoaufnahmen.

Bei meinem zweiten Besuch in Syrien im Oktober 1994 suchte ich vor allem jene auf, von denen behauptet wurde, daß sie gegen Soufanieh seien. Diese Gegenargumente schienen sich auf Gerüchte über das moralische Verhalten Mirnas zu beschränken. Auffallend war, daß man nichts gegen die Echtheit der Phänomene selbst einzuwenden hatte.

Ich blieb kein sogenannter objektiver Beobachter, sondern wurde voll in die Geschehnisse um die Familie Nazzour einbezogen. Dadurch erlebte ich Mirna in den verschiedensten alltäglichen Situationen, in denen mir ihre konstante psychische und geistige Ausgeglichenheit auffiel. Niemals eine Spur von Gekünsteltheit, Zurschaustellung oder Übertreibung. Sie stellt sich selbst in den Hintergrund. Gleichzeitig ist ihre aufmerksame Besorgtheit zu betonen, gepaart mit der nötigen Portion an Willenskraft. Auch auf spiritueller Ebene wirkt Mirna sehr ausgeglichen. Sie bekannte mir, daß sie – wenn sie Zeit hätte – gerne mehr beten würde. Den Gottesdiensten wohnt sie stets voller Andacht und Ehrfurcht bei. Auch strahlt sie Demut aus. Das zeigt sich jedesmal aufs Neue, wenn an ihr das Öl erscheint, was sie sogar zu verbergen sucht. Meine Ansicht wurde von einigen Psychologen, die Mirnas Verhalten eine Zeitlang verfolgten, bestätigt.[75]

b) Die Botschaften

Der Inhalt der *Botschaften* unterscheidet sich wesentlich von dem jener Botschaften, die andernorts gegeben wurden. Diese appellieren an die tieferen Ängste des westlichen Menschen. Im Mittelpunkt stehen vor allem Bedrohung, Katastrophen und auch das Ende der Welt mit einem Eingreifen Gottes. Das wiederum wirft die Frage auf, ob solche Botschaften nicht etwa einem kollektiven Unterbewußtsein entspringen. Erwähnenswert ist in diesem Zusammenhang eine Gruppe von Sehern, die über die ganze Welt verstreut sind und unabhängig voneinander beinahe dieselben Botschaften und Voraussagen erhielten.

75 Vgl. B. de La Roque, Compte-rendu de la visite à Mirna le 25 septembre 1988; B. de La Roque, Rapport sur le comportement de Myrna, le 22 avril 1990; B. Sauvegrein, Témoignage: Soufanieh-Pâques 1990. Die letzten zwei Berichte sind teilweise veröffentlicht in: Ph. LORON: Constat médical et analyses scientifiques des événements de Soufanieh, S. 74 – 79.

c) Die Sinngebung

Das Übernatürliche läßt sich nicht beweisen durch das Außergewöhnliche eines Ereignisses. Beim Wunder ist nicht das „Sonderbare" wichtig, sondern der Zeichenwert, die Bedeutung. In der Bedeutung und im Sinn der Ereignisse finden wir Anhaltspunkte für das Übernatürliche. Und die Ereignisse zu Soufanieh sind reich an Zeichen und Bedeutungen.

Auch die unerwarteten Wenden in der Entwicklung der Ereignisse weisen auf ein Agens im Hintergrund. So schien beispielsweise nach der fünften Erscheinung am 24. März 1983 alles vollendet und nichts Neues mehr zu erwarten zu sein.

VII. SCHLUSSBEMERKUNG: WISSENSCHAFT UND GLAUBEN

Die Debatte über *religiöse Paraphänomene* wurde in der Vergangenheit bedauerlicherweise größtenteils dadurch bestimmt, daß Glaube und Wissenschaft einander gegenübergestellt wurden. Zu wünschen wäre jedoch eine fruchtbringende Zusammenarbeit beider Bereiche.[76] In diesem Sinne will ich mit der bekannten Anekdote Louis PASTEURs schließen, den einer seiner Studenten fragte, wie es denn möglich sei, daß er, der so viel nachgedacht und studiert habe, glauben könne. PASTEUR antwortete darauf, daß er sich, gerade weil er so viel nachgedacht und studiert habe, seinen Glauben eines bretonischen Bauers bewahrt habe; hätte er noch mehr nachgedacht und noch mehr studiert, dann hätte er es zum Glauben einer bretonischen Bäuerin gebracht.

Literatur

ABÉLY, M. X.: Stigmatisation mystique. In: Annales Medico-Psychologique; (1963), 100 – 107.

76 A. EINSTEIN war der Meinung, daß „die Religion ohne Wissenschaft blind ist und die Wissenschaft ohne Religion lahm geht." In: A. MICHEL: Métanoia, S. 241.

ACKERMANN, A.: Mystik und außerordentliche mystische Vorgänge. – Einsiedeln: Eberle, 1952.

AGLE, D. P. / RATNOFF, O. D.: Purpura as a psychosomatic entity. A psychiatric study of autoerythrocyte sensitization. In: Archives of Internal Medicine; 109 (1962), 685 – 694.

AGLE, D. P. / RATNOFF, O .D. / WASMAN, M.: Studies in autoerythrocyte sensitization. The induction of purpuric lesions by hypnotic suggestion. In: Psychosomatic Medicine; 29 (1967), 491 – 503.

AGLE, D. P. / RATNOFF, O. D. / WASMAN, M.: Conversion reactions in autoerythrocyte sensitization. Their relationship to the production of ecchymoses. In: Archives of General Psychiatry; 20 (1969), 438 – 447.

ALESSI, A. M.: Visions, stigmates, extases. Réalité ou illusion? – Bulle: Parvis, s. d.

ANNEN, F.: Parapsychologie und Wunder. In: Transzendenz; 15 (1979), 706 – 716.

BARCHILON, J. / ENGEL, G. L.: Dermatitis: an hysterical conversion symptom in a young woman. Psychosomatic conference. In: Psychosomatic Medicine; 14 (1952), 295 – 305.

BENDER, H.: Das Blutwunder des hl. Januarius in Neapel. In: Zeitschrift für Parapsychologie und Grenzgebiete der Psychologie; 8 (1965), 176 – 197.

BILLET, B. et a.: Vraies et fausses Apparitions dans l'Église. – Paris: Lethielleux, 1973.

BIOT, R.: Het raadsel der gestigmatiseerden. – Helmond: uitgeverij „Helmond“, 1955 (Titel des Orginals: L'énigme des stigmatisés. – Paris: Fayard, 1955).

BOLQUEST, M.: Importance et rôle des facteurs psychologiques de la psoriasis. In: Bulletin de l'Academie Nationale de Médecine; 158 (1974) 5, 578 – 586.

BOLQUEST, M.: Les stigmates des mystiques. In: Bulletin de l'Academie Nationale de Médecine; 165 (1981) 1, 35 – 45.

BORELLI, S. / FURST, R.: Die Stigmatisation – das extreme Beispiel einer psychogenen Dermatose. In: Praxis. Rundschau für Medizin; 49 (1960) 16, 389 – 396.

BOUFLET, J.: Encyclopédie des phénomènes extraordinaires dans la vie mystique. Tome 1. Phénomènes objectifs. – Paris: F. X. de Guibert, 1992.

BOUFLET, J.: Les stigmatisées. – Paris: Cerf-Fides, 1996.

BOURBIER, F.: Discernement des faux mystiques et des faux prophètes. – Vidauban, 1961.

BRON, B.: Das Wunder. Das theologische Wunderverständnis im Horizont des neuzeitlichen Natur- und Geschichtsbegriffs. – 2. Aufl. – Göttingen: Vandenhoeck & Ruprecht, 1979.

BROWN, C.: Miracles and the critical mind. – Grand Rapids (Mich., USA): Eerdmans Publishing Company, 1984.

CHODOFF, P.: A re-examination of some aspects of conversion hysteria. In: Psychiatry; 17 (1954), 75 – 81.

CORRAZE, J.: De l'hysterie aux pathomimies. Psychopathologie des simulateurs. – Paris: Dunod, 1976.

CRUZ, J. C.: The incorruptibles. A study of the incorruption of the bodies of various catholic saints and beati. – Rockford (Illinois): Tan books, 1977.

EARLY, L. F. / LIFSCHUTZ, J. E.: A case of stigmata. In: Archives of General Psychiatry; 30 (1974), 197 – 200.

EDGE, H. L. u. a.: Foundations of parapsychology. Exploring the boundaries of human capability. – London: Routledge & Kegan Paul, 1986

ENGEL, G. L.: A reconsideration of the role of conversion in somatic disease. In: Comprehensive Psychiatry; 9 (1968), 316 – 326.

ÉPHRAIM / MARDON-ROBINSON: Le chemin des nuages ou la folie de Dieu. De l'angoisse à la sainteté. – Editions du Lion de Juda, 1988.

FREI, G.: Probleme der Parapsychologie. Die Welt der Parapsychologie. Besessenheit, Exorzismus und Ekstase. Die Parapsychologie in der Welt des Wissens. – 3. Aufl. – Innsbruck: Resch, 1985 (Imago Mundi; 2).

GARDEY DE SOOS, P.: L'icône de Toulouse „Marie, Porte du Ciel". Récit des premiers témoins. Paris: F. X. de Guibert, 1995.

GARDNER, F. H. / DIAMOND, L. K.: Autoerythrocyte sensitization. A form of purpura producing painful bruising following autosensitization to red blood cells in certain women. In: Blood; 10 (1955) 7, 675 – 69.

GARRIGOU-LAGRANGE, R. / LAVAUD, B.: Les circonstances de la stigmatisation. In: Études Carmélitaines; 20 (1936) 2, 188 – 207.

GROCH, G. S. / FINCH, S. C. / ROGOWAY, W. / FISCHER, D. S.: Studies in the pathogenesis of autoerythrocyte sensitization syndrome. In: Blood; 28 (1966) 1, 19 – 33.

HÖCHT, J. M.: Größe, Erhabenheit und Beurteilung der Stigmatisation. Eine Einführung in die Geschichte der Stigmatisierten. – Waldsassen: August Angerer, 1938.

HÖCHT, J. M.: Träger der Wundmale Christi. Eine Geschichte der Stigmatisierten. Herausgegeben und ergänzt von A. Guillet. – 4. Aufl. – Stein am Rhein: Christiana-Verlag, 1986.

HYDE, J. N.: A contribution to the study of bleeding stigmata. In: The Journal of Cutaneous Diseases; 15 (1897), 557 – 570.

IMBERT-GOURBEYRE, A.: Les stigmatisées, Tome I et II. – Paris: Palmé, 1873.

IMBERT-GOURBEYRE; A.: La stigmatisation, l'exstase divine et les miracles de Lourdes, Tome I: Les faits; Tome II: Analyse et discussion. – Clermont: L. Bellet, 1894/95.

JOURNET, C.: Le point de vue théologique sur les sueurs de sang et les stigmatisations. In: Études Carmélitaines; 20 (1936) 2, 171 – 187.

KHOURY, A. Th.: Zeichen vom Himmel in Damaskus. Die Botschaft von Soufanieh. – 2. Aufl. – Altenberg: Oros Verlag, 1991.

KLAUDER, J. V.: Psychogenic aspects of skin diseases. In: Journal of Nervous and Mental Disease; 84 (1936), 249 – 273.

KLAUDER, J. V.: Stigmatization. In: Archives of Dermatology and Syphilogy; 37 (1938), 650 – 659.

LARCHER, H.: Contribution à l'étude des prodiges sanguins après la mort. I et II. In: Revue metaphisique; 25 (1953), 2 – 19; 26 (1953), 3 – 20.

LARCHER, H.: Le sang peut-il vaincre la mort? Aux frontières de la science. – 4. Aufl. – Paris: Gallimard, 1957.

LARCHER, H.: Veränderte Bewußtseinszustände. In: A. RESCH: Psyche und Geist: Fühlen, Denken, Weisheit. – Innsbruck: Resch, 1986, S. 452 – 503 (Imago Mundi; 10).

LAURENTIN, R. / MAHÉO, P.: Les stigmates d'Yvonne-Aimée de Malestroit dans le sillage de François d'Assise. – Paris: O.E.I.L., 1988.

LAURENTIN, R.: Multiplications des apparitions de la Vierge aujourd'hui. – Paris: Fayard, 1988.

LE BEC, R.: Raisons médicales de croire au miracle. – Paris: Bonne presse, 1949.

LECHLER, A.: Das Rätsel von Konnersreuth im Lichte eines neuen Falles von Stigmatisation. – Elberfield: Licht und Leben Verlag, 1933.

LEWIS, W. C. / BERMAN, M.: Studies of conversion hysteria. In: Archives of General Psychiatry; 13 (1965), 275 – 282.

LHERMITTE, J.: Le problème médical de la stigmatisation. In: Études Carmélitaines; 20 (1936) 2, 60 – 78.

LHERMITTE, J.: Echte und falsche Mystiker. - Luzern, 1953 (Titel des Originals: Mystiques et faux mystiques. – Paris: Bloud et Gay, 1951).

LHERMITTE, J.: Le problème des miracles. – 6. Aufl. – Paris: Gallimard, 1956.

LIFSCHUTZ, J. E.: Hysterical stigmatization. In: The American Journal of Psychiatry; 114 (1957), 527 – 531.

LORON, Ph.: Constat médical et analyses scientifiques des événements de Soufanieh. – Paris: F. X. de Guibert, 1992.

LOT-BORODINE, M.: Warum kennt das christliche Altertum die mystischen Wundmale nicht. In: Benediktinische Monatsschrift; 21 (1939), 23 – 32.

MADRE, Ph.: De icoon van Maria poort van de hemel. – Brugge: Tabor, 1991 (Titel des Originals: L'icône de Marie porte du ciel, Editions du Lion de Juda).

MAGER, A.: Konnersreuth, comme fait et comme problème. In: Études Carmélitaines; 18 (1933) 1, 39 – 51.

MAGER, A.: Le problème scientifique de la stigmatisation. In: Études Carmélitaines; 20 (1936) 2, 143 – 156.

MANSOUR, C. / MANSOUR, A.: Our Lady of Soufanieh. – Beverly Hills: Selbstverlag, 1991.

MARTINDALE, C. C.: Stigmata and sanctity. In: The Clergy Review; 37 (1952), 658 – 666.

MATKO, I.: Die Stigmatisierten Jugoslawiens. In: Wiener Medizinische Wochenschrift; 22 (1933), 613 – 616.

McDUFFIE, F. C. / McGUIRE, F. L.: Clinical and psychological patterns in autoerythrocyte sensitivity. In: Annals of Internal Medicine; 63 (1965) 2, 255 – 265.

MICHEL, A.: Les stigmatisés. In: F.-X. de VIVIE (red.): Les miracles. – Paris: J. Tallandier, 1979 (= Historia special n. 394 bis), S. 91 - 101.

MICHEL, A.: Métanoia. Phénomènes physiques du mysticisme. – Paris: Albin Michel, 1986 (Première éditions: Le mysticisme, 1973).

MISCHO, J.: Parapsychologie und Wunder. Teil I/II/III. – I. Das Phänomen aus der Sicht der Theologie und der Parapsychologie; II. „Durchbrechung der Naturgesetze" - außersinnliche Wahrnehmung in der spontanen Erfahrung und im Experiment; III. Psychokinese - Sollsyndrome und Stufen der Istwertbestimmung. In:

Zeitschrift für Parapsychologie und Grenzgebiete der Psychologie; 12 (1970), 73 – 88; 137 – 162; 13 (1971), 24 – 40.

MUNTER, L. de: De strijd om Therese Neumann. De gestigmatiseerde van Konnersreuth. – Mechelen: St.-Franciscusuitgeverij, 1956.

NEEDLES, W.: Stigmata occuring in the course of psychoanalysis. In: The Psychanalytic Quarterly; 12 (1943), 23 – 39.

POHLER-WAGNER, L.: „Psychose" und mystisches Erleben. In: Grenzgebiete der Wissenschaft; 43 (1994) 2, 99 – 115.

OLSEN, R.: Echte Täuschung – Falsche Wunder? In: A. Resch: Paranormale Heilung. - Innsbruck: Resch, 1977, S. 455 – 459.

POULIN, A.: Die Fülle der Gnade. Ein Handbuch der Mystik. Bd. 2. Begleiterscheinungen. – Freiburg: Herder, 1910.

POULIN, A.: Handbuch der Mystik. Freie Wiedergabe. – Freiburg: Herder, 1925.

PROKOP, O. / WINNER, W.: Der moderne Okkultismus: Parapsychologie und Paramedizin. Magie und Wissenschaft im 20. Jahrhundert. – Stuttgart: Fischer, 1976.

RANGELL, L.: The nature of conversion. In: Journal of the American Psychoanalytic Association; 7 (1959), 632 – 662.

RATNOFF, O. D. / AGLE, D. P.: Autoerythrocyte sensitization: psychiatric patterns in patients with a peculiar protracted purpura. In: Transactions of the Association of American Physicians; 74 (1961), 290 – 299.

RATNOFF, O. D. / AGLE, D. P.: Stigmata: Where mind and body meet. A study of autoerythrocyte sensitization. In: Medical Times; 97 (1969), 150 – 163.

RAVAZ, C.: Soufanieh. Les apparitions de Damas. – Paris: Mambré, 1990.

RAWCLIFFE, D. H.: Illusions and delusions of the supernatural and the occult. The psychology of the occult. – New York: Dover Publ., 1959.

RECKINGER, F.: Beglaubigt durch Wunder und Zeichen (vgl. Apg. 2,22). Ist die traditionelle Fundamentaltheologie „ins Mark getroffen"? In: Forum Katholische Theologie; 4 (1988), 111 – 125.

RECKINGER, F.: Psychogene Wirkungen? Wunder und Parapsychologie. In: Forum Katholische Theologie; 8 (1992), 60 – 73.

RENARD, H.: Des prodiges et des hommes. – Paris: Philippe Lebaud, 1989.

RESCH, A.: Parapsychologie – Psychotronik und Paranormologie. In: Grenzgebiete der Wissenschaft; 26 (1977) 4, 238 – 260.

RIVAS, T.: Intrasomatische parergie: een overzicht van de directe invloed van geestelijke voorstellingen op de fysiologie van het eigen lichaam. In: Tijdschrift voor Parapsychologie; 58 (1990) 1, 9 – 27.

RIVAS, T.: Stigmatisatie. In: Prana; 63 (1991) 2, 5 – 12.

ROGO, D. Scott: Miracles: a parascientific exploration of wondrous phenomena. – New York: The Dial Press, 1982.

ROUCH, D.: Dieu seul le sais. Enquête sur les miracles. - Hachette: Carrère, 1990.

RUCHON, J.-L.: L'énigme Marthe Robin ou l'étrange dossier des stigmatisées. – Alain Lefeuvre, 1979.

RUPPERT, H.-J.: Der christliche Glaube und das Paranormale. In: A. RESCH:

Aspekte der Paranormologie: die Welt des Außergewöhnlichen. – Innsbruck: Resch, 1992, S. 589 – 620 (Imago Mundi; 13).

RUPPERT, F. / GRÜN, A.: Bete und Arbeite: eine christliche Lebensregel. – Münsterschwarzach, 1982.

SALBATO, R.: The miracle of Damascus. – Glendale: The Messengers of Unity, 1990.

SCHALLENBERG, G.: Visionen und Auditionen. In: A. Resch: Veränderte Bewußtseinszustände: Träume, Trance, Ekstase. – Innsbruck: Resch, 1990 (Imago Mundi; 12), S. 345 - 404.

SCHALLENBERG, G.: Visionäre Erlebnisse: Visionen und Auditionen in der Gegenwart. Eine psychodynamische und psychopathologische Untersuchung. – Augsburg: Pattloch, 1990.

SCHAMONI, W.: Stigmata: Hysterie oder Gnade? – Wiesbaden: Credo Verlag, 1951.

SCHATZ, O. (Hg.): Parapsychologie. – Graz: Styria, 1976.

SCHLEYER, F. L.: Die Stigmatisation mit den Blutmalen. Biographische Auszüge und medizinische Analyse. – Hannover: Schmorl, 1948.

SCHNEIDER, Michael: Der Wegnahme folgt die Liebe. – Köln: Luthe, 1994.

SIEGMUND, G.: Wunder: Bedeutung und Wirklichkeit. – Stein am Rhein: Christiana Verlag, 1981.

SIMON, C.: Dermatoses en rapport avec des troubles du système nerveux. V. Les „stigmates" des mystiques. In: Nouvelle Pratique Dermatologique; 5 (1936), 858 – 867.

SUMMERS, M.: The physical phenomena of mysticism: with especial reference to the stigmata, divine and diabolic. – New York: Rider and Co., 1950.

TENHAEFF, W. H. C.: Inleiding tot de parapsychologie. – 3. veränd. Aufl. – Utrecht: Bijleveld, 1974.

THURSTON, H.: The physical phenomena of mysticism. - London: Burns & Oates, 1952.

THURSTON, H.: Surprising mystics. – London: Burns & Oates, 1955.

TINEL, J.: Essai d'interprétation physiologique des stigmates. In: Études Carmélitaines; 20 (1936) 2, 93 – 97.

TOUW, J. M.: Wenende madonna's. Kritische analyse van een fenomeen toegespitst op het huilende Mariabeeldje van Brunssum. – Herkenbosch: De Korenwolf, 1995.

TURI, A. M.: Pourquoi la Vierge apparait aujourd'hui. Traduit de l'italien. – Paris: Félin, 1988.

WALDORF, D. S. / LIPKIN, G.: Sensitization to erythrocytes. A distinctive syndrome. In: JAMA; 203 (1968) 8, 597 – 599.

WEBER, L. M.: Heiligkeit und seelische Krankheit. In: Anima; 17 (1963) 1, 71 - 79.

WENISCH, B.: Geschichten oder Geschichte? Theologie des Wunders. - Salzburg: St. Peter, 1981.

WILSON, I.: The bleeding mind: an investigation into the mysterious phenomena of stigmata. – London: Weidenfeld and Nicolson, 1988.

WUNDERLE, G.: Essai sur la psychologie de la stigmatisation. In: Études Carmélitaines; 20 (1936) 2, 157 – 163.

ZAHLAOUI, E.: Soufanieh. Chronique des apparitions et manifestations de Jésus et de Marie, à Damas 1982 – 1990. – Paris: O.E.I.L., 1991.

ZAHLAOUI, E.: Souvenez-vous de Dieu. Messages de Jésus et Marie à Soufanieh. – Paris: O.E.I.L., 1991.

ZAHLNER, F.: Wunder und Paranormologie: grundsätzliche Überlegungen zu einer aktuellen Grenzfrage. In: Grenzgebiete der Wissenschaft; 24 (1975), 181 – 196.

ZAHLNER, F.: Kirche und Parapsychologie. In: Für Kirche und Heimat. Festschrift Franz Loidl zum 80. Geburtstag. – Wien: Herold, 1985.

ZAHLNER, F.: Paraphänomene und christlicher Glaube: Überlegungen und Beispiele zur vergleichenden Phänomenologie im Bereich des Paranormalen und Religiösen. – 2. Aufl. – Innsbruck: Resch, 1988 (Grenzfragen; 10).

HEINZ SCHOTT

FORMEN DER GEISTHEILUNG IN GESCHICHTE UND GEGENWART

> „Großen Dank verdient die Natur, daß sie in die Existenz eines jeden lebendigen Wesens auch so viel Heilungskraft gelegt hat, daß es sich, wenn es an dem einen oder dem andern Ende zerrissen wird, selbst wieder flicken kann; und was sind die tausendfältigen Religionen anders als tausendfache Äußerungen dieser Heilungskraft."
>
> *Goethe an Lavater am 14. Oktober 1782*

Geistige Heilung oder *Geistheilung* (engl. *spiritual healing*, z. T. *spirit healing* bzw. *psychic healing* oder allgemein *healing*) sind Ausdrücke, die weitgehend synonym benutzt werden. Ich lehne mich an den populären Sprachgebrauch an und spreche einfach von Geistheilung. Wie kann dieser Begriff heute definiert werden? In Großbritannien gibt es einen offiziellen ethischen Code (*Code of Conduct*) für die ca. 8000 dortigen Heiler, die über ihre verschiedenen Vereinigungen der Dachorganisation „Confederation of Healing Organisations" (CHO) angehören. In dieser für alle Mitglieder verbindlichen ethischen Richtlinie begegnet uns die derzeit international wohl zugänglichste Definition der Geistheilung. Ich zitiere sie in deutscher Übersetzung:

> „Heilen [healing] ist die wohltuende Wirkung, die Heiler nach dem Verständnis der CHO offensichtlich auf ihre Patienten ausüben; motiviert durch ihre eigenen (Glaubens-)Vorstellungen [beliefs] und gemäß ihren normalen Heilmethoden wenden sie die Geistheilung durch Berührung mit ihren Händen [healing in contact through the hands, Handauflegen] oder über eine Entfernung hinweg durch Gedanken- (oder Gebets-)Übertragung oder durch ein radionisches Instrument an. ... Heilen [healing] besteht aus der Übertragung harmonisierender paraphysischer Energien [paraphysical energies]. Welche Energien über-

> tragen werden, hängt von den Bedürfnissen, Meinungen, Fähigkeiten und den Vorgehensweisen der betreffenden Person bzw. Personen ab. Eine Person kann durch eine andere geheilt werden, oder eine Gruppe durch eine andere, oder eine Person durch eine Gruppe; oder jemand kann sich auch selbst heilen [it may be self-induced].“[1]

Diese quasi standespolitische Definition schließt keineswegs aus, daß einzelne Heiler in England ihre je eigenen religiösen bzw. magischen Vorstellungen pflegen. Jedem Mitglied, so heißt es in einem abschließenden Passus des „Code of Conduct“, sei es freigestellt, Heilen (healing) gemäß der eigenen Einstellung genauer zu definieren. So erinnere ich mich an einen alten Geistlichen, Mr. *Pilkington*, der das *Cancer Help Center* in Bristol mitbegründete. Er erzählte uns von Engeln, die hinter ihm stünden und ihm beim Heilen die Hand führten. Gerade der charismatische Heiler Harry EDWARDS (1893 – 1976), der seit den 30er Jahren mit größtem Publikumserfolg heilte und heute noch von zahlreichen Heilern in England verehrt wird, baute auf solche Erfahrungen.

Die verschiedenen Übertragungsformen der Geistheilung wurden in der obigen Definition vorgestellt: *Handauflegen, Fernheilen, radionische Apparaturen*. Die sozialen *Interaktionsformen* – psychoanalytisch gesprochen: das „setting“ – wurden ebenfalls genannt: von einer Person zu einer anderen bis hin von einer Gruppe zu einer anderen Gruppe. Aber auch das *Selbst-Heilen* (*self-induced healing*) ist möglich. Gerade diese Form der Selbsttherapie ist in der Geschichte der Psychotherapie – vom Selbstexorzieren und Selbstmagnetisieren, über die Selbsthypnose und Autosuggestion bis hin zur Selbstanalyse à la Sigmund FREUD[2] – sowohl wissenschaftstheoretisch als auch therapeutisch von fundamentaler Bedeutung.

Geistheilung (engl. *spiritual healing*) wurde von dem englischen Parapsychologen Robert Henry THOULESS (1894 – 1984) in folgende Gruppen eingeteilt: in die Glaubensheilung (geistige Neuorientierung wie z. B. bei der *Christian Science*), Gebetsheilung, Ritualheilung (z. B. Handauflegen) und *Geisterheilung* (z. B. mit Hilfe von verstorbenen

1 Code of Conduct for Healers (1990).
2 Vgl. H. SCHOTT: Zauberspiegel der Seele (1985).

Ärzten).[3] Wir wollen uns nicht weiter mit solchen Einteilungsversuchen aufhalten.

Vor dem Hintergrund der Medizin- und Wissenschaftsgeschichte ergibt sich für den Medizinhistoriker eine einfache historische Systematik, nämlich:

1. Geistheilung im Kontext der religiösen Heilkunde,
2. Geistheilung im Kontext der magisch-naturphilosophischen Medizin und
3. Geistheilung als Kontrastprogramm zur modernen Psychotherapie und medizinischen Psychologie.

1. „Geistheilung" in der religiösen Heilkunde

Zur *religiösen Heilkunde* möchte ich all diejenigen Behandlungsmethoden zählen, die Gott oder göttliche Mächte als Heilquelle ansehen, mit der sie in Verbindung treten können. Dabei gibt es *zwei* verschiedene Ansätze: zum einen die *unmittelbare Begegnung* mit dem Göttlichen in Form einer mystischen Vereinigung (*unio mystica*), zum anderen die von einem Heiler vermittelte *Übertragung* der göttlichen Heilkraft.[4]

a) Die unmittelbare Begegnung mit dem Göttlichen

Als Beispiel für die unmittelbare Begegnung möchte ich den Heilschlaf im Kontext des griechischen *Asklepioskultes* anführen. Er beruhte auf einem standardisierten Ritual, das in eigens hierfür erbauten Heiligtümern bzw. Tempelanlagen vollzogen wurde, die dem Heilgott *Asklepios* geweiht waren. Im Zentrum des Kultes stand die unmittelbare Begegnung des Heilsuchenden mit dem Heilgott. Dieser erschien dem Kranken im sogenannten Inkubationstraum, während er in einem besonderen Tempelraum, dem Abaton, auf einer Liege schlief. Wie wir den überlieferten Quellen entnehmen können, legte Asklepios die Hand auf, operierte, gab Ratschläge, verschrieb Rezepte. Am nächsten

3 Vgl. W. F. BONIN: Lexikon der Parapsychologie und ihrer Grenzgebiete (1981), S. 199.

4 Zu dieser Thematik vgl. H. SCHOTT: Heilkunde zwischen Religion und Naturphilosophie (1988).

Morgen war der Kranke häufig geheilt oder auf dem Weg der Besserung.

Dieses Geschehen im Asklepioskult wird heute zumeist mit der modernen Psychotherapie verglichen, insbesondere mit bestimmten suggestiven Verfahren wie Autogenem Training und Katathymem Bilderleben.[5] Interessanterweise läßt es sich in der Tradition einiger moderner Heilriten außerhalb der Medizin wiederentdecken. So hat sich das Heilritual des „Kirchenschlafes" in christlichem Gewande bis heute an manchen alten Kultstätten erhalten. Noch in unserer Zeit gibt es Inkubationsveranstaltungen zu Ehren der christlichen Heiligen *Cosmas* und *Damian* in Trikka, wo der antike Asklepioskult einen seiner Ursprünge hatte.[6] So scheint es eine durchgehende Linie vom antiken Heilkult bis zur christlichen Heiligenverehrung zu geben.

Werfen wir noch einen Blick auf die Mystik des christlichen Abendlandes. Wie F. W. WENTZLAFF-EGGEBRECHT herausstellte, sei die Gottesschau (*visio dei*) oder „Gottesberührung" die entscheidende Kraft, die zur „Gotteinigung", zur „geistigen Vermählung" führen könne.[7] Dabei sei die *unio mystica*, die „Innenoffenbarung", Ursprung und letztes Ziel aller Formen der Mystik. Sie sei im Mittelalter keineswegs an den Solipsismus des Einzelnen oder an ein zurückgezogenes Leben (*vita contemplativa*) gebunden gewesen, sondern in das Alltagsleben eingeflossen und schließlich zum seelischen Besitz aller Volksschichten geworden.

Die Heilige HILDEGARD VON BINGEN (1098 – 1179) schildert als Klosterfrau des hohen Mittelalters ihre mystischen Erlebnisse, ihre Visionen, die für sie nicht nur göttliche Offenbarung, sondern zugleich auch Hilfe und Heilung bedeuteten. Sie hatte

> „beinahe von Kindheit an ... fast ständig an schmerzlichen Krankheiten zu leiden, so daß sie nur selten gehen konnte."[8]

5 Vgl. hierzu H. SCHOTT: Die „Suggestion" und ihre medizinhistorische Bedeutung (1984).

6 Vgl. C. N. BALLAS: The survivial of incubation in Trikka (1974).

7 Vgl. F. W. WENTZLAFF-EGGEBRECHT: Deutsche Mystik zwischen Mittelalter und Neuzeit (1969).

8 Vgl. A. FÜHRKÖTTER (Hg.): Das Leben der heiligen Hildegard von Bingen (1968), zit. nach H. SCHOTT: Heilkunde zwischen Religion und Naturphilosophie, S. 660.

Als sie im Kloster von Visionen heimgesucht wurde, zögerte sie zunächst, diese aufzuschreiben. Auf Anraten ihres Abtes schließlich begann sie mit der Niederschrift des Geschauten und wurde gesund. Die *unio mystica* beschreibt sie als wohltuende „Heimsuchung". Sie empfand,

> „daß ihr geliebter himmlischer Bräutigam Jesus Christus wirklich seine Hand – das heißt die Wirksamkeit und Eingebung des Heiligen Geistes – durch die Öffnung – das heißt durch seine geheime Gnade – gereicht hatte und daß ihr Leib – nämlich ihr Herz – erbebte bei seiner Berührung, das heißt beim Eingießen seiner Gnade, wegen der ungewöhnlichen Kraft des Geistes..., die sie innerlich spürte."[9]

Im Alter von 42 Jahren hat HILDEGARD eine Art Initiationserlebnis: Da

> „sah ich ein überaus stark funkelndes, feuriges Licht aus dem geöffneten Himmel kommen. Es durchströmte mein Gehirn, mein Herz und meine Brust ganz und gar, gleich einer Flamme, die jedoch nicht brennt, sondern erwärmt. Es erglühte mich so, wie die Sonne einen Gegenstand erwärmt, auf den sie ihre Strahlen ergießt. Und plötzlich hatte ich Einsicht in den Sinn und die Auslegung des Psalters..."[10]

HILDEGARD führte die Krankheit auf *eine* Ursache zurück, nämlich auf ein „Sichverschließen" vor dem heilsamen Licht der Gnade. Dementsprechend gibt es, wie sie in ihrem „Reigen der Tugenden" (*Ordo virtutum*)[11] ausführt, auch nur *ein* Heilmittel: den Glauben mit seinem „fleckenlosen lichtstrahlenden Gewand", der als „Pilgerin des Lichts" der menschlichen Seele den „lebendigen Quell" zeigt.

b) Die Vermittlung der göttlichen Heilkraft

Neben dieser unmittelbaren, visionären Begegnung mit dem Göttlichen – die selbstverständlich sozialhistorische Voraussetzungen und Prägungen hat, worauf ich hier nicht eingehen kann – gibt es die traditionellen Formen der Übertragung der göttlichen Heilkraft durch dafür bestimmte *Personen* oder *Gegenstände*. Im Abendland ist die bedeutendste Gestalt sicherlich *Christus* als Arzt, „Heiland", Heiler

9 Ebd.
10 Ebd.
11 Vgl. H. SCHIPPERGES: Tugenden als Heilkräfte bei Hildegard von Bingen (1985).

(*Christus medicus*).[12] Wie die vier Apostel in ihren Evangelien berichten, befreite Christus zahlreiche Kranke, so z. B. Aussätzige, Blinde, Gelähmte und Besessene. So kann er durch *Handauflegen* einen Aussätzigen heilen:

> „Und es kam zu ihm ein Aussätziger, der bat ihn, kniete vor ihm und sprach: ‚Willst du, so kannst du mich wohl reinigen.' Und es jammerte Jesum und er reckte die Hand aus, rührte ihn an und sprach: ‚Ich will's tun; sei gereinigt!' Und als er so sprach, ging der Aussatz alsbald von ihm, und er ward rein." (Mk 1, 40-42)

Christus betätigte sich aber auch als *Exorzist*. Wir kennen das berühmte Beispiel aus dem Markus-Evangelium. Christus sprach zu einem Besessenen:

> „‚Fahre aus, du unsauberer Geist, von dem Menschen!'... Und es war daselbst an den Bergen eine große Herde von Säuen auf der Weide. Und die Teufel baten ihn alle und sprachen: ‚Laß uns in die Säue fahren!' Und alsbald erlaubte es ihnen Jesus. Da fuhren die unsauberen Geister aus und fuhren in die Säue; und die Herde stürzte sich von dem Abhang ins Meer..." (Mk 5, 8 u. 11-13)

Entscheidend für die Tradition der christlichen Heilkunde war die Aufgabe, die Christus seinen Jüngern gab:

> „Macht die Kranken gesund, reinigt die Aussätzigen, weckt die Toten auf, treibt die Teufel aus. Umsonst habt ihr's empfangen, umsonst gebt es auch." (Mt 10, 8)

Heilen wird damit zu einem christlichen Missionsauftrag, in der Nachfolge Christi zu handeln. Diese *imitatio Christi* steht in der religiösen Heilkunde des Abendlandes im Mittelpunkt. Insbesondere die mittelalterliche Klostermedizin, bei der Mönche und Nonnen ärztliche Funktionen mit ihrem geistlichen Amt verbanden, sah in *Christus medicus* die Leitfigur ihrer religiösen Heilkunde: „Alles haben wir in Christus. Willst du eine Wunde heilen? Er ist Arzt. Glühst du im Fieber; Er ist Quell"[13], heißt es bei dem Kirchenvater *Ambrosius von Mailand* (340 – 397). Gebete sollten die Hilfe Christi erbitten. Die christlichen Heiligen, denen zum Teil schon zu Lebzeiten Wunderheilungen zuge-

12 Vgl. zu diesem Themenkreis H. SCHOTT: Die Chronik der Medizin (1994), S. 46 f.
13 H. SCHOTT: Die Chronik der Medizin (1994), S. 46.

schrieben wurden, spielten im religiösen Kult die Rolle der Mittler und wurden als Fürsprecher, Nothelfer, Werkzeuge Gottes angerufen.

In diesem Kontext haben heilkräftige bzw. unheilabwehrende Gegenstände und Orte ein große Bedeutung, die ihrerseits göttliche Kräfte vermitteln können. Zum einen handelt es sich um Wirkungsstätten der Heiligen, zum anderen um ihre Überreste. Reliquien, die ab dem 8. Jahrhundert durch einen ausgedehnten Spezialhandel in Umlauf gebracht wurden, spielten eine wichtige Rolle. Sie bestanden entweder aus den sterblichen Überresten der Heiligen (z. B. Haare, Knochen) oder aus Gegenständen, die diese zu Lebzeiten berührt hatten (Kleiderfetzen, Gebrauchsgegenstände). Die spirituelle Kraft wurde jedoch nicht nur als unsterblich in den Reliquien angerufen, sondern auch in den Bildern der Heiligen, etwa bei Buchillustrationen und in der Ikonenmalerei.

In der Geschichte der religiös motivierten Geistheilung können wir demnach vier Grundformen voneinander unterscheiden:

a) *Handauflegen:* Hierbei müssen wir die *direkte Berührung* des Kranken mit der Hand, von der Massage der Muskulatur bis hin zum leichten Bestreichen der Haut, unterscheiden von der segnenden Hand, die in mehr oder weniger großer *Entfernung* über die Körperoberfläche gehalten oder gestrichen wird.

b) *Gebetsheilung* bzw. *Glaubensheilung:* Hierbei kann durch Gebete zu Jesus Christus oder den Heiligen im Sinne einer Fürbitte das Eingreifen Gottes erbeten werden, unabhängig davon, wie weit der Kranke von dem Betenden bzw. der Gebetsgruppe entfernt ist. Der Gebetsheilung eines Kranken entspricht die Glaubensheilung, die ein Kranker durch seinen Glauben, sein Vertrauen in die göttliche Heilkraft, erfahren kann. Die Übergänge zur Mystik, zur unmittelbaren visionären Begegnung mit dem Göttlichen, sind hierbei fließend.

c) *Exorzismus:* Die Austreibung der bösen Geister, des Teufels, ist an ein Ritual gebunden. Die kirchliche (katholische) Vorschrift, wie sie im *Rituale romanum* von 1614 fixiert wurde, war wohl in der volkstümlichen Praxis meist nur Makulatur. Denn die relativ sorgfältige Differentialdiagnose der Besessenheit, die nur eine eng umgrenzte Gruppe von Kranken betraf, wurde von den volkstümlichen Heilern kaum beachtet. So exerzierte der bekannte Priester Johann Joseph

GASSNER (1727 – 1779) um 1775 in Süddeutschland Tausende von Heilsuchenden mit allen möglichen Krankheiten und Beschwerden, die nach seiner Auffassung ausnahmslos vom Teufel und seinen Heerscharen verursacht waren.

d) *Gegenständliche Repräsentanten der göttlichen Heilkraft:* Hierzu gehören heilkräftige bzw. unheilabwehrende Gegenstände, Symbole, Bilder, Orte. So kann z. B. das Kreuz den Teufel bannen, weswegen es zum festen Instrumentarium beim Exorzismus-Ritual gehört. Fast noch wichtiger erscheint mir die große Bedeutung der christlichen Bilderwelt, die zu einer Art „Ikonotherapie" führte, einer kontemplativen Übertragung der göttlichen Heilkraft vom Himmel über das Bild zum betenden Betrachter, was häufig mit der Metaphorik der Licht- und Sonnenstrahlen oder des lebensspendenden Feuers veranschaulicht wurde.[14]

2. „Geistheilung" in der magischen oder naturphilosophischen Heilkunde

Die soeben skizzierte religiöse Tradition der Geistheilung ist jedoch nur *ein* historischer Pfeiler. Ebenso wichtig und tragend ist ein anderer: nämlich die Tradition der magischen, naturphilosophischen Medizin. Hier bewegen wir uns auf dem Terrain der klassischen Medizingeschichte. Ich möchte mich dabei auf die neuzeitliche Entwicklung vom *Paracelsismus* hin zum *Mesmerismus* und die moderne *Tiefenpsychologie* konzentrieren, also einige wenige Konzepte ab dem 16. Jahrhundert ins Auge fassen.

a) Paracelsus und die natürliche Magie

Beginnen wir mit PARACELSUS als einer typischen Schlüsselfigur für Renaissance und frühe Neuzeit. Bevor ich mich seinem Konzept der natürlichen Magie zuwende, das mit den Begriffen *Mikrokosmos* und *Makrokosmos* verknüpft ist, möchte ich hervorheben, daß er wie selbstverständlich die soeben genannten Ansätze der religiösen Heilkunde

14 Vgl. H. SCHOTT: In the Light of Nature (1994).

positiv vertritt. So sind für ihn Exorzieren, Fasten, Beten die Mittel der Wahl bei der Besessenheit.[15] Der Begriff des Glaubens nimmt in der Heilkunde des PARACELSUS eine zentrale Stellung ein, er ist nämlich als eine heilbringende *Imagination* nicht nur eine Voraussetzung der Heilung, sondern auch die *conditio sine qua non* für die natürliche Magie (einschließlich der Alchemie) schlechthin, die er kategorial von den schlechten Zauberkünsten (der schwarzen Magie) unter dem Vorzeichen des Aberglaubens unterscheiden will:

> „Drumb der den rechten glauben haben wil, der sol in nit also nemen, nicht aus den ceremonien (d. h. Zauberritualen), nicht aus den bildern, nicht aus den gemelden (d. h. Ikonen), sonder er sol in nemen aus Christo, on alle mittel.“[16]

Bei PARACELSUS sind die religiösen Vorstellungen (u. a. Elemente der jüdischen und christlichen Kabbala) eng verquickt mit seinem naturphilosophischen bzw. magischen Menschen- und Weltbild. *Alle* uns bekannten Phänome der gegenwärtigen Geistheilung, die hier nicht im einzelnen angeführt werden können, haben in seiner Heilkunde ihren speziellen Ort. In seinen Begriffen wie „Licht der Natur“ und „Licht Gottes“, „Arcana“, „Tugend des Arztes“, „böse Geister“, „magische“ und „kabbalistische Künste“, „Mikrokosmos – Makrokosmos“ usw. ist die gesamte Denkwelt und Praxis der sogenannten Geistheilung enthalten – und noch viel mehr! (Es sei hier nur auf die Alchemie verwiesen.) Aus medizinhistorischer Sicht ist besonders hervorzuheben, daß PARACELSUS den „Magneten“ als Heilinstrument und zugleich als Metapher für die geheime Kraft der göttlichen Natur in die neuzeitliche Medizin eingeführt hat. Mit PARACELSUS beginnt die *magnetische Heilkunde*. Mit ihm wird der „Magnetismus“ zur metaphorischen Leitschiene der *Magia naturalis*, der sympathetischen Heilmittel, bis hin zum tierischen Magnetismus Franz Anton MESMERs, worauf ich noch näher eingehen werde. Der Magnet symbolisiert die geheimen Anziehungskräfte in der Natur, die füreinander bestimmte Naturkörper unsichtbar miteinander verbinden und geheime Korrespondenzen schaffen.

15 Vgl. Paracelsus, Ed. Sudhoff, XIV/38f.
16 Ebd., 371.

Bei PARACELSUS und den zeitgenössischen Ärzten finden sich all jene gedanklichen Elemente, die auch bei der Geistheilung wesentlich sind: die göttliche *Quelle der Heilkraft*, die als geistiges Licht visualisiert wird; der *Magier* als Naturphilosoph (*philosophus*), als Arzt, der dieses Lebenslicht in seiner spezifischen Potenz in den Naturdingen entdecken, aus ihnen herauslocken kann, um sie in der Krankenbehandlung einzusetzen; die natürliche Magie als ärztliche Kunst, als *Übertragung der Heilkraft*, die den Kranken stärkt, heilt, vom üblen Krankheitskeim befreit; und schließlich die Überzeugung, daß nicht formalistische Tricks, raffinierte Manöver die Heilung bewirken, sondern eine mächtige Kraft, die aus einer göttlichen Quelle strömt, die sich der menschlichen Machbarkeit entzieht und der gegenüber man sich ehrfürchtig und demütig zu verhalten hat, im *„rechten Glauben"*, wie PARACELSUS sagen würde.

b) Mesmer und der „tierische Magnetismus"

Die Geschichte der magnetischen Heilkunde mit ihren Sympathiekuren erfuhr mit dem Auftreten des Wiener Arztes Franz Anton MESMER (1734 – 1815) in Paris kurz vor der Französischen Revolution eine entscheidende Wende. MESMERs Heilkonzept des sogenannten *tierischen Magnetismus* (d. h. Lebensmagnetismus) beruhte auf der physikalisch-mechanistischen Auffasssung der Lebensvorgänge einerseits und und einer kosmischen Energievorstellung, nämlich der *Fluidum-Theorie*, andererseits.[17] Doch der Begriff des Unbewußten war in jener Zeit unbekannt und der Begriff der Seele spielte bei MESMER keine Rolle. Dafür rückte der Begriff des *Fluidums* und des *Nervensystems* in den Mittelpunkt des Interesses. MESMER ging vom „Einfluß der Himmelskörper auf unsere Erde" aus, insbesondere vom „Einfluß der Planeten in den menschlichen Körper."[18] (Vgl. Mesmers Dissertation von 1766) Er behauptete,

> „daß auch im thierischen Körper, weil der den nemlichen wirkenden Kräfften ausgesetzt ist, eine Art Ebbe und Fluth statt finde.

17 Zum Thema Mesmerismus vgl. H. SCHOTT (Hg.): Franz Anton Mesmer und die Geschichte des Mesmerismus (1985); ders.: Die Mitteilung des Lebensfeuers (1982).

18 F. A. MESMER: Abhandlung über die Entdeckung des thierischen Magnetismus (1781), S. 8; vgl. auch H. SCHOTT: Paracelsus - Mesmer - Freud (1994).

Diese Eigenschafft thierischer Körper, welche sie des Einflusses des Himmels und unseres Erdkörpers fähig macht, nannt' ich thierischen Magnetismus"[19].

MESMER wollte mit seiner neu entdeckten Naturkraft den verstockten Organismus durch Zufuhr von heilsamem Fludium wieder in Schwingung versetzen. Er nannte diesen Vorgang „Mitteilung des Lebensfeuers", um die Wirkung des Heilmagnetismus zu veranschaulichen:

„Magnetisiren ist: dieses Feuer durch eine Art Erguß oder Entladung ... erregen und mittheilen."[20]

An anderer Stelle lesen wir:

„Magnetisiren ... ist nichts anderes, als mittelbar oder unmittelbar die tonische Bewegung der feinen Flut, mit der die feine Nervensubstanz geschwängert wird, mittheilen; dies ist es, was dieses Agens setzt, welches heilsame Krisen aller Arten, als die wahren Mittel zur Heilung bestimmen kann."[21]

Das Fluidum, das somit übertragen werde, galt für die Mesmeristen als eine Panazee, „das einzige und allgemeine Heilmittel"[22].

Der Arzt als Magnetiseur hatte die als „Flüssigkeit" („fluide universel", „Allflut") gedachte Naturkraft durch bestimmte Techniken zu akkumulieren, zu verstärken und zu übertragen. Besonders die Intuition des Arztes, seine *Experimentierfreudigkeit* waren gefordert:

„Ein jeder kann, vermöge der erlangten richtigen Einsicht, sich auf das Studium [dieser neue Heilart] legen, und von sich selbst erlernen, sie abzuändern und den Umständen und verschiedenen Lagen der Kranken anzupassen."[23]

Indem MESMER zeitlebens – er starb 1815 in Meersburg – seiner physikalischen (d. h. un-psychologischen) Fluidumtheorie treu blieb, wonach das auf die Nerven wirkende Heilmittel „zwar Materie, jedoch keine wiegbare Substanz seyn könne", wurde er als Repräsentant der Aufklärung zu einem (geliebten) Antipoden der romantischen Bewe-

19 Ders., ebd., S. 9.
20 F. A. MESMER: Mesmerismus (1814), S. 117.
21 Ders., ebd., S. 119.
22 F. A. MESMER: Allgemeine Erläuterungen über den Magnetismus und den Somnambulismus (1812), S. 31.
23 Ders., ebd., S. 45.

gung im frühen 19. Jahrhundert, deren Phantasie vom Mesmerismus mächtig beflügelt wurde. Die Romantiker – von Gotthilf Heinrich SCHUBERT bis hin zu Carl Gustav CARUS – vereinnahmten ihn gerne für ihr ganz anders gelagertes tiefenpsychologisches Konzept.

MESMERs Techniken der magnetischen Kur sind denen der religiösen Heilkunde analog. Das *Handauflegen* in Form der sogenannten „passes", d. h. Luftstriche mit den Händen dicht über der Körperoberfläche, spielte bei ihm eine herausragende Rolle. Telepathische *Fernheilung* durch tierischen Magnetismus analog der Gebetsheilung hielt er für durchaus möglich und erklärte sie mit seiner Fluidumtheorie. Bestimmte Apparaturen, die sogenannten Gesundheitszuber oder *Baquets*, um die herum sich die Kranken in spektakulären Gruppensitzungen versammelten, sollten die Heilkraft akkumulieren und gezielt an die Kranken weitergeben. Magnetisiertes Wasser oder andere Stoffe bis hin zu Apparaturen wie dem Baquet, die vom Magnetiseur von Zeit zu Zeit aufgeladen wurden, sollten besondere Heilwirkung entfalten. Phänomenologisch übernahmen solche magnetischen Objekte die Funktion geweihter oder gesegneter Gegenstände im Bereich der religiösen Heilkunde. Der Mesmerismus inaugurierte sogar quasi heilige Orte, an denen das Fluidum intensiv wirken sollte und durch kraftvolle Magnetiseure noch weiter verstärkt werden konnte. So magnetisierten bestimmte Mesmer-Anhänger (insbesondere A. M. PUYSÉGUR) auch Bäume (vor allem Ulmen), an deren Kraftquelle sich die Heilsuchenden mit Seilen anschlossen.[24]

An MESMERs Pariser Praxis kurz vor der Französischen Revolution können wir auch die Bedeutung des *Heilrituals* wiedererkennen, das im Kontext des Asklepioskultes für die unmittelbare Begegnung mit dem Heilgott maßgebend war. MESMERs „Tempel" war sein Spiegelsaal, in dem improvisierte Musik erklang, während der Magier in lila Robe mit Zauberstab die Kranken nur antippen brauchte, um sie in sogenannte heilsame Krisen zu versetzen. Dieses rituelle Element fehlt auch heute bei keiner Geistheilung, selbst wenn sich diese in aller Nüchternheit nur auf Hintergrundmusik, Körpergestik und farbige Tücher beschränkt.

24 Vgl. u. a. H. ELLENBERGER: Die Entdeckung des Unbewußten (1973).

Zusammenfassend möchte ich behaupten, daß wir sehr viele gängige Methoden der heutigen Geistheilung bereits bei MESMER vorfinden. Die modernen Mesmeristen, die sich „Magnetopathen" nennen, haben unverändert am Mesmerschen Konzept festgehalten. Vor allem in Süddeutschland und hier besonders im Bodenseeraum sind solche Magnetiseure heute noch anzutreffen. Sie verstehen sich als natürliche Magier in der Tradition der naturphilosophischen Medizin. Einer religiösen, explizit christlichen oder gar kirchengeschichtlichen Begründung der Geistheilung stehen sie eher distanziert gegenüber. Ihr Zentralbegriff ist in erster Linie die Natur und nicht Gott.

c) Somnambulismus

Doch kehren wir noch einmal zum klassischen Mesmerismus zurück. Bereits ein Jahrzehnt nach der „Entdeckung" des tierischen Magnetismus durch MESMER kam es im Jahr 1785 zu einer Wende, die sowohl für die romantische Naturphilosophie als auch die Tiefenpsychologie und Psychotherapie von entscheidender Bedeutung war. Das Konzept des sogenannten *künstlichen Somnambulismus* brachte eine umwälzende Modifikation des Mesmerismus mit sich. Nun richtete sich das Interesse, der Blick der Magnetiseure nach innen, in die tiefsten Seelenregungen der Somnambulen, die z. B. als „Seherinnen" großes Aufsehen erregten; und zugleich sucht dieser Blick in die verborgene „Nachtseite" der Natur vorzudringen und sogar in das Jenseits vorzustoßen und einen Anschluß an die Geisterwelt zu bekommen. Es ging nun nicht mehr um die Auslösung einer „heilsamen Krise" als einer körperlichen Reaktion auf das Magnetisieren, sondern vielmehr um die tiefsten und höchsten Offenbarungen der magnetisierten Person (zumeist jüngere Frauen) *selbst* in ihrem „Rapport", ihrer innerlichen Beziehung zum Magnetiseur. Mit dem Somnambulismus – ich möchte hier paradigmatisch auf die *„Seherin von Prevost"* von Justinus KERNER (1829) hinweisen – wurde der tierische Magnetismus psychologisiert, trat das somnambule, *unbewußte Seelenleben* in den Brennpunkt des wissenschaftlichen Interesses. In diesem faszinierenden Szenario können wir weitere Methoden der Geistheilung entdecken, die Franz Anton MESMER, als bewußter Verfechter der Aufklärung, vernachlässigt bzw. abgelehnt hat.[25]

Zunächst wären die therapeutischen Fähigkeiten im Bereich des *Mediumismus* zu nennen. Wie wir am Beispiel der Seherin von Prevorst aufzeigen können, besaßen die *Somnambulen* – gleichsam als Medien – in Kooperation mit ihren romantisch inspirierten Ärzten zum Teil die hellseherische Gabe der *intuitiven Diagnose*, indem sie direkt den Krankheitsherd im Körper eines Kranken visualisieren konnten. Sie hatten mitunter die Fähigkeit der Herstellung bzw. Rezeptierung von *Amuletten* für bestimmte Kranke, die entweder Zauberformeln oder bestimmte Kräuter oder beides enthielten. Außerdem besaßen sie z. T. die spirituelle Fähigkeit der *Gebetsheilung*, der Fernheilung, wie wir heute sagen würden. Und schließlich schienen die „Seherinnen" auch dazu prädestiniert, mit den *Geistern der Verstorbenen* in Kontakt zu treten und deren Rat zu Heilzwecken einzuholen.

Darüber hinaus ist es bemerkenswert, daß in dieser romantisch-psychologisch-spiritistischen Version des Mesmerismus von neuem *Besessenheit* und *Exorzismus* auflebten, die MESMER selbst strikt ablehnte. Zwar hielten die Ärzte – wie z. B. Justinus KERNER – in der Regel eine kritisch-ironische Distanz zum Geister- und Teufelsglauben. Gleichwohl verhielten sie sich so, *als ob* die Dämonen der Vergangenheit weiterhin ihr Unheil trieben. So exorzierten manche Magnetiseure mit magnetischen Strichen, indem sie das Böse durch Bewegungen von der Körpermitte an die Peripherie, vom Bauch zum Kopf hinaustreiben wollten.[26] Der *Exorzismus* in seiner mesmeristischen Form läßt sich selbst bei Sigmund FREUD (in seiner Zusammenarbeit mit Josef BREUER) noch rudimentär nachweisen: nämlich im frühen Konzept der *Psychokatharsis*, wo der „eingeklemmte Affekt" ausgetrieben werden sollte. FREUD drückte am Anfang noch mit seiner Hand auf die Stirn der Patienten, um die auftauchenden Erinnerungen hervorzutreiben. Auch am Anfang der Psychoanalyse stand also das Handauflegen!

25 Vgl. H. SCHOTT: Der „Okkultismus" bei Justinus Kerner (1986).
26 Vgl. H. SCHOTT: Zerstörende und heilende Bestrebungen des „magnetischen Lebens" (1990).

3. Zur Ausgrenzung der Geistheilung aus der modernen Medizin

So gut wie alle Phänomene, die wir heute bei der Geistheilung beobachten können, waren noch in der ersten Hälfte des 19. Jahrhunderts unter dem Vorzeichen des *Mesmerismus* ein Bestandteil der medizinischen Theorie und Praxis. Diese Phänomene wurden als Herausforderung an die Wissenschaft verstanden: So versammelten sich an den Krankenbetten von Somnambulen Ärzte, Philosophen, Theologen und Naturforscher, um genau zu beobachten und Experimente anzustellen. Es gab wohl kaum einen jüngeren Arzt um 1820, der sich nicht mehr oder weniger mit dem Mesmerismus auseinandergesetzt und das eine oder andere Experiment an sich selbst, den Kollegen oder den Patienten vollzogen hätte.

Die Ausgrenzung dessen, was wir heute „Geistheilung" nennen, aus der Medizin geschah mit dem Siegeszug der *naturwissenschaftlichen* Medizin in der zweiten Hälfte des 19. Jahrhunderts. *Hypnose, Suggestion, Psychotherapie* und schließlich *Psychoanalyse*: diese Konzepte waren mit ihren psychophysiologischen Modellen mit der neuen Schulmedizin kompatibel, nicht jedoch die spiritualistischen, magischen und religiösen Spekulationen, wie sie in der Romantik noch gang und gäbe gewesen waren. Somit kam es zur folgenschweren Abspaltung: die *Geistheilung* wurde von nun an *einerseits* zum Gegenstand eines wissenschaftlichen Grenzgebietes, nämlich der Parapsychologie, *andererseits* zu einer verbreiteten Methode in der Laienmedizin, der volksmedizinischen Praxis. Ungebrochen von aller wissenschaftlichen Verdammnis wurde das mesmeristische Erbe um 1900 in Broschüren mit riesengroßen Auflagen unter das Volk gebracht – unter dem Motto: „Magnetisieren zum Hausgebrauch".[27] Ich behaupte, daß gegenüber jener Hochkonjunktur paramedizinischer Verfahren zu Beginn des 20. Jahrhunderts die heutige Debatte über die Geistheilung eher schwach ausgeprägt ist.

27 Vgl. die diesbezügliche Bibliographie von H. SCHOTT in: Ders. (Hg.): Franz Anton Mesmer und die Geschichte des Mesmerismus, S. 253 – 271.

4. Einblick und Ausblick

Die *Geistheilung*, wie wir sie heute in England, Deutschland und anderswo studieren können, basiert nach meiner Auffassung ihrem *Selbstverständnis* nach sowohl auf der Tradition der *religiösen* als auch auf derjenigen der *magischen* Medizin. Der Übergang zwischen beiden Richtungen ist fließend. Die verschiedenen Formen der Geistheilung erscheinen vor dem aufgezeigten wissenschaftshistorischen Hintergrund als Reminiszenzen einer z. T. vergessenen, z. T. verdrängten Vergangenheit. Sie stellen gleichsam erratische Blöcke dar, die aus dieser Vergangenheit in die Gegenwart hineinragen und hier im Kontext des wissenschaftlichen „common sense" als Fremdkörper erscheinen.

Zugleich üben sie eine auffallende Faszination auf die Zeitgenossen aus, wobei ich mich selbst hier einschließen möchte. Diese Faszination ist leicht erklärlich: theoretische und praktische Traditionen, die jahrhunderte- und mitunter jahrtausendelang als Sinnstifter verbindlich waren, lassen sich nicht binnen 100 oder 200 Jahren mit staatspolitisch verordneter Ideologie ausradieren. Was heute als „paranormal" oder „parapsychologisch" erscheint, gehörte in bestimmten Epochen zur allgemein akzeptierten Erfahrung in Wissenschaft und Alltagsleben. Kollektive Erfahrungen unserer Vorfahren wirken als mächtige Triebfedern in unserer Welt der Gedanken und Gefühle weiter, diesseits wie jenseits der öffentlich anerkannten Lebenswelten. Auf den gegenwärtigen Gesundheitsmarkt der Esoterik „zwischen Zauber und Zaster"[28] möchte ich hier nicht näher eingehen. Die Geistheilung hat hier ihren festen Platz erobert. Wir sollten sie jedoch nicht pauschal an den schwarzen Schafen messen, die scharlatanesk z. B. über das Fernsehen ihre angebliche Wunderkraft verströmen. Ich habe den Eindruck, daß es viele ehrbare Heiler gibt, die ohne Sucht nach Publicity und ohne Geldgier ihre Gabe, wie immer wir sie interpretieren mögen, uneigennützig in den Dienst des kranken Mitmenschen stellen.

Zwei Tendenzen werden der Geistheilung und ihrer historischen Tradition in Zukunft gesundheitspolitische Aufmerksamkeit bescheren:

28 Vgl. Südd. Zeitung vom 13./14. Mai 1995, S. 10.

1) Zum einen können wir einen zunehmenden Pragmatismus in der praktischen Medizin beobachten, wobei Heilverfahren außerhalb der Schulmedizin nicht von vornherein als „alternativ“ im Sinne eines Entweder-Oder angesehen werden, sondern eher als *„komplementär“* im Sinne eines Sowohl-als-Auch.

2) Zum anderen steckt die *Suggestionsforschung* in der Medizin noch in den Kinderschuhen. Die Geistheilung und ihre Wirkungen bedeuten eine erstrangige Herausforderung für die medizinpsychologische und psychosomatische Forschung, die vor allem für die Untersuchung des Arzt-Patienten-Verhältnisses sehr aufschlußreich sein kann.

Wir sollten heute historische Heilkonzepte weder einfach kopieren – wie sektiererische Geistheiler dies tun – noch sie schlechthin verleugnen – wozu bornierte Wissenschaftler manchmal neigen. Die alte Frage von Gut und Böse ist in der Heilkunde keineswegs obsolet, und die Frage nach dem Ursprung der Heilquelle keineswegs überflüssig geworden. Wenn in der frühen Neuzeit, im Zeitalter des Paracelsismus, für die magische und alchemistische Medizin die Unterscheidung von *weißer* und *schwarzer Magie* fundamental war, so ist heute, angesichts der ethischen Problematik von Medizin und Naturwissenschaften (die Stichwörter Organtransplantation und Gentochnologie mögen genügen), die Unterscheidung von *menschenwürdig* und *menschenverachtend* ebenso fundamental. Letztlich steht jene Gretchenfrage, „crucial question“, im Raum, die die Medizin seit ihren Anfängen umgetrieben hat und die ich einmal so altertümlich formulieren möchte: Handeln wir als „Handlanger“ Gottes oder des Teufels? Die soeben skizzierten Formen der Geistheilung haben eines gemeinsam: Sie verweisen viel direkter als die meisten anderen Heilmethoden auf diese „crucial question“, die wohl kaum einer von uns, geschweige denn die scientific community als Ganzes, so einfach beantworten kann.

Literatur

BALLAS, C. N.: The survival of incubation in Trikka. In: Proceedings of the 23rd Intern. Congr. of the History of Medicine... Vol. 2. – London: Wellcome Institute of the History of Medicine, 1974, S. 898 – 903.

BONIN, Werner F.: Lexikon der Parapsychologie und ihrer Grenzgebiete. – Frankfurt a. M.: Fischer Taschenbuch, 1981.

Code of Conduct for Healers. Confederation of Healing Organisations. Jan. 1990. (Unveröffentl. Papier).

ELLENBERGER, Henri: Die Entdeckung des Unbewußten. – Bern; Stuttgart; Wien: Huber, 1973.

FÜHRKÖTTER, A. (Hg.): Das Leben der heiligen Hildegard von Bingen. Hg., eingel. u. übers. v. A. Führkötter. – Düsseldorf: Patmos, 1968.

MESMER, F. A.: Abhandlung über die Entdeckung des thierischen Magnetismus. Aus dem Französ. übers. Nachdr. d. Ausg. Karlsruhe, 1781. – Tübingen: edition diskord, 1985.

MESMER, F. A.: Allgemeine Erläuterungen über den Magnetismus und den Somnambulismus. Als vorläufige Einleitung in das Natursystem. Aus dem Askläpieion abgedruckt. – Halle; Berlin: Hallisches Waisenhaus, 1812.

MESMER, F. A.: Mesmerismus. Oder System der Wechselwirkungen, Theorie und Anwendung des thierischen Magnetismus... Hg. v. Karl Christian Wolfart. – Berlin: Nicolai, 1814.

PARACELSUS, Ed. Sudhoff, XIV.

SCHIPPERGES, Heinrich: Tugenden als Heilkräfte bei Hildegard von Bingen. In: Blätter der Carl-Zuckmayer-Gesellschaft; 11 (1985), 57 – 65.

SCHOTT, H.: Die Mitteilung des Lebensfeuers. Zum therapeutischen Konzept von Franz Anton Mesmer (1734 – 1815). In: Medizinhistorisches Journal; 17 (1982), 195 – 214.

SCHOTT, H.: Die „Suggestion" und ihre medizinhistorische Bedeutung. In: Eduard SEIDLER/Heinz SCHOTT (Hg.): Bausteine der Medizingeschichte. Festschrift für Heinrich Schipperges... - Stuttgart: Steiner, 1984, S. 103 – 113.

SCHOTT, H.: Zauberspiegel der Seele. Sigmund Freud und die Geschichte der Selbstanalyse. – Göttingen: Vandenhoeck & Ruprecht, 1985.

SCHOTT, H. (Hg.): Franz Anton Mesmer und die Geschichte des Mesmerismus. – Stuttgart: Steiner, 1985.

SCHOTT, H.: Der „Okkultismus" bei Justinus Kerner. Eine medizinhistorische Untersuchung. In: Justinus KERNER: Nur wenn man von Geistern spricht... Hg. v. Andrea Berger-Fix. – Stuttgart; Wien: Edition Erdmann, 1986, S. 71 – 103 und 227 – 232.

SCHOTT, H.: Heilkunde zwischen Religion und Naturphilosophie. Historische Wurzeln der „alternativen Medizin". In: therapeutikon; 11 (1988), 659 – 665.

SCHOTT, H.: Zerstörende und heilende Bestrebungen des „magnetischen Lebens": Kerners Forschungsperspektive im Kontext der zeitgenössischen Medizin. In: Justinus Kerner. Jubiläumsband zum 200. Geburtstag. Teil 2. – Verlag Nachrichtenblatt der Stadt Weinsberg, 1990, S. 443 – 449.

SCHOTT, H.: Die Chronik der Medizin. – Dortmund: Chronik Verlag, 1994.

SCHOTT, H.: Paracelsus – Mesmer – Freud. Zum Verhältnis von Naturphilosophie und Heilkunde. In: Grenzgebiete der Wissenschaft; 43 (1994) 4, 345 – 357.

SCHOTT, H.: In the Light of Nature: The Imagery of Paracelsus. – Bonn, 1994. Unveröffentl. Manuskript.

WENTZLAFF-EGGEBRECHT, F. W.: Deutsche Mystik zwischen Mittelalter und Neuzeit. Einheit und Wandlung ihrer Erscheinungsformen. – 3. erw. Aufl. – Berlin: de Gruyter, 1969.

ANDREAS RESCH

HEILIGSPRECHUNGSVERFAHREN UND WUNDERHEILUNG

Wenn man heute von *Wunderheilung* spricht, so ist vor allem an die bei den *Heiligsprechungsverfahren* behandelten Heilungen zu denken, selbst wenn andere Heilungsberichte wie jene von Lourdes zuweilen bekannter sind. Tatsache bleibt, daß die bei den Heiligsprechungsverfahren dokumentierten Wunderheilungen die mit Abstand umfassendste und fundierteste Dokumentation in diesem Bereich darstellen.

I. GESCHICHTE

Für ein angemessenes Verständnis dieser Dokumentation ist ein kurzer Blick auf die historische Entwicklung der Heiligsprechungsverfahren unerläßlich, geht es in diesem Zusammenhang doch um zwei wesentliche Aspekte, nämlich die *Heiligkeit des Lebens* und das *Wunder*.

1. Heiligkeit

Nach dem Alten Testament ist *Gott* allein der Heilige (Ps. 71, 22; Jes 5, 24; Hab 3, 3; Jes 6, 1-7). Auch im Neuen Testament ist Gott allein heilig (Offb 15, 4). Er hat seinen Sohn *Jesus Christus* geheiligt (Joh. 10,24), der von der Urgemeinde als Heiliger Gottes erkannt wird (Mk 1,24; Lk 1,35; 4,34; Jo 6, 69) und mit Gott Vater und dem Hl. Geist die Liebesgemeinschaft der Heiligsten *Dreifaltigkeit* bildet (Mt 28, 19). Der Mensch kann nur dann Heiligkeit erlangen wenn er durch Anteil an der Liebesgemeinschaft des Dreifaltigen Gottes, in die er durch die Taufe hineingenommen wird, sein Leben gestaltet. Mit dieser Gemeinschaft wird er gleichzeitig zu einem Mitglied der Kirche, weshalb „Heiligkeit" immer auch kirchliche Heiligkeit bedeutet. Dies ist hier besonders hervorzuheben, weil es bei der Heiligsprechung um den

Anspruch der Kirche geht, über die Heiligkeit eines Dieners Gottes zu befinden, was jedoch nicht besagt, daß die Kirche jemanden heilig machen kann, der nicht heilig ist, oder daß nur heilig ist, den die Kirche heiligspricht. Zur Heiligkeit ist jeder für sich selbst aufgerufen. „Seid also vollkommen wie auch Euer Vater im Himmel vollkommen ist" (Mt 5, 48). „Du sollst den Herrn deinen Gott lieben mit deinem ganzen Herzen, mit deiner ganzen Seele, mit deinem ganzen Denken. Das ist das wichtigste und erste Gebot. Ebenso wichtig ist das zweite: du sollst deinen Nächsten lieben wie dich selbst" (Mt 22, 37-39), d. h. einander sollen sie lieben, wie Christus sie geliebt hat (vgl. Jo 13, 34; 15, 12). So erwuchs aus der Botschaft Christi, daß die in Christus Vollendeten in seiner Herrlichkeit leben (vgl. Jo 6, 37-51), völlig organisch eine eigene Heiligenverehrung.

Diese Heiligenverehrung trat zuerst als *Märtyrerverehrung* auf. Das erste schriftliche Zeugnis für die Märtyrerverehrung und damit für die Heiligenverehrung überhaupt bezieht sich auf den Märtyrertod des hl. *Polykarp*, des Bischofs von Smyrna, um 156 n. Chr., dessen Leichnam auf dem Scheiterhaufen verbrannt wurde. Die Gemeinde erhielt dann aber seine Gebeine.

> „Auf diese Weise haben wir hinterher seine Gebeine bekommen, die wertvoller sind als kostbare Steine und schätzbarer als Gold, und haben sie an geeigneter Stätte beigesetzt. Dort werden wir uns mit der Gnade Gottes nach Möglichkeit in Jubel und Freude versammeln und den Geburtstag seines Martyriums feiern zum Andenken an die, welche bereits den Kampf bestanden haben, und zur Übung und Verbreitung für die, welche ihm noch entgegengehen"[1].

Diese Märtyrerverehrung nahm dann nach dem *Toleranzedikt* von 313 einen großen Aufschwung, wobei die Kultstätten und Anniversarien in einer sogenannten *depositio martyrum* der Ortskirchen verzeichnet wurden.[2] Dieser Erlaß enthielt nämlich neben der Wahrung der Toleranz gegenüber den Christen auch die Rückgabe aller ihnen entzogenen Versammlungsstätten. So entstanden die ersten Martyrologien, zu denen später die *depositio episcoporum*, d. h. das Verzeichnis jener

1 Martyrium des hl. Polykarp, übers. von G. RAUSCHEN: Bibliothek der Kirchenväter (1913), S. 17f. Der griechische Text findet sich in „Ausgewählte Märtyrerakten" (1929), S. 1 – 7.

2 H. DELEHAYE: Les origines du culte des martyrs (1933).

verstorbenen Bischöfe der Ortskirche hinzukam, die nicht den Märtyrertod starben. Ihre Verehrung erfolgte in Form der Darbringung der Eucharistie, vornehmlich am dritten, siebten, vierzigsten Tage nach dem Tode sowie am Tag des Jahresgedächtnisses, und zwar zunächst am Grabe. Dann wurde nach der Übertragung (*translatio*) der Gebeine der Kult auch auf jene Gemeinden ausgedehnt, die über keinen Blutzeugen aus den eigenen Reihen verfügten. Diese frühen Nekrologen wurden schließlich durch die großen Persönlichkeiten des Alten und Neuen Testaments in der Reihenfolge Patriarchen, Propheten, Apostel und sonstige Märtyrer, die nun auch anderen Lokalkirchen entstammten, ergänzt.

2. Kanonisation

In dieser Zeit, und vor allem seit der zweiten Hälfte des 4. Jahrhunderts, wurde der Mätyrerbegriff dahin ausgeweitet, daß man – wie BASILIUS bemerkt – auch durch *heroische Tugendübung* die Verdienste des Martyriums erlangen konnte.[3] Der Ausgangspunkt der Verehrung war „der Ruf der Heiligkeit", verbunden mit dem Ruf, *Wunder* zu wirken. Dem Bischof oder der Synode wurde eine Lebensbeschreibung mit Hinweisen auf zugeschriebene Wunder vorgelegt. Dabei kam es auch zu Mißbräuchen, so daß auf dem *3. Konzil von Karthago* 401 bestimmt wurde, alle Altäre auf den Feldern und an den Wegen zu entfernen, bei denen nicht bewiesen werden könne, daß sie den Körper oder die Reliquien eines Märtyres enthielten.[4] Dieses Verbot fand 789 in der *Admonitio generalis*[5] seinen Niederschlag und das *Konzil von Frankfurt* (794) verbot, daß neue Heilige verehrt und Erinnerungstätten an den Wegen errichtet würden.[6] Die Verehrung der Heiligen gehöre in die Kirche. Dies kann als ein erster Ansatz eines Hei-

3 J. P. MIGNE (Hg.): Patrologia Graeca, 161 Bände (1857 – 1866), Bd. 26, 912.

4 C. MUNIER (Hg.): Registri Ecclesiae Excerpta 80 (1974), S. 204; vgl. auch H. DELEHAYE: Sanctus (1927).

5 Admonitio generalis (789) c. 42. In: A. BORETIUS (Hg.): Monumenta Germaniae Historica Legum Sectio II Capitularia Francorum Tomus I (1883), S. 56.

6 Concilium Francofurtense (794): Monumenta Germaniae Historica Legum Sectio III Concilia Tomus II Concilia Aevi Karolini I Pars I (1906), S. 170.

ligsprechungsverfahrens betrachtet werden. Dabei war man zunehmend bemüht, durch Einladung der Nachbarbischöfe und weltlicher Fürsten zur Erhebung (*Elevatio*) eines Heiligen dessen Kult über die Grenzen der Diözese hinaus zu verbreiten. Dieses Bemühen um breite Anerkennung, nicht zuletzt aber auch um Hilfestellung gegen einen zu starken lokalen Druck, führte immer öfter dazu, daß der Papst um Erlaubnis für den neuen Kult gebeten wurde, um der Heiligsprechung auch noch besonderen Glanz zu verleihen. So nahm eine weitverbreitete Überzeugung die Gesetzgebung des Papstes vorweg, mit der er die Kanonisation seiner Person vorbehielt.[7]

Die erste sicher überlieferte Kanonisation durch den Papst ist die des hl. *Ulrich von Augsburg* durch Papst *Johannes XV.* auf der Lateran-Synode 993.[8] Dabei ist noch zu bemerken, daß sich der Begriff „canonizare“ erstmals wohl im Zusammenhang mit der Heiligsprechung des hl. *Simeon von Padolirone* durch *Benedikt VIII.* (1016) findet.[9] Ab Mitte des 12. Jahrhunderts wird er ständig verwendet. Als erster Papst gebrauchte das Wort *Alexander III.* (1159 – 1181), der durch das Dekretale *Audivimus*[10] die Rechtsgrundlage für die formelle Zuständigkeit des Papstes im Hinblick auf die Kanonisation legte, die später in leichter Veränderung in die Dekretalien *Gregors IX.* (1227 – 1241) aufgenommen wurde. Mit dem Inkrafttreten dieser Dekretalien (1234) fiel die Kanonisation zwar in die ausschließliche Zuständigkeit des Apostolischen Stuhles, doch wurde damit die Entstehung lokaler Kulte nicht verhindert.[11] Dies gelang erst 400 Jahre

7 E. W. KEMP: Canonisation and Authority in the Western Church (1948), S. 55; H. DELEHAYE: Sanctus, S. 187.

8 F. X. BISCHOF: Die Kanonisation des Bischof Ulrich auf der Lateransynode des Jahres 993: Bischof Ulrich von Augsburg 890 – 973 (1993), S. 197 – 222.

9 L. PORSI: Collectio legum Ecclesiae de beatificatione e canonizatione a saeculo decimo usque ad praesens: *Monitor Ecclesiasticus*; 110 (1985), S. 347. Die Bulle ist an den Markgrafen Bonifatius gerichtet.

10 Papst *Alexander III.* betont in einem zwischen 1171 und 1172 zu datierenden Schreiben an König *Kol* von Schweden in bezug auf den Lokalkult: „Etiamsi signa et miracula per eum plurima fierent, non liceret vobis pro sancto absque auctoritate Romanae Ecclesiae eum publice venerari.“ (Wenngleich auch viele Zeichen und Wunder durch ihn geschehen sollten, ist es euch nicht erlaubt, ihn ohne die Autorität der römischen Kirche als Heiligen öffentlich zu verehren); vgl. St. KUTTNER: La réserve papale (1938), S. 211 – 220.

11 J. SCHLAFKE: De competentia in Causis Sanctorum descernendi a primis pos Christum natum saeculis usque ad annum 1234 (1961), S. 63 – 145.

später *Urban VIII.* (1623 – 1644) mit den berühmten Dekreten *de non cultu* (1625).[12] Von da an durfte ohne Erlaubnis des Hl. Stuhles kein öffentlicher Kult mehr eingeführt werden. *Urban VIII.* erließ für die Durchführung von Kanonisationsverfahren[13] detaillierte Gesetze, die im 17. und 18. Jahrhundert weiter verbessert wurden und schließlich in den *Codex Iuris Canonici* von 1917 Eingang fanden.

3. Wunder

Die Dekretalien *Gregors IX.* sind jedoch nicht nur für die Gesetzgebung von Bedeutung, sondern auch für die Frage der *Wunder*. Im Kommentar zum Kapitel *Audivimus* dieser Dekretalien verlangt *Innozenz IV.* (1243 – 1254) für die Kanonisation die Prüfung des Glaubens, des herausragenden Lebens und der *Wunder*.[14] Dabei müßten das herausragende Leben und die Wunder die (bekannten) Kräfte der Natur übersteigen. Nach *Innozenz IV.* genüge für die Kanonisation zwar die Kenntnis des Lebens des Diener Gottes, doch sollte die Kirche eine solche Kanonisation dennoch von Wundern abhängig machen, weil das Leben des Betreffenden insgeheim weniger tugendhaft verlaufen sein könnte als aus den Zeugenaussagen hervorgeht.[15]

12 Decreta SS.mae Inquisitionis vom 13. März und 2. Oktober 1625, im Besonderen bestätigt durch das Breve *Caelestis Hierusalem cives* vom 5. Juli 1634. Siehe in URBANI VIII Pontificis Optimi Maximi DECRETA servanda in Canonizatione et Beatificatione Sanctorum. Accedunt Instructiones, et Declarationes quas Em.mi S.R.E. Cardinales Praesulesque Romanae Curiae ad id congregati ex eiusdem Summi Pontificis mandato condiderunt. – Romae, Ex Typographia Rev. Cam. Apost. MDCXLII.

13 Die definitive Gesetzgebung Urbans VIII. ist in der oben zitierten Sammlung, Anm. 3, enthalten; sie wurde vom Papst approbiert und am 12. März 1642 veröffentlicht.

14 INNOZENZ IV. (Sinibaldo FIESCHI): Commentaria super libros quinque Decretalium cum Indice peculiari... novisque in super Summariis additis, unveränderter Nachdruck der Ausgabe von Frankfurt 1570 (1968), S. 457: „Canonizare est sanctos canonice et regulariter statuere, quod aliquis sanctus honoretur pro sancto, puta solenne officium pro eo facere, sicut fit pro aliis sanctis, qui sunt eiusdem conditionis, ... Et fit regulariter haec canonizatio quando per probationes constat de fide, & excellentia vitae, & miraculis eius qui petitur canonizari, ... Et oportet tantam esse excellentiam vitae, & talia esse miracula, quae sint ultra vires & potentem naturae. Item non debet esse unica tantum excellentia vitae, imo oportet esse multas & continuas, ...“

15 „Et fit regulariter haec canonizatio, quando per probationes constat de fide et excellentia vitae et miraculis eius, qui petitur canonizari,... Et oportet tantam esse excellentiam vitae, et talia esse miracula, quod sint ultra vires et potentiam naturae... Vitam tamen sine miraculis crederem sufficere quoad virtutem, tamen ecclesia non debet tales

Dies blieb jahrhundertelang die Lehre der Theologen und Kanonisten sowie die Praxis des Hl. Stuhles. Auch BENEDIKT XIV. (1740 – 1758), dessen umfangreiches Werk *De Servorum Dei Beatificatione et Beatorum Canonizatione*[16] die bis heute umfassendste Darlegung des Themas darstellt, betont die Notwendigkeit des Wunders. Er hält es zwar für möglich, hinsichtlich des Martyriums oder der heroischen Tugenden eines Dieners Gottes zu einem positiven Urteil zu gelangen, sieht jedoch für die Selig- und Heiligsprechung – auch im Hinblick auf die Märtyrer – Wunder als unverzichtbaren Beweis der Einwirkung Gottes an. Zum einen könnte das Leben von Nicht-Märtyrern viel „laxer" verlaufen sein als aus den Zeugenaussagen hervorgeht. Zum andern könnte es bei Märtyrern durchaus der Fall sein, daß jemand, der laut Zeugenaussagen für Christus den Tod auf sich nahm, innerlich so manchen Akt des Hochmuts oder der Ungeduld gesetzt hat; oder daß derjenige, der für den Tod verantwortlich ist, in Wahrheit nicht aus Glaubenshaß gehandelt hat: dies mache verständlich, weshalb zur Ausschaltung solcher Gefahren Wunder erforderlich sind, zumal Gott solche niemals auf die Fürbitte jener wirke, die ihr Leben nicht aus lauterer Absicht hingeben. Dabei beruft er sich auf THOMAS von Aquin, demzufolge Gott Wunder nur zum Wohle der Menschen wirke, und zwar in zweifacher Hinsicht: a) zur Bestätigung der verkündeten Lehre und b) zum Beweis der Heiligkeit von jemandem zu seinen Lebzeiten oder nach seinem Tod.[17]

canonizare propter hoc: quia in secreto potuerunt laxiorem vitam ducere". INNONZENZ IV. in: *Quinque libros Decretalium commentaria* (1578), Bl. 188r.

16 BENEDICTUS XIV.: De Lambertinus Opus De Servorum Dei Beatificatione et Beatorum Canonizatione, in septem volumina distributum. Editio novissima ad postremam remondinianam exacta. – Prati, MDCCCXXXIX f.

17 „Fieri potest, ut, haud obstantibus dictis testium, mortem sustinentes pro Christo aliquem interiorem actum vanae gloriae, vel impatientiae pepererint, aut ut morte inferentes odium quidem Christianae Religionis praesetulerint, sed ex alia causa ad inferendam fuerint inducti: in quo rerum statu unusquisque dignoscere potest, non sine ratione miracula requiri, ut exposita pericula excludantur; ea semper recurrente firma spe, Deum non esse miracula patraturum intercessione eorum, qui integrum et purum propriae vitae sacrificium eidem non obtulerint; iuxta illud D. Thomae 2. 2. *quest.* 178, *art. 2: ‚Operatur enim ea (miracula) Deus ad hominum utilitatem, et hoc dupliciter: uno quidem modo ad veritatis praedicatae confirmationem; alio modo ad demonstrationem sanctitatis alicuius... Secundo autem modo non fiunt miracula nisi a Sanctis ad quorum sanctitatem denuntiandam miracula fiunt vel in vita eorum, vel etiam post mortem'*". BENEDICTUS XIV, lib. I, cap. 30, num. 10, S. 195.

Von besonderer Bedeutung sind in diesem Zusammenhang die von BENEDIKT XIV. erstellten Kriterien zur Beurteilung der Wunderheilungen:

1. Die Krankheit muß *schwer* und ihre Heilung nach dem Urteil von Fachärzten extrem *schwierig* bis *unmöglich* sein.[18]
2. Die Krankheit darf sich nicht im *Endstadium*, also bereits an der Schwelle zum Tod, befinden.[19] Es spricht jedoch keineswegs gegen ein Wunder, wenn die Krankheit auf die übliche Weise mit Medikamenten oder anderen ärztlichen Mitteln behandelt werden könnte, diese Mittel dort aber fehlen, wo sich das Wunder ereignet.[20]
3. Es dürfen *keine Medikamente* verabreicht worden sein, die eine solche Krankheit heilen könnten. Es muß ferner sicher sein, daß sich die eventuell verwendeten Medikamente als unwirksam erwiesen.[21]
4. Die Heilung muß *plötzlich* erfolgen.[22]
5. Die Heilung muß *vollständig* sein.[23] Es dürfen lediglich harmlose Folgeerscheinungen zurückbleiben, etwa eine Narbe.[24]
6. Der Heilung darf *keine Krise* vorausgegangen sein.[25] Nach *Galenus* könne die Natur eine Heilung nämlich auf dreifache Weise bewirken: durch Dekubitus, durch Krise und durch einfache Remission.[26]

18 BENEDICTUS XIV.: De Lambertinus Opus De Servorum Dei Beatificatione et Beatorum Canonizatione, in septem volumina distributum. Editio novissima ad postremam remondinianam exacta. Tomus IV. – Prati MDCCCXLI, cap. VIII, 3-5; S. 88: „Dictum, morbum debere esse gravem, et vel impossibilem, vel curatu dificilem, ut sanatio miraculo sit adscribenda....“

19 Ebenda, cap. VIII, 6. S. 90: „Quod attinet ad secundum, ut videlicet morbus non sit in ultima parte status, ita ut non multa post declinare debeat, ...“

20 Ebd., cap. VIII, 6-7, S. 90.

21 Ebd., cap. VIII, 8. S. 90: „Posita applicatione medicamentorum, pro regula statui potest, in judicio ferendo, sanationem non miraculo, se viribus medicamentorum esse adscribendam; dummodo tamen medicamenta fuerint apta et potuierint proficere.....“ ; vgl. cap. VIII, 9-11, S. 91 – 93.

22 Ebd., cap. VIII, 12. S. 93: „Succedit quartum requisitum, ut sanatio videlicet subita sit, et fiat in istanti...“, vgl. cap. VIII, 12– 18, S. 93 – 97.

23 Ebd., cap. VIII, 19. S. 97: „videlicet ut sanatio miraculo adscribatur, debet etiam esse perfecta, non manca, aut concisa“.

24 Ebd., cap.VIII, 19-25, S. 97 – 102.

25 Ebd., cap. VIII, 26. S. 102: „Sextum itaque reqisitum est, ut nulla notatu digna evacuatio, seu crisis praecedat cum causa“.

26 Ebd., cap. VIII, 27. S. 102: „Juxta Galenum in 3. de crisibus, triplici modo potest

7. Die Heilung muß sich als *stabil* und *dauerhaft* erweisen.[27]

Diese Kriterien sind grundsätzlicher Natur und gelten daher auch heute noch, insbesondere die Kriterien *plötzlich, vollständig* und *dauerhaft*. Sie schlugen sich mithin auch im *Codex Iuris Canonici* von 1917 nieder, der das Kanonisationsverfahren in Can. 1999 – 2141 behandelt[28], wobei in Can. 2116 §1 die Notwendigkeit von Wundern betont wird:

> „Damit jemand seliggesprochen werden kann, sind außer der Tugendübung im heroischen Grade bzw. außer dem Martyrium noch Wunder notwendig, die von Gott auf die Fürbitte des Diener Gottes gewirkt wurden."[29]

Dabei waren nach der Gesetzgebung von 1917 für die Seligsprechung zwei Wunder (in bestimmten Fällen auch drei oder vier, vgl. Can. 2117) erforderlich. Für die Heiligsprechung (Can. 2138) wurden nach der formalen Seligsprechung zwei und bei Seligen, die aequipollenter (gleichwertig) seliggesprochen wurden, drei Wunder verlangt. Bei den Märtyrern, deren Martyrium außer Zweifel stand, wich man hingegen von der Forderung BENEDIKTs XIV. ab, indem man keine Wunder verlangte:

> „Handelt es sich aber um die Seligsprechung eines Märtyrers und ist sein Martyrium wie auch dessen Ursache materiell und formell vollkommen sicher, so wird es der Ritenkongregation überlassen, zu entscheiden, ob nicht auch schon Zeichen genügen, wenn keine Wunder vorliegen"[30] (Can. 2116 § 2).

natura santitatem inducere, per decubitum, per crisim, et per simplicem solutionem." Mit *decubitus* wird die Absonderung schädlicher Säfte von vornehmen Teilen in die nicht vornehmen wie Knie, Füße bezeichnet („Decubitus est depositio humoris peccantis a parte nobili ad ignobilem"); *crisis* besagt die plötzliche und rasche Änderung der Krankheit (Crisis ab eodem definitur 3. aphor. 13. Subita ac repertina in morbo mutatio).

27 Ebd., cap. VIII, 31. S. 103: „Quod attinet ad ultimum, ne scilicet morbus sublatus redeat... Sufficit ergo, quod sanitas fuerit verosimiliter duratura"; vgl. cap. VIII, 29 – 36.

28 Codex iuris Canonici Pii X Pontificis iussu digestus Benedicti Papae XV auctoritate promulgatus (1919).

29 Heribert JONE: Gesetzbuch der Lateinischen Kirche: Erklärung der Kanones. III. Band: Prozeß- und Strafrecht, Kanon 1552 – 2414 (1953), S. 392.

30 Ders., ebd. – Die Ritenkongregation war bis 8. Mai 1969 für die Kanonisationsverfahren zuständig, wo durch die Apostolische Konstitution „Sacra Rituum Congregatio", Acta Apostolicae Sedis 61 (1969), S. 297 – 305, anstelle der Ritenkongregation zwei

Von 1975 an begann man zunächst von einem zweiten Wunder für die Seligsprechung abzusehen, in der Folge dann auch für die Heiligsprechung.

II. DAS NEUE KANONISATIONSVERFAHREN

Die heutige Beurteilung von Wunderheilungen wird von der neuen Gesetzgebung für das Kanonisationsverfahren geregelt, die mit der Konstitution *Divinus perfectionis Magister* vom 25. Jänner 1983[31] in Kraft trat. Im neuen *Codex Iuris Canonici*[32], der ebenfalls 1983 geltend wurde, findet sich diesbezüglich jedoch nur die von Papst *Johannes Paul II.* erlassene Konstitution *Divinus perfectionis Magister*. Sie legt die Vorgangsweise bei der Prüfung von als Wunder angeführten Heilungen durch folgende grundsätzliche Bestimmung fest:

> „II, 12) Für die Prüfung von Heilungen, die als Wunder angeführt werden, gibt es bei der Heiligen Kongregation einen Kreis von Medizinischen Fachleuten."[33]

Aus diesem Kreis von Medizinern werden jeweils die *fünf* Mitglieder der *Consulta Medica* zur endgültigen Beurteilung der vorgelegten Heilung bestimmt. Nach der alten Gesetzgebung waren es *sieben*. In diesem Zusammenhang ist noch zu bemerken, daß die für die Selig- und Heiligsprechung vorgelegten angeblichen Wunder nicht notwendigerweise in außergewöhnlichen Heilungen bestehen müssen, wenngleich dies mit wenigen Ausnahmen der Fall ist.

Hier soll jedoch nur von den *Wunderheilungen* die Rede sein. Dabei obliegt der Heiligsprechungskongregation nach der Konstitution *Divinus perfectionis magister* folgende Aufgabe:

> „III, 14) Über behauptete Wunder befindet die Kongregation auf folgende Weise:

neue Dikasterien errichtet wurden: die Kultuskongregation und die Heiligsprechungskongregation.

31 Constitutio apostolica „Divinus Perfectionis magister" vom 25. Januar 1983: Acta Apostolicae Sedis 75 (1983), S. 349 – 355.

32 Codex Iuris Canonici auctoritate Ioannis Pauli PP. II promulgatus (1983).

33 Codex des Kanonischen Rechtes (1983), S. LXXXIII.

1° Die behaupteten Wunder, zu denen von dem dazu bestellten Berichterstatter ein Schriftsatz vorbereitet wird, werden im Kreis der Sachverständigen (wenn es sich um Heilungen handelt, im Kreis der Ärzte) geprüft; deren Stellungnahmen und Schlußfolgerungen werden in einem genauen Bericht dargelegt.
2° Hierauf müssen die Wunder in dem besonderen Kongreß der Theologen und schließlich in der Versammlung der Kardinäle und Bischöfe erörtert werden.
15) Die Entscheidungen der Kardinäle und Bischöfe werden dem Papst übergeben; allein ihm steht das Recht zu, darüber zu entscheiden, daß den Dienern Gottes eine amtliche Verehrung in der Kirche zu erweisen ist."[34]

1. Diözesanerhebung

Ein *Kanonisationsverfahren* nimmt seinen Ausgang mit dem diesbezüglichen Verfahren auf Diözesanebene, das durch die von der Heiligsprechungskongregation herausgegebenen *Richtlinien für die Bischöfe bei den Erhebungen in Heiligsprechungsverfahren*[35] geregelt ist:

„32. Das Erhebungsverfahren über die Wunder ist getrennt von der Untersuchung über die Tugenden oder das Martyrium zu führen, und zwar nach Maßgabe der folgenden Normen.

33. a) Der nach Maßgabe von Nr. 5b zuständige Bischof hat, nach Entgegennahme des Gesuchs des Postulators und eines kurzen, aber präzisen Berichtes über das angebliche Wunder und der diesbezüglichen Dokumente, das Gutachten eines oder zweier Sachverständigen anzufordern.

b) Wenn er daraufhin eine rechtliche Untersuchung anordnet, hat er – nach Maßgabe der unter 15 a, 16 – 18 und 21 – 24 vorgeschriebenen Normen – entweder selbst oder durch seinen Bevollmächtigten sämtliche Zeugen zu vernehmen.

34. a) Handelt es sich um die Heilung eines Kranken, so hat der Bischof oder sein Bevollmächtigter die Hilfe eines Mediziners in Anspruch zu nehmen, der die Fragen für die Zeugen vorschlägt, damit die

34 Ebd., S. LXXXV.
35 Normae servandae in inquisitionibus ab episcopis faciendis der Sacra Congregatio pro Causis Sanctorum vom 7. Februar 1983: Acta Apostolicae Sedis 75 (1983), S. 396 – 403.

Sache je nach Notwendigkeit und entsprechend den Umständen geklärt werde.

b) Wenn der Geheilte noch lebt, ist er von Fachleuten zu untersuchen, damit die Dauerhaftigkeit seiner Heilung festgestellt werde.

35. Eine Abschrift dieser Erhebung ist in der Folge zusammen mit den zugehörigen Dokumenten gemäß den in Nr. 29 – 31 vorgegebenen Normen der Hl. Kongregation zu übersenden."[36]

Nach Nr. 29 – 31 hat der Bischof nach Abschluß der Erhebung Seite für Seite eine Abschrift der Originaltexte mit notarieller Beglaubigung zu erstellen, diese mit dem Siegel zu versehen und in zweifacher Ausfertigung der Heiligsprechungskongregation zu übermitteln. Das Original ist im Diözesanarchiv aufzubewahren. Zudem hat der Bischof oder sein Beauftragter an den Präfekten der Kongregation ein Schreiben zu richten, worin die Glaubwürdigkeit der Zeugen und die Rechtmäßigkeit der Akten bestätigt werden.

Das Vorgehen der Heiligsprechungskongregation ist durch die von ihr erstellte „Geschäftsordnung", das sogenannte *Regolamento*, geregelt, das am 21. März 1983[37] als Provisorium in Kraft trat, jedoch nach wie vor Gültigkeit hat. Hinsichtlich der Wunder enthält Art. 26 folgende Richtlinien:

„§ 1. Für die Seligsprechung wird ein ordnungsgemäß approbiertes Wunder verlangt sowie eine echte „fama signorum"; für die Heiligsprechung ist ein ordnungsgemäß approbiertes Wunder notwendig, das sich nach der Seligsprechung ereignet hat.

§ 2. Im Hinblick auf die Prüfung der Wunder ist das oben beschriebene Verfahren in bezug auf die Untersuchung der Tugenden analog anzuwenden, und zwar im einzelnen:

1. Unter Aufsicht des zuständigen Relators wird die „Positio super miraculis" vorbereitet, die eine Darstellung der Fakten in chronologischer Reihenfolge mit dem Verweis auf entsprechende Zeugen und beigefügte Dokumente zu enthalten hat.

2. Die Positio wird von fünf Sachverständigen geprüft (wenn es sich um Heilungen handelt, von medizinischen Sachverständigen).

3. Damit ein als Wunder vorgelegter Fall der Prüfung seitens der Theologen unterzogen werden kann, ist es notwendig, daß wenigstens drei der fünf Sachverständigen eine positive Stellungnahme abgeben.

36 Fabijan VERAJA: Verfahren der Heiligsprechung, hg. und übers. von A. Resch u. P. Kapferer (1998), Neue Gesetze für die Heiligsprechung: Normen.

37 Regolamento della Sacra Congregazione del 21 marzo 1983 (1983).

4. Wenn der Postulator mit seinen Gutachtern die negativen oder aufschiebenden Voten der amtlichen Sachverständigen für nicht gerechtfertigt hält, kann er um eine erneute Prüfung des Falles seitens einer neu zusammengesetzten Consulta nachsuchen."[38]

In diesem Zusammenhang ist noch zu erwähnen, daß jene Ärzte, welche die außerhalb des Verfahrens gewonnenen Informationen des Postulators zwecks Beantwortung der Frage, ob ein Verfahren Aussicht auf Erfolg hat, einer Prüfung unterzogen, von der Untersuchung des betreffenden Falles ausgeschlossen bleiben. Nicht zugelassen sind ferner jene Ärzte, die die medizinischen Berichte verfaßt haben; Ärzte, die die geheilte Person behandelt haben, und solche, die zur Untersuchung des/der Betreffenden beigezogen wurden.[39]

Die Akten der Diözesanerhebung sind vor der Präsentation des Falles bei der Kongregation nach genauen Kritierien zu ordnen, weshalb das Dossier mit den Beweisen für das angebliche Wunder folgenden Aufbau hat:

1. Liste der einvernommenen Zeugen (mit Angabe, ob es sich um einen Zeugen „ex officio" handelt);
2. Interrogatorien des Promotor iustitiae (Kirchenanwalt)
3. Zeugenaussagen (einschließlich jener der Experten „ab inspectione");
4. im Verlauf der Diözesanerhebung gesammelte Dokumente (in chronologischer Abfolge);
5. sonstige Unterlagen (Gutachten des Experten von Aktorseite usw.).

Diesen *Zeugenaussagen* und *Dokumenten*, die als *Summarium* bezeichnet werden, also sämtliche Zeugenaussagen zusammen mit der Dokumentation enthalten, wird der *chronologische Tatsachenbericht* bzw. eine kurze Rekonstruktion des klinischen Falles sowie eine Kurzbiographie des betreffenden Dieners Gottes oder Seligen vorangestellt.

Dem Untersekretär der Kongregation obliegt es, die getreue Wiedergabe der Akten der Diözesanerhebung mit dem „Revisa" (geprüft) zu versehen.

38 Winfried SCHULZ: Das neue Selig- u. Heiligsprechungsverfahren (1988), S. 209 – 210.

39 F. ANTONELLI: De inquisitione medico-legali super miraculis in causis beatificationis et canonizationis. *Studia Antoniana*; 18 (1962), S. 187.

2. Begutachtung des Falles durch die „Fachexperten" (Ärzte)

Wie bereits erwähnt, wurde bei der Kongregation ein Kollegium von Fachärzten eingerichtet, aus dem die amtlichen Gutachter für die einzelnen als Wunderheilungen angesehenen Fälle ausgewählt werden. In besonderen Fällen kann die Kongregation Gutachten weiterer Spezialisten einholen, die im Ärzteverzeichnis derselben nicht aufscheinen.

Die fachliche Begutachtung geschieht nach den Ausführungen von Mons. Fabijan VERAJA, der von 1981 bis 1993 Untersekretär, d. h. Geschäftsführer der Heiligsprechungskongregation war, auf folgende Weise:

> „1. Das den Fall betreffende Dossier wird zwei *Experten von Amts wegen* zur Prüfung zugeteilt, die – unter Eid – ihr jeweiliges persönliches Gutachten erstellen.
> Wenn mindestens ein Gutachten für die Außernatürlichkeit der Heilung spricht, werden die Gutachten gedruckt und dem genannten Dossier beigefügt.
> Sodann werden weitere Gutachter (derzeit zwei) bestellt, die zusammen mit den beiden ersten und dem Vorsitzenden die *Consulta Medica* bilden, welche den Fall zu erörtern und über die Art der Heilung zu urteilen hat.
> 2. Nach dem Studium des betreffenden Dossiers treten die Experten zur Consulta zusammen, bei der jeder ein persönliches Urteil zum Fall abgibt. Es folgt eine gemeinsame Diskussion, die sehr kurz ausfallen kann, wenn sich die Nichterklärbarkeit der Heilung auf natürlichem Wege als evident erweist. Sie kann sich aber auch in die Länge ziehen. So gelangt man in einigen Fällen erst nach einer vertieften Auseinandersetzung zu den endgültigen Schlußdefinitionen.
> Am Schluß der Diskussion steht die Formulierung von Diagnose, Prognose, Therapie, Art der Heilung und schließlich des Urteils über Erklärbarkeit oder Nicht-Erklärbarkeit nach medizinischem Wissensstand.
> 3. Der Sekretär der Consulta (ein Arzt) verfaßt das Protokoll des Diskussionsverlaufs und gesondert einen *Bericht über die Consulta*, der gedruckt und dem Dossier beigefügt wird, es sei denn, die Schlußdefinitionen der Consulta sprechen gegen die Außernatürlichkeit der Heilung; in diesem Fall wird nicht *ad ulteriora* verfahren.
> Wenn die Antwort der Consulta negativ ausfällt, kann der Postulator die neuerliche Begutachtung des Falles verlangen – unter der Bedingung, daß sich daraus neue Beurteilungskriterien ableiten."[40]

3. Moralische Sicherheit

An dieser Stelle ist noch auf eine grundsätzliche Frage einzugehen, mit der sich jeder, der mit diesem Thema befaßt ist, früher oder später konfrontiert sieht: Welche Sicherheit bieten die genannten *Schlußdefinitionen* einer Consulta Medica?

An sich sind Wunder, wie schon erwähnt, keine absolute Notwendigkeit (vgl. oben, *Innozenz IV.*), weshalb der Papst davon dispensieren kann. Werden sie aber verlangt, so ist darauf zu achten, daß nicht eine Heilung als Wunder ausgelegt wird, die nach Ansicht der Sachverständigen durch natürliche Kräfte erklärt werden kann.

So wurde von der Heiligsprechungskongregation in dieser schwierigen und entscheidenden Frage der natürlichen Erklärbarkeit oder Nicht-Erklärbarkeit stets die Meinung von Fachexperten eingeholt.[41] Mit den Jahren wurde das diesbezügliche Verfahren jedoch vervollständigt, wie VERAJA zusammenfassend berichtet:

> „So setzte Pius XII. am 20. Oktober 1948 innerhalb der Ritenkongregation eine „Ärztekommission" ein, der er am 15. Dezember desselben Jahres einen speziellen „Ärzterat" zur Seite stellte. Am 15. Juli 1959 vereinigte Papst Johannes XXIII. die beiden Instanzen in einer „Consulta Medica" und approbierte deren Regolamento (Geschäftsordnung). Da sich im Laufe der Zeit neue Anforderungen stellten, zeichnete sich auch auf der Grundlage der Apostolischen Konstitution *Sacra Rituum Congregatio* vom 8. Mai 1969 die Notwendigkeit einer Revision der geltenden Normen ab. Es wurde daher ein neues „Regolamento für das Kollegium der Fachmediziner bei der Heiligsprechungskongregation erstellt" und von Papst Paul VI. am 23. April 1976 approbiert. Nach diesem Regolamento bestand die Consulta Medica aus sieben Mitgliedern und die Beschlüsse mußten mit einer Zweidrittelmehrheit angenommen werden. Im Regolamento der Kongregation vom 21. März 1983, Art. 26, wurde die Consulta auf fünf Mitglieder reduziert und die erforderliche Mehrheit mit drei Ja-Stimmen festgelegt."[42]

40 Fabijan VERAJA: Verfahren der Heiligsprechung, Kap. V, II.

41 Vgl. BENEDICTUS XIV.: De Lambertinus Opus De Servorum Dei Beatificatione et Beatorum Canonizatione. Tomus IV, cap. VIII.

42 Fabijan VERAJA: Verfahren der Heiligsprechung, Kap. V, III; vgl. *Regolamento* della Consulta Medica presso la La Sacra Congregatione dei Riti vom 10. Juli 1959: F. AN-

III. RECHTSMEDIZINISCHE GUTACHTEN

Zur Veranschaulichung des Gesagten möge die Wiedergabe der rechtsmedizinischen Gutachten zweier Fälle durch die *Consulta Medica* dienen. Die Darlegung des ersten Falles enthält die Biographie der betreffenden Dienerin Gottes, das *Titelblatt* und die *Inhaltsangabe*, das veröffentlichte Dossier der *Positio super Miraculo* sowie den Bericht über die Consulta Medica.

Die Darlegung des zweiten Falles beschränkt sich auf den Bericht der Consulta Medica.

1. Alfonsa von der Unbefleckten Empfängnis

Die Selige *Alfonsa* von der Unbefleckten Empfängnis, Anna Muttathupadathu (1910 – 1946), Profeßschwester der Kongregation der Klarissen des Dritten Ordens des hl. Franziskus, deren Fürbitte die unten geschilderte Heilung zugeschrieben wird, wurde am 19. August 1910 in Kudamaloor in der Region Apookara, Diözese Changanacherry (Indien), als Tochter einer alten, vornehmen Familie (Muttathupadathu), die letzthin allerdings große finanzielle Einbußen erlitten hatte, geboren. Die Geburt war von einem schweren Unfall der Mutter überschattet, die im 8. Monat ihrer Schwangerschaft auf einer Matte im Vorraum des Hauses schlief und dabei von einer Schlange, die sich an ihren Hals legte, abrupt aus dem Schlaf gerissen wurde: sie war darüber so erschrocken, daß sie wenige Tage später in einer Frühgeburt ein Mädchen zur Welt brachte, das den Namen Annakutty erhielt; drei Monate später starb die Mutter.

Die kleine Annakutty verbrachte ob des Fehlens der Mutter eine traurige Kindheit, die durch ihren Aufenthalt bei der Großmutter für einige Zeit erhellt wurde. Nach Erreichen des Schulalters im Jahre 1917 besuchte Annakutty die öffentliche Schule von Apookara. In Ermangelung einer katholischen Schule mußte sie die hinduistische

TONELLI: De Inquisitione medico-legali, S. 215 – 219; Regolamento per il Collegio dei Medici periti istituito presso la S. Congregazione per le Cause dei Santi del 23 aprile 1976 (1976).

Schule besuchen. Nach Beendigung des ersten Zyklus übersiedelte das Mädchen, da es dort keine weitere Schulen gab, nach Muttuchira in das Haus ihrer Tante, Anna Murickal; diese begann jedoch schon bald, das Mädchen zur Heirat zu drängen, so daß Annakutty einen schweren Unfall provozierte, bei dem sie sich mehrere Verbrennungen an den Beinen zuzog – in der Hoffnung, daß die Tante dadurch von ihren Heiratswünschen Abstand nehme.

Nach Wiederaufnahme der Studien nach einer krankheitsbedingten Unterbrechung legte Annakutty 1927 die Prüfungen ab und trat 1928 in die Kongregation der Klarissen vom Dritten Orden des hl. Franziskus in Bharananganam ein, wo sie mit dem Namen Sr. Alfonsa von der Unbefleckten Empfängnis bedacht wurde. Die Zulassung zum Noviziat mußte jedoch aufgrund einer sich lange hinziehenden Krankheit zunächst verschoben werden. Erst 1935 konnte sie in das Noviziat von Changanacherry eintreten, wo sie am 12. August 1936 die ewige Profeß ablegte. Für kurze Zeit konnte sich Sr. Alfonsa dem Volkschulunterricht widmen, doch hinderte sie das neuerliche Auftreten von Schmerzen, unter denen sie von 1930 – 1946 litt, an einem normalen Leben. Sr. Alfonsa starb am 28. Juli 1946 im Konvent der Klarissen in Bharananganam. Am 13. April 1957 wurden ihre körperlichen Überreste in die Pfarrkirche überführt.

Am 8. Februar 1986 wurde Sr. Alfonsa von Papst Johannes Paul II. in Kottayam in Indien seliggesprochen.

POSITIO SUPER MIRACULO

Die *Positio super Miraculo* der Heilung, die der Fürsprache Sr. *Alfonsas* von der Unbefleckten Empfängnis zugeschrieben wird und von den Aktoren der Causa dem Urteil der Heiligsprechungskongregation zwecks Anerkennung der Unerklärbarkeit beigelegt wurde (Abb. 1), weist folgende Struktur auf (Abb. 2) und schließt mit dem Bericht der Consulta Medica, der hier unter Hinzufügung eines Bildes des Geheilten in der Übersetzung nach dem Original vorgelegt wird:

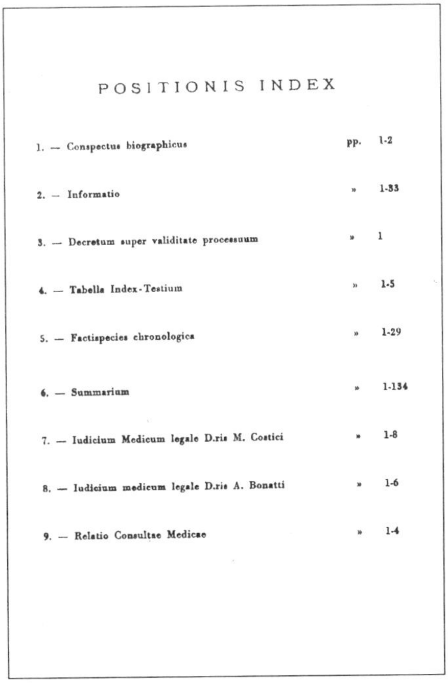

POSITIONIS INDEX

1. — Conspectus biographicus	pp.	1-2
2. — Informatio	»	1-33
3. — Decretum super validitate processuum	»	1
4. — Tabella Index-Testium	»	1-5
5. — Factispecies chronologica	»	1-29
6. — Summarium	»	1-134
7. — Iudicium Medicum legale D.ris M. Costici	»	1-8
8. — Iudicium medicum legale D.ris A. Bonatti	»	1-6
9. — Relatio Consultae Medicae	»	1-4

Abb. 1

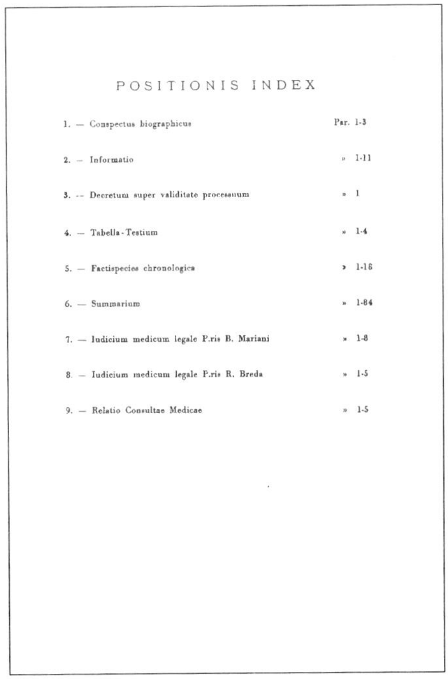

POSITIONIS INDEX

1. — Conspectus biographicus	Par.	1-3
2. — Informatio	»	1-11
3. -- Decretum super validitate processuum	»	1
4. — Tabella-Testium	»	1-4
5. — Factispecies chronologica	»	1-16
6. — Summarium	»	1-84
7. — Iudicium medicum legale P.ris B. Mariani	»	1-8
8. — Iudicium medicum legale P.ris R. Breda	»	1-5
9. — Relatio Consultae Medicae	»	1-5

Abb. 2

„Bericht
über die Sitzung der Consulta Medica der
Heiligsprechungskongregation
vom 6. Dezember 1984
zum vorgelegten klinischen Fall für die Seligsprechung der
obengenannten
Ehrw. Dienerin Gottes

Am 6. 12. 1984 versammelte sich um 10.30 Uhr im Kongreßsaal der Heiligsprechungskongregation die Consulta Medica zur Beurteilung der Heilung von Thomas Abraham Athialil.

Die Sitzung fand in Anwesenheit S. E. Mons. Traiano Crisan, Sekretär der Heiligsprechungskongregation, des Rev.mo Mons. Fabijan Veraja, Untersekretär, und des Rev.mo Antonio Petti, Generalglaubensanwalt, statt.

Die Consulta Medica bestand aus dem Präsidenten, Prof. Raffaello Cortesini-Finali, Dr. Bonatti Antonio, Prof. Ortona Luigi und Prof. Gatta Fabrizio. Abwesend wegen Indisposition Prof. Giunchi Giuseppe.

Sekretär: Dr. Marcello Meschini.

a) *Sachverhalt*

Thomas Abraham Athialil kam am 1. Oktober 1936 in einer normalen Entbindung zur Welt. Von Geburt an waren die Mißbildungen, die er aufwies, für jeden offensichtlich: an beiden Beinen kongenital verdrehte Füße. Als das Kind zu gehen begann, berührte es den Boden jeweils mit dem Fußrücken. Es gibt sehr viele nichtfachliche Zeugen, die übereinstimmend von dieser Deformierung berichten, und auch die Ärzte, die den Kleinen untersuchten, bestätigen, daß die Mißbildung hochgradig, bilateral und von Geburt an gegeben war. Es wurde jedoch keine chirurgisch-orthopädische Behandlung vorgenommen (man beschränkte sich auf das Auflegen von Pfauenfett.) Da man die Krankheit sich selbst überließ, wurden die angeborenen Anomalien durch das Gehen schließlich irreversibel.

Am 27. 1. 1947 organisierten die Familienmitglieder des verkrüppelten Jungen eine Pilgerreise zum Grab der Dienerin Gottes Alfonsa von der Unbefleckten Empfängnis. In der Nacht vom 29. zum 30. Jänner 1947 verschwand die Deformation und der Bub konnte normal zur Schule gehen. Alle Zeugenaussagen stimmen in der Feststellung überein, daß die Heilung plötzlich, vollständig und dauerhaft war. Dies wurde von den ärztlichen Gutachtern „ab inspectione" bestätigt, die lediglich leichte Modifizierungen der Fußsohlen und Fußrücken feststellten, welche auf die vorangegangene schwere Mißbildung zurückzuführen waren; die normale Funktionalität war jedoch voll gegeben (Abb. 2).

b) *Rechtsmedizinische Gutachten*

Der Präsident der Consulta Medica bringt im Namen aller Mitglieder sein Bedauern über den plötzlichen Tod des Kollegen Mario Costici zum Ausdruck, dessen Gutachten wegen ihrer klaren und sorgfältigen Formulierung, hervorgegangen aus einer breiten wissenschaftlichen

Kenntnis und einer überaus langen Erfahrung im Bereich der Kinderorthopädie, hochgeschätzt waren. An die Stelle des Verstorbenen trat Prof. Fabrizio Gatta.

1. Experte: Es handelte sich um eine angeborene Deformierung, die durch fachliche wie nichtfachliche Zeugen leicht objektivierbar war. Aufgrund der Rückständigkeit des Landes (es gab nicht einmal elektrisches Licht) fehlten die radiologischen Untersuchungen. Das Wunderbare an dem Ereignis in der Nacht vom 29. zum 30. Jänner 1947 besteht nicht nur in der Schnelligkeit, mit der sich die Heilung vollzog, sondern auch in der Tatsache, daß bei so tiefsitzenden Deformierungen die Knochenveränderungen irreversibel sind (vor allem bei Sprung-, Kahn- und Fersenbein) und sich unter dem Gewicht und durch das Gehen noch verstärkten. Das Fußgewölbe ist selbst nach orthopädischen Operationen nicht völlig wiederherzustellen. Im vorliegenden Fall gab es keinerlei Eingriff und die Rückkehr zur anatomisch-funktionalen Normalität erfolgte, nach Anrufung der Dienerin Gottes, im Verlauf der genannten Nacht auf eine Weise, die natürlich nicht zu erklären war. Die 1981, 31 Jahre nach der Heilung, durchgeführten Kontrollen veranlassen zu der Überzeugung, daß diese vollständig und definitiv war und mit menschlichem Wissen nicht erklärbar ist.

2. Experte: Das Kind kam problemlos zur Welt, doch merkten die Hebamme und die Mutter des Kleinen (wie dann auch die Verwandten und Besucher) sofort, daß das Kind beide Füße verdreht hatte. Die ersten Lebensjahre waren besonders mühselig, weil der Kleine den Boden mit den Fußrücken berührte, die Fußsohlen waren nach innen gerichtet, die Fersen gingen nicht am Boden an und die Zehen waren gekrümmt.

Die Diagnose birgt keinerlei Zweifel, auch nicht darüber, daß es sich um eine angeborene und tiefsitzende Mißbildung handelte. Die Prognose war infaust „quoad valetudinem", denn die Deformierung mußte sich, sofern nichts dagegen unternommen wurde, notgedrungen verschlechtern. Über die Vollständigkeit und Endgültigkeit der Heilung gibt es zahlreiche Zeugenaussagen, auch von Ärzten: eine Kontrolle wurde 34 Jahre nach der Heilung durchgeführt.

Das Ereignis läßt sich nach menschlichem Wissen nicht erklären.

c) *Gutachten der anderen Mitglieder und gemeinsame Diskussion*

Der Rest der Consulta Medica stimmte mit den Aussagen der beiden Experten „ex officio“ hinsichtlich der Möglichkeit, trotz mangelnder radiologischer Untersuchungen vor der Heilung zu einer sicheren Diagnose zu gelangen, überein. Auch Vollständigkeit und Endgültigkeit wurden von allen Mitgliedern der Consulta Medica als Besonderheiten des Ereignisses anerkannt, um einen Fall zu beschreiben, der aufgrund des nachweislichen Fehlens jedweder Therapie nicht natürlich erklärt werden kann.

Da sich in der Beurteilung seitens der einzelnen Mitglieder der Consulta Medica grundsätzlich sofort völlige Übereinstimmung abzeichnete, war es möglich, nach kurzer Diskussion zu folgenden Definitionen zu gelangen.

d) *Schlußdefinitionen*

Diagnose: „Beide Füße kongenital verdreht, tiefsitzende Mißbildung, in der Form varus-equinus-adductus-supinatus“ (4 von 4).

Prognose: „Infaust *quoad sanationem* ohne angemessenen Eingriff“ (4 von 4).

Therapie: „Nicht gegeben“ (4 von 4).

Art der Heilung: „Plötzlich, vollständig, dauerhaft, nicht erklärbar auf der Grundlage gängiger wissenschaftlicher Erkenntnisse“ (4 von 4).

Der Sekretär
DR. MARCELLO MESCHINI

Der Präsident
PROF. RAFFAELLO CORTESINI-FINALI

Nr. 270 / 601
Romae, die 7-I-1985

REVISA
† TRAIANUS CRISAN
a Secretis“ [43]

43 Alfonsae ab Immaculata Conceptione Positio super miraculo. – Sacra Congregatio pro Causis Sanctorum, P. N. 778 (1985), Relazione sulla seduta della Consulta medica, S. 1 – 4.

2. Schwester Ofelia del Carmen Lobos Arellano

Als zweites Beispiel sei die Heilung von Sr. *Ofelia* del Carmen Lobos Arellano, Chile, angeführt.

„Bericht
über die Sitzung der C. M. der Heiligsprechungskongregation
vom 3. Februar 1988
zum vorgelegten klinischen Fall für die Seligsprechung der
obengenannten
Ehrw. Dienerin Gottes

Am 3. 2. 1988 versammelte sich um 10.00 Uhr im Kongreßsaal der Heiligsprechungskongregation die Consulta Medica zur Beurteilung der Heilung von Schwester Ofelia del Carmen Lobos Arellano.

Die Sitzung fand in Anwesenheit S. E. Mons. Traiano Crisan, Sekretär der Heiligsprechungskongregation, des Rev.mo Mons. Fabijan Veraja, Untersekretär, des Rev.mo Antonio Petti, Generalglaubensanwalt, und des Rev.mo Mons. Michele di Ruberto statt.

Die Consulta Medica bestand aus dem Präsidenten, Prof. Raffaello Cortesini, und folgenden Mitgliedern: Prof. Franco De Rosa, Prof. Fabrizio Gatta, Dr. Mario Meschini, Dr. Ennio Ensoli.

Sekretär: Dr. Antonio Bonatti.

Sachverhalt

Schwester Ofelia del Carmen Lobos Arellano wurde am 14. 9. 1932 geboren. Von früher Kindheit an war sie von schwächlicher Gesundheit, vor allem in bezug auf Atemwegserkrankungen. Zum 14. Lebensjahr hin kam es zu einer Verstärkung des Hustens und „rezidivierender Lungenentzündungen“. Nach einer langen Symptomatik, charakterisiert durch Husten, leichtes Fieber und schleimig-eitriges Sputum mit Blutbeimengungen, begab sich die Kranke im Oktober 1949 in die Katholische Universität von Santiago, wo die Diagnose bilaterale Bronchiektasen gestellt wurde.

Nach einer langen Periode medizinischer Behandlung wurde die Patientin 1955 zuerst an der linken, dann an der rechten Lunge operiert.

Die histologische Untersuchung bestätigte die Bronchiektasen sowie die Bronchitis mit fibröser Peribronchitis.

Nach einer vorübergehenden Besserung trat eine schwere Ateminsuffizenz auf. Der Zustand wurde so kritisch, daß mit dem baldigen Ableben zu rechnen war.

Im Mai 1958, nach Anrufen der Dienerin Gottes Laura Vicuña, fühlt sich die Patientin besser, sie steht auf, beginnt wieder zu essen und nimmt an den religiösen Übungen teil.

In der darauffolgenden Zeit geht sie einer normalen Tätigkeit nach. Nur zeitweilig leidet sie an Pneumonitis.

Rechtsmedizinische Gutachten

Zuerst ergreifen die beiden Experten das Wort, dann die anderen Mitglieder der Consulta Medica.

1. Experte: Er beginnt mit einem kurzen chronologischen Überblick und schließt mit der Bemerkung, daß es sich um einen gut dokumentierten Fall von infizierten Bronchiektasen mit Husten, Amyloidose und schwerer Ateminsuffizenz handelt. Die Prognose wird wegen des starken Abbaus als infaust betrachtet. Medizinische wie chirurgische Behandlung waren in Ordnung, aber wenig wirksam. Die plötzliche Regression liegt außerhalb der wissenschaftlichen Erklärbarkeit. Die Heilung ist stabil und dauerhaft.

2. Experte: Auch der zweite Experte gibt einen kurzen Überblick über die Fallgeschichte. Abschließend bemerkt er, daß die Schwester nach einem chronisch eiternden Verlauf mit konstant zunehmender Verschlechterung nach zwei Teileingriffen, die zu keiner Änderung des Krankheitsverlaufes geführt hatten, praktisch in unmittelbarer Lebensgefahr eine ebenso plötzliche wie unerwartete, wenn auch mangelhafte, Stabilisierung erfuhr, die 28 Jahre anhielt.

Die Heilung ist als dauerhaft anzusehen. Die Schwester kann wieder ihrer normalen Beschäftigung nachgehen; sie zeigt auch ohne Antibiotikatherapie keinerlei Anzeichen einer Entzündung mehr.

Am 23. 5. 1958 erfolgte der Übergang von einem äußerst gravierenden Zustand zu fast normalen Bedingungen, wobei nur kleine Mängel zurückblieben, die eher als Folge der durchgemachten Operationen zu werten sind.

Der Experte ist der Ansicht, daß diese Fakten nicht als natürliche Ereignisse erklärt werden können.

Gutachten der anderen Mitglieder der Consulta Medica

Ein Mitglied hebt die Tatsache hervor, daß die Patientin von früher Kindheit an sehr schwach war. Die nicht modifizierbaren objektiven Daten zeugen von einer schweren chronischen Lungenkrankheit, die rasch als bilaterale Bronchiektasen diagnostiziert wurde.

Den wesentlichen Punkt des Falles bildet die plötzliche Heilung mit unvorhergesehener Verlaufsumkehr. Die Heilung war klinisch und nicht anatomisch, weil die partielle Resektion der beiden Lungenflügel und die Resektion der Rippen offensichtlich nicht verschwinden konnten. Die Bronchiektasen blieben von da an steril und es gibt Beweise dafür, daß die Patientin danach noch an zwei Lungenentzündungen litt. Die Schwester konnte auch ihre normale Arbeit wieder aufnehmen.

Auch für das andere Mitglied handelte es sich um eine plötzliche Heilung, wo doch nach 10 und mehr Jahren eiternder bilateraler Bronchiektasen eine infauste Prognose binnen kurzem gestellt wurde.

Die Heilung erfolgte innerhalb weniger Stunden im Schlaf. Die Patientin nahm ihre normale Tätigkeit wieder auf, wenngleich ein Zustand latenter Bronchiektasen bestehen blieb.

Das letzte Mitglied faßt das von den Kollegen vor ihm Gesagte noch einmal zusammen und betont, daß die Diagnose feststehe: bilaterale Bronchiektasen mit chronischer Infektion. Die Patientin wurde operiert, weil es sich um eine bilaterale Form dieser Krankheit handelte, die besondere chirurgische Anforderungen stellte: nach einer momentanen Besserung kam es zu einer derart progressiven Verschlechterung, daß die Patientin mit lediglich einer Sauerstofftherapie nach Hause geschickt wurde. Die Heilung war plötzlich und dauerhaft: in der Folgezeit hatte die Schwester keinen Auswurf mehr, zeigte jedoch leichte Entzündungserscheinungen, die mit Antibiotika behoben wurden.

Man kann nicht von vollkommener Heilung sprechen, wohl aber von einer bemerkenswerten Besserung vor allem des Entzündungsbildes, und es kommt in Ruhe auch nicht mehr zu Atemnot. Der Fall ist einzigartig, weil von da ab eine annehmbare Lebensqualität gegeben ist. Diesen Aspekt wird man definieren müssen: sonst ist alles klar.

Gemeinsame Diskussion

Man geht somit zur gemeinsamen Diskussion über. Alle sind sich darin einig, daß es sich um eine klinische Heilung, nicht aber um eine Rückkehr zur Normalität handelt, weil ein beträchtlicher Teil beider Lungen fehlt.

Es wird darauf hingewiesen, daß sich die Therapie nach nunmehr 30 Jahren aufgrund neuer und wirksamerer Medikamente erheblich verbessert hat und eine Atemtherapie Anwendung findet.

Die plötzliche Besserung geschah ohne den Einsatz neuer Therapien.

Es kam zu keiner restitutio ad integrum, zumal eine Bronchoskopie den Fortbestand von Bronchiektasen ergeben hat.

Man ist zu einer gedanklichen Übereinstimmung gekommen; alle mit dem Fall zusammenhängenden Probleme wurden reichlich diskutiert, und somit kann man zur Abfassung der Schlußdefinitionen übergehen, die einhellig angenommen werden.

Schlußdefinitionen

Diagnose: Bilaterale Bronchiektasen mit chronischer Peribronchitis fibrosa und Episoden rezidivierender fokaler Lungenentzündungen. Schwere Ateminsuffizenz und schwere Toxinschädigung.

Prognose: Infaust quoad vitam.

Therapie: Chirurgisch; links Lobektomie unten und rechts Lobektomie in der Mitte. Antibiotikatherapie, Physiotherapie, Sauerstofftherapie, insgesamt angemessen, jedoch wirkungslos.

Art der Heilung: Plötzlich, vollständig unter klinischem Gesichtspunkt, dauerhaft, wissenschaftlich nicht erklärbar (5 von 5).

Der Sekretär	*Der Präsident*
DR. ANTONIO BONATTI	PROF. RAFFAELLO CORTESINI

Nr. 550-161
Romae, die 2-III-1988

REVISA
FABIANUS VERAJA
Subsecr.“[44]

IV. THEOLOGISCHE BEGUTACHTUNG

Nachdem der *Bericht über die Consulta Medica* im Druck vorliegt, wird das gesamte Dossier zur Begutachtung an die Theologenkonsultoren weitergeleitet.

1. Begutachtung des Falles durch die Theologenkonsultoren

Die Theologenkonsultoren treffen sich nach Studium des Falles und Abfassung der entsprechenden Urteile in einem *Congressus peculiaris*, um den Fall zu erörtern. Ihre Aufgabe ist hierbei eine zweifache:

a) *Bestätigung des Wundercharakters* der Heilung, die von den Sachverständigen als nach medizinischem Wissen nicht erklärbar eingestuft wurde.

Hat die Consulta Medica die Heilung einstimmig für natürlich nicht erklärbar befunden, können die Theologen, unter Beachtung aller Gegebenheiten, unter denen das Ereignis zustandekam, die Heilung leichter einem außergewöhnlichen Einwirken Gottes zuschreiben, als wenn nur die relative Mehrheit vorliegt. Hier müssen die äußeren Umstände ein zusätzliches Gewicht haben.

b) *Bestätigung des kausalen Zusammenhangs* der Anrufung des Dieners Gottes bzw. des Seligen mit dem wundersamen Ereignis, um das Wunder der Fürsprache desselben zuschreiben zu können.

Anhand der von den Zeugen geschilderten Umstände ist dieser Zusammenhang zwischen der Anrufung des Dieners Gottes bzw. des Se-

44 Laurae Vicuña Positio super miraculo. – Sacra Congregatio pro Causis Sanctorum, P. N. 826 (1988), Relazione della seduta della Consulta Medica, S. 1 – 5.

ligen und dem wunderhaften Ereignis am einfachsten dann herzustellen, wenn auf die Anrufung plötzlich die Heilung folgt, die mit natürlichen Mitteln nicht zu erklären ist.

a) Heilungen

Bei den angeführten Fällen ist der Zusammenhang zwischen Anrufung und Heilung wie folgt dokumentiert:

1) Thomas

Sr. *Alfonsa* stand schon bei ihrem Tod am 28. Juli 1946 im Ruf der Heiligkeit. Daher setzten die Verwandten und Eltern von Thomas Abraham Athialil, nachdem sie für ihren Sohn auch von der Medizin keine Hilfe mehr erwarten konnten, ihre letzte Hoffnung auf Sr. Alfonsa. Es war vor allem die Großmutter von Thomas, die an eine Wallfahrt zum Grab von Sr. Alfonsa in Bharananganam dachte. Am 27. Jänner 1947 machte Thomas diese Wallfahrt zusammen mit seinem Vater und anderen Familienangehörigen. Sie besuchten das Grab und das Zimmer der verstorbenen Schwester im Kloster der Klarissen. Dann kehrten alle mit einem Fahrzeug nach Hause zurück. An Thomas' Füßen hatte sich nichts geändert; er aber betete von da an ständig um seine Heilung[45], worüber er in der Zeugenaussage wie folgt berichtet:

„Als ich am Abend des 29. Jänner 1947 zu Bett ging, waren meine Füße wie früher im selben deformierten Zustand. Als ich am folgenden Morgen aufstand und ins Bad ging, bemerkte meine Tante, daß die Füße geheilt waren und sagte es meinem Großvater. Erst da wurde mir bewußt, daß meine Füße gesund waren. (Abb. 3)

Meine Eltern und ich – wir freuten uns sehr über die Heilung und dankten Schwester Alfonsa."[46] (Abb. 4)

45 Alfonsae ab Immaculata Conceptione Positio super miraculo, Informatio super miro, S. 20 – 21.
46 Ebd., S. 21.

2) Ofelia

„Nach der Operation, von August 1955 bis Mai 1958", so berichtet Schwester Ofelia, „verschlechterte sich mein Zustand so sehr, daß ich nicht mehr schlucken konnte und die Kleider mir zu schwer wurden; und ich konnte nicht mehr gehen.

Ich stellte mich schon auf den Tod ein.

Der Arzt hatte mit seinen Besuchen aufgehört und man verabreichte mit lediglich noch Coramin und täglich eine halbe Tasse Milch als Nahrung.

In dieser Situation ließ mir die Oberin durch Mutter Caterina[47] ausrichten, ich solle mich an Laura Vicuña wenden (Abb. 5) und um die nötige Gesundheit für die Arbeit bitten. Es betete schon niemand mehr für mich und die Leiterin führte ihren Auftrag, mir diese Mitteilung zu überbringen, aus, ohne mir Illusionen machen zu wollen.

Ich begann nachzudenken, daß es vielleicht Gottes Wille sei, daß ich meinen Beruf ausübte, wie ich es wünschte, und dachte dabei auch, daß Laura das hätte machen wollen, was ich machte, und ihr war es nicht gegeben.

In diesem Augenblick faßte ich folgenden Entschluß: ich entschied mich für das Leben und die nötige Gesundheit für meine Arbeit. Ich erbat dies durch die Fürbitte von Laura, um sie zu ersetzen, indem ich das vollendete, was sie nicht vollenden konnte. ...

Es war ca. 10.00 Uhr abends, als ich die Anrufung machte, von der ich oben sprach; und in dem Moment hatte ich das Gefühl, als ob sich mir die Lunge „öffnete"; ich empfand den Sauerstoff als Belastung und entfernte ihn. Ohne Einnahme von Tabletten schlief ich ein; ich erwachte liegend – dies, nachdem ich mich Jahre hindurch nicht mehr hatte hinlegen können.

Beim Erwachen am Morgen darauf fühlte ich mich wohl, so als ob ich nie krank gewesen wäre; und da wußte ich erleichtert, was es heißt, normal atmen zu können. Ich stand auf, wusch mich und legte mich dann wieder ins Bett, um die Schwestern nicht zu erschrecken. Als ich sagte, daß es mir gut gehe und die Mitschwestern mich ohne Sauerstoff sahen, glaubten sie, ich sei vor lauter Schwäche nicht mehr

47 Provinzoberin in Santiago de Chile.

bei Sinnen. Das können sämtliche Mitglieder der Gemeinschaft bezeugen.

Die Heilung war plötzlich eingetreten und innerhalb von 8 Tagen erreichte ich das Normalgewicht, ohne daß ich irgendeine spezielle Nahrung erhielt.“[48]

b) Beurteilung

Während für die ärztlichen Fachexperten vor allem die klinische Dokumentation zählt, sind für die Theologen zur Begutachtung des Falles in erster Linie die Augenzeugenberichte von Bedeutung, die im Verlauf der Diözesanerhebung gesammelt wurden. Sie setzen sich daher berechtigterweise auch mit dem Wert des Beweisapparates auseinander. Aus diesem Material muß der Zusammenhang mit der Anrufung des Dieners Gottes bzw. des Seligen offensichtlich werden. Dieser Beweis kann nur als Indizienbeweis erbracht werden, da ein Kausalzusammenhang im empirischen Sinne zwischen immanentem Ereignis und transzendenter Einwirkung aufgrund seiner Raum-Zeit- bzw. Materie-Gebundenheit grundsätzlich nicht möglich ist.

Der hier in beiden Fällen dokumentierte Zusammenhang von Anrufung und Heilung ist jedoch nicht zu verleugnen. Ob nun tatsächlich Alfonsa und Laura die Heilungen bewirkt haben, ist letztlich nicht zu beweisen, weil wir keine jenseitige Kontrolle machen können. Aus dem gleichen Grund ist aber auch ein Gegenbeweis nicht anzutreten.

Die von den Theologenkonsultoren gemachte Annahme, daß die Heilung von Thomas durch die Fürbitte der Dienerin Gottes Alfonsa und die Heilung von Schwester Ofelia durch die Fürbitte der Dienerin Gottes Laura erfolgte, ist indizienhaft untermauert und logisch nachvollziehbar.

Hier kommt nämlich die einleitend bei der Darlegung von Heiligkeit und Heiligenverehrung erwähnte theologische Auffassung zum Tragen, wie sie auch der hl. THOMAS von Aquin vertrat und die einen Grundgedanken der Heiligsprechung darstellt: daß nämlich Gott zum Beweis der Heiligkeit einer verstorbenen Person ein Wunder wirken kann.[49]

48 Laurae Vicuña Positio super miraculo, Informatio super miro, S. 15 – 16.
49 THOMAS von Aquin: Summa Theologiae (1962), 2, 2. quaest. 178, art 2, S 1776.

2. Prüfung des Falles durch Kardinäle und Bischöfe

Nachdem die Gutachten der Theologenkonsultoren im Druck vorliegen und der *Positio super miraculo* beigefügt sind, wird über den Fall in einer *Congregatio ordinaria* der Kardinäle und Bischöfe, die Mitglieder der Heiligsprechungskongregation sind, beraten. Vorher wird vom Präfekten des Dikasteriums für die betreffende Causa ein Referent ernannt, der über den Fall berichtet, worauf die einzelnen Mitglieder dann ein persönliches Urteil abgeben.

3. Urteil des Papstes

Im Anschluß daran informiert der Präfekt der Heiligsprechungskongregation den Papst über das Ergebnis der *Congregatio ordinaria*. Dem Papst ist das letzte Urteil vorbehalten.

Bei Approbation der Beschlußfassung der *Congregatio ordinaria* durch den Papst ordnet dieser den Erlaß des diesbezüglichen *Decretum super miraculo* an. Damit wird die wissenschaftlich für nicht erklärbar erachtete Heilung zur *Wunderheilung*.

V. WUNDERHEILUNG

Bei der Wunderheilung ist somit grundsätzlich zwischen *Heilungsvorgang* und *Heilungsverursachung* zu unterscheiden.

1. Heilungsvorgang

Der *Heilungsvorgang* muß sich in Beachtung aller bekannten therapeutischen Möglichkeiten medizinischer wie psychischer Natur als nicht erklärbar erweisen, und zwar aus Beweisgründen. Denn grundsätzlich könnte auch eine Heilung, die sich anscheinend als erklärbar erweist, ein Wunder sein, doch wären diesbezüglich überzeugende Beweise der Zeichenhaftigkeit kaum möglich. Dennoch besagt auch die Unerklärbarkeit nach den gegebenen wissenschaftlichen Kenntnissen nicht notwendigerweise, daß es sich um ein übernatürliches Phänomen handelt. Alle wahrnehmbaren Erscheinungsformen, selbst wenn sie zur Zeit oder vielleicht auch immer wissenschaftlich unerklärbar bleiben, sind natürlich. Schließlich geht es beim Phänomen der wahrnehmbaren außergewöhnlichen Heilung nicht nur um den Heilungsprozeß, sondern auch um die Erhaltung der wiederhergestellten Gesundheit. Diese wird durch die vorhandenen *natürlichen Kräfte* gewährleistet.

Diese natürlichen Kräfte weisen mindestens eine vierfache Konturierung auf, die ich mit *Physis* oder Kräfte der Natur, *Bios* oder Kräfte des lebenden Organismus, *Psyche* oder Fähigkeit zu Empfinden und Fühlen, sowie *Pneuma* oder Fähigkeit zur Bildung von Allgemeinbegriffen, zu Reflexion, Kreativität und Weisheit zu bezeichnen pflege.

Das harmonische Zusammenspiel von Physis, Bios, Psyche und Pneuma bewirkt die *Gesundheit* des Menschen. Eine Störung dieser Harmonie bedeutet Krankheit, wobei diese Störung auch durch die Erkrankung nur einer dieser Wirkkräfte bedingt sein kann. Im Falle der Wunderheilungen stehen vor allem die Störungen des Bios und der Physis im Mittelpunkt der Betrachtung, zumal die Heilungen derartiger Störungen objektiv faßbar sind, während hingegen Beeinträchtigungen der Psyche und des Geistes wegen der Komplexität ihrer Struktur kaum greifbar und noch weniger objektivierbar sind. Aus diesem Grunde werden bei den Heiligsprechungsverfahren Heilungen von psychischen und geistigen Störungen, so außergewöhnlich sie auch sein mögen, nicht aufgegriffen. Selbst organische Störungen, die sich als psychosomatische Reaktion deuten lassen, werden aus den genannten Gründen nicht behandelt.

2. Heilungsverursachung

Die Mobilisierung der genannten Kräfte zur Heilung, also die *Heilungsverursachung*, könnte in ihrer *Erstursache* und *spezifischen Ausrichtung* hingegen auch übernatürlich, d. h. göttlichen Ursprungs sein. Eine Heilung, deren Erstursache im Sinne der Mobilisierung der natürlichen Kräfte in Richtung spezifischer Harmonisierung übernatürlichen Urprungs ist, wird als *Wunderheilung* bezeichnet.

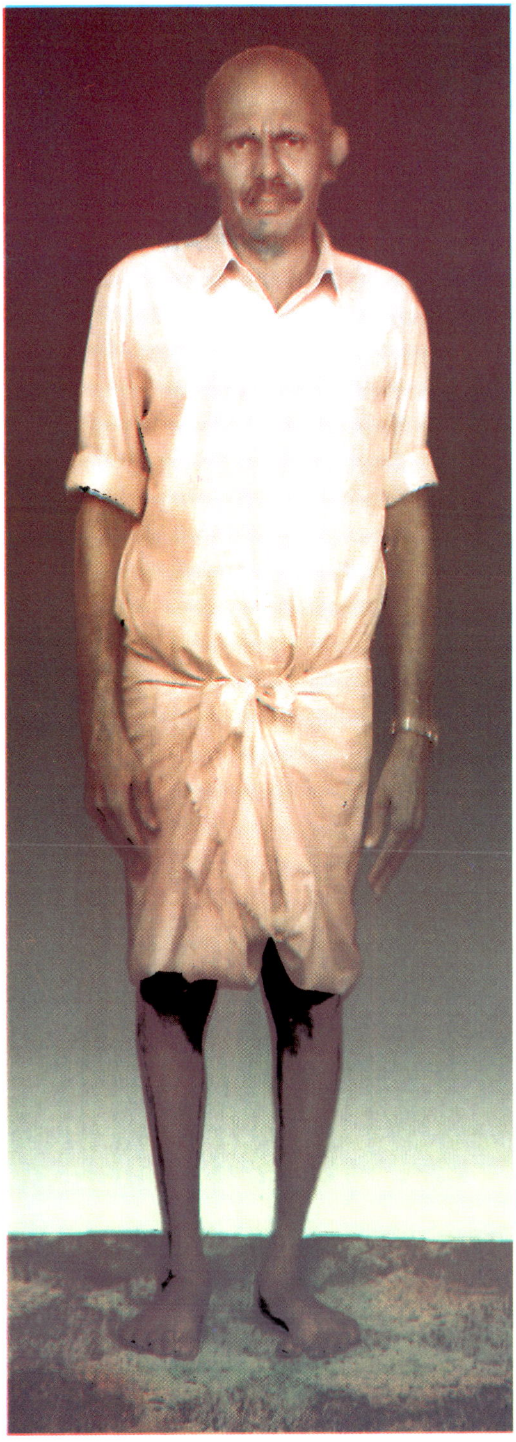

Abb. 3: Thomas Abraham Athialil

Abb. 4: Sr. Alfonsa (Anna Muttathupadathu) von der Unbefleckten Empfängnis

Abb. 5: Laura Vicuña

3. Übernatürlichkeit

Damit ist auch gesagt, daß die *Übernatürlichkeit* in der Verursachung und nicht im Phänomen gelegen ist, das außergewöhnlich sein kann, aber als Phänomen immer natürlich ist. Es gibt keine übernatürlichen Phänomene, wohl aber kann es *übernatürlich verursachte* Phänomene geben.

Die Beurteilung der *übernatürlichen Verursachung* erfolgt auf der Basis der wissenschaftlichen Unerklärbarkeit des Phänomens und des evidenten Zusammenhangs des Eintretens besagten Phänomens mit dem Transzendenzbezug in Form eines Gebetes bzw. einer Anrufung.

Während die wissenschaftliche Unerklärbarkeit des Phänomens, d. h. hier der Heilung, von der *Consulta Medica* anhand der vorliegenden klinischen Daten ausgesprochen wird, erfolgt der Erweis des Zusammenhanges des Phänomens, d. h. hier der Heilung, mit dem Transzendenzbezug in Form eines Gebetes bzw. einer Anrufung anhand der vorliegenden Zeugenaussagen durch die Theologenkonsultoren in der *Congregatio particularis*.

Die Gutachten der beiden Prüfungsinstanzen werden dann von den zuständigen Bischöfen und Kardinälen, wie schon erwähnt, in der *Congregatio ordinaria* beurteilt. Die Beschlußfassung wird dem Papst vorgelegt. Bei Approbation dieser Beschlußfassung der *Congregatio ordinaria* durch den Papst ordnet dieser den Erlaß des dieszbezüglichen *Decretum super miraculo* an, womit die wissenschaftlich nicht erklärbare Heilung zur *Wunderheilung* wird, d. h. bewirkt bzw. mitverursacht durch transzendenten Einfluß bzw. auf die Fürbitte des betreffenden Dieners Gottes oder Seligen.

4. Wunderheilung

„Wunderheilung" bei Heiligsprechungsverfahren bezeichnet eine wissenschaftlich nicht erklärbare Heilung im erwiesenen Zusammenhang mit der Anrufung eines Dieners Gottes oder Seligen.

Literatur

„Alfonsae ab Immaculata Conceptione Positio super miraculo. – Sacra Congregatio pro Causis Sanctorum, P. N. 778. – Rom, 1985, Relazione sulla seduta della Consulta medica, S. 1– 4.

ANTONELLI: De inquisitione medico-legali super miraculis in causis beatificationis et canonizationis. *Studia Antoniana*; 18 (1962).

„Ausgewählte Märtyrerakten", ed. R. Knopf / G. Krüger = Sammlung ausgewählter kirchen- und dogmengeschichtlicher Quellenschriften, Neue Folge 3. – Tübingen, 1929.

BENEDICTUS XIV.: De Lambertinus Opus De Servorum Dei Beatificatione et Beatorum Canonizatione, in septem volumina distributum. Editio novissima ad postremam remondinianam exacta. – Prati, MDCCCXXXIX f.

BISCHOF, F. X.: Die Kanonisation des Bischof Ulrich auf der Lateransynode des Jahres 993: Bischof Ulrich von Augsburg 890 – 973. Seine Zeit – sein Leben – seine Verehrung. Festschrift aus Anlaß des tausendjährigen Jubiläums seiner Kanonisation 993. In: M. Witlauff = Jahrbuch des Vereins für Augsburger Bistumsgeschichte e. v. 26/27. Jahrgang. – Weißenhorn, 1993, S. 197 – 222.

BORETIUS, A. (Hg.): Monumenta Germaniae Historica Legum Sectio II Capitularia Francorum Tomus I. – Hannover, 1883.

Codex iuris Canonici Pii X Pontificis iussu digestus Benedicti Papae XV auctoritate promulgatus (Freiburg i. Br./Regensburg, 1919).

Codex Iuris Canonici auctoritate Ioannis Pauli PP. II promulgatus. – Libreria Editrice Vaticana, MDCCCCLXXXIII.

Codex des Kanonischen Rechtes. Lateinisch-deutsche Ausgabe. – Kevelaer: Butzon & Bercker, 1983.

Constitutio apostolica „Divinus Perfectionis magister" vom 25. Januar 1983: Acta Apostolicae Sedis 75 (1983), S. 349 – 355.

DELEHAYE, H.: Sanctus. Essai sur le culte des saints dans l'antiquité (Subsidia hagiographica; 17). – Brüssel, 1927.

DELEHAYE, H.: Les origines du culte des martyrs (Subsidia hagiographica; 20). – 2. Aufl. – Brüssel, 1933.

INNOZENZ IV. (Sinibaldo FIESCHI): Commentaria super libros quinque Decretalium cum Indice peculiari... novisque in super Summariis additis. - Unveränderter Nachdruck der Ausgabe von Frankfurt 1570 (Frankfurt/Main, 1968).

INNONZENZ IV.: Quinque libros Decretalium commentaria. – Venedig, 1578.

KEMP, E. W.: Canonisation and Authority in the Western Church. – London, 1948.

JONE, Heribert: Gesetzbuch der Lateinischen Kirche: Erklärung der Kanones. III. Band: Prozeß- und Strafrecht, Kanon 1552 – 2414. – 2., verm. u. verb. Aufl. – Paderborn: Schöningh, 1953.

KUTTNER, St.: La réserve papale du droit de canonisation: Revue historique de droit français et étranger, 4. série 17. année (1938), S. 172 – 228.

Laurae Vicuña Positio super miraculo. – Sacra Congregatio pro Causis Sanctorum, P. N. 826. – Rom, 1988, Relazione della seduta della Consulta Medica, S. 1.– 5.

MIGNE, J. P. (Hg.): Patrologia Graeca, 161 Bände. – Paris, 1857 – 1866, Bd. 26.

Monumenta Germaniae Historica Legum Sectio III Concilia Tomus II Concilia Aevi Karolini I Pars I. – Hannover / Leipzig, 1906.

MUNIER, C. (Hg.): Registri Ecclesiae Excerpta 80. In: Corpus Christianorum Series Latina CXLIX Concilia Africae A.345 – A. 525. – Turnhout, 1974.

Normae servandae in inquisitionibus ab episcopis faciendis der Sacra Congregatio pro Causis Sanctorum vom 7. Februar 1983: Acta Apostolicae Sedis 75 (1983), S. 396 – 403.

PORSI, L.: Collectio legum Ecclesiae de beatificatione e canonizatione a saeculo decimo usque ad praesens. *Monitor Ecclesiasticus*; 110 (1985).

RAUSCHEN, G.: Bibliothek der Kirchenväter. Frühchristliche Apologeten und Märtyrerakten. II. Band. – München, 1913.

Regolamento per il Collegio dei Medici periti istituito presso la S. Congregazione per le Cause dei Santi del 23 aprile 1976. – Vaticano, 1976.

Regolamento della Sacra Congregazione del 21 marzo 1983. – Rom: Congregazione delle Cause dei Santi, 1983.

SCHLAFKE, J.: De competentia in Causis Sanctorum descernendi a primis post Christum natum saeculis usque ad annum 1234. – Rom, 1961, S. 63 – 145.

SCHULZ, Winfried: Das neue Selig- u. Heiligsprechungsverfahren. – Paderborn: Bonifatius, 1988, S. 209 – 210.

SIEGER, Marcus: Die Heiligsprechung: Geschichte und heutige Rechtslage. – Würzburg: Echter, 1995 (Forschungen zur Kirchenrechtswissenschaft; 23).

THOMAS von Aquin: Summa Theologiae. – Alba: Editiones Paulinae, 1962, 2, 2. quaest. 178, art 2, S 1776.

URBANI VIII Pontificis Optimi Maximi DECRETA servanda in Canonizatione et Beatificatione Sanctorum. Accedunt Instructiones, et Declarationes quas Em.mi S.R.E. Cardinales Praesulesque Romanae Curiae ad id congregati ex eiusdem Summi Pontificis mandato condiderunt. – Romae, Ex Typographia Rev. Cam. Apost. MDCXLII.

VERAJA, Fabijan: Verfahren der Heiligsprechung, hg. und übers. von A. Resch u. P. Kapferer. – Innsbruck: Resch, 1998.

ANDREAS RESCH

BEWUSSTSEINSFORMEN RELIGIÖSER ERFAHRUNG

Es gibt keinen Erfahrungsbereich, der eine größere Vielfalt an Bewußtseinsformen aufweist als die *religiöse Erfahrung*. Dies hängt damit zusammen, daß der innere Erfahrungsbereich durch das Hinzukommen der Transzendenz eine Dimension erhält, die den ganzen Menschen zu erfassen vermag – ein Umstand, der von der Psychologie noch kaum beachtet wird. Zudem wirkt immer noch die Auffassung Sigmund FREUDs nach, daß Religion eine Form von Projektion und Illusion sei.[1] Hier hat FREUD bei all seiner Beobachtungschärfe in Abwehrhaltung aus ideologischen Gründen eine grundsätzliche Fehldeutung gegeben, die seinem innersten Empfinden jedoch nicht gerecht werden konnte. So schreibt er in „Der Mann Moses und die monotheistische Religion" über seine Arbeit zur Frage der Religion:

> „Ich beschloß sie liegen zu lassen, aber sie quälte mich wie ein unerlöster Geist, und ich fand den Ausweg, zwei Stücke von ihr selbständig zu machen.... Den Rest, der das eigentlich Anstößige und Gefährliche enthielt, die Anwendung auf die Genese des Monotheismus und die Auffassung der Religion überhaupt, hielt ich zurück, wie ich meinte, für immer."[2]

Als FREUD 1938 die Heimat verlassen mußte, fühlte er sich frei und schrieb sich seine ambivalente Haltung zur Frage des Religiösen offen von der Seele:

> „Wie beneidenswert erscheinen uns, den Armen im Glauben, jene Forscher, die von der Existenz eines höchsten Wesens überzeugt sind! Für diesen großen Geist hat die Welt keine Probleme, weil er selbst alle ihre Einrichtungen geschaffen hat. Wie umfassend, erschöpfend und endgültig sind die Lehren der Gläubigen im Vergleich mit den mühseli-

1 Sigmund FREUD: Die Zukunft einer Illusion. In: S. FREUD: Gesammelte Werke XIV, S. 335, 354 – 355; ders.: Über eine Weltanschauung. In: S. FREUD: Gesammelte Werke XV, 170 – 196.

2 S. FREUD: Der Mann Moses und die monotheistische Religion. In: S. FREUD: Gesammelte Werke XVI, S. 210.

gen, armseligen und stückhaften Erklärungsversuchen, die das Äußerste sind, was wir zustandebringen! Der göttliche Geist, der selbst das Ideal ethischer Vollkommenheit ist, hat den Menschen die Kenntnis dieses Ideals eingepflanzt und gleichzeitig den Drang, ihr Wesen dem Ideal anzugleichen. Sie verspüren unmittelbar, was höher und edler, und was niedriger und gemeiner ist. Ihr Empfindungsleben ist auf ihre jeweilige Distanz vom Ideal eingestellt. Es bringt ihnen hohe Befriedigung, wenn sie, im Perihel gleichsam, ihm näher kommen, es straft sich durch schwere Unlust, wenn sie, im Aphel, sich von ihm entfernt haben. Das ist alles so einfach und so unerschütterlich festgelegt. Wir können nur bedauern, wenn gewisse Lebenserfahrungen und Weltbeobachtungen es uns unmöglich machen, die Voraussetzung eines solchen höchsten Wesens anzunehmen. Als hätte die Welt der Rätsel nicht genug, wird uns die neue Aufgabe gestellt, zu verstehen, wie jene anderen den Glauben an das göttliche Wesen erwerben konnten und woher dieser Glaube seine ungeheure, ‚Vernunft und Wissenschaft' überwältigende Macht bezieht."[3]

Aus dieser Erfahrung scheint auch der aus dem Nachlaß entnommene Ausspruch FREUDs zu stammen:

„Mystik die dunkle Selbstwahrnehmung des Reiches ausserhalb des Ichs, des Es."[4]

Mit diesen Aussagen ist bereits angedeutet, daß die religiöse Erfahrung nicht nur die umfassendste Erfahrung des Menschen überhaupt, sondern auch die einzige Erfahrung ist, die dem Menschen auf seine beiden Grundstrebungen, *ewig* und *glücklich* zu sein, eine das Leben mit Sinn erfüllende Antwort zu geben vermag.

Die Vielfalt dieser Erfahrung ist eingebettet in ein unüberschaubares Geflecht von Bewußtseinsformen. Schon bei der einfachen Beobachtung des eigenen Bewußtseins fällt auf, daß es nur für wenige Augenblicke eine Einheitlichkeit aufweist. Der Mensch befaßt sich selbst im normalen Wachzustand mit mehreren Vorstellungen unterschiedlicher Valenz in Bedeutung und Konzentration. Dies hängt damit zusammen, daß das Bewußtsein von einem Aspekt zum anderen wechselt bzw. einzelne Ereignisse kaum oder gar nicht wahrnimmt. Andererseits kann es bei Bewußtseinszuständen wie Luzidität, Ekstase, Psy-

3 Ders., ebd., S. 230 – 231.

4 S. FREUD: Ereignisse, Ideen, Probleme (London, Juni 1938). In: S. FREUD: Gesammelte Werke XVII, S. 152.

chostase und Pneumostase zu einer solchen Identifikation mit Inhalten kommen, daß nicht nur die eigene Körperlichkeit, sondern selbst das eigene Ich zuweilen völlig vergessen wird.

Hier soll nun der Versuch unternommen werden, diese Vielschichtigkeit der Erfahrung im religiösen Kontext zu beleuchten und in ihren Grundstrukturen anhand konkreter Erfahrungsberichte darzulegen.

I. PHYSIS, BIOS, PSYCHE, PNEUMA

Tab. 1: Wechselwirkung von Physis, Bios, Psyche und Pneuma

Eine solche Betrachtung der verschiedenen Bewußtseinsformen muß von einer umfassenden Sicht von Welt und Mensch ausgehen, die aus geschichtlicher und empirischer Sicht die Unterscheidung von zumindest vier Wirkqualitäten erfordert:

Physis oder die Natur als solche,

Bios oder der lebende Organismus,

Psyche oder die Fähigkeit zu Empfinden und Fühlen

Pneuma oder die Fähigkeit der Bildung von Allgemeinbegriffen, der Reflexion, des Denkens, der Intuition, der Kreativität und Weisheit. (Tab. 1)

Diese vier Wirkqualitäten können im Bereich des religiösen Kontexts verschiedene Ausdrucksformen annehmen und die Art des Bewußtseins beeinflussen oder sogar hervorrufen. So ist auch im Zusammenhang der religiösen Phänomenologie die Frage zu stellen, welche oder wieviele Wirkkräfte an einem Phänomen oder den Phänomenen beteiligt sind, welche davon eine dominante Stellung einnimmt bzw. ob eine harmonisches Zusammenwirken aller gegeben ist.

1. Physis

In den Bereich der *Physis* fallen all jene Kräfte der Natur, die auf das Leben sowie die Erlebnis- und Bewußtseinsformen einer Person in ihrem religiösen Kontext wirken. Hierzu gehören neben der Um- und Arbeitswelt, den Spurenelementen des Organismus und der Ernährung vor allem auch all jene physikalischen Phänomene, deren Ursachen noch unbekannt sind und die somit dem Bereich der *Paraphysik* zugeordnet werden. Im Einzelen handelt es sich hierbei um Alchemie, Amulette, Astrologie, eingebrannte Hände, Emanationen, Erscheinungen, Geisterfotografie, Leuchtphänomene, Orte der Kraft, Spuk, Tonbandstimmen, UFOs, usw. Die Frage der Echtheit ist jeweils zu klären.

Einen besonderen Fall, der hier als Bespiel dienen soll, stellt die Wassertrinkerin von Frasdorf, Anna Maria *Furtner* (1823 – 1884), dar, über deren Untersuchung der Geheime Rat Dr. *von Walther* im Bulletin der königl. Akademie der Wissenschaften, 1884, Nr. 31, München, 12. Juli, folgendes ausführt:

> „Schon seit längerer Zeit erregte die Aufmerksamkeit der Aerzte und Naturforscher ein jetzt 20jähriges Bauernmädchen, Anna Maria Furtner aus Weizenreuth in dem Landgerichte Rosenheim, von welcher behauptet wird, daß sie seit 11 Jahren nur Wasser, und bloß im Frühjahr kurze Zeit lang frisch ausfließenden Birkensaft, außerdem aber keine Speise genieße und eben so lange schon keine Stuhlentleerung gehabt habe, jedoch Urin lasse und regelmäßig, obgleich etwas sparsam menstruirt sey. Zeugnisse von Aerzten, Geistlichen und Beamten bestätigen die Richtigkeit der Thatsache. Zur näheren Beobachtung und Untersuchung wurde sie 1843 in das allgemeine städtische Krankenhaus in München aufgenommen, und in demselben 5 Wochen lang in einem abgesonderten wohl verwahrten Zimmer genau beobachtet: worauf der Herr Krankenhausdirektor ihr das Zeugnis ertheilte, ‚daß sie diese 5 Wochen lang bloß von Wasser gelebt und keine Fäcalausleerungen gehabt habe.‘
> Glücklicher Weise ist bisher dieser Fall von Ostentation, und von miraculoser Zuthat rein gehalten worden, und es besteht kein näherer Grund, Betrug und Täuschung aus Gewinnsucht... anzunehmen.“[5]

50 Jahre lang soll Anna Maria *Furtner* nur vom Wasser gelebt haben.

5 Wastl FANDERL: Die Wassertrinkerin von Frasdorf (1985), S. 41.

2. Bios

Zu *Bios* gehören alle Funktionen und Reaktionen des lebenden Organismus wie auch jene biologischen Phänomene, deren Ursachen noch ungeklärt sind und die daher in den Bereich der *Parabiologie* fallen. Hierbei sind für den religiösen Bereich vor allem Phänomene wie Blutwunder, Levitation, Stigmatisation, Nahrungslosigkeit, Unverweslichkeit, Wunderheilung usw. zu nennen.

Als Beispiel dieser vielfältigen Phänomene diene ein Heilungsbericht im Zusammenhang mit der hl. Gemma *Galgani* (1878 – 1903):

> „Es kam der Augenblick der heiligen Kommunion. Ich rief sogleich meine kleine Schwester herbei, damit sie mir einige Gebete für meine Vorbereitung vorlese. Während sie las, schlief ich ein, und mein Gast kam zum letztenmal zu mir und liess seine Stimme vernehmen. Er legte eine Hand auf meine Stirne und sagte zu mir: ‚Gemma, der Augenblick kommt, in welchem Jesus dir die Gesundheit der Seele und des Leibes gibt. Und du, was willst du Jesus sagen?‘ Ich antwortete nicht, und es wäre mir unmöglich, anzugeben, wann mein Schwesterchen zu lesen aufhörte. Sie schüttelte mich und sagte: ‚Gemma! Die heilige Kommunion ist da!‘ Ich sah den Priester eintreten, gefolgt von einigen Personen. Er segnete mich. Ich fühlte, dass ich die Hostie empfing, dann fiel ich in den Schlaf zurück. Kaum war Jesus in mir, da sagte mein Besucher: ‚Gemma, erneuere Jesus alle deine Versprechen und füge hinzu, dass du im Monat, der ihm geweiht ist, dich völlig ihm hingeben willst.‘ Da erneuerte ich Jesus meine Versprechen und hiess mein Herz, ihm vieles zu sagen, denn ich konnte keine Worte finden. Wie glücklich ich gewesen bin! (R. 278). Jesus wiederholte: ‚Gemma, willst du geheilt werden?‘ Meine Erregung war so gross, dass ich nicht antworten konnte. Armer Jesus! Die Gnade wurde gewährt, ich war geheilt! (A. 248).
> Meine Tante schüttelte mich und stellte das Frühstück vor mich hin. Ich bemerkte, dass meine Hände gefaltet waren, aber erinnere mich nicht, sie gefaltet zu haben. Dann spürte ich, dass ich mich bewegen konnte, ich hob den Arm und das Bein. Ich ass mein Frühstück, ohne Magenbeschwerden zu bekommen. Sobald ich im Zimmer allein war, sass ich auf im Bett: es gelang mühelos. Keine Kopfschmerzen mehr. Ich fühlte mich gesund. Ich hätte sofort aufstehen können, wenn meine Kräfte es zugelassen hätten! (R. 278)“[6]

6 Jean-François VILLEPELÉE: Die Torheit des Kreuzes. Bd. 1 (1978), S. 68/69.

3. Psyche

Der *Psyche* sind alle Formen des Empfindens und Fühlens sowie alle diesbezüglichen Grenzphänomene zuzurechnen, mit denen sich vornehmlich die *Parapsychologie* befaßt. Für das Verständnis der religiösen Erfahrung sind vor allem folgende Themenbereiche von Bedeutung:

- *Außersinnliche Wahrnehmung*, wie Hellhören, Hellsehen, Prägkognition, Retrokognition, Telepathie, usw.;
- *Bewußtseinszustände*, wie Autosuggestion, Ekstase, Hypnose, Kosmisches Bewußtsein, Luzidität, Protobewußtsein, Trance, Traum, Visionen, usw.;
- *Exkursionserlebnisse*, wie Außerkörperliche Erfahrung, Bilokationserleben, Doppelgängertum, Exteriorisation des Empfindungsvermögens, Levitation, usw.;
- *Medialität* und *Sensitivität*;
- *Persönlichkeitsvariablen*, wie Begabung, multiple Persönlichkeit, Ruf der Heiligkeit, usw.;
- *Psychohygiene*, wie ASW-Training, Autoskopie, Identitätsfindung, Mediumistische Psychose, Okkulttäterbetreuung, Positives Denken, Psychische Heilung, Psychoenergetik, Reinkarnationstherapie, Transpersonale Psychohygiene, usw.;
- *Verhalten*, wie Ekstaseverhalten, Bessessenheitsverhalten, Hypnoseverhalten, Kryptolalie, Psychische Automatismen, Somnambulismus, Tranceverhalten, Xenoglossie, usw.

Allein diese sehr grobe Themenauflistung macht deutlich, daß die Parapsychologie zur Klärung religiöser Erlebnisse, Erfahrungen und Verhaltensmuster einen großen Beitrag leisten kann und heute aus der Betrachtung dieser Phänomene nicht mehr wegzudenken ist.

4. Pneuma

Zu *Pneuma* gehören alle Phänomene, die in den Bereich von Reflexion, Intuition, Kreativitat und Weisheit fallen, wobei sich die *Parapneumatologie* mit allen diesbezüglichen Grenzphänomenen befaßt, deren logische Kausalität nicht auszumachen ist, wo der Mensch aber mittels seiner geistigen Fähigkeiten *steuernd wirkt*, wie bei Gebet, Meditation, Mantik, Magie und Weissagung, oder *erkennend aufnimmt*, wie bei Geist, Geistern, Intuition, Inspiration, Marienerscheinungen, Mystik, Offenbarungen, Theophanie, oder wo sich die Frage des *Fortlebens nach dem Tode* stellt. So können hier im Einzelnen folgende Gebiete ausgemacht werden:

- *Fortleben:* Auferstehung, Jenseitskontakte, Reinkarnation, Totenerweckung, usw.;
- *Gebet* und *Meditation:* Gebetserfahrung, Gesundbeten, Glaube, Heilsgewissheit, Invokation;
- *Geist* und *Geister:* Dämonen, Engel, Exorzismus, Verstorbene;
- *Hagiographie:* außergewöhnliche Phänomene bei Dienern Gottes, Seligen und Heiligen;
- *Intuition* und *Inspiration:* Eingebung, Erleuchtung, Kreativität;
- *Magie:* Beschwören, Besprechen, Schwarze und Weiße Magie, Zauberei;
- *Mantik:* Orakel und Weissagung;
- *Marienerscheinungen:* Fatima, Lourdes, usw.;
- *Mystik:* Christliche Mystik, Frauenmystik, Indische Mystik, Islamische Mystik, Jüdische Mystik, usw.;
- *Offenbarungen:* Altes und Neues Testament, Offenbarungen in nicht-christlichen Religionen, Privatoffenbarungen usw.;
- *Symbole:* christliche Symbole, magische Symbole, Symbole der Mysterien, Ursymbole usw.;
- *Theophanie:* Allgegenwart Gottes, Berufung, Gnade, Gottesschau, Vorsehung usw.;
- *Weisheit:* Lebensweisheit, Volksweisheit, Weisheit der verschiedenen Kulturen, Weisheitslehren und -lehrer.
- *Weissagungen:* Prophetie und Zukunftsschau;
- *Wunder:* Wunder im Alten und Neuen Testament, Wunder und Kanonisation, Wunderglaube, Wunderheilungen.

Diese kurze Auflistung der einzelnen Gebiete zeigt bereits, daß es sich hier um einen Grenzbereich geistiger Tätigkeit und Erfahrung handelt, der bisher noch völlig unberührt blieb, weil sich die Parapsychologie nicht für zuständig erachtet und das von mir erstellte Konzept der Paranormologie noch immer mit der Sondierung der Gebiete befaßt ist, die im übrigen sowohl inhaltlich wie phänomenologisch nur schwer einzugrenzen sind. Andererseits umspannt die Parapneumatologie gerade jene Sphäre des Geistigen, die den Menschen über sich hinaushebt und mit der Dimension des Ewigen in Verbindung bringt.[7]

II. FORMEN DES BEWUSSTSEINS

Da es im gegebenen Rahmen nicht möglich ist, alle angesprochenen Gebiete im Kontext von Paranormologie und Religion zu behandeln, zumal viele Bereiche, wie erwähnt, noch völlig offen sind, möchte ich hier – angeregt durch die von Dr. Hubert LARCHER vorgelegte Einteilung[8] – die von von mir erweiterte Gliederung der Bewußtseinsformen aufzeigen und die betreffenden Bewußtseinszustände kurz beschreiben.

Diese Gliederung erwächst aus der Erkenntnis, daß das jeweilige Zusammenwirken von *Physis, Bios, Psyche* und *Pneuma* zu Grundformen des Erlebens führt, die ereignisunabhängig die einzelnen Bewußtseinsformen mit Ausnahme der Pneumostase je nach Dominanz mitbestimmen, nämlich

1) die *ozeanische Selbstentgrenzung* oder die Erfahrung des Unendlichen und
2) die *angstvolle Ich-Auflösung* oder die Erfahrung der Enge bzw. des Todes.

Dieser Kontrast kann vom Ich nur durch eine *visionäre Umstrukturierung* oder durch die Erfahrung der äußeren und inneren Harmonisierung bewältigt werden.[9] (Tab. 2)

Die genannten Grundformen des Erlebens kommen sehr bildhaft in der Traumvision von *Rahere* (um 1120), einem Höfling des englischen Königs *Heinrichs I.* (1100 – 1135) zum Ausdruck:

7 Andreas RESCH: Aspekte der Paranormologie (1992).

8 Hubert LARCHER: Medizinische und psychologische Aspekte der Mystik (1984).

9 Adolf DITTRICH: Empirische Dimensionen veränderter Bewußtseinszustände: Zwischen Himmel, Hölle und Visionen (1990).

„Und als er den begonnenen Weg zurücklegte, sah er eines Nachts eine Vision, voll des Schreckens und zugleich der Süße. Als er nämlich nach des Tages Mühen seine Glieder der Ruhe überließ, schien es ihm, daß er von einem vierfüßigen und zweiflügeligen Tier in die Höhe getragen und von ihm an einem sehr hohen Ort abgesetzt werde. Als er von so großer Höhe herab den Blick aufmerksam nach unten wandte, merkte er, daß unter ihm ein schrecklicher Schlund war, dessen furchtbarer Anblick dem Schauenden zugleich Furcht und Schrecken einjagte, dessen Tiefe sich aber jedes Menschen Blick entzog. Er also, sich seiner Vergehen bewußt, meinte, er werde schon in den so ungeheueren Abgrund geworfen, erschrak und begann, aus seinem Munde laute Schreie auszustoßen. Als er sich so fürchtete und vor Entsetzen schrie, stand ein Mann bei ihm, der ein Antlitz königlicher Majestät zeigte, von wunderbarer Schönheit und herrscherlicher Autorität. Und indem er ihn fest anblickte, sprach er gute Worte, tröstliche Worte, brachte gute Botschaft und sagte etwa folgende Worte:
‚Oh Mensch', sagte er, ‚welchen und wie großen Gehorsam würdest du jenem leisten, der dir in so großer Todesgefahr Hilfe brächte?' Und als er darauf antwortete, er werde, was immer er an Gesinnung und Kräften habe, für das Wohlwollen seines Retters sorglichst aufwenden, fügte jener hinzu: ‚Ich bin', sagte er, ‚der Apostel Jesu Christi Bartholomäus. Ich bin gekommen, dir in den Bedrängnissen beizustehen und dir die Geheimnisse des himmlischen Mysteriums aufzuschließen. Wisse denn, daß ich nach Willen und Befehl der gesamten höchsten Dreifaltigkeit und nach dem gemeinsamen Beifall und Rat des Himmlischen Hofstaates in der Londoner Vorstadt in Smithfield einen Platz ausgewählt habe, wo du in meinem Namen eine Kirche gründen wirst. Dort wird ein Gotteshaus sein, ein Tabernakel des Lammes, ein Tempel des Heiligen Geistes; dieses geistliche Haus wird der allmächtige Herr bewohnen, heiligen, verherrlichen und unversehrt in Ewigkeit bewahren...

...

Wisse, daß du der Diener dieses Werkes bist und ich der Herr. Du fülle das sorgfältig aus, ich werde die Aufgabe des Herrn und Patrons übernehmen.' Mit diesen Worten verschwand jene Vision."[10]

Versucht man nun auf dem Boden der Wirkweise von Physis, Bios, Psyche und Pneuma mit besagten Grunddimensionen des psychischen Erlebens eine Gliederung der verschiedenen Bewußtseinsformen zu erstellen, so lassen sich ausgehend vom Wachzustand folgende Berei-

10 Liber fundationis ecclesiae S. Bartholomei Londoniarum (1989), S. 83 u. 85.

Tab. 2: Grundstruktur der Ganzheitspsychologie nach A. RESCH

Pneuma			Glückseligkeit
Denken Intuition	↑	ERHÖHTE ZUSTÄNDE	Pneumostase
Kreativität Weisheit			Psychostase
↕	Ozeanische Selbstentgrenzung		Ekstase
Psyche	↓	WACHZUSTÄNDE	Luzidität
Empfinden Fühlen	Visionäre Umstrukturierung		Vigilanz
↕			Protobewußtsein
Bios	↑	HYPNISCHE ZUSTÄNDE	Schlaf
Bioenergie	Angstvolle Ich-Auflösung		Hypnose
↕			Biokömese
Physis	↓	LETHARGISCHE ZUSTÄNDE	Biostase
Elemente Kosmos			Thanatose

che ausmachen: *Wachzustand, Erhöhte Zustände, Hypnische Zustände* und *Lethargische Zustände*, die den Ausgangspunkt von 12 Bewußtseinsformen mit ihren Übergängen (Transite) bilden. (Tab. 3 – 4).

Dabei könnte jeder dieser Übergänge noch weiter aufgefächert werden.

Hier sollen jedoch nur die 12 Bewußtseinsformen ausgehend vom Wachbewußtsein näher beschrieben werden, wobei wir auch in die allgemeine Psychologie einsteigen.

A) WACHZUSTAND

Der *Wachzustand* umfaßt alle Bewußtseinszustände vom konzentrierten Umweltbezug bis zur relativen Umweltvergessenheit nämlich: *Protobewußtsein, Vigilanz* und *Luzidität.*

1. Das Protobewußtsein

Vor allem seit Sigmund FREUD ist die Einteilung der Bewußseinszustände in *Bewußtsein* (aktuelle Denkinhalte), *Vorbewußtsein* (Vergessenes, das leicht zu erinnern ist) und *Unbewußtsein* (Vergessenes oder Verdrängtes, das nur über die freie Assoziation oder den Traum in das Bewußtseins gelangt) in aller Munde. Der zentralste Bewußtseinsbereich, den ich daher als *Protobewußtsein* bezeichne, worauf auch der bekannte amerikanische Psychiater Benjamin B. WOLMAN[11] aufmerksam machte, findet dabei kaum Beachtung.

Das *Protobewußtsein* ist jener Zustand der Selbsterfahrung und Selbstwahrnehmung, in dem das Bewußtsein von den psychischen und geistigen Erlebnissen und Wahrnehmungen so getragen wird, daß die Umweltorientierung mehr oder weniger zurücktritt, wenngleich eine allgemeine oder partielle Vigilanz sowie die Erinnerung an die verlassene Umweltkonzentration aufrecht bleibt. Es ist dies der Zustand des Selbstgesprächs oder ganz allgemein gesprochen der inneren Reflexion, der Lebenserfahrung und Lebensgestaltung und somit Ausgangspunkt und Bezugspunkt aller Bewußtseinszustände.

Das Studium des Biofeedback, der autogenen Therapie, des Sinnesentzugs, der parapsychologischen Phänomene und vor allem des Langzeitgedächnisses hat eindeutig gezeigt, daß es ein Bewußtsein gibt, das nichts mit der Vigilanz zu tun hat, weil der Umweltbezug relativ aufgehoben ist, und auch nichts mit dem Unbewußten, weil sich die Person ihrer Erfahrung und Wahrnehmung voll bewußt ist.

Im Zustand des Protobewußtseins befaßt sich die Person in vollem Bewußtsein mit den Inhalten der *Langzeiterinnerung*. Nach der Kogni-

11 Benjamin B. WOLMAN: Protoconscious and Psychopathology (1986).

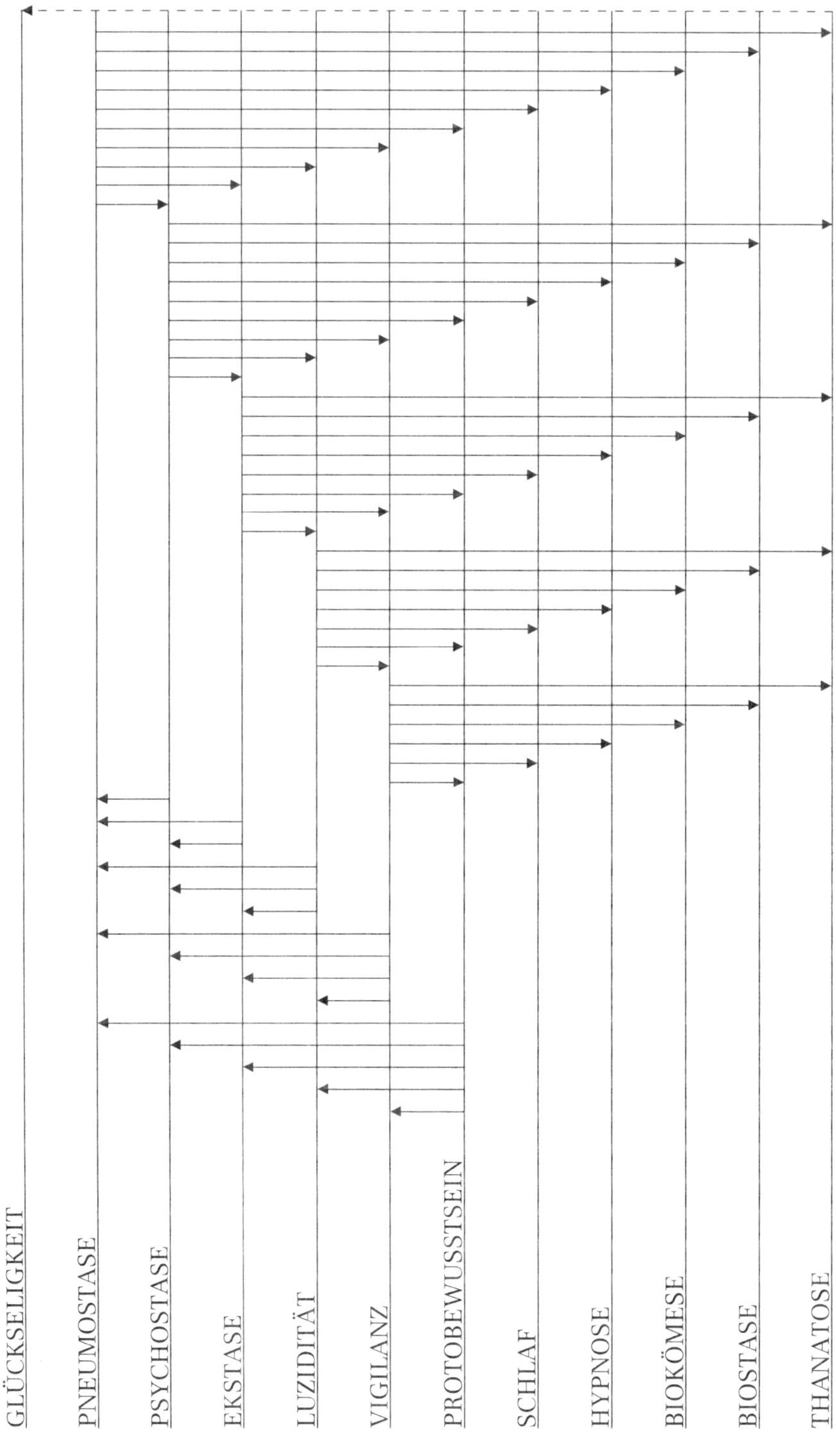

Tab. 3: Höhentransite mit Ausgang vom Protobewußtsein

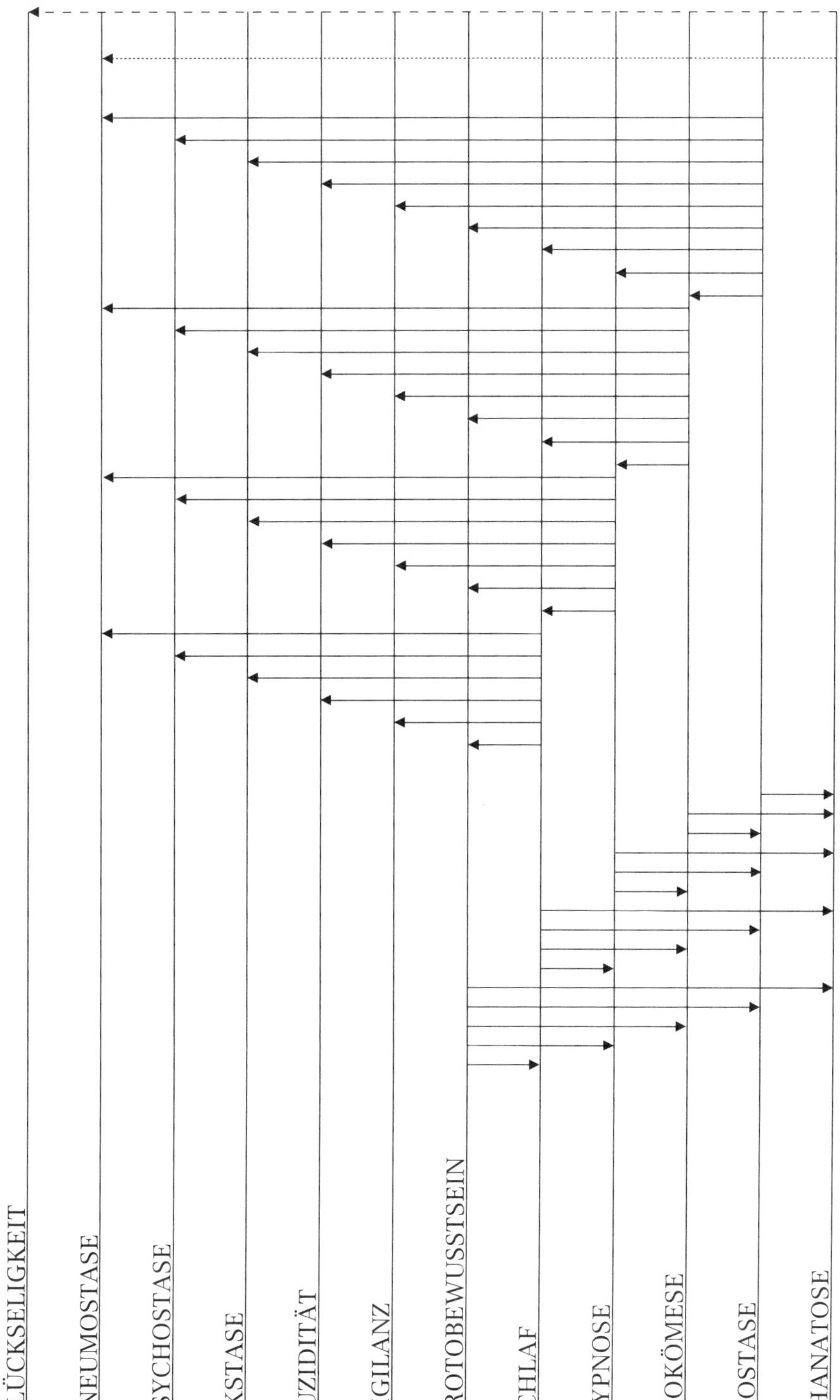

Tab. 4: Tiefentransite mit Ausgang vom Protobewußtsein

tionspsychologie ist das Langzeitgedächtnis mindestens durch zwei Grundformen gekennzeichnet:

- *von der Tatsache, daß „wir etwas wissen“*, und
- *von der Tatsache, daß wir wissen, „daß wir es wissen“.*

Zudem haben Untersuchungen des Gedächtnisses mit sprachlichem und nicht-sprachlichem Material gezeigt, daß nicht nur der Gegenstand gelernt wird, sondern immer auch der Kontext. Eine Erinnerung stellt sich immer nur dann ein, wenn der Kontext oder ein Teil des Kontexts des ursprünglichen Lernens in der Wirklichkeit oder in der Vorstellung wiedergegeben wird. Auch der physiologische Zustand (Aktivität, Emotionen) der lernenden Person gehört zum Kontext des Lernens. So wird z. B. das, was in einem Betrunkenheitszustand gelernt wurde, in diesem Zustand auch leichter erinnert. Genauso wird etwas, das in einem religiösen Zustand gelernt wurde, in einem solchen Zustand leichter erinnert.

Im Zustand des Protobewußtseins können vor allem auch folgende Phänomene auftreten:

- Klarträume
- Parapsychische Phänomene, wie Hellsehen, Telepathie und Psychokinese
- Meditationszustände
- Sinnesentzug
- Doppelhalluzination bei posthypnotischer Suggestion durch Wahrnehmen des realen und des halluzinierten Bildes.

a) Klarträume

Klarträume sind jene Träume, wo sich der Träumer seines Traumes voll bewußt ist und im Vollbesitz seines Gedächtnisses, seines Denkens und Wollens steht, um auf das Traumgeschehen einzuwirken. Die Klarheit der Träume ist durch folgende Merkmale gekennzeichnet:

- Klarheit über den Bewußtseinszustand,
- Klarheit über die Handlungsmöglichkeit,
- Klarheit des Bewußtseins,
- Klarheit über die eigene Person, Situation und Intention,
- Klarheit über den Sinn der aktuellen Erfahrung,

- Klarheit über die Wahrnehmung dessen, was man sieht, hört, berührt, usw.,
- Klarheit über die Erinnerung der Erfahrungen, die man in jenem Zustand gemacht hat.

Der Klartraum kann sich spontan einstellen, er kann aber auch hervorgerufen werden, wobei sich folgende Techniken anbieten:

❍ Sich mehrmals am Tag die Frage stellen: Bin ich wach oder schlafe ich?
  a) sich intensiv vorstellen, zu träumen,
  b) die aktuellen und vergangenen Erfahrungen in bezug auf außergewöhnliche Ereignisse und Gedächtnislücken durchsuchen.

❍ Sich nach Verständnis des Traumzustandes ein Aktionsprogramm erstellen;
❍ Mit dem Wunsch eines Klartraumes einschlafen.

Während des Klartraumes kann das analytische und therapeutische Verhalten folgenden Ablauf nehmen:

- Begegnung mit *anderen Personen* durch Introjektion oder Reintegration
- Begegnung mit *feindlichen Personen* durch Konfrontation, Kampf, Dialog, Beruhigung, Verständigung, Ersuchen um Hilfe oder Trennung
- Begegnung mit dem *Tod* zum Verständnis der Begrenztheit des eigenen Lebens
- Begegnung mit der *kosmischen Dimension* und mit der *Transzendenz.*

Diese Anwendung des Wahrtraumes kann zu großer innerer Harmonie führen und auch das religiöse Leben vertiefen, nicht zuletzt in seinem kosmischen und transzendenten Bezug, wie folgendes Erlebnis von Raïssa *Maritain* zeigt:

> „Es war, glaube ich, bald danach [nach der Wallfahrt nach Chartres], als ich eine Reise antrat, und als ich aus dem Eisenbahnfenster die Wälder vorbeifliegen sah, hatte ich zum zweiten Male das Gefühl der göttlichen Gegenwart. (Das erste Mal war dieses heftige und flüchtige Gefühl bei der Lektüre Plotins über mich gekommen.) Ich schaute nur, dachte an nichts Bestimmtes; es vollzog sich ein tiefer Wandel in mir, als wäre ich von der Wahrnehmung der Sinne zu einer völlig innerlichen Wahrnehmung übergegangen. Die vorbeifliegenden Bäume wa-

ren auf einmal über sich hinausgewachsen. Sie gewannen eine Dimension von wunderbarer Tiefe. Der ganze Wald schien zu sprechen und von einem andern zu sprechen; er wurde so sehr zu einem Wald der Symbole, daß er keine andere Aufgabe hatte, als auf den Herrn hinzuweisen."[12]

b) Meditation

Die ureigenste Form des Protobewußtseins ist sicherlich die *Meditation*, ist diese doch ein Verinnerlichungsprozeß durch das offene Gespräch mit und unter den Inhalten (Gedanken, Gefühle und Empfindungen) des *Langzeitgedächtnisses* in einem Zustand der Entspannung und des mehr oder weniger vollkommenen Sinnesentzugs (psychologisch), verbunden mit teilweisen Gesprächen mit dem Kurzzeitgedächtnis. So ist die Meditation durch folgende Merkmale gekennzeichnet:

- Somatische, psychologische und geistige Entspannung
- Psychologische Reduzierung der Sinneswahrnehnung
- Reduzierung der zeitlichen und räumlichen Wahrnehmung
- Gespräch des Ichs mit
  1) Inhalten des Langzeitgedächtnisses,
  2) Inhalten des Langzeitgedächtnisses in bezug auf Inhalte des Kurzzeitgedächtnisses,
  3) dem Selbst: Erinnerungen – Perspektiven, Kreativität, Wert (zeitlicher und ewiger)
- Gespräch zwischen den Inhalten des Gedächtnisses unter Aufsicht des Ichs und des Selbst.

Nach diesen angeführten Aspekten lassen sich auch die unzähligen Formen der Meditation verhältnismäßig leicht in Gruppen zusammenfassen. Wichtiger sind jedoch die Unterscheidung der Meditation von anderen Bewußtseinshandlungen sowie das Aufzeigen ihrer Inhaltsformen und der durch die Meditation hervorzurufenden Effekte.

1) Unterscheidung: Die Meditation ist zu unterscheiden von:

- der Konzentration,
- dem Gebet in Vigilanz,

12 Nach Jean LHERMITTE: Echte und falsche Mystiker (1953), S. 51.

- der Kontemplation, wegen der thematischen Fokalisierung,
- der Selbsthypnose, wegen der Autosuggestionswirkung,
- der Trance, wegen des Fehlens des Dialogs,
- der aktiven und passiven Regression, wegen des Rückzugs vom Gesamtdialog.

Freilich sind diese Unterscheidungen nicht immer leicht, weil die Übergänge oft fließend sind, doch gehört zur Meditation das offene innere freie Gespräch, das auch die Inhalte bestimmt.

2) Inhalte: Die Inhalte der Meditation unterscheiden sich nach:

- den Inhalten des Langzeitgedächtnisses,
- den Inhalten des aktuellen Bewußtseinszustandes,
- den Erfahrungen und Wünschen, dem Bedeutungswert und der Kreativität,
- der Einstellung und der religiösen Dimension,
- der somatischen, psychischen und geistigen Befindlichkeit.

Aus diesen Gründen ist eine Wertung der Inhalte nur auf individueller Ebene möglich, was gleichzeitig besagt, daß auch Meditationsübungen diesen Aspekten Rechnung tragen müssen, sollen die gewünschten Effekte erzielt werden.

3) Effekte: Die Effekte der Meditation sind so vielfältig, daß hier nur die wesentlichsten genannt werden können:

- *Reduktion* von körperlichem, psychischem und geistigem Streß durch Entfaltung einer gewissen Streßimmunität;
- *Steigerung* der Vigilanz und des Gedankenflusses im Gegensatz zur Wirkung von Beruhigungsmitteln;
- *Besserung* (vor allem bei regelmäßiger Meditation) von durch Streß verursachten Krankheiten, wie Blutdruck, Kopfweh, Bronchialasthma, Kreislaufstörungen usw.
- *Verminderung* der Beruhigungsmittel wie Rauchen (bis 57%) und Alkoholismus (bis 40%). Es scheint eine klare Beziehung zwischen der verwendeten Zeit für die Meditation (mit entsprechenden Inhalten) und der Fähigkeit zu geben, den Betäubungsmitteln zu widerstehen, was besagt, daß – wenn es durch Meditation gelingt, die Inhalte des Innenraumes zu harmonisieren – Sedativa überflüssig werden.

- *Stärkung* des Selbstvertrauens und Minderung unangepaßter Selbstkritik mit Zunahme der Toleranz anderen Personen gegenüber;
- Stärkung der inneren Unabhängigkeit im Sinne eines höheren Selbstbewußtseins und einer höheren Selbstsicherheit.

Als *Hauptfaktoren* dieser Effekte der Meditation können folgende genannt werden:

- ein optimales Stimulierungsniveau,
- eine Wiederentdeckung des eigenen inneren Rhythmus,
- eine erhöhte Aktivität der rechten Hemisphäre mit Steigerung von Intuition und Gesamtschau
- Wechsel von der Ich-Kontrolle zum Selbstverständnis.

Die hier skizzierte Darstellung der Grundstruktur der Meditation beschreibt der Religionsphilosoph Sarvepalli RADHAKRISHNAN folgendermaßen:

> „Der Weg zur Selbstentfaltung ist die Meditation. Durch sie wenden wir unseren Sinn heimwärts und errichten eine Verbindung zum Zentrum des Schöpferischen. Um die Wahrheit zu erkennen, müssen wir uns in uns vertiefen und uns nicht nur oberflächlich einen weiteren Gesichtskreis geben. Stille und Ruhe sind notwendig für die tiefe Erneuerung unseres Seins, und die erlangen wir nicht leicht in unserer Zeit. Disziplin und angestrengter Wille helfen uns, unser Bewußtsein mit dem Höchsten in Beziehung zu setzen... Es ist ein Zusammenfassen aller Kräfte, der intellektuellen Fähigkeiten, der Regungen des Herzens, der vitalen Sehnsüchte und sogar des rein physischen Seins, um sie alle auf das Ziel auszurichten.“[13]

> „Wenn wir aufgefordert werden, von der Oberfläche unseres Bewußtseins in seine Tiefen zu sinken, indem wir unser Tun beherrschen, dann heißt dies, daß nun der Geist, groß, machtvoll und leuchtend, seine Natur geltend macht. Durch die Methode der Meditation durchdringen unsere Überzeugungen uns ganz und gar, sie werden unser Lebensatem und wachsen, ohne daß es eines bewußten Eingreifens bedürfte.“[14]

13 Sarvepalli RADHAKRISHNAN: Meine Suche nach Wahrheit (1961), S. 135.
14 Ders., ebd., S. 222.

2. Die Vigilanz

Die *Vigilanz* oder das Wachbewußtsein ist ganz allgemein gekennzeichnet durch den konzentrierten Umweltbezug, die zielgerichtete Bewegung und die Eigenreflexion.

Der Bewußtseinzustand der Vigilanz stellt sich nur ein, wenn:

- man eine neue Information empfängt oder eine neue Reaktion erlernt,
- man Urteils- oder Reaktionsentscheidungen trifft,
- es nicht zu den erwarteten Reizen kommt.

Auf motorischer Ebene nehmen wir unser Verhalten nur wahr, wenn:

- neue Verhaltens- oder Reaktionsformen erforderlich sind,
- eine Entscheidung zu einer bestimmten Handlungsweise ansteht,
- gefährliche und schwierige Situationen bestehen,
- Handlungen ausgeführt werden sollen, die die Überwindung einer starken Gewohnheit erfordern.

In solchen Handlungssituationen kann es auch vorkommen, daß sich das Bewußtwerden der Handlung erst nach derselben einstellt, z. B. das Bremsen des Autos in einer Gefahrensituation. Dieses Phänomen hängt damit zusammen, daß der Vergleich des aktuellen Reizschemas mit dem Langzeitgedächtnis um so weniger bewußt erfolgt als Reaktionswahl und Reaktionsvollzug mit der äußeren Information hinsichtlich des Erfolges der Reaktion übereinstimmen.

Die Intensität der Aufmerksamkeit und der Vorbereitung auf die Reaktion hängen nämlich vom Ergebnis des Vergleichs des Schemas der eintreffenden Reize mit den registrierten Schemata des Langzeitgedächtnisses zusammen. Dieser Vergleichsprozeß, der nach 200 – 250 ms nach der Reizung erfolgt, steht zeitlich an der Schwelle zwischen vorbewußter oder protobewußter Verarbeitung und dem Kurzzeitgedächtnis.

Die *Vigilanz* ist schließlich auch unter dem Aspekt der Selbstwahrnehmung und der Selbsterfahrung zu betrachten. Damit berühren wir einen Bereich, der zwar alltäglich, aber kaum meßbar ist, so daß er völlig vernachlässigt wurde, nämlich den Ausgangs- und Bezugspunkt der verschiedenen Bewußtseinsformen, das oben besprochene *Proto-* oder *Urbewußtsein.*

3. Luzidität

Die *Luzidität* ist gekennzeichnet durch psychische und geistige Klarheit sowie durch ein unmittelbares bildhaftes wie auch akustisches Erfassen von Inhalten und Ereignissen, die auf dem normalen Erkenntnisweg nicht wahrnehmbar sind.

Im Unterschied zu Protobewußtsein und Vigilanz sind Ich und Selbst im Zustand der Luzidität in erster Linie passive Empfänger. Die Bewußtseinsinhalte stellen sich im somatischen, psychischen wie geistigen Bereich völlig von selbst mit überzeugender Klarheit ein. Die wahrnehmende Person, die von der Luzidität bzw. von der Klarheit einer plötzlichen und der Sinneswahrnehmung völlig fremden Wahrnehmung erfaßt wird, bleibt dabei jedoch im Vollbesitz des Bewußtseins und der persönlichen Freiheit. Dieser Zustand der Luzidität ist meist nur von kurzer Dauer und geht nicht selten in den Zustand der Vigilanz, Ekstase, Psychostase oder Pneumostase über.

Die Luzidität weist nämlich folgende Eigenschaften auf:

- Unmittelbare und nicht-intendierte Erfahrung mit überzeugender optischer, auditiver und inhaltlicher Klarheit.
- Ich und Selbst werden von der Erfahrung überwältigt, wenngleich die Freiheit ihres Urteils bestehen bleibt.
- Die Inhalte gehen über die Sinneswahrnehmung hinaus.
- Die Erfahrungen können somatischer, psychischer und geistiger Natur sein.

So kann eine Person beim Empfinden der Anwesenheit einer anderen Person unter Umständen ihre eigenen inneren Organe sowie die Organe der anderen Personen sehen, mit denen sie in Verbindung steht, und diese mit den eigenen Organen vergleichen.

Auf der psychisch geistigen Ebene kann eine Person u. U. einen Gegenstand, lebende und verstorbene Personen mit all ihren Fähigkeiten, wie sie waren, sind und sein werden, erkennen. Sie kann sogar ein Ereignis, einen Fall oder eine Handlung mit all ihren Vorbereitungen und Konsequenzen erkennen, was auf folgendem Erkenntnisweg der Luzidität möglich ist:

Visionen: Stellt diese unmittelbare Erkenntnis ihre Inhalte, wie erwähnt, in optischer Form dar (bildhafte Luzidität), dann spricht man von *Vision*. Diese Vision als Form der Luzidität ist zu unterscheiden von der Halluzination, der Illusion, den luziden Träumen und den eidetischen Phänomenen.

Hellsehen: Nimmt die Vision die Eigenschaft eines unmittelbaren Erkennens von Gegenständen und Ereignissen an, die sinnlich nicht wahrnehmbar sind, spricht man von *Hellsehen*.

Audition: Stellt eine unmittelbare Erkenntnis ihren Inhalt in akustischer Form dar, ist die Rede von *Audition*.

Telepathie: Vermittelt das luzide Erkennen nicht-verbalisierbare oder sinnlich nicht wahrnehmbare Gedanken anderer Personen, spricht man von *Telepathie*.

Paragnosie: Bezieht sich die Luzidität auf das Erfassen von Gegenständen oder deren Eigenschaften ohne optischen Aspekt, wie z. B. das Erkennen von Weihwasser, hat man es mit *Paragnosie* zu tun.

Retrokognition: Das unmittelbare Erkennen vergangener Ereignisse bezeichnet man als *Retrokognition*.

Präkognition: Das luzide Erkennen zukünftiger Ereignisse wird *Präkognition* genannt. Diese ist zu unterscheiden von der *Prophetie*. Der Prophet sagt das Ereignis voraus, wie immer er auch davon Kenntnis genommen haben mag, während die präkognitive Erfahrung sich völlig passiv einstellt.

Bei der Deutung solch luzider Erfahrungen und Erkenntnisse ist jedoch äußerste Zurückhaltung geboten, weil sich nur allzu leicht Selbsttäuschung und Selbstgefälligkeit einschleichen, wie THERESIA von Avila bemerkt:

> „Es können also, wie gesagt, alle Ansprachen von Gott sein, mögen sie aus dem Innersten der Seele oder von deren oberem Teile oder auch von außen kommen. Die sichersten Zeichen sind meines Erachtens folgende: Das erste und sicherste Zeichen ist die Macht und Herrschaft, die diese Ansprachen Gottes an sich tragen; denn da ist Sprechen und Wirken ein und dasselbe. ...
> Das zweite Kennzeichen des göttlichen Ursprungs solcher Ansprachen ist eine in der Seele bleibende tiefe Ruhe; sie wird in eine andächtige

und friedvolle Sammlung versetzt und zum Lobe Gottes angeregt. ... Das dritte Zeichen endlich, woran man die von Gott kommenden Ansprachen erkennt, besteht darin, daß sie sehr lange dauern und manchmal gar nicht mehr dem Gedächtnisse entschwinden. ... Entspringen diese Ansprachen der Einbildungskraft, dann findet sich keines der genannten Zeichen vor, weder die Gewißheit, noch der Friede, noch die innere Freude. Nur das eine kann vorkommen, wie ich es schon an einigen Personen des öfteren wahrgenommen: Wenn sie in das Gebet der Ruhe sehr vertieft oder vom geistigen Schlaf ganz eingenommen sind, so befinden sie sich in dieser großen Sammlung wegen schwacher Körperbeschaffenheit oder schwacher Einbildungskraft oder aus einem anderen, mir unbekannten Grund in Wahrheit derart außer sich, daß sie äußerlich nichts mehr wahrnehmen und alle Sinne so eingeschlummert sind wie bei einem schlafenden Menschen. Vielleicht ist es auch so, daß sie wirklich eingeschlafen sind. Da erscheint es ihnen wie im Traumzustand, als redete jemand zu ihnen oder als sähen sie etwas, und halten das für eine göttliche Ansprache; allein dies sind nur Wirkungen eines Traumes."[15]

4. Transite

Schließlich ist noch darauf zu verweisen, daß bei all diesen Formen des Wachzustandes auch stets die Zustände der möglichen Übergänge (*Transite*) zu den anderen Zuständen zu beachten sind, zumal der einzelne Zustand oft nur Bruchteile von Sekunden dauern kann wie etwa ein Gedankenblitz als Zustand der Luzidität.

B) ERHÖHTE ZUSTÄNDE

Die *erhöhten Zustände* umfassen alle Formen des Bewußtseins mit Aufhebung des Umweltbezugs aufgrund der völligen Dominanz des inneren Erlebnisses. Dabei wird das Ich, das in der Ekstase noch tragend ist, vom *Selbst* als integrales Empfinden wie in der Psychostase oder als geistiges Einheitserlebnis wie in der Pneumostase abgelöst.

15 Die Seelenburg der Heiligen Theresia von Jesu (1952), S. 132 – 133, 136.

1. Ekstase

Eine *Ekstase* ist die volle Inanspruchnahme durch einen psychischen und geistigen Inhalt bis zur völligen Ausschaltung des Umweltbezugs und Verminderung der Sensibilität für äußere Reize sowie der motorischen Bewegung, verbunden mit einer Modifizierung des Blutkreislaufes, der Atmung und des Stoffwechsels.

Im Unterschied zur Luzidität sind in der Ekstase Psyche und Pneuma so sehr von einer Erfahrung mit persönlicher Bedeutung erfaßt, daß sich das Ich auf der psychisch-geistigen Ebene dermaßen stark mit den Inhalten der Erfahrung identifiziert, daß es jeden Bezug zu anderen Erfahrungen, Erinnerungen, Vorstellungen und jede Form des Umweltbezugs, zuweilen sogar unter Einschluß des eigenen Körpers, völlig aufgibt. So schreibt JOHANNES vom Kreuz:

> „Denn da die Sinne schon mehr geläutert sind, so besitzen sie eine größere Fähigkeit, wenigstens nach ihrer Art die Süßigkeiten des Geistes zu kosten. Und da schließlich der sinnliche Teil der Seele zu schwach und unfähig ist, um die starke Kraft des Geistes in sich aufzunehmen, so erleiden die Fortgeschrittenen infolge dieser Verbindung des Geistes mit dem sinnlichen Teil gar manche Schwächen, Nachteile und Verdauungsstörungen und infolgedessen auch geistige Beschwerden nach den Worten des weisen Mannes: Corpus enim, quod corrumpitur, aggravat animam. (Weish. 9,15) ‚Der vergängliche Leib beschwert die Seele.' Und daher können diese Mitteilungen nie so mächtig, tiefgehend und geistig sein, wie sie für die übernatürliche Vereinigung mit Gott erfordert werden, und zwar infolge der Schwäche und Verdorbenheit des sinnlichen Teiles, der davon betroffen wird. Darin haben auch die Entrückungen, Herzkrämpfe und Verrenkungen der Glieder ihren Grund, die immer eintreten, wenn die Mitteilungen nicht rein geistig sind, d. h. nicht dem Geiste allein widerfahren, wie es bei den Vollkommenen der Fall ist, die schon durch diese zweite Nacht des Geistes gereinigt sind. Bei diesen haben alle Verzückungen und körperlichen Peinen ein Ende, sie erfreuen sich der Freiheit des Geistes, ohne daß sie der sinnliche Teil verfinstert oder ablenkt."[16]

Hier kommt es dann zu einer völligen Ausschaltung des Körperbezugs und das psychisch-geistige Ergriffensein erreicht eine Höchstform der Ekstase, wie THERESIA von Avila schreibt:

16 JOHANNES vom Kreuz: Dunkle Nacht (1940), S. 69 – 70.

„Wenn der Herr die Seele zur Verzückung erheben will, wird ihr der Atem derart entzogen, daß sie durchaus nicht mehr sprechen kann. Die übrigen Sinne bleiben manchmal noch kurze Zeit frei, manchmal aber werden sie plötzlich alle miteinander entrückt. Es erkalten die Hände und der ganze Leib, so daß es den Anschein hat, die Seele sei entwichen; manchmal merkt man es nicht einmal, ob der Leib noch atmet. Dieser Zustand dauert in einem fort nur eine kurze Zeit. Sobald diese gewaltige Entrückung etwas nachläßt, scheint der Körper wieder einiges Leben zu gewinnen und atmet wieder auf, um aufs neue zu sterben und der Seele ein neues Aufleben zu verschaffen; so währt denn bei all dem diese so große Ekstase nie lange.
Indessen kommt es doch vor, daß nach dieser Entrückung der Wille noch versenkt bleibt und der Verstand so verloren ist, daß er scheinbar nur auf das achten kann, was den Willen zur Liebe anzuregen vermag; denn davon ist er jetzt ganz eingenommen, während er sich den Geschöpfen gegenüber wie schlafend verhält und kein Verlangen hat, sich irgendwie damit zu beschäftigen. Dies dauert einen Tag oder auch mehrere Tage so fort.“[17]

a) Primäre Merkmale

So ist die Ekstase, kurz zusammengefaßt, durch folgende Merkmale gekennzeichnet:

- Volle *Inanspruchnahme* durch eine psychische oder geistige Erfahrung. Die Person wird vom Inhalt der Kontemplation überwältigt.
- Die *Aufhebung des Umweltbezugs* läßt die Person nach außen oft wie tot erscheinen (*Biokömese*). Sie atmet, ist sich dessen aber nicht bewußt. So sagt die hl. THERESIA: Die Geistesentrückung

  „vollzieht sich in einer Weise, daß es wahrhaft den Anschein hat, der Geist scheide vom Leibe; und doch ist es andererseits gewiß, daß die Person nicht tot ist. Sie kann indessen, wenigstens für einige Augenblicke, selbst nicht sagen, ob die Seele im Leibe ist oder außer dem Leibe. Ist sie aber wieder zu sich gekommen, so meint sie, in einem ganz anderen Lande gewesen zu sein als da, wo wir leben“[18].

- Die *Reduzierung der Sensibilität* den äußeren Reizen gegenüber kann alle Sinne oder auch nur einzelne betreffen.
- Aufgrund der *gänzlichen Identifikation* des Ichs mit den psychischen

17 Die Seelenburg, S. 147 – 148.
18 Ebd., S. 153.

oder geistigen Erfahrungen kann der ekstatische Zustand sowohl als Quelle des psychischen Wohlergehens im Empfinden und Fühlen als auch der geistigen Freude und der Erkenntnis betrachtet werden.

❍ Der *vollständige Bezugsverlust* zu anderen Erfahrungen, Erinnerungen und Vorstellungen aufgrund der völligen Identifikation mit den überwältigenden Erfahrungen führt nicht zum Verlust, sondern zur Stärkung des Ichs, indem es gänzlich zum inneren Akteur wird.

❍ Die *Minderung der körperlichen Bewegungen* bis zur Unbeweglichkeit kann eine Vielfalt von Modifikationen aufweisen. Im allgemeinen behält der Körper die Haltung ein, die er beim Ergriffenwerden (*raptus exstaticus*) einnahm.

b) Sekundäre Merkmale

Als sekundäre oder begleitende Merkmale der Ekstase können folgende unterschieden werden:

1) Außerkörperliche Erfahrungen:

- Beobachtung des Körpers von außen;
- Reisen durch verschiedene Gegenden;
- Begegnung mit lebenden und toten Personen;
- Ablaufen des eigenen Lebensfilms;
- Erblicken der Lebensschnur, die das Ich mit dem Körper verbindet;
- Erspüren der Anwesenheit von Geistern, Heiligen und Engeln; usw.

2) Somatische Reaktionen:

- Empfindungen und Gefühle können sich in der Physiognomie als Ausdruck der Freude, der Liebe und des Schmerzes widerspiegeln.
- Empfindungen, Gefühle, Vorstellungen und Eindrücke können sich am Körper als Blutschwitzen, Stigmatisation, Schmerzen und spezifische Empfindungen niederschlagen.
- Die vollständigste und umfassendste Beanspruchung des Körpers ist die *Levitation* (Josef von *Copertino*).
- Mitunter kommt es zu krampfartigen *Kontraktionen* der Extremitäten.

Die ekstatische Somatisation ist jedoch nie gesundheitschädlich.

3) Dauer:
Die *Dauer* der Ekstase ist, wie wir gesehen haben, sehr variabel. Sie kann einige Sekunden bis mehrere Tage in Anspruch nehmen. Ganz allgemein kann aber gesagt werden, daß die Ekstase um so kürzer ausfällt, je tiefer sie ist.

4) Vorbereitung:
Die unmittelbarste und eigentliche *Vorbereitung* der Ekstase besteht in einer lebhaften bildlichen oder gedanklichen Vorstellung. Es ist immer das inhaltliche Erlebnis, die Kontemplation einer Aussage, die eine ekstatische Entrückung hervorruft und aufrechterhält, wenngleich eine solche Konzentration unter Umständen völlig unbewußt erfolgt. So sagt die hl. THERESIA:

> „Zuweilen geschieht es, daß man urplötzlich eine rasche Regung der Seele wahrnimmt und der Geist mit einer solchen Schnelligkeit hingerissen zu werden scheint, daß man, besonders am Anfang, von großer Furcht befallen wird.“[19]

c) Unterscheidungsmerkmale

Die eigentliche Ekstase ist zu unterscheiden von:

1) der *Katalepsie* oder *Flexibilitas cerea*, dem anhaltenden Verharren in einer bestimmten, selbst unbequemen, Körperhaltung durch Erhöhung der Muskelspannung. Dabei wird den passiven Bewegungen ein „wachsartiger“ Widerstand (*Flexibilitas cerea*) entgegengesetzt. Die Katalepsie zeigt sich bei (katatoner) Schizophrenie, nach Enzephalitiden und zuweilen auch bei (konversions-)neurotischen Störungen, wie:
- *organischen Psychosen*
- *hysterischen Reaktionen*
- *schizophrenen Reaktionen*

Diesen Verhaltensformen mangelt es an Ruhe und Inhalt der psychischen und geistigen Identifikation. Es handelt sich dabei meist um Formen der Ohnmacht oder der zwanghaften Fixierung.

2) der *Liebesekstase*, der Überwältigung von den eigenen Gefühlen
3) der *sexuellen Ekstase*, der Überwältigung von der eigenen Vitalität.

19 Ebd., S. 150.

d) Natürliche und religiöse Ekstase

Die Unterscheidung zwischen *natürlicher* und *religiöser* Ekstase kann nur unter dem Aspekt des psychischen und geistigen Inhalts erfolgen, der die Ekstase auslöst oder der sich während der Ekstase einstellt. Ein eventueller transzendenter oder göttlicher Einfluß ist empirisch nicht meßbar. Dieser Einfluß könnte daher nur in Verursachung, Richtung, Inhalt und Reaktion erfolgen, und zwar in Form einer Initialursache mit Verstärkung von Erfahrung, Vorstellung, Denken und ekstatischen Reaktionsmechanismen, aber auch in Form einer Inspiration oder Privatoffenbarung.

2. Die Psychostase

Die *Psychostase* bezeichnet einen Bewußtseinszustand allgemeiner psychischer und geistiger Ruhe des Selbst mit emotionaler Dominanz, der auf somatischer Ebene als völlige körperliche Entspannung bis hin zur Biokömese, dem Körperschlaf, ja sogar bis zum Scheintod führen kann.

Die Person erlebt eine *ozeanische Entgrenzung*, indem sie sich in eine kosmische Einheit versenkt und jegliche Kontrolle des Selbst aufhebt. Die Grenzen von Subjekt und Objekt zwischen Ich und Umwelt lösen sich auf. So sagt Swami BRAHMANANDA:

> „Schließlich öffnet sich das ‚Auge der Weisheit', und das Unendliche wird unmittelbar wahrgenommen. Ah, hier ist ein anderes Reich, jenseits des Universums! Die Welt versinkt in nichts. Der Geist scheint sich aufzulösen und fließt über ... Dann kommt ... Samadhi, das höchste, überbewußte Erlebnis – die absolute Vereinigung. Diese Erfahrung ist jenseits von Gedanken und Worten. Nichts ist zu sehen! Nichts ist zu hören! Unendlichkeit! Unendlichkeit allein! Es ist ein unmittelbares Erlebnis. Dieser Bewußtseinszustand ist ‚jenseits von Dualität und Nicht-Dualität'. Wer ihn erreicht, kann nur mit großer Anstrengung in die ihm unwirklich dünkende Welt der Erscheinungen zurückkehren.[20]

Swami YOGANANDA Paramahansa goß dieses Erleben in folgende Verse:

20 Nach Rene BÜTLER: Die Mystik der Welt (1992), S. 295 – 296.

„Entschwunden die Schleier von Licht und Schatten,
zerflossen die Nebel all meiner Schmerzen,
verblichen des Morgenrots flüchtige Freuden,
zerronnen die Fata Morgana der Sinne ...
Gegenwart, Vergangenheit, Zukunft,
sie existieren nicht mehr ...
Erkennen, Erkennender und Erkannter sind Eins!
Ruhige, unverminderte Seligkeit – ewiges Leben –
ewig neuer Friede.
Freude jenseits aller Vorstellungskraft, Samadhi, Seligkeit!
Aus Freude bin ich gekommen,
aus Freude lebe ich,
in heilige Freude gehe ich wieder ein.“[21]

Der große Sufi-Mystiker Dschelaleddin RUMI gibt folgende Anweisung, um den Zustand der Psychostase zu erleben:

„Und denke so inständig Gottes, bis selbst du ganz dich vergißt,
Daß du im Gerufenen aufgehst, wo Rufer und Ruf nicht mehr ist.“[22]

In der christlichen Mystik wird dieser Zustand als wonnige Einheit mit Gott beschrieben, wie BERNHARD von Clairvaux sich ausdrückt:

„O Ort des wahren Friedens, dich möchte ich meine Wohnung nennen! O selige Kammer, wo Gott nicht geschaut wird wie im aufgebrachten Zorne oder in sorgender Herrschaft Gewalt, sondern wo sein Wille ganz Heilswille ist, wohltätig und vollkommen! Schauung nicht des Schreckens, sondern liebreicher Kosung, wo nicht ermatten die Sinne, sondern ruhig schlummern, in wahrhafter Ruhe. Der ruhige Gott gibt allem Ruhe. Und ein ruhiges Schauen heißt ruhen.“[23]

Solche Erlebnisse wirken tief und bleiben unvergeßlich, denn, so sagt die hl. THERESIA,

„die genannten Schauungen bleiben dem Gedächtnis so tief eingeprägt, daß sie die Seele meines Erachtens nie wieder vergessen kann“[24].

So ist die Psychostase das vornehmliche Ziel aller Meditations- und Regressionstechniken, um zur Erfahrung der kosmischen Einheit zu gelangen, ausgefüllt mit emotionaler Ruhe, frei von jedem Umweltbezug. Diese Fluchtversuche in die Psychostase unter Anwendung der

21 Ebd., S. 296.
22 Annemarie SCHIMMEL: Rumi (1980), S. 167.
23 Otto KARRER: Der mystische Strom (1977), S. 350.
24 Die Seelenburg, S. 155.

verschiedensten Entspannungstechniken und zuweilen auch von Drogen hebt sich jedoch von der Psychostase der Mystiker ab, für die sie zur lebensgestaltenden und lebensweitenden Erfahrung wird, die nicht erzwungen, sondern nur empfangen werden kann.

3. Pneumostase

Die *Pneumostase* ist der Bewußtseinszustand der geistigen Begegnung des Selbst mit dem Wesen der lebenden und unbelebten Dinge. Diese Begegnung erfüllt den Geist mit einer unbeschreiblichen Erfüllung, die von der Überzeugung getragen wird, daß der Geist das Wesen selbst der Welt ergründe und erkenne. In diesem Zustand sieht man nicht, hört man nicht, versteht man nichts mehr, man kann für kurze Zeit sogar das Bewußtsein des eigenen Selbst verlieren. In solchen Momenten kann die Person die Trennung der Psyche vom Geist erleben. Der Geist löst sich von den Zwängen der Wünsche und erfreut sich der Betrachtung des Pleroma, der Fülle, wobei er den Körper verläßt, der sich in einem Zustand des Scheintodes befindet. Es handelt sich hier um jene geistige Erfahrung, in der sich dem Geist des Menschen die Unendlichkeit einer absoluten Seligkeit auftut, die in der *unio mystica* ihre höchste Vollendung findet, wie dies JOHANNES vom Kreuz in seinem *„Gesang der Seele in der inngisten Vereinigung mit Gott“* und dem anschließenden Kommentar zum Ausdruck bringt:

1. O Liebesflamme, die nur Leben spendet
Und die so zart mir schlägt manch’ tiefe Wunde
In meiner Seele allertiefstem Grunde!
Schon ist das Schreckliche in Lust gewendet.
Mach Schluß, falls mir dein Wille diesen gebe,
Zerreiß’ der süßen Einigung Gewebe.

2. O Feuerbränd’, die lieblich mich durchbeben !
O wonnevolle Wunde, segensreich!
Du, sanfte Hand, berührst so zart, so weich
und gibst den Vorgeschmack vom ew’gen Leben,
Bezahlest aller Schulden harte Last,
Die tötend du den Tod in Leben wandelt hast,

3. Ihr Feuerlampen, voll von Glanz und Gluten,
Inmitten deren gold’ner Strahlenhelle

Die tiefen Höhl'n des Sinn's bis in die tiefste Stelle,
– Einst blind und finster – jetzt mit Lichtesfluten
Durchglüht, in ungewohnter Fülle weih'n
Ihr Licht und Wärm' dem Liebsten im Verein.

4. Wie du mit sanftem Grüßen
Erwachst und mit Gekose
Im Schoß mir, wo allein du weilst geheime!
Mit deinem Hauch ergießen
Des Himmels reiche Lose
Sich in die Seele mir und minn'ge Träume.[25]

„Wenn die Seele sich ganz entflammt fühlt in der Vereinigung mit Gott, wenn ihr Geschmacksinn ganz durchflossen ist von seliger Liebe, ja bis ins Innerste ihres Wesens mit einem Übermaß von Wonne ganze Ströme von Seligkeit fluten, wenn sie fühlt, wie aus ihrem Innern Ströme lebendigen Wassers hervorbrechen, die nach den Worten des Sohnes Gottes von solchen Seelen ausgehen, so kommt es ihr vor, sie sei schon so wirksam in Gott umgewandelt, so mächtig von ihm ergriffen und so überreich mit Gaben und Vorzügen ausgestattet, daß nur mehr ein leichtes und dünnes Gewebe sie von der ewigen Seligkeit trennt. Und weil sie sieht, daß diese zarte, in ihr brennende Liebesflamme jedesmal, wenn sie von ihr ergriffen wird, sie gleichsam verklärt in süßer und innig beglückender Seligkeit, so ist sie bei jedem Einwirken dieser verzehrenden Flamme der Meinung, es werde das Gewebe des irdischen Lebens zerrissen und sie gelange in den Besitz der ewigen Seligkeit und des ewigen Lebens."[26]

Nach Eintritt in diesen Zustand des Glückes ist die Seligkeit sehr nahe. Dieses Glück besteht jedoch nicht in der Erfüllung unserer Wünsche, sondern in der Erfahrung der Gegenwart des Heiligen Geistes, „den die Seele nunmehr in sich fühlt"[27].

4. Glückseligkeit

Dieses Innewohnen Gottes erhält seine letzte Vollendung erst nach dem *Durchgang durch die Thanatose*, so daß die Erfahrungen der

25 JOHANNES vom Kreuz: Lebendige Liebesflamme (1952), S. 5. Die metrische Wiedergabe wurde von Dr. Bernard Panzram verfaßt.
26 Ders., ebd., S. 6.
27 Ders., ebd., S. 7.

Pneumostase an der Nahtstelle zur endgültigen Seligkeit den Wunsch nach einem Abschied von dieser Welt aufkommen lassen:

> „Und weil nur so wenig fehlt und die Seele durch dieses Hindernis vom wirklichen Besitz der Seligkeit getrennt ist, so spricht sie in heftigem Sehnsuchtsdrang zur Flamme, d. h. zum Hl. Geiste, er möge doch ihr sterbliches Leben bei dieser süßen Begegnung beendigen und ihr wirklich einmal die volle und ganze Beseligung verleihen, die er ihr bei seiner Begegnung nur scheinbar gewähren und verleihen will."[28]

C) DIE HYPNISCHEN ZUSTÄNDE

Die *hypnischen Bewußtseinszustände* sind im Gegensatz zu den Erhöhten Zuständen durch eine *Bewußtseinseinengung* und eine *Bewußtseinssenkung* gekennzeichnet, verbunden mit einer Modifizierung der somatischen Funktionen. Hierzu sind vor allem Schlaf, Trance und Biokömese zu zählen.

1. Schlaf

Der *Schlaf* ist ein Zustand herabgesetzter Bewußtseins- und Funktionsfähigkeit, hervorgerufen durch sensorische Hemmung aufgrund von Ermüdung zwecks körperlicher, psychischer und geistiger Regeneration. Er ist gekennzeichnet durch Periodizität, Verlust der Vigilanz, verschiedene Stadien der Gehirnaktivität und durch Träume. Da der Schlaf für unser Thema nur im Zusammenhang mit Schlafstörungen und Träumen von besonderer Bedeutung sein kann, jedoch keine speziellen religionspsychologischen Merkmale aufweist, darf auf die diesbezüglich einschlägige Literatur verwiesen werden.

2. Trancezustände

Die *Trance* (transitus = Übergang) bezeichnet ganz allgemein den Zustand des Übergangs vom Protobewußtsein zur Hypnose und be-

28 Ders., ebd., S. 6/7.

steht in einer Bewußtseinseinengung durch Konzentration auf einen Erfahrungsbereich mit Abschwächung von Denken, Wollen, Wahrnehmen und Kontrolle der Körperhaltung. Sie kann durch monotone Rhythmen, physische Erschöpfung und Erwartungshaltung hervorgerufen werden, wobei im Gegensatz zum Schlaf das Bewußtsein durch die Konzentration auf einen Erfahrungsbereich und im Gegensatz zur Hypnose die Selbststeuerung nicht völlig aufgehoben werden.

Die hier angesprochenen veränderten Bewußtseinszustände weisen vor allem folgende Merkmale auf:

- Änderungen im Denken
- Änderungen im Zeitempfinden
- Änderung der Selbst- und Verhaltenskontrolle
- Änderung im emotionalen Ausdruck
- Änderung im Wahrnehmungsverlauf
- Änderung in der Bedeutungswertung
- Sinn für das Unbeschreibliche
- Gefühl für Verjüngung
- Hypersuggestibilität im Wahrnehmungsbereich der Konzentration.

Im Einzelnen lassen sich daher die verschiedensten Formen von Trance unterscheiden, von denen hier nur einige Grundformen genannt werden können.

a) Allgemeine Trance

Es gehört zur Eigenart des Bewußtseins, daß es die eigenen Grenzen und die veränderten Zustandsformen im Augenblick ihrer Erfahrung nicht erkennt, sofern es von der gegebenen Erfahrung voll erfaßt wird. So ist sich der Mensch im allgemeinen der vielen kleinen Veränderungen seines Bewußtseins im alltäglichen Leben nicht bewußt.

Die sogenannten *zirkadianen Rhythmen* bewirken in periodischer Abfolge innerhalb des 24-Stunden-Tages Stimmungsänderungen, Arbeitseffizienz- und Bewußtseinsschwankungen. Innerhalb dieses zirkadianen Rhythmus treten noch sogenannte *ultradiane Rhythmen* auf, die mit noch kürzeren psychophysiologischen Prozessen von 90 bis 120 Minuten zusammenhängen.

Als auffallendste Merkmale der *Allgemeinen Trance* können folgende ausgemacht werden:

- *Parasympathische Dominanz*, verbunden mit Entspannung;
- *Pupillenerweiterung* beim Einstieg in die Trance oder beim Wahrnehmen eines trancefördernden Inhalts; der Lidreflex nimmt im allgemeinen ab, Augapfel und Kehlkopf bewegen sich weniger.
- *Veränderte Körperhaltung:* Das auffallendste Merkmal der Allgemeinen Trance bilden jedoch jene zahlreichen Formen von Körperbewegungen und Körperhaltungen, die nicht wahrgenommen und nicht erinnert werden. Die betreffende Person handelt so, als würde sie die äußeren und inneren Reize nicht wahrnehmen oder nicht darauf reagieren, sondern sich in ihrer eigenen Welt befinden. Diese Teilnahmslosigkeit bezieht sich jedoch nur auf die Reize, die außerhalb des fixierten Erfahrungsbereiches liegen, während für den anvisierten Bereich auch die komplexesten Handlungen ausgeführt werden.

Die häufigsten *Körperhaltungen*, die dabei eingenommen werden, sind unter anderem Kreuzung der Füße, Neigung des Kopfes, langsame Beantwortung von Fragen in tieferer Stimmlage, verminderter Muskeltonus und langsamere Körperbewegungen.

Alles steht im Dienst der eingeschränkten und abgeschwächten Bewußtseinskonzentration und wird von dieser bestimmt. Es geht hier um jene Augenblicke, in denen sich der völlig normale Mensch Illusionen, Augenblickshalluzinationen und Vorstellungen akustischer wie visueller Natur hingibt, was vor allem der Ausspruch: „Ich war einen Augenblick weg" so treffend bezeichnet. Es kann sich aber auch nur um Sensibilitätsmodifizierungen von „warm" zu „kalt" oder um Wahrnehmungshemmungen handeln, die in den Aussagen „ich habe nichts gehört", „ich habe nichts gesehen", „ich habe nichts gespürt" zum Ausdruck kommen. Ebenso können, wie erwähnt, leichte Erinnerungslücken auftreten: „es liegt mir auf der Zunge", „was habe ich gerade gesagt?" Hinzu kommt meist noch eine Einschränkung des Zeitempfindens und der Aufmerksamkeit, so daß man nach wenigen Minuten überrascht ist, daß die Zeit so rasch oder so langsam vergangen ist.

All diese Unterbrechungen der linearen Handlung und der logischen Denkabfolge beinhalten unter anderem eine natürliche Periode der Rückkehr von der Vigilanz zum Protobewußtsein oder zumindest des sozialen Nicht-Verpflichtet-Seins von Vigilanz und Protobewußtsein im Sinne periodischer Regeneration.

b) Besessenheitstrance

Bei der *Besessenheitstrance* kommt zu den Merkmalen der Allgemeinen Trance noch der Aspekt der *Besetzung* durch ein anderes Wesen hinzu. In manchen Kulturen sind Form, Praxis, Erfahrung und Bedeutung der beobachtenden Gemeinde bekannt, weshalb die Besessenheitstrance als allgemeine soziale Erfahrung und nicht als eigentliche Besessenheit verstanden wird. Es handelt sich dabei um ein innerpersönliches Ereignis, das selbst induziert, von einem Heiler oder einer religiösen Handlung als Teil der Durchführung eines Exorzismus hervorgerufen, aber auch als Manifestation einer Besessenheit erfahren werden kann. In all diesen Fällen ist dieses innerpersönliche Ereignis der Besessenheitstrance einmalig und zuweilen sogar außergewöhnlich, doch wird es im Kontext spezieller Riten und Aktivitäten einer Gemeinde als völlig normale Ausdrucksform betrachtet.

c) Neurotisches Besessenheitsverhalten

Das *neurotische Besessenheitsverhalten* weist im Gegensatz zur Besessenheitstrance keine spezifischen Bewußtseinsinhalte auf, sondern zeigt nur Verhaltensmuster, die von der betreffenden Gesellschaft als außergewöhnliches bis pathologisches Verhalten eingestuft werden. Es steht sowohl für Symptomausdruck als auch für Symptomlösung. So wird das Besessenehitsverhalten von manchen Kulturgruppen als Form der Konfliktaustragung anerkannt.

d) Psychotisches Besessenheitsverhalten

Zum *psychotischen Besessenheitsverhalten*, das oft fließende Übergänge zur neurotischen Form aufweist, zählt man eine Reihe kulturgebundener reaktiver Syndrome, wie *Amoklaufen, Latah* (das zwanghafte Nachahmen von Handlungen bei Malayen, Afrikanern und Lappländern), *Pibloko* (auch „arktische Hysterie“ genannt: ein- bis zweistündige Anfälle, vor allem bei Frauen, mit tierischen Schreien und Zerreißen der eigenen Kleider; nach dem Anfall sind die Personen völlig normal), *Witiko* (die Angst, in ein Monster verwandelt zu werden) oder gewisse Verhaltensmuster des *Voodoo-Rituals*. Die Syndrome sind charakterisiert durch stereotype Bewegungen, Stellungen und

Äußerungen psychotischen Ausmaßes, das kulturell eindeutig als pathologisch bezeichnet wird.

3. Hypnose

Die *Hypnose* ist ein *veränderter Zustand* des Verhaltens und des Bewußtseins mit erhöhter Aufmerksamkeitsfokussierung, gesteigerter Vorstellungskraft und verstärkter Flexibilität im Wahrnehmen, Denken und Fühlen, hervorgerufen durch Selbstinduktion in Form von Selbsthypnose oder Fremdhypnose. D. h. die Hypnose ist immer Selbsthypnose. Sie wird zuweilen auch hypnotische Trance genannt, doch ist für die Hypnose ein spezifischer Trancezustand weder notwendig noch physiologisch nachweisbar, da das EEG im Verhältnis zu anderen entspannten Zuständen nur leicht verlangsamt ist. Außerdem ist die verstärkte Flexibilität in Wahrnehmen, Denken und Fühlen Fremdsuggestionen von außen sehr zugänglich, während in der Trance der Bezug zur Außenwelt mehr oder weniger aufgehoben ist, so daß hier die Hypnose vor allem auch aufgrund ihrer Abhängigkeit vom Hypnotiseur als besondere Form der hypnischen Zustände angeführt wird.

Die in Hypnose intensivierte Vorstellungskraft ermöglicht es, die innere Welt (Überzeugungen, Gefühle und körperliche Empfindungen, das Denken, das innere Gespräch usw.) leichter zu rekonstruieren oder neue Konstrukte einzuführen, indem Elemente voneinander getrennt, zusammengefügt oder neu hinzugenommen werden. Außerdem sind Rückführungen in die persönliche Lebensgeschichte und sogenannte posthypnotische Aufträge möglich, was andererseits bis zur völligen Abhängigkeit vom Hypnotiseur führen kann.

So ist die lebensfördernde Anwendung der Hypnose in Therapie und Verhaltensmodifikation in hohem Maße vom therapeutischen Können und der persönlichen Verantwortung des Hypnotiseurs abhängig.

4. Biokömese

Die *Biokömese* bezeichnet den natürlich oder künstlich hervorgerufenen Zustand des „verlangsamten“ Lebens des Organismus von völliger Entspannung bis zur Unbeweglichkeit. Dieser Begriff (bios = lebender Organismus, koimesis = Schlaf: Körperschlaf) wurde 1954 vom französischen Arzt Colonel JAULMES zur Bezeichnung des Zustandes des verlangsamten Lebens eingeführt[29], das vor allem im Winterschlaf der Tiere und bei künstlicher Abkühlung des Organismus, aber auch bei Reaktionsformen wie Ohnmacht, Totstellung, speziellen Atem- und Yogaübungen, Zuständen des Protobewußtseins, der Luzidität, Ekstase, Psychostase, Pneumostase, Trance, des Schlafes und der Hypnose auftritt bzw. auftreten kann. Damit ist auch gesagt, daß es zwischen all diesen Zuständen einen Übergang zur Biokömese gibt und umgekehrt, je nachdem wo der Ausgangspunkt des veränderten Bewußtseinszustandes gelegen ist.

So berichtet Dr. F. W. *Wesener* von Anna Katharina *Emmerich*:

> „Sie lag nun noch eine Weile mit schneller, sehr vernehmlicher Respiration. Auf einmal hörte diese auf, und es war nicht möglich, auch nur den geringsten Atemzug zu bemerken. Nur am Torax konnte man bei genauerem Zusehen einige Bewegung vernehmen. Sie war auch nun steif wie eine Bildsäule, wovon sich mein Herr Kollege wiederholt überzeugte und, was das Merkwürdigste ist, alle Muskeln und Flechsen, die wir untersuchen konnten, waren in einem erschlafften Zustande...
> Ich fragte sie nun, wo sie wieder gewesen sei? Sie sagte, sie sei auf einer Stelle gewesen, wo sie sehr nötig gewesen; sie habe gebetet und es sei doch gut gegangen.“[30]

Die Biokömese kann also von einem überwachen Zustand, ja sogar von Vigilanz begleitet sein. So verteidigen sich Tiere, wenn sie in der Biokömese äußeren Gefahren ausgeliefert sind, dank spezieller Mechanismen der Hypervigilanz, die in der Lage sind, sie im Falle einer Gefahr rasch zu wecken. Auch beim Menschen sind solche Übergänge bekannt. So sah Maria *Rottolo* in einem Zustand der Biokömese Diebe in ihrem Hause, was sich genau bewahrheitete.[31]

29 Vorwort zum Buch von H. LABORIT: Pratique de l'hibernotherapie en chirurgie et en médicine (1954).

30 P. Winfried HÜPFNER (Hg.): Tagebuch des Dr. med. Franz Wilh. Wesener über die Augustinerin Anna Katharina Emmerick (1926), S. 60.

31 A. ROCHAS: La suspension de la vie (1913), S. 60.

D) LETHARGISCHE ZUSTÄNDE

Die *lethargischen Zustände* sind gekennzeichnet durch die Herabsetzung der Körperfunktionen bis zum Funktionsstillstand. Sie beinhalten zwei Zustände, die *Biostase* und die *Thanatose*, von denen der erste reversibel, der zweite irreversibel ist.

1. Biostase

Die *Biostase* ist der Zustand des völligen Stillstandes der Lebensfunktionen ohne somatische Veränderungen. Dieser Stillstand bildet daher die theoretische Grenze der Verlangsamung der Biokömese, bei der die Körperfunktionen noch aufrecht bleiben. Der Zustand der Biostase muß daher vom funktionellen Tod unterschieden werden, weil die Empfänglichkeit für spontane oder provozierte Wiederbelebung erhalten bleibt. Daher kann die Biostase auch als *suspendiertes Leben* oder als *Scheintod* bezeichnet werden. Im Einzelnen können verschiedene Formen unterschieden werden, wie die Kältebiostase bei Ertrinkenden, die lethargische Biostase beim Schock durch Sauerstoffentzug und die Agoniebiostase beim klinisch toten Zustand. Bei letzterem lassen sich nach H. LARCHER anhand der zahlreichen Erfahrungsberichte von Personen, die Erfahrungen in Todesnähe hatten, folgende Grundmerkmale ausmachen:

„1. *Schmerz* und *Angst* werden von einem unbeschreiblichen Empfinden des Wohlergehens abgelöst;
2. das Empfinden, den *Körper* zu verlassen;
3. der Einstieg in einen *Tunnel* wird oft von auditiven Eindrücken begleitet;
4. zuweilen *Begegnung* mit lieben Wesen, Verwandten, wohltätigen Wesenheiten;
5. Aufstieg zu einem *strahlenden Licht* der Liebe;
6. zuweilen die Möglichkeit der *Wahl* zwischen einer Fortsetzung des ‚Weges' und einer Rückkehr, oft aus Bedauern und wie aus einer Verpflichtung, zu den irdischen Schmerzen;
7. *Rückkehr* in den Körper.
Diese Etappen zeigen sich nicht immer in der gleichen Reihenfolge und weder vollständig noch ohne Variationen. Einige können fehlen und andere Phänomene können sich anschließen, wie z. B.

8. die *Lebensschau* in einer Form, als ob die Person in einem Augenblick die Erinnerung oder die Wiederholung des Ablaufes ihrer ganzen Existenz erhalte;
9. das *partikuläre Urteil* ihrer Handlungen und deren Folgen für andere."[32]

2. Thanatose

Die *Thanatose* ist der Zustand des *suspendierten Todes* oder des Scheinlebens, der Kampf des Soma gegen seine Vernichtung wie bei der Unverweslichkeit des Körpers. Von der Thanatose gibt es keine Rückkehr zum Leben, weshalb wir darüber auch keine Informationen haben. In diesem Zustand kann man nicht selten beobachten, daß nicht alle Teile des Körpers gleichzeitig absterben und daß zuweilen postmortal Automatismen weiterbestehen, als ob die Motorik, die als erste nach der Geburt in Erscheinung tritt, auch als letzte sterben würde. So wird z. B. von Schwester *Maria* von Jesus dem Gekreuzigten (Mirjam *Bauardy*), die am 26. August 1878 in Bethlehem starb, folgendes berichtet:

> „Als die Leiche auf die Bahre gelegt worden war," fährt die Erzählerin fort, „sah man dreimal, wie die Arme sich über die Bahre hinaus ausbreiteten. Nachdem unsere ehrwürdige Mutter sie mehrmals zurückgebogen hatte, sagte sie ihr: ‚Mein Kind, im hl. Gehorsam lasse die Arme gekreuzt, damit man den Sarg schließen kann.'
> Und das teure Kind, das den Gehorsam während seines Lebens bis zum Wunder geübt hatte, gehorchte noch in seinem Tod, und die Arme blieben unbeweglich."[33]

Die Thanatose ist daher als Übergang zur Glückseligkeit zu verstehen, die ihrerseits an die Pneumostase angrenzt, womit sich der Kreis schließt. So sagt JOHANNES vom Kreuz:

> „Nun sieht die Seele, daß ihr sonst nichts mehr fehlt, als daß das feine Gewebe des natürlichen Lebens zerreißt, in welchem sie sich verstrickt, gefangen und ihrer Freiheit beraubt fühlt. Und so verlangt sie

32 Hubert LARCHER: Schlaf, Traum, Hypnose, Biokömese, Thanatose (1990), S. 540 – 541.

33 Amédée BRUNO: Miriam, la petite Arabe (1985), S. 152. Vgl. auch Benedikt STOLZ: Mirjam von Abellin (1988), S. 84.

aufgelöst zu werden und bei Christus zu sein und findet es als Qual, daß ein so armseliges und schwaches Leben sie hindern könne an der Besitznahme des anderen, so erhabenen und unvergänglichen Lebens. Deshalb bittet sie um Auflösung desselben mit den Worten: ‚Zerreisse das Gewebe der süßen Begegnung'."[34]

Literatur

BRUNO, Amédée: Miriam, la petite Arabe. – Mulhouse: Salvator, 1985.

BÜTLER, Rene: Die Mystik der Welt: Quellen und Zeugnisse aus vier Jahrtausenden. Ein Lesebuch der mystischen Wahrheiten aus Ost und West. – München: O. W. Barth Verlag, 1992.

DITTRICH, Adolf: Empirische Dimensionen veränderter Bewußtseinszustände: Zwischen Himmel, Hölle und Visionen. In: A. RESCH: Veränderte Bewußtseinszustände: Träume, Trance, Ekstase. – Innsbruck: Resch, 1990 (Imago Mundi; 12), S. 73 – 116.

FANDERL, Wastl: Die Wassertrinkerin von Frasdorf: ein Lebensbild der Maria Furtner, Bauerstocher von Weizenreit. – Prien a. Chiemsee: Ecora, 1985.

FREUD, Sigmund: Gesammelte Werke. Bd. XIV – XVII.

HÜPFNER, P. Winfried (Hg.): Tagebuch des Dr. med. Franz Wilh. Wesener über die Augustinerin Anna Katharina Emmerick unter Beifügung anderer auf sie bezüglicher Briefe und Akten. – Würzburg: St. Rita-Verlag, 1926.

JOHANNES vom Kreuz: Dunkle Nacht. Zweiter Band der sämtlichen Werke von Johannes vom Kreuz. – München: Kösel-Pustet, 1940.

JOHANNES vom Kreuz: Lebendige Liebesflamme. Dritter Band der sämtlichen Werke von Johannes vom Kreuz. – 3., unveränd. Aufl. – München: Kösel, 1952.

KARRER, Otto: Der mystische Strom (Textgeschichte der Mystik I). – 2. Aufl. – München: Ars Sacra Josef Müller, 1977.

LABORIT, H.: Pratique de l'hibernotherapie en chirurgie et en médicine. – Paris: Masson, 1954.

LARCHER, Hubert: Medizinische und psychologische Aspekte der Mystik. In: A. RESCH: Mystik. – 2. Aufl. – Innsbruck: Resch, 1984 (Imago Mundi; 5), S. 281 – 352.

LARCHER, H.: Schlaf, Traum, Hypnose, Biokömese, Thanatose. In: Andreas RESCH: Veränderte Bewußtseinszustände: Traum, Trance, Ekstase. – Innsbruck: Resch 1990 (Imago Mundi; 12), S. 540 – 541.

LHERMITTE, Jean: Echte und falsche Mystiker. – Luzern: Räber, 1953, S. 51.

Liber fundationis ecclesiae S. Bartholomei Londoniarum (12. Jh.). In: Peter DINZELBACHER (Hg.): Mittelalterliche Visionsliteratur: eine Anthologie. – Darmstadt: Wissenschaftliche Buchgesellschaft, 1989.

RADHAKRISHNAN, Sarvepalli: Meine Suche nach Wahrheit. – Gütersloh: Bertelsmann, 1961.

34 JOHANNES vom Kreuz: Lebendige Liebesflamme, S. 32.

RESCH, Andreas: Aspekte der Paranormologie: die Welt des Außergewöhnlichen. – Innsbruck: Resch, 1992 (Imago Mundi; 13).

ROCHAS, A.: La suspension de la vie. – Paris: Darbon, 1913.

SCHIMMEL, Annemarie: Rumi: Leben und Werk des großen Mystikers. – 2. Aufl. – Düsseldorf; Köln: Diederichs,1980.

<Die> Seelenburg der Heiligen Theresia von Jesu. Fünfter Band der sämtlichen Schriften von Theresia von Jesu. Übersetzt und bearbeitet von Aloysius Alkofer. – München; Kempten: Kösel, 1952.

STOLZ, Benedikt: Mirjam von Abellin: Flamme der göttlichen Liebe. – 3. Aufl. – Jestetten: Miriam-Verlag, 1988.

Jean-François VILLEPELÉE: Die Torheit des Kreuzes: die heilige Gemma Galgani 1878 – 1903. Bd. 1. Der Aufstieg einer Seele. – Hauteville: Parvis Verlag, 1978.

WOLMAN, Benjamin B.: Protoconscious and Psychopathology. In: Benjamin B. WOLMAN / Montague ULLMANN (Hg.): Handbook of States of Consciousness. – New York: Van Nostrand Reinhold Company Inc., 1986, S. 311 – 331.

MARCO MARGNELLI – GIORGIO GAGLIARDI

EKSTASEN BEI MARIENERSCHEINUNGEN
Ein psychologisches, paranormales oder spirituelles Phänomen?

Die Zeugenaussagen und medizinischen Beobachtungen der Vergangenheit über den in der katholischen Religion als *Ekstase* bezeichneten Zustand weisen auf folgende Grundeigenschaften hin:

1) die Ausschaltung sämtlicher Sinneswahrnehmungen (Gesichts-, Gehörs-, Tast-, Geruchs-, Schmerzsinn usw.)
2) die Aufhebung des Normalbewußtseins mit Verlust des Umweltbezugs und Bildung eines „transzendenten Bewußtseins" sowie
3) eine tetanische Muskelstarre am ganzen Körper.

Darüber hinaus führten moderne Untersuchungen der modifizierten Bewußtseinszustände (vor allem der durch Mystik-imitierende Drogen induzierten para-ekstatischen Zustände oder jener der Yoga-Ekstase, des Samadhi) zur Annahme, daß es bei der katholisch-mystischen Ekstase auch zu einer sympathischen Hypertonie kommt.

Lange Zeit hindurch wurden (und dies ist noch immer der Fall) Sensibilitätsstörungen, Muskelstarre und neurovegetative Ungleichgewichte als Symptome einer Geisteskrankheit und die Ekstase als pathologisches Phänomen betrachtet.

1. Experimentelle Forschung

Erst in jüngerer Zeit ermöglichte das neu aufgeflammte Interesse der Neurowissenschaften an den Bewußtseinszuständen einen experimentellen Zugang zur *Ekstase*, wodurch ihre Bedeutung und Charakteristik neu bewertet werden.

Die *Ausschaltung der Sensibilität* ist nämlich nicht unbedingt ein Symptom von Hysterie, sondern kann vielmehr als die höchste Ebene der Aktivität eines neurophysiologischen oder neuropsychologischen Mechanismus angesehen werden, der in der Lage ist, das Gehirn von der Umwelt zu „isolieren“, und nicht einer Schädigung oder Fehlfunktion entspringt, sondern auf natürliche Weise vorhanden ist. Wir können uns dann und wann freiwillig seiner bedienen (z. B. in Fällen höchster Konzentration oder bei Verwendung extremer Meditationsformen) oder ihn künstlich mehr oder weniger intensiv und auffällig aktivieren (beispielsweise durch Versetzen in hypnotische Trance und dadurch bedingtes Hervorrufen von Wahrnehmungsskotomen (partielles Wahrnehmen) bzw. wir können automatisch in den Genuß seiner Vorteile gelangen (wenn nämlich seine Aktivität das Gehirn während des Schlafes vor Umweltreizen schützt), ohne daß dadurch offensichtlich die Naturgesetze verletzt werden

Das Gleiche könnte man von der *Muskelstarre* sagen, die – wenngleich sie heute kein ständiges Symptom der Ekstase mehr ist, nicht unbedingt als Krankheitssymptom gewertet werden muß. Tatsächlich funktioniert das Gehirn in der Ekstase (wie auch im Schlaf, im Traum und in der hypnotischen Trance) einfach anders als im normalen Bewußtseinszustand, und dieser Unterschied wurde – aus Gründen, die mit Physiologie und Pathologie wenig zu tun haben – lange Zeit negiert.

Eine korrekte Bewertung der Ekstase beginnt somit erst, wenn man sie als das betrachtet, was sie wirklich ist: nämlich ein *modifizierter Bewußtseinszustand*. Daher ist sie unter dem Aspekt der Neurophysiologie ebenso zu untersuchen wie von Seiten der Psychophysiologie und Neuropsychologie.

Jeder wird offen zugeben, daß der Schlaf durch Träume belebt wird, doch um deren Entstehung zu begreifen, muß man sich mit der Neurophysiologie des Gehirns im Schlafzustand befassen.

Erst wenn man weiß, wie das Gehirn in der Ekstase funktioniert, kann man versuchen zu verstehen, inwieweit diese neue funktionale Ordnung die Psyche und die geistigen Leistungen modifiziert.

Mit anderen Worten: in der katholisch-mystischen Tradition herrscht die Annahme vor, daß es während der Ekstase zu einer Vielzahl sogenannter „paranormaler Phänomene“ kommt, seien diese nun physischer Art (wie Levitation, Bilokation, Materialisation von Gegenständen, Telekinese, Stigmatisation, Lichtphänomene, Geruchsphänomene, Unverbrennbarkeit) oder geistiger Art (Hellsehen, Vorahnungen, Retrokognition, Hierognosie, Xenoglossie, Telepathie, Visionen, Inspiration); doch gilt es zunächst zu zeigen, daß die Ekstase diese und viele andere Veränderungen so induzieren kann, daß zumindest die einfachsten der genannten Phänomene kontinuierlich zusammen mit der Ekstase verifizierbar sind. In Wirklichkeit wurde eine echte wissenschaftlich-experimentelle Untersuchung der Ekstase nie durchgeführt, und auch heute noch wird das Thema in konfuser und fragmentarischer Weise angegangen.

2. Falluntersuchungen

Auf der Grundlage dieses Sachverhaltes wurden von uns im Verlauf von 10 Jahren 41 Ekstasefälle bei 6 verschiedenen Personen untersucht, und zwar hinsichtlich folgender Kriterien:

1) Rippen- und Zwerchfell-Pneumogramme,
2) Leitfähigkeit der Haut,
3) Herzfrequenz,
4) Blutfluß in den präkapillaren Arteriolen einer Fingerbeere mittels Photopletismograph vor, während und nach der Ekstase.

Die Versuchspersonen (Vp) waren 4 Männer und eine Frau im Alter von jeweils 14, 20, 57, 67 und 68 Jahren. Alle gaben an, Ekstasen und mystische Visionen (bezogen auf die Jungfrau Maria und/oder Jesus) zu haben; alle wurden den entsprechenden psychodiagnostischen Tests unterzogen, um sicherzustellen, daß sie geistig normal waren. Die Untersuchungen wurden an jenen Orten durchgeführt, wo die einzelnen ihre Erlebnisse hatten, d. h. in Kirchen, Kapellen und Privatwohnungen.

Der vorrangige Zweck der von uns erarbeiteten Untersuchungsmethode war der, Informationen über Neurophysiologie, Psychophysiologie und Neuropsychologie des Ekstasezustandes zu sammeln, d. h. im konkreten Erkenntnisse darüber, wie das Gehirn unter solchen Bedingungen funktioniert.

Von allen verwendeten Indikatoren ist die elektrodermale Aktivität der sensibelste, nützlichste und beste Hinweis auf Mechanismen und Prozesse, die das ekstatische Bewußtsein auszeichnen.

a) Elektrodermale Aktivität

Bekanntlich ist die *Haut* Sitz einer ausgeprägten elektrischen Aktivität, die über die Potentialveränderungen, den Widerstand und/oder die Leitfähigkeit zum Ausdruck kommt und gemessen werden kann. Sie korreliert mit den Feuchtigkeitszuständen der Haut und hängt daher konkret mit der Schweißabsonderung zusammen. Da Schweiß eine leitfähige Salzlösung ist, sinkt der Widerstand bei feuchter Haut ab, und die Leitfähigkeit nimmt im selben Maße zu wie die Potentialdifferenz zwischen einer verschwitzten und einer trockenen Hautstelle steigt. Die Änderungen der elektrischen Hautparameter können *tonischer* oder *phasischer* Art sein. Die tonischen Parameter sind Änderungen, die sich langsam im Lauf der Zeit entwickeln und zur Konstanz neigen (*homöostatische Aktivität*), während es sich bei den phasischen Parametern um Änderungen mit rascher Zeitkonstante und ebenso raschem Abfall (wenige Sekunden) handelt (vorübergehende Änderungen bzw. psychogalvanische Reflexe bzw. Alarm- oder Gefühlsreaktionen). Die phasischen Wellen der elektrodermalen Aktivität, die z. B. an der Haut der Handflächen einer Person gemessen werden, finden ihren endgültigen Ausdruck (an der Körperperipherie) über die Absonderung der Schweißdrüßen und können auf mindestens drei zentralnervöse Aktivitätsformen zurückgeführt werden: *Orientierungsreaktion, Alarmreaktion* oder *Aktivierung* (neurovegetativ und neuroendokrin) und *somatische Reaktion* auf die Aktivität des Geistes in bezug auf Umweltreize (Wahrnehmung, Erkennen und Klassifizierung des Reizes). Konkret heißt das, daß sich bei einer Person, die mit geschlossenen Augen entspannt in einem Lehnstuhl sitzt, im Falle einer plötzlicher Lärminduzierung in ihrem Umfeld an der Haut ihrer Hände eine phasische Welle elektrodermaler Aktivität messen läßt, die ein Hinweis ist auf: gesteigerte Aufmerksamkeit (Orientierungsreaktion), den Beginn der neuroendokrinen und neurovegetativen Alarmprozesse (Alarmreaktion) sowie das Endergebnis der kognitiven Prozesse, die je nach Beurteilung eine Emotion auslösen können oder nicht. Aus diesen Gründen ist die phasische elektrodermale Aktivität ein sensibler Indikator für die geistige Verbindung mit der Umwelt. Bei normalem Bewußtseinszustand ist die spontane phasische elektrodermale Aktivität, wie gesagt, permanent gegeben, sehr ausgeprägt und besteht in

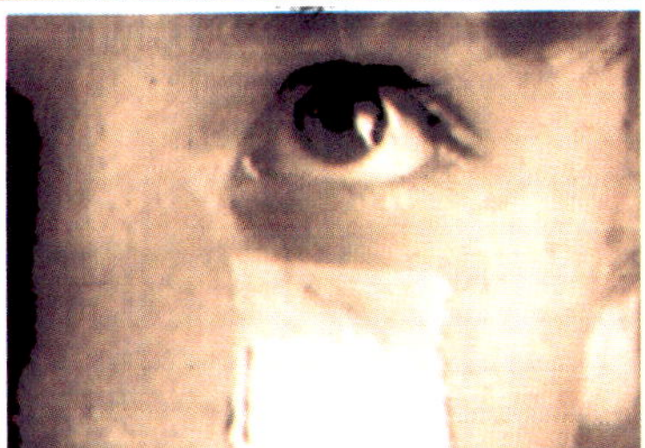

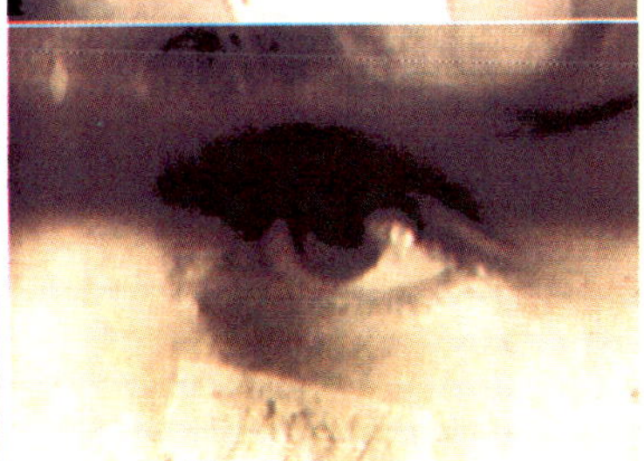

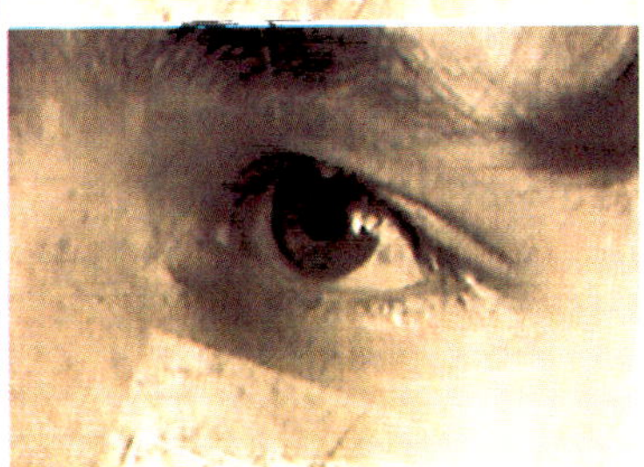

Abb. 1: Vision der 6 Seher (1982): Vicka, Jakov, Ivanca, Mirjana, Marija und Ivan (von rechts); Abb. 2: Registrierung und Kontrolle der Augenbewegungen durch Dr. Margnelli (Kamera) und Dr. Gagliardi (rechts unten): Jakov hat die Augen halb geschlossen und den Kopf nach hinten geneigt. Das innere Bild scheint sich im Kontext eines Trancezustandes zu entfalten; Abb. 3 – 5: Die Fotosequenz zeigt den Zustand der Pupille vor, während und nach der Ekstase. Die Pupillenerweiterung (Mydriasis) während der Ekstase ist offensichtlich.

ständigen Veränderungen des Widerstandes, des Potentials oder der Leitfähigkeit, die graphisch wie Wellen mit variablem Umfang erscheinen. Ihnen liegt eine Vielzahl externer und interner Reize zugrunde, wobei erstere vor allem durch sensorische Umweltereignisse, wie Klänge, Stimmen, Geräusche, Licht-, Tast- oder Geruchswahrnehmungen usw. hervorgerufen werden, während sich letztere aus Gedanken, Emotionen, Erinnerungen, Körperempfindungen und allerlei sonstigen geistigen Prozessen zusammensetzen. Wenn es also stimmt, daß das Gehirn in der Ekstase von der Umwelt völlig isoliert ist, dann müßte die an die Umweltreize gekoppelte spontane phasische elektrodermale Aktivität zur Gänze aufgehoben sein.

Phasische Reaktionen elektrodermaler Aktivität lassen sich auch absichtlich durch jene Reize provozieren, durch die sie sonst per Zufall hervorgerufen werden (Stimme, Klang, Geräusche, Tast- oder sogar Schmerzreize). In diesem Fall spricht man von evozierter elektrodermaler Aktivität und sie ist mit derselben Zielsetzung anwendbar wie die Technik der evozierten Potentiale in der klinischen Neurophysiologie, nämlich um zu prüfen, ob die Sinne leicht zugänglich sind und normal funktionieren und ob die sensorischen Signale vom Bewußtsein aufgenommen werden.

Im Fall der Ekstase z. B. kann dies bei allen Empfindungsformen gemacht werden, besonders aber beim *Schmerz*, der seit Jahrhunderten bevorzugt zur Kontrolle der sogenannten „Sinnesberaubung" herangezogen wird, die ein besonderes Merkmal der ekstatischen Verzückung ist.

Bei unserer Methode zur Untersuchung der Psychophysiologie der Ekstase ermöglichte uns daher die elektrodermale Aktivität die Kontrolle zweier ihrer grundlegenden Eigenschaften, nämlich

1) der Ausschaltung der Sensibilität und
2) der Veränderung des Bewußtseinszustandes (oder besser: des Verlustes des Realitätskontaktes).

b) Atemtätigkeit, Herzfrequenz, Blutfluß

Die Untersuchung der *Atemtätigkeit*, der *Herzfrequenz* und des *Blutflusses* in den Arteriolen der Fingerbeeren diente uns hingegen zur Informationsgewinnung bezüglich der neurovegetativen Aktivität und damit der Zugangsform zum modifizierten Bewußtseinszustand sowie zur experimentellen Verifizierung der Hypothese, daß die katholisch-mystische Ekstase, im Gegensatz zur östlichen Ekstaseform (vornehmlich dem Samadhi), die angeblich durch eine starke zentrale Beruhigung induziert wird, auf dem Weg eines zentralen Erregungszustandes erlangt werden kann.

3. Ergebnisse

Die experimentellen Aufzeichnungen haben folgendes gezeigt:

a) Verlauf der Ekstase

1) Einige Minuten vor Eintritt in die Ekstase setzte eine *orthosympathische Aktivierung* ein, die sich progressiv bis zu einem Kulminationspunkt entwickelte, der die Ekstase auslöste. Dieses Phänomen war von kurzen, etwa 3 – 4 Sekunden langen Abschnitten gekennzeichnet, in denen sich die Arteriolen zusammenzogen, dann an Intensität (progressive Verringerung des Umfanges der dikrotischen Wellen) und Dauer (10 – 20 Sekunden) zunahmen, bis sie durch eine tonische Arteriolenzusammenziehung (Verschwinden der kapillaren Pulsationen) ersetzt wurden, in deren Verlauf sich der Eintritt in die Ekstase ereignete. In einigen Fällen ließ sich auch eine gleichzeitig progressive Verringerung der Tast- und Schmerzsensibilität feststellen.

2) Der Eintritt in die Ekstase erfolgte *unerwartet* und *plötzlich* und war erkennbar an den Aufzeichnungen der Atmungsveränderungen (kurze Apnoe in der Dauer von 3 – 4 Atemzyklen oder tiefes Einatmen mit darauffolgender kurzer Apnoe, oder auch Übergang von Brustatmung zu Zwerchfellatmung), durch den plötzlichen Wiederanstieg des Umfangs der plethysmographischen Wellen (die in einigen Fällen wieder bis zu 60% der Kontrollwerte erlangten) und schließlich manchmal durch eine einzelne hervorstechende elektrodermale Welle.

3) Der Ekstasezustand war gekennzeichnet durch das *Fehlen* bzw. die starke Reduktion der durch intentionale Reize (Schmerzreize oder taktile Reize) hervorgerufenen *elektrodermalen Aktivität*. Die spontane elektrodermale Aktivität war im allgemeinen ebenfalls herabgesetzt,

verschwand jedoch nur in wenigen Fällen ganz. Bei allen Vp begannen sich wenige Sekunden nach Einsetzen der Ekstase die Herzfrequenz und der Umfang der Kapillarpulsationen an die Kontrollwerte (jene Werte, die bei Normalbewußtsein, im entspannten Wachzustand registriert wurden) anzugleichen, ohne sie jedoch zu erreichen.

4) Das *Ende der Ekstase* wurde im allgemeinen durch eine jähe Bewegung signalisiert, die ein Artefakt in die Aufzeichnungen brachte. In einigen Fällen wurde im Umfang der plethysmographischen Wellen, die Werte über den Kontrollwerten erreichten, eine Rückkoppelung beobachtet. Die vollständige Rückkehr der einzelnen Parameterwerte zu den Bezugswerten war von einem Fall zum anderen verschieden, nahm aber nie mehr als 10 Minuten in Anspruch. Eine Muskelstarre wurde nie beobachtet.

b) Psychophysiologische Vorgänge

Vom neurophysiologischen und psychophysiologischen Gesichtspunkt aus sind nach den gemachten Beobachtungen folgende Phänomene besonders signifikant:

a) die *progressive orthosympatische Aktivierung*, die dem Beginn der Ekstase vorausgeht (oder diesen vorbereitet) und

b) die starke *Verringerung* bzw. das vollständige Verschwinden der durch intentionale Reize hervorgerufenen elektrodermalen Aktivität.

Da diese *psychophysiologischen Vorgänge* bei ein und derselben Person wie auch bei verschiedenen Vp von einer zur andern Ekstase konstant waren, ist damit der Beweis erbracht, daß die Ekstase ein individualisierbarer und autonomer Bewußtseinszustand ist, der sich, zumindest in diesen Fällen, infolge einer Zunahme des zentralen neurovegetativen Tonus herausbildete. Verschiedene Umwelt- und/oder Persönlichkeitsfaktoren, wie die Anwesenheit der Experimentatoren und anderer Personen, Alter, Geschlecht, die Vertrautheit der Vp mit ekstatischen Erfahrungen usw. können die Intensität der sympathischen Aktivierung zwar beeinflussen, doch vorhanden war diese immer.

Dieser Umstand weist darauf hin, daß die katholisch-mystische Ekstase in der Tat durch einen zentralen Erregungzustand erlangt wird, den man als „ergothrophische Aktivierung“ bezeichnet und der sie von der östlichen Ekstase abhebt, die im Unterschied dazu durch einen Zustand parasympathischer Aktivierung, genannt „trophotrophische Aktivierung“, evoziert wird. Inwieweit dies eine Reorganisation der Gehirnfunktionen versinnbildlicht, ist nur durch einen Rückgriff auf Vergleiche mit anderen Situationen zu erahnen, die ebenfalls wenig bekannt sind. Will man im Bereich der modifizierten Bewußtseinszustände bleiben, so könnte man von einer ähnlichen, wenngleich sicher viel stärkeren ergotrophischen Aktivierung bei der Auslösung von *Nahtoderlebnissen* sprechen, bei denen sich das Bewußtsein zeitlich sogar nach außerhalb des Körpers zu verlagern scheint.

4. Paranormale Fähigkeiten

Die Aufhebung der evozierten phasischen elektrodermalen Aktivität ist nicht nur eine Bestätigung für die Überlieferungen, sondern zeigt auch, daß die funktionelle Neustrukturierung der Nervenfunktionen derart ist, daß sie Inhalte lebt und erarbeitet, die direkt aus den Tiefen des Gehirns heraus entstehen. In der Neurophysiologie wird ein solcher Zustand als „reine Halluzination“ bezeichnet, wie sie ähnlich im Traum vorkommt. Inwieweit dadurch latente oder paranormale Fähigkeiten freigesetzt werden können, muß ebenso erst noch geklärt werden.

Wir stießen im Verlauf unserer Untersuchungen nur auf zwei Phänomene, die dieser Kategorie angehören könnten.

a) Synchronismus

Dem ersten Phänomen begegneten wir in *Medjugorie* (Abb. 1 – 5), wo die Seher – wie des öfteren in den Nachrichten berichtet und durch verschiedene wissenschaftliche Beobachtungen dokumentiert – am Anfang, in der Mitte und gegen Ende der Ekstase alle gemeinsam im selben Moment Gesten oder Handlungen ausführten, die als „Synchronismen“ bezeichnet wurden.

Ein solcher *Synchronismus* war das Auf-die-Knie-fallen, das den Anfang der Ekstase/Erscheinung signalisierte. Mitten in der Verzückung, während der einzelne Seher jeder für sich mit der Vision kommunizierte und dabei die Lippen bewegte, ohne einen Ton von sich zu geben, begannen alle ganz plötzlich (offensichtlich in Serbokroatisch) das Vaterunser zu beten. Die Stimme setzte bei allen im gleichen Moment wieder ein; drei oder sechs (die Anzahl der Jugendlichen der Gruppe, die bei der Erscheinung anwesend waren, änderte sich oft von einem Tag zum andern) antworteten auf die Vision, wie bei den vom Priester geleiteten gemeinsamen Gebeten, mit den Worten: „Vater Unser...", und die Ekstatiker fuhren fort „der Du bist im Himmel...", wobei das erste Wort von allen zugleich gesprochen wurde. Gegen Ende der Ekstase schließlich, als die Vision in den Himmel aufzufahren schien, erhoben die Seher im selben Moment die Augen und folgten, noch immer gemeinsam, der entschwindenden Erscheinung. Dieser letzte Synchronismus wurde durch eine entsprechende Elektrookulographie dokumentiert, die eine Abweichung zwischen den Bewegungen zweier Seher in der Größe von 1/4 – 1/5 Sekunden (200 – 250 Millisekunden) aufwies.

Simultane Bewegungen hoher Synchronizität kommen z. B. bei Militärs während einer Parade oder bei Ballettänzerinnen auf der Bühne vor, doch werden die Bewegungen in solchen Fällen von einem externen „Synchronisator" gelenkt, etwa der Stimme eines Offiziers bei marschierenden Truppen oder der Musik beim Tanzen. Es ist zweifelsohne möglich, daß der Kniefall zu Beginn der Ekstase in Medjugorje durch ein Leitsignal von außen hervorgerufen wurde; ebenso wenig gibt es aber Zweifel darüber, daß am Höhepunkt der "Synchronisator" die „Vision" selbst war, denn wie unsere Untersuchungen zeigten, war das Gehirn der Seher völlig losgelöst von der Realität. So scheint es, daß sich während der Ekstasen in Medjugorje auch paranormale Phänomene ereigneten. Diese Überlegungen entspringen lediglich dem, was wir gesehen haben, denn vollständige und gänzlich überzeugende Beweise für eine echte Unerklärbarkeit des Phänomens liegen nicht vor. Eine mögliche Erklärung wäre z. B. eine Konditionierung durch Hypnose oder eine zum betreffenden Zeitpunkt spontan erfolgte Selbstkonditionierung (die ersten Ekstasen zeigten große Unterschiede zu denen, die wir fünf Jahre später untersuchten). Andernfalls läßt sich an die mögliche Existenz eines Bildes denken, das für alle Mitglieder der Gruppe gleichzeitig und auf dieselbe Art sichtbar ist, oder an eine telepathische Verbindung zwischen den Gehirnen der Seher. Wir machten zu diesem Einzelphänomen keine spezifischen oder detaillierteren Untersuchungen. Um solche durchführen zu können, bedürfte es einer entsprechenden Planung ohne zeitliche Einschränkungen. Somit waren die psychophysiologischen Untersuchungen zumindest insofern wertvoll, als sie aufzeigten, daß

1) das *Gehirn der Ekstatiker tatsächlich von der Umwelt isoliert* war und
2) die *Augen zweier Ekstatiker* in diesem Zustand einem „Synchronisator" gehorchten, der den Zeugen verborgen blieb und über dessen Natur keine Aussage gemacht werden kann.

b) Hierognosie

Das andere Phänomen, das wir im Verlauf unserer Studien über die Ekstase beobachtet haben und das als „paranormal" bezeichnet werden könnte, war die *Hierognosie*.

Als wir bei einer 68jährigen Ekstatikerin, die zur Gruppe der vorhin genannten Versuchspersonen gehörte, die „menschliche", „göttliche" respektive „dämonische" Natur ihrer Ekstasen überprüfen wollten, näherten wir uns ihr, die sich in Ekstase befand, unbemerkt von hinten mit einem geweihten Bild des Erzengels Michael. Die Ekstatikerin hatte – wie aus den von uns registrierten Aufzeichnungen hervorgeht – nicht nur jeden Kontakt mit der Realität verloren, sondern konnte auch das, was hinter ihr geschah, nicht wahrnehmen. Das Bild wurde bis auf ca. 40 cm Entfernung an ihren Nacken herangeführt, und in den Aufzeichnungen der elektrodermalen Aktivität war eine Aktivierungswelle zu erkennen. Die Handlung wurde mehrmals wiederholt und immer ließ sich eine elektrodermale Reaktion beobachten, als ob das Gehirn der Ekstatikerin „den Reiz" erkannte und darauf reagierte. Bei einer weiteren Ekstase führten wir das Experiment nochmals durch, doch gaben wir diesmal ein nicht geweihtes Bild in einen undurchsichtigen Umschlag, den wir zwischen die Seiten eines Buches legten, das wir wiederum auf eine bestimmte Distanz von hinten an sie heranführten: das Ergebnis erschien uns konstant. Da die Beobachtung des Phänomens noch nicht sehr weit zurückliegt, steht eine entsprechende Untersuchung noch aus.

5. Schlußbemerkung

Auf alle Fälle: Sollte es möglich sein, zu Schlußfolgerungen zu gelangen, bei denen wir auch unsere Forschungen geltend machen können, so hätten wir damit nicht nur bewiesen, daß die Überlieferungen stimmen, sondern auch, daß es sich bei der Ekstase tatsächlich um einen Zustand handelt, der dem Geist andere Dimensionen eröffnet.

GIORGIO GAGLIARDI

PSYCHOLOGISCHE ASPEKTE DÄMONISCHER BESESSENHEIT

Exorzismus und Befreiungsgebet

Es wurden schon mehrere Beiträge[1] vorgestellt, die sich mit dem psychologischen bzw. dem psychobiologischen Verhalten während der dämonischen oder pseudodämonischen Besessenheitstrance auseinandersetzen. Zu derlei Trancezuständen kam es jeweils im Umfeld des Exorzismus und des Befreiungsgebetes der Katholischen Kirche, also

- bei Versammlungen mit einem als Exorzisten beauftragten Priester,
- bei charismatischen Versammlungen,
- bei charismatischen Versammlungen mit zum Teil starker emotionaler Prägung,
- bei Gruppierungen, die sich als katholisch bezeichneten, sich in Wirklichkeit aber lediglich katholischer Riten bedienten,
- an Orten von Pseudoerscheinungen, wo sich sehr oft unabhängige Glaubensgemeinschaften bzw. Sekten herausbilden.[2]

I. UNTERSUCHUNG

Die hier vorgelegte Untersuchung soll einem von der Kirche beauftragten Exorzisten (wie auch einem mehr oder weniger katholischen Psychotherapeuten) ein möglichst umfassendes Bild von jenen Verhaltensveränderungen vermitteln, denen man bei Personen begegnet, wenn sie in einen der folgenden modifizierten Bewußtseinszustände eintreten:

1) die *dämonische Besessenheitstrance*, bei der das (nach katholischer

1 G. GAGLIARDI: Il setting degli attuali riti di esorcismo nella religione cattolica (1989).
2 Ders., ebd.

Lehre außernatürliche) dämonische Geistwesen wie beim Exorzismus dazu aufgefordert wird, sich durch die besetzte Person kundzutun;

2) die *dämonisch-spiritistische Besessenheitstrance* – sie ist durch die Anwesenheit eines bösen Geistes gekennzeichnet, der sich auch als Phantasma oder psychischer Inkubus offenbaren kann und – nicht mehr als subjektive, sondern als objektive Realität wahrgenommen – von Personen wie dem Schamanen beschworen wird, der den Ablauf der Trance bestimmt;

3) eine *Trance, bei der die Person glaubt, vom Teufel gelenkt* zu werden und mit psychiatrischen Syndromen zu kämpfen hat, wie Panikattacken, Konvulsionskrisen, plötzlicher (multipler) Persönlichkeitsspaltung, starken hysterischen Anfällen (J.-M. CHARCOT), Delirium oder intermittierender explosiver Störung.

Die Unterscheidung der einzelnen Syndrome kann sehr schwierig sein, doch hilft eine präzise und umfassende Anamnese der Person, ihres Umfeldes und ihrer Kultur festzustellen, ob die Störung:

- *geistiger Natur* war und als solche auch psychische Störungen bedingte, wobei es zu außergewöhnlichen Erfahrungen kam, die als paranormal bezeichnet werden, bzw. ob auch physische Beschwerden verursacht wurden;
- *psychischer* oder *seelischer Natur* bzw.
- *neurologischer* oder *biologischer Natur* war und sich in Anschauungsmuster einfügte, die für derartige Störungen satanische Einflüsse verantwortlich machen oder eine „ungewöhnliche" Erklärung für ein Krankheitsmuster vorsehen, das zwar der Medizin, nicht aber den Angehörigen der betroffenen Person bekannt ist.

1. Dämonische Bessessenheitstrance: veränderter oder modifizierter Bewußtseinszustand?

Der allgemeine Zugang zu dem hierzu umfangreichen Material – bei der vorliegenden Untersuchung geht es um mehr als 700 Fälle – erfolgt nach wie vor über die Neuropsychologie. Anhand von strukturierten Fragebögen werden alle nur erdenklichen psychiatrischen, psychologischen, neurologischen, medizinischen, sozialen und transkulturellen Daten gesammelt, die es erlauben, die Betroffenen der ihnen entsprechenden Kategorie zuzuordnen. Wesentlich bei solchen Untersuchungen ist, den jeweiligen Erfahrungsberichten mit der nötigen Aufmerksamkeit und dem gebotenen Ernst zuzuhören, wobei es sich sehr häufig um eine echte Trance handelt, d. h. einen modifizierten Zustand mit besonderen psychoneurologischen Eigenschaften, in dem die Person Beobachter und Akteur zugleich ist, d. h. sich einerseits entfesselt und andererseits in einem Zustand von Bewußtseinsdissoziation, die modifizierten bzw. veränderten Bewußtseinszuständen eigen ist, sich selbst beobachtet.

Die Manifestationen der dämonischen Infestation oder Besessenheitstrance im katholischen Sinn zeigen große Ähnlichkeit mit den Äußerungsformen, die man bei Zuständen beobachtet, in denen die Person „nicht sie selbst“ ist. Darunter fallen:

- die oben erwähnten psychiatrischen Syndrome,
- Pseudobesessenheitstrance oder
- rituelle Geisterinkorporation,
- schamanische Trance.

Ein Vergleich zwischen dem spiritistischen Schamanismus und der dämonischen Besessenheit (nach katholischem Verständnis) zeigt aus theologischer Sicht deutliche Unterschiede, während es psychobiologisch und verhaltensmäßig klare Übereinstimmungen gibt (wie etwa bei Mingis, der spiritistischen Trance in Äthiopien, oder der schamanischen Trance in den synkretistischen Religionen Lateinamerikas).

Heutzutage ist die Beurteilung der Phänomenik der spiritistischen Besessenheit eine ganz andere als noch vor einigen Jahren, wo die klassische Psychiatrie diese religiösen Riten, inklusive der katholischen, als Ausdruck der Morbidität, als ein echtes pathologisches Erscheinungsmuster und als Kulturerbe des Irrationalismus hinstellte. Diese Einstellung hat sich mittlerweile geändert, sie ist humaner, weniger selbstherrlich, weil die betroffene Person mit derlei Ritualen allmählich wieder in die Gemeinschaft eingegliedert werden kann, von der sie sich abgeschlossen hat.

Die afrikanischen und afro-amerikanischen Religionen betrachten die Riten der Besessenheitstrance als eine wirksame Therapie gegen Störungen der sozialen Anpassung, des Umwelt- und auch des geistigen Verhaltens, während die christliche Religion den Exorzismus als Ansatz einer geistigen Therapie zur Bekämpfung einer dämonischen Infestation ansieht, die nicht immer in einer Besessenheitstrance besteht. Diese Infestation (deren Bezeichnung auf eine parasitäre Existenz im Innern der Person verweist) verursacht denn nicht nur geistige Schäden, sondern oft rein psychische oder somatische Dysfunktionen, wenngleich sich diese drei Ebenen nicht exakt gegeneinander abgrenzen lassen.

Die *animistische* oder *synkretistische* Religion verwendet oft eine mißverständliche Terminologie – sie bezeichnet als „heilig", was sich in bestimmten Riten etabliert hat, die von darin erfahrenen bzw. in diese Praktiken „eingeweihten" Personen durchgeführt werden; „etwas Heiliges, mit einem Hauch von Substanz", das Verwirrung schafft zwischen dem Gegenständlich-Heiligen, dem Spiritistisch-Heiligen, das nicht heilig ist, und dem Heilig-Spirituellen, wie es von der katholischen Religion verstanden wird.

In Gemeinschaften, die den rituellen Konsum von Halluzinogenen pflegen, wie der Uniao de Vegetao oder der heiligen Daime Lateinamerikas (deren Sympathisanten über alle Welt verstreut sind), kam es vor, daß man visuelle Halluzinationen nach historisch-geistigen Wesenheiten der katholischen Religion benannte, so daß die „Frau des Waldes" zur Madonna oder Maria wurde, während sich das *peyotal* in der amerikanischen Freikirche zur Eucharistie bzw. zum *carne de Dios* wandelte. Die diesbezügliche Begriffsverwirrung wird zunehmend chaotischer.

All das ist jedoch möglicherweise Teil einer sozialen Rehabilitation: „Diese Riten nehmen somit therapeutischen Charakter an, um die Person von Krankheiten zu befreien, und die Besessenheitstrance wurde für diese animistischen Religionen zur Psychotherapie, wenn auch in irrationaler und emotional-magischer Form, weil spiritistisch unterlegt, um das Individuum wieder der Gesellschaft anzupassen, von der es sich abgegrenzt oder entfernt hat."[3] (Übers. d. Red.)

Für die katholische Religion verkörpert die dämonische Infestation eine von der Welt des Übernatürlichen auferlegte Prüfung, um den

3 R. BASTIDE: Sogno, trance, follia (1976), S. 88.

Menschen zu Gott zu führen oder weil Gott sich dem Menschen nähern will. Sie besteht in der aktiven oder passiven Läuterung und – sofern es sich um eine spirituelle Prüfung handelt – erfolgt die Hilfe zunächst durch das Befreiungsgebet oder den Exorzimus; im weiteren muß die betroffene Person auf dem Weg spiritueller Heilung wieder zur katholischen Religion zurückfinden, was auch zur geistigen und zuweilen sogar zur körperlichen Heilung führen kann.

Synkretistische und katholische Auffassung sind daher trotz gemeinsamer ritueller und psychophysiologischer Voraussetzungen sehr verschieden.

Luc DE HEUSCH[4] hat für die dämonische Besessenheit folgendes Darstellungsschema gewählt (Tab. 1):

Tab. 1 FORMEN DES SCHAMANISCHEN RITUALS

Schamanismus A	**Schamanismus B**
Penetration eines Geistes in eine Person	***Immission einer fremden Wesenheit***
Der Schamane bewirkt: - das Eindringen einer neuen Seele an die Stelle des Quälgeistes	Der Schamane bewirkt: - die Extraktion eines Geistes aus der besessenen Person

Dieses etwas vereinfachte Schema zeigt die Modalitäten, unter denen eine Person zuerst als besessen und dann als vom Geist „befreit“ gilt, der sie manipulierte wie der Puppenspieler eine Puppe. Für die animistischen Religionen gibt es somit zwei schamanische Therapieformen:

- eine *magische*, bei der der Schamane als einer, der Macht hat über die Geister, den Geist und die von ihm verursachte Krankheit austreibt;
- eine *religiöse*, bei der die Besessenheit von Geistern hervorgerufen wird, über die der Schamane zwar keine Macht besitzt, deren Gunst er jedoch erwerben kann, wenn ihn die jeweilige soziale Gruppe darum ersucht, Kontakt aufzunehmen und die Störgeister zum Verlassen

4 Luc DE HEUSCH, in: G. v. d. LEEUW: Le origini delle religioni (1975).

des Körpers der betroffenen Person zu überreden, um so deren Heilung zu bewirken.

In der katholischen Religion hingegen befiehlt der vom Diözesanbischof zum Exorzismus ermächtigte Priester dem Teufel „im Namen und nur im Namen Jesu" auszufahren, und führt so die/den Besessene/n auf den Weg der Heilung.

Wenn die beiden religiösen Anschauungen auch verschieden sind, so haben sie dennoch einiges gemeinsam, nämlich die Anwesenheit eines Quälgeistes und eine Trance, bei der sich der Geist durch die besessene Person manifestiert. Nach Ausfahren des Geistes beginnt der Heilungsprozeß, die Psychotherapie, die für den Schamanismus eine rein psychische bzw. soziale Komponente darstellt, während sie für die katholische Religion vor allem auf spirituellem Weg geschieht. Im Katholizismus gibt es nur einen Quälgeist, den *Teufel*, oder sonst eine Wesenheit aus seinem Reich, die der niederen geistigen Welt des Außernatürlichen angehört und nicht der höheren geistigen Welt des Übernatürlichen.

2. Trancezustand

Zu bedenken ist weiters, daß sich die Person im Trancezustand, wo sie als Beobachtende/r und Handelnde/r zugleich für ihre Taten „nicht" mehr verantwortlich ist, zu Dingen verleiten lassen kann, die sie im Normalzustand nicht machen würde. Es ist dies ist ein überaus wichtiger Punkt, weil die Person dadurch von der Verantwortung für die Handlungen und verbalen Äußerungen ihres Körpers/Geistes entbunden ist, was ihr auch die Freiheit gibt, all jene Emotionen und Verhaltensformen zu erfahren und auszuleben, die sie im Normalbewußtsein für gewöhnlich kontrolliert, unterdrückt, zensiert oder blockiert. Das Ich ist nicht mehr Ich, sondern die verschüttete emotionale Welt des Unterbewußten, die das psychophysiologische Steuer der besessenen Person übernimmt.

Wenn im Trancezustand, wie G. LAPASSADE[5] sagt, „das Ich ein anderes ist", gäbe es allerdings keine Erklärung für die positiven Verän-

5 G. LAPASSADE: Stati modificati di coscienza (1995).

derungen, die bei der Person nach der Trance auftreten: der/die Besessene ist nicht mehr ausgegrenzt, er/sie ist befreit von dem ihn bedrängenden Parasiten oder den parasitären Phantasmen, d. h. die dramatisierte und dissoziierende Psychotherapie der dämonischen Trance hat ihre Wirkung getan.

In neuerer Zeit (1980) führte Milton ERICKSON zur Veränderung des durch das Gehirn oder die rechte Hemisphäre hervorgerufenen emotionalen Verhaltens die Methode der hypnotischen Trance in die Psychotherapie ein, während die Vigilanz oder die aktive Wachfunktion des Ichs, d. h. das dominante Hirn bzw. die linke Hemisphäre abgeschwächt wurde. ERICKSON ist nur ein, wenn auch ein sehr bedeutender, Förderer der dissoziativen Trance-Psychotherapie, die es, wie dargelegt wurde, auch in den schamanischen Kulturen gibt.

Im Trancezustand wird das verschiedene Ebenen kontrollierende Bewußtsein nicht gänzlich ausgeschaltet und es wird auch nicht wirklich ein anderes, sondern es dissoziiert, d. h. einige Kontrollebenen (jene der responsiven, aufmerksamen Vigilanz) und Konzentrationsebenen überlassen das Kommando anderen Ebenen, die E. R. HILGARD[6] als „Verborgene Beobachter" und ERICKSON als „Ich-Beobachter" beschrieben hat. G. LIOTTI[7] spricht von einem an der imaginativen Erfahrung unbeteiligten Ich, das jedoch in der Trance lernt, sich von Emotionen und traumatischen Erfahrungen nicht bezwingen zu lassen, indem es auf seine eigenen Resourcen zurückgreift.[8] Was während der Trance zutage tritt, sind verborgene Emotionen, von denen das normale Leben der umsessenen oder besessenen Person bisher bestimmt wurde: in der Dissoziation lernt diese zu kontrollieren, was sie früher im Normalzustand nicht zu kontrollieren vermochte; sie lernt die psychischen Phantasmen zu verscheuchen, von denen sie sich nicht befreien konnte.

Neuere Untersuchungen[9] haben gezeigt, daß die *Trance immer reziprok ist*, d. h. *auch der Schamane geht in Trance und induziert diese dann bei der zu befreienden Person.*

6 E. R. HILGARD: Processi paralleli di coscienza esperienziale (1986).

7 G. LIOTTI: La discontinuità della coscienza (1993).

8 E. R. HILGARD: Divided Consciousness (1986).

9 E. I. BANYAI: A social psychophysiological approach to the understanding of Hypnosis (1987), 4.

Es ist die Auffassung des Autors, daß auch der offizielle Exorzist zu Beginn – sei es über das Befreiungsgebet oder die sakramentale Handlung des Exorzismus – mit dem Ritus und der betreffenden Person in Gleichklang tritt und, dadurch sensibilisiert, im Besessenen dann jene Dissoziation des Bewußtseins hervorzurufen vermag, die notwendig ist, um die Besinnung auf die Resourcen wieder wachzurufen, die helfen, den Lebensstil neu zu gestalten, einen neuen Weg in Übereinstimmung mit den Vorschlägen der katholischen Religion zu gehen, in der Gott und nicht der Mensch den vereinnahmenden Parasiten austreibt, während der Mensch die Gelegenheit wahrnimmt, um psychotherapeutisch wirksame Änderungen herbeizuführen.

Somit verfügen auch das Befreiungsgebet und der katholische Exorzismus über phänomenologisch und neuropsychologisch effiziente psychotherapeutische Voraussetzungen.

II. DER EMOTIONALE EINFLUSS DER MODIFIZIERTEN ODER VERÄNDERTEN BEWUSSTSEINSZUSTÄNDE

Die europäische Medizin des vergangenen Jahrhunderts, die sich mit Fällen kollektiver Pseudobesessenheit sowie den mittelalterlichen und neuzeitlichen Epidemien emotionaler Ansteckung befaßte, drückte all diesen Erscheinungsformen, die man heute als modifizierte oder „veränderte" Bewußtseinszustände im eigentlichen Sinne von Veränderung bezeichnet, ohne Zögern den Stempel der Geisteskrankheit auf.

Der rituelle wie der nicht-rituelle Schamanismus, die dämonische Besessenheit und der katholische Exorzismus haben jeweils in ihrem Rahmen die naheliegende Möglichkeit, eine kollektive Psychose oder einen „Wahn zu zweit" (mittlerweile durch den Begriff „induzierte Psychose" ersetzt) zu entfesseln, die reich an konvulsionsartig-theatralischen Verhaltensfomen und primären, regressiven sowie unkontrollierbaren Emotionen sind, weil:

- der Ort,
- die anwesende Gruppe,
- die verbalen und nicht-verbalen Mitteilungen,
- die vorbereitenden Rituale,

- Personen, die schon in eine Besessenheitstrance eingetreten sind,
- Personen, die in Resonanz treten, d. h. die emotional zur Auslösung einer Trance verleiten oder verleitet werden,
- die Erwartung des /der Betroffenen,
- die Erwartungen der anwesenden Verwandten, der Gruppe oder der Exorzisten selbst,
- die kulturelle und spezifische Bildung der Person,
- eventuelle Erfahrungen früherer Laien-, okkulter oder religiöser Exorzismen,
- Kontakte mit Okkulttätern, die für die gegenwärtig negative Situation verantwortlich sind und somit einen nahezu unauslöschlichen Eindruck hinterlassen haben,
- die suggestive, abergläubische Verbreitung einer ganzen Subkultur, die sich auf Dämonen, Quälgeister und Verfolgungsgeister, körperlose Seelen und nicht inkarnierte Geistwesen beruft,

bereits eine aspezifische wie spezifische emotionale Aktivität des Besessenen und eine ebenso emotionale Einbeziehung der Anwesenden und des Handelnden provozieren.

Manchmal ist der psychotherapeutische, nicht unbedingt dramatisierende Exorzismus nicht-kollektiver Natur bzw. auf nur eine Person beschränkt und unterbindet damit von vornherein jedwede Ansteckungsgefahr. Findet er hingegen öffentlich statt, also innerhalb einer Gruppe oder in der Nähe einer solchen, kann es zu emotionaler Ansteckung kommen, einer Dissoziation, die nicht immer Symptom einer Geistesstörung ist, sondern statt dessen oft eine echte psychische Ansteckung darstellt, die über die Personen in der Nähe des/der Besessenen wie eine Epidemie hereinbricht.[10]

Die Persönlichkeitsdissoziation im Kontext klar definierter Rituale – etwa beim katholischen Exorzismus oder der schamanischen Zeremonie – ist sehr wohl beabsichtigt, um die Persönlichkeit des / der Betroffenen rasch wieder neu zu strukturieren und so eine Serie von anthropologischen, psychologischen, soziologischen, psychiatrischen und spirituellen Transformationen in Gang zu setzen.

10 LHERMITTE: Veri e falsi ossessi (1957).

Die Trance, ein nicht notwendiges und auch kein sehr allgemeines Ereignis mit Dramatisierung, ist ein vom normalen Wachzustand abweichender Bewußtseinszustand mit Dominanz der rechten Hemisphäre, welche die Ereignisse emotional oder besser gesagt nicht analytisch wahrnimmt. Verhaltensweisen, die sich von dieser Dominanzumkehr ableiten, sind immer sehr ursprünglich und primitiv.

1. Empirische Forschung

Vom *Centro Ricerche e Studi della Psicofisiologia degli Stati di Coscienza* (Zentrum zur Erforschung der Psychophysiologie von Bewußtseinszuständen) in Mailand wurden Arbeitsprogramme für eine möglichst umfassende Sammlung von Beobachtungen und instrumentellen Aufzeichnungen bei Personen erstellt, die sich als Mystiker, Ekstatiker, Besessene, Medien und Hellseher bezeichneten oder zumindest sogenannte paranormale Phänomene zeigten. Der primäre Zweck waren die Verifizierung des bereits Gesagten und die Untersuchung der Phänomene mit den heute verfügbaren technischen Mitteln. Außerdem galt es nachzuweisen, daß die Induktion einer Hypnose nicht zu allen modifizierten und veränderten Bewußtseinszuständen Zugang verschafft, selbst wenn dies namhafte Autoren für möglich erklärt hatten.

Ergebnisse aus diesen Untersuchungen wurden bereits veröffentlicht.[11] So hat man Vergleichstabellen zwischen zwei modifizierten (ekstatische Trance, hypnotische Trance) und zwei veränderten Bewußtseinszuständen (Besessenheitstrance, Mediumistische Trance) erstellt (Tab. 2 – 8).[12]

Die Tabellen erheben keinen Anspruch auf Vollständigkeit. Viele Punkte sind hypothetisch und bedürfen des experimentellen Nachweises. Es hat sich gezeigt, daß – wie schon R. FISCHER[13] sagte – der Übergang vom einen zum anderen Zustand durch eine kognitive und emotionale Veränderung erfolgt: Schlüssel und Auslöser werden

11 M. MARGNELLI / G. GAGLIARDI: Le apparizioni delle Madonna (1987).

12 G. GAGLIARDI / M. MARGNELLI: Psychologische und psychophysiologische Betrachtungen zum Ritus des Exorzismus (1991).

13 R. FISCHER: A cartography of the ecstatic and meditative states (1971).

durch eine Aktivierung des neurovegetativen, (ortho)sympathischen und parasympathischen Systems bereitgestellt.

2. Psychopathologische Veränderungen bei Besessenheitszuständen

Nach Henri EY führen gewisse Destrukturierungen, wie der Zugang zum veränderten Zustand der Besessenheitstrance, zu:

- akuten neurotischen Reaktionen, manisch-depressiven Syndromen, deliranten halluzinatorischen Syndromen und schizophrenen Zuständen;
- psychopathischen Persönlichkeiten, neurotischen Zuständen, chronischen deliranten Psychosen und Demenzzuständen.[14]

Dieses schwere Bündel geistiger Störungen kann auch denen zum Verhängnis werden, die den Weg der modifizierten Bewußtseinszustände ohne angemessene (religiöse) Vorbereitung beschreiten und großes Bedürfnis haben, mit den Mächten der Finsternis oder dem Übernatürlichen in Kontakt zu treten (es wurde schon früher auf jene verwiesen, die helfen oder sich als Exorzist betätigen wollen bzw. in den Komitees und Unterkomitees vertreten sein möchten, die sich notgedrungen um jene bilden, die von sich behaupten, mit den unterschiedlichsten Wesenheiten in Verbindung zu stehen, nicht gerade mit der Jungfrau Maria, wohl aber mit diversen Erscheinungen da und dort).[15]

Das Bild hängt von der persönlichen Erfahrung ab, vom Grad der Destrukturierung des Bewußtseins, von der Verflechtung mit dem Außernatürlichen und vom Grad des Verlustes der Fähigkeit, sich aufgrund außergewöhnlicher Erfahrungen und Vorstellungen oder schlimmer: unter Vorspiegelung solcher wieder in die Realität zu integrieren.

14 M. BETTI: Il concetto di coscienza nel pensiero occidentale in Psichiatria e territorio (1988), S. 11.
15 A. PAVESE: Come difendersi dai maghi (1994), S. 117f.

Tab. 2 UNTERSCHEIDUNGSMERKMALE VERÄNDERTER BEWUSSTSEINSZUSTÄNDE

PSYCHOPHYSIOLOGISCHE PROZESSE

PARAMETER	**Ekstatische Trance**	**Besessenheitstrance**	**Mediumistische Trance**	**Hypnotische Trance**
Funktionsprävalenz der nicht-dominanten Hemisphäre	nicht bestätigt	nicht bestätigt	bestätigt	bestätigt
Unterbewußtsein	nicht vorherrschend	vorherrschend	vorherrschend	vorherrschend
Zentrale Auslösung des prävalenten autonomen Systems	orthosympathisch	orthosympathisch	parasympathisch	parasympathisch
Aufmerksamkeit	rein innerlich	gemischt	gemischt	angeregt
Ultradiane Rhythmen	nicht korreliert	nicht korreliert	korreliert	korreliert
Kritisches Bewußtsein	vorhanden	fehlt	fluktuierend	fluktuierend / disponibel
Sensorisches Bewußtsein	fehlt	verzerrt	verzerrt	verzerrt / reduziert
Äußere Aufmerksamkeitsreduktion	spontan	spontan	spontan / fehlt	reduziert / gesteuert
Dauer der Trance	spontan	abhängig	abhängig	gesteuert
Ende der Trance	spontan	abhängig	abhängig	vom Akteur festgelegt
Retrograde Amnesie	fehlt	vorhanden	vorhanden	vorhanden
Vigilanz	fehlt	fehlt	variabel	fehlt

Tab. 3 UNTERSCHEIDUNGSMERKMALE VERÄNDERTER ZUSTÄNDE DES **BEWUSSTSEINS**

PARAMETER	**Ekstatische Trance**	**Besessenheitstrance**	**Mediumistische Trance**	**Hypnotische Trance**
Zeitverzerrung	beschleunigt	beschleunigt	variabel	variabel
Autonome Ideation	visionsgebunden	visionsgebunden	variabel	variabel
Abhängigkeit	von der Vision	von der Vision	von der Vision	vom Hypnotiseur
Konfusion	fehlt	vorhanden	vorhanden	vorhanden
Rapport	vorwiegend mit Vision	mit der Vision	variabel	vorwiegend vom Hypnotiseur
Veränderung der Denkprozesse	fehlt	vorhanden	vorhanden	vorhanden
Suggestibilität	visionsgebunden	visionsgebunden	variabel	maximal
Post-Suggestibilität	vorhanden	vorhanden	vorhanden	vorhanden
Abwehrreaktion	fehlt	vorhanden	variabel	schlaff
Automatische Schrift	fehlt	fehlt	vorhanden	vorhanden

Tab. 4 UNTERSCHEIDUNGSMERKMALE VERÄNDERTER BEWUSSTSEINSZUSTÄNDE

TRANSPERSONALE WAHRNEHMUNGEN

PARAMETER	Ekstatische Trance	Besessenheitstrance	Mediumistische Trance	Hypnotische Trance
Glückseligkeitsgefühl	vorhanden	fehlt	variabel	variabel
Ideomotorische Aktivität	fehlt	vorhanden	vorhanden	vorhanden
Ideosensorische Aktivität	fehlt	vorhanden	vorhanden	vorhanden
Persönlichkeitsspaltung	fehlt	vorhanden	vorhanden	vorhanden
Ich-Auflösung	fehlt	vorhanden	vorhanden	vorhanden
Eintritt in Trance	plötzlich	progressiv	progressiv	progressiv (verhaltensmäßig)
Somnambulismus	fehlt	vorhanden	vorhanden	vorhanden
ASW-Phänomene	vorhanden	vorhanden	vorhanden	gezielt
PK-Phänomene	beschrieben	beschrieben	beschrieben	gezielt

Tab. 5 UNTERSCHEIDUNGSMERKMALE VERÄNDERTER BEWUSSTSEINSZUSTÄNDE

SKELETTMUSKELREAKTIONEN

PARAMETER	**Ekstatische Trance**	**Besessenheitstrance**	**Mediumistische Trance**	**Hypnotische Trance**
Haltung	steigend	instabil	variabel	entspannt
Somatische Aktivität	sektorielle Motorik	intensiv, akzessorisch	verlangsamt	ökonomisch-verlangsamte Bewegungen
Muskeltonus	Flexibilitas cerea	Kontraktionen	reduziert	Katalepsie, Schlaffheit variabel
Knochen-Sehnen-Reflex	vorhanden	schnellend	vorhanden	vorhanden
Automatismen	fehlt	vorhanden	vorhanden	vorhanden
Verlaufsveränderungen	kaum vorhanden	rasch	kaum vorhanden	suggestionsgebunden
Koordination der Bewegung	vorhanden	kann auch fehlen	häufig	häufig

Tab. 6 UNTERSCHEIDUNGSMERKMALE VERÄNDERTER BEWUSSTSEINSZUSTÄNDE
AUGENBEWEGUNGEN

PARAMETER	**Ekstatische Trance**	**Besessenheitstrance**	**Mediumistische Trance**	**Hypnotische Trance**
Augenbewegung	reduziert / aufgehoben	akzessorisch	reduziert / verlangsamt	reduziert, gelegentlich verlangsamt
Spontanes Blinzeln	reduziert / aufgehoben	sehr häufig	reduziert	reduziert, teils klonisch
Hornhaut	meist klar	vorwiegend getrübt	vorwiegend gerötet	vorwiegend gerötet
Tränenfluß	fehlt	geleg. vorhanden	fehlt	häufig vorhanden
Blinzelreflex	reduziert oder aufgehoben	lebhaft vorhanden	reduziert	häufig
Pupille	häufig nicht reaktive Pupillenerweiterung	variabel	vorwiegend Miosis	Miosis, reaktiv
Nystagmus (verschieden)	fehlt	klonische Zuckungen	kaum vorhanden	kaum vorhanden
Hornhautreflex	fehlt	fehlt / erhöht	reduziert	reduziert
Konjugierte Bewegungen	Blickfixierung	variabel, Spasmen	variabel	variabel

Tab. 7 UNTERSCHEIDUNGSMERKMALE VERÄNDERTER BEWUSSTSEINSZUSTÄNDE

PARAMETER	**Ekstatische Trance**	**Besessenheitstrance**	**Mediumistische Trance**	**Hypnotische Trance**
WAHRNEHMUNGSFORMEN				
Optische Halluzinationen	vorhanden	vorhanden	vorhanden	vorhanden
Akustische Halluzinationen	vorhanden	vorhanden	vorhanden	vorhanden
Kinästhetische Halluzinationen	vorhanden	vorhanden	vorhanden	vorhanden
Taktile Halluzinationen	vorhanden	vorhanden	vorhanden	vorhanden
Geruchshalluzinationen	vorhanden	vorhanden	vorhanden	vorhanden
Geschmackshalluzinationen	vorhanden	vorhanden	vorhanden	vorhanden
Außerkörperliche Erfahrung	vorhanden	vorhanden	vorhanden	vorhanden
NEUROHORMONALE REAKTIONEN				
Katecholamine im Urin	steigend	steigend	vorwiegend fallend	fallend
Vanillinmandelsäure	steigend	steigend	vorwiegend fallend	fallend
Metanephrin	steigend	steigend	vorwiegend fallend	fallend

Tab. 8 UNTERSCHEIDUNGSMERKMALE VERÄNDERTER BEWUSSTSEINSZUSTÄNDE

NEUROPHYSIOLOGISCHE PROZESSE

PARAMETER	**Ekstatische Trance**	**Besessenheitstrance**	**Mediumistische Trance**	**Hypnotische Trance**
Schweißbildung	fehlt	häufig	häufig	vorhanden
Vasomotorische Hautreaktion	Erblassen	vorwiegend Erblassen	häufig gerötet	häufig gerötet
Peripherer Gefäßtonus	steigend	steigend	fallend	fallend
Arterieller Druck	steigend	steigend	fallend	fallend
Herzrhythmus	steigend	steigend	fallend	fallend
Atemrhythmus	steigend	steigend	fallend	fallend
Nasaler Zyklus	nicht bestätigt	nicht bestätigt	nachgewiesene Korrelationen	nachgewiesene Korrelationen
Lautbildung	fehlt, bei Vorhandensein klar oder beschleunigt	stoßweise, Schreie	bestätigt, verlangsamt, klar	mühsam, verlangsamt
Elektrodermale Aktivität	abnehmend	paradox, steigend	fallend	fallend
Schmerzreflex	fehlt	paradox, steigend	fallend	fallend
Sphinkter-Störungen	fehlt	vorhanden	fehlt	fehlt
Hautsensibilität	fehlt	paradox, steigend	fallend	gestört, fallend
Elektroenzephalogramm	Alpharhythmus	nicht dokumentiert	vorwiegend Alpharhythmus	variabel, signifikanter Alpharhythmus
Evozierte Reaktionen	Periphere und zentrale Nervenbahnen	nicht dokumentiert	fallend steigend	steigend, paradox

III. DÄMONISCHE BESESSENHEIT, SPIRITISTISCHE BESESSENHEIT, PSEUDOBESESSENHEIT

In den vorangegangenen Arbeiten[16] werden die vom Psychiater J. LHERMITTE[17] und von LAPASSADE[18] erstellten Klassifikationen der Besessenheit erwähnt, die auch im katholischen Bereich mit der genannten Zurückhaltung Anwendung finden können:

- *Angstbesessenheit* (außernatürliche Infestation): bei der die Besessenen und von Zwangsvorstellungen Bedrängten in ihrem Verhalten sowie psychobiologisch von bösen Geistern geleitet werden, die (nach LAPASSADE) auf ihr menschliches Pferd heruntersteigen. Für die christliche Religion stellt diese Art von Besessenheit eine dämonische Infestation dar, d. h. der gefallene Engel besetzt den Menschen auf geistiger, psychischer oder auch physischer Ebene. Für die synkretistischen und andere Religionen ist es immer ein (mit menschlichen Attributen behafteter) böser Geist, der vom Menschen vollständig Besitz ergreift.
- *Besessenheit der „zweiten Art“*: hier sind die Geister, die der einzelne in sich zu haben glaubt, Produkte der Phantasie oder des Milieus der Gruppe bzw. der Bewegung; es handelt sich mithin nicht um eine echte Besessenheit, sondern um eine Pseudobesessenheit, bei der Geister auftauchen, die größtenteils den gesellschaftlichen und kulturellen Einstellungen von Völkern mit sozialen Problemen und Anpassungsschwierigkeiten sowie aufgrund emotionaler Beeinflussung entspringen. Die gesamte Gruppe oder ethnische Einheit findet in der Bekämpfung dieser Phantasmen bzw. Geister durch den Schamanen Abhilfe oder zumindest eine hypothetische Lösung für die auftauchenden und anstehenden Probleme, die die Gruppe belasten. Zu dieser Kategorie gehört die schamanische Trance ebenso wie die Trance der Heiler.
- *Besessenheit der „dritten Art“*: auch in diesem Fall handelt es sich bei

16 G. GAGLIARDI: Il setting degli attuali riti di esorcismo nella religione cattolica; ders.: La sindrome dell'Uomo nero (1989); ders.: Il rito dell'esorcismo cattolico attuale (1991); ders.: La guarigione della mente e dello spirito (1992); ders.: La trance da possessione diabolica (1993); ders.: Stati modificati di coscienza (1993); ders.: Richiesta di guarigione (1993).

17 J. LHERMITTE: Veri e falsi ossessi.

18 G. LAPASSADE: Stati modificati di coscienza (1995).

den Geistern um Phantasmen der jeweiligen Person und daher um Pseudobesessenheit. Die sogenannten Geister, die hier im Menschen Platz greifen, sind nichts anderes als vom kranken menschlichen Geist konstruierte Gebilde.

Die Besessenheit der *zweiten* und *dritten* Art ist am ehesten einer psychotherapeutischen Behandlung zugänglich; sie ist mit einer mentalen Störung vergleichbar, die in der Dramatisierung des individuellen Problems bzw. der Trance oder besser gesagt tranceähnlichen Zuständen, verbunden mit entsprechender Motorik und Konvulsionen, die geeignete Bühne für ihre Vorstellung bzw. für das Ausleben des kathartischen Moments der Therapie findet.

LHERMITTE[19] klassifiziert die beiden letzten Typen von Besessenheit als „dämonische Pseudobesessenheit" und damit als nicht von einer echten dämonischen Infestation hervorgerufen (wo sich der geistige Parasit unter den Bezeichnungen „Teufel", „Dämon" oder „Satan" manifestiert), auch wenn die Person äußerlich oder innerlich ein störendes Etwas wahrzunehmen glaubt, das weder dem Körper noch der Seele noch dem Geist zuordenbar ist. Nach LHERMITTE ist die in ihrer Art vorwiegend paroxsysmale und eklatante Dramatisierung oder Trance mit dem großen „hysterischen Anfall" nach J.-M. CHARCOT vergleichbar; wenngleich CHARCOT diesen Zustand bei seinen Patientinnen oft induzierte, um seine diagnostisch-experimentellen Überzeugungen möglichst sorgfältig zu untermauern. Als häufigste psychische Störungen bei *pseudobesessenen Personen* treten auf:

- einfache oder schwere dissoziative Störung,
- multiple Persönlichkeit,
- alle Formen von Schizophrenie,
- paranoides Delirium,
- zwanghafte / kompulsive Störung
- Phobie,
- hysterische Persönlichkeitsstörung
- paranoide Persönlichkeitsstörung
- schizoide Persönlichkeitsstörung
- Neurose und hysterische Psychose
- alle Formen von Depression.

19 J. LHERMITTE: Veri e falsi ossessi.

In all diesen ausgesprochen psychopathologischen Situationen ist der Teufel lediglich ein symptomatischer und terminologischer Inhalt:

- *Dämonomanie:* Assoziierung sämtlicher Ereignisse mit der Gestalt des Teufels,
- *Dämonopathie:* Zuweisung eigener Dysfunktionen an den Teufel,
- *Dämonophobie:* ständige Furcht vor der Anwesenheit des Teufels,
- *Dämonolatrie:* Anbetung des Teufels oder vollkommene Hingabe an den Teufel.

Die Rituale des Exorzismus bieten diesen krankhaften Erscheinungsbildern die Möglichkeit, die Konstrukte von Psyche oder Vorstellung zu artikulieren.

Nach persönlicher Erfahrung wird vielen Personen, die an solchen Krankheiten leiden, auch durch das Befreiungsgebet Hilfe zuteil, das eine echte Alternative zum eigentlichen Exorzismus darstellt, der komplexeren und mit dem Kriterium der geistigen Unterscheidung ausgewählten Fällen vorbehalten bleibt.

1. Luzide (willentliche) und psychologische dämonische Besessenheit

Nach der katholischen Religion gibt es andere, schwerwiegendere Arten von Infestation, wenngleich diese weniger eklatant, theatralisch und spektakulär sind als die Trance oder trancehaften Zustände, dafür aber um so destruktiver, dämonischer und beängstigender; es sind dies:

- die *luzide (willentliche) dämonische Besessenheit* (Dämonolatrie, wenn auch nicht ritualisiert), wo klar akzeptiert wird, sich in den Dienst des Bösen zu stellen – es ist dies eine Situation, in der die Person ihr gesamtes Wollen dem Herrscher der Unterwelt unterstellt: der echte Satanismus zur Verachtung der katholischen Kirche bzw. der Luziferismus in all seinen Ausdrucksformen.

Die luzide dämonische Besessenheit als totale Überantwortung an das Böse ist auch eine Hypothese von L. VALZELLI[20], der bei der Aufzäh-

20 L. VALZELLI: Psicobiologia dell'aggressione e della violenza (1989), S. 113.

lung der verschiedenen Ausdrucksformen der Aggressivität von intellektueller Aggression der rein menschlichen Art spricht, wo das mit höheren Fähigkeiten, darunter dem Willen, ausgestattete Wesen vom grünen Tisch aus darüber nachsinnt, womit der Einzelperson oder Personen geschadet werden kann. Es handelt sich hier um ein mit kalter Ratio geplantes feindliches Vorgehen, dessen Ausführung anderen zugedacht ist: Kriegsvorbereitungen, Revolutionen, organisierte Kriminalität, Aktionen wirtschaftlich-finanzieller Natur zur Destabilisierung sozialer Gruppen oder religiöser Institutionen, wobei dem Ganzen Ideologien und Pseudoideale mit sozialem oder synkretistisch-religiösem Anstrich zugrunde gelegt werden.“[21] Diese Form der willentlichen luziden Besessenheit ist heutzutage viel weiter verbreitet als man denkt und bildet das härteste Fundament, die nach römischem Verständnis mächtigste Phalanx gegen die Menschheit selbst und die Katholische Kirche im besonderen.

- Die *psychologische dämonische Besessenheit*: bezeichnet die im religiösen Sinn „sanfte“ bzw. behutsame Infiltration des Bösen. Bei diesem Besessenheitstyp kommt es zu keinen paroxysmalen Manifestationen oder Konvulsionskrisen, wohl aber zur vollen Akzeptanz dessen, was der Fürst dieser Welt vorschlägt und an Propagandawerk für sein Reich aufbietet. Auf diesem psychologischen Weg wird den Personen nach und nach in das Bewußtsein geträufelt, daß es – anstatt der vom Gottessohn gegründeten Institution beizutreten – besser sei, sich an die herrschende Meinung, an gelegentliche Zugeständnisse, an gängige Moden und an die neue Form anzupassen, Gott nicht als Gott zu sehen, sondern als einen personalisierten „Hausgott“. Es entsteht so eine neue Religion, die des Individuums auf der Basis seiner je eigenen Information und Kultur, der mehr oder weniger aus vergangenen Epochen eingeholten und aufpolierten Anschauungen und Mythen, verbunden mit einem Gemisch an religiöser Emotionalität, die Synkretismus, Öffnung, Permissivität und eine Einschränkung der Gebote vorsieht.

Diese beiden letzten Arten von Besessenheit sind am weitesten verbreitet und weniger auffällig, dafür aber sowohl für den Menschen als

21 Ders., ebd.

auch für die katholische Religion am destruktivsten; so provozieren sie u. a. falsche Marienerscheinungen, die vor allem Italien und die romanischen Länder bedrängen. Von diesen Orten gehen häufig emotionale Religiosität und immer stärker personalisierte Rituale aus, die sehr rasch von der Orthodoxie abweichen; von hier aus verbreiten sich der emotionale Einfluß, die induzierten Psychosen, die den institutionellen Glauben weiter zersetzen.

2. Die Besessenheitstrance und Besessenheitszustände

Besessenheit wie Pseudobesessenheit äußern sich, wie schon erwähnt, biologisch und verhaltensmäßig am stärksten während des Befreiungsgebetes und vor allem während des Exorzismus. Die Unterscheidung zwischen den beiden Formen ist in dieser Hinsicht wie gesagt nicht ganz klar.

Die betreffende Phänomenik wurde „dämonische Trance" genannt, um sie von anderen modifizierten Zuständen zu unterscheiden. Ein solcher Zustand ist – darauf sollte nochmals verwiesen werden – auf den untersten psychischen Ebenen häufig destrukturiert und Erbe primitiver Säugetier- und Reptilstadien, weshalb man diesen Bewußtseinszustand zweckmäßig als „veränderten" Zustand im wahrsten Sinne des Wortes bezeichnet, auch wenn er der erste Schritt in Richtung einer induzierten Heilung ist.

Im Verlauf der Untersuchungen auf dem hier behandelten Gebiet erfolgte die neuropsychologische Annäherung an die „dämonische Trance" im psychologisch-psychiatrischen Sinn während des Exorzismus oder des in der katholischen Religion verwendeten Befreiungsgebetes

- durch zeitlich verschieden angesetzte anamnestische Gespräche;
- durch zweckdienliche Aufzeichnungen während der exorzistischen Sitzungen und des Befreiungsgebetes;
- durch polygraphische Aufzeichnungen in einem durch Hypnose hervorgerufenen Entspannungszustand zur Auswertung der Unterschiede zwischen hypnotischem Zustand und dämonischer Trance;
- durch Aufzeichnungen im Ruhezustand, in der sogenannten Prä-

trance oder während der Präliminarien, in und nach der Besessenheitstrance, unmittelbar danach oder erst viel später.

Unverzichtbar sind solche Vorunterscheidungen bei Ausbruch der Besessenheitstrance. Wenn die Person psychisch stark gestört ist, läuft man Gefahr, sie in einen Zustand der Verwirrung, der projektiven Blockierung, der Persönlichkeitssperre zu stürzen. Es bildet sich eine Abhängigkeit von eben diesem Ritus heraus, dessen Wiederholung eher einer psychischen Konditionierung als dem Beginn einer Befreiung gleichkommt; er entspricht mehr oder weniger den von okkulter Seite angewandten psychischen Kontrolltechniken, von denen man die Person befreien will.

Diese Konditionierung ist in der Psychophysiologie als „Umfeldabhängigkeitssyndrom“ bekannt. Es handelt sich um eine Dysfunktion der zerebralen Frontallappen, die eine Ausschaltung des Willens bedingt. Es kommt zu Zwangsverhalten, weshalb die Person lediglich zur Nachahmung des sie unmittelbar umgebenden Geschehens in der Lage ist, aber keinerlei Entscheidung mehr treffen kann.

Die mit einer solchen Dysfunktion behaftete Person versteht nicht mehr, daß das Befreiungsgebet oder der Exorzismus erst den Anfang eines Heilungsweges darstellen; sie möchte in einem fort befreit oder exorziert werden, wobei sie kontinuierlich Exorzisten aufsucht, die im Volksmund als die „fähigsten“ und „tüchtigsten“ bezeichnet werden. Es handelt sich hier nicht mehr um eine dämonische Infestation, sondern um deren psychiatrische Entsprechung, die schon unter Dämonomanie, Dämonopathie, Dämonophobie und Dämonolatrie beschrieben wurde.

Während der dämonischen Besessenheitstrance und zuweilen auch bei der Pseudobesessenheit tauchen manchmal ungewöhnliche Phänomene auf, die als paranormal bezeichnet werden:

- ASW-Phänomene (Außersinnliche Wahrnehmung) oder
- PK-Phänomene (Psychokinese).

Zu diesen gehören in erster Linie Telepathie, Hellsehen, Altersregession, Weissagung, Psychometrie, motorische Verhaltensformen oder für die Person ungewöhnliches und disproportionales Muskel-/Skelett-Verhalten sowie imposante Veränderungen der biologischen Parameter, die im normalen Wachzustand nur selten zu beobachten sind.

Auch die polygraphischen Aufzeichnungen zur Beurteilung des Bewußtseinszustandes und der neurovegetativen Funktionalität erbrachten überraschende, d. h. unvorhergesehene bzw. unvorhersehbare Resultate: Mit dieser Methode wurde festgestellt, daß sich viele Personen insofern in einem anderen Bewußtseinszustand befanden, als sie von der Umwelt losgelöst waren. Beim psychophysiologischen Polygraphen wird dies am Fehlen der psychogalvanischen Reflexe auf evozierte Reize (auch Schmerzreize)[22] ersichtlich:

An den Kopf eines Mädchens in Besessenheitstrance, bei dem dieser Zustand abwechselnd mit autohypnotischen Zuständen bei geschlossenen Augen auftrat, wurde unbemerkt ein Kruzifix auf ca. 20 Zentimeter herangeführt. In der elektrodermischen Aufzeichnung tauchte ein ungeklärter Reflex auf. Die elektrodermale Aktivität (EDA) oder der elektrische Hautwiderstand zeigt in der Hypnose häufig einen flachen[23] oder leicht wellenartigen Verlauf aufgrund spontaner Aktivität. Im vorliegenden Fall wurde dieser Verlauf jählings und synchron zur Heranführung des Kreuzes an den Kopf der „Besessenen" von einer raschen phasischen Welle unterbrochen, die eine Aktivierung, eine abrupte Antwort mit dem Ausdruck der Spontaneität signalisieren sollte, wie sie bei Sinnesreizen (z. B. Nadelstichen) auftritt. All das ereignete sich, wie gesagt, als die Person die Augen geschlossen hatte und weder auf einen verbalen noch auf einen taktilen oder einen Schmerzreiz reagierte.

Während der dämonischen Trance nahm die Besessene Heiligenbildchen ohne jedwede Reaktion entgegen, das Bild des hl. Michael allerdings (des Dämonenaustreibers) rief eine sehr starke psychogalvanische Reaktion hervor und führte zu Tachykardie und Hyperventilation. Während des Befreiungsgebetes wechselte die Betroffene drei- oder viermal ihre Persönlichkeit: sie sah sich als Kind, das zu dämonischen Riten mißbraucht wurde, bzw. als junge Frau, die darauf konditioniert war, sich auf verbale Anweisung hin an bestimmte Orte zu begeben, um dort jede erdenkliche Art von Gewalttaten zu erleben. Aufgrund früherer stark emotionaler Programmierungen fiel sie automa-

22 G. GAGLIARDI: Stati modificati di coscienza.

23 R. RIVA / N. PODOMANI / G. GAGLIARDI / M. MARGNELLI: Effects of Hypnotic Trance on Electrodermal Phasic Activity (1994).

tisch in Autohypnose, sobald man sie über Riten und Mitglieder der Sekte befragte, in die sie eingetreten war. Dies geschah z. B., als man sie daran erinnerte, wie einer ihrer Körperteile beim Initiationsritus der Satanssekte blutete.

All das zusammen mit anderen Vorfällen sprach weder für eine mehr oder weniger unbewußte oder erfundene Fabulation bzw. Theatralisierung noch für eine massive hysterische Trance, sondern für eine dämonische Trance, in deren Rahmen sich auch die multiple Persönlichkeit manifestierte, die sich während der verschiedenen Konditionierungen durch die Satanssekte, in die sie mit Gewalt gebracht worden war, herausgebildet hatte.

Eine außernatürliche Wesenheit? Ein psychisches Phantasma dämonischen Inhalts? Eine an das Ritual gebundene Vorstellungswelt? ASW-Phänomene? Hypersensibilität? Veränderungen eines nicht dokumentierbaren biologischen Feldes? Die plötzliche phasische Welle gleichsam als Antwort auf einen äußeren Reiz, als sonstige, konkrete Reize keine Reaktion bewirkten?

Eine andere Frau stieß während der exorzistischen Handlung ununterbrochen Angstschreie aus, in denen sie darum bat, dorthin zu gehen, wo sie das Auto geparkt hatte. Neben diesem befand sich der Magier, der sie programmiert und in die Satanssekte eingeführt hatte. Er führte dort mit einem zerbrochenen Kruzifix Rituale aus. Niemand wußte, daß sich die Frau zur selben Stunde einem Exorzismus unterzog, weil sie Vorkehrungen getroffen hatte, um nicht verfolgt zu werden, zumal sie schon mehrmals von der Sekte, aus der sie ausgetreten war, bedroht worden war. Auch hatte sie jede Verbindung zu dem Magier, der zugleich ein Freund war und sie unter erschwerenden Bedingungen der Sekte zugeführt hatte, abgebrochen.

Ein junger Vater, der sich aufgrund von Phobien einem Befreiungsgebet stellte, fiel in eine dämonische Besessenheitstrance. Die Heranführung eines Bildchens des Erzengels Michael löste starke Reaktionen bei ihm aus, es kam zu explosionsartigen Konvulsionskrisen, die den Personen, die ihn zu halten versuchten, ernsthafte Verletzungen bescherten. Nach Beendigung des Gebetes wußte er nicht, was vorgefallen war und warum. Selbst ein paar Wochen später fragte er noch immer, was denn geschehen sei, weil er sich an nichts erinnerte.

Bei einer jungen Mutter zeigten sich während des Befreiungsgebetes Schriftzeichen und Kreuze auf dem Körper und bei ihr zu Hause weinten und bluteten Heiligenbildchen. Nach dem Exorzismus und dem Befreiungsgebet hatten die Phänomene ein Ende.

Bei einer Befragung erzählte ein älterer Exorzist aus der Diözese Turin, daß sich eine Frau, über die er den Exorzismus gesprochen hatte, nach Beendigung desselben in einem Zustand extremer Erschöpfung befand; sie begann mit der Stimme eines Mannes zu sprechen und gab sich als Priester aus, der im letzten Krieg verstorben war und der Gebete bedürfe. Er sagte seinen vollen Namen und auch, daß Gott ihm erlaubt habe, sich während der physischen Erholung an ihn als Exorzisten zu wenden. Nachforschungen desselben bestätigten die vom Geist des Verstorbenen (der ihm und der Frau unbekannt war) behauptete Identität.

Dieses Phänomen der außersinnlichen Wahrnehmung (so die Meinung des Verf.) könnte während der Pause im Rhytmus der rechten und linken Hemisphäre erfolgt sein, wenn sich die Funktionskoordination der dominanten Hemisphäre, die als ultradiane Pause bezeichnet wird, noch nicht wiedereingestellt hat und man daher für ungewöhnliche Signale oder Reize u. U. besonders empfänglich ist.

Alle beschriebenen Phänomene finden ziemlich genaue Entsprechungen in den sogenannten paranormalen Erfahrungen, die sich zwar so nennen, aber nichts aussagen über ihre mehr oder weniger signifikante Koinzidenz mit evidenten und nicht-evidenten, wahrscheinlichen und unwahrscheinlichen, möglichen und nicht möglichen Reizen, also mit der Aktivierung von Neuronen der gleichgewichtsmäßig instabilen emotionalen Zentren, die sichtbare „kaskadenartige" Reaktionen hervorrufen wie die beschriebenen analogen Verhaltensformen.

Es steht jedem frei, hinter diesen Grenzphänomenen, die von der Wissenschaft weder erklärt noch eingeordnet oder beurteilt werden können, den Fingerzeig Gottes, den Pferdefuß des Teufels oder die emotionale Denkform mit der ihr eigenen Vorstellungswelt zu sehen oder nicht.

IV. BIOLOGISCHE UND VERHALTENSSPEZIFISCHE UNTERSUCHUNGEN WÄHREND DER DÄMONISCHEN TRANCE

Es wurde des öfteren erwähnt, daß dem Exorzismus oder dem Befreiungsgebet eine gewisse „Aura“ oder vielleicht besser gesagt eine „Ankündigungsphase“ vorausgehe, um keine Verwechslung mit Epilepsie oder ähnlichen Formen aufkommen zu lassen. Dieses Phänomen wurde vor allem während der öffentlichen Sitzungen und beim kollektiven Exorzismus beobachtet und ist gekennzeichnet durch:

- wiederholtes Gähnen,
- Zunahme der Atmungsfrequenz,
- leichtes Zittern, vor allem an den Händen sichtbar,
- Erweiterung der Pupillen,
- fortschreitende Isolierung von der Außenwelt.

Das Gähnen weist offenbar auf eine auffällige Veränderung des neurovegetativen Systems und der emotionalen Aktivierung hin. Vor der Trance kommt es auch häufig zu einer Polyurie, wenngleich diese während des Zustandes bzw. zum Ende hin oft stärker ist. Die Zunahme der Atemfrequenz kann die Person für eine alkalische Änderung des pH-Wertes mit daraus folgenden mehr oder weniger segmenthaften Muskelkontraktionen prädisponieren, die Tetanus-Kontraktionen nahekommen.

Nicht immer mündet das Prodromalstadium dann auch in eine echte Besessenheitstrance.

1. Prätrance

Der veränderte Bewußtseinszustand der dämonischen Trance (die Person ist Beobachter eines anderen, der sie nach seinem Willen führt) beginnt mit dem normalen Wachzustand, der in einen Zustand emotionaler Hyperaktivität übergeht, d. h. in ein Streßsyndrom, welches das zentrale Nervensystem zunehmend überaktiviert:

- Die Oberflächen- und Tiefenreflexe sind äußerst lebhaft, häufig klonisch oder repetitiv;

- es kommt zu Hyperalgesie bzw. übertriebenen Reaktionen auf Schmerzreize;
- die elektrodermale Aktivität (EDA) zeigt oft erhöhte Reaktionen (Arousal);
- die Atmung wird vorwiegend thorakal und oberflächlich;
- die Herzfrequenz bewegt sich noch in extremen Bahnen;
- im Plethysmogramm verringert sich der Ausschlag der Pulsationswellen;
- die Pupillen sind normal bis erweitert und zeigen normale Reflexe.

2. Besessenheitstrance

Es gibt keinen klaren Übergang zur dämonischen Besessenheitstrance, die sich oft auf einen krampfartigen Zustand beschränkt, der durch Versteifungen, Blickfixierungen, stimmliche und sprachliche Veränderungen gekennzeichnet ist. Die echte Besessenheitstrance hingegen weist folgende Charakteristika auf:

- Verschwinden aller oberflächlichen und tieferliegenden Muskelreflexe;
- Veränderung der Gesamtanästhesie und der Hyperalgesie;
- Reaktionslosigkeit der Pupillen auf fotomotorische Reize;
- weitgehende Verengung der Pupillen;
- verkrampfte Muskulatur, oft Flexibilitas cerea;
- häufige Alexithymie (Unfähigkeit zur Wahrnehmung und Beschreibung von Gefühlen);
- die Haltung ist niemals aufrecht, sondern verkrümmt und gegen die Regeln der Schwerkraft;
- die vorwiegend kostale Atmung ist meist spasmodisch unausgiebig und von mehrmaliger Apnoe unterbrochen;
- gelegentlich kommt es zu Zwerchfellatmung mit ausgeprägtem Kollern, was den Eindruck einer wiederholten kreisförmigen Bewegung von Wasser erweckt, jedoch synchron zum Ausatmen erfolgt;
- häufig erscheint der sich (nicht wegen der Muskelkontraktionen an der Oberfläche) hart anfühlende Bauch unverhältnismäßig aufgebläht;

- die Herzfrequenz ist durchweg erhöht und erreicht mitunter die Frequenzen einer paroxysmusartigen Tachykardie;
- die Gesichtszüge sind oft ausdruckslos bis entstellt;
- der Blick ist abwesend, leer, hohl, fixiert, ohne Reaktion auf Reize;
- Das Plethysmogramm zeigt verringerte periphere Schließungen, die plötzlich durch starke Vasodilatationen ersetzt werden.

Oft kommt es auch zu automatischer Schrift oder automatischem Zeichnen, besonders nach den Fragen des Exorzisten in bezug auf Riten und Orte.

Der Zustand der Besessenheitstrance dauert zwischen 5 und 15 Minuten, dann tritt die Person in einen Zustand von Torpor / Narkolepsie ein: manchmal antwortet, betet und spricht sie normal, um dann von neuem in eine plötzliche dämonische Trance zu fallen. Der Wechsel dieser Zustände ist unterschiedlich, weil statt dessen auch Peridender Autohypnose auftreten können.

Zu einer *Autohypnose* kommt es fast immer „spontan", und zwar dann, wenn Schlüsselfragen gestellt werden. Die Autohypnose fungiert, wie schon beschrieben, als Schutzmechanismus infolge früherer Programmierung und Konditionierung, um zu verhindern, daß die Person Einzelheiten von Sektenritualen preisgibt. Auffallend ist, daß der Eintritt in die Autohypnose fast immer durch einfache Worte provoziert wird, die auch vom Exorzisten stammen können und für die betreffende Person einem Befehl bzw. einer posthypnotischen Suggestion gleichkommen, die sie vom Magier oder der okkultistisch-esoterischen Gruppe erhalten hat.

3. Posttrance oder ultradiane Pause

Der Zustand des Einschlafens im Sinne physisch-psychischer Ruhe nach Anstrengung tritt ein, wenn der Organismus die physiologischen Reserven aufgebraucht hat. Er entspricht der ultradianen Pause bzw. der Periode der ultradianen Heilung (zyklische Ruhephase, die mit den während des Tages spontan auftretenden ca. 90-minütigen Rhythmusphasen der jeweiligen rechten oder linken Hemisphärendominanz abwechselt). Aus Beobachtungen weiß man, daß viele Personen schon beim Befreiungsgebet oder auch beim Exorzismus in einen Zustand emotionaler Aktivierung tonischer Art fielen, der durchgehend auf höchstem Niveau blieb, ohne während des Exorzismus je sichtbare Veränderungen zu zeigen. Bei diesen Leuten kommt es fast nie zu dem beschriebenen dämonischen Trancezustand und auch zu keinerlei Veränderungen während des Übergangs vom einen Zustand in den anderen. In der psychiatrischen und neuropsychologischen Beurteilung zeigen sie eine sehr ausgeprägte psychische Störung, weshalb man nicht von einer dämonischen Besessenheitstrance, sondern von einer psychopathologischen Pseudotrance spricht.

V. BIOLOGISCHE PARAMETER WÄHREND PRÄTRANCE, BESESSENHEITSTRANCE UND POSTTRANCE

Die Datenerhebung bei den verschiedenen Sequenzen der *dämonischen Besessenheitstrance* erfolgte nicht invasiv: es wurden (mittels elektronischer Geräte) der arterielle Blutdruck gemessen, elektrokardiographische und polygraphische Aufzeichnungen gemacht und am

Tab. 9 BIOLOGISCHE PARAMETER WÄHREND PRÄTRANCE, BESESSENHEITSTRANCE UND POSTTRANCE

Während der Prätrance	- Aura der Anpassung - Zustand der Hyperaktivität
Während der Trance	- Paradoxer Zustand - Veränderter Bewußtseinszustand - Zustand der Autohypnose
Nach der Trance oder ultradiane Erholungspause	- Zustand des physiologischen Schlafes - Zustand der Narkolepsie (provoziert) - Rückkehr zum normalen Wachzustand

Tag vor dem Exorzismus wie auch vor und nach der Trance zur Bestimmung eines Grundwertes Urinproben entnommen (Tab. 9).

1. Atmung

Während des veränderten Zustandes wurden ungewöhnliche Hyperventilationen mit einer Frequenz von 200 Atemzügen pro Minute beobachtet (normal 16/18), die auch bis zu 5 Minuten andauern konn-

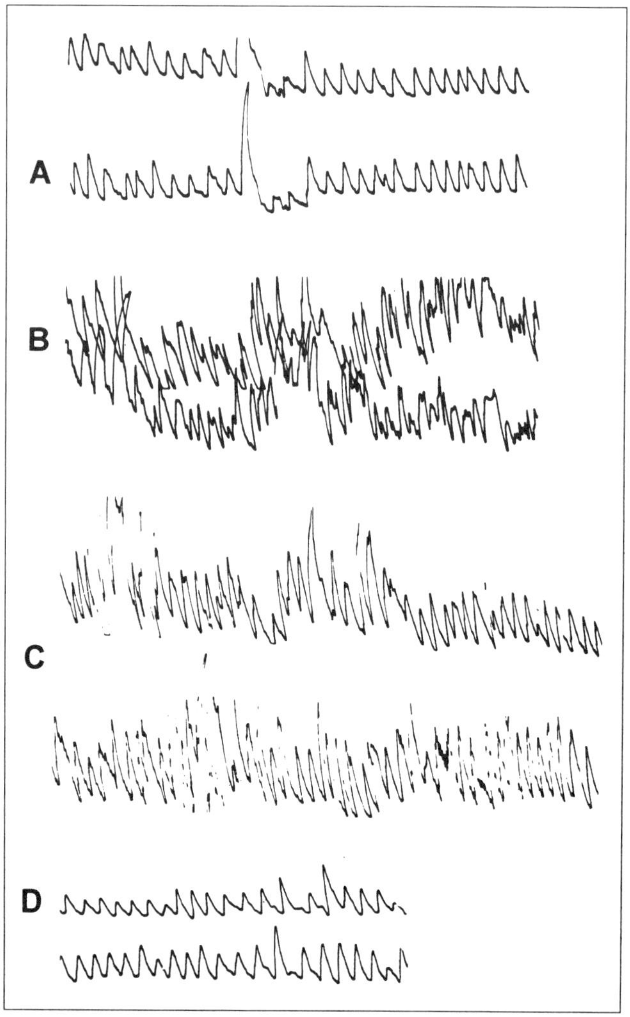

Abb. 1: Diagramm von Kostalatmung (oben) und Zwerchfellatmung (unten) während eines katholischen Exorzismus mit Besessenheitstrance.

A) Vor dem Exorzismus
B) Während der Trance
C) Während der Trance
D) Nach dem Exorzismus (Erholungspause)

ten. Eine ähnliche Polypnoe (Atembeschleunigung) wird bei den orientalischen Techniken des Kundalini-Yoga verwendet und löst zerebrale Alkalosen mit Tetanie und Muskelkontraktionen aus. Es handelt sich hier um einen äußerst gefährlichen Vorgang, weil es dadurch zu irreversiblen Hirnschäden kommen kann. Bei anderen Gelegenheiten wiederum stellte man eine mehrminütige Apnoe fest.

Derart wechselhafte Atmungsparameter traten häufig bei Personen mit außerkörperlichen Erfahrungen oder spontanen bzw. evozierten Bilokationsphänomenen auf.

Oft zeigen die Betreffenden während des veränderten Zustandes der Besessenheit Atmungsveränderungen, die der Funktionsprävalenz des emotionalen Systems entsprechen, d. h. tiefere Atemzüge sowie eine Änderung der Grundatmung. Diese äußert sich in:

- *Kostalatmung*, wenn die Visionen dramatisch und angsterregend sind und die Person mit einer raschen Sauerstoffanreicherung reagiert;
- ausgeprägter *Zwerchfell-* bzw. *Bauchatmung*, wenn es sich um keine negativen Visionen handelt, weshalb die Person keine „Angriffs- oder Fluchtreaktion“ zeigt und ihr Atemrhythmus entspannt ist (Abb. 1).

2. Herzfrequenz

Während des veränderten Zustandes wurden auffällige *Frequenzschwankungen* beobachtet, mit Aktivierungen bis zu 190/200 Schlägen pro Minute, die während des ganzen Befreiungsgebetes andauerten (bei den Trancen handelte es sich mehr um Pseudobesessenheit (Typ 3) denn um dämonische Besessenheit (Typ 1). Während des veränderten Zustandes der Pseudobesessenheit wurden immer plötzliche Frequenzeinbrüche bis auf weniger als 50 Schläge / min beobachtet. Diese Phänomik tritt vor allem dann auf, wenn die Person Schreie von sich gibt oder bei starken Muskelkontraktionen mit thorakalem Überdruck (unwillkürliche Handlung nach A. VALSALVA; Tab. 10, Abb. 2 – 3).

Tab. 10: Aufzeichnung der Herzfrequenz-Werte und der maximalen / minimalen Blutdruckwerte der Schulterarterie während eines Befreiungsgebetes

Zeit / min	max. Blutdr.	min. Blutdr.	Herzfrequenz
0	127	79	97
4	128	81	95
5	115	70	96
12	110	70	98
19	146	83	111
29	141	118	78
32	110	100	54
39	96	78	52
42	124	89	112
44	119	102	112
48	121	105	106
50	109	73	114
52	105	80	98
54	107	68	94
57	111	70	76
60	104	62	98
62	111	74	93
64	104	69	90
66	94	76	54
124	108	65	114
129	106	70	98

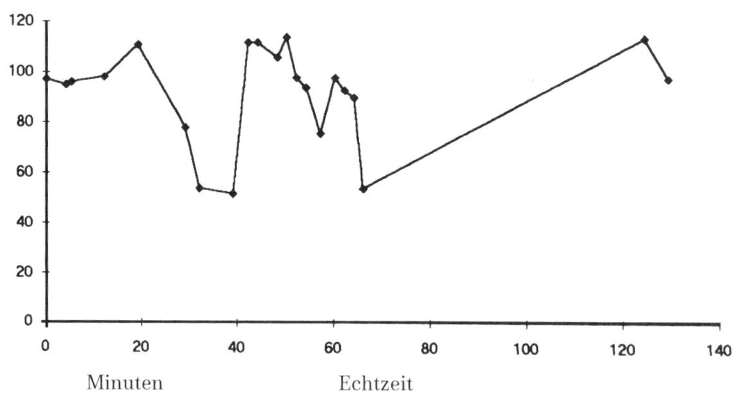

Abb. 2: Diagramm der Herzfrequenz-Werte nach Tab. 10

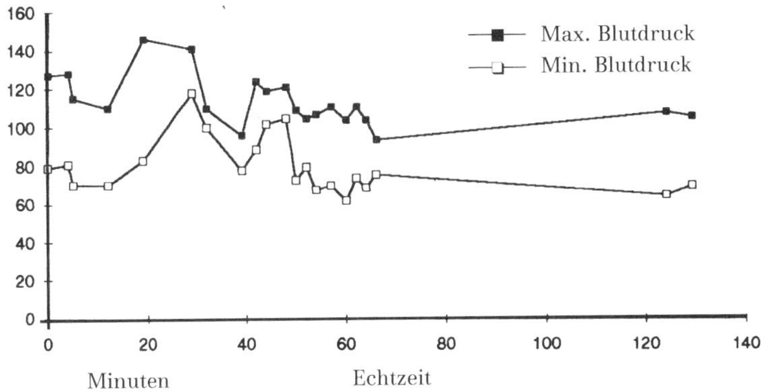

Abb. 3: Diagramm der maximalen und minimalen Blutdruckwerte der Schulterarterie nach Tab. 10

3. Elektrodermale Aktivität oder elektrischer Hautwiderstand

Dieser Parameter läßt sich nur durch eine kontinuierliche Aufzeichnung mittels Polygraphen dokumentieren, was durch die besonderen Eigenheiten der Exorzismussitzung – ungewohnte Bewegungen, Wegreißen der Elektroden – behindert wurde. Es handelt sich hier auch um den komplexesten Parameter der Psychophysiologie, weil sich eine elektrodermale Reaktion aus drei Funktionen zusammensetzt: Alarm, kognitivem Filter und neurovegetativer Antwort. Die psychogalvanischen Reflexe resultieren aus einer:

- Orientierungsreaktion, verstanden als Aktivierung des aufsteigenden retikulären Systems;
- generalisierten Aktivierung des vegetativen und endokrinen Nervensystems;
- kognitiven Tätigkeit, welche die emotionale Erfahrung und infolgedessen die neurovegetative Reaktion aktiviert.

Diese Prozesse stehen unter sich in Wechselwirkung und gestalten die Interpretation jedes einzelnen Reflexes sehr komplex. Wie erwähnt ist die elektrische Hautreaktion im Zustand der Hypnose extrem reduziert bis aufgehoben.[24]

24 Dies., ebd.

Wie bereits erläutert, wurde die Aufzeichnung der elektrischen Hautaktivität zur Untersuchung der Besessenheitstrance vor, während und nach dem Exorzismus durchgeführt. Aus der Grundaufzeichnung gehen – wie bei Personen im Wachzustand üblich folgende Details hervor:

- spontane Veränderungen oder Grundaktivitäten, die sich durch „nichtspezifische" phasische Wellen äußern;
- Reaktionen (Reflexe) auf verschiedene verbale Reize, die in phasischen und pluriphasischen Werten (Wellen mit mehreren Spitzen) zum Ausdruck kommen und einen Vergleich bieten zu den kurz vor, während und nach der Besessenheitstrance aufgezeichneten Phasen.

Aus den gewonnenen Resultaten wird ersichtlich, daß während der Besessenheitstrance sowohl ein völliges Verschwinden der phasischen Wellen wie des Hintergrundrauschens als auch eine erhöhte Aktivierung mit raschen und häufigen Wellen feststellbar ist. Man hatte den Eindruck, daß die elektrodermale Aktivität nicht mehr an die Orientierungsreaktion gebunden war, sondern an eine innere emotionale Aktivität, die in kaskadenartigen Reaktionen, losgelöst von der kognitiven Tätigkeit in bezug auf die Umwelt, zum Ausdruck kam (Abb. 4).

Andere Male gab es nach einem zuweilen sehr ausgeprägten Reiz eine lange Latenz der Reaktion und eine paradoxe, d. h. dem Reiz unangepaßte Reaktion, während im normalen Wachzustand die Reaktionen im allgemeinen proportional zum Reiz sind.

Besonders signifikant ist der weiter oben beschriebene Fall einer elektrodermalen Reaktion (psychogalvanischer Reflex), die beim Heranführen eines Kruzifixes an den Nacken einer Person in Trance ausgelöst wurde und bei der in der Aufzeichnung weder die spontane Aktivität (flacher Verlauf durch Autohypnose) noch die mittels physikalischer Reize (Nadelstiche und Berührungen der bloßen Haut) evozierte Aktivität aufschienen.

Wenngleich es sich hier um einmalige Auffälligkeiten handelt, so beweist es doch, was schon lange behauptet wird: daß nämlich bei der Besessenheitstrance in jedem Fall parapsychologische Fähigkeiten frei werden.

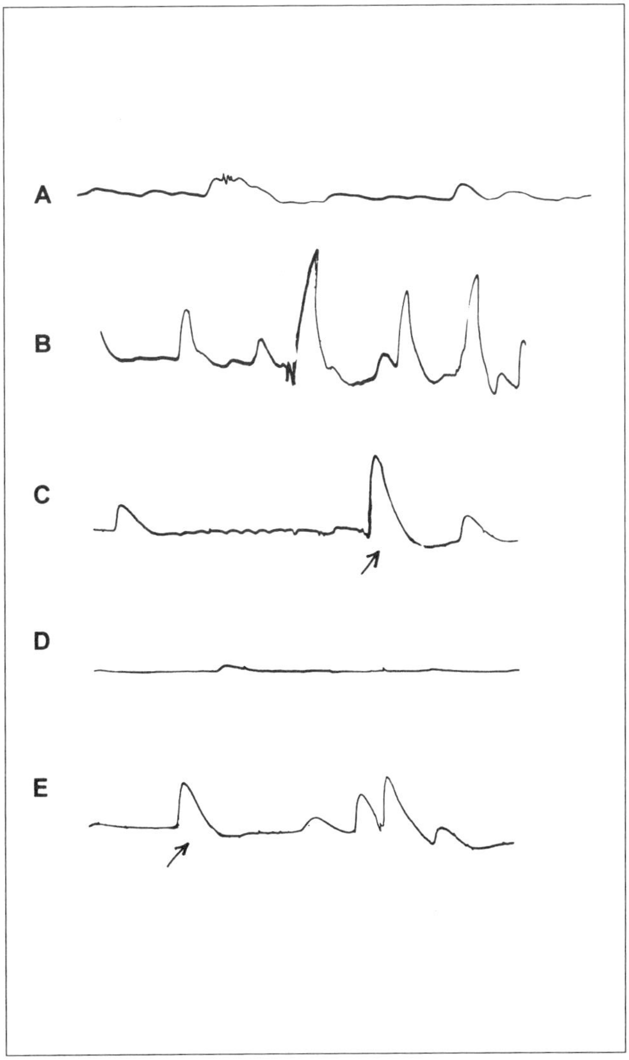

Abb. 4: Diagramm der phasischen elektrodermalen Aktivität oder psychogalvanischer Reflex während eines Exorzismus mit Besessenheitstrance.

A) Vor dem Exorzismus, Grundaktivität, spontan

B) Während des Exorzismus, paradoxe Aktivität des Einstiegs in die Trance

C) Beim Übergang von der autohypnotischen Trance in die Besessenheitstrance verursacht das nicht sichtbare Heranführen eines Kruzifixes die zweite Wellenphase (durch Pfeil gekennzeichnet).

D) Während der Besessenheitstrance löst der Schmerzreiz keine Reaktion aus.

E) Das nicht sichtbare Heranführen eines Bildes des hl. Michael verursacht die erste Wellenphase (durch Pfeil gekennzeichnet), während der darauffolgende Wellenkomplex durch ein Kreuzzeichen über die Person hervorgerufen wird.

Die Aufzeichnungen der elektrodermalen Aktivität während der Besessenheitstrance werfen verschiedene Fragen auf, so z. B. ob die Verlängerung der Reaktionszeit und die paradoxen Reaktionen
- *Indikatoren des modifizierten Bewußtseinszustandes* oder
- *Indikatoren des veränderten Zustandes*, hervorgerufen durch die dämonische Infestation bzw. die Besessenheitstrance, sein können. Zur Sicherstellung dieser Punkte bedarf es weiterer Aufzeichnungen und eines genauen Vergleichs mit der Psychophysiologie anderer modifizierter Bewußtseinszustände.

Was Personen mit – wie bereits angedeutet – psychiatrischen Störungen betrifft, so sind die verschiedenen Übergänge von einem Bewußtseinszustand zum anderen nicht unterscheidbar: sie weisen sowohl in ihrer Grundform wie auch kurz vor, während und nach dem Besessenheitszustand konstant überhöhte elektrodermale Reaktionen auf.

4. Schmerzreaktion

Die Schmerzreaktion wird über einen entsprechenden Reiz hervorgerufen und durch die Aufzeichnungen des elektrischen Hautwiderstandes oder den entsprechenden psychogalvanischen Reflex gemessen. Die Größe der Reaktionswelle bezeichnet den Intensitätsgrad des veränderten Zustandes; auffällig ist ihr Verschwinden in sehr fortgeschrittenen Stadien des Rückzugs von der Umwelt im Zustand der Trance, während die übertriebenen und paradoxen Reaktionen darauf hinweisen, daß die Person dabei ist, sich von der Umwelt zu lösen. Ist die Verhaltensreaktion der Reizvermeidung positiv (was häufig der Fall war), so besagt dies, daß es sich um eine sehr oberflächliche Besessenheitstrance handelt. Auch während der Autohypnose verläuft die Reaktion proportional zur Trancetiefe[25]: vollkommenes Ausbleiben der Reaktion oder lange Latenzzeit zeigen, daß die Person von außen keinerlei Reize mehr erhält und sich von innen her aktiviert. Personen mit einer dominanten psychischen Störung weisen konstant überhöhte Reaktionen auf.

25 Dies., ebd.

5. Plethysmographie

Dieser Parameter der noch mit dem psychophysiologischen Polygraphen aufgezeichnet wurde, zeigt die Anzahl der Pulsschläge der peripheren Arterienkapillaren und ist im Wachzustand unter Ruhebedingungen direkt proportional zu den neurovegetativen und auch den durch emotionale Reize induzierten neuroendokrinen Veränderungen.

Tab. 11: Aufzeichnung der maximalen und minimalen Blutdruckwerte der Schulterarterie sowie der Herzfrequenzwerte während eines katholischen Exorzismus

Zeit / min	max. Blutdr.	min. Blutdr.	Herzfrequenz
0	130	107	56
1	172	150	142
2	143	109	79
3	131	114	72
4	161	116	98
5	134	107	66
6	143	66	61
7	145	96	83
8	178	139	79
9	208	179	66
13	122	104	96
15	122	105	98
16	165	123	93
17	145	120	91
18	108	72	103
19	118	78	57
20	92	66	78
21	142	122	79
22	139	134	83
23	131	121	90
24	110	103	93
26	122	99	92
28	122	74	103
30	110	88	120
31	104	85	109
32	107	78	98
33	114	71	88
34	120	100	88
35	107	76	98
36	102	70	98
38	109	98	98
40	112	69	101
42	110	59	96
43	108	100	69
44	113	96	59
46	103	80	112
47	111	98	108

Während der Hypnose ist eine Gefäßerweiterung zu beobachten, während der dämonischen Trance hingegen eine Gefäßverengung, die im Zustand der emotionalen und paradoxen Hyperaktivität besonders ausgeprägt erschien (Tab. 11, Abb. 5 – 6).

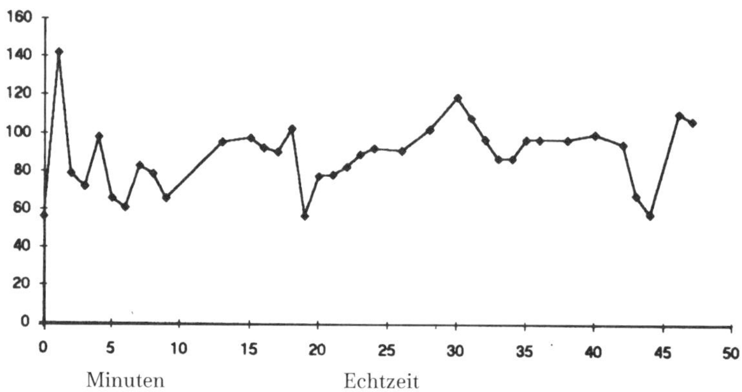

Abb. 5: Diagramm der Herzfrequenz-Werte nach Tab. 11

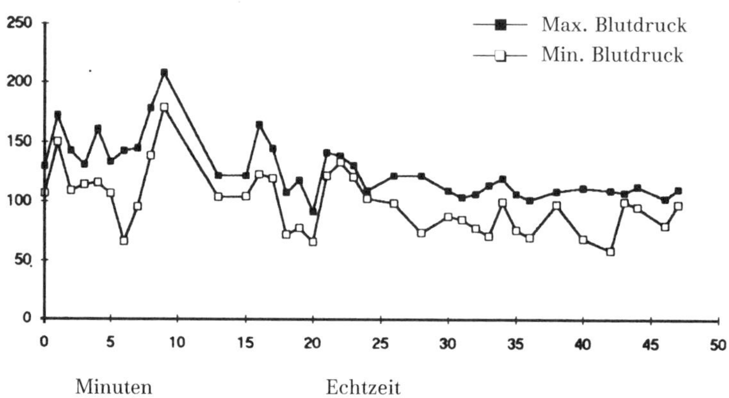

Abb. 6: Diagramm der maximalen und minimalen Blutdruckwerte der Schulterarterie nach Tab. 11

6. Blutdruck

Dieser Index wurde unter Zuhilfenahme elektronischer Technik mit optischer Abtastung gemessen: maximaler und minimaler Druck sowie die Herzfrequenz. Viele Aufzeichnungen des Gerätes wurden verworfen, weil sie unzuverlässig waren oder durch abrupte Bewegungen der Personen, an denen man die Messungen vornahm, beeinflußt wurden (Tab. 12, Abb. 7 – 8).

Tab. 12: Aufzeichnung der maximalen und minimalen Blutdruckwerte der Schulterarterie sowie der Herzfrequenzwerte während eines katholischen Exorzismus

Zeit / min	max. Blutdr.	min. Blutdr.	Herzfrequenz
0	140	133	128
2	134	85	105
4	129	93	84
6	129	72	76
8	139	79	105
10	135	86	114
12	125	92	78
14	112	67	130
16	116	83	114
18	126	90	65
20	122	86	132
22	119	105	144
24	107	98	112
26	107	90	125
28	112	69	60
30	125	113	75
32	117	98	60
34	137	124	166
36	126	79	93
37	108	81	86
38	126	71	114
39	121	108	102
40	160	133	147
41	99	71	109
42	150	136	121
43	129	108	112
44	137	129	183
45	118	75	108
46	136	113	94
47	106	81	87
48	118	97	91
49	104	78	121
50	147	126	86
51	185	100	54
52	126	110	102
53	114	102	98
54	137	84	136
55	111	74	106
56	116	88	96
57	111	80	120
58	122	82	92
59	115	66	98

Es ist dies ein interessanter Parameter, der Resultate erbrachte, die schon bei Personen mit modifizierten oder veränderten Bewußtseinszuständen beobachtet worden waren.[26] Man hat festgestellt, daß in

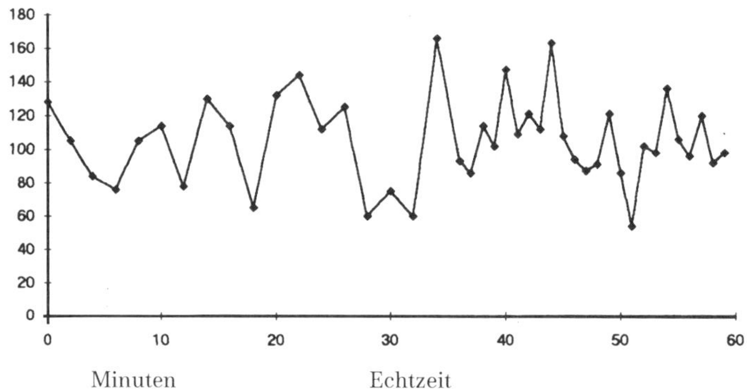

Abb. 7: Diagramm der Herzfrequenz-Werte nach Tab. 12

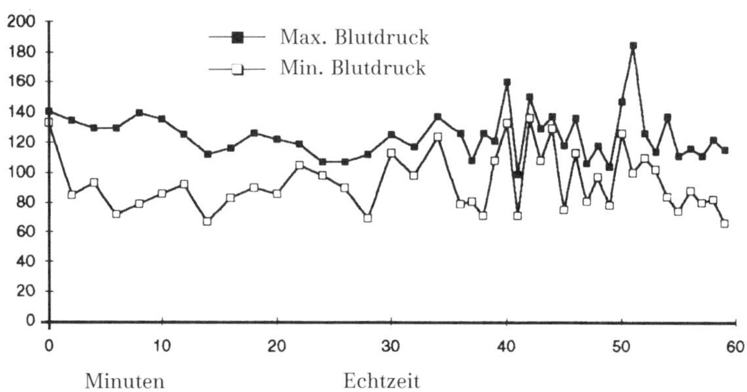

Abb. 8: Diagramm der maximalen und minimalen Blutdruckwerte der Schulterarterie nach Tab. 12

Augenblicken höchster emotionaler Aktivierung der Minimaldruck auf sehr hohe Werte ansteigt, so daß sich der Differentialdruck merklich reduziert. Auch die Spitzen des Maximaldruckes sind zum Zustand der Aktivierung proportional. Im Fall der Besessenheitstran-

26 M. MARGNELLI / G. GAGLIARDI: Le apparizioni della Madonna.

ce wurden plötzliche Zusammenbrüche registriert, die als proportional zu dem Streß zu betrachten sind, dem die Person ausgesetzt war, zu ihrer generellen Erschöpfbarkeit und dem plötzlichen Verlangen nach Funktionswiederherstellung. Ein solcher Parameter sollte immer ausgewertet werden, vor allem bei älteren Personen oder solchen mit gestörtem Blutdruck, um Gefäßprobleme durch verlängerte Hyperstimulation zu vermeiden.

7. Die Dosierung von Katecholaminen

Die Katecholamine (Adrenalin und Noradrenalin) werden auch „Streßhormone" genannt, weil ihre Quantität im Kreislauf proportional dem jeweiligen Streßzustand der Person ist. Im Verlauf der Untersuchungen zur Besessenheitstrance wurde lediglich die Dosierung der Vanillinmandelsäure (Harnmetabolit von Adrenalin und Noradrenalin) und manchmal der Harnkatecholamine ausgewertet. Verschiedene Personen wurden mittels Monitor in mehreren Sitzungen überwacht, wobei am Tag vor dem Exorzismus Kontrollen durchgeführt und kurz vor, unmittelbar nach, sowie jeweils zwei und sieben Stunden nach der Trance Urinproben entnommen wurden. Dabei konnte man folgendes zeigen:

- die *paroxysmale* oder zumindest mit hoher emotionaler Reaktion verbundene Besessenheitstrance führt zu einem massiven Anstieg der Katecholamine und ihrer Metaboliten, die deutlich höher liegen als die Grundwerte der Person;
- der Zustand der *Autohypnose*, das Einschlafen oder die Katalepsie verursachen eine verringerte Ausscheidung der genannten Substanzen (dieses Verhalten wurde schon bei anderen modifizierten oder veränderten Bewußtseinszuständen, wie der mediumistischen Trance, dem automatischen Schreiben und Episoden des Hellhörens oder Hellsehens beobachtet);
- nachdem die Person beim Exorzismus den Kulminationspunkt erreicht hat und die Befreiung beginnt, zeigt sie bei den nachfolgenden Sitzungen eine progressive *Abnahme der Katecholamine*, weil auch der Streß oder besser der emotionale Distress abnimmt und es zudem zu einer

funktionellen Anpassung an die Erfahrung kommt (Personen mit vorwiegend psychischen Störungen zeigen schon vor den Sitzungen erhöhte Dosierungen, ebenso unmittelbar danach und 7 Stunden nach Ende der Erfahrung wie auch später);

- die *höchste Ausscheidung* von Katecholaminen erfolgt eine Stunde nach Beendigung der Sitzung; aufeinanderfolgende Urinproben zeigen Werte in Richtung Normalität.

Was all diese Parameter anbelangt, so ist die Forschung noch im Gange, denn die gewonnenen Resultate sind trotz ihrer Signifikanz noch lange nicht als endgültig anzusehen.

VI. VORLÄUFIGE SCHLUSSFOLGERUNGEN

Der phasische Verlauf einer Sitzung spricht für eine größere Authentizität (im Sinne eines äußeren Verursachungselementes) des modifizierten oder veränderten Bewußtseinszustandes. Zeigt die Person hingegen schon vorher auffallende Veränderungen der biologischen Parameter, so weist dies auf einen veränderten Zustand im Sinne einer vorliegenden bzw. dominanten psychischen Störung hin.

Diese erste Erhebung könnte helfen, die *dämonische Besessenheitstrance* gegen die Trance der *Pseudobesessenheit* abzugrenzen.

Auf alle Fälle bleibt es problematisch, zwischen einer echten Trance und einem Verhalten zu unterscheiden, bei dem eine Person einen solchen Zustand nur vortäuscht bzw. so tut, als befinde sie sich tatsächlich in Trance, weil die Unterscheidungskriterien nicht immer vollkommen klar sind.

Auch die nicht selten dramatisch in Szene gesetzte hysterische Trance ist schwierig zu erkennen. Der unmittelbare Eintritt in den Zustand der Besessenheit und in mystische Zustände spricht für eine plötzliche, zuweilen unvorhergesehene Konditionierung.

Außerdem gibt es Personen, die ihren Bewußtseinszustand mittels erlernter Techniken willentlich modifizieren und in einen Trancezustand eintreten können (Medien, Exhibitionisten) und möglicherweise auch solche, die imstande sind, eine Besessenheitstrance willentlich hervorzurufen. Vermutlich trifft dies auf jene zu, die schon vor den

Exorzismussitzungen eine erhöhte Aktivierung zeigen. Für solche Fälle gilt, was in der Psychiatrie bekannt ist: das halluzinatorische Phänomen ist nicht immer Symptom einer psychotischen Störung, sondern nur, wenn es mit einer starken Veränderung der Realität einhergeht, d. h. außer einer Wahrnehmungsverzerrung muß auch eine Änderung der gedanklichen Formen und Inhalte, der Affektivität, des Selbstbewußtseins usw. erkennbar sein.

Auch die besessene Person zeigt während der dämonischen Trance und beim Exorzismus nicht nur psychische und neurophysiologische Veränderungen, sondern kann zudem noch andere weit schwerwiegendere spirituelle Ausdrucksformen an den Tag legen, wie z. B. das Sich-aneignen-wollen sogenannter paranormaler oder okkulter Kräfte, die Entwicklung psychologischer und physischer Abhängigkeiten von anderen, den Verzicht auf einen Eigenwillen, eine Aversion gegen alles Heilige der katholischen Kirche sowie andere Zeichen der Vereinnahmung durch den Geist des Bösen. Der Großteil davon fällt jedoch nicht in die Kompetenz der Wissenschaft, sondern der Theologie, die nicht auf der Ebene mit der neuropsychologischen Forschung steht und nicht auf diese beschränkt werden kann.

Literatur

BANYAI, E. I.: A social psychophysiological approach to the understanding of Hypnosis. In: Swedish Journal of Hypnosis, Medicine (12. Nov. 1987).

BASTIDE, R.: Sogno, trance, follia. – Milano: Jaka Book, 1976.

BETTI, M.: Il concetto di coscienza nel pensiero occidentale. In: Psichatria e territorio; 5 (1988) 1, S. 11ff.

BETTI, M.: Eventi psicopatologici e stati mistici abortivi. In: Psichiatria e territorio; 2 (1989), S. 128ff.

FISCHER, R.: A cartography of the ecstatic and meditative states. In: Science; (1971) 174, 897 – 904.

GAGLIARDI, G.: Il setting degli attuali riti di esorcismo nella religione cattolica. In: Persuasione socialmente accettata, plagio e lavaggio del cervello. Atti di Convegno. – Forte dei Marmi, 1989 (Manuskript).

GAGLIARDI, G.: La sindrome dell'Uomo nero. In: Seminario dell'Istituto di Psicologia Immaginativa di San Lazzaro di Savena. – Bologna: Ediz. Thema, 1989.

GAGLIARDI, G.: Il rito dell'esorcismo cattolico attuale: studio di ambienti a religiosità emozionale. Convegno della Società degli psicologi Italiani, 1991. – San Marino (Manuskript).

GAGLIARDI, G.: La guarigione della mente e dello spirito attraverso la preghiera di liberazione e l'esorcismo. In: Atti del Congresso dell'Associazione Italiana per gli studi psichici. – Riccione, 1992.

GAGLIARDI, G.: Un'esperienza umana tra psicopatologia e fenomenologia paranormale: la possessione diabolica. Congresso di parapsicologia, San Marino, 1992. – In: Quaderni di Parapsicologia; 23 (1992), 115 – 128.

GAGLIARDI, G.: La trance da possessione diabolica: da uno stato di coscienza ad una coscienza di stato. In: La fenomenologia della coscienza normale ed alterata. – Milano: Ediz. Theta, 1993.

GAGLIARDI, G.: Stati modificati di coscienza: basi neurofisiologiche della possessione diabolica e studio comparativo con diversi generi di trance. In: Rivista Italiana di Ipnosi; (1993) 2, S. 6.

GAGLIARDI, G.: Richiesta di guarigione. Attesa di fenomenologie terrificanti. Esercizio di potenza umana: un'alternativa frequente all'esorcismo della Chiesa cattolica. In: Legge e Psiche; 1 (1993) 2, S. 4.

GAGLIARDI, G. / MARGNELLI, M.: Psychologische und Psychophysiologische Betrachtungen zum Ritus des Exorzismus im christlich-katholischen Bereich. In: Grenzgebiete der Wissenschaft; 40 (1991) 1, 3 – 21.

HILGARD, E. R.: Divided Consciousness. Multiple Controls in Human Thought and Action. – Expanded Edition. – New York u. a.: John Wiley & Sons, 1986.

LAPASSADE, G.: Stati modificati di coscienza. – Roma: Ediz. Sensibili alle foglie, 1995.

LEEUW, G. v. d.: Le origini delle religioni. – Milano: Franco Angeli, 1993.

LHERMITTE, J.: Veri e falsi ossessi. – Vicenza: Ediz. Paoline, 1957.

LIOTTI, G.: La discontinuità della coscienza. – Milano: Franco Angeli, 1993.

MANCIA, M.: Neurofisiologia e vita mentale. – Bologna: Ediz. Zanichelli, 1984

NATALI, M. G.: Indagini neurofisiologiche per lo studio del sistema neurovegetativo. In: Argomenti di neurologia; 3 (1993), S. 101ff.

PAVESE, A.: Come difendersi dai maghi. – Casale Monferrato: Ediz. Piemme, 1994.

RIVA, F. / PODOMANI, N. / GAGLIARDI, G. / MARGNELLI, M.: Effects of Hypnotic trance on electrodermal phasic activity. II International Congress for the study of the modified states of Consciousness, Lerida, 3. – 7. Okt. 1994. – Madrid: Ediz. Istit. Antropol., 1996.

TART, Ch.: Stati di coscienza. – Roma: Ed. Astrolabio, 1977.

VALZELLI, L.: Psicobiologia dell'aggressione e della violenza. – Faenza: Ediz. Faenza, 1989.

GIUSEPPE CAPRA

ERFAHRUNGEN EINES DIÖZESANEXORZISTEN
Anhören, Werten, Befreiungsgebet, Exorzismus

1. Biographisches

Ich bin Don Giuseppe *Capra*, Salesianer aus Turin, der Wallfahrtsstätte Mariahilf, wo *Don Bosco* vor 150 Jahren sein seelsorgliches Wirken für die Jugendlichen begann, die – durch die Armut ihrer Familien in die größte Stadt Piemonts getrieben – dort schon in frühestem Alter Arbeit suchten. Ihr Leben war oft die Hölle, von Arbeitgebern ausgebeutet und von verbissenen Antiklerikalen dazu benutzt, den Haß gegen Religion und Kirche zu schüren.

Don Bosco erkannte die grundsätzliche Notwendigkeit, den jungen Menschen nicht nur Geborgenheit sowie ein auf gegenseitiger Hilfsbereitschaft basierendes Familien- und Gemeinschaftsleben zu bieten, sondern ihnen neben einer Ausbildung auch solide religiöse und moralische Grundlagen zu vermitteln. Allgemein verbindet man mit *Don Bosco* eine Persönlichkeit, die den Jungen in einer Zeit Gelegenheit zum Spielen gab, wo niemand sie spielen ließ und der Klerus abgehoben und zurückhaltend war; weniger denkt man an *Don Bosco*, wie er mit den Jugendlichen betet und sie im Katechismus unterweist, wie er sie in die Heilsgeschichte, die Kirchengeschichte und die Geschichte Italiens einführt; man denkt nicht an den Heiligen, der in bewundernswerter Weise Gebet, Gesang, Katechese, Schule und Spiel zu vereinen wußte, dies in ständigem Dialog mit der Gruppe und den einzelnen, um ihnen so eine geistige Ausrichtung und Verbindung mit Gott zu geben; man denkt nicht an *Don Bosco*, wie er im Monat März (wo es in Piemont noch ziemlich kalt ist) irgendwo auf einer Wiese die Beichte abnimmt, während die Jugendlichen spielen oder warten, bis sie an der Reihe sind. Was ich hier gesagt habe, ist für einen Exorzisten, der keinen Aspekt der Freiheit und Persönlichkeitsentfaltung außer acht lassen darf, sehr wichtig. *Don Bosco* wurde auch für all das Gute, das er tat, vom Dämon geplagt. Und er sprach sehr wirksame Befreiungsgebete, doch sind es vor allem die oben genannten Dinge, mit denen er unzählige Jugendliche vor jedweder Knechtung durch das Böse bewahrte.

2. Berufung zum Exorzisten

33 Jahre lang habe ich mein Leben unter Jugendlichen und der christlichen Bevölkerung nach *Don Bosco* ausgerichtet. Als dann 1986 Kardinal Anastasio *Ballestrero* die Diözese, Italien und möglicherweise die ganze Welt schockierte, indem er 6 Exorzisten bestellte, befand auch ich mich unter diesen, und zwar nicht aufgrund von Neigung und Ausbildung, sondern einfach, weil ich die pastorale Sorge meines Bischofs teilte, der so vielen verzweifelten Menschen Gehör und Antwort verschaffen wollte, die sich von einer verlogenen Gesellschaft und Kultur verraten und entäuscht fühlten: diese Gesellschaft hat Opfer und Kreuz abgeschafft und statt dessen einem Materialismus, Konsumismus und Hedonismus das Wort geredet, eine Freiheit ohne Grenzen und sofortiges Glück auf raschestem, bequemstem und breitestem Wege versprochen, an dessen Ende Enttäuschung und Trostlosigkeit stehen.

3. Befreiungsfall vom 24. Mai 1989

In den ersten drei Jahren versuchte ich mich langsam von meinen früheren Aufgaben zu lösen und der Anhörung der neuen Leidenden zu widmen. Am 24. Mai 1989, dem Patronatsfest unserer Wallfahrtskirche Mariahilf, ereignete sich ein eindrucksvoller Fall von Befreiung, der mich dazu veranlaßte, all mein Tun künftig auf diese Arbeit abzustellen. Betroffen war ein elfjähriges Mädchen, das seit drei Monaten auf mysteriöse Weise von einem unsichtbaren Aggressor gequält wurde, der sie terrorisierte, schlug, aus dem Auto zerrte, dessen Türen sich während der Fahrt öffneten, der sie in der Schule des öfteren ganz plötzlich am Körper verletzt hatte, ihr vor allem an den Armen Wunden beibrachte, die große Narben hinterließen nach Art der Stigmen, wie sie in Italien in der Fernsehsendung „Misteri“ gezeigt wurden; das Mädchen hatte die Schule verlassen, jedwede Fröhlichkeit und Aktivität waren von ihr gewichen und sie lebte in tiefer Verdrossenheit; sie schloß sich ein und fiel des öfteren in einen seltsamen Schlaf. Nach mehreren Versuchen da und dort brachte man sie schließlich nach Mariahilf und wir vereinbarten uns wie folgt: ich nahm der ganzen Familie (Mutter, Vater, Großeltern, Tante) die Beichte ab, wir gaben uns verstärkt dem Gebet hin, vor allem der Vater betete auch während der Arbeit den ganzen Tag über den Rosenkranz; am Abend versammelten wir uns zur Anbetung des ausgesetzten allerheiligsten Altarsakraments, wobei wir Gleichnisse Jesu oder Begebenheiten aus seinem Leben lasen und Glaubensbezeugungen und Lobpreisungen machten. Am Abend des 20. Tages, dem 24. Mai, wurde das Mädchen wie von unsichtbarer Hand zu Boden geschleudert, wo es lange Zeit wie tot oder ohnmächtig liegen blieb. Plötzlich erwachte die Kleine und sprang schreiend auf: „Papà ich bin frei! Das haben mir Jesus und der Engel gesagt; sie haben die drei [es war schon früher die Rede von drei Dämonen gewesen] wie Feuerflammen genommen und in einen eisernen Schrank gesperrt mit den Worten: Schluß mit den Gemeinheiten!“ Es kam zu keinerlei nennenswerten Ereignissen mehr, das Mädchen hatte noch mit einigen gesundheitlichen Problemen zu kämpfen, die aber innerhalb eines Jahres verschwanden.

Was den Ursprung der Torturen anbelangt, so gibt es hier keine gesicherten Erkenntnisse: nur, daß die Kleine beim Gebet manchmal eine Tante sah, mit der sie einmal die Ferien verbracht hatte; diese war die Freundin und Schülerin einer Magierin und machte das Mädchen ein Omelett essen, in dem sich Haare des Mädchens befanden.

4. Kirchliche Stellungnahmen

Nach Kardinal *Ballestrero* wurden auch andere Bischöfe Italiens in dieser Hinsicht aktiv. Am 15. April 1994 gaben die Bischöfe der Toskana ein pastorales Schreiben heraus unter dem Titel: „A proposito di magia e demonologia“ („In bezug auf Magie und Dämonologie“)[1]. Eingeleitet wurde die Erklärung mit der Zitation aus Deut. 18, 9-12:

„Wenn du in das Land einmarschierst, das der Herr Dir gibt, sollst du nicht lernen, die Greuel dieser Völker nachzuahmen. 10 Es soll bei dir keinen geben, der seinen Sohn oder seine Tochter durchs Feuer führt, keinen, der Losorakel befragt, Wolken deutet, aus dem Becher weissagt, zaubert, 11 Gebetesbeschwörungen hersagt oder Totengeister befragt, keinen Hellseher, keinen, der Verstorbene um Rat fragt. 12 Denn jeder, der so etwas tut, ist dem Herrn ein Greuel. Wegen dieser Greuel vertreibt sie der Herr dein Gott vor dir."

Die Bischöfe äußern sich in diesem Schreiben wie folgt:

„1. Wer solche Dinge tut, steht in Ablehnung zum Herrn

„Die biblische Ermahnung ist heute aktueller denn je. Als Bischöfe der Toskana fühlen wir uns verpflichtet, dies unseren Gläubigen mit aller Deutlichkeit kundzutun. Wir sind nämlich Zeugen einer großangelegten Rückkehr zu magischen Praktiken. Das Phänomen beginnt sich zunehmend dem gesellschaftlichen und persönlichen Leben tausender Individuen, die Gläubigen miteingeschlossen, aufzudrängen. Nach jüngsten Angaben sollen sich die „magischen Praktiker" in Italien auf 12 Millionen Personen belaufen. Das Phänomen beunruhigt uns, sei es wegen des Anzeichens einer großen existentiellen Verwirrung, sei es wegen der gedanklichen Voraussetzungen und der praktischen Verhaltensformen, die es bedingt.

2. Gegenwärtige Verbreitung der Magie

Zur bäuerlichen und vorindustriellen Magie, die sich im Lauf der Geschichte unserer Völker niedergeschlagen hat, gesellen sich heutzutage Formen der Wahrsagung, die sich den Mantel von elitärer Kultur, von „ursprünglicher Psychologie" und esoterischen Beziehungen umhängen. Magier und Gaukler, falsche Propheten und angebliche Erleuchtete machen Adepten hörig und knöpfen ihnen das Geld ab, indem sie Konzepte vom einfachen Leben in bitterer Armut als „Offenbarungen" und „geheime Wahrheiten" hinstellen, die, was noch weit schlimmer ist, von der Wahrheit des Glaubens abrücken. Bei diesen Akteuren, die sich anmaßen, Probleme der Liebe, der Gesundheit und des Besitzes lösen zu können, oder die vorgeben, den sogenannten „bösen Blick" oder „Zauberei" bannen zu können, handelt es sich um Personen, die sich mittels bezahlter Inserate unter Vorweis akademischer Zertifikate in Zeitungen anpreisen oder im Fernsehen Reklame machen. Man kann hier gut und gern von einer „Industrie" der Magie sprechen.

1 A proposito di magia e di demonologia (1994).

3. Gründe für das Phänomen

Wie ist es zu erklären, daß in einer Zeit, die von einer so großen Entwicklung wissenschaftlichen und rationalen Denkens gekennzeichnet ist, magisch-okkulte Aktivitäten derartige Verbreitung finden? Die Ausweitung des Phänomens kann zumindest ganz allgemein mit existentiellen Problemen in Verbindung gebracht werden, wie dem Bedürfnis nach einer ganzheitlichen Sicht des Lebens, die in der Lage ist, den Geheimnissen, die es umgeben, einen Sinn zu vermitteln; dem Verlangen nach Befreiung von Schmerz, Übel und Todesfurcht; der Suche nach Sicherheiten, die es ermöglichen, Angstsituationen und Zukunftsängste zu bewältigen; dem Bedürfnis nach Bezugspunkten, insbesondere nachdem der aufklärerische Fortschrittglaube ein Ende gefunden hat und sozialistische wie bürgerliche Ideologien zusammengebrochen sind. Es sind dies echte und dramatische Bedürfnisse, die so manchen dazu verleiten, eine Abkürzung zu nehmen und sich Praktiken oder Personen zuzuwenden, die sich den Anstrich des „Übernatürlichen" geben und von denen die Lösung der gerade drängenden Fragen und Schwierigkeiten erwartet wird.

In dieselbe Kerbe schlägt das vage Ergründenwollen „außerordentlicher und wundersamer Ereignisse", das auch im christlichen Bereich anzutreffen ist; es sind dies Ergründungen, die sich zuweilen auf einen falschen Mystizimus oder auf „Privatoffenbarungen" berufen; manchmal geht dies sogar bis zu einer Hinwendung zum Dämonischen ohne jedwede rationale Begründung und außerhalb jeglicher echten Glaubenstiefe. Unter den Ursachen für die Verbreitung des Magischen ist nämlich in erster Linie ein großer Bewußtseinsmangel bezüglich des Verkündigungsgedankens festzustellen, der es den Gläubigen nicht ermöglicht, jenen Vorschlägen gegenüber kritisch Stellung zu beziehen, die nur ein Surrogat der eigentlichen religiösen Bedeutung und eine traurige Mystifikation der wahren Glaubensinhalte darstellen."[2]

4. Schwere des Phänomens

„... Seine gegenwärtige Verbreitung ist ein alarmierendes Signal für unsere Zeit, wie Kard. J. RATZINGER zu Recht feststellt: „Die gottlose Kultur des modernen Westens lebt noch aufgrund der Befreiung von der Angst vor den Dämonen, die das Christentum gebracht hat. Sollte dieses erlösende Licht Christi aber verlöschen, würde die Welt trotz ihrer ganzen Weisheit und Technik in Schrecken und Verzweiflung stürzen. Es gibt bereits Anzeichen einer solchen Rückkehr dunkler Mächte, während der säkularisierten Welt die satanischen Kulte entwachsen."[3]

2 Ebd., S. 3 – 4.
3 Ebd., S. 4.

5. Auftrag und Praxis

Kardinal *Ballestreros* Absicht war es, in der Diözese an den sechs wichtigsten marianischen Wallfahrtsorten Zentren der Anhörung zu schaffen, damit die Menschen für eine Antwort auf ihre Probleme nicht mehr bis ans Ende der Welt laufen müssen, sondern diese, wie sonst einen religiösen oder sozialen Dienst, in nächster Nähe erhalten können. Die Leute verspüren in solchen Fällen große Neigung, sich der Magie zuzuwenden, einen Magier oder einen möglicherweise sensitiven Priester aufzusuchen, der (nötigenfalls auch mit dem Pendel) irgendwelche Fotografien deutet, der einem ins Gesicht bzw. in die Augen schaut, der bei Berührung ein Frösteln oder Wärme verspürt bzw. verspüren läßt, der einem aber auch sofort sagt, ob man unter einem unheilvollen Einfluß steht oder nicht und diesen dann ohne viel Aufhebens mittels eines intensiven und wirksamen (magischen) Gebets aus der Welt schafft. Die größte Schwierigkeit bei der Arbeit mit den Betroffenen besteht darin, ihnen klarzumachen, daß die Lösung ihres Übels viel komplexer und begründeter ist als sie denken.

a) Erster Kontakt

Personen, die mit mir Kontakt aufnehmen wollen, bekommen ein Formular ausgehändigt, aus dem hervorgeht, daß ich in dieser Funktion zusammen mit dem Arzt Dr. Giorgio GAGLIARDI für die Diözese Turin arbeite und daß ich – um über das spezifische Problem hinaus einen allgemeinen Einblick in die Lebenshaltung der Betroffenen zu gewinnen – eine Zulassungsprüfung durch den zuständigen Pfarrer oder einen anderen Priester verlange; es ist dies eine Methode, die viele Priester davon abhält, vorschnell mit den Floskeln: „Gehen Sie zum Arzt, zum Psychologen, zum Psychiater... “ zu urteilen. Sehr oft findet sich nämlich schon bei solchem Anhören eine Lösung im Leben und in den Strukturen der Pfarre oder des Wohnviertels; oder es bemerken in solchen Gesprächen über das spirituelle Leben bzw. beim Versuch eines gemeinsamen Gebets auch Priester, die keine Exorzisten sind, daß hier etwas Merkwürdiges vorliegt, das die Person in ihrer Freiheit einschränkt, sie vor allem daran hindert zu beten und positive Gefühle zu empfinden. Anfangs drückten sich die Priester in ihren Briefen noch sehr vage aus, doch mittlerweile werden sie immer präziser, und so mancher kommt nach Möglichkeit selbst, um teilzunehmen. Wenn die Betroffenen zu uns kommen, versuchen wir unsere Arbeit darauf zu konzentrieren, sie (nicht zuletzt mit Unterstützung des in erster Linie für den Arzt hilfreichen Krankenberichtes) zu einer totalen Umkehr des Lebens und zur Bekehrung zu bewegen.

Wenn es sich nicht um sehr schwere Fälle handelt, die einen dazu zwingen, über das normale Reglement hinauszugehen, empfange ich die Leute an 5 Tagen in der Woche, jeweils nachmittags nach 14.30 Uhr. Das Befreiungsgebet zu verlängern ist eine Tradition, die auf die Apostel zurückgeht, welche sich am Fuße des Berges der Verklärung darum bemühten, den epileptischen Jungen zu „befreien“; auch die Erkenntnis kann nicht rasch und ohne ein entsprechend langes und ausgewähltes Gebet erfolgen. P. Aldunate *Carlos* SJ aus Chile, der zu mehreren Kongressen nach Turin kam, sagte uns, daß es in Brasilien Fälle gebe, in denen Christen, die an Festtagen die Messe besuchen, zweimal in der Woche auch an spiritistischen Sitzungen teilnehmen würden. Wenn sie sich jedoch, anstatt einer nüchternen, kurzen Messe beizuwohnen, zum Gebet mit Charismatikern einfinden, würden sie fast immer Krisen anfallsartiger Befreiung durchleben. Auch verschiedene Personen, die wir behandeln, verstanden ihr Unbehagen nicht, bis ihnen ein warmes, prolongiertes Gebet des Lobpreises, der Danksagung und Verehrung im Hinblick auf die Sendung Christi, die Liebe des Vaters und die Gabe des Heiligen Geistes die Augen öffnete. Deshalb setze ich – um größtmögliche Aufmerksamkeit zu erwirken – bei der ersten Begegnung stets auf ein mehrstündiges, wenngleich unterschiedlich artikuliertes und lebendiges Gebet. Ich versuche, die Betroffenen von ihren Fixierungen, Ängsten und Obsessionen abzulenken, die sie offen im Gesicht tragen. Da die Begegnung in einer Krypta der Wallfahrtskirche Mariahilf stattfindet, beginnen wir mit dem klassischen Rosenkranzgebet, das von den Teilnehmern selbst gestaltet und zur Belebung durch Gesänge aufgelockert wird. Ich selbst gewähre unterdessen den Neulingen unter ihnen (durchschnittlich 5 bis 6 Personen aus einem Kreis von 30 bis 40 Leuten) eine erste Anhörung; wenn möglich, ersuche ich sie um Ablegung der Beichte, auch mit Blick auf die Familie, die Vorfahren, jene Personen, die auf sie den größten Einfluß hatten, wobei ich insbesondere die Verfehlungen des Hasses, der Rache, der Verfluchung, der Gewalttätigkeit, der Verzweiflung, des Mordes und der Abtreibung, der Grausamkeit und der Lüge, des Aberglaubens, des Kontaktes mit okkulten Mächten und der Anwendung okkulter Kräfte, der schweren sexuellen Ausschweifungen und familiären Disharmonie sowie der Drogen- und Alkoholabhängigkeit hervorhebe. In der Regel hören sie zum erstenmal, daß auch die Wunden, die der Familie, dem Stammbaum und der Gemeinschaft zugefügt wurden, miteinbezogen werden und wir für alle Vergebung und Heil erbitten müssen; fast nie wurden die abgetriebenen Föten als Personen betrachtet, mit denen es sich zu versöhnen galt, die man annehmen, denen man einen Namen geben und eine Wunschtaufe gewähren, von denen man sich eine kleine Erinnerung bewahren und über deren Existenz man sich freuen solle, um sich auf diese Weise von nagenden Schuldgefühlen zu befreien. Meines Erachtens haben okkulte Mächte bei Personen und Familien mit schweren, nicht gebeichteten, nicht verziehenen Vergehen und damit unverheilten Wunden leichteres Spiel als bei anderen. Daher versuche ich, die Verantwortung vor allem auf die Pflege der Integrität und die Fülle des Lebens zu konzentrieren: der Seele, des Geistes und des Körpers nicht nur der einzelnen Person, sondern der ganzen Familie (wobei das Wohlwollen auch auf die Verstorbenen ausgedehnt wird, die wir ganz besonders miteinbeziehen). Wenn sich die ganze Familie einer „Behandlung" stellt, sind Heilung und Befreiung viel leichter realisierbar; leistet hingegen ein Mitglied Widerstand, kann es zu ziemlichen Verzögerungen kommen.

b) Befreiungsgebet

Nachdem die für den Rosenkranz vorgesehene Stunde zu Ende ist, beginne ich mit dem eigentlichen Gebet der Erkenntnis, Befreiung und Heilung (ich verwende die drei genannten Begriffe, weil diese stets Zweck und Ergebnis des Gebets auch bei jenen sind, die öfters teilnehmen). Unter „Heilung" verstehe ich die Heilung von emotional-affektiv-existentiellen Wunden, aber auch von anderen Unzulänglichkeiten, weil festgestellt werden kann, daß es zu Heilungen kommt. Im allgemeinen stelle ich das Allerheiligste aus, auch um die Anwesenden nach Möglichkeit zur täglichen Anbetung zu ermuntern. Eine wesentliche Rolle spielt das Bildnis des Gekreuzigten. Da wir uns an einem marianischen Heiligtum befinden, verfügen wir über eine Reproduktion des bekannten Bildes von ‚Mariahilf' unter den Aposteln und Engeln, das die große Basilika beherrscht. Die Bilder haben große Bedeutung für zuteil werdende Hilfe, besonders jene des hl. *Michael*, des hl. *Don Bosco* und anderer bekannter Heiliger; als sehr wirksam erweist sich die Anrufung der Märtyrer; es gibt auch ein Bild der Allerheiligsten Dreifaltigkeit, der hl. Familie, ferner die Fotografie des Papstes und des Bischofs mit der Inschrift „Du bist Petrus und auf diesem Felsen werde ich meine Kirche bauen... "; sehr bezeichnend ist das Bibelwort mit der angeführten Erklärung des Hebräerbriefes dazu (Hebr 4, 12-13):

> „Denn lebendig ist das Wort Gottes, kraftvoll und schärfer als jedes zweischneidige Schwert, durchdringend bis zur Scheidung von Seele und Geist, von Gelenk und Mark, richtend über die Regungen und Gedanken des Herzens; kein Geschöpf bleibt verborgen vor ihm, sondern alles liegt nackt und bloß vor den Augen dessen, dem wir Rechenschaft schulden."

Während der eigentlichen Exorzismen ist es geboten, sich immer wieder auf die Autorität des Bibelwortes und der Kirche zu beziehen, die konkret durch Papst und Bischof zum Ausdruck kommt, und die Person spüren zu lassen, daß sie ein Glied der Kirche ist, ein lebendiger Teil des mystischen Leibes Christi. Das erste Gebet, das wir sprechen, besteht in der Anrufung des Hl. Geistes mit den herkömmlichen Formulierungen, dem Hymnus „Komm, Heiliger Geist" und der Sequenz „Komm o Geist der Heiligkeit": alle beten gemeinsam, und dann betet jeder einzelne – unter Verwendung der genannten Formeln – für sein persönliches Anliegen, und alle wiederholen sein Gebet mit ihm und für ihn; es ist dies eine grundsätzliche Methode: sich auf den Text zu konzentrieren, Gott und den Versammelten eine erste Bitte vorzutragen und die geistige Gemeinschaft zu fördern; diese kurze Hinwendung zum Hl. Geist, seinen sieben Gaben und Früchten (Gal. 5-22) dauert ungefähr 15 Minuten, die sehr intensiv gelebt werden, und ruft mitunter bei jenen, die ein Befreiungsgebet besonders notwendig haben, bereits ein gewisses Unbehagen hervor. Dann beginnen wir mit dem Bibelwort, jeder hält das Neue Testament in Händen und wir machen – in Anbetracht der Besonderheit des Textes – eine kurze Glaubensbezeugung (z. B. ein Kreuzzeichen auf Stirn, Mund oder Brust, wie dies der Diakon oder der Priester bei der Verkündigung des Evangeliums tut); die gewählte Stelle enthält für gewöhnlich das Evangelium des Tages, um mit dem Mysterium Christi, wie es die Liturgie unterstreicht, in Einklang zu bleiben, oder wir wählen eine sehr einfache Stelle, etwa die Erzählung einer Heilung, einer Bekehrung oder ein Stück von der Leidensgeschichte des Herrn, etwas, das es leicht macht, Christus zu begegnen.

Ich erinnere mich, wie ich das erstemal feststellte, welche Macht das Bibelwort über den Dämon hat: ich forderte die Person, die die Stelle bei Lk 7,36f las, auf, nicht so zerstreut, sondern aufmerksam zu lesen, um dem Namen Jesu Ehre zu machen. Sie hatte anfangs große Mühe, als versagte ihr die Stimme, dann begann sie zu zittern, ließ das Buch fallen und schrie: „Es brennt!" als ob sie sich die Hände verbrannt hätte.

Nach Beendigung der chorartigen Proklamation folgt eine kurzes Schweigen, währenddessen die Stelle nochmals gelesen wird, und jeder spricht laut jenes Wort, das ihn am meisten bewegt, und alle wiederholen es oder antworten: „Danke, Herr! Danke, Jesus, Meister! Lob sei Dir Christus..." D. h., lieber als ein schwieriges Gebet wiederholen wir – getreu dem Glauben und der Liebe – das Bibelwort und geben uns ganz Christus hin. Nach der Danksagung, dem Lobpreis, dem Staunen, bedienen wir uns des Bibelwortes, um unser Gewissen zu erforschen und um Vergebung zu bitten: das öffentliche Schuldbekenntnis wirkt sehr befreiend – zuweilen dient uns dieses als letzte Zuflucht, um den hartnäckigen Dämon zu provozieren – , ebenso die Bitte um gegenseitiges Verzeihen. Natürlich versuchen wir, große Beherrschtheit und Achtung zu wahren in bezug auf das persönliche Geheimnis, auf das jeder ein Recht hat wie auch das Bedürfnis, der Göttlichen Barmherzigkeit alle Sünden anzuvertrauen, die uns, unsere Familien, die Gemeinschaft und die Kirche verletzt haben: alle Unzuträglichkeiten, die zu Irrtum und Zweifel führen, die den religiösen Synkretismus nähren, die die Integrität des Glaubens gefährden, Verfehlungen wie Aberglauben, Hang zu okkulten Mächten, Beitritt zu Sekten und außerchristliche religiöse Erfahrungen werden von mir in rascher Folge abgehandelt, um die Gewissenserforschung zu vervollständigen und auch wirklich jede Sünde einzuschließen, selbst jene der Unkenntnis der Schrift und des Katechismus der Kirche. Bevor wir Gottes Vergebung erflehen, ist es fruchtbringend, all jene um Verzeihung zu bitten, die von uns oder unseren Familien verletzt wurden, und auf alle rufen wir das Blut Jesu herab (traditionelle Litanei, vor allem als Befreiungsgebet), eingeleitet durch die Worte des hl. Petrus (1 Pt 2, 21-25) oder einen anderen Text der Hl. Schrift, der die einzigartige Wirkung des Blutes Christi zum Ausdruck bringt.

Die hier ausführlich beschriebene Begegnung mit dem Wort der Bibel und die Anrufung um Vergebung gehen in Wirklichkeit beim Gebet der ganzen Gruppe notgedrungen sehr rasch vor sich und beanspruchen höchstens 15 Minuten. Wir stehen auf – Haltung und Bewegung des Körpers spielen hierbei eine nicht unwesentliche Rolle: Niederknien, Aufstehen, prozessionsmäßiges Schreiten, Erheben der Hände, sonst ein kleines Zeichen, das auch unseren ganzen Körper miteinbezieht, wobei stets darauf zu achten ist, inwieweit die Gruppe folgen kann. Stehend erneuern wir so das Taufversprechen – der einzig grundlegende Text eines Befreiungsgebetes, der allen zugänglich ist, betrifft den Taufritus: alle Freiheit als Kinder Gottes wurde uns in der Taufe gegeben und je mehr wir die Taufe (Katechese) verstehen und die Taufe (göttliche Gnade und christliche Beharrlichkeit) leben, um so mehr greift die Freiheit Christi in uns Platz. Je nach verfügbarer Zeit kann genauso vorgegangen werden wie bei der Taufe: man wiederholt den Namen, macht das Kreuzzeichen auf die Stirn, spricht ein kurzes Bibelwort (1 Pt 2,4-5; 9-10), ruft die allerseligste Jungfrau Maria und die Heiligen an, erinnert an die Salbung mit dem Katechumenenöl, segnet das Wasser und ermuntert vor allem zur inbrünstigen Erneuerung des Taufversprechens und zum radikalen Widersagen an alles, was sich dem erlösenden Glaubensakt in den Weg stellt. Es ist dies der entscheidendste Moment überhaupt: jeder einzelne soll sich persönlich und im Namen derer bemühen, als deren Fürsprecher er auftritt; wir konstatieren einen großen Einfluß auf Personen, die vertreten werden müssen (z. B. Kinder durch ihre Eltern, Kranke oder geistig Behinderte).

c) Glaubensbekenntnis

Das Glaubensbekenntnis, zu dem man die Versammelten einlädt, wird nur schwach artikuliert, so daß die Schwierigkeiten und Versuchungen, die dabei erlebt werden, offen zutage treten; zum Beispiel: Glaubt ihr an Gott, den Vater, den Allmächtigen? Den *Schöpfer* (besondere Betonung als Affront gegen den Hochmut des Teufels und jedweden Pantheismus) aller sichtbaren und unsichtbaren Dinge? Glaubt ihr an Seine Liebe? Seine Vorsehung? An Prüfung und Krankheit? Glaubt ihr auch entgegen jeder Offensichtlichkeit, jedem Widerspruch?...

Auf diese Weise versucht man, den konkreten Versuchungen des Unglaubens mit dem Glaubensbekenntnis zu trotzen.

Die ausführliche Beschreibung entspringt dem unaufhörlichen Dialog mit den Menschen, ihren Problemen und Versuchungen sowie den typischen Machenschaften des Dämons, der in den schwersten Fällen – wenn er sich zu erkennen geben muß – mit lauter Stimme (augenscheinlich mit der Stimme des oder der Besessenen) gegen den Glauben zu Felde zieht und allen Zweifeln, Ängsten und Verzagtheiten, deren unerschöpflicher Urheber er ist, Ausdruck verleiht. So werden nacheinander alle Stellen des Credos in einer Breite zitiert, die den zeitlichen Möglichkeiten, Fähigkeiten, Bedürfnissen und der Aufmerksamkeit, zu der die Betroffenen in der Lage sind, entspricht. Denn es ist sehr wichtig, daß die Person die Wahrheit, auf die sie mit einem „Ich glaube!“ antwortet, weitestmöglich erkennt. Gerade während des Credos zeigt sich am augenfälligsten, ob die Person von einer anderen Macht am Beten des heilbringenden Glaubensbekenntnisses gehindert wird – wenn beispielsweise Blicke ins Leere starren, so mancher ganz blaß wird, die Stimme versagt, Leute sich erschöpft niedersetzen; Personen, die diesbezüglich schon früher aufgefallen sind, werden bereits am Beginn so plaziert, daß sie sofort in einen anderen Raum gehen können, der völlig abgeschirmt ist, so daß die Gruppe, die sich in einem intensiven Dialog mit dem Priester befindet, nicht gestört wird. Nach dem Credo kann ein besonderer Glaubensakt im Namen Jesu gesetzt werden (vgl. Phil 2, 5-11); es ist gut, auf die Macht, die dem Namen Jesu eigen ist, in einem breiteren Kontext zu verweisen, so wie dies die Heilsgeschichte, vor allem die Apostelgeschichte, die Briefe und die kirchliche Überlieferung tun, und im Namen Jesu erfolgt das

Widersagen im Taufversprechen, das den radikalen Kampf gegen das Böse in all seinen Ausdrucksformen signalisiert: Es ist ein von Jesus geführter Kampf und ein von ihm errungener Sieg, und nur, wenn man sich diesen Sieg zunutze macht (Leben – Wort – Leiden – Tod – Auferstehung und die Gabe des Hl. Geistes), läßt sich das Böse bezwingen, wie besonders der katholische Kathechismus in Nr. 2849 und 2853-54 unterstreicht:

„2849 Nun aber ist ein Sieg in einem solchen Kampf nur im Gebet möglich. Jesus besiegte den Versucher von Beginn an bis zum letzten Kampf in seiner Todesangst duch das Gebet. So vereint uns Christus in dieser Bitte zu unserem Vater mit seinem Kampf und seiner Todesangst. Wir werden eindringlich ermahnt, in Gemeinschaft mit ihm unser Herz *wachsam* zu halten. Wachsamkeit ist eine „Wächterin" des Herzens. Jesus bittet für uns seinen Vater mit den Worten: „Heiliger Vater, bewahre sie in deinem Namen" (Joh 17,11). Ohne Unterlaß fordert uns der Heilige Geist zu dieser Wachsamkeit auf. In der letzten Versuchung unseres Kampfes auf Erden wird die Ernsthaftigkeit dieser Bitte offenkundig; sie bittet um *Beharrlichkeit bis zum Ende*. „Siehe, ich komme wie ein Dieb. Selig, wer wach bleibt" (Offb 16,15). ...

„2853 In der Stunde, in der Jesus freiwillig den Tod auf sich nimmt, um uns sein Leben zu geben, ist der Sieg über den „Herrscher der Welt" (Joh 14,30) ein für allemal errungen. Es ist das Gericht über diese Welt, und der Herrscher über diese Welt wird „hinausgeworfen" (Joh 12,31). Dieser „verfolgt die Frau", hat aber keine Gewalt über sie; die neue Eva, die vom Heiligen Geist „Begnadete", wird von der Sünde und der Verderbnis des Todes befreit (in der Unbefleckten Empfängnis und durch die Aufnahme der allzeit jungfräulichen Mutter Gottes Maria in den Himmel). „Da geriet der Drache in Zorn über die Frau, und er ging fort, um Krieg zu führen gegen ihre übrigen Nachkommen" (Offb 12,17). Darum beten der Geist und die Kirche: „Komm, Herr Jesus!" (Offb 22,20), denn sein Kommen wird uns vom Bösen befreien.

2854 Wenn wir darum bitten, vom Bösen befreit zu werden, bitten wir auch um Befreiung von allen vergangenen, gegenwärtigen und zukünftigen Übeln, deren Urheber und Anstifter der Böse ist. In dieser letzten Bitte trägt die Kirche das gesamte Elend der Welt vor den Vater. Mit der Erlösung von den Übeln, welche die Menschheit bedrükken, erfleht sie das kostbare Gut des Friedens und die Gnade des beharrlichen Wartens auf die Wiederkunft Christi. Wenn die Kirche so betet, nimmt sie in der Demut des Glaubens die Vereinigung von allen und allem in jenem vorweg, der „die Schlüssel zum Tod und zur Unterwelt" (Offb 1,18) hat, „der ist und der war und der kommt, der Herrscher über die ganze Schöpfung" (Offb 1,8)."[4]

Am meisten wiegt, wenn man der Sünde widersagt. Von daher ist auch zu verstehen, warum sich die Heiligen, die Sinn und Logik der Sünde am klarsten erkannten, auch um so öfter mit dem Teufel konfrontiert sahen (hl. Antonius, hl. Benedikt, hl. Johannes Maria Vianney, hl. Johannes Bosco, hl. Leopold Mandie...) und als Exorzisten tätig wurden, selbst ohne es zu wissen und ohne sich diesen Titel anzumaßen; und daher geschieht eine echte Befreiung heutzutage vornehmlich durch solche Priester, die den Kult der Beichte pflegen und geistige Führung angedeihen lassen. Das Widersagen wird auf jene Sünde ausgedehnt, die der Person, der Familie und den Vorfahren am meisten Schaden zugefügt hat: der Teufel hat unendliche Furcht vor dem Licht, vor allem dem Licht des Bibelwortes und des Wortes, das Fleisch geworden ist; und wenn die Finsternis und das durch die Sünde herbeigeführte Verderben einmal erkannt sind, setzt unverzüglich die Befreiung ein; der Teufel hat sich durch die Sünde des Menschen über die Menschheit erhoben, jedes Vergehen ist ein mehr oder weniger bewußter, mehr oder weniger deutlicher Pakt mit ihm, der Schaden verursacht und in die Knechtschaft führt. Dieser Pakt wird mit der Beichte, der Reue und der Vergebung Gottes von der Kirche durchbrochen; der Dämon unternimmt alles, um die Sünde nicht offenbar werden zu lassen, so daß ihr Ausmaß nicht erkannt wird. Zur Entschuldigung und um die Vorteile und dadurch gewonnenen Annehmlichkeiten aufzuzeigen, versucht er auch Freude an den Schwächen anderer zu provozieren: denn jede Sünde und jegliche Lust an der Sünde stärkt seinen Anspruch (diese Arglist ist augenfällig und tritt zuweilen besonders schamlos unmittelbar nach einer Befreiungsphase an den Tag, wenn der Dämon wieder einzufahren und sich erneut festzusetzen versucht); und nur wenn man der Person verständlich machen kann, worin der eigentliche Akt des Feindes besteht, wird dessen Anspruch auf Geist und Körper radikal unterbunden. In dieser grundlegenden Aufgabe liegt die wahre Fähigkeit des Exorzisten:

4 Katechismus der Katholischen Kirche (1993), S. 713 – 715.

Schritt für Schritt den Willen, die Freiheit, das Gewissen wiederherzustellen und sie zum Guten, auf den Plan Gottes hin zu erziehen, der unser Heil ist.

Diese viel Geduld erfordernde Arbeit obliegt auch anderen Beichtvätern und geistigen Führern und wird durch die Erfahrung des spirituellen Weges in einer geeigneten Gebetsgruppe, die besonders entschlossen und ausgeglichen ist, erleichtert und bildet den Hintergrund der unmittelbaren Konfrontation, die sich in der den Exorzismen und Befreiungsgebeten eigenen dramatischen Form äußert. Wenn auch in bestimmten Fällen der feierliche Exorzismus angewandt wird, so macht man normalerweise keinen Gebrauch davon, sei es weil man bei den Ausführungen ständig abgelenkt und durch die Ereignisse unterbrochen wird, sei es weil man den jeweiligen Bewußtseins- und Freiheitsgrad des Leidenden genau beobachten und ihm helfen muß, Akte der Entsagung, der Wahl, des Glaubens auch in einfachster Form zu setzen, wenn er wie gelähmt wirkt, seine Stimme versagt, er des Gehörs beraubt oder von seinem Feind gequält und terrorisiert wird. Die Suche nach Alternativen zum Exorzismus, die ebenso wirksam sind wie ein Befreiungsgebet, ist in einer Zeit, in der es in vielen Diözesen keine Exorzisten gibt, auch eine Verpflichtung. Die schwersten Fälle werden (an mindestens zwei Tagen in der Woche) in Anwesenheit einer Ärztin „behandelt"; Dr. GAGLIARDI verbringt mit uns ungefähr zwei Tage pro Monat; die Hilfe von Ärzten, Psychologen und Fachleuten, die sich mit veränderten Bewußtseinszuständen befassen, ist unerläßlich. Die Bischöfe sollten dazu ermuntert werden, solche Teams von Helfern und Experten rund um den Exorzisten und die Gebetsgruppe zu fördern.

Die Sünden, gegen die wir uns wenden, sind im wesentlichen die sieben Hauptsünden und all ihre Ausläufer; durch wiederholte Versündigung entstehen Laster bzw. Gewohnheiten, es entwickeln sich Kräfte, es kommt zu Wiederholungautomatismen; ein Exorzist merkt, daß solche Kräfte besonderen zwanghaften Charakter annehmen können, fast wie ein Befehl, eine Stimme, eine Präsenz, ein Geist wirken, der die Freiheit und den Willen der Person sehr stark oder zur Gänze einzunehmen droht; zuweilen konstituiert er klar die Anwesenheit eines fremden Wesens, das sich nicht selten als menschliche Person ausgibt (ein durch Übertragung oder Telepathie manifest gewordener

Magier oder ein Verstorbener), doch haben wir uns von diesem Konstrukt allmählich gelöst und sind schließlich bei Satan angelangt, welcher der Urheber ist bzw. zumindest die Kraft zu diesen Kontakten gibt oder der schon auf inzwischen Verstorbene Einfluß hatte und diesen nun bei einem Verwandten oder Abkömmling weiterhin geltend machen will.

6. Geist

Den Begriff „*Geist*“ verwenden wir daher in einem sehr weitläufigen Sinn (wir gebrauchen die Formulierung: „Im Namen Jesu Christi widersage ich jedem Geist...) und wir betonen je nach Notwendigkeit:

- dem *Geist der Lüge und des Betruges*: es kann dies der Geist der Widerrede, des Gegensatzes, der Verwirrung, des Zweifels sein;
- dem *Geist des Hochmuts*: dieser kann besonders durch Eitelkeit, Selbstherrlichkeit, Ichhaftigkeit und Herrschsucht zum Ausdruck kommen;
- dem *Geist der Auflehnung gegen Gott*: er kann sich in Fluchen, Verhöhnen, Ruchlosigkeit, Ungläubigkeit, Entweihung, Aberglauben, Götzendienst und in jedem Dämonen- und Geisterkult artikulieren;
- dem *Geist des Hasses*, der zum Ausdruck kommen kann im Haß gegen Gott und die Menschen, ebenso wie durch Mord, Blutrache, Groll, Zwietracht, Streit, Eifersucht, Neid und Verwünschung;
- dem *Geist der Gleichgültigkeit*: er äußert sich in Angst vor dem Kreuz, Resignation, Schicksalsglauben, Indifferenz, Jammern und Selbstkasteiung;
- dem *Geist der Genußsucht*: mit ihm verbinden wir auch Alkohol, Drogen, Glücksspiel, Zerstörungswut und zwanghafte Abhängigkeit;
- dem *Geist der Unzucht*: ihm untersteht jede affektiv-sexuelle Störung und Ausschweifung.

7. Einwirken des Teufels

Im Hinblick auf das *Einwirken des Teufels* (bzw. seiner Jünger) auf die Fähigkeiten einer Person sind zu nennen: Kräfte – Anwesenheiten –

Geister – Mächte der Unterdrückung, Verfolgung, Mißhandlung, der Isolation oder Hintertreibung, der Knechtung, der Exzesse, der Manifestation von Besessenheit, der Inbesitznahme und Unterwerfung oder Manipulation des Geistes, der Emotionen und Empfindungen, des Wollens und Wünschens, der Vorstellung, der Instinkte (besonders der Sexualinstinkte), der Wahrnehmung und der Sinne (vor allem des Gesichts- und Gehörsinnes), der vitalen Funktionen und Rhythmen des Körpers, des Nervensystems, des Blut- und Kreislaufsystems, der Sauerstoffzufuhr des Blutes und des Gehirns, des Lymphsystems, des endokrinen, Drüsen-, Knochen- und Muskelsystems, des Körpergleichgewichts und der Verbindung zwischen Geist, Willen und Handlung. Eine Person muß zwar nicht alle der angeführten Störungen oder Aggressionen aufweisen. Sind diese jedoch einmal identifiziert, lassen sie sich im Namen Jesu leichter bezwingen.

8. Terminologie

Da die Terminologie der genannten Störungen unter den Exorzisten, die kaum Kontakt miteinander haben, stark variiert, haben sich die Exorzisten Italiens auf die Verwendung folgender Begriffe geeinigt:

1. *Äußere Störungen:* Der Teufel bzw. sein Exponent befindet sich vollkommen außerhalb der Person, die durch tätliche Angriffe, Behinderungen, Geräusche usw. beeinträchtigt werden kann. So geschah es auch bei einigen Heiligen.

2. *Dämonische Infestationen:* Diese betreffen vor allem Häuser, Büros, Geschäfte, Werk- und Lagerstätten, Gegenstände, Tiere. Schon ORIGENES spricht davon unter Erwähnung vorgenommener Exorzismen.

3. *Dämonische Obsession:* Sie beeinträchtigen vor allem Körper, Gesundheit, Beziehungen, Familie, und manifestieren sich durch seltsame Nöte die keine andere Erklärung zulassen.

4. *Dämonische Umsessenheit:* Wie schon der Begriff zum Ausdruck bringt, wird die Person von Gedanken, Wünschen, aufwühlenden und angsteinflößenden Mitteilungen, von Verzweiflung, Mord- und Selbstmordgedanken, Flüchen und Wollust gequält.

5. *Dämonische Besessenheit:* Es sind dies die klassischen Besessenheitsformen, bei denen die Person gespalten ist. Sie spürt auf vielerlei Weise die Präsenz einer anderen Wesenheit, die in ihr lebt und sie konditioniert, dominiert und attackiert; ein Etwas, das (auch mit Gewalt) auf jedwede Provokation reagiert, vor allem auf alles Heilige, das Gebet, das Schriftwort, die Sakramente, den Priester, insbesondere den Exorzisten; eine Wesenheit, welche die Person in Trance versetzen, in unbekannten Sprachen sprechen, hellseherische Erfahrungen und Vorahnungen haben, übermenschliche Kräfte annehmen lassen kann usw.
6. *Dämonische Unterwerfung:* Eine solche liegt vor, wenn die Person freiwillig in einem expliziten oder impliziten Pakt die Abhängigkeit vom Teufel oder von Geistern akzeptiert hat.

Mit dieser ausführlichen Darlegung sollen die Aufgaben des Exorzisten besser veranschaulicht werden. Ihn sich weiterhin so vorzustellen, wie er im Film „Der Exorzist" beschrieben wird, geht an den Tatsachen vorbei. Wie wir gesehen haben, ist die Einflußnahme des Teufels weit gespannt und wächst proportional zu den Verstößen und Verfehlungen gegen Leben, Ehe und Familie und zur Übertretung des ersten Gebotes „Du sollst neben mir keine anderen Götter haben", was von der Kirche (z. B. im Katechismus der Katholischen Kirche, Nr. 2110-12, 2114-17) ständig betont wird.[5]

9. Okkultismus

Für mich ist die Kirche in ihrer Lehre sehr klar und wo religiöse Erziehung und Gehorsam gegenüber der Kirche gepflegt werden, hat sie in der Bevölkerung nicht nur Besessenheit, Obsession und Tyrannei zum Verschwinden gebracht, sondern auch die magischen Praktiken. Mit dem schwindenden Glauben kehrt dies alles wieder. Die Möglichkeit einer groß angelegten Vermarktung mit hohem finanziellen Gewinn führt zur Gründung von Sekten, Gemeinschaften, Zentren und Schulen, die angeblich geistige Disziplinen vermitteln und zum Teil

5 Ebd., S. 543 – 545.

sehr kostspielige Kurse anbieten. Magier, Kartomanten, „Sensitive", „Seher", angebliche „Parapsychologen", „Exorzisten" und Chiromanten tauchen auf. Zeitschriften und Bücher warten mit kurzlebigen Sensationsberichten auf, selbst katholische Verlage ziehen problemlos an diesem Strang, der Dekadenz und okkulte Kräfte und Kanäle stimuliert, welche die Kraft der Suggestion, der Verzauberung, der Hingabe an das Sinnliche in sich tragen und die Illusion wecken, daß alles einfach, möglich, unverbindlich geworden sei, daß ein jeder spirituelle Erfahrungen machen könne, wie sie früher allein den Mystikern, den besonderen Auserwählten Gottes, vorbehalten waren, die auf ihrem Weg der Läuterung und Bekehrung so viel auf sich nahmen. Endlich ist all das zu haben, auf raschem Wege, mit magischen Mitteln; alles wird Magie, das heißt, es steht in der Möglichkeit des Menschen, sofern er ein „Eingeweihter" ist und die geheimen Kräfte errungen hat (selbst jene, die es Jesus gestatteten, Wunder zu wirken). Es ist ein großes Babel, selbst für die einigermaßen religiös Gebildeten und Entschlossenen, noch weit mehr aber für das einfache Volk, das der christlichen Lehre und Erfahrung zunehmend den Rücken gekehrt hat. In Fernsehen und Presse stößt man auf Laien wie Priester, die sich als Theologen bezeichnen und dabei das Gegenteil der kirchlichen Lehre verbreiten; so entsteht eine Art paralleles „Lehramt" mit einer ständigen Offenbarung, mit sensitiven Priestern, Medien, „Sehern", „Mystikern" und „Propheten", die sich gegenseitig stützen, anerkennen und bestätigen; alle wollen den direkten Draht zum Jenseits, zum unendlichen Licht, zur ewigen Wahrheit, zum ewigen Besitz, und dies alles zu einem möglichst niedrigen Preis.

10. Mittel und Alternativen

Es ist unschwer, in diesem undurchschaubaren Gewirr die Absichten und alternativen Mittel und Wege zu erkennen, zu denen der Urheber der Lüge seit Adam und Eva zu verleiten versucht; der verborgene Satanskult ist weit verbreitet (ich denke hier nicht so sehr an den Satanismus im eigentlichen Sinn, sondern vielmehr an all die die Betrogenen und Getäuschten, die nicht durchschauen, vor wem sie das Knie beugen, zu wem sie sich „bekehren", wem sie Gehör schenken und Gehorsam leisten; dem Dämon liegt sehr daran, Gott zu verdrängen und sich eine Kirche zu schaffen). Seine Machenschaften treten besonders deutlich im Unterhaltungsbereich zutage. Die von dämonischem Geist getragenen Botschaften und die offene Aufforderung zur Anbetung Satans finden sich in der Musik, den Rhythmen und Gesängen von Idolen, die zuweilen tragisch enden.

Nachdem sie diese Art von Kultur gierig in sich aufgenommen haben, landen die Geknechteten des Dämons schließlich bei uns. Innerhalb von 5 bis 6 Jahren waren es ca. an die 5000 Personen: Fast alle haben ihr Leben mittlerweile in einer größeren geistigen Tiefe ausgerichtet, sie haben sich von den Akteuren des Okkulten und anderen Abhängigkeiten losgesagt und so mehr Frieden und Gleichgewicht gefunden. Etwa tausend bedienten sich zu diesem Zweck des Befreiungsgebetes, wenngleich in erster Linie des persönlichen, jedoch nach einem von uns vorgeschlagenen Schema. Einige Dutzend verrichteten mit unserer Unterstützung sehr intensive Gebete, um sich von Unterdrückung, Schikane, Umsessenheit, Besessenheit oder Knechtschaft zu lösen. Die schwersten Fälle kommen aus bereits erblich stark vorbelasteten Familien; sie hängen dem Aberglauben, der Magie oder okkulten Kräften an; meist findet sich unter ihren Vorfahren ein Medium oder ein bekannter Sensitiver; manchmal sehen sie sich als Überbringer einer „Gabe" oder eines „Geistes" oder sie schreiben diese Übertragung einem legendären „heiligen" Ahnen zu. In diesem Kontext kann es zu vielen Unannehmlichkeiten und Beeinträchtigungen kommen, deren Behebung man sich irrtümlicherweise wiederum von Magiern, Zauberern, Kartomanten, Heilern usw. erhofft, die den vorherrschenden okkulten Kräften ein Ende setzen sollen. In andere wiederum floß der Geist des Okkulten über verschiedene östliche Meditationsschulen ein, über die Esoterik oder die Teilnahme an Riten von Sekten, einzelnen Magiern oder Frömmlern. Dieser brüchige Boden ist auch wie geschaffen für die Aufnahme von Botschaften des Bösen, wenn der Haß aufflammt, der dem Teufel und seinen Verehrern am meisten Tür und Tor öffnet.

11. Beispiele

Zum Schluß sollen noch einige Beispiele angeführt werden:

a) Ada

Ada, 20 Jahre alt, ist getauft, ging zur Erstkommunion, hat nie die Beichte abgelegt und wurde nicht gefirmt. Sie stammt aus einer guten, aber religiös inaktiven Familie; sie ist intelligent, besitzt ein Diplom und hat eine Stellung. Bereits mit 15 hatte sie paranormale Erlebnisse (Wahrträume, außerkörperliche Erfahrungen, Bilokation usw.) und so fühlte sie sich zu Mädchen mit ähnlicher Begabung hingezogen, mit denen sie sich in der Anwendung der „Planchette“ übte, wobei die üblichen Fragen bezüglich Liebe, Familie und Arbeit gestellt wurden. Dann lernte sie einen professionellen Kartomanten kennen und schließlich tauchte das Phänomen des „automatischen Schreibens“ auf. Vor einiger Zeit, als sie gerade vor dem Spiegel stand, spürte sie eine Einflußnahme und ließ widerstandslos zu, daß die beschworenen Geister in sie einfuhren. Es ging ihr fortan schlecht, sie verhielt sich abnormal, schwankte von einer Stimmung zur anderen, hörte merkwürdig böse Stimmen, wälzte sich im Schlaf, wirkte gereizt und cholerisch, speziell ihrem Vater gegenüber. Um von diesem undefinierbaren Unbehagen, das sie in sich und in ihren Beziehungen erlebte, loszukommen, wandte sie sich an einen angeblichen „Parapsychologen“, was die Bombe zum Platzen brachte: sie wurde von Ängsten und Versuchungen geplagt, es bestand Lebensgefahr. Schließlich riet ihr jemand, sich dem Pfarrer anzuvertrauen, und der brachte sie zu uns. Als sie mich sah, gebärdete sie sich wie wild, obwohl ich normal gekleidet war und nicht gleich mit Exorzismen begann, sondern ihr lediglich ein paar Fragen im Hinblick auf ihr Leben stellte. Nachdem sie sich beruhigt hatte, lud ich sie zu einer einfachen Glaubensbezeugung ein: „Jesus ist der Herr über mein Leben, meine Fehler und die gerufenen Geister...!“ Geifernd und schäumend wand sie sich in ihrem Befreiungskampf von einem Winkel zum anderen, während der Vater beim Anblick des Ganzen fast einen Zusammenbruch erlitt. Natürlich war der Kampf damit noch nicht zu Ende, doch Ada hatte begriffen und fing an, sich von ihren okkulten Büchern, Talismanen, Pendeln usw. zu trennen. Sie besorgte sich das Neue Testament und begann tagtäglich zu beten und Jesus zu verstehen. Uns besuchte sie fortan einmal pro Woche, ihre völlige Befreiung ging rasch vonstatten und nach zwei Monaten stand sie in voller Loyalität und im Glauben an ein neues Leben in Christus, den sie letztlich angenommen hatte.

b) Sara

Weniger glücklich verlief die Geschichte von *Sarah*, 30 Jahre. Bereits von Kindheit an hatte sie ein schwieriges Verhältnis zur Mutter, da sie schon früh zur Unabhängigkeit neigte. Mit 17 verließ sie die Familie, um sich Arbeit zu suchen. Doch fern ihrer vertrauten Umgebung hatte sie viel freie Zeit. So begann sie, diese mit ihrer Zimmerkollegin zu verbringen, die sich mit Glasrücken beschäftigte, um ihren Schutzgeist zu beschwören. Die ersten Antworten waren exakt, die Voraussagen erfüllten sich, Sarahs Interesse war geweckt und sie versuchte es von nun an auf eigene Faust und fand auch Gefallen daran, wenn der Geist die Unwahrheit sagte; sie wurde geradezu besessen davon, so daß sie jede freie Minute darauf verwandte. An ihrem Körper – Lippen, Hals, Muskeln, Augen (unter den Augen) – traten zunehmend spontane Zuckungen auf. Sie verfiel von einem Normalzustand in einen sehr mißlichen Zwangszustand, es kam zum Zerfall der Persönlichkeit, zu einer Destabilisierung der Person: dies nahezu 10 Jahre lang. Da sie ihre Arbeit nicht mehr ausüben konnte, kehrte sie mit dieser großen Last zu ihrer Familie zurück und wurde dann zu uns gebracht. Sie zeigte weiterhin ähnliche Reaktionen wie früher, doch entwickelten sich diese nicht nach der gleichen Logik und vor allem traten sie immer wieder auf; deshalb ersuchten wir um die Hilfe eines Arztes, der sie an einen Psychiater verwies. Da sie aus einer anderen Stadt kam, empfahlen wir ihr auch das typische Gebet, doch konnten wir für den weiteren Verlauf der Behandlung keine Verantwortung übernehmen.

c) Frau P.

Der folgende Fall ist sehr typisch für das oben Gesagte. Bei P. handelt es sich um eine Frau von ca. 50 Jahren, die aus einem religiösen Umfeld kommt, in dem Emotionalität und Aberglaube eine große Rolle spielen. Vor drei Jahren befiel die Tochter eine seltsame Krankheit, weshalb ihr der Gedanke kam, mit ihrem verstorbenen Vater Kontakt aufzunehmen (ich erinnere daran, was TERTULLIAN und andere Kirchenväter sagen: „Der Dämon bereitet für seine Heiler bestimmte Krankheiten"). Sie fühlt sich dazu veranlaßt, automatisch zu schreiben, nimmt zögernd die Feder zur Hand und fängt langsam zu schreiben an. „Papà" schickt sie zu einer mehr als 1000 km entfernten Kartenlegerin, die zwar die Tochter heilt, dafür aber selbst krank wird. Sie kann nicht mehr schlafen, weil sie einen unendlichen Druck auf der Brust verspürt, immer wieder fühlt sie sich gedrängt, zu schreiben; wenngleich von Zweifeln und Ängsten geplagt, handelt sie zunehmend wie unter Zwang, bis sie eines Nachts ein starkes Wärmegefühl hat, das ihr in die Nase dringt, sich über den Körper ausbreitet und ganz allgemein Unbehagen hervorruft. Durch das Schreiben wird sie von „papà" beruhigt, was sie so beschreibt: „wohlige Wärme, eine gewisse Kraft in der Hand, um gesund zu werden, ohne darüber nachzusinnen". Sie bekommt es mit der Angst zu tun und es gelingt ihr, sich zu widersetzen und auf das Schreiben fast ein Jahr lang zu verzichten, auch wenn sie im zitternden Arm den Drang dazu verspürt. Sie fühlt sich freier und ruhiger, doch kann sie immer noch nicht schlafen; da ereignet sich schließlich eine merkwürdige Situation: während sie eine ganz normale Musikkassette hört, vernimmt sie ein Gewirr von eigenartigen Geräuschen und unverständlichen Stimmen, als ob diese von weit her kämen; erschrocken nimmt sie eine einzige Phrase ziemlich deutlich wahr: „Paola, ich sehe dich!" Das wiederholt sich mehrmals und schließlich manifestiert es sich über das Radio und die Aufforderung zum Schreiben wird zum Zwang. Sie konsultiert den Pfarrer, der meint: „Das ist ein psychologisches Bedürfnis, schreiben Sie, wenn Ihnen danach ist!" Sie fängt wieder zu schreiben an, doch mit zunehmender Angst, denn morgens kaum erwacht, erhält sie den Befehl das Wort „Todesstrafe" zu schreiben (dies über zwei Stunden und mehr am Tag), der Automatismus wird immer stärker". Schließlich beginnt sie auch, Stimmen zu hören.

Sie nimmt um sich herum Anwesenheiten wahr, eines Nachts spürt sie jemanden im Rücken, der sie lähmt mit den Worten: „Dreh Dich nicht um, ich bin Satan!" Die Situation verschlimmert sich zusehends, ständig wird ihr befohlen, was sie zu tun hat, so z. B.: „Tu etwas, beweg Dich, geh zu Bett, steh auf, mach dieses, mach jenes, geh wieder zu Bett..." So reduziert sich ihr Leben auf ein ständiges Gehorchen den Befehlen des Geistes gegenüber, sie wird durch ihn und das, was er von ihr verlangt, vollkommen eingeengt. Vergeblich sucht sie Rat bei anderen. Freunde bringen sie schließlich mit unserer Gebetsgruppe zusammen; sie zeigte und zeigt noch immer heftige Reaktionen, doch ist sie aktiv geworden und hat ihre Arbeit wieder aufgenommen. Dann und wann hört sie von ferne noch eine Stimme, die sie zur neuerlichen Kontaktaufnahme drängt; es packt sie immer noch die Angst, wenn sie allein zu Hause ist, dennoch geht sie der Befreiung und Heilung entgegen.

12. Schlußbemerkung

Mit den genannten Ausführungen soll verdeutlicht werden, wie groß die Probleme, Risiken und Leiden der Betroffenen sind, die zu einer Menschengruppe gehören, die am wenigsten verstanden bzw. am meisten vernachlässigt und ausgenutzt werden.

Literatur

Katechismus der Katholischen Kirche. – München; Wien; Oldenbourg; Leipzig: Benno; Freiburg/CH: Paulusverl.; Linz: Veritas, 1993.

Nota pastorale della Conferenza Episcopale Toscana. Supplemento al n. 17 di TOSCANAoggi dell' 8 maggio 1994. – Firenze: Edizioni Coop. „Firenze 2000", 1994.

PETER DINZELBACHER

ECHTE UND FALSCHE MYSTIK AUS HISTORISCHER SICHT

I. MYSTIK ALS HISTORISCHES PHÄNOMEN

Während sich die anderen Beiträge dieses Bandes in der Regel mit den paranormalen Phänomenen selbst befassen, behandelt der vorliegende[1] die Geschichte der Reaktionen auf solche Phänomene. Seine methodische Grundlage ist die Sicht des Profanhistorikers – nicht die des Kirchenhistorikers oder Theologen. In der Religionsgeschichte des lateinischen Westens werden solche Phänomene seit dem Mittelalter entweder als von Gott generiert beurteilt und dem Bereich „Mystik" zugerechnet, oder als von Dämonen generiert angesehen und als „Aftermystik", „Hypokrisie" oder „Hexerei" klassifiziert. Diese Unterscheidung, die in der theologischen Literatur seit dem späten Mittelalter festgeschrieben ist, wurde im 19. Jahrhundert auch von Psychologen und im 20. von Germanisten übernommen, die sich für berechtigt hielten, die entsprechenden Texte als Zeugen einer „gesunden" oder „krankhaften" Mystik zu beurteilen, ohne sich bewußt zu machen, daß diese Begriffe im Bereich des Psychischen kultur- und epochenabhängig sind.[2]

Die Geschichte der Mystik freilich, verstanden als mitgeteilte „cognitio experimentalis Dei", ist bislang in so exklusivem Ausmaß in Bezug auf ihren Inhalt eine Domäne der theologischen und in Bezug auf ihre Formen eine der literaturwissenschaftlichen Disziplin gewesen, daß ihre Betrachtung als historische Erscheinung (wie ich experientia docente feststellen kann) vom Gros der Fachhistoriker schlichtweg als unzünftig beurteilt und ignoriert wird. Demgemäß findet man unter den Autoren, die sich mit mittelalterlicher Mystik Europas befassen,

1 Der vorliegende Aufsatz versucht, eine zentrale Fragestellung meines Buches *Heilige oder Hexen?* (1995) herauszuarbeiten. Das zitierte Material ist weitgehend daraus entnommen; es finden sich dort auch die weiteren Belege für das hier Gesagte.

2 Vgl. P. DINZELBACHER: Frauenmystik im Mittelalter (1990), S. 304 ff.

so gut wie ausschließlich Theologen, Philologen und äußerst gelegentlich einmal einen Religionspsychologen, jedoch keine Historiker.

Trotzdem möchte ich hier dezidiert die Auffassung vertreten, daß *Erlebnismystik* im westlichen Christentum – und nur davon spreche ich, nicht von der theoretischen (philosophischen, spekulativen) Mystik à la Eckhart – kein überzeitliches, sondern ein an bestimmte kulturelle Umfeldbedingungen gebundenes historisches Phänomen ist und damit in den Bereich der Mentalitätsgeschichte[3] gehört. Ob und inwieweit dieses Phänomen als erlebte Gotteserfahrung mit dem Walten eines tatsächlich außer uns existierenden Numen erklärt wird oder als rein innerpsychischer Vorgang, hängt ausschließlich vom Weltbild des Beurteilenden ab. Die Entscheidung für eines dieser Erklärungmodelle entspringt also nicht der historischen Untersuchung und ist für diese irrelevant.

1. Mittelalterliche Mystik

Mystik ist im Christentum keineswegs immer und überall. In der Zeit zwischen ca. 600 und 1050 gibt es in der lateinischen Christenheit keinen Beleg für Erlebnismystik und nur einen einzigen Autor, der als Theoretiker der Mystik angesehen werden kann, JOHANNES SCOTUS ERIUGENA. Wenn eine Erscheinung 400 Jahre lang nicht nachweisbar ist, obschon es in dieser Zeit ein durchaus überliefertes lateinisches, auch spirituelles Schrifttum gab, ist es methodisch ausgeschlossen, von einem „kontinuierlichen Strom" zu sprechen. Obwohl der Autor der umfangreichsten neueren Mystikgeschichte, Bernard McGINN[4], ein exzellenter Kenner der mittelalterlichen Spiritualität ist, bleibt auch ihm signifikanterweise nichts übrig, als die Zeit zwischen *Gregor dem Großen* und *Petrus Damiani* phänomenologisch zu überbrücken, d. h. im zweiten Band seiner Mystikgeschichte stehen im Kapitel Frühmittelalter Abschnitte über „lectio", die, erstens, auch ohne jede mystische Erfahrung betrieben werden konnte und womit, zweitens,

3 P. DINZELBACHER (Hg.): Europäische Mentalitätsgeschichte (1993).
4 B. McGINN: The Presence of God (1994).

sein sonst völlig personenzentriertes Darstellungsprinzip durchbrochen ist.

Daraus, ich wiederhole es, kann nur der Schluß gezogen werden, daß Mystik eben im Katholizismus nicht kontinuierlich auftritt, sondern nur unter bestimmten Voraussetzungen. Im Westen begann dieses Phänomen im Hochmittelalter (2. H. 11. – 1. H. 13. Jh.) und erreichte seine volle Ausformung erst im späten Mittelalter (2. H. 13. Jh. bis A. 16. Jh.) mit den drei Haupttypen der *Wesens-*, der *Braut-* und der *Passionsmystik*. Diese sollten sich dann im wesentlich in nur wenig modifizierter Tradition bis in den Katholizismus der Gegenwart fortsetzen, ohne in anderen, auch dezidiert unmystischen Richtungen der christlichen Religion (wie dem Protestantismus), völlig zu fehlen.

Genauso wie Mystik also ein historisches Phänomen ist, ist es auch ein regional gebundenes. Es gibt bekannte Schulen der Spiritualität, die jedoch bestimmte Verbreitungsgebiete nicht überschritten. In der Geschichte der praktischen Mystik kennen wir z. B. aus Skandinavien im ganzen Mittelalter eine einzige Mystikerin, *Birgitta von Schweden*, die freilich den wichtigsten Teil ihres Gnadenlebens in Rom zubrachte; aus Österreich in jener Epoche ebenfalls eine einzige Mystikerin, die Wiener Begine *Agnes Blannbekin* († 1315). Es mag manche Personen gegeben haben, von denen schlichtweg nichts überliefert ist, doch gilt in der Historik in diesem Fall zu Recht „quod non in actis non in mundo“, denn es entbehrt jeder Wahrscheinlichkeit, daß nicht wenigstens Andeutungen auf uns gekommen wären, hätte es in den genannten Gebieten ein ähnlich reiches mystisches Leben gegeben wie z. B. in den süddeutschen Dominikanerinnenklöstern oder den norditalienischen Kommunen des 13. – 15. Jahrhunderts.

2. Unterscheidung der Geister

Ebenso historisch bedingt wie das Phänomen Erlebnismystik ist die Virulenz eines Themas der Mystikgeschichte, nämlich das der Unterscheidung von *echter* und *falscher Mystik*, auf das wir uns nun konzentrieren wollen. In der Tat geht das Thema der „discretio spirituum“ in die Tage Jesu zurück: An ihm sahen jüdische Schriftgelehrte Züge, die sie als Besessenheit durch einen unreinen Geist verstanden, währenddem Jesus selbst in seiner Antwort andeutet, in ihm wirke ein heiliger Geist (oder nach späterem Verständnis: der Heilige Geist).[5] Im *Neuen Testament* wird vor falschen Propheten und Christussen, „pseudoprophetai“ und „pseudochristoi“ gewarnt.[6] Obschon das Problem des konkurrierenden Wirkens der guten und bösen Geister auch bei Autoren des Hochmittelalters wie etwa BERNHARD von Clairvaux[7] vorkommt, bleibt es bis in das 14. Jahrhundert marginal. Dann aber wurde es von fast jedem bedeutenderen Theologen oder Seelenführer diskutiert: *Pierre d'Ailly, Gerson, Heinrich von Langenstein, Dionysius von Rijkel, Ignatius von Loyola* usf. – ein Zeichen, daß dafür ein dringendes Bedürfnis vorlag. Es nimmt immer größeren Raum in den einschlägigen theologischen und kirchenrechtlichen Reflexionen ein, um bis in das Zeitalter der Aufklärung, ja fast bis in die Gegenwart im Repertoire der sich für zuständig erklärenden Beurteiler zu bleiben.

Der Beginn der „mystischen Invasion“, das zahlreiche Auftreten vor allem charismatisch begabter Frauen seit dem 12. Jahrhundert und der Beginn einer intensiveren theologischen Beschäftigung mit den Kriterien ihrer Beurteilung sind also nicht synchron. Die *Visionärinnen*, die seit jener Epoche auftraten, stießen im allgemeinen noch nicht auf größere Bedenken, hatten noch wenig Schwierigkeiten, als echte Charismatikerinnen anerkannt zu werden. Erst nach etwa zwei Jahrhunderten sollte sich diese mystischen Erscheinungen gegenüber zunächst eher gläubige Einstellung der Hierarchie ändern.

II. HEILIGE UND HEXEN

Wie war es zu jener Skepsis den Charismatikern gegenüber gekommen, von der im 12. und 13. Jahrhundert noch kaum mehr als Ansätze zu verzeichnen sind? Das Aufblühen der Erlebnismystik am Ende des Mittelalters und in der Frühneuzeit bezeugt (schon rein zahlenmäßig betrachtet) den Erfolg des im Spätmittelalter ausgebildeten Typs

5 Mk 3, 22 – 30.
6 W. SPEYER: Religiöse Betrüger (1988), S. 336.
7 Chr. BENKE: Unterscheidung der Geister bei Bernhard von Clairvaux (1991).

charismatischer Heiligkeit, der vor allem bis zur Aufklärung weiterbestand. Erfolg auch in dem Sinne, daß dieser Typ von der lehrenden Kirche in Heiligenviten und Predigten als Ideal vorgestellt und verbreitet wurde. Er findet jedoch fast synchron sein negatives Pendent in der angeblich zahlenmäßigen Zunahme der Hexen und ihrer faktischen Verfolgung. Auch das „Idealmodell" der Hexe wurde von kirchlichem Schrifftum verbreitet, in Handbüchern für Inquisitoren, deren bekanntestes der *Hexenhammer* von 1487 ist. „Kauf ihn, lies ihn, und die Ausgabe wird dich nicht reuen!" war als Werbung auf der Titelseite der zweiten Auflage gedruckt.[8]

Währenddem allerdings der Höhepunkt der Hexenjagd erst im 16. und 17. Jahrhundert liegt, tritt die Präsenz der charismatischen Heiligen in dieser Zeit bereits zurück. Wiewohl die Zahl mystisch begabter Frauen in der Neuzeit zwar mit Sicherheit nicht abnahm, sondern wohl eher stieg, scheinen sie allerdings vielfach weniger bekannt geworden zu sein als ihre mittelalterlichen Vorgängerinnen. Das Leben war für die später Geborenen wohl in der Regel viel schwieriger, da ihre Verhaltensformen von der Kirche in einem fast systematischem Prozeß mehr und mehr als illegitim beurteilt wurden, indem man die körperlichen Begleiterscheinungen der Mystik und die Inhalte visionärer Schauungen immer lieber als Zeichen von Häresie, Dämonenpakt oder Hypokrisie einstufte.

Die seit dem ausgehenden Mittelalter zunehmende Skepsis der Amtskirche gegen die praktischen MystikerInnen hängt u. E. mit dem zunehmenden Hexenwahn zusammen. Es gibt hinsichtlich der von ihnen produzierten oder vermuteten paranormalen Manifestationen zahlreiche phänomenologische Parallelen zwischen mystischen Heiligen und Hexen: Die Vergleichbarkeit beginnt bei der Beziehung zur Gottheit: Enthusiasmus und Besessenheit – heute in der Regel als paranoide Schizophrenie, Neurose, auch Epilepsie und Depression verstanden[9] – verkörpern ein und dasselbe Erleben: das In-Besitz-genommen-werden durch ein einmal positiv, das andere Mal negativ erlebtes außermenschliches Wesen. Weiters berichten Heilige und Hexen beide von Erscheinungen der jeweils von ihnen verehrten Gottheit, von sehr

8 J. TOUSSAINT RAVEN: Toverende vrouwen (1984), S. 56.
9 LThK 2 (1958), Sp. 199.

haptischen Christus- bzw. Teufelserscheinungen, die oft deutlich erotisch sind. Der *Christusminne*, die in der Unio mystica gipfelt, die nicht umsonst „connubium spirituale" heißt, entspricht die ebenfalls in einer erotischen Vereinigung gipfelnde *Teufelsbuhlschaft*. Beide können eine übernatürliche Schwangerschaft zur Konsequenz haben. Ein Pakt wird von beiden Gruppen geschlossen: einerseits das *Gottesverlöbnis*, andererseits der *Dämonenpakt*, wobei die jeweilige Gottheit ihre Adepten körperlich zeichnet: mit den *Stigmata* oder dem *Hexenmal*. Extremes Leiden verlangen sowohl Gott als auch der Teufel. Beide verleihen Ekstasen und Visionen, Weissagungsgabe, geheimes Wissen... Beide ermöglichen magisches Handeln vermittels von Zauberworten (Gebet bzw. Fluch), Gesten, Zauberdingen (z. B. Pflanzen), das in Heilwunder mündet. Beide Gottheiten wirken Strafwunder und Schadenzauber gegen die Feinde der ihnen Gläubigen. Die Wetterbeherrschung gehört zu den typischen Vorwürfen gegen die Unholdinnen wie zu den häufig bezeugten Gaben der Heiligen. Auch der Flug (Levitation bzw. Sabbatflug) ist beide Male bezeugt. Fazit: zahlreiche paranormale Erscheinungen – wie auch immer zu erklärende psychosomatische Phänomene – konnten je nach Situation entweder positiv als Charisama oder negativ als Dämonenwerk beurteilt werden.

1. Dorothea von Montau

Lassen Sie mich dies zunächst an zwei praktischen Beispielen aus vielen skizzieren: Im Juli des Jahres 1391 wurde in Danzig eine vierundvierzigjährige Handwerkerswitwe vor den bischöflichen Richter, den Offizial der Diözese Leslau, namens *Heinrich von Stein* zitiert.[10] Der hohe Herr warf ihr im Verein mit dem Pfarrer von St. Martin in Danzig vor, daß sie im katholischen Glauben irre.[11] Die geachteten Priester („famosi presbiteri"[12]) drohten ihr, sie verbrennen zu lassen – also die seit Kaiser *Friedrich II.* im Deutschen Reich verbindliche Stra-

10 R. STACHNIK / A. TRILLER (Hg.): Die Akten des Kanonisationsprozesses Dorotheas von Montau (1978), S. 276.

11 Dies., ebd., S. 84, 108 f., 473.

12 Dies., ebd., S. 108.

fe[13] für Häretiker und eo ipso auch für Hexen an ihr zu vollziehen. Welcher Ketzereien hatte sich die Frau schuldig gemacht? Hatte sie, wie die 1315 hingerichtete *Marguerite Porète*[14], ein die Seelen möglicherweise gefährdendes Erbauungsbuch verfaßt, von dem sie sich nicht distanzieren wollte? Meinte sie, wie die 1325 verbrannte *Prous Boneta*[15], mariengleich den Heiligen Geist gebären zu sollen? Hatte sie etwa, wie so viele Frauen und Männer des ausgehenden Mittelalters, magische Mittel zum Guten oder Bösen ihrer Nächsten gebraucht?

Nichts von alledem. *Dorothea von Montau*[16], die heilige Dorothea von Montau, die Patronin des Preußenlandes (sie figuriert in einer nicht einmal so verzeichneten Gestalt im *Butt* von Günther GRASS[17]), war den hohen Herren gerade wegen eben desjenigen Verhaltens übel aufgefallen, das schon wenige Jahre später als Beweis ihrer Frömmigkeit in den Heiligsprechungsakten notiert werden sollte: sie konnte sich vor der Fülle der Empfindungen bei der Elevation des Sanctissimum nicht immer erheben[18], sie fiel des öfteren für eine Stunde oder länger in Ekstase, aus der sie freudestrahlend und lachend oder von Weinkrämpfen geschüttelt erwachte, ja sie sang sogar allein in der Kirche[19]. Zuweilen, so berichtet ihr Beichtvater, war sie so voll der göttlichen Süßigkeit, daß sie sich gebärdete, als ob sie trunken sei, von solchen „wollusten des geistis" überwältigt, daß sie ohnmächtig oder schlafend schien.[20] Schließlich „erzählte Dorothea in der Beichte von Dingen, die Menschen ganz unbekannt sind"[21] – d. h. von den visionären Schauungen, die ihr je und je zuteil wurden. Weil man nun von der Heiligen selbst und im Tratsch über sie Ungewohntes hörte, beschimpfte der genannte Pfarrer sie nicht nur mit unflätigen Worten

13 Ch. H. LEA: Geschichte der Inquisition im Mittelalter 1 (1987), S. 247 f.
14 P. DINZELBACHER: Christliche Mystik im Abendland (1994), S. 268.
15 Ders., ebd., S. 267 f.
16 Ders., ebd., S. 349 ff.
17 Zur (wütenden) patriotisch-katholischen Reaktion darauf s. R. STACHNIK: Zur Ehrenrettung unserer hl. Mutter Dorothea (1978).
18 R. STACHNIK / A. TRILLER (Hg.): Die Akten des Kanonisationsprozesses Dorotheas von Montau, S. 275 f.
19 Dies., ebd., S. 108 f., 275 f.
20 J. MARIENWERDER: Das Leben der seligen Frau Dorothea (1863), S. 225.
21 R. STACHNIK / A. TRILLER (Hg.): Die Akten des Kanonisationsprozesses Dorotheas von Montau, S. 108 f.

(„obprobriosis verbis") und belästigte sie auf andere Weise („alias vexavit"[22]), sondern wollte sie als Ketzerin oder Hexe verbrennen lassen, ein Wunsch, in dem er sich mit weiteren Priestern und vor allem dem bischöflichen Justiziar einig wußte[23]. Sie dagegen meinte,

> „ich irre nicht und kann nicht irren, denn ich habe einen Lehrer und Meister, der mich und alle Menschen liebevoll unterweist. Und wegen dem, was die genannten Herrn mir anlasten, will ich gern und bereitwillig sterben. Mögen sie doch das Holz [dazu] auf meine Kosten kaufen, und möge ich es doch zu meinem Scheiterhaufen tragen meines Glaubens wegen"[24].

Freilich ein auf unmittelbarem charismatischem Erleben fußendes Gottvertrauen, das vielen der professionellen Mittler zwischen Gott und Kirchenvolk wenig gefallen konnte. Aber schließlich hatte ihr Bräutigam *Dorothea* versichert: „du salt gwis seyn des ewigen lebins!"[25]

Diese Verbrennung allerdings fand nicht statt, offenbar weil andere Geistliche, besonders *Dorothea*s Beichtvater *Johannes Marienwerder*, der nach ihrem Tode die Heiligsprechung betrieb, die Witwe schützen konnten. Denn eine andere Gruppe von Zeitgenossen interpretierte dasselbe Verhalten dieser Frau genau entgegengesetzt, also als Indiz für ihre Begnadung, ihre Frömmigkeit, ihre Heiligkeit. Einer ihrer härtesten Gegner, der Danziger Pfarrer *Christian Rose*, „bekehrte" sich sogar und setzte sich nach ihrem Tod für die Kanonisation ein; aber diese sollte erst sehr nachträglich, nämlich 1976, erfolgen.

2. Chiara Signorini

Geben wir jedoch auch ein Beispiel mit tragischem Ausgang. Es betrifft eine Frau, die keine Anhänger fand und von der Obrigkeit tatsächlich als Hexe verurteilt wurde, obschon sie sich selbst als Mystikerin fühlte. Die Rede ist von Chiara Signorini, die 1519 vor dem Inqui-

22 Dies., ebd., S. 473.
23 Dies., ebd., S. 84, 473.
24 Dies., ebd., S. 109.
25 J. MARIENWERDER: Das Leben der seligen Frau Dorothea 35, ed. cit. S. 320.

sitionsgericht in Modena stand.[26] Von verschiedenen Seiten wurde *Signorini* angeschuldigt, Leuten, die mit ihr nicht auskamen, Krankheiten angehext zu haben. Verhaftet, gab die Angeklagte zu, besondere Kräfte zu besitzen, Krankheiten erzeugen und heilen zu können – aber nicht vermittels eines Teufelspaktes, wie ihr vorgeworfen wurde, sondern als göttliches Charisma, genauso wie jede anerkannte Mystikerin. Das Gebet und die Gebetshilfe ihrer Kinder – das orthodoxeste aller magischen Mittel – nannte *Signorini* als Kraft, mit der sie auf andere Menschen wirkte. Mehrere Aussagen der Angeklagten und der Ankläger, die entsprechende Bemerkungen ihres Mannes zitierten, lassen es als das Wahrscheinlichste erscheinen, daß diese Frau selbst, und gleicherweise ihre Familie und ihre nächste Umgebung, nicht an ihren übernatürlichen Fähigkeiten zweifelte. Die Verhaftete versuchte, nicht anders als *Dorothea*, den Inquisitor davon zu überzeugen, sie sei eigentlich eine Heilige: mehr als hundertmal sei ihr die Mutter Gottes erschienen, „in Gestalt eines sichtbaren Weibes, angetan mit weißen Kleidern und von schönem Aussehen", und sie würde „sie immer in allem, um was sie bat", erhören, auch wenn sie jemanden bestrafen wollte. Wenn die allerheiligste Jungfrau ihre Verehrerin dann wieder besuchte, berichtete sie ihr: „ich kann dir sagen, daß ich sie [Chiaras Gegner] gezüchtigt habe; und sie fügte hinzu, daß sie, Chiara, Unsere liebe Frau bat, daß die Kranken gesund werden könnten"[27]. Auch ihren Mann hatte die „Heilige" – abermals höchst orthodox – dazu gebracht, sich der Madonna zu verschreiben, und ihr weihte sie jedes ihrer Kinder. Die „Gottheit", zu der hier die entscheidende Beziehung besteht, ist die Madonna, nicht, wie sonst in der Mystik, Jesus.

Dies alles wurde vom Gericht als Vorspiegelungen Satans qualifiziert, wie seinerzeit auch die Engelserscheinungen der *Jungfrau von Orléans*. Doch erst in einer zweiten Phase des Verhörs änderte sich alles: an die Folterseile gebunden, gesteht *Signorini* nun, es sei der Teufel gewesen, den sie angebetet habe, der ihre Malefizien ausführte usf. – die ganze Litanei, die die Richter hören wollten, die sie wahrscheinlich auch von Johanna gehört hätten, falls sie sie der Tortur überlie-

26 Nach C. GINZBURG: Spurensicherungen (1988), S. 29 – 58.
27 Ebd., S. 38 f.

fert hätten. Nur die Teufelsbuhlschaft und den Sabbatbesuch leugnet die Gefangene weiterhin; und sie hat im Gefängnis weiterhin Erscheinungen, bald der Gottesmutter, und jetzt bald auch tatsächlich des Bösen. Da sich *Signorini* bußfertig zeigt, verzichtet das Gericht auf ein Todesurteil und begnügt sich mit lebenslänglichem Kerker.

3. Die ambivalente Einschätzung der Phänomene

Das heißt aber, daß die Reaktionen der „Normalen" auf paranormale Manifestationen oft nicht einheitlich waren, sondern daß im hier betrachteten Komplex ein und dasselbe Symptom sowohl als Zeichen der Heiligkeit als auch als Zeichen der Ketzerei, der Zauberei, der Besessenheit ausgelegt werden konnte. Dies läßt sich auch aus den Biographien zahlreicher weiterer Charismatiker, auch kanonisierter Seliger und Heiliger, erweisen. Immer wieder berichten die Hagiographen, daß eben diejenigen Anzeichen, die ihnen – und mit der Approbation des Kultes letztlich auch der Amtskirche – Garantien der Heiligkeit waren, von anderen Mitchristen, die von ihnen natürlich entweder als Dummköpfe oder Verleumder abqualifiziert werden, nicht positiv, sondern negativ gedeutet wurden.

Da nun offenbar der böse Geist und der Heilige Geist präzise dieselben Phänomene hervorrufen konnten, entwickelte sich eine eigene Wissenschaft der „discretio spirituum". Besonders problematisch war es für alle Beteiligten, bei Offenbarungserlebnissen, also Visionen, Auditionen, automatischem Schreiben usw., herauszubekommen, wer ihr Urheber war, ein gutes oder ein böses Wesen der Über- oder Unterwelt (die heutige Erklärung solcher Erlebnisse als psychische Störungen wurde nur sehr selten vorgebracht). Bekanntlich spielte die Frage, ob die Erscheinungen der *Jungfrau von Orléans* die von Engeln und Heiligen oder diejenigen von bösen Geistern in falscher Gestalt seien, eine entscheidende Rolle in ihrem Prozeß.[28] Ihr Zeitgenosse Johannes NIDER *OP* († 1438), Dekan der theologischen Fakultät Wien, bemerkte über *Johanna*:

28 J. QUICHERAT (Hg.): Procès de condamnation et de réhabilitation de Jeanne d'Arc. - Paris (1841/49), 1, S. 249 f.

> „Sie selbst behauptete, sie besäße einen vertrauten Engel Gottes, der nach dem Urteil der gebildetsten Männer aufgrund vieler Erwägungen und Schlüsse als böser Geist beurteilt wurde“[29].

Wie leicht es war, aus einer überzeugten Mystikerin eine sich selbst der Ketzerei beschuldigende Apostatin zu machen, schildert exemplarisch der genannte NIDER aus eigener Erfahrung am Beispiel einer etwa dreiundfünfzigjährigen Jungfrau aus Regensburg, die sich in ihrer Vorstellung als Empfängerin göttlicher Botschaften durch einen Engel sah. Sie hielt sich für die Mutter der Kirche Christi und für gesegneter als die Apostel. Keine Diskussion konnte sie, die klug und widerspruchsfrei antwortete, von dieser Überzeugung abbringen, für die ins Feuer zu gehen sie sich bereit erklärte. Man schritt zur Tortur, und schon war erreicht, was keiner der disputierenden Theologen zuwege gebracht hatte: sie bekannte sich als getäuscht, widerrief ihre Irrtümer öffentlich und versprach Gehorsam. Dies hatte der Erzdiakon, der ihre Folter verlangt hatte, richtig vorausgesagt: „per torturam humilatam magis postmodum idonei eritis ad conuertendum ipsam“ (wenn sie einmal in der Folter demütig geworden ist, werdet ihr dann besser im Stande sein, sie umzudrehen)“. Natürlich verabsäumte es NIDER bei dieser Gelegenheit nicht, die Gepeinigte einläßlich darüber zu katechisieren, wie schwach das weibliche Geschlecht ohne die Belehrung der Theologen sei.[30]

Ob es heute in der Catholica etwa eine selige *Angela von Foligno* gäbe, falls auch ihre Äußerungen mit derselben kritischen Aufmerksamkeit geprüft und vermittels körperlicher Qual erprobt worden wären? Behauptete sie doch pantheistisch, in ihrer „engelgleichen“ Entraffung, einem Zustand völliger Sicherheit, „erkenne und habe ich die ganze Wahrheit, die im Himmel und in der Hölle und in der ganzen Welt und an jedem Ort und in jedem Ding existiert...“. Sie liebt nicht nur „Reptilien, Kröten, Schlangen, sondern sogar Dämonen, und was immer ich geschehen sah, auch eine Todsünde, mißfiel [mir] nicht“ („et quidquid viderim fieri, etiam peccatum mortale, non displiceret,

29 Formicarius 5, 8, zit. ebd. 4, S. 504.
30 Formicarium Ioannis Nyder 3, 7, ed. Duaci 1602, S. 216 ff. - „convertere“ ist hier treffender im ursprünglichen Sinn zu übersetzen, als mit „bekehren“, zumal das Opfer „umzudrehen“ ja auch das Resultat der heutigen Praktiken der Gehirnwäsche sein soll.

id est non haberem inde displicientiam“), sie freut sich „nicht weniger an Gott, wenn ich einen Dämon oder einen Ehebruch schaue, als an einem guten Engel oder einem guten Werk...“, und meint, sie könne im Erleuchtungszustand in nichts mehr sündigen[31]! Bei anderen Christen, hinter denen nicht eine pressure group stand, wie hier der Franziskanerorden, reichten solche Aussagen ohne weiters zur Verbrennung. Oder: ob es eine heilige *Christine von St. Trond*, eine selige *Christine von Stommeln* gäbe, die beide körperliche Phänomene zeigten, die im ausgehenden Mittelalter eindeutig als dämonische Besessenheit qualifiziert worden wären? Oder: Ob es eine heilige *Johanna von Orléans* gäbe, hätte man ihr die Folterwerkzeuge nicht nur gezeigt, sondern auch wie so vielen anderen appliziert? Ob da nicht aus dem berühmten Tanz um jenen verzauberten Baum ihrer Heimat sehr rasch der Reigen eines Hexensabbats geworden wäre?

Visionen und Erscheinungen spielten ja nicht nur bei den Heiligen, sondern auch bei den Hexen eine nicht zu geringe Rolle, sei es, daß diese Unglücklichen sie entweder tatsächlich gehabt hatten oder sie zuzugeben ihnen unter Zwang aufoktroyiert worden war. Die gefallenen Engel haben nicht nur nach der Meinung der mittelalterlichen Theologen die Macht behalten, Gesichte zu bewirken – man liest bei THOMAS von Aquin[32] genauso davon wie im *Hexenhammer*[33], – sondern es ist dies auch die Lehre der gegenwärtigen katholischen Theologie[34].

4. Prüfungsstrategien

So wurden auch immer wieder kirchenamtliche Untersuchungskommissionen eingesetzt, um die *Offenbarungen* der Mystiker und Mystikerinnen zu prüfen. *Birgitta* und *Katharina* waren solche charismatische Frauen, die eingehend, wenn auch nicht mit einer derartigen vorge-

31 L. THIER / A. CALUFETTI (Hg.): Il libro della b. Angela (1985), S. 388, 302, 382.

32 Summa theologiae I, q. 111, a. 3; De malo q. 16, II. zit. L. VOLKEN: Die Offenbarungen in der Kirche, S. 144.

33 Malleus maleficarum, 1, 7 (1991), S. 46 ff.

34 L. VOLKEN: Die Offenbarungen in der Kirche, S. 140 ff.

faßten Skepsis geprüft wurden, wie ihre späteren Leidensgefährtinnen. Bei der hochadeligen *Birgitta* war es so, daß ihre Offenbarungen in ihrem Heimatland von dem Spitzentheologen Schwedens in der 1. Hälfte des 14. Jahrhunderts geprüft und an verschiedene Bischöfe versandt wurden, von Magister *Matthias von Linköping*. In ihrer italienischen Zeit erzählte die Seherin ihre Visionen sofort („statim") ihren beiden Beichtvätern und stellte sie gänzlich ihrem Urteil anheim, „et omnes illas subiciebat eorum judicio et discretioni"[35]. Als sich *Birgitta* auf ihrer Pilgerfahrt in das Heilige Land befand, empfing sie in Famagusta den Befehl des Herrn, alle ihre Offenbarungsbücher Bischof *Alfons von Jaén* zu übergeben, der sie erklären und ihre Katholizität herausarbeiten sollte: „...catholicum sensum spiritus mei teneat"[36]. In ihrem Fall hat man später ausnahmsweise in einem anderen Medium das Problem zum Ausdruck gebracht: eine Wandmalerei der Kirche von Tensta (nördlich von Stockholm) aus dem 15. Jahrhundert zeigt die Heilige im Prozeß des Niederschreibens ihrer Offenbarungen. Ein Teufel nähert sich von der Seite und versucht, ihr, die ihn nicht sieht, Falsches in die Feder fließen zu lassen. Ein Engel hat dies jedoch bemerkt, und drischt dem Bösen eine große Keule auf das zottige Haupt.[37]

Katharina, die Färberstochter aus Siena, wurde mindestens fünfmal von Theologen geprüft und einem hervorragenden Mitglied ihres Ordens, nämlich dem sel. *Raymund von Capua*, anvertraut, der in Rom und Bologna Lektor gewesen war, in Rom auch Prior, in Siena Studienregens, und der nach *Katharina*s Tod noch zum Ordensgeneral avancieren sollte. Die Heilige und der Selige begegneten einander im Mai 1374 auf dem Generalkapitel in St.a Maria Novella zu Florenz, wohin auch die Seherin geladen worden war, offenbar um sie betreffs ihrer Orthodoxie zu examinieren. Aber ihre entscheidende Beurteilung durch die Kirche fand zweifelsohne in der damaligen päpstlichen Residenz in Avignon statt. Zuvorkommend stellte *Gregor XI.* ihr als Gesandter der mit ihm verfeindeten Stadt Florenz ein hübsches Haus mit einer prächtigen Kapelle zur Verfügung und bezahlte die Kosten

35 J. COLLIJN (Hg.): Acta et processus canonizationis b. Birgittae (1924/31), S. 370.
36 Revelationes Extravagantes 49, ed. München 1680, S. 770 E.
37 E. NYBORG: Fanden på vaeggen, s.l. 1978, S. 57.

ihres Aufenthaltes. Doch bereits am ersten Tag bekam sie Besuch von drei Prälaten, darunter einem Erzbischof, die sie gründlich über ihre Schauungen und ihr eigenes Vermögen zur „Unterscheidung der Geister" ausfragten. Wiewohl die Herren äußerst arrogant auftraten – sie sprachen *Katharina* u. a. als „vilis femella" (niedriges Frauenzimmer) an und behelligten sie mit beißenden Worten –, konnten sie kein Fehl an der Italienerin finden und zogen wieder ab. Es ist klar, daß bei einem anderen Ergebnis die Inquisition eingeschaltet worden wäre – und dann hätte *Katharina* niemals in ihrem Leben eine schlimmere Reise („pessimum iter") unternommen[38], wie ein Leibarzt des Papstes es formulierte.

III. VERSCHÄRFTE SKEPSIS

Sowohl *Birgitta* als auch *Katharina* leben noch vor dem ersten entscheidenden Umbruch in der Beurteilung der praktischen Mystik. Sie wurden zwar geprüft, aber noch nicht aus einem grundsätzlichen Mißtrauen gegenüber charismatischen Manifestationen heraus, sondern wegen ihres energischen kirchenpolitischen Engagements.[39]

1. Papstschisma

Ein wesentlicher Faktor für die Zunahme der Skepsis muß das Auftauchen von ProphetInnen während des *Großen Abendländischen Schismas* (1378 – 1417) gewesen sein, das Europa in zwei Oberservanzen unter rivalisierenden Päpsten teilte, die einander und die jeweils gegnerischen Anhänger exkommunizierten. Da ein Teil der in dieser Zeit auftretenden ProphetInnen den römischen, ein anderer Teil den französischen Papst unterstützte, galten sie der anderen Partei jeweils als Scharlatane oder Teufelsknechte. Ein Beispiel wäre die Bäuerin *Marie Robine von Avignon* († 1399)[40], die als Einsiedlerin auf einem Friedhof

38 M. H. LAURENT: Il processo castellano (1947), S. 269 f.
39 P. DINZELBACHER: Frauenmystik im Mittelalter, S. 251 ff.
40 M. TOBIN: Le „livre des révélations" de Marie Robin (1986).

lebte und die dortigen Päpste mit ihren Offenbarungen unterstützte. Dafür erhielt sie von *Benedikt XIII.* eine ansehnliche Rente. Die Reformvorschläge, die sie machte, blieben allerdings ohne Konsequenzen, wie es ihr auch nicht gelang, den französischen König zu beeindrucken. Ähnlich apokalyptisch gestaltet sind die Gesichte der wohl etwas älteren *Constance von Rabastens*[41], die dagegen den römischen Papst unterstützte und natürlich im Gefängnis der Inquisition landete (1385), das sie wahrscheinlich nicht lebend verließ.

Birgitta von Schweden und *Katharina von Siena* hatten im 2. Viertel des 14. Jahrhunderts noch ein Stück Papstgeschichte mitgestaltet. Einer späteren Mystikerin wie der sel. *Ursulina Venerii von Parma* gelang es 1393/96 nicht mehr, einen der beiden um die Herrschaft streitenden Päpste zu beeinflussen; angeblich soll sie sogar auf Befehl ihr feindlich gesonnener Kardinäle als Hexe angeklagt und auf die Folter gespannt worden sein, wovor sie nur ein plötzliches Erdbeben errettete.[42] *Veronika von Binasco* und *Colomba von Rieti* versuchen ebenso mit recht wenig Erfolg, bei *Alexander VI.* Gehör zu finden, *Domenika vom Paradies* bei *Leo X., Clemens VII.* und *Paul III.*

Das Auftreten der genannten, einander widersprechenden ProphetInnen im Schisma machte natürlich dieses Charisma generell verdächtig. *Heinrich Heinbuche von Langenstein* († 1397), einer derjenigen Theologen, die sich ganz besonders mit der Unterscheidung der Geister befaßten (*De discretione spirituum*), konstatierte, daß sich seit Beginn der Kirchenspaltung die falschen Propheten, wie vom Teufel gesandt, in beunruhigendem Maße vervielfacht hätten.[43] *Gerson*, der einflußreiche Kanzler der Universität Paris, betonte, das mystische Erleben sei selbst dem Ungebildeten möglich; nicht aber das Urteil darüber. Seine Traktate über die Unterscheidung wahrer und falscher Visionen, *De distinctione verarum visionum a falsis* (1401), und über die Bestimmung der Geister, *De probatione spirituum*, 1415 in Konstanz den Konzilsteilnehmern vorgetragen, sollten Standardwerke werden, wenn es künftig darum ging, Charismatiker durch die Amtskirche zu

41 R. CABIÉ: Une mystique (1988), 37 – 54.

42 J. v. GÖRRES: Die christliche Mystik. Bd. 1, S. 454. Der historische Wert ihrer Vita ist jedoch nicht geklärt.

43 André VAUCHEZ: Les théologiens face aux prophéties à l'époque des papes d'Avignon et du Grand Schisme (1990), 582.

prüfen. Frauen sind nach dem Kanzler besonders kritisch zu betrachten – hier meint *Gerson* augenscheinlich die bereits kanonisierte *Birgitta von Schweden*, deren Revelationen auf dem Konzil diskutiert wurden, und die noch nicht offiziell zur Heiligen erklärte *Katharina von Siena*. Offenbarungen, deren Inhalt ohnehin schon in der *Heiligen Schrift* steht, seien bedenklich, denn Gott spricht nur einmal (Hiob 33, 14). Entscheidend ist natürlich, ob ein Charismatiker bereit ist, sich in Demut unterzuordnen, womit einmal mehr die Dominanz des Amtes über das Wirken des Geistes festgeschrieben wird. Nur der geschulte Fachtheologe hat laut *Gerson* über die Grenzerfahrungen zu urteilen, auch wenn er solche selbst nicht kennt.[44] Über die „Begegnung des eigenen Selbst mit dem Ewigen" zu sprechen, wurde künftig existenzgefährdend.

Durch volkssprachliche Traktate, Predigt und Beichtgespräche erreichte diese Kritik auch die Betroffenen, und viele von ihnen haben wenigstens in einer gewissen Phase Zweifel an der Herkunft ihrer eigenen Gesichte formuliert. Diese wurden offensichtlich unter dem Druck von außen entwickelt. Ein anonymer deutscher Sendbrief um 1450 z. B. versucht schon ganz radikal, Erlebnismystik bei Frauen zu unterbinden, ungeachtet dessen, daß sie dann in große Traurigkeit (Depressionen) verfallen: Wenn sie Ekstasen und Visionen haben, dann

> „soll man sie nicht hängen, aber auch nicht ehren, sondern solche Gesichte ganz niederschlagen... wenn sie also hinfallen und in solchen betrügerischen Gesichten liegen, soll man sie sogleich mit Gewalt aufrichten und in die Höhe reißen..."[45]

Solche theoretischen Urteile und Vorschriften hatten natürlich auch praktische Konsequenzen. So wollten bereits die Leiter der Gemeinschaft von Windesheim (zugehörig der Bewegung der Devotio Moderna, die eine gewisse Nüchternheit auszeichnete) in ihren Konventen keiner Mystikerin die Verbreitung ihrer Offenbarungen gestatten und verfügten 1455 bei Kerkerstrafe:

44 P. DINZELBACHER: Christliche Mystik im Abendland, S. 381 ff.

45 Zit. W. WILLIAMS-KRAPP: „Dise ding sint dennoch nit ware zeichen der heiligkeit" (1990), 69.

„Keine Nonne oder Schwester, welchen Ranges auch immer, darf Bücher schreiben, die philosophische Lehren oder Revelationen enthalten... Wer solche sieht oder davon hört, muß sie [die Bücher] sogleich ins Feuer werfen lassen."[46]

Hier hatte die geistliche Obrigkeit, offensichtlich schon im Besitz eines Urteils über eine Mitteilung, deren Inhalt sie noch gar nicht kannte, a priori die „discretio spirituum" vollzogen.

2. Renaissance und Barock

Dann war die Catholica nach der „Affäre Savonarola" *Privatoffenbarungen* und *mystischen Manifestationen* gegenüber wesentlich vorsichtiger geworden. Es wurde der florentinischen Kongregation von S. Marco (der auch *Savonarola* angehört hatte) um 1510 prinzipiell untersagt, „anderen öffentlich oder privat seine Visionen, Offenbarungen oder Prophezeiungen auf irgendeine Art zu vermitteln", es sei denn, der Prior oder Generalvikar würden dies erlauben.[47] Ähnlich distanziert zeigte sich jedoch auch die Ordensleitung der Franziskaner. Dies erhellt etwa aus ihrem Vorgehen gegen eine venezianische Klarissin, die sel. *Chiara Bugni* († 1514). Abgesehen von der ganzen Skala der üblichen mystischen Phänomene hatte diese Nonne sogar Blut Christi und Milch der Madonna unmittelbar vom Himmel erhalten. Obwohl sie vom Dogen um ihr Gebet ersucht wurde und eine hochrangige Kommission, der u. a. der Patriarch von Venedig, mehrere Bischöfe sowie bekannte Theologen angehörten, die göttliche Herkunft ihrer Charismen bestätigte, verboten die Ordensoberen ihre Wiederwahl als Priorin und ließen sie innerhalb des Konvents in eine Art Gefängnis einschließen, wo sie von jedem Kontakt abgeschnitten war. So konnte *Bugni* ihre anscheinend dogmatisch nicht hunderprozentig korrekten Offenbarungen nicht mehr weitergeben und starb in Einsamkeit.[48]

Am 19. Dezember 1516 verabschiedeten die Väter des V. Laterankonzils dann den Beschluß, alle Visionen und Prophezeiungen der Au-

46 S. VAN DER WOUDE (Hg.): Acta Capituli Windesheimensis (1953), S. 53.
47 A. VALERIO: Domenica da Paradiso (1992), S. 31, Anm.
48 C. VASOLI: Filosofia e religione nella cultura del rinascimento (1988), S. 257 – 278.

torität der Kirche in Gestalt des Papstes bzw. der Bischöfe zu unterwerfen.[49] In diese Zeit fallen auch die ersten Verfolgungen von „Beginen“ (beatas) in Spanien. Die dortigen Inquisitoren waren schon in den zwanziger Jahren des 16. Jahrhunderts so allergisch gegen mystische Phänomene, daß sie eine Aussage wie die, jemand habe Gott „gekostet“, als nach Häresie riechend beurteilten. Dabei handelt es sich um ein biblisch (Ps 33, 9) begründetes mystisches Erleben, das Kirchenväter wie AUGUSTINUS oder BONAVENTURA als Inbegriff der Gottesbegegnung behandelt hatten und das von vielen der kanonisierten MystikerInnen beansprucht wird![50]

Weiters blieb die Kritik der mystikfeindlichen Reformatoren nicht ohne Wirkung. Das Tridentinum war ja, auch in diesem Bereich, eine Reaktion auf die Reformation. Die Mystik gegenüber skeptische Tendenz wurde in der katholischen Kirche verstärkt in der durchgreifenden Neureglementierung der Kontrolle ihrer Mitglieder durch die Vorschriften des *Konzils von Trient* (1545 – 1563). Das Zeitalter der konfessionellen Spaltung brachte eine intensivierte Disziplinierung der Gläubigen durch ihre jeweiligen Kirchen – ein Klima, das dem freien Charismatikertum, das doch unmittelbaren Kontakt zu Gott beanspruchte, sich also auf eine höhere Autorität berief als das Lehramt der Hierarchie, sehr ungünstig werden mußte. Eine Institution, die ein Monopol in allen Belangen der Religion forderte, konnte die Konkurrenz eines Gläubigen mit einem „direkteren Draht“ zur obersten Instanz nicht dulden (wie hatte der Herr doch zu *Margery Kempe*, einer Mystikerin des 15. Jahrhunderts, gesprochen? „Es gibt keinen Kleriker in dieser ganzen Welt, meine Tochter, der dich besser unterweisen kann als ich...“[51]).

a) Ursula Benincasa

Wie die Hierarchie bei der Unterscheidung der Geister mit einer solchen Frau nach dem Konzil von Trient konkret umging, illustriert beispielhaft ihre Haltung gegenüber der Neapolitanerin *Ursula Benincasa*

49 G. ALBERIGO u. a. (Hg.): Conciliorum Oecumenicorum Decreta (1962), S. 610 – 614.

50 P. ADNES: Gout spirituel (1932 ff.).

51 S. B. MEECH (Hg.): The Book of Margery Kempe (1940), S. 158.

(1550 – 1618).[52] *Benincasa* pflegte seit ihrem zehnten Lebensjahr in Ekstasen zu fallen, die sie in der Imitatio *Katharinas von Siena* und *Maria Magdalenas von Pazzi* mit ihrem himmlischen Liebhaber, „Gesù Amore", vereinigten. Die Laute, die sie dabei von sich gab, wurden als Vogelgezwitscher, aber auch als Orgeltöne bezeichnet. Doch verschrieb *Benincasa* sich nicht nur der Vita contemplativa; sie wandte sich auch nach Art der Bußpropheten nach außen und befürwortete Kreuzzüge zur Unterwerfung der Heiden und Häretiker. Da sie daran war, sich zu einer Volksheiligen der Neapolitaner zu entwickeln, begannen sowohl die Inquisition als auch der Erzbischof *Hannibal von Capua* sie zu überwachen. Besondere Unterstützung erfuhr sie dagegen von einem Abt, dem sie geweissagt hatte, er werde der sehnsüchtig erwartete „Engelspapst" werden (die Hoffung, endlich einen vollkommenen Papst auf dem Throne Petri zu sehen, war seit dem 13. Jahrhundert nicht verblaßt[53]). 1582 begab sich *Benincasa* aufgrund einer Offenbarung – wie einst *Birgitta von Schweden* und *Katharina von Siena* nach Rom, um Papst *Gregor XIII.* zu einer globalen Reform der Christenheit zu bewegen. Da sie bei dieser Gelegenheit mehrfach in Ekstase fiel, was ja auch das Werk des bösen Geistes sein konnte, wurde sie einer neunköpfigen Theologenkommission überantwortet. Der Generalinquisitor selbst exorzierte die Mystikerin feierlichst. Als besonderer Prüfer wurde ihr jedoch *Philipp Neri* beigegeben. Dieser, der Gründer der Priestergemeinschaft des Oratoriums, der 1622 heiliggesprochen werden sollte, erkannte freilich die Heiligkeit seiner künftigen Standesgenossin nicht recht (dies sollte erst 1793 Papst *Pius VI.* tun, indem er sie zur Verehrungswürdigen erklärte). *Neri* jedoch trennte sie von ihren Eltern, unterbrach ihre Kontakte mit der Außenwelt und verbot ihr zu kommunizieren (was damals für eine tieffromme Katholikin eine ungeheuerliche Qual war) - „fu esaminata, provata, mortificata et sperimentata", sie wurde geprüft, erprobt, kasteit und getestet, wie ein Zeitgenosse schrieb.[54] Mehrfach wurde ihr und ihrer Familie ein Prozeß vor dem Inquisitionstribunal angedroht; in ihrer

52 S. MENCHI: Benincasa; H. THURSTON: Surprising Mystics (1955), S. 117 ff.
53 Vgl. T. SCHMIDT: Pastor angelicus (1993).
54 G. A. SANTORI, zit. in: G. INCISA DELLA ROCHETTA / N. VIAN (Hg.): Primo processo per S. Filippo Neri 1 (1957/63), S. 331, Anm.

Heimat war bereits das Gerücht im Umlauf, die Mystikerin sei zum Flammentod verurteilt worden. Im Heiligsprechungsprozeß *Neris*, also einer Sammlung von Zeugenaussagen, die seine Auserwählung dokumentieren sollte, finden sich folgende Angaben zu seinen Prüfungsmethoden:

> „Er hielt sie in Demut und Gehorsam, indem er sie abschätzig behandelte und ihre Ekstasen, die sie täglich erfuhr, verachtete, wodurch er sie tief erniedrigte“[55].

Sie mußte sich entkleiden, und es wurden ihr alle Haare abrasiert – die in den Hexenprozessen übliche Methode, um ein etwaiges Teufelsmal zu endecken. Ebenso wurde sie anscheinend ausgiebig zur Ader gelassen, was jedenfalls ihre Kraft zu irgendeinem Widerstand schwächen mußte.[56] Durch acht Monate hindurch hatte sie jeden Tag vor *Neri* die Beichte abzulegen.[57] Ihre Verwandten und sie selbst wurden von diesem Priester, der davon überzeugt war, 99 Prozent aller Ekstatiker seien keine Heiligen, mit dem Tod bedroht.[58]

Ursula selbst berichtet:

> „Er ermüdete sich sehr, meinen Geist zu prüfen [Discretio spirituum], und, nachdem er mir viele Schmähungen gesagt hatte, um mich zu prüfen, kniete ich mich nieder und sagte, daß er mich wahrhaftig erkenne, und küßte ihm die Füße.“[59]

Diese fast übermenschliche Demut und Geduld, mit der sie alles ertrug, veranlaßten *Neri* schließlich dazu, ihre Unschuld zu akzeptieren; um seinerseits Demut demonstrieren zu können, durfte auch *Benincasa* ihn beschimpfen. Schließlich wurde ihr gestattet, Rom zu verlassen, freilich mit dem Verbot, Weissagungen zu verbreiten, und weiterhin unter Kontrolle. Trotzdem konnte die Neapolitanerin noch als Stifterin frommer Gemeinschaften hervortreten.

Benincasas Beispiel zeigt, wie sich im Vergleich mit dem 14. Jahrhundert, wo in ganz gleicher Weise Prophetinnen vom Ruf einer *Ka-*

55 Ebd. 3, S. 395.

56 H. THURSTON: Surprising Mystics, S. 117, Anm. 1.

57 G. INCISA DELLA ROCHETTA / N. VIAN (Hg.): Primo processo per S. Filippo Neri 4, S. 30.

58 H. THURSTON: Surprising Mystics, S. 118.

59 G. INCISA DELLA ROCHETTA / N. VIAN (Hg.): Primo processo per S. Filippo Neri 3, S. 395, Anm. 2410.

tharina und *Birgitta* aufgetreten waren, das Klima geändert hatte: noch viel eingehender als damals wurde die Heilige an der Wende vom 16. zum 17. Jahrhundert auf Herz und Nieren begutachtet, und noch viel weniger war nun die kirchliche Hierarchie geneigt, einer Frau Gehör zu schenken, auch wenn ihre Untersuchung positiv ausfiel. Daß das geschilderte Vorgehen *Neri*s dem Üblichen entsprach, zeigt u. a. auch die Prüfungsmethode des ebenfalls von *Neri* geleiteten Seelenführers der stigmatisierten Dominikanerin *Katharina (Francesca) Paluzzi* (1573 – 1645), auch sie eine Nachahmerin *Katharinas von Siena*. Diese Prüfungsmethode bewegte sich ganz auf der gleichen Linie, wie eben geschildert, fügte aber weitere Demütigungen hinzu, wie in das Gesicht spucken, die Augen schließen, das Gebet untersagen usw.[60]

b) Barock

Im *Barock* steigerte die ungebrochene Häufigkeit, mit der paranomal begabte Frauen auftraten, die ablehnende Haltung der kirchlichen Obrigkeit. So wurde es z. B. 1655 in einer Diözesansynode Nonnen vom Bischof von Agrigent bei der Strafe der Exkommunikation (!) verboten, ohne Erlaubnis Aufzeichnungen über ihr mystisches Leben zu machen, ja überhaupt nur Feder und Tinte in der Zelle zu haben.[61] Damit war a priori eine Entscheidung gefallen, nämlich die, daß ihre Offenbarungen nicht Zeichen echter Mystik sein konnten. Seit dem späten 16. Jahrhundert war es eine Hauptbeschäftigung des Heiligen Officiums, Religiose zu überprüfen und zu disziplinieren, die Privatoffenbarungen beanspruchten. 1636 konnte der Kardinal *Scaglia* schon in seinen Anweisungen für die Inquisitoren schreiben, die Offenbarungen von Frauen, speziell von Nonnen, seien pauschal als „fintioni, hipocrisie et artificii“ (Fiktionen, Scheinheiligkeiten und Täuschungen) zu klassifizieren.[62] Seit den achtziger Jahren des Jahrhunderts waren Prozesse wegen solcher Vergehen in Italien an der Tagesordnung[63] – im 13. und 14. Jahrhundert hatte die Frage nach der Echtheit der Visionen dagegen die Inquisitoren noch kaum interessiert.

60 G. ANTONAZZI (Hg.): Caterina Paluzzi e la sua autobiografia (1980), S. 87, Anm. 7; S. 143, Anm. 2.
61 M. M. VASTA: Esperienza religiosa e scritture femminili (1992), S. 84.
62 Zit. A. PROSPERI: L'elemento storico nelle polemiche sulla santità (1991), S. 113.
63 G. ZARRI: Finzione e santità (1991), S. 14.

Mit einem Wort: Das Modell der mystischen Heiligkeit à la *Birgitta* oder *Katharina* war von der nachtridentinischen Amtskirche als Fehlentwicklung „erkannt“ worden; es erschien als zu schlecht kontrollierbar. Wer im 13. und 14. Jahrhundert noch vielfach als faszinierender Mediator zu Gott gegolten hätte, hatte in der Neuzeit schlechte Chancen. Er oder sie tat besser daran, nicht an die Öffentlichkeit zu treten, weswegen viele MystikerInnen seit dem 17. Jahrhundert einen Zug zum Quietismus zeigen. Gewiß werden die von außen, von den Reformierten, gegen die traditionellen Heiligenleben vorgebrachten Argumente auch katholischerseits zu einer kritischeren Betrachtung von Mirakeln, unter die mystische Erlebnisse fielen, beigetragen haben („Lügenden“ sagte LUTHER ja statt Legenden[64]). Daß die Aufklärung die mystische Heiligkeit dann endgültig obsolet werden ließ, muß wohl nicht weiter ausgeführt werden. Die Tendenz der Romantik, sie wieder aufzuwerten (Clemens BRENTANO, Joseph von GÖRRES u. a.), kam zwar einzelnen dieser Frauen, wie besonders *Anna Katharina Emmerick*, zugute, wirkte aber nur als retardierendes Moment, nicht als Beginn einer „Renaissance“ dieses Heiligkeitsmodells.

c) Kanonisationsverfahren

Seit dem 16. Jarhundert wurden nämlich die Symptome von Heiligkeit von oben neu definiert: Die Praxis der neuzeitlichen *Kanonisierungen* macht deutlich, daß der Erweis der heroischen und moralischen Tugenden, unter denen der Gehorsam der Hierarchie gegenüber nicht an letzter Stelle steht, das primäre Element von Heiligkeit bildet. So war dies schon 1602 bei der Kanonisation *Teresas von Avila*, der in der Catholica am meisten geschätzten Mystikerin, und bald wurde dieses Kriterium von Papst *Urban VIII.* offiziell festgeschrieben[65] und von *Benedikt XIV.* wiederholt. In diesem Sinne begann man auch, die Geschichte der mystischen Heiligen bzw. die darauf beruhende Liturgie umzuschreiben: während das ältere Officium der *Osanna Andreasi* ihre Heiligkeit durch den Vortrag ihrer mystischen Charismen, speziell

64 WA 53, S. 391 f.; 409 f. u. ö.

65 O. NICCOLI: Il confessore e l'inquisitore. In: G. ZARRI (Hg.): Finzione e santità, S. 418.

der Stigmatisation, verdeutlicht, streicht die jüngere Version (Ende 16. Jh.) diese Hinweise vollkommen und macht aus ihr eine bloß wegen karitativer und kontemplativer Tugenden verehrungswürdige Gestalt.[66] Die römische Kirche war bemüht, statt außerordentlicher Gnadengaben eine betont tugendsame, aber normale Lebensform ohne Ekstasen usw. bei Kandidaten für die Heiligsprechung in den Vordergrund zu rücken. Wie um 1600 der Dominikanertheologe *Bartholomäus von Medina* betonte: „auch der kleinste Schritt in der Liebe wiegt mehr als ein Haufen Offenbarungen und Erscheinungen“[67]. Ungeachtet dessen blieb das mystische Heiligkeitsmodell das Ideal, an dem sich viele fromme Frauen in Kontinuität bis in das 18. Jahrhundert (und in Einzelfällen bis in die Gegenwart) bewußt oder unbewußt orientierten.

Die theologischen Werke schreiben die Skepsis gegen die *Frauenmystik* fest. Kardinal *Federico Borromeo* (1564 – 1631) z. B. verfaßte einen Traktat über die echten und falschen Ekstatikerinnen (*De ecstaticis mulieribus et illusis*) sowie einen über Offenbarungen und Täuschungen (*De vario revelationum et illusionum genere*), worin er die Auffassung vertritt, daß nur die wenigsten Phänomene dieser Art wirklich von Gott kämen.[68] Noch radikaler äußerte sich der genannte Dominikaner *Bartholomäus von Medina* in seinem Kommentar zu THOMAS von Aquin:

> „In dieser tief unseligen Zeit behaupten unzählige Frauen, den Herrn Christus täglich zu sehen und, was noch mehr ist, mit der Heiligen Dreifaltigkeit zu sprechen und süße Reden auszutauschen. Dies kann nicht ohne verderblichen und teuflischen Trug geschehen!“[69]

Der päpstliche Chefarzt *Paolo Zacchia* schrieb 1623, daß Entrückungen von Frauen nur vorgespielt würden, „um sich bei den Männern den Ruf der Heiligkeit zu erwerben“[70].

66 G. ZARRI: Le sante vive (1990), S. 84, Anm. 109.
67 Zit. A. BIONDI: L'„inordinata devozione“ nella Prattica del Cardinale Scaglia (1991), S. 306.
68 Dictionnaire de Spiritualité ascétique et mystique (DSAM) 1, Sp. 1871 f. – Nicht zugänglich war mir F. DI CACCIA:, Da Dio a Satana (1988).
69 Zit. A. BIONDI: L'„inordinata devozione“, S. 323, Anm. 1.
70 Zit. V. MARCHETTI: La simulazione di santità nella riflessione medico-legale del sec. XVIII. In: G. ZARRI (Hg.): Finzione e santità, S. 211.

d) Jüngere Neuzeit

In der jüngeren *Neuzeit* wandelte die Rezeption der Aufklärung innerhalb der Kirche sowie die langsame Anerkennung der Möglichkeit, mystische Phänomene auf medizinisch erklärbare Vorgänge zu reduzieren, endgültig die Bedingungen. Der Arzt wurde neben dem Theologen immer mehr zur entscheidenden Instanz. Damit aber entwich die praktische Mystik immer mehr dem eigentlich religiösen Bereich. Ekstatisches Charismatikertum, Visionen und Stigmen sind seitdem für die Amtskirche (ungeachtet einiger Ausnahmen) nicht mehr aktuell; es ist kein Zufall, daß trotz tausender Petitionen weder *Therese Neumann* von Konnersreuth († 1962), noch – um einen Mystiker zu zitieren, dessen Begnadung und Tugendhaftigkeit wohl nicht geleugnet werden können – der stigmatisierte *Padre Pio* von Pietrelcina († 1968) auch nur durch eine Seligsprechung geehrt worden sind, wogegen etwa der Gründer des Opus Dei, *Jose-María Escrivá de Balaguer*, der erst 1975 starb, mittlerweile schon zur Ehre der Altäre erhoben wurde.[71] Ganz wesentlich ist hier der Einfluß der jeweiligen Gruppen, die einen Kandidaten unterstützen. Weder *Birgitta von Schweden* noch *Jeanne d'Arc* wären wohl kanonisiert worden, wenn nicht ganz massive nationale Interessen der Schweden bzw. Franzosen dahintergestanden hätten, die der Heilige Stuhl nicht brüskieren wollte. Das lehrt ein Blick in die Umstände ihrer Heiligsprechungsprozesse.[72]

3. Die Rolle des Beichtvaters

Um zu verstehen, wie paranomales Verhalten beurteilt wurde, ist es noch nötig, einer Instanz zu gedenken, die sehr oft die entscheidende Rolle spielte, da sie an erster Stelle in der Hierarchie mit ihr konfrontiert war. Ob ein Fall von echter oder falscher Mystik vorlag, begutachtete in erster Linie der *Beichtvater* oder *Seelenführer*. Er war ja oftmals, im Mittelalter sogar in der Regel, auch der Aufzeichner ihrer Gesichte, also derjenige, der über die Verbreitung der Werke dieser

71 Vgl. K. L. WOODWARD: Making Saints (1990).
72 Vgl. etwa G. KRUMEICH: Jeanne d'Arc in der Geschichte (1989).

Gläubigen entschied und damit zum Teil auch über die Möglichkeit, aufgrund eines Offenbarungsbuches zu Ruhm und später vielleicht zur Ehre der Altäre zu gelangen. Es konnte ein Beichtvater diesen Prozeß auch abwürgen. Während Beichtiger und Seelenführer aber im 13. und 14. Jahrhundert alle möglichen Visionen von Frauen begierig aufschrieben und Persönlichkeiten wie *Hildegard von Bingen* und *Katharina von Siena* einen Einfluß in die Geschicke von Kirche und Welt nahmen wie Mystikerinnen nie zuvor oder danach[73], änderte sich diese Einstellung langsam im ausgehenden Mittelalter. Ein anonymer deutscher Sendbrief von ca. 1450 führt den Fall einer vor 40 Jahren im Bistum Bamberg lebenden Witwe an, die sich durch das übliche mystische Leben, Barmherzigkeit, Fasten etc. auszeichnete. Ihr Seelenführer hatte „ein gantz gruß puch" ihrer Offenbarungen aufgezeichnet, verbrannte es jedoch nach ihrem Tode. Eine andere Visionärin (das Konkurrenzverhalten ist evident) hatte nämlich ihrerseits eine Erscheinung gehabt, in der ihr Jesus verkündete, die fromme Frau habe sich vom Teufel betrügen lassen und sei verdammt.[74]

Im 17. Jahrhundert wurden die Beichtiger dann von der Inquisition regelrecht dazu eingespannt, die ihnen Anvertrauten auf Herz und Nieren zu prüfen bzw. sie zu entmutigen, und das bisweilen jahrelang.[75] Statt Bewunderer und Vertrauter dieser Frauen zu sein, wurden sie zu Instrumenten des Heiligen Officiums, die diesen Frauen ihr Charismatikertum nehmen sollten. An der Stelle tiefer Freundschaften voll gegenseitigen Respekts (u. a. *Christine von Stommeln* und *Petrus von Dacia* im 13. Jahrhundert; *Margareta Ebner* und *Heinrich von Nördlingen*; *Heinrich Seuse* und *Elsbeth Stagelin*; *Katharina von Siena* und *Raimund von Capua* im 14. Jahrhundert) dominierte nun der Wille zur Kontrolle jeder charismatischen Äußerung, ja zu ihrer Vernichtung; „der Beichtvater ist dem Inquisitor untergeordnet, und die sakramentale Praxis der juridischen"[76]. So heißt es in einer Instruktion des Kardinals *Barberini* von 1677 in Bezug auf die Beichtväter einer Mystikerin:

73 P. DINZELBACHER: Frauenmystik im Mittelalter, S. 251 ff.
74 W. WILLIAMS-KRAPP: „Dise ding", S. 68 f.
75 Vgl. O. NICCOLI: Il confessore e l'inquisitore.
76 Dies., ebd., S. 430.

> Die Seelenführer müssen die Schwester mit Liebe behandeln, aber sie immer demütigen und das Konzept brechen, das sie sich in ihrer Meinung von sich selbst gebildet hat, indem sie ihr einreden, sie betrüge sich selbst und habe sich aufgrund ihrer Überheblichkeit in die Hand des Dämons übergeben. Nun ist es notwendig, daß sie ihre Fehler einsieht, sonst macht sie sich schuldig und wird vor dem Heiligen Officium angeklagt!“[77]

Gäbe es heute eine heilige Kirchenlehrerin *Katharina von Siena*, wenn sie solche Beichtväter gehabt hätte, und nicht den gutmütigen und ergebenen *Raimund*? Eine heilige *Dorothea von Montau*, wenn sie von *Johannes Marienwerder* so behandelt worden wäre? Eine heilige *Francesca von Rom*, hätte sich nicht *Giovanni Mattiotti* damit zufrieden gegeben, daß er ihre Erscheinungen selbst bloß mangels Brillengläsern nicht sehen konnte, sie aber alle ganz wahr seien – usf.?

IV. SCHLUSSFOLGERUNGEN

Angesichts der in den Quellen des *Spätmittelalters* und der *Frühneuzeit* immer wieder belegten Möglichkeit, ein und dasselbe religiös vom Durchschnitt abweichende Verhalten, namentlich paranormales Verhalten, als Zeichen der Heiligkeit oder als Zeichen von Pseudomystik bzw. Hexerei deuten zu können, erhebt sich die Frage nach den Umständen, die ein Lebensschicksal in diese oder jene Richtung lenkten. Wovon anders, als vom Zufall der jeweiligen lokalen Gegebenheiten hing es in vielen Fällen ab, ob ein solches Verhalten zur Verehrung als Heilige/r oder zur Vernichtung als Hexe/r führte? Wo Generationen von Kirchenhistorikern mit dem geheimnisvollen Walten der göttlichen Prädestination argumentierten, bleibt dem Profanhistoriker wenig mehr als Resignation.

Er kann zwar mikrohistorisch die jeweiligen Umfeldbedingungen eruieren, die zu der einen oder der anderen Reaktion führten, nicht aber ein historisches Gesetz erkennen. Ich möchte also die These vertreten, daß die *Erlebnismystik* seit dem 12. Jahrhundert bis in die zweite Hälfte des 14. Jahrhunderts eine vergleichsweise freie Entfal-

77 Zit. ebd. S. 419.

tung erfuhr. Schon in dieser Epoche wurden alle bis in die Gegenwart im Christentum möglichen Formen entwickelt, nämlich *Braut-*, *Passions-* und *Wesensmystik*, auch (wenn man dafür den Terminus Mystik gebrauchen darf, da hier ein Mensch das Gegenüber bildet), die *Marienmystik*. Seit dem Auftreten von ProphetInnen im Papstschisma begann sich die Haltung der Amtskirche wesentlich zum Kritischen zu neigen. Das Interesse an der *Discretio spirituum* intensivierte sich rapide. Im 15. Jahrhundert hielten sich Skepsis und Verehrung oft noch die Waage, durch das Fehlen exzeptioneller Persönlichkeiten, die in die allgemeine Geschichte eingegriffen hätten, kam es aber noch zu keiner endgültigen Tendenz. Die Affäre Savonarola wurde offenbar ein weiterer Anlaß, dem Komplex der paranormalen religiösen Erfahrungen noch mehr Distanz entgegenzubringen, das Tridentinum und die frühbarocke Theologie fixierten dann diese Haltung. *Teresa von Avila* war die letzte Mystikerin von überregionaler Bedeutung, die nach manchen Konfrontationen mit der Inquisition schließlich Anerkennung fand. Aber hunderte Frauen und Männer, die ganz ähnliche Erfahrungen machten, wurden entweder totgeschwiegen (wie z. B. *Paola Antonia Negri*) oder auf rein lokale Verehrung beschränkt (etwa *Domenika vom Paradies*). Und andere, wie *Magdalena vom Kreuz*, wären mit höchster Wahrscheinlichkeit unter die Kanonisierten aufgenommen worden, hätten sie nicht das Unglück gehabt, nach Jahrzehnten eines von den höchsten kirchlichen und weltlichen Obrigkeiten ausdrücklich anerkannten Frömmigkeitslebens einer Konspiration von Neidern zum Opfer zu fallen.

Ein wesentlicher Faktor, der zur Verwerfung des mystischen Heiligkeitsmodells durch die Kirche führte – so ein wichtiger Punkt meiner These – war der im 15. Jahrhundert in größerem Maßstab beginnende *Hexenwahn*. In zahlreichen Fällen wurden dieselben paranormalen Phänome einmal als Zeichen göttlicher Begnadung, dann als Zeichen dämonischer Obsession und eines Teufelspaktes interpretiert. Schon das Schwanken der Zeitgenossen, ob *Johanna von Orléans* eine Heilige oder eine Hexe sei, zeigt deutlich, daß eben dieselben Erscheinungen nach dem jeweiligen Vorverständnis positiv oder negativ gewertet wurden. Dies hängt eng mit der „mystischen Invasion“ zusammen: erst die große Zahl der Charismatikerinnen, die von sich ob ihrer paranormalen Fähigkeiten wie den Empfang von Visionen, das Zweite Gesicht, Heilkräfte u. Ä. reden machten, sensibilisierte die Obrigkeit für deviantes Verhalten von Frauen auch im Bereich der Magie, wo dieselben Fähigkeiten wichtig waren, man sie aber vorher kaum ernsthaft verfolgt hatte.

So läßt sich nur konstatieren, daß in der Geschichte des abendländischen Christentums „mystisches Verhalten" seit dem 12. Jahrhundert immer wieder auftrat und auftritt, es sich in einigen Grundformen und Äußerungen bewegte und bewegt, eine Klassifizierung in „echt" und „falsch" aber nichts über die entsprechenden Personen oder ihre Erfahrungen aussagt, sondern nur über die jeweiligen Reaktionen der „Normalen" auf sie. Die Charismatiker und Charismatikerinnen aber sind letztlich immer von der Echtheit ihrer Erscheinungen, Visionen, Prophezeiungen ausgegangen und haben dies, wenn überhaupt, nur unter gewaltsamen Druck widerrufen. Daß einmal Gott, das andere Mal der Teufel tätig werde, um solche Erfahrungen zu erzeugen, sind Beurteilungen der Außenstehenden, geleitet von ihren aktuellen Interessen und der epochentypischen Mentalität, keine wissenschaftlichen Erkenntnisse.

Literatur

ADNES, P.: Gout spirituel. In: Dictionnaire de Spiritualité ascétique et mystique (DSAM) 6. – Paris: Beauchesne, 1932 ff., Sp. 626 – 644.

ALBERIGO, G. u. a. (Hg.): Conciliorum Oecumenicorum Decreta. – Freiburg: Herder, 1962.

ANTONAZZI, G. (Hg.): Caterina Paluzzi e la sua autobiografia. – Roma, 1980.

BENKE, Christoph: Unterscheidung der Geister bei Bernhard von Clairvaux. – Würzburg: Echter, 1991.

BIONDI, Albano: L'„inordinata devozione" nella Prattica del Cardinale Scaglia (ca. 1635). In: G. ZARRI (Hg.): Finzione e santità tra medioevo ed età moderna. – Torino: Rosenberg & Sellier, 1991, S. 306 – 325.

CABIÉ, R.: Une mystique? Réflexions sur Constance de Rabastens. In: Cahiers de Fanjeaux; 23 (1988), 37 – 54.

CARDINI, Franco: Magia, stregoneria, superstizioni nell'Occidente medievale. – 2. Aufl. – Firenze: La Nuova Italia, 1984.

COLLIJN, J. (Hg.): Acta et processus canonizationis b. Birgittae. – Uppsala: Almquist & Wiksell 1924/31.

CRAVERI, Marcello: Sante e streghe. – Milano: Feltrinelli, 1980.

DI CACCIA, F.: Da Dio a Satana. L'opera di F. Borromeo sul „misticismo vero e falso delle donne". – Milano, 1988.

Dictionnaire de Spiritualité ascétique e mystique (DSAM). – Paris: Beauchesne, 1932 ff.

DINZELBACHER, Peter (Hg.): Wörterbuch der Mystik. – Stuttgart: Kröner, 1989.

DINZELBACHER, P. (Hg.): Europäische Mentalitätsgeschichte. – Stuttgart: Kröner, 1993.

DINZELBACHER, P.: Heilige oder Hexen? Schicksale auffälliger Frauen in Mittelalter und Frühneuzeit. – Zürich; München: Artemis & Winkler, 1995.

DINZELBACHER, P.: Angst im Mittelalter. – Paderborn: Schöningh, 1996.

DINZELBACHER, Peter / BAUER, Dieter (Hg.): Frauenmystik im Mittelalter. – 2. Aufl. – Ostfildern: Schwabenverlag, 1990.

DINZELBACHER, P. / BAUER, D. (Hg.): Religiöse Frauenbewegung und mystische Frömmigkeit im Mittelalter. – Köln: Böhlau, 1988.

DINZELBACHER, P.: Christliche Mystik im Abendland. Ihre Geschichte von den Anfängen bis zum Ende des Mittelalters. – Paderborn: Schöningh, 1994.

DINZELBACHER, P.: Mittelalterliche Frauenmystik. – Paderborn: Schöningh, 1993.

DINZELBACHER, P.: Besessenheit II / V: LThK, 3. Aufl. 2, 1994, Sp. 312 – 315.

GINZBURG, Carlo: Spurensicherungen: über verborgene Geschichte, Kunst und soziales Gedächtnis. – München: Dt. Taschenbuch-Verlag, 1988.

GÖRRES, Josef v.: Die christliche Mystik. – 2. Aufl. – Regensburg, 1879.

IMIRIZALDU, Jesus: Monjas y Beatas Embaucadoras. – Madrid, 1977.

INCISA DELLA ROCHETTA, G. / VIAN, N. (Hg.): Primo processo per S. Filippo Neri. – Città del Vaticano: Biblioteca Apostolica Vaticana, 1957/63.

KLANICZAY, Gábor: Miraculum und maleficium. Einige Überlegungen zu den weiblichen Heiligen des Mittelalters in Mitteleuropa. In: Wissenschaftskolleg-Jahrbuch 1990/91, S. 224 – 252.

KLEINBERG, Aviad: Prophets in Their Own Country. Living Saints and the Making of Sainthood in the Later Middle Ages. – Chicago: University of Chicago Press, 1992.

KRUMEICH, Gerd: Jeanne d'Arc in der Geschichte. – Sigmaringen: Thorbecke, 1989.

LAURENT, M. H. (Hg.): Il processo castellano. – Siena, 1947.

LEA, Charles Henry: Geschichte der Inquisition im Mittelalter. – ND Nördlingen: Greno, 1987.

LEA, Ch. H.: Geschichte der spanischen Inquisition. – ND Nördlingen: Greno, 1988.

Lexikon für Theologie und Kirche (LThK). Bd. 2. – 2. Aufl. – Freiburg: Herder, 1957 ff.

LHERMITTE, Jean: Echte und falsche Mystiker. – Luzern: Räber, 1953.

Malleus Maleficarum, 1, 7. - Repr. (Litterae 113). – Göppingen: Kümmerle, 1991.

MARCHETTI, Valerio: La simulazione di santità nella inflessione medico-legale del sec. XVIII. In: G. ZARRI (Hg.): Finzione e santità tra medioevo ed età moderna. – Turin: Rosenberg & Sellier, 1991, S. 202 – 227.

MARIENWERDER, Johannes: Das Leben der seligen Frau Dorothea... In: Scriptores rerum Prussicarum 2. – Leipzig, 1863, S. 197 – 350.

McGINN, Bernard: The Presence of God. A History of Western Christian Mysticism II. – London: SCM Press, 1994.

MEECH, S. B. (Hg.): The Book of Margery Kempe. – London, 1940.

MENCHI, S.: Benincasa. In: Dizionario biografico degli italiani 8. – Roma, 527 – 531.

NICCOLI, Ottavia: Il confessore e l'inquisitore. In: G. ZARRI (Hg.): Finzione e santità tra medioevo ed età moderna. – Turin: Rosenberg & Sellier, 1991, S. 412 – 434.

NIDER, J.: Formicarius. – Straßburg, 1517.

NYBORG, E.: Fanden på vaeggen. – Wormianum, 1978.

PROSPERI, Adriano: L'elemento storico nelle polemiche sulla santità. In: G. ZARRI (Hg.): Finzione e santità tra medioevo ed età moderna. – Turin: Rosenberg & Sellier, 1991, S. 88 – 118.

QUICHERAT, J. (Hg.): Procès de condamnation et de réhabilitation de Jeanne d'Arc. – Paris: Renouard, 1841/49.

RUSSELL, Jeffrey B.: Witchcraft in the Middle Ages. – Ithaca: Cornell University Press, 1972.

SAINTYVES, Pierre: La Simulation des merveilleux. – Paris, 1912.

SCHMIDT, T.: Pastor angelicus. In: LexMA 6. – München: LexMA-Verlag, 1993, Sp. 1773.

SCHULTE VAN KESSEL, Elijsa (Hg.): Women and Men in spiritual culture. – 's-Gravenhage: Staatsuitg., 1986.

SIMON, Dieter (Hg.): Religiöse Devianz. – Frankfurt: Klostermann, 1990.

SPEYER, Wolfgang: Religiöse Betrüger. Falsche göttliche Menschen und Heilige in Antike und Christentum. In: MGh Schriften 33/5 (1988), 321 – 343

STACHNIK, R.: Zur Ehrenrettung unserer hl. Mutter Dorothea. Das Andenken Dorotheas durch einen aus Westpreußen stammenden Schriftsteller verunglimpft. In: Der Dorotheenbote 38 (1978), 407 – 413.

STACHNIK, R. / TRILLER, A. (Hg.): Die Akten des Kanonisationsprozesses Dorotheas von Montau. – Köln: Böhlau, 1978.

THIER, L. / CALUFETTI, A. (Hg.): Il libro della beata Angela da Foligno. – Grottaferrata: Ed. Collegii S. Bonaventurae ad Claras Aquas, 1985.

THURSTON, Herbert: Die körperlichen Begleiterscheinungen der Mystik. – Luzern: Räber, 1956.

THURSTON, H.: Surprising Mystics. – London, 1955.

TOBIN, M.: Le „livre des révélations" de Marie Robin. In: Mélanges de l'École française de Rome / Moyen Age 98 (1986), 229 – 264.

TOUSSAINT RAVEN, J.: Toverende vrouwen. In: Utrechtse Bijdragen tot de Medievistiek 3 (1984), 56 – 72, 189 – 191.

VALERIO, Adriana: Domenica da Paradiso: profezia e politica in una mistica del Rinascimento. – Spoleto: Centro Italiano di Studi sull'Alto Medioevo, 1992.

VALERIO, A. (Hg.): Donna, potere e profezia. – Napoli: D'Auria, 1995.

VAN DER WOUDE, S. (Hg.): Acta Capituli Windesheimensis. – 's-Gravenhage, 1953.

VASOLI, Cesare: Filosofia e religione nella cultura del rinascimento. – Napoli: Guida Ed., 1988.

VASTA, Marilena M. (Hg.): Esperienza religiosa e scritture femminili tra medioevo ed età moderna. – Acireale: Bonanno, 1992.

VAUCHEZ, André: La sainteté en Occident aux derniers siècles du Moyen Age. – Roma: École française, 1981

VAUCHEZ, A.: Les théologiens face aux prophéties à l'époque des papes d'Avignon et du Grand Schisme. In: Mélanges de l'École française de Rome / Moyen Age 102 (1990), 577 – 588.

VOLKEN, Lorenz: Die Offenbarungen in der Kirche. – Innsbruck: Tyrolia, 1965.

WA (Weimarer Ausgabe der Luther-Werke) 53. – Weimar, 1883 ff.

WILLIAMS-KRAPP, Werner: „Dise ding sint dennoch nit ware zeichen der heiligkeit". Zur Bewertung mystischer Erfahrung im 15. Jahrhundert. In: LiLi, Zs. für Literaturwissenschaft und Linguistik 20/80 (1990), 61 – 71.

WOODWARD, K. L.: Making Saints. – New York: Simon and Schuster, 1990.

ZARRI, Gabriella (Hg.): Finzione e santità tra medioevo ed età moderna. – Torino: Rosenberg & Sellier, 1991.

ZARRI, G.: Le sante vive. Profezie di corte e devozione femminile tra '400 e '500. – Torino: Rosenberg & Sellier, 1990.

PAOLA GIOVETTI

AUSSERGEWÖHNLICHE PHÄNOMENE IM LEBEN VON MYSTIKERN UND HEILIGEN

Mystik – ein in allen Religionen und zu allen Zeiten gegenwärtiges Phänomen – bedeutet die unmittelbare Begegnung des Menschen mit der transzendenten Dimension, die Schauung Gottes in einem Zustand von Glückseligkeit.

Der Terminus „Mystik" leitet sich aller Wahrscheinlichkeit nach vom griechischen *myeîn* ab, was so viel heißt wie „die Augen (oder den Mund) schließen". Die Wurzel ist dieselbe wie beim Wort *Mysterium*, im Sinne von „verborgen" und „religiöses Geheimnis".

Obwohl die *Mystik* im Christentum, und hier besonders im Katholizismus, höchste Ausdrucksformen erreicht hat, findet sie sich auch in anderen philosophischen und religiösen Strömungen, etwa bei den Griechen, im Pythagoreismus und später bei PLOTIN sowie im Neuplatonismus. Im Islam ist sie vor allem im *Sufismus* anzutreffen, einer mystischen Strömung, die sich in den letzten Lebensjahren *Mohammeds* herausbildete. Auch der *Hinduismus* kann auf eine mystische Tradition verweisen.

Zur Besonderheit der Mystiker aller Zeiten und Traditionen gehören außergewöhnliche physische und psychische Phänomene, die anders als bei Sensitiven, weit gefächert sind. Grundverschieden ist auch die Einstellung zu den Phänomenen selbst: während Sensitive diese häufig für persönliche Zwecke nutzen, messen ihnen Mystiker wenig Eigeninteresse bei und verwenden sie ausschließlich zum Wohle des andern. Bisweilen empfindet der Mystiker seine diesbezüglichen Erfahrungen als unbequem oder gar belastend. Man könnte daraus schließen, daß hier – durch noch ungeklärte Prozesse und Mechanismen – die Entwicklung von Potentialen der menschlichen Psyche erlebt wird, die zu einem höheren Sinn hinstreben.

Die paranormalen Phänomene der Mystiker und Heiligen sind zahlreich und vielfältig. Im folgenden seien zunächst die besonders außergewöhnlichen Phänomene beschrieben, die bei Sensitiven praktisch nicht auftreten.

1. Levitation

„*Levitieren*" bedeutet „sich aus eigener Kraft vom Boden emporheben, sich der Gravitationskraft entziehen" – ein schier unglaubliches Phänomen, das aber sehr gut dokumentiert ist.

Viele Mystiker und Heilige haben – vornehmlich in einem Zustand der Ekstase – *Levitationen* erlebt. Erste diesbezügliche Fälle traten im 13. Jahrhundert auf. Bekannt sind beispielsweise die Levitationen des hl. *Franz von Assisi* auf dem Berg La Verna, wo ihn sein Freund, Frater Leone, im Gebet versunken, vorfand – seine Füße berührten den Boden nicht und sein Haupt streifte die Blätter der dort wachsenden Buchen.

Frühe Erfahrungen mit Levitation machte die Hl. *Katherina von Siena*: Kaum sechs Jahre alt, bewegte sie sich wie schwerelos am Gewölbe der Grotte, in der sie allein betete. Später erzählte sie, daß sie den Eindruck gehabt habe, sich in einer anderen Dimension zu befinden.

Von häufigen Levitationen während ihrer Ekstasen berichtet auch die hl. *Teresa von Avila*. In ihrer Autobiographie schreibt sie, daß ihr Körper so leicht wurde, daß ihre Füße nicht mehr den Boden berührten. Einmal levitierte sie gemeinsam mit dem hl. *Johannes vom Kreuz*. Die beiden mystisch Veranlagten sprachen gerade über das Geheimnis der Trinität, als sie – von ihren eigenen Worten berauscht – der Erde entrückten, Johannes samt dem Stuhl, auf dem er saß.

König *Ferdinand I.* war Zeuge der Levitationen des hl. *Franz von Paola*, der gerade bei ihm zu Gast war. Seine geheimen Beobachtungen machte er, wenn dieser in der Nacht betete. Ähnlich geschah es mit dem hl. *Ignatius von Loyola*. Er lebte bei seiner Familie, die ihn während des Gebets oft in Levitation sah.

Am berühmtesten ist jedoch das Beispiel des hl. *Joseph von Copertino* (1603 – 1663), eines einfachen Mönches aus Süditalien, der auch viele Visionen mit Prophezeiungen hatte. Seine spektakulären und gut

Abb 1: Levitation: Nano Owaku. Aus dem Film „Reise ins Jenseits“ von Rolf Olsen (Foto Rolf Olsen).

Abb. 2: Hl. Alfons von Liguori (1696 – 1787)

Abb. 3: Anna Maria Taigi (1769 – 1837)

Abb. 4: Elisabeth Canori Mora (1774 – 1825)

Abb. 5: Clelia Barbieri (1847 – 1870)

dokumentierten Levitationen machten ihn zum Schutzheiligen der Piloten. Der Heilige in Ekstase levitierte in der Kirche, wo er vom Eingang aus zum Altar emporschwebte und dabei zuweilen noch jemanden mitnahm. Selbst Papst *Urban II.* und Herzog *Friedrich von Brunswich* waren einmal Zeuge seiner Levitationen. Ein besonders gut dokumentiertes Ereignis dieser Art dauerte eine Viertelstunde, währenddessen der Heilige unter Beisein zweier Ärzte zur Ader gelassen wurde.

In ihren Levitationen symbolisieren die Mystiker ihren Wunsch, sich von der Erde zu lösen, um Gott zu begegnen. Neben ihrer klaren Symbolik sind sie die beste Demonstration der übernatürlichen Kraft, die hier am Werk ist (Abb. 1).

2. Bilokation

Bilokation bedeutet, gleichzeitig in zwei verschiedenen Ortschaften gesehen zu werden. Das Phänomen findet sich in allen Traditionen und Religionen, besonders häufig aber in der katholischen Religion. Dazu einige Beispiele:

Im Jahre 1226 feierte der hl. *Antonius von Padua* in einer Kirche bei Limoges eine Messe, als ihm einfiel, zur selben Stunde einem Kloster in der Stadt eine Messe versprochen zu haben. Knieend verharrte er regungslos über mehrere Minuten. Gleichzeitig nahmen die Brüder des besagten Klosters wahr, wie er ihre Kapelle betrat, dort für kurze Zeit betete und dann wieder verschwand.

Der hl. *Alfons von Liguori* (1696 – 1787) befand sich – so wird berichtet – am Sterbebett von Papst *Clemens XIV.*, obwohl er seine Pfarrei in S. Agata de Goti nicht verlassen hatte (Abb. 2). Und der hl. *Franz Xaver* steuerte auf der Reise von Japan nach China ein Boot mit 15 Leuten; gleichzeitig aber wurde er – wie alle Seeleute bezeugten – auf dem Schiff gesehen.

Auch im Zusammenhang mit dem hl. *Johannes Bosco* wird von Bilokation berichtet. So ist ein Fall dokumentiert, wo er in Turin dem Direktor der spanischen Salesianer, *Don Giovanni Branda*, erschien. Dieser erwachte eines Nachts und gewahrte *Don Bosco*, von einem großen

Lichtschein umgeben, an seinem Bett. Der Heilige beglückwünschte Don Branda zu seiner Arbeit, empfahl ihm aber auch, einige weniger fleißige Personen zu entlassen. Dann entschwand er. Wenngleich Don Branda darüber sehr erstaunt war, mißachtete er den Rat Don Boscos, bis ihn der Brief eines Kollegen aus Italien erreichte, der über den nächtlichen Besuch direkt von Don Bosco informiert worden war und nunmehr an die Empfehlung des Heiligen gemahnte. Und diesmal tat Don Branda, wie Don Bosco ihn geheißen hatte.

Padre Pio wird ebenfalls mit Bilokationen in Verbindung gebracht. Er erschien am Krankenbett des 90jährigen Salvatore *Capezzuto* in Bari, ohne sich von seinem Kloster in S. Giovanni Rotondo entfernt zu haben. Dasselbe wird im Fall eines gewissen *Magurno* in Cosenza im Jahre 1947 berichtet. Magurno lag mit hohem Fieber und Herzbeschwerden im Bett. Die Ärzte hatten ihn schon aufgegeben. Dem Mann war auch bereits die Krankensalbung gespendet worden. Magurno und seine Frau verehrten Padre Pio. Letztere telegraphierte dem Pater mit der Bitte, ihrem Mann zu helfen. Padre Pio antwortete umgehend und versprach, für ihn zu beten. Zwei Nächte später erschien er neben dem Kranken und prophezeite diesem, daß das Fieber verschwinden werde und er schon nach vier Tagen das Bett werde verlassen können. Padre Pio verbrachte die ganze Nacht bei dem Kranken, und als er verschwand, blieb intensiver Veilchenduft zurück. Als Magurno wieder gesund war, begab er sich nach S. Giovanni Rotondo, um dem Pater zu danken. Dieser begrüßte ihn freundlich und bezog sich dabei direkt auf die Nacht seines Erscheinens.

Wie aus diesen Beispielen ersichtlich, ist das Phänomen der Bilokation häufig mit einer Genesung von Krankheit verbunden.

3. Fasten

Im Leben von Mystikern trifft man nicht selten auf eine drastische Reduktion der Notwendigkeit der Nahrungsaufnahme. Schon in der Heiligen Schrift finden sich Berichte über die Möglichkeit, Tage und Wochen ohne Nahrung zu leben. So blieb *Moses* 40 Tage auf dem Berg, ohne zu essen, und *Jesus* fastete 40 Tage in der Wüste. Einige Heilige, etwa die hl. *Katharina von Siena*, fasteten regelmäßig die ganze Fastenzeit hindurch. *Nikolaus von der Flüe*, Schutzheiliger der Schweiz, verbrachte die letzten 20 Jahre seines Lebens in Einsamkeit ohne Essen und Trinken. Als er einmal genötigt wurde, etwas Brot und Wein zu sich zu nehmen, wurde er krank. Im Archiv von Sachseln in der Schweiz, wo der Heilige lebte, existiert ein Dokument, welches dieses Ereignis bezeugt.

In neuerer Zeit blieb *Therese Neumann* von Konnersreuth 36 Jahre ohne Essen. Nachdem bei ihr die Wundmale aufgetreten waren, reduzierte sich ihr Bedürfnis nach Nahrung bis zur völligen *Nahrungslosigkeit*. In den ersten Jahren nahm sie zusammen mit der Hostie noch einen Schluck Wasser zu sich, dann nichts mehr. In Regensburg wurde sie auf Anordnung des Bischofs 14 Tage lang ununterbrochen von vier Nonnen kontrolliert. In diesen zwei Wochen hatte Terese zweimal, jeweils freitags, ihre Visionen, die mit starken Blutungen einhergingen, wie die beobachtenden Nonnen feststellten. Jedesmal verlor sie zwischen zwei und fünf Kilo an Gewicht, die sich aber sofort wieder einstellten, wenn die Blutungen aufhörten. So geschah es jede Woche, jahrzehntelang. Wenngleich derartig häufige Gewichtsschwankungen nach Aussage der Ärzte als gefährlich einzustufen seien, hatte Terese diesbezüglich keinerlei Probleme und war nach ihren Ekstasen und Blutungen wieder gesund und wohlauf. Eine indirekte Bestätigung erfuhr ihr Fasten auch durch den Nationalsozialismus: Während des Krieges besaß Terese – die bekanntlich keine Nahrung brauchte – folglich auch keine Lebensmittelkarte. Auf die Frage, wovon sie denn lebe, gab sie zur Antwort: „Vom Retter“. Die hl. Eucharistie hielt sie am Leben.

Im Zusammenhang mit *Therese von Konnersreuth* wird auch noch von Phänomenen wie Hellsehen, Herzensschau usw. berichtet.

4. Andere Phänomene

a) Visionen

Eine wichtige Rolle im Leben von Mystikern und Heiligen spielen *Visionen*. Die stigmatisierte Nonne *Anna Katharina Emmerich*, mit der sich besonders Clemens Maria BRENTANO auseinandersetzte, hatte ständig Visionen vom Leben Jesu und Marias. Einer ihrer Visionen ist es auch zu verdanken, daß man in Ephesus auf das Haus Marias stieß.

Ebenso ist bei Mystikern häufig von *Prophezeiungen, Telepathie* und *Hellsehen* die Rede. So wußte beispielsweise *Padre Pio* schon im voraus, was ihm die Leute zu sagen hatten.

Die selige *Anna Maria Taigi* (1769 – 1837), die im 18. Jahrhundert in Rom lebte und sechs Kinder hatte, war die Frau eines Dieners der Familie Chigi (Abb. 3). 40 Jahre lang hatte sie eine Art Sonne vor Augen, in der sie wie in einem Spiegel Vergangenheit, Gegenwart und Zukunft wahrnahm. In ihrer „Sonne" sah sie die persönlichen Probleme der Menschen, soziale Gegebenheiten, politische Ereignisse usw., so daß sie von der ganzen Stadt besucht wurde, auch von Adeligen und selbst vom Papst. Doch blieb sie immer einfach und demütig und widmete sich gleichermaßen der Familie, dem Nächsten und Gott. Sie ist möglicherweise die einzige Mystikerin, die ihr gesamtes mystisches Leben innerhalb der Ehe lebte, denn sie starb vor ihrem Mann, der wohl kein schlechter, aber auch kein einfacher Mensch gewesen sein mag.

Zur selben Zeit lebte in Rom *Elisabeth Canori Mora* (1774 – 1825), die im Jahre 1994 seliggesprochen wurde (Abb. 4). Sie war verheiratet und hatte zwei Kinder. Ihr Leben gestaltete sich sehr unglücklich und schwierig, da ihr Mann eine andere Frau hatte und sich nicht um die Familie kümmerte. Als sie einmal von besonderer Sorge erfüllt betete, erschien ihr in einer Vision der Heiland, der ihr versprach, persönlich in ihr Haus zu kommen und ihren Kindern ein Vater zu sein. Noch am selben Tag kam ein unbekannter Priester zu Besuch und brachte ihr als Geschenk ein kleines Bild von Jesus. Vor dieses Bild pflegte Elisabeth eine Vase mit Wasser zu stellen, welches unzählige Genesungen bewirkte. Offenbar benutzte dieses Wasser auch der spätere Papst *Pius IX.* – damals noch ein einfacher Kanonikus – im Kampf gegen seine Beschwerden, die seiner Arbeit sehr hinderlich waren.

b) Incendium amoris

Für Mystiker charakteristisch ist auch das sogenannte *incendium amoris*, d. h. eine Hyperthermie. So erreichte *Padre Pio* eine Körpertemperatur von 48°, obwohl die Grenze zwischen Leben und Tod bei 42°

liegt. Dieses Phänomen wird als Ausdruck der mystischen Liebe zu Gott gewertet.

Auch von angenehmen *Düften* ist die Rede. Und wieder sei Padre Pio genannt, dessen Anwesenheit zu Lebzeiten Veilchenduft verbreitet haben soll.

Eine Besonderheit sind schließlich die *Wundmale*, die „Reproduktion" der Wunden Jesu am Leib des Mystikers als Symbol der Teilnahme am Leiden Christi. Die Stigmen äußern sich bei den einzelnen Stigmatisierten verschieden – entweder durch unterschiedliche Formen oder durch unterschiedliche Zeiten ihres Auftretens. Bei *Terese Neumann* öffneten sie sich jeden Freitag, wenn sie den Tod Christi nachempfand. Zu bemerken ist, daß diese Wunden, die nicht eitern und jahrzehntelang unverändert bleiben, etwas Außergewöhnliches darstellen, das sich nur in mystischen Lebensbeschreibungen findet.

c) Clelia Barbieri

Einen Fall für sich stellt die hl. *Clelia Barbieri* (1847 – 1870) von Le Budrie (Bologna) dar; sie lebte im vorigen Jahrhundert und starb bereits mit 23 Jahren. Kurz vor ihrem Ableben versprach sie ihren Freundinnen, sie nie zu verlassen und immer zu trösten, und das geschah auf merkwürdige Weise (Abb. 5).

In ihrem kurzen Leben gab Clelia sowohl in gesellschaftlicher als auch in religiöser und spiritueller Hinsicht ein leuchtendes Beispiel. Sie war sehr schön, aber auch sehr arm, was ihr den Eintritt in ein Kloster unmöglich machte, weil man dazu damals Geld benötigte. So gründete sie mit einigen gleichgesinnten Freundinnen eine Laienkongregation, die nach ihrem Tod als religiöse Gemeinschaft (*Suore Minime dell'Addolorata*) anerkannt wurde und eine für die damalige Zeit vorbildliche Arbeit leistete. Die jungen Frauen arbeiteten auf dem Lande, nähten, unterstützten den Pfarrer in der Seelsorge, besuchten Kranke, lehrten den Katechismus (Clelia ist heute die Schutzheilige der Katechisten) und betätigten sich bei der Kindererziehung.

Die mystischen Phänomene bei Clelia bestanden vor allem in *Levitation* und *Prophetie*. Wie erwähnt, versprach sie ihren Freundinnen auf dem Sterbebett, sie nie zu verlassen und vom Himmel herab zu trösten. Als diese ein Jahr nach ihrem Tod in ihrem Sterbezimmer beteten, hörten sie zum erstenmal ihre Stimme. Hier ein zusammenfassender Bericht jener Zeit:

> „Indem wir beteten, hörten wir – fast alle – eine hohe Engelstimme, die unseren Chor begleitete, sich im Zimmer bewegend, bald an unserem Ohr, bald über uns. Wir erkannten sofort die Stimme Clelias und ihr Versprechen, uns nicht zu verlassen. Die Stimme blieb bei uns bis zum Abend. Wir entschieden uns, noch die ganze Nacht zu beten, und die Stimme war immer noch mit uns. Seitdem hat sich uns nicht mehr verlassen. Zu bemerken ist, daß nicht alle Schwestern die Stimme hörten...“[1]

Dieses Phänomen der Stimme sollte später im Heiligsprechungsverfahren eine bedeutende Rolle spielen. Es gibt Hunderte von Personen – Priester und Nonnen ebenso wie Laien, Gläubige wie Nichtgläubige – , von denen sie wahrgenommen wurde bzw. wird. Die Stimme Clelias zeichnet sich durch ihren prophetischen Charakter aus – sie klingt heiter, wenn Erfreuliches bevorsteht, und traurig, wenn das Gegenteil zu erwarten ist. Immer jedoch ist sie ein Symbol der Liebe.

Ein neuerer Fall im Zusammenhang mit Clelia ist folgender: In Usakami (Kenya), wo die *Suore Minime* eine Mission unterhalten, erschien Clelia offenbar einem mächtigen Stammeshäuptling, der vor 30 Jahren getauft worden war, sich dann aber wieder dem Animismus zuwandte und vier Frauen hatte. Der Mann lag mit hohem Fieber schwer krank darnieder, als er plötzlich eine junge Frau wahrnahm, die sich als Clelia ausgab. Er hatte sie nie zuvor gesehen. Sie sprach lange mit ihm über religiöse Grundsätze. Nach ihrem Verschwinden war das Fieber von ihm gewichen und er fühlte sich geheilt. Als er später über sein Erlebnis sprach und ihm ein Foto gezeigt wurde, erkannte er darauf Clelia wieder. Der Mann bekehrte sich und sein Leben hat sich seitdem stark gewandelt.

5. Schlußbemerkung

Dieser kurze Bericht soll nur eine kleine Vorstellung von den paranormalen Phänomenen bei Mystikern und Heiligen vermitteln. Wenn man

1 P. GIOVETTI: Clelia Barbieri (1994), S. 74.

über deren Bedeutung nachdenkt, wird klar, daß alle mystischen Phänomene darauf angelegt sind, den Menschen von seinen irdischenie-Bindungen zu befreien: so befreit die Levitation von der Schwere des Körpers, das Fasten von der Notwendigkeit der Nahrungsaufnahme, paranormale Kommunikation (Telepathie, Hellsehen, Vorauswissen) und Bilokation von den Raum-Zeit-Koordinaten, die uns eingrenzen und zugleich abschirmen.

All das ist ein Zeichen dafür, daß die menschliche Evolution noch im Gange ist und daß wir unendliche Transformationspotentiale besitzen. Die *Mystik* weist den Weg und zeigt zugleich das Ziel der Evolution: der Mensch strebt zu Gott so wie Gott zum Menschen, und die Verbindung erfolgt in der Schöpfung.

Literatur

AGASSO, Domenico: Don Bosco. – Milano: Ed. Paoline, 1988.

CORNWELL, John: Powers of Darkness, Powers of Light. – London: Penguin Books, 1991.

DA RIESE, Fernando: Padre Pio da Pietrelcina. – S. Giovanni Rotondo: Edizioni Padre Pio da Pietrelcina, 1984.

GIOVETTI, Paola: Therese Neumann. – Milano: Ed. Paoline, 1988.

GIOVETTI, P.: I fenomeni del paranormale. – Milano: Ed. Paoline, 1990.

GIOVETTI, P.: Madri e mistiche. – Milano: Ed. Paoline, 1991.

GIOVETTI, P.: S. Clelia Barbieri. – Milano: Ed. Paoline, 1994.

GÖRRES, Joseph v.: Die christliche Mystik. 5 Bde. – München; Regensburg: G. J. Manz, o. J.

HÖCHT, J. M.: Träger der Wundmale Christi. – 4. Aufl. – Stein a. Rh.: Christiana Verlag, 1986.

TERESA DE AVILA: Libro della mia vita. – Milano: Edizioni Paoline, 1988.

THURSTON, Herbert: Die körperlichen Begleiterscheinungen der Mystik. – Luzern: Räber, 1956.

TURI, Anna Maria: La levitazione. – Roma: Ed. Mediterranee, 1980.

TURI, A. M.: Stigmate e stigmatizzati. – Roma: Ed. Mediterranee, 1990.

VIGANO, Egidio: Don Bosco ritorna. – Milano: Ed. Paoline, 1992.

RAYMUND SCHWAGER

AUFERSTEHUNG DER TOTEN

Das Verlangen nach einer ausgleichenden Gerechtigkeit in der Welt ist zutiefst im menschlichen Herzen verwurzelt. Lebensschicksale, die als ungerecht empfunden werden, verursachen den Betroffenen größtes Leid. Wie die Erfahrungen zu allen Zeiten und bei allen Völkern lehren, entspricht das Leben auf Erden aber sehr oft nicht dem in uns eingewurzelten Sehnen. Jenen Menschen, die gerecht scheinen und auch von anderen so beurteilt werden, geht es oft schlecht, und Frevler und Übeltäter kennen nicht selten irdisches Glück und irdischen Erfolg. In den Psalmen Israels klagt deshalb der Beter mit bitteren Worten, wenn er das Glück der Frevler sehen muß:

> „Sie leiden ja keine Qualen, ihr Leib ist gesund und wohlgenährt...
> Darum ist Hochmut ihr Halsschmuck, wie ein Gewand umhüllt sie Gewalttat.
> Sie sehen kaum aus den Augen vor Fett...
> Sie reißen ihr Maul bis zum Himmel auf und lassen auf Erden ihrer Zunge freien Lauf.
> Darum wendet sich das Volk ihnen zu und schlürft ihre Worte in vollen Zügen" *(Ps 73, 4-10).*

Mit so plastischen und drastischen Worten klagt der Beter. Angesichts des Erfolges von hochmütigen und gewalttätigen Frevlern wird er, wie er im gleichen Psalm bekennt, zunächst verbittert, und ein Schmerz bohrt ihm in den Nieren (Ps 73, 21). Doch dann beginnt er nachzudenken, und im Tempel wird ihm eine neue Einsicht geschenkt, die ihn aus seiner Not befreit. Die erlösende Botschaft lautet: Gott verläßt im Tod die Gerechten nicht, während die Frevler dann ein schreckliches Ende nehmen.

Aus vielen bitteren und bohrenden Erfahrungen ist in *Israel* der Glaube entstanden, daß Gott die Sterbenden in seiner Hand hält, die Toten auferweckt und allen im Gericht endgültig Gerechtigkeit verschafft. Dieser Glaube blieb allerdings zunächst umstritten. Zur Zeit

Jesu gab es unter den Juden *Pharisäer*, die an die Auferstehung glaubten, und *Sadduzäer*, die sie leugneten. Nach der Zerstörung des zweiten Tempels durch die Römer im Jahre 70 n. Chr. verschwanden aber die Sadduzäer von der Bildfläche, und seither wurde der Glaube an die Auferstehung zum Allgemeingut der frommen Juden. Dreimal am Tag sprechen sie im sogenannten *Achtzehngebet*:

> „Du bist mächtig in Ewigkeit, Herr, der die Toten lebendig macht und Treue hält denen, die im Staub schlafen... Der tötet und lebendig macht und das Heil ersprießen läßt. Getreu bist Du, die Toten wieder zu beleben. Gepriesen seist Du, der die Toten lebendig macht.“[1]

Der jüdische Glaube an die *Auferstehung* wurde auch von den Christen und Muslimen übernommen, und er bildet bis heute ein Herzstück der drei monotheistischen Offenbarungsreligionen. Durch ihn halten diese drei abrahamitischen Religionen fest, daß das Verlangen nach Gerechtigkeit – trotz vieler gegenteiliger Erfahrungen im irdischen Leben – kein eitler und leerer Wahn des menschlichen Herzens ist. Der Tod bringt einen Ausgleich, und Gott verschafft den Menschen jene Gerechtigkeit im Leben nach dem Tod, die sie hier auf Erden so oft entbehren.

1. Die Auferweckung Jesu bei Muslimen und Juden

Neben dem Urverlangen nach Gerechtigkeit gibt es einen weiteren wichtigen Grund für den Glauben an die Auferweckung der Toten, nämlich das Zeugnis, daß einer bereits auferweckt wurde. Für den christlichen Glauben ist die Botschaft des Neuen Testaments entscheidend, daß Gott Jesus von Nazareth nach seiner Kreuzigung aus dem Tod in ein ewiges Leben bei sich erhoben hat. Dieser Glaube wurde, was meist übersehen wird, im wesentlichen auch von den *Muslimen* übernommen. Der *Koran* lehrt nämlich eindeutig wunderbare göttliche Taten im Geschick Jesu. Gemäß den Offenbarungen an *Mohammed* war *Jesus* ein großer und wahrer Prophet, der aus der Jungfrau Maria geboren wurde und in seinem irdischen Leben viele Wunder ge-

1 Zitiert in: P. LAPIDE: Auferstehung (1977), S. 32.

wirkt hat. Bezüglich seines Todes gibt es im Koran zwar einige Unklarheiten, denn das Offenbarungsbuch der Muslime bestreitet die Kreuzigung Jesu. Gewisse Stellen legen nahe, dieser sei seinen Feinden entzogen und direkt in den Himmel entrückt worden, während andere Stellen auf einen natürlichen Tod hindeuten. Eindeutig ist aber wiederum die Lehre des Koran, daß Jesus zu Gott erhoben wurde und daß er am Ende der Tage bei der allgemeinen Auferweckung der Toten wiederkehren wird.[2] Wenn in den vergangenen Jahrhunderten ungezählte Menschen – Christen und Muslime – an eine Auferweckung der Toten geglaubt haben, dann taten die meisten dies auch deshalb, weil sie überzeugt waren, daß Gott in Jesus bereits seine auferweckende Macht erwiesen hat.

Unter den drei Offenbarungsreligionen machen nur die Juden eine Ausnahme, insofern sie zwar an die allgemeine Auferstehung der Toten am Ende der Welt glauben, die Auferweckung Jesu jedoch ausdrücklich verneinen. Doch selbst hier gibt es Ausnahmen, die vielleicht in Zukunft dazu führen werden, daß manches neu gesehen wird. Pinchas LAPIDE, ein jüdischer Gelehrter, hat sich sehr intensiv mit der Frage der Auferweckung Jesu auseinandergesetzt, und er ist in seiner 1977 veröffentlichten Studie „Auferstehung" zu einem überraschenden Ergebnis vorgestoßen. Zunächst betont er, daß die Frage der Auferweckung Jesu eine urjüdische Frage ist und daß der christliche Osterglaube nur bei Menschen entstehen konnte, die weitgehend durch die pharisäische Auferstehungshoffnung geprägt waren:

> „Wären sie (die Jünger) nämlich Sadduzäer gewesen, so hätte Karfreitag für sie das Verlöschen all ihrer Hoffnung und den endgültigen Untergang der Sache Jesu bedeutet. Wären sie – um noch kühner zu spekulieren – Buddhisten gewesen, so hätten sie die Auferstehung als eine Strafe Gottes empfunden, da ihr Endheil ja im Nichtsein des Nirwanas zu suchen wäre. Als Gnostiker hingegen hätten sie Karfreitag als Jesu Erlösung vom lästigen Leib, dem Gefängnis seiner Seele, begrüßt und hätten den leiblich Auferstandenen höchstwahrscheinlich verflucht (1 Kor 12,3). Nur als pharisäisch geschulte Juden war ihre felsenfeste Auferstehungsüberzeugung der erste Schritt hin zum späteren Osterglauben."[3]

2 Vgl. G. RISSE: „Gott ist Christus, der Sohn der Maria" (1989), S. 188 – 204.
3 P. LAPIDE: Auferstehung, S. 32.

Diese Überlegungen von Pinchas LAPIDE mögen etwas spekulativ klingen, sie dürften aber doch deutlich machen, wie wichtig die pharisäische Auferstehungshoffnung für das Entstehen des christlichen Osterglaubens war. LAPIDE geht dann noch entscheidende Schritte weiter und zeigt, wie die Osterberichte der Evangelien – trotz einiger verwirrender Divergenzen – im wesentlichen glaubwürdig klingen. Schließlich kommt er zu folgendem – aus dem Munde eines Juden – ganz ungewohnten Bekenntnis:

> „In bezug auf die künftige Auferstehung der Toten bin und bleibe ich Pharisäer. Was die Auferstehung Jesu am Ostersonntag betrifft, war ich jahrzehntelang ‚Sadduzäer'. Ich bin es nicht mehr, seit folgende Überlegung mich zum Neu-Durchdenken zwang."[4]

LAPIDE zeigt dann, wie es in der rabbinischen Literatur zahlreiche Berichte von Auferstehungen und von Visionen Verstorbener gibt. Diese Erfahrungen hätten aber im Lebenslauf der Wiederbelebten oder derer, die Visionen erfuhren, zu keinen wesentlichen Änderungen geführt:

> „Anders bei den Jesusjüngern an jenem Ostersonntag... Wenn diese aufgescheuchte, verängstigte Apostelschar, die eben dabei war, alles wegzuwerfen, um in heller Verzweiflung nach Galiläa zu flüchten; wenn diese Bauern, Hirten und Fischer, die ihren Meister verrieten, verleugneten und dann kläglich versagten, plötzlich über Nacht sich in eine selbstsichere und heilsbewußte, überzeugte Missionsgesellschaft verwandeln konnten, die viel erfolgreicher nach Ostern als vor Ostern wirkte, so genügt keine Vision oder Halluzination, um solch einen revolutionären Umschlag zu erklären."[5]

Durch diese Überlegungen und zahlreiche weitere Hinweise aus den Evangelien kommt LAPIDE zum Glauben an die Auferweckung Jesu. Dennoch bleibt er Jude und wird keineswegs Christ. Warum? Ähnlich wie die Muslime sieht auch er in *Jesus* einen Propheten, der Gott ganz treu gedient hat und deshalb aus dem Tod zum ewigen Leben erweckt wurde. Der Glaube an die Auferweckung Jesu hat für LAPIDE eine ähnliche Bedeutung wie der jüdische Glaube an die Himmelfahrt des Propheten *Elia*.

4 Ebd., S. 74.
5 Ebd., S. 74 f.

2. Die Auferweckung Jesu im christlichen Verständnis

Für die Christen ist *Jesus* mehr als ein Prophet, denn sein gesamtes Wirken ist zu beachten, und aus dem Gesamtkontext heraus erhält der Glaube an seine Auferweckung nochmals eine tiefere Bedeutung.[6] *Jesus* verkündete seinen himmlischen Vater als einen Gott, der sich vor allem den religiös Armen und Verstoßenen, also jenen, die das Gesetz nicht kennen und es nicht halten können, zuwendet und der den demütigen Sündern – noch vor den sogenannten Gerechten – Verzeihung und neue Hoffnung schenkt. Er rief deshalb seine Zuhörer auf, auch einander auf ähnliche Weise zu verzeihen, wie Gott es tut. Sie sollen nicht nur ihren Nächsten, sondern auch ihren Feinden Gutes tun, ja diese sogar lieben und auf jede Gewalt verzichten. Dank der wunderbaren Heilungen, die er wirkte, hatte *Jesus* zunächst beim breiten Volk einen äußeren Erfolg. Seine herausfordernde Botschaft weckte aber auch von Anfang an Widerstand und stieß bald bei den Führern auf offene Ablehnung. *Jesus* antwortete darauf mit den Gerichtsworten, in denen er seinen Zuhörern klarzumachen versuchte, daß alle sich selber verurteilen, die einander nicht verzeihen und die sich nicht dem Erbarmen Gottes öffnen. Diese Gerichtsworte bewirkten jedoch nicht die gewünschte Umkehr, sondern verschärften nur den Konflikt und führten dazu, daß er gefangengesetzt und vor Gericht gestellt wurde. Im Prozeß gegen ihn ging es vor allem um die Wahrheit seiner Verkündigung. War er in besonderer Weise von Gott gesandt, wie er es in seinen Worten und Taten beanspruchte, oder war er ein Verführer und Gotteslästerer, wie seine Gegner urteilten? Diese Frage wurde zunächst gegen *Jesus* entschieden. Deshalb wurde er verurteilt und gekreuzigt, und manche meinten, die Sache sei damit endgültig geregelt. Durch die Ostererfahrung seiner Jünger wurde diese erste Antwort aber nochmals völlig in Frage gestellt. – Im Kontext des Streites um seine Botschaft zeigt sich deshalb, daß es bei der Ostererfahrung seiner Jünger nicht bloß um die Problematik des Lebens nach dem Tod ging; zentral war vor allem die Frage, wer vor Gott recht bekam: jenes menschliche Gericht, das ihn als Gotteslästerer verurteilt hatte oder der Verurteilte und Gekreuzigte. Die Frage

6 Vgl. H. KESSLER: Sucht den Lebenden nicht bei den Toten (1995).

nach der *Auferweckung* Jesu ist deshalb vor allem eine Frage nach dem Urteil Gottes. Hat nämlich der himmlische Vater ihn aus dem Tod gerettet, dann hat Gott gegen das menschliche Gericht entschieden und jenen beglaubigt, der von den Menschen hingerichtet wurde. Göttliches und menschliches Gericht stehen in diesem Fall einander ganz entgegen. Der Glaube an die Auferweckung Jesu wird so zum Zeugnis für einen Gott des Erbarmens und der Verzeihung und zugleich zur scharfen Kritik an der üblichen Weise, wie Menschen übereinander urteilen und richten.

Was mit dem göttlichen Verzeihen und mit der Kritik am menschlichen Richten gemeint ist, kann noch weiter verdeutlicht werden. Der tiefere Sinn der Auferweckung Jesu wird aus der Art und Weise deutlich, wie er auf die Verurteilung und die Gewalt, die ihm angetan wurde, reagiert und geantwortet hat. Im ersten Petrusbrief heißt es:

> „Er wurde geschmäht, schmähte aber nicht;
> er litt, drohte aber nicht,
> sondern überließ seine Sache dem gerechten Richter" *(1 Petr 2, 23).*

In seinem Leiden hat er alles den Händen Gottes, dem gerechten Richter überantwortet. Die Tragweite dieser Haltung wird deutlich, wenn man sie mit dem Verhalten des Propheten *Jeremia* vergleicht, der durch seine Botschaft einen ähnlichen Konflikt in seinem Volk – wie später *Jesus* - provoziert hat. *Jeremia* wirkte kurz vor der ersten Zerstörung des Jerusalemer Tempels im Jahre 587 v. Chr., und er litt sehr unter dem Widerstand, den seine Botschaft im Volk und bei den Führern hervorrief (Jer 15,10–21). Er versuchte deshalb sogar, das Wort Gottes, das sich ihm aufdrängte, nicht mehr zu verkünden, um mehr Ruhe zu haben. Doch er konnte es nicht zurückhalten, wie er selber bekennt:

> „Sagte ich aber: Ich will nicht mehr an ihn (Gott) denken und nicht mehr in seinem Namen sprechen!, so war es mir, als brenne in meinem Herzen ein Feuer, eingeschlossen in meinem Inneren. Ich quälte mich, es auszuhalten, und konnte nicht" *(Jer 20,9).*

Jeremia mußte im Namen Jahwes weiterreden und weitere Anfeindungen von seiten seiner Gegner erdulden. Deshalb flehte er zu Gott, daß dieser ihm beistehe und ihm Genugtuung und Rache an seinen Feinden verschaffen möge:

„Denk daran (o Gott), wie ich vor dir stand,
um zu ihren Gunsten zu sprechen
und deinen Zorn von ihnen abzuwenden.
Darum gib ihre Kinder dem Hunger preis,
und liefere sie der Gewalt des Schwertes aus!
Ihre Frauen sollen der Kinder beraubt
und zu Witwen werden,
ihre Männer töte die Pest,
ihre jungen Männer
erschlage das Schwert in der Schlacht...
Du aber, Herr,...
Nimm für ihre Schuld keine Sühne an,
lösch bei dir ihre Sünden nicht aus!“ *(Jer 18, 20–23).*

So betete *Jeremia*, einer der größten Propheten in Israel, der zwar hart verfolgt, aber doch nicht getötet wurde. Das Geschick Jesu war bitterer, dennoch findet sich bei ihm nichts, das auch nur im geringsten an die Rachewünsche des *Jeremia* erinnern könnte. Im Gegenteil, schon vor seiner Verhaftung sprach er im Kreis seiner Jünger von der kommenden Hingabe. Als er verurteilt wurde, schwieg er, und als er gekreuzigt wurde, bat er Gott sogar, seinen Feinden zu verzeihen:

„Vater, vergib ihnen, denn sie wissen nicht, was sie tun“ *(Lk 23, 34).*

In leidenden und verfolgten Menschen entsteht spontan der Wunsch nach Vergeltung und Rache. Dieser Wunsch kann leicht übermächtig werden und dann auch das Gebet und das Gottesverhältnis bestimmen, wie das Beispiel des Propheten *Jeremia* zeigt. Von diesen spontanen Reaktionen sticht um so mehr das Verhalten Jesu in seinem Leiden ab. Er zeigte eine Verzeihensbereitschaft, die auch die bitterste Gewalt nochmals überwand, und er lebte eine Liebe, die sich durch keine böse Tat besiegen ließ. Wenn Gott ihn durch die Auferweckung beglaubigt hat, dann hat er auch seine Haltung der Liebe bestätigt. Dadurch wird deutlich, daß die liebende und verzeihende Hingabe des Gekreuzigten mehr ist als eine isolierte heroische Tat. Gott selber zeigt dann, was in seinen Augen letztlich zählt. In der Haltung Jesu angesichts seiner Feinde wird eine von Gott selber gegebene Kraft offenbar, die stärker ist als alle menschliche Gewalt und alles Verlangen nach Rache.[7]

Wenn man die menschliche Geschichte – von der Urzeit bis in die Gegenwart – betrachtet, kann man leicht den Eindruck gewinnen, Kampf und Streit seien die vorherrschenden Züge, und letztlich würden nur Macht und Gewalt zählen. Gegen diesen massiven Eindruck legt der Glaube an die Auferweckung Jesu ein anderes Zeugnis ab. Zwar redet auch die Bibel sehr offen und brutal ehrlich von all dem Bösen in der Welt und unter den Menschen. Aber sie zeigt auch, daß gerade dort, wo die Gewalt besonders geherrscht hat, nämlich in der Kreuzigung Jesu, eine neue und siegreiche Antwort gegeben wurde, die im tiefsten alles verändert. Das durchbohrte Herz des Gekreuzigten hat nicht mit Wünschen nach Rache reagiert, sondern das Böse durch seine Hingabe überwunden. Durch die Auferweckung hat die Kraft dieses Herzens von Gott her einen Ewigkeitswert erhalten. Die Weltgeschichte, die zunächst nur wie ein Schlachtfeld erscheint, erweist sich deshalb im Licht der Auferstehung des Gekreuzigten als die Geschichte einer zwar verborgenen, aber letztlich doch siegreichen Liebe.

Daß wir es bei der Liebe tatsächlich mit einer göttlichen Kraft zu tun haben, wird vor allem darin offenbar, daß diese Kraft ihre Gegner nicht mit Gewalt zu besiegen braucht. Sie besitzt, wie das Geschick Jesu zeigt, die überraschende und unwahrscheinliche Freiheit, sich selber treffen und töten zu lassen, um in der Gestalt der Wehrlosigkeit und Ohnmacht die feindlichen Herzen von innen her zu gewinnen. Der Glaube an die Auferweckung des Gekreuzigten schließt folglich den unbedingten Respekt vor der menschlichen Freiheit ein, und er bezeugt, daß die Liebe gerade durch ihre vordergründige Schwäche und Hilflosigkeit alle protzenden Mächte der Gewalt letztlich zu unterlaufen und zu überwinden vermag.

Noch ein weiterer Punkt ist in diesem Zusammenhang zu beachten. Eingangs haben wir gesehen, daß der Glaube an die Auferweckung aus dem menschlichen Urverlangen nach Gerechtigkeit angesichts einer oft als ungerecht erfahrenen Welt entstanden ist. Das Sehnen nach *Gerechtigkeit* ist aber weit problematischer und zweideutiger, als es zunächst scheinen mag. Wenn nämlich viele Menschen unter Unrecht leiden, dann muß es doch ebenso viele geben, die Unrecht tun.

7 Vgl. R. SCHWAGER: Jesus im Heilsdrama (1990), S. 155 – 175.

Aber die meisten Menschen empfinden nur das Böse, das sie selber trifft, und sie sehen kaum das Negative, das sie andern antun. Im Wunsch nach Gerechtigkeit wohnt deshalb meistens viel Selbsttäuschung. Sogar A. *Hitler* behauptete während des Krieges von sich: „Ich habe das reine Gewissen gehabt."[8] Aus diesem Grund ist die ersehnte göttliche Gerechtigkeit eine zweischneidige Sache. Muß sie sich nicht gegen jene wenden, die zwar nach Gerechtigkeit rufen, sich aber in ihrer Selbstgerechtigkeit täuschen? Und wer von uns wagt zu behaupten, daß er nicht zu diesen gehört? Ein Auferweckungsglaube, der nur aus dem Verlangen nach Gerechtigkeit entspringt, ist deshalb problematisch. Mit ihm ist notwendigerweise die Vorstellung vom göttlichen Gericht verbunden, und dieses Gericht kann ganz anders ausfallen, als wir es wünschen. Ein solcher Glaube gibt nicht nur Hoffnung auf ein ewiges Leben, er kann ebenso den Wunsch wecken, dem Gericht zu entgehen. Möchten nicht die meisten Menschen lieber ganz vernichtet, als mit dem Risiko, einer kalten göttlichen Gerechtigkeit zu begegnen, auferweckt werden? Ist heute der Glaube an die Auferstehung nicht deshalb für viele fraglich geworden, weil sie im tiefsten der eigenen Gerechtigkeit mißtrauen und die göttliche Gerechtigkeit eher fürchten als ersehnen? Diese Ungewißheit und das Schwanken zwischen zwei Wünschen, dem Verlangen nach totaler Vernichtung oder der Erwartung eines ewigen Lebens, kann uns nur dann genommen werden, wenn wir uns einem Gott anvertrauen dürfen, der mehr verheißt als eine kalte und ausgleichende Gerechtigkeit. Gerade dies aber wird uns in der Auferweckung Jesu zugesagt. Wenn er selber seinen größten Feinden verziehen und die tötende Gewalt seiner Mörder mit Liebe beantwortet hat und wenn gerade er auferweckt wurde, dann offenbart der auferweckende Gott sich selber ganz als ein Gott des Verzeihens und der Liebe. Wir dürfen dann hoffen, daß wir in der Begegnung mit ihm nicht auf eine blanke Gerechtigkeit stoßen, sondern auf eine Liebe, die alles Böse in uns und in anderen Menschen so zu transformieren vermag, wie Jesus das erlittene Böse am Kreuz verwandelt hat.

8 J. FEST: Hitler (1974), S. 299.

Die Hoffnung, welche die Auferweckung uns schenkt, ist deshalb auch nicht bloß die Hoffnung auf ein jenseitiges Leben, das mehr oder weniger ein Spiegelbild dieses Lebens wäre. Die christliche Hoffnung ist die Hoffnung auf Gott selber, die Hoffnung, von seiner Liebe bis in unser innerstes Dasein hinein total durchdrungen, durchglüht und verwandelt zu werden, wobei alle Vorstellungen, wie dieses kommende Leben aussehen wird, wegfallen können.

3. Rückblick

Vom kurz skizzierten Gottes- und Christusbild her erlaube ich mir einen kurzen Rückblick auf diesen Band. Durch den Beitrag von P. DINZELBACHER wurde uns eindrücklich gezeigt, wie problematisch viele Unterscheidungen zwischen echter und falscher Mystik in der Geschichte waren. Meinem Urteil nach rührt diese Problematik vor allem daher, daß man in der Vergangenheit oft Mittel der Gewalt oder großen autoritären Druck eingesetzt hat, um rasch Entscheidungen zu erzwingen. Gerade diese Vorgangsweise widersprach aber im tiefsten dem christlichen Geist, der letztlich immer ein Geist der Freiheit und der Gewaltfreiheit ist. – DINZELBACHER ging allerdings noch einen Schritt weiter und hat durch seine Ausführungen die Folgerung nahegelegt, daß letztlich überhaupt keine Unterscheidung zwischen Echt und Falsch möglich sei. In diesem Punkt kann ich ihm nicht folgen, denn negative Erfahrungen sind oft so massiv, daß ich nicht sehe, wie wir an Urteilen vorbeikommen. Was sehr wohl notwendig ist und was auch das Geschick Jesu uns lehrt, ist die Einsicht, daß wir mit unseren Urteilen sehr vorsichtig sein müssen und daß wir – wenn möglich – zuerst lange zuschauen und zuwarten, bis wir Stellung nehmen.

Weil der Geist Jesu immer ein Geist der Freiheit und der Gewaltfreiheit ist, empfinde ich jene Formen des Exorzismus, in denen die (angeblich) Besessenen mit Gewalt herbeigeschleppt werden oder in denen der Exorzist selber anfängt, auf die betreffende Person einzuschreien, als äußerst problematisch und gefährlich.

Damit berühre ich einen weiteren Punkt, der sich aufdrängt. Man wird mit manchem Seltsamen und Ungewöhnlichen konfrontiert. Dabei ist es meist unmöglich, zu einem klaren Urteil zu kommen. Ich muß vieles offen lassen und lasse es bewußt offen, denn ich empfinde die Offenheit und Ungeklärtheit nicht als Mangel. Wenn wir nämlich glauben dürfen, daß Gott selber radikale Liebe ist und daß unsere eigentliche Lebensaufgabe darin besteht, ihm durch unsere Liebe und durch unser Verzeihen etwas näher zu kommen, dann treten ja alle anderen Fragen – auch die Probleme der außergewöhnlichen Phänomene – etwas zurück. Wir können dann bei vielem problemlos und mit Geduld zuwarten, bis die Zukunft selber vielleicht weitere Klärungen bringen wird.

Auf dem Hintergrund der Rahner'schen Vorstellung von der ‚Selbsttranszendenz' möchte ich in diesem Rückblick noch folgendes bemerken: Wir werden mit Unterscheidungen wie natürlich, paranormal und übernatürlich konfrontiert. Solche Unterscheidungen sind sicher hilfreich, ja notwendig. Dennoch sind sie weniger eindeutig, als sie zunächst scheinen. Was z. B. vom heutigen Standpunkt des Wissens aus als *paranormal* beurteilt wird, kann sich vielleicht von einem zukünftigen Wissensstand aus als normal erweisen. Vor allem aber der Gedanke des Mitwirkens und der Selbsttranszendenz weist auf eine wechselseitige Durchdringung der zunächst klar unterschiedenen Bereiche hin. Wenn die Tendenz, sich selber zu transzendieren, zur Natur des Menschen gehört, dann ist eine gewisse Tendenz zu paranormalen Kräften bereits in der Natur des Menschen selber angelegt. Es ist dann vielfach nicht mehr eindeutig auszumachen, wo das Natürliche genau aufhört und das Paranormale beginnt. Da ferner zu jedem aktiven religiösen Leben das Bemühen um Selbsttranszendenz gehört, ist anzunehmen, daß ein solches Leben die Kräfte der Selbsttranszendenz stärker weckt. Deshalb ist zu vermuten, daß ein religiöses Leben eher zu paranormalen Phänomenen führt als ein völlig säkularisierter Lebensstil, was ja auch die Untersuchungen, auf die E. HARALDSSON hinweist, und die Ausführungen von P. GIOVETTI nahelegen. Gerade deshalb wird es aber auch schwierig, das Paranormale und das eigentlich Übernatürliche, d. h. von Gott Gewirkte auseinanderzuhalten. Zu den innerweltlichen Ursachen, die Gott bei seinem Wirken benützt, gehören ja vor allem unser Glauben und Hoffen. Gerade dieses gläubige Tun kann aber seinerseits paranormale Phänomene wecken, die selber keineswegs direkt von Gott gewirkt sind. So ist viel Unklarheit möglich, und deshalb ist es auch nicht überraschend, daß wunderbare Phänomene aus allen Religionen gemeldet werden. Isolierte Ereignisse lassen sich folglich auch bei weiteren empirischen Forschungen, die sicher sehr hilfreich und nötig sind, nie mit letzter Klarheit beurteilen. Zu einem – wenigstens für das eigene Leben – abschließenden Urteil können wir nur von einem umfassenden Verständnis der ganzen Wirklichkeit aus gelangen, und für ein solches Verständnis ist das *Gottesbild* entscheidend. Deshalb habe ich versucht, kurz darzulegen, welches Gottesbild mit dem Glauben an die Auferweckung Jesu mitgegeben ist.

4. Menschliches Mitwirken bei der Auferweckung?

Im Zusammenhang mit der Frage der Auferweckung möchte ich auf ein Problem, das die bei diesem Kongreß behandelten Probleme berührt und vor allem auch die Praxis unseres Lebens betrifft, noch etwas näher eingehen, nämlich auf die Frage, wie unser Glaube mit dem göttlichen Wirken zusammengeht. Auf dem Hintergrund der *Evolutionslehre*, die annimmt, daß alle Lebewesen und auch der Mensch sich aus niederen Lebensformen heraus entwickelt haben, hat die moderne *Theologie* eine neue Vorstellung vom Handeln Gottes in unserer Geschichte entworfen. Danach wirkt der Schöpfer nicht als isolierte Kraft in der Welt, sondern er benützt in seinem Tun die vorhandenen innerweltlichen Ursachen. Dank seiner schöpferischen Einwirkung auf die geschaffenen Seienden wird diesen die Möglichkeit verliehen, eine höhere Wirkung hervorzubringen, als es ihrer eigenen Natur entspricht. Aus unbelebter Materie kann so Leben, aus niederem Leben höheres und aus dem Tier der Mensch entstehen. Der bekannte Theologe Karl RAHNER sprach in diesem Zusammenhang von ‚Selbsttranszendenz', und er meinte damit, daß die innerweltlichen Ursachen dadurch, daß sie von der Dynamik der göttlichen Wirkkraft umfaßt und getragen werden, über sich hinaus tendieren.

Auf dem Hintergrund dieser Vorstellung vom Wirken Gottes in der Welt stellt sich deshalb die Frage, ob auch bei der Auferweckung Jesu durch Gott eine innerweltliche Ursache mitbeteiligt war. Gab es etwas, das seine Auferweckung vorbereitet hat und das uns deshalb auch Hinweise geben kann, wie wir unsere eigene Auferweckung vorzubereiten haben? Diese Frage wird in der Theologie wenig gestellt, obwohl sie sich von der modernen Sicht her aufdrängt. Bela WEISSMAHR, ein ungarischer Jesuit und Philosoph, ist ihr aber ausdrücklich nachgegangen, und er hat sie über verschiedene Schritte zu beantworten versucht. Er zeigt zunächst, daß die Ansicht, die heute auch von zahlreichen christlichen Theologen vertreten wird, wonach die neutestamentlichen Berichte vom leeren Grab nur Legenden sind, nicht auf klaren historischen Erkenntnissen, sondern eher auf einem positivistischen Vorurteil über die Naturgesetze beruht. Dieses Vorurteil nimmt naturwissenschaftliche Vorstellungen des 19. Jahrhunderts kritiklos als Dogma an. Es kann deshalb *Wunder* nur als willkürliche Durchbrechungen der Naturgesetze verstehen und lehnt dann eine solche Vorstellung – gewiß mit Recht – entschieden ab. Dieses Verständnis der Wunder ist aber fragwürdig und WEISSMAHR zeigt dagegen, daß die Materie keineswegs als eine mechanistische Größe mit starren und deterministischen Gesetzen verstanden werden darf; sie hat vielmehr eine Hinordnung zum Geistigen und ist auf Einwirkungen aus diesem Bereich offen, was ja auch *paranormale Erfahrungen* nahezulegen scheinen und was ebenso die moderne Naturwissenschaft vermuten läßt, nach der die *Materie* vor allem Energie und Information ist. Aus einer solchen Sicht ergibt sich, daß die scheinbar tote und starre Materie in Wahrheit eine geheimnisvolle Innenseite hat, durch die sie angelegt ist, sich selber zu ‚transzendieren' (Karl RAHNER). An diese Innendimension können wir uns von unserer menschlichen Selbsterfahrung, von unserer Subjektivität und Freiheit her etwas herantasten, wie dies vor allem P. TEILHARD DE CHARDIN immer wieder betont hat. Die Materie ist deshalb letztlich im Zusammenhang mit unserer höchsten Selbsterfahrung, nämlich mit der Erfahrung der Liebe zu sehen. TEILHARD DE CHARDIN sagt:

> „Die Liebe ist die universellste, die ungeheuerlichste und die geheimnisvollste der kosmischen Energien".[9]

9 P. TEILHARD DE CHARDIN: Auswahl (1964), S. 118.

Gerade diese Liebe – als eine menschliche und zugleich kosmische Kraft – hat sich aber auf einmalige Weise in der Lebenshingabe Jesu gezeigt. Bela WEISSMAHR kommt deshalb von solchen Überlegungen her zu folgendem Ergebnis:

> „Die geschöpfliche Kraft, die auf der Ebene der innerweltlichen Ursächlichkeit die Auferstehung Jesu und damit auch das Verschwinden seines Leichnams aus dem Grab bewirkt hat (...), ist die menschliche Gottes- und Nächstenliebe Jesu bis zum Äußersten“.[10]

Danach hat *Jesus* bei seiner eigenen Auferweckung – durch seine vorausgehende Hingabe – mitgewirkt. Dieser Sicht von Bela WEISSMAHR stimme ich zu, weil sie sich mit einer Grundlinie in den Evangelien trifft. In ihnen spricht nämlich *Jesus* von einem Glauben, der Berge versetzen kann, und er deutet damit ein intimstes Zusammenwirken von menschlichem und göttlichem Tun an. Ferner schreibt er die Wunder, die er wirkt, oft dem Glauben jener zu, die er geheilt hat. Die höchste Form eines menschlichen Glaubens war aber seine eigene Lebenshingabe. Wenn es folglich einen Glauben gibt, der Berge versetzen kann, dann mußte vor allem sein eigener Glaube wirksam gewesen sein. Genau dies bestätigt auch das Neue Testament, denn der Hebräerbrief deutet seine Auferweckung ausdrücklich als Erhörung jenes Gebetes, das er selber während seines Leidens vor Gott gebracht hat (Hebr 5,7). Durch seine betende Hingabe hat er seine kommende Auferweckung durch Gott vorbereitet und so an ihr mitgewirkt.

Aus dieser Sicht gewinnen auch unser eigener Glaube, unser Verzeihen und Lieben, obwohl sie viel schwächer sind, eine neue Dimension. Auch wir dürfen auf diesem Hintergrund unser Hoffen als eine echte Vorbereitung für unsere eigene Auferstehung verstehen. Dies heißt selbstverständlich nicht, daß wir mit unseren eigenen Kräften unsere Auferweckung bewirken könnten. Weil aber im Glauben Jesu die göttliche und die menschliche Kraft innigst zusammengewirkt haben, dürfte etwas Ähnliches von jenen gelten, die an ihn glauben. Auch wir haben nicht einfach bis zum Tod zu warten, um dann passiv zuzuschauen, was mit uns geschieht. Durch unseren Glauben und

10 B. WEISSMAHR: Kann Gott die Auferstehung Jesu durch innerweltliche Kräfte bewirkt haben? (1978), S. 456.

durch unsere Taten des Verzeihens und der Liebe können wir an dem, was wir als Gottes Tat an uns nach unserem Tod erhoffen, jetzt schon vorbereitend mitwirken.

5. Das Zerreißen des Vorhangs

Abschließend möchte ich anhand eines konkreten Beispiels aus dem Neuen Testament zu verdeutlichen suchen, wie *Paranormales* und *Übernatürliches* einerseits nicht mehr klar voneinander abgehoben werden können und wie anderseits dennoch eine letzte, klare Entscheidung auf praktischer Ebene möglich ist. Die Evangelien berichten, daß beim Tod Jesu der große Vorhang, der vor dem Heiligtum im Tempel hing, zerrissen ist. Das Allerheiligste war jener geheimnisvolle und innerste Raum im Tempel, der vor den Augen aller Menschen verborgen bleiben mußte und den nur der Hohepriester einmal im Jahr – am großen Versöhnungstag – mit dem Opferblut eines Stieres betreten durfte. In diesem Allerheiligsten schwebte – gemäß dem Glauben Israels – die geheimnisvolle Herrlichkeit Gottes über den Cheruben, die dort aufgestellt waren. *Jesus* weilte selber, wie die Evangelien berichten, oft im Tempel, und schon der Zwölfjährige soll dort anläßlich einer jährlichen Wallfahrt zurückgeblieben sein. Dennoch war sein Verhältnis zu dieser heiligen Stätte gespannt, denn er führte Streitgespräche, die deutlich machen, daß er mit manchem, was dort gelehrt wurde, nicht einverstanden war. Vor allem aber zeigt die Szene der Tempelreinigung, daß ihm vieles am Betrieb an der heiligen Stätte zutiefst zuwider war. Im Allerheiligsten war er nie, denn als Laie durfte er ja nicht einmal jenen Platz vor dem Heiligtum betreten, auf dem die Priester die Opfer darbrachten. Vom Vorhof aus, der für die Männer Israels reserviert war, konnte er jedoch auf den Opferplatz und das dahinterliegende Heiligtum mit dem großen Vorhang schauen. Er wird dies öfters getan haben, und die Vermutung dürfte nicht willkürlich sein, daß der Vorhang ihn gestört hat. Seine ganze Verkündigung war ja von der Überzeugung getragen, daß die Herrlichkeit Gottes nicht in einem steinernen Gebäude wohnt, sondern daß Gott im Mitmenschen und vor allem im Ärmsten und Geringsten zu finden ist. Wir dürfen deshalb annehmen, daß *Jesus* bei seinen Besuchen im Tempel und beim Blick auf das Heiligtum oft gewünscht hat, daß der Vorhang zerreißen möge. Die Menschen sollten von der Faszination des steinernen Gebäudes frei werden und lernen, das faszinierende Geheimnis im Mitmenschen zu entdecken.

Bei seinem Tod ist, wie die Evangelien berichten, der Vorhang im Tempel tatsächlich zerrissen. Die kritische Exegese meint zwar fast einmütig, dieser Bericht sei nur eine Legende. Ich kann hier nicht weiter begründen, wieso ich dieses rasche Urteil für wenig überzeugend halte. Ich möchte aber kurz zeigen, weshalb ich eine andere Deutung für angemessener und vor allem für die Glaubenspraxis für hilfreicher halte. Es läßt sich kaum bestreiten, daß auch heute – im Zusammenhang mit dem Tod – zahlreiche und glaubwürdige Fälle von einer Art Telepathie und Psychokinese berichtet werden.[11] Im Sterben scheinen oft Kräfte frei zu werden, die sonst gebunden bleiben. Da Jesus schon während seines irdischen Lebens durch seinen einmaligen Glauben viele Wunder wirken konnte, liegt die Annahme um so näher, daß auch bei seinem Sterben eine besondere Kraft frei wurde.

Diese Deutung wird durch jene wunderbaren Zeichen bestätigt, die – gemäß jüdischer Überlieferung – auch beim Tod von manchen Rabbinern eingetreten sein sollen und die „meist einem hervorstechenden Zug im Wesen oder Leben des Verstorbenen“[12] entsprachen. Das Zerreißen des Vorhangs entsprach nun genau einem hervorstechenden Zug in der Verkündigung Jesu. Durch sein ganzes öffentliches Wirken wollte er, wie wir gesehen haben, den Menschen nahebringen, daß sie selber der eigentliche Ort der Gegenwart Gottes sind und daß sie diese Gegenwart nicht im steinernen Tempel zu suchen haben. Der erste Petrusbrief greift diese Sicht auf, wenn er die an *Jesus* Glaubenden ermahnt:

11 „The moments previous to death and after it abound with reports of paranormal phenomena. Apparitions of the dying in distant places, or phantom forms seen around the deathbed by the dying and occasionally by others have been recorded in countless cases in the history of psychical research. No theory yet put forward can explain fully these phenomena or disprove their reality.“ (Art. Death. In: L. Encyclopedia of Occultism and Parapsychology (1985), S. 307).

12 H. STRACK / P. BILLERBECK: Kommentar zum Neuen Testament aus Talmud und Midrasch. Bd. 1. (1922), S. 1041.

„Laßt euch als lebendige Steine zu einem geistigen Haus aufbauen, zu einer heiligen Priesterschaft, um durch Jesus Christus geistige Opfer darzubringen, die Gott gefallen" *(1 Petr 2,5).*

Im Tod Jesu wurde der Vorhang vor dem Heiligtum im steinernen Tempel zerrissen, ob auf paranormale oder übernatürliche Weise oder durch ein Zusammengehen beider Wirkweisen wird sich wohl nie genau beantworten lassen. Durch diesen Vorgang wird uns aber deutlich gemacht, daß durch den Tod und die Auferstehung Jesu ein geistiger Vorhang vor unseren Augen zerrissen und eine neue Sicht auf den Menschen eröffnet werden soll. Danach sind wir nicht bloß winzige Staubkörnchen in einem endlos erscheinenden Weltall und auch nicht bloß zufällige Konglomerate von Zellen, wie starke Tendenzen in der heutigen Biologie uns nahelegen wollen. Wir bilden vielmehr zusammen ein geistiges Haus, und wir sind im wahrsten Sinn der Ort, wo Gott auf Erden wohnen will. Der Glaube an die Auferstehung ist deshalb weit mehr als eine Vertröstung auf das Jenseits, wie ihm oft vorwurfsvoll nachgesagt wird. Er ändert bereits hier auf Erden unsere Sicht von der Geschichte und vom Menschen. Wir lernen, das Geheimnisvolle in jedem Mitmenschen zu sehen, und durch unseren Glauben werden wir befähigt, selber am Aufbau jener Gemeinschaft mitzuwirken, in der Gott wohnt. Wir haben nicht passiv auf den Tod zu warten, sondern können das Wunder der Auferweckung durch das eigentliche Wunder auf Erden, nämlich durch das Glauben, Hoffen und Lieben, vorbereiten.

Literatur

STRACK, Hermann / BILLERBECK, Paul: Kommentar zum Neuen Testament aus Talmud und Midrasch. Bd. 1. – München: Beck, 1922.

FEST, Joachim: Hitler: eine Biographie. – 6. Aufl. – Frankfurt a. M.: Propyläen, 1974.

KESSLER, Hans: Sucht den Lebenden nicht bei den Toten: Auferstehung Jesu Christi in biblischer, fundamentaltheologischer und systematischer Sicht. – 2. Aufl. – Würzburg: Echter, 1995.

LAPIDE, Pinchas: Auferstehung: ein jüdisches Glaubenserlebnis. – München: Kösel, 1977.

RISSE, Günter: „Gott ist Christus, der Sohn der Maria": eine Studie zum Christusbild im Koran. – Bonn: Borengässer, 1989 (Begegnung; 2).

SCHWAGER, Raymund: Jesus im Heilsdrama. Entwurf einer biblischen Erlösungslehre. – Innsbruck: Tyrolia, 1990 (Innsbrucker Theologische Studien; 29).

SHEPARD, Leslie A. (Hg.): Encyclopedia of Occultism and Parapsychology: a Compendium of Information on the Occult Sciences, Magic, Demonology, Superstitions, Spiritism, Mysticism, Metaphysics, Psychical Science, and Parapsychology, with Biographical and Bibliographical Notes and Comprehensive Indexes. – 2. Aufl. – Detroit, Mich.: Gale, 1985.

TEILHARD DE CHARDIN, Pierre: Auswahl aus dem Werk. – Olten: Walter, 1964.

WEISSMAHR, Bela: Kann Gott die Auferstehung Jesu durch innerweltliche Kräfte bewirkt haben? In: Zeitschrift für Katholische Theologie; 100 (1978) 3, 441 – 469.

NAMENREGISTER

SACHREGISTER

SCHRIFTENREIHE IMAGO MUNDI

Resch: **Im Kraftfeld des christlichen Weltbildes**, Band I
197 Seiten, vergriffen

Frei: **Probleme der Parapsychologie**, Band II
Gesammelte Aufsätze, 3., verb. Aufl. 1985
292 Seiten, Leinen, öS 269.–, DM 36.80, Sfr 34.–

Resch: **Welt, Mensch und Wissenschaft morgen**, Band III
2. Aufl. 1984, 344 Seiten, Leinen, öS 219.–, DM 30.–, Sfr 27.50

Resch: **Der Kosmische Mensch**, Band IV
2. Aufl. 1984, 488 Seiten, vergriffen

Resch: **Mystik**, Band V
2. Aufl. 1984, 385 Seiten, Leinen, öS 365.–, DM 50.–, Sfr 46.50

Resch: **Paranormale Heilung**, Band VI
2. Aufl. 1984, 679 Seiten, Leinen, öS 504.–, DM 69.–, Sfr 62.50

Resch: **Fortleben nach dem Tode**, Band VII
4. Aufl. 1987, 787 Seiten, vergriffen

Resch: **Kosmopathie**, Band VIII
2. Aufl. 1986, XXXII, 738 Seiten, 30 Farbbilder
zahlr. Abb. sw, 14 Tab., Leinen, öS 540.–, DM 74.–, Sfr 67.–
kartoniert: öS 460.–, DM 63.–, Sfr 57.–

Resch: **Geheime Mächte**, Band IX
1984, XXVIII, 569 Seiten, 23 Farbbilder
zahlr. Abb. sw, Leinen, öS 555.–, DM 76.–, Sfr 69.–

Resch: **Psyche und Geist**, Band X
1986, XXXI, 599 Seiten, 15 Farbbilder
zahlr. Abb. sw, Leinen, öS 555.–, DM 76.–, Sfr 69.–

Resch: **Gesundheit, Schulmedizin, Andere Heilmethoden**, Band XI
1988, XXXI, 487 Seiten, 26 Farbbilder
zahlr. Abb. sw, Leinen, öS 540.–, DM 74.–, Sfr 67.–

Resch: **Veränderte Bewußtseinszustände**, Band XII
1990, XXXII, 608 Seiten, 11 Farbbilder
zahlr. Abb. sw, Leinen, öS 577.–, DM 79.–, Sfr 72.–

Resch: **Aspekte der Paranormologie**, Band XIII
1992, XXXI, 638 Seiten, 23 Farbbilder
zahlr. Abb. sw, Leinen, öS 606.–, DM 83.–, Sfr 75.50

Resch: **Die Welt der Weltbilder**, Band XIV
1994, XXXII, 468 Seiten, 5 Farbbilder
zahlr. Abb. sw, Leinen, öS 555.–, DM 76.–, Sfr 69.–

Resch: **Paranormologie und Religion**, Band XV
1997, XXXI, 574 Seiten, 64 Farbbilder
zahlr. Abb. sw, Leinen, öS 621.–, DM 85.–, Sfr 77.–

RESCH VERLAG, A-6010 INNSBRUCK, MAXIMILIANSTR. 8, PF. 8
Tel. (0512) 574772, Fax (0512) 586463, E-Mail: IGW@uibk.ac.at